Das Buch vom Wirken Gottes

Dem Andenken
an Br. Ingobert Heieck OSB
(1936–1993)

Hildegard von Bingen

Das Buch vom Wirken Gottes

Liber divinorum operum

Erste vollständige Ausgabe

Übersetzt und herausgegeben
von
Mechthild Heieck

Pattloch Verlag

Vollständige Übersetzung der lateinischen textkritischen Edition
Liber divinorum operum
A. Derolez et P. Dronke (eds.)
In: Corpus Christianorum
Continuatio Mediaevalis XCII

Die Deutsche Bibliothek – CIP-Einheitsaufnahme

Hildegardis <Bingensis>:
Das Buch vom Wirken Gottes = Liber divinorum operum / Hildegard von Bingen. Übers. und hrsg. von Mechthild Heieck. – 1. vollst. Ausg. – Augsburg: Pattloch, 1998
Einheitssacht.: Liber divinorum operum <dt.>
ISBN 3-629-00889-5

Pattloch Verlag, Augsburg

Umschlaggestaltung: Atelier Höpfner-Thoma, München
unter Verwendung der Bildtafel 5 (Die Weltkräfte)
des Codex Latinus 1942 der Biblioteca Statale di Lucca, Italien.
Die 16 Bildtafeln entstammen dem Codex Latinus 1942
der © Biblioteca Statale di Lucca, Italien.
Satz: Gesetzt aus 10,5/14 Punkt Aldus von Uhl + Massopust, Aalen
Druck und Bindung: Bercker Graphischer Betrieb GmbH, Kevelaer
Printed in Germany

ISBN 3-629-00889-5

Inhalt

Vorwort 6

Einleitung 8

Das Buch vom göttlichen Wirken 13

Prolog 15

1. Vision: Der Ursprung des Lebens 17

2. Vision: Die Elemente im Bau der Welt 35

3. Vision: Der Mensch im Bau der Welt 91

4. Vision: Die Gliederung des Firmaments 117

5. Vision: Die fünf Bereiche des Erdkreises 253

6. Vision: Das Vorauswissen Gottes 333

7. Vision: Die Erfüllung aller Vorausbilder und Prophetie 343

8. Vision: Das Wirken der göttlichen Liebe 371

9. Vision: Der Heilsplan Gottes in der Zeit 381

10. Vision: Die Heilsgeschichte vom Beginn bis zum Ende der Zeit . . . 403

Epilog 462

Abkürzungen 464

Vorwort

„Wenn ein Übersetzer bei seiner Arbeit nicht durch Todesängste geht, ist er kein Übersetzer."

Diese meine Gefühle bei der Übersetzungsarbeit verdeutlichende Aussage aus einem Gespräch und das ständige Bewußtsein, daß die Übersetzung eines Hildegard-Werkes von dieser Komplexität eigentlich „durch eine Einzelperson nicht zu bewältigen ist" (Elisabeth Gössmann), bildeten den Hintergrund meiner Übersetzung des „Liber divinorum operum" nach der kritischen Ausgabe. Der zeitliche Rahmen für die Fertigstellung war durch das Hildegard-Jubiläumsjahr vorgegeben.

Von Anfang an war ich fasziniert und persönlich betroffen von jeder Vision und ihrer Deutung bis hin zu der erschütternd aktuellen Endzeitanalyse und den persönlichen Bekenntnisssen dieser großen Frau im Endkapitel und Epilog des Werkes.

Als Altphilologin fühlte ich mich durch den vorgegebenen Text in den Dienst genommen. Daraus ergab sich der Verzicht auf Kürzung oder Abwandlung der vielfachen Wortwiederholungen im selben Satz, die ich als Germanistin gern vermieden hätte. Daß eine Wiederholung ganzer Gedankengänge nicht unterschlagen werden durfte, war mir – auch vor der Kenntnis der Schlußworte im letzten Kapitel – selbstverständlich. Die Übersetzung bleibt bewußt auf der durch die Tradition der Bibelübersetzungen, vor allem der Psalmen, und der liturgischen Texte geprägten Sprachebene.

Einige Zentralbegriffe Hildegards, wie „discretio" oder „viriditas" wurden an den entscheidenden Stellen in Klammern beigegeben. Desgleichen wurden Wortkombinationen besonderer Prägnanz, wie einige Definitionen des Menschen, und – an wenigen Stellen – die Wendung des Originaltextes, wo sich die Übersetzung davon entfernen mußte, beigefügt.

Bei den Zitaten ist unterschieden zwischen den Angaben der vollständigen Textstelle und Angaben mit „vgl.", wo nur Einzelwendungen übernommen wurden. Dabei beschränkte ich mich auf die Bibel, die Regel des hl. Benedikt (RB) und einige Querverweise auf andere Werke Hildegards.

Die Psalmenübersetzung folgt, wo nötig, der Vulgata, ihre Zählung entspricht der der Einheitsübersetzung.

Die Gliederung der zehn Visionen des Liber divinorum operum in drei Teile (Teil I: Vision 1–4; Teil II: Vision 5; Teil III: Vision 6–10), die u.a. durch die Schlußformeln der Visionsgruppen bestätigt ist, wurde zugunsten der Übersichtlichkeit aufgegeben und durch eine durchgehende Zählung von 1 bis 10 ersetzt. Dem Visionstext, der in der Regel in Ich-Form beginnt und in der Vergangenheit steht, folgt in sehr verschiedenem Umfang die Deutung. Der jeweilige Abschnitt wird dabei im Präsens wiederholt (Kursivdruck). Oft wird im selben Kapitel der Gesamtzusammenhang (z.B. 4. Vision: Leib – Seele – Kosmos) dargestellt. Die Thematik wird des öfteren weiter ausgeführt oder durch die entsprechende Deutung eines Psalmverses vertieft. Die ausdrücklich auf verschiedenen Ebenen angelegte Deutung des Schöpfungsberichtes ist in dieser Ausgabe gekennzeichnet.

Die Überschriften der Kapitel, deren Zählung im Gegensatz zur Textvorlage nach jedem Visionstextes jeweils mit 1. beginnt, sind in verknappender Weise den lateinischen Zusammenfassungen der Vorlage entnommen. Die Miniaturen des Lucca-Kodex erleichtern mit den umseitigen Auszügen aus dem Originaltext den Zugang zu den einzelnen Visionen.

Mein tiefer Dank gilt der Benediktinerinnenabtei St. Hildegard in Eibingen/Rüdesheim. Dort habe ich meine geistige Heimat gefunden und von dort erhielt ich den Anstoß und mannigfache Unterstützung zu der nun vorliegenden Übersetzung.

Insbesondere danke ich Sr. Caecilia Bonn, die mir aus ihrer tiefen Kenntnis der Gedanken Hildegards in der entscheidenden Überarbeitungsphase immer wieder beratend und ermutigend geholfen hat. Wertvolle Anregung verdanke ich auch der nicht vollständigen Übersetzung des LDO „Welt und Mensch" von Prof. Dr. Heinrich Schipperges. In meinen Dank eingeschlossen sind alle, die am Entstehen und an der Fertigstellung beteiligt waren, nicht zuletzt durch die mühsame Texterfassung und geduldige Lektorierung.

Es ist mein Wunsch, daß sich mit dieser Übersetzung vielen ein weiterer Zugang zu den Weisungen der großen Prophetin und Heiligen Hildegard öffnet, die auch an der Wende zu einem neuen Jahrtausend Gültigkeit haben.

Bingen/Rhein,
am 17.9.1997, dem Fest der hl. Hildegard *Mechthild Heieck*

Einführung

Die Visionsschrift „Vom Wirken Gottes", die nun in vollständiger Übersetzung nach der kritischen Ausgabe vorliegt, ist sicher das – zumal für unsere Zeit – bedeutendste Werk Hildegards von Bingen. Wir haben es bei ihm mit einer einzigartigen Ganzheitsschau des sichtbaren und unsichtbaren komplexen Gefüges des Daseins zu tun.

Moderne wissenschaftliche Methoden werden allerdings kaum helfen, an diese umfassende Weltschau heranzukommen, „weder der Existentialismus oder die Tiefenpsychologie noch der moderne Symbolismus. Auch die philosophischen Methoden des Mittelalters würden eher den Zugang versperren" (H. Schipperges). Hildegard scheint unserem heutigen Denken bereits voraus zu sein. Es wird zwar heute viel von Ganzheitlichkeit gesprochen, aber unser Denken ist immer noch kategorial geprägt. Nach Eugen Biser stellt sich zudem für die Theologie mit wachsender Dringlichkeit die Frage nach einer christlichen Esoterik und dem therapeutischen Impuls. Beides kommt in diesem Visionswerk zentral zur Sprache.

Der Leser sollte zunächst dem Text selbst Raum geben und hören, wie sich die „Prophetissa" unter der Inspiration des Geistes vernehmlich macht. Dabei wird ihm eine Perspektive geschenkt, die es ihm ermöglicht, manche Fragen unserer Zeit und auch des eigenen Lebens einzuordnen, zu deuten und vielleicht auch zu lösen. Es war im Jahr 1163 n. Chr., Hildegard stand im 65. Lebensjahr, als die einfordernde Stimme Gottes sie traf und ihr auferlegte, zum Nutzen der Menschen aufzuschreiben, was sie mit den inneren Augen sah und den Ohren der Seele vernahm. „Nicht nach deinem Herzen, sondern nach Meinem Zeugnis, der Ich das Leben ohne Anfang und Ende bin, schreibe also auf, was weder durch dich erfunden noch von einem anderen Menschen ersonnen, sondern durch Mich vor Beginn der Welt angeordnet ist." (Prolog). Trotz ihrer körperlichen Gebrechlichkeit begab sich Hildegard ans Werk. Sie bezeugt, daß sie dabei niemals in Ekstase, sondern immer wach und bei Bewußtsein war. Ihr unermüdlicher Sekretär, der Mönch Volmar, dessen Tod sie im Epilog betrauert, stand ihr zur Seite.

Hildegard beginnt ihr großes Visionswerk, auf fast hymnische Weise Gott als den Ursprung allen Lebens zu beschreiben: „Ich, die höchste feurige Kraft, die Ich alle lebendigen Funken entzündet und nichts Sterbliches ausgehaucht habe [...], flamme über die Schönheit der Fluren, leuchte in den Wassern und brenne in Sonne, Mond und Sternen" (I,1). Es ist die Kraft seiner Liebe, mit der Gott als der Schöpfer in seinem Sohn das Weltenrad mit seinen Armen umfängt. Die Liebe ist es, die alles durchwaltet.

In der zweiten Vision werden die Kräfte des Alls mit ihren bestimmten Funktionen im Dienst am Ganzen beschrieben: die Gestirne, die Planeten, die Winde, die verschiedenen Luftschichten - treibend und hemmend - sind in wunderbarer Weise aufeinander abgestimmt. Es mutet fast wie eine feine Filigranarbeit an, wenn Hildegard in der dritten und vierten Vision Faden um Faden des umfassenden „Weltnetzes" knüpft. Nichts von dem, was wir Schöpfung nennen, ist in diesen detaillierten Beschreibungen bedeutungslos: die Organisation des menschlichen Körpers, sein Stoffwechsel, das Spiel der Säfte, die einzelnen Organe und Gliedmaßen des Menschen und seine Geschlechtskraft. Alles hält einander, berührt einander, korrespondiert auch mit den kosmischen Kräften und hat eine unerläßliche Funktion.

Es mag den Leser zunächst befremden, daß Hildegard auch die Kräfte des Geistes und des Glaubens mit in das „Netz" des Ganzen einbezieht, aber die Energien <virtutes>, die Gott im Universum und im Menschen leibhaftig und angemessen einander angepaßt hat, haben ihren Ursprung in der gleichen Kraft der Liebe, die den Menschen auch in seinem geistlichen Leben heranwachsen, reifen und zur Vollendung kommen lassen will – in einem Kosmos der Tugendkräfte.

Der Mensch ist in das „lichte Netz" der Schöpfung eingelassen, das vom Mund des Gottmenschen ausgeht, hat doch Gott ihn mit allen Weltstoffen durchströmt. Aber er ist mit dem Geist der Vernunft begabt. So hat Gott ihm das Weltnetz in die Hand gegeben, damit er schöpferisch mit der Welt wirken kann. Darum ist er „in der Welt Herr" (II,45) und trägt Verantwortung für alles. Was immer er aus dem Freiheitsraum seiner Geistesbegabtheit entscheidet – Gutes oder Böses – hat sofortige Auswirkung auf das Ganze, in das er eingeästet ist wie die Zweige in einem Baum. „Es geht vom Herzen des Menschen ein Weg zu den elementaren Bausteinen der Schöpfung" (Scivias). Die Kraft seiner sittlichen Entscheidung für das Gute hält die Schöpfung in ihrer Ordnung; bei seiner Verweigerung stößt er sie ins Chaos.

Mit diesem Weltauftrag ist es für den Menschen wichtig, Augenmaß zu entwickeln, d.h. sich in die ausgewogenen Proportionen des Daseins einzuordnen; nicht zuletzt im Umgang mit seinem Leib und seiner Seele, die wie Geliebte aufeinander Rücksicht nehmen müssen, soll das ganze Werk des Menschen gelingen. Hier wird eine Theologie und Askese der rechten Maßhaltung entwickelt. „Die Seele [...] hebt ihn <den Leib> nicht weiter empor, als die Möglichkeit des Leibes selbst es vermag." (IV,18). Das heißt auch: Geistiges und Geistliches muß irdisch empfangen, muß „geerdet" werden, leibhaftig werden, denn „das Wort ist Fleisch geworden".

Nicht ohne tiefen Grund steht deshalb als Achse des Geschauten in der Mitte des Werkes (IV,104 ff.), gleichsam als „Sonnengeflecht", eine Exegese des Johannes-Prologs „Im Anfang war das Wort, und das Wort war bei Gott, und Gott war das Wort [...] und das Wort ist Fleisch geworden und hat unter uns gewohnt" (Joh. 1,1-18). Gott ist Fleisch, Leib, Erde, Schöpfung geworden, untrennbar und doch unvermischt, wie auch die Gottheit und Menschheit in Christus eins sind. Hildegard nimmt die Menschwerdung Gottes bis in die letzten Fasern der Wirklichkeit ernst.

Im 16. Kapitel ihrer Vita berichtet die Seherin selbst über den Vorgang dieser Vision: „Jedes Wort dieses Evangeliums, das vom Anfang der Werke Gottes handelt, lehrte mich die genannte Schau und ließ es mich auslegen [...]. Und ich sah, daß diese Auslegung eine andere Schrift sein müßte, die noch nicht offenbar gewesen war. In ihr sollten viele Fragen der geheimnisvollen Schöpfung Gottes untersucht werden. Wie sanfte Regentropfen träufelte es aus dem Hauch Gottes in das Erkennen meiner Seele, so wie der Hl. Geist den Evangelisten Johannes erfüllt hat, als er an der Brust Jesu die tiefgründige Offenbarung empfing, wobei sein Geist von Gott derart berührt wurde, daß er die verborgenen Geheimnisse und Werke offenbarte, da er sprach: ‚Im Anfang war das Wort' [...]."

Von dieser Mitte her konnte Hildegard eine Schöpfungstheologie und Spiritualität entwickeln, die in solcher Einsichtigkeit und Eindringlichkeit heute noch fehlt. Die Schau von der Ganzheitlichkeit der Schöpfung beschränkt sich jedoch nicht auf die sichtbare Welt.

In der fünften Vision wird dem Leser eine ihm unvorstellbare, aber nicht imaginäre Topographie gezeigt. Denn auch die „Welt" des Unsichtbaren berührt, trägt und gestaltet das Sichtbare. Es geht dabei um die Kraftfelder, die von den Vollendeten, aber auch von den Läuterungsphasen der

Lebenden und Verstorbenen und von der Zerstörungsmacht des Bösen ausgehen. Der Schöpfer läßt allen ihren „Ort". So entstehen in dieser Topographie positive und bewohnbare Gegenden, aber auch solche, die von Unbilden und Schrecknissen aller Art bedroht werden, die unbewohnbar sind.

Es schließt sich in der fünften Vision noch eine Deutung des Schöpfungsberichtes an, der Hildegard zum Spiegelbild des Aufstieges der Seele zu Gott wird. Jede Kreatur hat eine sichtbare und eine unsichtbare Komponente, die unsichtbare ist sogar die stärkere. Alles ist durchgeistigte Wirklichkeit: Stern, Stein, Pflanze, Tier, Erde. Und der Mensch hat an allem Anteil. So ist es auch der Mensch, in dem das ganze Gespräch zwischen Gott und der Welt geführt wird. Das spiegeln alle Aussagen über Gott, Engel, Mensch, Natur, Krankheit und das Geheimnis des Bösen wider.

Auch der Ablauf der Zeit, der Wechsel der Jahreszeiten und die Geschichte sind Werk Gottes, bei dem der Mensch in entscheidender Weise mit-schöpferisch ist. Der letzte Teil des Buches mit seinen fünf kurzen, oft recht dramatischen Visionen spricht davon.

Hildegard beginnt mit der Welt der Engel und ihrem Auftrag und entwirft dann die Heilsgeschichte vor und nach der Menschwerdung Christi. Sie zeigt sich dabei in besonderer Weise als Prophetissa, denn sie durchschaut in den gesegneten und unheilvollen Perioden den Plan des Heilswillens Gottes. So blüht für sie nach den Katastrophenzeiten, die infolge des schwachen Glaubens Terror, Lebensekel, Vergiftung der Schöpfung und Unbewohnbarkeit der Erde verursachen, immer wieder aus dem Erbarmen Gottes und dem Mitwirken gläubiger Menschen eine „neue Welt", eine Zeit des Friedens, in der die Menschen – darunter vor allem die großen Gestalten der Heilsgeschichte – umkehren, sich heilen lassen und ihre Verantwortung wieder neu wahrnehmen. „Was jedoch in neuem Verlangen und neuem Eifer folgt, ist unsagbar", schreibt Hildegard an Papst Anastasius IV. (Briefe, 8). „Der wilde Aufschrei" der Elemente gegen den Menschen wird verstummen, sie können ihm wieder ihre helfenden und heilenden Dienste schenken.

Vor der Vollendung des Alls wird sich aber der Kampf mit dem Auftreten des Antichristen zuspitzen. Die ausführliche Beschreibung dieser Phase mag den Leser in ihrer Aktualität betroffen machen.

Aber Gott überläßt seine Schöpfung nicht sich selbst: Das Weltendrama wird nicht negativ enden, auch wenn der Mensch schwach ist und oft versagt. Fünfmal zeigt der an diese Vision anschließende Teil eine ergreifende Endvision vom Menschensohn, der selbst die letzte Verantwortung übernehmen will. Er stellt sich mit offenen Wunden vor seinen Vater und beschwört ihn um sein Erbarmen für die Glieder seines Leibes, die in ihrer Schwachheit dem „teuflischen Gelächter" ausgesetzt sind. „Jetzt erinnere Dich daran, daß die Fülle, die am Anfang geschaffen wurde, nicht verdorren durfte. Damals hattest Du in Deinem Sinn, Dein Auge nicht abzuwenden, bis Du Meinen Leib voller Edelsteine siehst" (X,7). Zweimal gesteht der Menschensohn: "Denn es erschöpft Mich, daß alle Meine Glieder dem Spott anheimfallen. Vater, sieh her, Ich zeige Dir Meine Wunden" (X,7). Die grüne Schöpfung des Anfangs darf nicht endgültig welken und verdorren. Der Dreifaltige Gott hält also in seinem Sohn den Menschen und die Schöpfung an seinem eigenen Herzen.

Im letzten Kapitel ihres Werkes (X,37) spricht Hildegard sehr verhalten und in der dritten Person noch etwas Wesentliches über sich selbst aus. Sie bezeichnet ihr Leben unter der Inspiration des Geistes als ein ganz in seinen Dienst enteignetes und erfährt sich in einer osmotisch leidvollen Nähe zu aller Kreatur. Darum war sie oft von Krankheit „durchkocht". Sie fühlt sich nicht abgesichert, vielmehr erleidet sie eine fundamentale Entsicherung. Bar aller eigenen Kraft sieht sie sich wie „eine kleine Feder", die nur vom Windhauch Gottes gehalten wird.

Hildegard lebt in einem Kraftfeld von Bezügen in Raum und Zeit, im Sichtbaren und Unsichtbaren, das aber immer vom personalen Gott gelenkt und gehalten wird. Doch sie ertrinkt nie im Kollektiv und versinkt nicht ekstatisch in himmlischen Welten. Vielmehr weiß sie um ihre unauswechselbare personale Verantwortung für das Ganze und sieht sich selbst im Kampffeld zwischen Gut und Böse.

Hildegard kennt die All-Einigkeit in der Alleinigkeit, beides fällt in eins.

In der Mystik der hl. Hildegard geht es nie um ein Erleben um seiner selbst willen oder gar um eine Selbstbestätigung, sondern ausschließlich um eine prophetische Sendung, d.h. um eine Durchlässigkeit für die Geheimnisse des Wirkens Gottes, die größer ist als die eigene Intelligenz und Existenz.

Abtei St. Hildegard, Rüdesheim/Eibingen,
am 17.9.1997, dem Fest der hl. Hildegard — *Sr. Caecilia Bonn OSB*

Das Buch vom Wirken Gottes

Prolog

Es geschah im sechsten Jahr, nachdem ich mich fünf Jahre hindurch mit wunderbaren, wahren Visionen abgemüht hatte. In ihnen hatte die wahre Schau des unvergänglichen Lichtes mir äußerst unwissendem Menschen die Verschiedenheit der vielfältigen Lebensweisen gezeigt.

Der Anfang dieses Jahres war der Beginn der vorliegenden Visionen. Als ich fünfundsechzig Jahre alt war, hatte ich eine so geheimnisvolle und überwältigende Schau, daß ich am ganzen Leib zutiefst erbebte und bei der Gebrechlichkeit meines Leibes zu erkranken begann. Diese Vision habe ich endlich mit Mühe vollendet, obwohl ich sieben Jahre daran schrieb.

Es war also im Jahr 1163 der Menschwerdung des Herrn, als die Unterdrückung des Apostolischen Stuhles unter Friedrich, dem römischen Kaiser, noch nicht zur Ruhe gekommmen war. Da erging vom Himmel eine Stimme an mich, die sprach:

Du armseliges Wesen, Tochter vieler Mühsal, die du von schweren Krankheiten ausgezehrt, aber dennoch von der Tiefe der Geheimnisse Gottes durchströmt bist, übermittle das, was du mit deinen inneren Augen siehst und mit den inneren Ohren deiner Seele vernimmst, in dauerhafter Schrift zum Nutzen der Menschen. Denn die Menschen sollen dadurch ihren Schöpfer erkennen und nicht davor zurückweichen, ihn in gebührender Ehrfurcht zu verehren.

Nicht nach deinem Herzen, sondern nach Meinem Zeugnis, der Ich das Leben ohne Anfang und Ende bin, schreibe also auf, was weder durch dich erfunden noch von einem anderen Menschen ersonnen, sondern durch Mich vor Beginn der Welt angeordnet ist. Denn wie Ich um den Menschen schon vor seiner Erschaffung im voraus wußte, so habe ich auch das, was für ihn notwendig ist, vorausgesehen.

Ich armseliges, schwaches Wesen, habe, wenn auch durch sehr viele Krankheiten erschöpft, dennoch zitternd mich schließlich ans Schreiben gemacht. Das bezeugt jener Mann <Volmar>, den ich, wie schon in früheren Visionen erwähnt, insgeheim gesucht und gefunden hatte; und das bezeugt auch das Mädchen, das ich in meinen früheren Visionen erwähnte. Während ich das tat, blickte ich auf zum wahren und lebendigen Licht, was ich denn schreiben sollte. Denn alles, was ich von Beginn meiner Visionen geschrieben hatte oder was ich später zu wissen bekam, das sah ich in den himmlischen Geheimnissen; ich war wach am Leib und bei Bewußtsein und sah mit den inneren Augen meines Geistes und hörte mit den inneren Ohren, nicht im Schlaf, noch in Ekstase, wie ich es schon bei meinen früheren Visionen im Vorwort sagte. Und ich habe nichts geäußert, was aus menschlichen Vorstellungen kommt, die Wahrheit sei mein Zeuge, sondern nur das, was ich in den himmlischen Geheimnissen empfing.

Und wieder vernahm ich vom Himmel die Stimme, die mich belehrte, und sie sprach: Schreibe also, was ich dir sage, auf folgende Weise:

Tafel 1
Die Seherin (Ausschnitt))

Erste Vision

Der Ursprung des Lebens

Ich sah inmitten des südlichen Luftraumes im Geheimnis Gottes ein schönes wundervolles Bild wie die Gestalt eines Menschen, dessen Antlitz von so großer Schönheit und Klarheit war, daß ich leichter in die Sonne hätte blicken können als in dieses Gesicht. Ein weiter goldener Reif umgab das Haupt dieser Gestalt. In diesem Reif erschien über dem Haupt ein anderes Gesicht wie das eines älteren Mannes, dessen Kinn und Bart den Scheitel dieses Hauptes berührten. Und von beiden Seiten des Halses derselben Gestalt ging ein Flügel aus; diese Flügel erhoben sich über den erwähnten Reif und verbanden sich dort miteinander. Auf dem höchsten Punkt der bogenförmigen Krümmung des rechten Flügels erblickte ich gleichsam den Kopf eines Adlers mit feurigen Augen, in denen der Glanz der Engel wie in einem Spiegel erschien. Auf dem höchsten Punkt der bogenförmigen Krümmung des linken Flügels war das Antlitz eines Menschen, das wie der Glanz der Sterne leuchtete. Beide Gesichter waren nach Osten gewandt.

Von den beiden Schultern dieser Gestalt aber reichte ein Flügel bis zu ihren Knien. Sie war bekleidet mit einem Gewand, das wie die Sonne leuchtete, und in ihren Händen hielt sie ein Lamm, leuchtend wie das Licht des Tages. Mit ihren Füßen trat sie auf ein Ungeheuer von abscheulichem Aussehen und giftig schwarzer Farbe und auf eine Schlange, die sich in das rechte Ohr des Ungeheuers verbissen hatte. Ihren übrigen Körper hatte sie quer über dessen Kopf geschlungen und ihren Schwanz auf seiner linken Seite bis zu seinen Füßen ausgestreckt.

1. *Die Worte der schaffenden Liebe Gottes*

Und die Gestalt sprach folgendes: Ich, die höchste feurige Kraft, habe alle lebendigen Funken entzündet und nichts Sterbliches ausgehaucht, aber ich unterscheide es, wie es ist. Indem ich mit meinen oberen Flügeln, das heißt mit der Weisheit, den Erdkreis umflog, habe ich ihn in richtiger Weise geordnet. Ich, das feurige Leben der göttlichen Wesenheit, flamme über die Schönheit der Fluren, leuchte in den Wassern und brenne in Sonne, Mond und Sternen. Mit dem Windhauch, dem unsichtbaren Leben, das alles erhält, erwecke ich alles zum Leben. Die Luft lebt nämlich im Grünen und im Blühen, die Wasser fließen, als ob sie lebten, auch die Sonne lebt in ihrem Licht. Und wenn der Mond abgenommen hat, wird er vom Licht der Sonne entzündet und lebt gleichsam; auch die Sterne leuchten in ihrem Licht, als ob sie lebten. Auch die Säulen, die den gesamten Erdkreis tragen, habe ich aufgerichtet, das heißt, jene Hauptwinde, die ihnen untergeordnete Flügel haben, nämlich die sanfteren Winde, die mit ihrer Lindheit jene aushalten, die stärker sind als sie selbst, damit diese sich nicht gefährlich zeigen. So schützt auch der Leib die Seele und hält sie, damit sie sich nicht aushaucht. Und wie der Hauch der Seele den Leib stärkt und zusammenhält, damit er nicht vergeht, so beleben auch die stärkeren Winde die ihnen untergeordneten, damit sie ihre Aufgabe übereinstimmend erfüllen.

Ich bin also als feurige Kraft in diesen Winden verborgen, und sie brennen durch mich, wie der Atem ständig den Menschen bewegt und wie im Feuer die windbewegte Flamme ist. Dies alles lebt in seiner Wesenheit, und in ihm ist kein Tod zu finden, weil ich das Leben bin. Ich bin auch die Vernunft, die den Windhauch des tönenden Wortes in sich hat, durch den jedes Geschöpf gemacht ist; und in das alles habe ich Leben gehaucht, so daß keines davon seiner Art nach sterblich ist; denn ich bin das Leben.

Ich bin nämlich das volle Leben, das nicht aus Steinen gehauen ist oder aus Ästen ausgetrieben oder seine Wurzeln aus der männlichen Zeugungskraft geschlagen hat. Vielmehr hat alles Lebendige in mir seine Wurzeln. Die Vernunft nämlich ist diese Wurzel; das tönende Wort aber erblüht in ihr.

Da aber Gott die Vernunft ist, wie könnte es da geschehen, daß Er nicht wirkt, da jedes Werk von Ihm durch den Menschen blüht? Er schuf ihn nach seinem Bild und Gleichnis und zeichnete im Menschen alle anderen Geschöpfe nach ihrer Maßgabe ein. Denn es lag von Ewigkeit her immer fest, daß Gott Sein Werk, den Menschen, schaffen wollte; und als Er dieses Werk vollendete, gab Er ihm alle Geschöpfe, damit er mit ihnen wirke, und zwar so, wie auch Gott selbst Sein Werk, den Menschen, geschaffen hatte.

Aber Ich diene <officialis sum> auch dem Leben, da ja alles Lebendige aus Mir brennt, und Ich bin das gleichbleibende Leben in der Ewigkeit, das nicht entstanden ist und nicht endet. Und eben dieses Leben, das sich bewegt und wirkt, ist Gott, und doch ist dieses eine Leben in dreifacher Kraft. Die Ewigkeit wird der Vater genannt, das Wort der Sohn, und der Hauch, der beide verbindet, der Heilige Geist. So hat es Gott auch im Menschen bezeichnet, in dem Leib, Seele und Vernunft sind.

Daß ich aber *über die Schönheit der Fluren flamme,* das ist nämlich die Erde, die der Mutterstoff ist, aus dem Gott den Menschen machte; daß *ich in den Wassern leuchte,* das entspricht der Seele; denn wie das Wasser die ganze Erde durchströmt, so durchdringt die Seele den gesamten Leib. Daß ich aber *in Sonne und Mond brenne,* das entspricht der Vernunft; (*die Sterne* aber sind die unzähligen Worte der Vernunft.)

Daß *ich mit dem Windhauch, dem unsichtbaren Leben, das alles erhält, alles zum Leben erwecke,* das bedeutet: durch Luft und Wind kommt alles im Wachsen hervor, und wenn es belebt ist, bleibt es erhalten und weicht in nichts von dem ab, was ist.

2. Der Mensch, Gottes Abbild, an der Stelle des gefallenen Engels

Und wieder hörte ich die Stimme vom Himmel, die zu mir sprach: Gott, der alles erschaffen hat, hat den Menschen nach seinem Bild und Gleichnis gemacht (vgl. Gen 1,26) und in ihm die höheren, und niederen Geschöpfe eingezeichnet. Und Er hat ihn so geliebt, daß Er ihn für jenen Ort bestimmte, aus dem der Engel bei seinem Sturz geschleudert worden war, und ihn in den Ruhm und die Ehre einsetzte, die jener mit seiner Seligkeit verloren hatte. Das zeigt auch diese Schau, die du siehst.

Denn daß du *inmitten des südlichen Luftraumes im Geheimnis Gottes ein schönes, wundervolles Bild wie die Gestalt eines Menschen* siehst, das bedeutet: In der Kraft der unvergänglichen Gottheit ist die Liebe des himmlischen Vaters auserlesener in ihrer Schönheit und wunderbar in ihren geheimnisvollen Gaben. Sie hat Menschengestalt. Denn als der Sohn Gottes Fleisch annahm, erlöste er durch den Dienst der Liebe den verlorenen Menschen.

Daher *ist dessen Angesicht von so großer Schönheit und Klarheit, daß du leichter in die Sonne blicken könntest als in dieses Angesicht.* Denn die Fülle der Liebe liegt in dem so mächtig strahlenden Leuchten Seiner Gaben, daß sie jede Einsicht menschlichen Wissens, mit dem es in der Seele die verschiedenen Dinge erkennen kann, so übertrifft, daß man sie mit seinen Sinnen keineswegs erfassen kann.

Aber hier wird sie in einem Abbild gezeigt, damit man dadurch Ihn, der mit den menschlichen Augen auf sichtbare Weise nicht gesehen werden kann, im Glauben erkennt.

3. Die überragende Liebe Gottes, die im Glauben erkannt wird

Und ein weiter goldener Reif umgibt das Haupt dieser Gestalt. Denn der katholische Glauben, der sich über den ganzen Erdkreis ergießt und im ersten Morgenrot eines außergewöhnlichen Glanzes aufsteigt, umfaßt mit aller Ehrfurcht das Übermaß der Fülle der wahren Liebe, in der Gott durch die Menschheit Seines Sohnes den Menschen erlöste und ihn durch die Eingießung des Heiligen Geistes stärkte. So wird der Eine Gott in Seiner Dreifaltigkeit erkannt, Er, der ohne Anfang in der Zeit vor aller Zeit Gott in Seiner Gottheit war.

Daß aber *in diesem Reif über dem Haupt ein anderes Gesicht wie das eines älteren Mannes erscheint,* das bedeutet, daß den Gläubigen die alles überragende Güte Gottes, der ohne Anfang und Ende ist, zur Hilfe kommt.

Das Kinn und der Bart dieses Gesichtes berühren den Scheitel des ersten Antlitzes. Denn Gott hat in Seinem Planen und in Seiner Fürsorge für alles das Äußerste Seiner Liebe darin gezeigt, daß der Gottessohn in Seiner Menschheit den verlorenen Menschen zum Himmel zurückführt.

4. Die Untrennbarkeit von Gottes- und Menschenliebe

Von den beiden Seiten des Halses derselben Gestalt geht je ein Flügel aus, die sich über den erwähnten Reif erheben und dort verbinden. Denn die Liebe zu Gott und die Nächstenliebe <dilectio Dei et proximi> können nicht voneinander getrennt werden, weil sie durch die Tugendkraft der Liebe <caritas> aus der Einheit des Glaubens hervorgehen und in tiefster Sehnsucht diesen Glauben umfassen. Aber die heilige Gottheit verhüllt den Menschen den unermeßlichen Glanz Ihrer Herrlichkeit, solange sie im Schatten des Todes ohne das himmlische Gewand sind, das sie in Adam verloren haben.

5. Der geistliche Mensch in seiner Hinwendung zu Gott

Ganz oben auf der bogenförmigen Krümmung des rechten Flügels erblickte ich gleichsam den Kopf eines Adlers mit feurigen Augen, in denen der Glanz der Engel wie in einem Spiegel erscheint. Denn wenn sich jemand in der Unterwerfung, die Erhöhung bedeutet, Gott unterstellt und den Satan überwindet, wird er erhöht in der Glückseligkeit des göttlichen Schutzes. Und wenn er vom Heiligen Geist entbrannt sein Herz emporhebt und sein Streben auf Gott richtet, dann erscheinen darin in Klarheit die seligen Geister und bringen Gott die Hingabe dieses Herzens dar. Denn mit dem Adler werden die geistlichen Menschen bezeichnet, die in voller Hingabe ihres Herzens in der Betrachtung oftmals wie die Engel Gott schauen. Deshalb freuen sich die seligen Geister, die Gott unablässig anschauen, an den guten Werken der Gerechten und zeigen sie Ihm in sich selbst.

Und indem sie so im Lob Gottes verharren, haben sie daran nie Überdruß, weil sie es niemals an ein Ende bringen können. Denn unzählig sind die Wunder, die Gott in der Kraft Seiner Allmacht tut. Wer könnte sie zählen? Niemand. Den Engeln ist ein Glanz wie von vielen Spiegeln eigen, in den sie schauen. Niemand wirkt so und hat soviel Macht wie Gott. Daher ist niemand Ihm gleich, denn Er ist nicht durch die Zeit begrenzt.

6. Die Schöpfung im Vorauswissen Gottes

Alles, was Gott gewirkt hat, hatte er vor dem Beginn der Zeit in seinem Vorauswissen. In der reinen und Heiligen Gottheit nämlich erschien alles Sichtbare und Unsichtbare ohne Zeitpunkt und Zeitablauf vor aller Zeit, wie Bäume oder andere Geschöpfe, die nahe am Wasser stehen, in diesem gesehen werden, obwohl sie in ihm nicht leibhaftig vorhanden sind. Aber dennoch erscheint ihre ganze Gestalt im Wasser.

Als aber Gott sprach: „Es werde", da wurde alles mit seiner Gestalt umkleidet, was Sein Vorauswissen vor aller Zeit ohne Körper schaute. Wie nämlich in einem Spiegel alles, was vor ihm steht, aufleuchtet, so erscheinen in der Heiligen Gottheit alle Ihre Werke ohne jede Zeit. Und wie könnte Gott sein ohne das Vorauswissen Seines Werkes, da doch jedes Werk von Ihm, nachdem es von seinem Körper bekleidet ist, in seiner Funktion, die es hat, vollkommen ist? Denn die Heilige Gottheit wußte im voraus, daß es Ihr mit seinem Wissen, Erkennen und Dienst beisteht. Denn wie auch jeder Lichtstrahl den Umriß jedes Wesens durch den Schatten zeigt, so schaute das reine Vorauswissen Gottes jede Gestalt der Geschöpfe, bevor sie in ihrem Körper war. Denn jedes Werk, das Gott schaffen wollte, strahlte, noch bevor eben dieses Werk seine Gestalt erhielt, in dieser Ähnlichkeit in Seinem Vorauswissen, so wie der Mensch den Glanz der Sonne erblickt, bevor er die Sonne selbst anschauen kann. Und wie der Glanz der Sonne diese selbst anzeigt, so offenbaren die Engel durch ihr Lob Gott. Und wie es unmöglich ist, daß die Sonne ohne ihr Licht ist, so ist auch die Gottheit nicht ohne das Lob der Engel. Das Vorauswissen Gottes ging also voraus, und Sein Werk folgte, und wenn das Vorauswissen Gottes nicht vorausgegangen wäre, wäre Sein Werk nicht erschienen, wie man den Körper eines Menschen nicht erkennt, wenn man sein Gesicht nicht sieht. Wenn man aber das Gesicht eines Menschen sieht, lobt man auch seine Gestalt. So sind im Menschen das Vorwissen Gottes und sein Werk.

7. Die Entscheidung der ersten Engel gegen Gott und ihr Sturz

Es gab aber eine unzählbare Schar von Engeln, die aus sich selbst heraus sein wollten. Denn als sie ihre großartige, ruhmvolle Herrlichkeit in strahlendem Glanz sahen, vergaßen sie ihren Schöpfer. Noch bevor sie begonnen hatten, ihn zu loben, berechneten sie bei sich selbst, der Glanz ihrer Ehre sei so wahrhaftig, daß ihnen niemand widerstehen könne; deshalb wollten sie auch Gott herabsetzen. Denn als sie sahen, daß sie Ihn in Seinen Wundertaten niemals an ein Ende bringen konnten, verabscheuten sie Ihn. Obwohl sie Ihn hätten loben müssen, sagten sie in ihrem trügerischen Wahn, sie würden sich in ihrer großen Herrlichkeit einen anderen Gott wählen. Deshalb stürzten sie in die Finsternis und wurden in solche Ohnmacht zurückgeworfen, daß sie keinem Geschöpf etwas antun können, außer soweit es ihnen von ihrem Schöpfer erlaubt wird.

Gott hatte ja den ersten Engel, der Luzifer genannt war, mit allen Auszeichnungen der Geschöpfe, die er diesen allen gegeben hatte, so überhäuft, daß auch seine ganze Heerschar dadurch Glanz erhielt. Als er sich widersetzte, wurde er daher schrecklicher als alle Schrecklichen, weil die Heilige Gottheit in Ihrem Zorn ihn an jenen Ort verstieß, der ohne Licht ist.

8. Die Hinwendung des Menschen zu Gott

Ganz oben auf der bogenförmigen Krümmung des linken Flügels ist gleichsam das Antlitz eines Menschen, das wie der Glanz der Sonne leuchtet. Das bedeutet: Auf dem Gipfel der siegenden Demut, wenn der Mensch die irdischen Beweggründe, die ihn gleichsam von links anfechten, in Demut zertritt und sich der Verteidigung seines Schöpfers zuwendet, hat er das Aussehen eines Menschen, weil er beginnt, nicht nach Art des Viehs, sondern gemäß dem, was die menschliche Natur ihn lehrt, in Würde zu leben. Daher zeigt er auch in diesen gerechten Werken, daß die gute Absicht seines Herzens leuchtet wie strahlender Glanz.

9. Der Mensch am Platz und in der Ehre des gefallenen Engels

Denn als Gott sprach: „Es werde Licht" (Gen 1,3), entstand das vernunftbegabte Licht, nämlich die Engel, und zwar sowohl jene, die mit Ihm in der Wahrheit blieben, als auch jene, die in die äußeren Schatten stürzten, die ohne jedes Licht sind, weil sie leugneten, daß das wahre Licht, das vor der Zeit ohne Anfang in Herrlichkeit war, Gott ist, und weil sie jemanden Ihm gleichmachen wollten, was nicht sein kann.

Da ließ Gott ein anderes Leben entstehen, das Er mit einem Leib umhüllte. Das ist der Mensch, dem Er den Platz und die Ehre des verlorenen Engels gab, damit er zum Lob Gottes das vollende, was jener nicht tun wollte. Mit dem Menschenantlitz aber werden diejenigen bezeichnet, die zwar mit ihrem Leib der Welt zugeordnet sind, aber mit dem Geist Gott beständig dienen und nicht deshalb, weil sie in der Welt an weltliche Verpflichtungen gebunden sind, im Dienst Gottes das vergessen, was des Geistes ist.

Und die Gesichter sind nach Osten gewandt, weil sowohl Geistliche als auch Weltliche, die danach verlangen, Gott zu dienen und ihre Seele im Leben zu bewahren, sich dem Ursprung des heiligen Lebenswandels und der Seligkeit zuwenden müssen.

10. Die Liebe des Gottessohnes in der Menschwerdung

Aber von den beiden Schultern dieser Gestalt reicht je ein Flügel bis zu ihren Knien. Denn in der Kraft Seiner Liebe hat der Sohn Gottes Gerechte und Sünder an sich gezogen, und die einen auf die Schultern genommen, weil sie gerecht gelebt hatten, die anderen auf die Knie, weil Er sie vom Weg der Ungerechtigkeit zurückgerufen hatte. Er hat sie zu Teilhabern der himmlischen Bürger gemacht, wie auch der Mensch das, was er trägt, mit Knien und Schultern abstützt. Denn durch das Wissen Seiner Liebe wurde der Mensch mit Leib und Seele zur Fülle des Heiles geführt, obwohl er häufig vom Zustand der rechten Beständigkeit abweicht. Wenn ihn die Gaben des Heiligen Geistes in ihrer reinen, heiligen Fülle von oben überströmen, so unterweisen sie ihn überreich in den himmlischen und geistlichen

Belangen. Auch in den irdischen Dingen erziehen sie ihn, allerdings auf andere Weise, zum Nutzen der leiblichen Bedürfnisse. Trotzdem erkennt er sich in ihnen als schwach, krank und sterblich, obwohl er mit diesen mannigfaltigen Gaben ausgerüstet ist.

Sie ist aber mit einem Gewand bekleidet, das dem Glanz der Sonne ähnlich ist. Das bedeutet: Der Sohn Gottes hat in Seiner Liebe den menschlichen Leib ohne jede Befleckung der Sünde in Ähnlichkeit zur Schönheit der Sonne bekleidet. Denn wie die Sonne vor den anderen Geschöpfen in so großer Höhe leuchtet, daß sie von keinem Menschen berührt werden kann, so vermag auch der Mensch die Menschheit des Gottessohnes in ihrem Wesen durch kein menschliches Wissen, sondern nur durch den Glauben zu erfassen.

Und in ihren Händen trägt sie ein Lamm, leuchtend wie das Licht des Tages. Denn die Liebe in den Werken des Gottessohnes hat die Milde des wahren Glaubens offenbart, die alles überstrahlt, als Er aus Zöllnern und Sündern Märtyrer, Bekenner und Büßer erwählte und als Er aus Ungläubigen Gerechte machte, wie aus Saulus Paulus, damit sie über die Flügel der Winde, das heißt in die göttliche Harmonie, flögen. So hat die Liebe ihr Werk allmählich und bestimmt vollendet, so daß keine Schwäche in ihm ist, sondern die ganze Fülle. Das schafft der Mensch nicht, weil er nur eine mäßige Fähigkeit hat, etwas zu tun, und es kaum aushält, bis er es zu Ende bringt, damit es von anderen gesehen wird.

Der Mensch soll das bei sich bedenken: Auch der Vogel, der aus dem Ei schlüpft und noch keine Federn hat, beeilt sich noch nicht zu fliegen; aber wenn er dann Federn bekommen hat, fliegt er dorthin, wo es ihm entsprechend erscheint.

11. Die makellose Liebe des Gottessohnes und die Bosheit der Schlange

Die Gestalt *tritt mit ihren Füßen auf ein Ungetüm von abscheulichem Aussehen und giftiger schwarzer Farbe und auf eine Schlange.* Das bedeutet: Die wahre Liebe zertritt mit den Fußspuren des Gottessohnes das Unrecht, das verdreht ist durch zahlreiche Laster, abscheulich durch viele Verkehrtheiten, giftig durch seine Verführung und schwarz in seiner Verlorenheit, und sie zertritt die alte Schlange, die allen Gläubigen nachstellt. Denn der Gottessohn machte sie am Kreuz zunichte.

Diese verbeißt sich mit ihrem Maul in das rechte Ohr des Ungetüms, ihren übrigen Körper schlingt sie quer über dessen Kopf und ihren Schwanz streckt sie auf seiner linken Seite bis zu seinen Füßen aus. Der Teufel, der manchmal seine Verführung als Wohltat tarnt, verbeißt sich in die Zwietracht. Denn indem er an ihren Anfang hier und da die ganze Gattung der Laster leicht anfügt, zeigt er am Ende doch, daß er die Verkehrtheit vollendeter Zwietracht in sich hat. Die Schlange nämlich, die in ihrer List schlauer ist als das andere Gewürm, zerstört mit dieser Verschlagenheit alles, was sie kann, und wendet sich stets dem Schlechtesten zu, worauf auch die verschiedenen Farben an ihr hinweisen. So hat es auch Satan gemacht, denn als er seine eigene Schönheit erkannte, wollte er seinem Schöpfer gleich sein, und das flüsterte er auch den Menschen ins Ohr, gleichsam durch den Kopf der Schlange. Und er wird bis zum Jüngsten Tag nicht aufhören, das zu tun; das bedeutet gleichsam sein Schwanz.

12. Die Vernichtung des Bösen durch die Liebe Gottes

Die Liebe ist im Rad der Ewigkeit ohne Zeit, wie die Glut im Feuer. Gott hat nämlich in Seiner Ewigkeit alle Geschöpfe vorausgewußt. Er hat sie in der Fülle Seiner Liebe so hervorgebracht, daß der Mensch bei ihnen keine Erquickung oder keinen Dienst entbehrte, weil Er sie mit dem Menschen verband wie die Flamme mit dem Feuer.

Als ersten aber schuf Gott den Engel in der größten Schönheit, wie schon vorher gesagt wurde. Aber sobald jener sich selbst erblickte, haßte er seinen Herrn und wollte selbst der Herr sein. Aber Gott warf ihn in den Schacht der Hölle. Daher gibt dieser Aufrührer dem Menschen seinen bösen Rat, dem der Mensch zustimmt.

13. Die Herrlichkeit des ersten Menschen und die Verführung durch die Schlange

Denn als Gott den Menschen schuf, bekleidete er ihn mit einem himmlischen Gewand, so daß er in hellem Glanz erstrahlte. Der Teufel aber sah die Frau und erkannte, daß sie die Mutter einer großen Welt sein werde. Und in derselben Bosheit, in der er sich von Gott abwandte, erreichte er, daß er Ihn in diesem Seinen Werk überwand, und zwar so, daß er eben dieses Werk Gottes, den Menschen, in Gemeinschaft mit sich brachte. Da gab die Frau, die beim Genuß des Apfels spürte, daß sie eine andere wurde, den Apfel ihrem Mann, und so verloren beide das himmlische Gewand.

14. Die Vertreibung aus dem Paradies und die Treue zwischen Mann und Frau

Als Gott dann sprach: „Adam, wo bist du?“ (Gen 3,9), deutete Er darauf hin, daß Er daran dachte, ihn nach Seinem Bild und Gleichnis geschaffen zu haben (Gen 1,26), und daß Er ihn wieder zu sich zurückholen wollte. Auch dessen Nacktheit bedeckte Er im demütigen Dienst der Liebe und schickte ihn in die Verbannung. Er erhielt statt des leuchtenden Gewandes ein Schaffell, wie Er ihm auch das Paradies gegen die Verbannung austauschte. Gott hat ja die Frau mit dem Mann durch den Schwur der Treue verbunden, so daß diese Treue zwischen ihnen nie gebrochen werden soll, sondern daß sie zusammenstimmen wie Leib und Seele, die Gott zu einer Einheit verbunden hat. Deshalb wird jeder, der diese Treue gebrochen hat und unbußfertig ohne Wiedergutmachung so verharrt, in das Land Babylon vertrieben werden, das Land der Schmach und Dürre, das so ohne das herrliche Grün der Felder, das heißt, ohne den Segen Gottes bleiben wird. Und die Rache Gottes wird über ihn fallen bis zur letzten Linie seiner Blutsverwandtschaft, die aus seinem hitzigen Blut hervorging, weil diese Sünde jenen Menschen trifft.

15. Die Fruchtbarkeit des geistlichen Menschen, dem Gehorsam Abrahams entsprechend

Und wie Adam der Stammvater des gesamten Menschengeschlechtes ist, so ist auch durch den Sohn Gottes, der in der Natur der Jungfrau Fleisch annahm, das geistige Volk hervorgegangen. Es wird so groß werden, wie Gott dem Abraham durch Seinen Engel verheißen hat, nämlich daß seine Nachkommenschaft wie die Sterne des Himmels sein werden, wie geschrieben steht: „Sieh doch zum Himmel hinauf und zähle die Sterne, wenn du sie zählen kannst. Und Er sprach zu ihm: So zahlreich werden deine Nachkommen sein. Abraham glaubte dem Herrn, und es wurde ihm als Gerechtigkeit angerechnet" (Gen 15, 5–6). Das ist so zu verstehen: Du, der du guten Willens Gott anbetest und verehrst, betrachte die Geheimnisse Gottes und erwäge den Lohn für die Verdienste derer, die Tag und Nacht vor Gott leuchten, soweit dies einem Menschen möglich ist, der durch die Last des Körpers beschwert ist. Denn solange der Mensch an dem Geschmack findet, was des Fleisches ist, kann er das, was des Geistes ist, nicht voll erfassen.

Und in einer wahrhaftigen Offenbarung wird das dem gesagt, der sich bemüht, Gott mit aufrichtigem Seufzen seines Herzens zu verehren. Auf diese Weise wird der Same deines Herzens vervielfacht und erleuchtet, weil du in den guten Acker gesät hast, der von der Gnade des Heiligen Geistes durchtränkt ist. Er wird auch vor dem höchsten Gott in seligen Tugenden vielfach aufgehen und leuchten, wie die Sterne am Himmel glänzen. Wer deshalb gläubig der göttlichen Verheißung vertraut und die Höhe des wahren Glaubens an Gott hat, so daß er auf alles Irdische hinabschaut und hinauf zum Himmlischen strebt, der wird als Gerechter unter die Söhne Gottes gezählt werden. Denn er liebte die Wahrheit und hatte keine List in seinem Herzen.

16. Der Gehorsam Marias und ihre Vorausbilder

Denn Gott wußte, daß Abrahams Gesinnung frei war von der List der Schlange, weil er das, was er tat, zu niemandes Schaden machte. Daher wählte Gott aus seinem Geschlecht die schlummernde Erde, der der Geschmack von dem, womit die alte Schlange die erste Frau täuschte, vollkommen unbekannt war.

Diese Erde aber, die im Stab Aarons (vgl. Num 17,8) vorausbezeichnet ist, war die Jungfrau Maria, die in großer Demut das verschlossene Brautgemach des Königs war. Denn als sie vom Thron die Botschaft empfing, daß der höchste Gott in ihrem verschlossenen Schoß wohnen wollte, blickte sie zur Erde, aus der sie geschaffen war, und sagte, sie sei die Magd des Herrn (vgl. Luk 1,38). Das tat die erste Frau in ihrer Verblendung nicht, weil sie das haben wollte, was ihr zu haben nicht zustand. Auch der Gehorsam Abrahams, durch den Gott dessen Glauben prüfte, indem Er ihm den in den Dornen hängenden Widder zeigte (vgl. Gen 22,13), wies im voraus auf den Gehorsam der seligen Jungfrau hin. Auch sie glaubte dem Wort des Gottesboten und wünschte, daß ihr nach dem Wort dieses Boten geschehe. Darum nahm der Sohn Gottes in ihr Fleisch an, worauf der in den Dornen hängende Widder hingedeutet hatte. Darin, daß Gott gesagt hatte, Abrahams Geschlecht werde sich vermehren wie die Sterne im Himmel, sah er jenes Geschlecht voraus, das unter die Vollzahl der himmlischen Gemeinschaft gerechnet werden sollte. Und weil er Gott in allem gläubig vertraute, wurde er auch Vater derer genannt, die Erben des Himmelreiches sein werden.

Jeder Mensch also, der Gott fürchtet und liebt, soll sich diesen Worten mit der Hingabe seines Herzens öffnen, und er soll wissen, daß sie zum Heil des Leibes und der Seele der Menschen nicht von einem Menschen verkündet sind, sondern durch Mich, der Ich bin (Ex 3,14).

TAFEL 2
Der Urlebendige

Ich sah ein Bild wie die Gestalt eines Menschen, dessen Antlitz von so großer Schönheit und Klarheit war, daß ich leichter in die Sonne hätte blicken können als in dieses Gesicht. Ein weiter goldener Reif umgab das Haupt dieser Gestalt. In diesem Reif erschien ein anderes Gesicht wie das eines älteren Mannes. Und von beiden Seiten des Halses derselben Gestalt ging ein Flügel aus. Auf dem höchsten Punkt des rechten Flügels erblickte ich gleichsam den Kopf eines Adlers, auf dem höchsten Punkt des linken Flügels war das Antlitz eines Menschen, das wie der Glanz der Sterne leuchtete.
In ihren Händen hielt sie ein Lamm, leuchtend wie das Licht des Tages. Mit ihren Füßen trat sie auf ein Ungeheuer von abscheulichem Aussehen und giftig schwarzer Farbe und auf eine Schlange.

Tafel 3
Der Urlebendige (Ausschnitt)

Zweite Vision

Die Elemente im Bau der Welt

Darauf erschien auf der Brust der vorher erwähnten Gestalt, die ich – wie gesagt – gleichsam inmitten des südlichen Luftraumes geschaut hatte, ein Rad von wunderbarem Anblick mit seinen Zeichen, ähnlich dem Bild, das ich vor achtundzwanzig Jahren in Gestalt eines Eies als Sinnbild gesehen hatte, wie in der dritten Vision des Buches „*Scivias*" gezeigt wird. An seiner Rundung zeigte sich außen ein Kreis von leuchtendem Feuer und unter diesem ein anderer Kreis von schwarzem Feuer. Der Kreis von leuchtendem Feuer übertraf an Dichte zweimal den schwarzfeurigen Kreis, und diese beiden Kreise waren miteinander verbunden, wie wenn sie ein Kreis wären. Unter dem schwarzfeurigen Kreis war ein weiterer wie aus reinem Äther, ringsum von gleicher Dichte wie die beiden erwähnten Feuerkreise. Aber unter diesem Kreis von reinem Äther zeigte sich ein anderer gleichsam aus wasserreicher Luft, in seinem Umfang von gleicher Dichte wie die des erwähnten Kreises von leuchtendem Feuer. Unter dem Kreis aus wasserreicher Luft erschien ein weiterer mit gleichsam starker, weißleuchtender Luft, in ihrer Härte ähnlich wie eine Sehne im menschlichen Körper, überall ringsum von derselben Dichte wie die des schwarzfeurigen Kreises. Auch diese beiden Luftkreise waren so miteinander verbunden, daß sie als ein Kreis erschienen. Unter diesem Kreis von starker, weißleuchtender Luft war eine andere dünne Luftschicht bezeichnet, die bisweilen hohe, lichte Wolken und dann wieder tiefhängende, dunkle Wolken emporzutragen und sich so gleichsam über das ganze Rad auszudehnen schien. All diese sechs Kreise waren ohne jeden Zwischenraum miteinander verbunden. Der äußerste Kreis aber durchströmte mit seinem Feuer die übrigen Kreise; der mit der wasserreichen Luft benetzte gleichsam alle anderen mit seiner Feuchtigkeit.

Und gleichsam vom Anfang der Ostseite des Rades bis zum Ende seiner Westseite erstreckte sich nach dessen Nordseite eine Linie, die gleichsam den nördlichen Bereich von den übrigen Bereichen abtrennte. In der Mitte des dünnen Luftkreises war auch eine Kugel zu sehen, ringsum im gleichen Abstand von der starken, weißleuchtenden Luft. Der Durchmesser der Kugel entsprach der Tiefe des Raumes von der höchsten Stelle des obersten Kreises bis zu den äußersten Wolken oder von den äußersten Wolken bis zur Höhe dieser Kugel.

In der Mitte dieses Rades erschien die Gestalt eines Menschen, dessen Scheitel oben und dessen Fußsohlen unten bis zu dem Kreis der starken, weißleuchtenden Luft reichten. Auf der rechten Seite waren die Fingerspitzen seiner rechten Hand, links die der linken Hand bis zu dem Kreis in seiner Rundung ausgestreckt, weil diese Gestalt ihre Arme so ausgebreitet hatte. In Richtung der vier Seiten erschienen vier Köpfe, und zwar gleichsam der eines Leoparden, eines Wolfes, eines Löwen und eines Bären.

Über dem Scheitel der Gestalt nämlich sah ich in dem Kreis des reinen Äthers den Kopf eines Leoparden, der aus seinem Maul einen Hauch ausstieß. Dieser bog sich an der rechten Seite des Maules etwas zurück und formte sich zu einem Krebskopf mit zwei Scheren, gleichsam wie mit zwei Füßen. Auf der linken Maulseite aber endete der Hauch, indem er sich etwas in der Länge zurückdrehte, in einem Hirschkopf. Aus dem Maul dieses Krebskopfes führte ein weiterer Hauch bis in die Mitte des Zwischenraumes zwischen dem erwähnten Leoparden- und Löwenkopf. Aus dem Maul des Hirschkopfes kam ein anderer Hauch und reichte bis zur Mitte des Raumes zwischen Leoparden- und und Bärenkopf. Und jeder Hauch, der von der rechten Seite des Leopardenkopfes bis zum Krebskopf, der von seiner linken Maulseite bis zum Hirschkopf, auch der Hauch, der vom Maul des Krebskopfes bis zur Mitte des Raumes zwischen Leoparden- und Löwenkopf reichte, und der vom Maul des Hirschkopfes bis zur Mitte zwischen Leoparden- und Bärenkopf hatte dieselbe Länge. Alle diese Köpfe hauchten auf das beschriebene Rad und die Menschengestalt zu. Aber unter den Füßen dieser Menschengestalt in dem Kreis der wasserreichen Luft erschien der Kopf eines Wolfes, der aus seinem Maul einen Hauch ausstieß, der von rechts aus diesem Maul ziemlich weit hervorbrach und in der Mitte des Zwischenraumes zwischen Wolfs- und Bärenkopf die Gestalt eines Hirschkopfes annahm; aus dessen Maul kam ein anderer Hauch und endete in derselben Mitte. Von der linken Seite des Wolfskopfes stieg ein Hauch aus seinem Maul, der sich in der Mitte des Zwischenraumes zwischen Wolfs- und Löwenkopf verlängerte und bis zum Krebskopf mit seinen zwei Scheren, die wie zwei Füße waren, aufstieg. Auch von seinem Maul ging ein anderer Hauch aus und ließ in der Mitte nach. In derselben Größe und Form wie die Zwischenräumen zwischen den Köpfen dehnte sich ihr Blasen hierhin und dorthin in der Länge aus, wie es oben von den anderen gesagt wurde. Und sie entsandten ihren Hauch auf das beschriebene Rad und die Menschengestalt, die in ihm stand.

Zur Rechten dieser Gestalt sah ich im Kreis des leuchtenden Feuers einen Löwenkopf, aus dessen Maul ein Hauch hervorging und sich an beiden Seiten des Maules etwas in die Länge dehnte; und so formte er sich auf der rechten Seite zu einem Schlangenkopf, auf der linken zum Kopf eines Lammes. Der Schlangenkopf zeigte sich in der Hälfte des Zwischenraumes zwischen Löwen- und Wolfskopf und schickte einen Hauch aus, der sich nach derselben Mitte zog und sich mit dem Hauch verband, der vom Krebskopf ausging, der zwischen Wolfs- und Löwenkopf war. Der Lammkopf erschien in der Mitte der Hälfte des Abstandes zwischen Löwen- und Leopardenkopf und schickte einen Hauch aus, der sich bis zur Mitte des Hauches zog, der vom Krebskopf, welcher zwischen Leoparden- und Löwenkopf war, in einer Verbindung entgegenkam. Die Länge ihres Hauches entsprach den Zwischenräumen, durch die diese Köpfe voneinander getrennt waren, wie bereits von den oberen Köpfen und ihrem Hauch gesagt wurde. Und sie zeigten, daß sie auf das erwähnte Rad und die menschliche Gestalt zuhauchten.

Zur Linken dieser Gestalt aber erschien im Kreis des schwarzen Feuers der Kopf eines Bären, der einen Hauch aus seinem Maul entsandte, der sich ebenfalls rechts und links von seinem Maul etwas in die Länge ausdehnte. Rechts endete er in einem Lammkopf, links bekam er die Form eines Schlangenkopfes. Aus dem Maul des Lammkopfes aber reichte ein anderer Hauch bis zur Mitte des Abstandes zwischen dem Bären- und dem Leopardenkopf. Aus dem Maul des Schlangenkopfes ging ein anderer Hauch hervor und reichte bis zur Mitte des Abstandes zwischen dem Bären- und dem Wolfskopf. All diese Aushauchungen hatten eine vollkommen gleiche Länge: die, welche von der rechten Seite des Bärenmauls zum Kopf des Lammes kam, die von der linken Seite dieses Maules bis zum Schlangenkopf führte, auch die, die aus dem Maul des Lammkopfes bis zu der erwähnten Mitte des Abstandes zwischen Bären- und Leopardenkopf ging, und die aus dem Maul des Schlangenkopfes, der sich bis zur Mitte des Abstandes zwischen Bären- und Wolfskopf ausdehnte. Auch all diese Köpfe hauchten auf das erwähnte Rad und die Menschengestalt.

Aber über dem Kopf dieser Gestalt waren in der Höhe getrennt voneinander sieben Planeten bezeichnet, drei im Kreis des leuchtenden Feuers, einer in dem darunterliegenden Kreis des schwarzen Feuers, drei wieder darunter im Kreis des reinen Äthers, so daß auch nach Süden an ihrer Seite und ebenso unter ihren Füßen die Sonne in derselben Weise und Anordnung deutlich bestimmt in ihrem Kreis erschien. Und von der Mitte des höchsten und ersten Planeten, der über dem Haupt dieser Gestalt bezeichnet war, gingen gleichsam Strahlen aus. Einer davon reichte bis zur Sonne hinab, einer strahlte bis zum rechten Fuß des vorher erwähnten Krebskopfes, der vom Leopardenkopf ausging; einer aber richtete sich auf die rechte Geweihgabel des Hirschkopfes, der ebenfalls von demselben Leopardenkopf ausging. Auch von der Mitte des zweiten Planeten neigte sich ein Strahl über die Sonne, ein anderer ging zum Kopf des Lammes, der aus dem Löwenkopf kam; ein weiterer wurde bis zu der erwähnten Linie gelenkt, die sich vom Anfang der Ostseite des Rades bis zum Ende der Westseite gegen den nördlichen Bereich hin erstreckte, wo der Kopf des Lammes, der vom Bärenkopf ausging, höher stand. Auch der dritte Planet schickte aus seiner Mitte gleichsam einen Strahl zur Sonne; einen anderen lenkte er zum Kopf der Schlange, der aus dem Löwenkopf hervorging; einen anderen streckte er aus zu der erwähnten Linie in Richtung des Schlangenkopfes, der von dem Bärenkopf ausging. Auch die Sonne sandte Strahlen aus und berührte hier den Leopardenkopf, dort den Löwenkopf, dort den Wolfskopf, nicht aber den Kopf des Bären. Einen anderen Strahl richtete sie oben auf den Mond, einen weiteren dehnte sie gleichsam bis auf die Hirnschale und beide Fersen der vorher erwähnten Gestalt aus. Auch aus der Mitte des fünften Planeten, der der nächste unterhalb der Sonne ist, stieg ein Strahl empor zur Sonne, einer erstreckte sich zum Kopf des Krebses, der vom Wolfskopf ausging, ein anderer aber richtete sich zum linken Horn des Mondes. Auch von der Mitte des sechsten Planeten, der über dem Mond der nächste ist, ging ein einziger Strahl empor zur Sonne, ein anderer wurde zum rechten Horn des Mondes gelenkt, ein weiterer aber erstreckte sich zum Kopf des Hirsches, der vom Wolfskopf ausging. Auch vom Mond leuchtete ein Strahl über beide Augenbrauen und über beide Fußknöchel der erwähnten Gestalt. Wie aber oben gesagt wurde, war die Sonne in derselben Weise und Ordnung, wie über dem Scheitel dieser Gestalt mit ihren Strahlen an den erwähnten Stellen bezeichnet. Aber auch auf ihrer rechten Seite und ebenso unter ihren Füßen erschien sie in ihrem Kreis an denselben Stellen bezeichnet.

Im Umlauf des Kreises, der wie leuchtendes Feuer erschien, zeigten sich auch sechzehn Hauptsterne: vier zwischen dem Leoparden- und Löwenkopf, vier zwischen dem Löwen- und Wolfskopf, vier zwischen dem Wolfs- und Bärenkopf, vier auch zwischen dem Bären- und Leopardenkopf. Acht von ihnen, die die mittleren der jeweils beieinander stehenden Sterne zwischen diesen Köpfen waren, nämlich je zwei zwischen zwei Köpfen, streckten ihre Strahlen zu der dünnen Luft aus, die ihnen gegenüberstand. Die übrigen acht aber, die auf beiden Seiten dieser mittleren Sterne den erwähnten Köpfen am nächsten erschienen, richteten ihre Strahlen nur auf das schwarze Feuer.

Auch der Kreis des reinen Äthers und der Kreis der starken, weißleuchtenden Luft waren gleichsam voll von Sternen, die ihren funkelnden Schein zu den gegenüberliegenden Wolken schickten. Diese richteten von dort auf der rechten Seite der erwähnten Gestalt gleichsam zwei voneinander getrennte Zungen, die sie wie Rinnsale aus sich hervorbrachten, auf das erwähnte Rad und die Gestalt. Auf ihrer linken Seite gingen von den dort beschriebenen Wolken ebenfalls zwei Zungen aus, die etwas voneinander getrennt wie Rinnsale hervorquollen und sich dem Rad und der Gestalt zuwandten. Auf diese Weise war die Gestalt in diese Zeichen verflochten und von ihnen umgeben.

Ich sah auch, daß von dem Mund dieser Gestalt, auf deren Brust das Rad erschien, Licht, strahlender als das Licht des Tages, wie in Fäden ausging. Durch sie wurden die Kreise und die übrigen Figuren, die auf demselben Rad unterschieden waren und die einzelnen Glieder der Menschengestalt, nämlich der Gestalt, die auch auf dem Rad erschien, im rechten und genauen Maß abgemessen. Das wird durch die vorausgegangenen und die folgenden Worte offenbart.

1. Das Rad als Symbol der Gottheit

Und wieder hörte ich eine Stimme vom Himmel, die zu mir sprach: Gott hat zur Ehre Seines Namens die Welt aus den Elementen zusammengefügt. Er hat sie mit den Winden verstärkt, mit den Sternen verknüpft und erleuchtet und auch mit den übrigen Geschöpfen erfüllt. In ihr hat Er den Menschen mit all diesem umgeben und ausgerüstet und ihn mit größter Kraft überall durchströmt, damit die gesamte Schöpfung ihm in allem beistehe und an seinem Werken teilhabe, so daß er mit ihnen wirkt. Denn der Mensch kann ohne die Schöpfung weder leben noch bestehen, wie es dir in dieser Vision gezeigt wird.

Denn auf der Brust der vorher erwähnten Gestalt erscheint ein Rad von wunderbarem Anblick mit seinen Zeichen, ähnlich dem Bild, das du vor achtundzwanzig Jahren in Gestalt eines Eies als Sinnbild gesehen hattest, wie es dir in früheren Visionen gezeigt wurde. Denn die Gestalt der Welt existiert im Wissen der wahren Liebe, die Gott ist, ohne dem Vergessen anheimzufallen, unaufhörlich kreisend und wunderbar für die menschliche Natur, so daß sie von keinem Alter verbraucht, aber auch nicht durch Neues vermehrt werden kann. Wie sie am Anfang von Gott geschaffen wurde, so wird sie bis zum Ende der Zeit bleiben. Denn die Gottheit ist in Ihrem Vorauswissen und in Ihren Werk vollkommen wie ein Rad und in keiner Weise geteilt. Sie hat weder Anfang noch Ende, noch kann Sie von irgend jemand begriffen werden, weil Sie ohne Zeit ist. Und wie ein Kreis das umfaßt, was in ihm geborgen ist, so umfaßt die Heilige Gottheit unbegrenzt alles und übertrifft alles, weil niemand sie in Ihrer Macht zerteilen noch übertreffen noch an ein Ende bringen kann.

2. Ei und Rad als Symbole für den Weltbau

Daß aber die erwähnte Figur in deinen früheren Visionen in Eiform gezeigt wurde, weist darauf hin, daß die Verschiedenheit der Elemente nur in diesem Bild gezeigt werden kann. Denn da die Welt durch die Elemente unterschieden ist, ähnelt die unterschiedliche Form des Eies einigermaßen dieser Unterscheidung durch die Elemente. Hier aber wird am Rad nur der Umlauf und das rechte Maß dieser Elemente gezeigt, da keines von diesen

Bildern die Ähnlichkeit mit der Gestalt der Welt ganz erfaßt. Weil sie ja ein geschlossenes Ganzes ist, rund und kreisend, gibt eine Kugel, rundum geschlossen und kreisend, die Gestalt der Welt in jeder Hinsicht besser wieder.

3. Die Macht und das Gericht Gottes

Daß aber außen an seiner Rundung ein Kreis von leuchtendem Feuer erscheint, bedeutet, daß das erste Element, nämlich das Feuer, als erstes entsteht, weil es leicht ist und die übrigen Elemente umfaßt. Es erleuchtet und durchdringt alle Geschöpfe und bringt ihnen die Freude seines Lichtes, wobei es ihnen die Macht Gottes versinnbildlicht, der über allem steht und allem das Leben gibt. *Unter ihm zeigt sich ein anderer Kreis von schwarzem Feuer,* denn dieses Feuer steht unter der Macht des ersten und ist richtend und fast höllisch, geschaffen zur Bestrafung der Bösen, und es verschont nichts, worauf es mit seinem gerechten Urteil fällt. An ihm wird gezeigt, daß jeder, der sich Gott entgegenstellt, in den Zustand des Dunkels und vielfachen Unheils gestürzt wird. Denn im Sommer, wenn die Sonne emporsteigt, übt dieses Feuer im Versengen des Blitzes die Rache Gottes aus; wenn aber im Winter die Sonne tief steht, zeigt es die Strafen des Gerichtes in Eis, Hagel und Kälte; denn jede Sünde wird entsprechend ihrer Art entweder mit Feuer oder Kälte oder anderen Plagen bestraft. *Und derselbe Kreis des leuchtenden Feuers übertrifft den Kreis des schwarzen Feuers zweimal an Dichte,* weil das schwarze Feuer in seiner Schwärze so stark und bitter ist, daß es das obere Licht verdunkeln und zerstreuen würde, wenn dieses es nicht an Dichte überträfe. Das weist darauf hin, daß die Bestrafung für die Sünden der Menschen soviele Gefahren der Strafen in sich hat, daß der Mensch nicht bestehen könnte, wenn die Gnade und Milde Gottes sie nicht überträfe. Und *diese beiden Kreise sind miteinander verbunden, wie wenn sie ein Kreis wären,* weil sie in der Hitze des Feuers glühen und weil die Macht und das Gericht Gottes sich in der einen Richtigkeit halten und nicht voneinander getrennt werden.

4. Die Bedeutung der Reue

Unter dem schwarzfeurigen Kreis ist ein weiterer wie aus reinem Äther, ringsum von gleicher Dichte wie die beiden erwähnten Feuerkreise. Denn unterhalb der oben erwähnten Feuer, sowohl dem leuchtenden, als auch dem schwarzen, befindet sich der reine Äther, der mit seiner Rundung die ganze Welt umschließt. Er geht aus ihnen hervor wie das Funkeln aus dem flammenden Feuer, wenn das Feuer seine Flammen ausbreitet. Er weist hin auf die reine Reue der Sünder, die durch Gottes Gnade wie vom leuchtenden Feuer und durch die Furcht vor Ihm wie vom schwarzen Feuer im Menschen hervorgerufen wird. Und er hat dieselbe Dichte wie die beiden erwähnten Feuer, weil er, der von beiden Feuern widerstrahlt, auch die Dichte beider in sich hat und weder milder im Strahl des leuchtenden Feuers, noch strenger im Widerschein des schwarzen ist, als das gerechte Gericht Gottes entscheidet. Denn auch Tag und Nacht zeigen in sich nichts anderes, als was der göttliche Wille anordnet.

Dieser Äther hält auch den oberen und unteren Bereich zurück, damit sie ihre Grenze nicht überschreiten. Er fällt auch nicht mit seinem Urteil über irgendein Geschöpf her, sondern leistet ihm mit seiner Festigkeit und Gleichmäßigkeit vielfach Widerstand, genau so wie die Reue die Strafen der Sünder in Grenzen hält. Daß er die Dichte dieser Feuer hat, bedeutet, daß der reuige Mensch den Fall des ersten Engels, der leuchtend war, im leuchtenden Feuer betrachten soll und daß er in der Dichte des schwarzen Feuers das Fallen der Menschen bedenken soll, die in Unglauben und Verwegenheit sündigen. Und so soll er auf die Macht und das gerechte Urteil Gottes schauen und aufrichtig und in würdiger Weise bereuen.

5. Der Wert der heiligen Werke

Aber unter diesem Kreis von reinem Äther zeigt sich ein anderer aus wasserreicher Luft in seinem Umfang von gleicher Dichte wie die des erwähnten Kreises von leuchtendem Feuer. Das zeigt, daß unterhalb des genannten Äthers im Umlauf des Firmaments jene Wasser sind, die sich bekanntlich über dem Firmament befinden. Ihre Dichte ist dieselbe in ihrer Rundung wie die Dichte des leuchtenden Feuers. Diese wasserreiche Luft weist hin auf die heiligen Werke in den Vorbildern der Gerechten, die klar sind wie Wasser und unreine Werke reinwaschen, so wie Wasser alles Schmutzige abwäscht. Durch diese Fähigkeit stehen die Werke in ihrer Vollendung, je nachdem wie die göttliche Gnade im Feuer des Heiligen Geistes sie entzündet.

6. Die Wirkung der Unterscheidungskraft (Discretio)

Unter dem Kreis der wasserreichen Luft erscheint ein weiterer mit gleichsam starker, weißleuchtender Luft, in ihrer Härte ähnlich wie eine Sehne im menschlichen Körper. Dieser ist den Gefahren durch die oberen Wasser entgegengestellt und hält mit seiner Kraft und Zähigkeit deren Überschwemmungen zurück, damit sie nicht in einer plötzlichen, unangemessenen Überflutung die Erde bedecken. Das zeigt auch, daß die Unterscheidungkraft <discretio> die heiligen Werke durch eine derartige Mäßigung stärkt, damit der Mensch seinen Leib so im Zaum hält, daß er nicht ins Verderben stürzt, weil er ungerecht eingeschränkt wurde.

Dieser Kreis ist ringsum von derselben Dichte wie die des schwarzfeurigen Kreises, denn er ist zum Nutzen der Menschen in gleicher Weise eingesetzt wie jener zur Bestrafung ihrer Sünden. Aber so oft die unteren Wasser zur Bestrafung der Übeltaten durch Gottes gerechtes Urteil im Übermaß hinauf durch die Wolken gezogen werden, dringt Naß von der wasserreichen Luft durch die starke, weißleuchtende Luft, wie beim Menschen ein Getränk in die Blase läuft, wobei diese unversehrt bleibt. <Dieses Naß> bewirkt, daß jene Wasser von ihrer gefährlichen Überschwemmung ablassen. So unterscheidet auch die Unterscheidungskraft die Werke der Menschen zu ihrem Heil überall in gerechter Mäßigung, indem Gottes Urteil in der Strafe nicht über die Sünden der Menschen hinausgeht, sondern sie gerecht beurteilt. Denn der Beschützer und der Lenker halten sich gegenseitig in gerechtem Maß. *Auch diese beiden Luftkreise sind so miteinander verbunden, daß sie als ein Kreis erscheinen,* da sie von Feuchtigkeit durchdrungen sind und anderen Feuchtigkeit eingießen, wie die Unterscheidungskraft die guten Werke in ihrem Maß hält, damit sie nicht ins Verderben stürzen.

7. Das Zusammenwirken von Sehnsucht und rechter Einsicht unter dem Schutz der Discretio

Unter diesem Kreis von starker, weißleuchtender Luft ist eine andere dünne Luftschicht bezeichnet. Diese weist darauf hin, daß sie aus den oberen Kreisen und Elementen wie ausgeatmete Luft hervorgeht, die sich nicht von den Elementen trennt, wie auch der Atem des Menschen von ihm ausgeht und sich trotzdem nicht von ihm trennt. Diese Luft *scheint bisweilen hohe, lichte Wolken und dann wieder tiefhängende, dunkle Wolken emporzutragen,* die die vorher erwähnte wasserreiche Luft ausstößt und wieder einzieht, wie der Blasebalg eines Schmiedes Luft ausstößt und wieder einzieht. So kommt es, daß, während bestimmte Sterne, die in der erwähnten Feuerschicht ihren Platz haben, bei ihren Umläufen emporsteigen, diese Wolken hinaufziehen, wodurch sie auch leuchtend werden. Aber wenn sie in ihren Umläufen wieder hinabsteigen, bringen sie auch diese hinunter, und so sind sie dunkel und bringen Regen.

Die erwähnte dünne Luft *scheint sich so gleichsam über das ganze Rad auszudehnen,* weil alles, was auf der Welt ist, von ihr belebt und gestützt wird. Auch unter dem Schutz der Unterscheidungskraft zeigt die wahre Sehnsucht der gläubigen Menschen, die in der Genauigkeit der Gerechtigkeit steht, daß sie aus den höheren Tugendkräften und den Stärkungen durch den Heiligen Geist hervorgegangen ist, indem sie sich nicht von ihnen abwendet, sondern mit aller Ehrfurcht ständig daran festhält. Sie zeigt die feste Gesinnung in den Gläubigen, die bald im Vertrauen aufleuchtet, bald in Demut zittert, und sie schreibt Gott zu, was aus den heiligen Werken und Beispielen der Gerechten entsteht und bei ihr wieder gesammelt wird, wie auch ein Arbeiter durch seine Arbeit belohnt wird. Denn wenn sich in den Menschen die rechte Einsicht <bona scientia>, die vom Heiligen Geist glüht, mit ihren Rechtfertigungen zum Himmel erhebt, zieht sie auch deren Herzen mit sich und reinigt sie dort. Und wenn sie sich mit denselben Rechtfertigungen zu den Bedürfnissen des Leibes hinabneigt, so wendet sie auch ihre Herzen dorthin, so daß sie in diesen Sorgen wie verwirrt erscheinen. Trotzdem aber tragen sie den Tau der Tränen in sich, weil sie darüber seufzen, daß sie den irdischen Dingen so völlig anhängen, obwohl sie sich ganz unter die göttliche Macht stellen, indem sie sich ihr anvertrauen.

8. Der innere Zusammenhang aller Tugenden

All diese sechs Kreise waren ohne jeden Zwischenraum miteinander verbunden. Denn wenn die göttliche Anordnung sie nicht durch diese Verbindung so gefestigt hätte, würde das Firmament auseinanderbrechen und hätte keinen Bestand. Sie weisen darauf hin, daß die vollkommenen Tugenden im gläubigen Menschen durch die Eingebung des Heiligen Geistes miteinander verbunden und so gestärkt werden, daß sie im Kampf gegen die Laster des Teufels einmütig alle guten Werke vollbringen.

9. Die Werke der Gläubigen als Lobpreis der Güte Gottes

Der äußerste Kreis aber durchströmt mit seinem Feuer die übrigen Kreise; der Kreis mit wasserreicher Luft benetzt aber gleichsam alle anderen mit seiner Feuchtigkeit. Das oberste Element, nämlich das Feuer, stärkt die übrigen durch seine starke Kraft, das wasserreiche gibt mit seiner Befeuchtung den anderen die Grünkraft <viriditas>. So heiligt auch die Macht Gottes mit den Wundertaten Seiner Gnade die gläubigen Menschen, die Werke der Gläubigen aber preisen in der wahren Demut der Heiligkeit die Güte ihres Schöpfers.

10. Die Trennung von Gut und Böse durch die Gerechtigkeit

Und gleichsam vom Anfang der Ostseite des Rades bis zum Ende seiner Westseite erstreckt sich am Firmament nach dessen Nordseite eine Linie, die gleichsam den nördlichen Bereich von den übrigen Bereichen abtrennt. Denn vom ersten Aufgang des Ostens, wo die Sonne aufgeht, wenn die Tage länger zu werden beginnen, bis zum äußersten Untergang im Westen, wo die Sonne nicht weiter vordringt, biegt sich die Linie, nämlich die Sonnenbahn, die den nördlichen Bereich meidet. Denn die Sonne senkt sich nicht auf jene Gegenden, sondern verachtet sie gleichsam, seit der alte Verführer dort seinen Wohnsitz wählte; deshalb hat ihnen Gott den Zugang der Sonne weggenommen. Ebenso setzt der gläubige Mensch vom Anfang seiner guten Werke, die aus der Macht Gottes kommen, bis zu ihrer guten Vollendung die aufrichtige Gesinnung der Gerechtigkeit dem Unrecht entgegen, indem er die teuflischen Künste von den guten und heiligen Werken trennt. Denn wer Gott treu anhängen will, wird sich bemühen, das zu vermeiden, was seine Seele verletzt, damit er das hört, was geschrieben steht:

11. Offenbarung 2,17: Verheißung an den standhaften Menschen

„Dem Sieger werde ich vom verborgenen Manna geben. Ich werde ihm einen weißen Stein geben, und auf dem Stein steht ein neuer Name, den nur der kennt, der ihn empfängt" (Offb 2,17).

Das ist so zu verstehen: Jeder, der in den linken Bereich flieht, hat einen schweren Kampf gegen die sich windende Schlange (vgl. Jes 27,1), die ihm immerfort mit sich nach links zu ziehen sucht. Und wenn er in diesem Kampf standhält und vor dem Satan flieht , weil er seinem Rat nicht zustimmt, werde Ich, der Ich bin, ihm das lebendige Brot geben, das vom Himmel herabstieg, das verborgen war vor allem Wollen der Zeugungskraft des Mannes und vor aller List der alten Schlange. Ich werde ihm auch Gemeinschaft geben mit Ihm, der der Eckstein ist und der in leuchtender Klarheit Gott und Mensch ist. In Ihm lebt der Namen der neuen Wiedergeburt, weil Er Christus ist, von dem die Christen sind. Das versteht niemand vollkommen, solange er im hinfälligen, zeitlichen Leben ist, sondern nur der, der das Leben der ewigen Seligkeit in der Belohnung mit himmlischen Gütern erhält.

12. Die Vita activa, versinnbildlicht durch die Erdkugel

In der Mitte des dünnen Luftkreises ist auch eine Kugel zu sehen, ringsum im gleichen Abstand von der starken, weißleuchtenden Luft. Sie stellt die Erde dar, die in der Mitte der übrigen Elemente steht, damit sie von allen ins richtige Maß gebracht wird. Daher empfängt sie auch, da sie von allen Seiten durch diese in gleicher Weise emporgehoben wird und mit ihnen verbunden ist, fortwährend Lebenskraft <viriditas> und Stärkung von ihnen.

Auch das tätige Leben <vita activa> versinnbildlicht gleichsam die Erde; denn es bleibt bei den richtigen Wünschen, läuft nicht hierhin und dorthin und hält sich im richtigen Maß der Frömmigkeit an die Kräfte der Unterscheidungskraft. Es unterzieht sich bei den gläubigen Menschen maßvoll bald den geistlichen Pflichten, bald den leiblichen Bedürfnissen. Denn die, die die Discretio lieben, richten all ihr Tun nach dem Willen Gottes aus.

Ihr Durchmesser entspricht der Tiefe des Raumes von der höchsten Stelle des obersten Kreises bis zu den äußersten Wolken oder von den äußersten Wolken bis zur Höhe dieser Kugel. Denn vom höchsten Schöpfer ist die Erde in dieser Masse so zusammengeballt und gefügt worden, damit sie nicht vom Getöse der oberen Elemente oder durch die Gewalt der Winde oder die Überschwemmungen der Wasser aufgelöst werden kann. Denn auch alle Gläubigen betrachten mit weitem Herzen die Größe der Macht Gottes und blicken auf die Unbeständigkeit ihres Geistes und die Schwäche ihres Fleisches, und so bringen sie alles, was sie tun, ins rechte Maß, damit sie nicht versagen, dadurch daß sie in den höheren oder niederen notwendigen Angelegenheiten das rechte Maß überschreiten. So mahnt auch Paulus die Gläubigen, wenn er sagt:

13. Philipper 2,14–16: Der Mensch als Existenz in der Entscheidung

„Tut alles ohne Murren und Bedenken, damit ihr ohne Tadel seid und schlichte Kinder Gottes, ohne Makel mitten in einer verdorbenen und verwirrten Generation; unter ihr leuchtet ihr als Lichter in der Welt, festhaltend am Wort des Lebens" (Phil 2,14–16). Das ist so zu verstehen: Der Mensch steht gleichsam an einem Scheideweg: Wenn er im Licht das Heil von Gott sucht, wird er es erhalten, wenn er aber Böses wählt, wird er dem Teufel zur Bestrafung folgen. Deshalb soll der Mensch seine menschliche Natur und all seine Werke ohne Murren, das heißt ohne die Geschwüre der Sünden und ohne Zögern tragen, da er ja den vollkommenen Glauben hat. Wenn er das Gute liebt und das Böse haßt, soll er nicht daran zweifeln, daß er im kommenden Gericht befreit und von den Verlorenen getrennt wird, die sich vom

Guten abwenden, indem sie das Böse umfassen. Die das tun, werden niemanden verletzen und ohne das Geschrei trotziger Klage sein, sie werden auch in der Einfalt der guten Werke als Kinder Gottes leben und fern aller List der Verführung unangefochten gegenüber der Einschätzung jener bleiben, die sich rühmen, in schlechten und verkehrten Taten stark zu sein.

Unter ihnen leuchten sie in der Vollkommenheit des wahren Glaubens wie die Sterne, die ihrem Auftrag gemäß, wie der Schöpfer des Alls sie anordnete, das Weltall erleuchten. Durch diese ihre Lehre, die auf das Leben Rücksicht nimmt, bekehren sie möglichst viele zu Gott, wie auch der Sohn Gottes frei von Sünde allen in der Welt leuchtete. Denn Gott setzte auch die zwei Leuchten, Sonne und Mond, an das Firmament, die die Erkenntnis von Gut und Böse im Menschen versinnbildlichen. Wie nämlich das Firmament durch Sonne und Mond gefestigt wird, weilt der Mensch durch das Wissen um Gut und Böse hier und dort. Aber wie die Sonne ihren Lauf vollendet, ohne ihre Kreisbahn zu verringern, so geht auch die gute Erkenntnis ihren Lauf, ohne das Böse zu wünschen, vielmehr hält sie das Wissen um das Böse nieder, schilt es und tadelt es, weil in ihm kein Nutzen ist, und sie nennt es Hölle, wenn sie seine Begierden erfüllt. Und wie der Mond abnimmt und zunimmt, so verachtet das Wissen um das Böse die gute Erkenntnis und behauptet, sie sei dumm und nichtig.

Aber trotzdem kennt es sie, wie der Teufel um Gott wußte, obwohl er sich Ihm widersetzte.

14. Der Mensch in der Mitte des Weltbaus

In der Mitte diese Rades erscheint die Gestalt eines Menschen, dessen Scheitel oben und dessen Fußsohlen unten bis zu dem Kreis der starken, weißleuchtenden Luft reichen. Auf der rechten Seite sind die Fingerspitzen seiner rechten Hand, links die der linken Hand bis zu dem Kreis in seiner Rundung ausgestreckt, weil diese Gestalt ihre Arme so ausgebreitet hatte.

Das bedeutet: Mitten im Bau der Welt steht der Mensch, denn er ist mächtiger als die übrigen Geschöpfe, die in ihr leben: von Gestalt zwar klein, aber groß durch die Kraft seiner Seele. Seinen Kopf richtet er nach oben, seine Füße nach unten und bewegt so die oberen und unteren Elemente. Ebenso durchdringt er sie mit den Werken, die er mit seiner rech-

Tafel 4
Der Mensch im Kosmos

Darauf erschien auf der Brust der vorher erwähnten Gestalt ein Rad von wunderbarem Anblick.
In der Mitte dieses Rades erschien die Gestalt eines Menschen. In Richtung der vier Seiten erschienen vier Köpfe, und zwar gleichsam der eines Leoparden, eines Wolfes, eines Löwen und eines Bären.
Über dem Scheitel der Gestalt nämlich sah ich in dem Kreis des reinen Äthers den Kopf eines Leoparden, der aus seinem Maul einen Hauch ausstieß. Dieser bog sich an der rechten Seite des Maules und formte sich zu einem Krebskopf. Auf der linken Maulseite aber endete der Hauch in einem Hirschkopf. Alle diese Köpfe hauchten auf das beschriebene Rad und die Menschengestalt zu.

ten und seiner linken Hand bewirkt, weil er in den Kräften seines inneren Menschen diese Macht zu wirken hat. Wie nämlich der Leib des Menschen sein Herz an Größe übertrifft, so übertreffen auch die Kräfte der Seele den Leib des Menschen mit ihrer Kraft. Und wie das Herz des Menschen in seinem Leib verborgen ist, so ist auch sein Leib von den Kräften der Seele umgeben, denn sie erstrecken sich über den ganzen Erdkreis. Aber auch im Wissen Gottes hat der gläubige Mensch sein Dasein und er wendet sich in geistlichen und weltlichen Bedürfnissen an Gott. Bei Erfolg und Mißerfolg seiner Handlungen seufzt er zu Ihm auf, indem er in ihnen unablässig seine ganze Hingabe vor Ihm ausbreitet. Denn wie der Mensch mit seinen leiblichen Augen überall die Geschöpfe sieht, so sieht er im Glauben überall Gott und erkennt Ihn durch die Geschöpfe, weil er einsieht, daß Er ihr Schöpfer ist.

15. Der Mensch in den weltlichen Sorgen und Versuchungen

In Richtung der vier Seiten erscheinen vier Köpfe, und zwar der eines Leoparden, eines Wolfes, eines Löwen und eines Bären. Denn an den vier Seiten des Weltalls sind die vier Hauptwinde; sie sind so nicht ihrer Gestalt nach, sondern in ihren Kräften ahmen sie das Wesen der genannten Tiere nach.

Auch der Mensch steht gleichsam am Kreuzweg <quadrivium> der weltlichen Sorgen und wird von sehr vielen Versuchungen bedroht. In ihnen bedenkt er beim Leopardenkopf die Furcht des Herrn wie beim Wolf die Strafen der Hölle; im Löwen fürchtet er gleichsam das Gericht Gottes, während er im Bären bei körperlicher Drangsal von unzähligen Stürmen der Beschwerden geschüttelt wird.

16. Der Hauptostwind mit seinen Seitenwinden

Über dem Scheitel der Gestalt siehst du im Kreis des reinen Äthers den Kopf eines Leoparden, der aus seinem Maul einen Hauch ausstößt. Er bezeichnet den Hauptostwind, der wie ein Leopard aus dem reinen Äther kommt, nicht weil dieser Wind wie ein Leopard aussieht, sondern weil er wie der Leopard die Wildheit eines Löwen ohne dessen Wissen besitzt. Denn wie der Leopard sanfter und schwächer als der Löwe ist, so erhebt sich dieser Wind in wilder Angst, dann wendet er sich zur Milde und hört rasch auf zu blasen. Denn aus dem oberen schwarzen Feuer hat er seine Wildheit, vom reinen Äther aber, in dem er ist, hat er die Milde. *Auch aus der rechten Seite des Maules biegt er sich etwas zurück und formt sich zu einem Krebskopf mit zwei Scheren, gleichsam wie mit zwei Füßen.* Weil der Wind in diese Richtung geht, nimmt er dort die Eigenschaft eines Krebses an. *Auf der linken Maulseite endet der Hauch, indem er sich ebenso etwas in der Länge zurückdreht, in einem Hirschkopf,* weil er in dieser Richtung den Hirsch nachahmt, der schnell ist.

Aus dem Maul dieses Krebskopfes führt ein weiterer Hauch bis in die Mitte des Zwischenraumes zwischen dem erwähnten Leoparden- und Löwenkopf. Denn der Natur des Krebses entsprechend bringt der Seitenwind, der aufkommt, sein Blasen wie ein Wirbelwind ungleichmäßig hervor, so daß er in seiner Unbeständigkeit bald hierhin, bald dorthin läuft wie ein Krebs, der jetzt vorwärts geht und dann rückwärts. So gelangt dieser Wind in die Mitte zwischen Osten und Süden. *Aber aus dem Maul des Hirschkopfes kommt ein anderer Hauch und reicht bis zur Mitte des Raumes zwischen Leoparden- und Bärenkopf.* Denn entsprechend dem Wesen des Hirsches kommt ein anderer Seitenwind auf und bringt in seinem Blasen starkes, schnelles Rauschen hervor. Damit hört er rasch auf, wie ein Hirsch heftig zustößt und schnell wegläuft und dabei nicht lange durchhält. Auf diese Weise zügelt er sich, während er in die Mitte zwischen Osten und Norden läuft. *Und jeder Hauch, der von der rechten Seite des Leopardenkopfes bis zum Krebskopf, der von seiner linken Maulseite bis zum Hirschkopf, auch der Hauch, der vom Maul des Krebskopfes bis zur Mitte des Raumes zwischen Leoparden- und Löwenkopf reichte, und der vom Maul des Hirschkopfes bis zur Mitte zwischen Leoparden- und Bärenkopf hat dieselbe Länge.* Denn der östliche Hauptwind dehnt sich von beiden Seiten her in gleicher Länge zu seinen Seitenwinden aus, und diese Seitenwinde erreichen sowohl nach Süden, als auch nach Norden in derselben Länge ihre Grenzen.

17. Der Einfluß dieser Winde auf das Heil des Menschen

Alle diese Köpfe hauchen auf das beschriebene Rad und die Menschengestalt zu. Denn diese Winde bringen mit ihrem Blasen die Welt ins Gleichgewicht und bewahren durch ihren Dienst den Menschen zu seinem Heil. Weder die Welt würde bestehen noch der Mensch könnte leben, wenn sie nicht durch das Wehen dieser Winde belebt würden.

Wenn aber der Mensch mit der Absicht seiner Seele sich nach oben richtet, so daß er sich seiner bösen Taten erinnert oder sie noch einmal überdenkt, und wenn er dann bereit ist zu bereuen, erhebt sich in dieser Absicht gleichsam über den Scheitel jener Gestalt, und zwar im Zeichen des reinen Äthers, das heißt in der Reue, der Leopard, nämlich die Furcht des Herrn. Gleichsam aus ihrem Mund, das heißt aus ihrer Kraft, bringt sie, wenn sie das Herz des Menschen berührt, die Zerknirschung. Wenn sie das Herz des Menschen berührt, dehnt sie diese aus, wenn es dem Menschen gut geht, bis sie zum Kopf des Krebses, nämlich dem Vertrauen gelangt. Von ihm strecken sich gleichsam zwei Scheren, das heißt zwei Füße aus, nämlich Hoffnung und Zweifel. In Schwierigkeiten aber streckt er dieselbe Zerknirschung aus und führt sie zum Kopf des Hirsches, der den Glauben darstellt. Denn wenn der Mensch sich der Last seiner Sünden erinnert, nähert er sich der Reue. In ihr hört er nicht auf, Gott zu fürchten, obwohl er das Glück der Welt gleichsam auf der anderen Seite hat, solange bis er das Vertrauen erreicht, von dem wie zwei Füße Hoffnung und Zweifel ausgehen. Aus dem Vertrauen entspringt nämlich die Hoffnung, mit der sich manchmal trotzdem der Zweifel verbindet. Denn wenn der Mensch auf Gott vertraut, hofft er, die Verzeihung seiner Sünden gleichsam im Vorwärtsgehen zu erreichen; wenn er aber ihre Menge und Schwere bedenkt, zweifelt er oftmals gleichsam im Rückwärtsgehen, ob ihm seine Sünden vergeben werden oder nicht, obwohl er auf Gott vertraut.

Aber wenn er in den Schwierigkeiten gleichsam auf der anderen Seite körperliche Drangsal erleidet, wendet er sich dem Reichtum des Glaubens zu, der mit dem Geweih des wahren Trostes in ihm den Unglauben des Zweifels zunichte macht. Daher geht aus dem Maul des Krebses, nämlich aus dem Vertrauen, auch ein anderer Hauch hervor, die Beständigkeit, und schreitet voran bis zur Fülle der Vollkommenheit; dort steht sie zwischen der Gottesfurcht und dem Urteil Gottes. Denn wenn jemand im Vertrauen auf Gott in guten Werken beständig und vollkommen ist, nimmt er die Gottesfurcht in sich auf, damit er nicht schwerer sündigt. Er blickt auch auf das Urteil Gottes, um nicht seinen Sünden weitere hinzuzufügen.

Aus dem Maul des Hirsches aber, nämlich aus dem Glauben, kommt ein anderer Hauch, der als Heiligkeit zu verstehen ist, und streckt sich aus bis zur Fülle der Vollkommenheit, die zwischen der Gottesfurcht und der körperlichen Drangsal steht. Denn der gläubige Mensch bleibt, da er in der Heiligkeit stark ist, in dieser Vollkommenheit, so daß er Gott wahrhaft fürchtet und nicht aufhört, seinen Leib in Schranken zu halten.

Deshalb geht auch ein Hauch, nämlich die Zerknirschung, im Glück von der Gottesfurcht weiter zum Vertrauen, ein Hauch, nämlich dieselbe Zerknirschung, geht im Unglück ebenfalls von der Gottesfurcht zum Glauben. Ein Hauch, die Beständigkeit, strebt vom Vertrauen hin zur Fülle der Vollkommenheit, die zwischen der Gottesfurcht und dem Urteil Gottes steht. Ein Hauch, die Heiligkeit, geht, wie gesagt, vom Glauben zur Fülle der Vollkommenheit, die zwischen der Gottesfurcht und der körperlichen Drangsal steht. Sie alle rufen auf *eine* Weise und mit gleichbleibendem Eifer der Aushauchungen ihrer Kräfte den Menschen zur Seligkeit auf. Denn wenn sie auch verschiedene Aufgaben haben, streben sie doch nach der *einen* Glückseligkeit. Denn eine Tugend geht beim richtigen Handeln aus der anderen hervor. Und all diese Köpfe, das heißt diese Tugenden, sind im Wissen Gottes, achten auf das Wissen Gottes und stehen dem Menschen sowohl in seinen leiblichen, als auch in seinen geistlichen Bedürfnissen bei.

Wenn nämlich die Gottesfurcht den Menschen inspiriert, beginnt der Mensch selbst, Gott zu fürchten; er geht weise seinen Weg, indem er gute und gerechte Werke vollbringt. Auch das Vertrauen, in dem der Mensch auf Gott vertraut, berührt ihn zusammen mit der Beständigkeit, damit er standhaft auf Gott vertraut und seine Gedanken auf Gott ausrichtet. Denn der Geist der Gläubigen wird von der Tugend der Standhaftigkeit gestärkt. Der Glaube aber entscheidet mit der Heiligkeit das, was am Unglauben zu verurteilen ist; er breitet sich schnell aus und erfüllt rasch die Gläubigen, indem er ihr Gehör von allen Verwirrungen durch verkehrte Gedanken befreit und die verführerischen Begierden in ihnen zerstört. Wenn aber der Mensch die Lebenskraft <viriditas> der Tugenden verläßt und sich der Dürre der Gleichgültigkeit zuwendet, so daß er ohne den Lebenssaft und die Lebenskraft der guten Werke ist, ermatten die Kräfte seiner Seele und verdorren. Wird er aber von der Ausschweifung der Begierden wie von einer übermäßigen Überschwemmung zu sehr überflutet, dann wird sein Geist entkräftet, weil er auf schlüpfrigen Wegen geht. Wenn er jedoch auf dem rechten Weg geht, werden alle seine Werke zum Erfolg geführt, wie im Hohenlied geschrieben steht:

18. Hoheslied 1,2: Die Seligkeit der Gläubigen

„Der König hat mich in seine Gemächer geführt. Jauchzen laßt uns und deiner uns freuen, deine Liebe ist süßer als Wein. Dich liebt man mit Recht" (Hld 1,2). Das ist so zu verstehen: Weil ich, die Seele eines gläubigen Menschen, auf der Spur der Wahrheit dem Gottessohn gefolgt bin, der durch seine Menschheit den Menschen erlöst hat, hat Er, der der Lenker von allem ist, mich in die Fülle seiner Gaben geführt. Dort finde ich alle Sättigung an Tugenden und steige von Tugend zu Tugend empor (Ps 84,8). Daher werden wir alle, die wir durch das Blut des Gottessohnes erlöst sind, von ganzen Herzen jubeln und mit der ganzen Seele uns in Dir erfreuen, Du Heilige Gottheit, durch die wir leben. Wir rufen uns die Süßigkeit der himmlischen Belohnungen ins Gedächtnis, die über allen Leiden und aller Trübsal stehen, die wir von den Gegnern der Wahrheit erduldet haben. Und so erachten wir sie für nichts, während wir die Wonnen kosten, die Du uns durch die Offenbarung Deiner Gebote verheißt (vgl. 2 Kor 4,17, Röm 8,18). Und so lieben Dich die, die in den Werken der Heiligkeit recht leben, mit aufrichtiger vollkommener Liebe, weil Du denen, die Dich lieben, alle Güter gewährst und ihnen schließlich das ewige Leben verleihst. Aber auch die Weisheit gießt in die Gemächer, das heißt in den Geist der Menschen, die Gerechtigkeit des wahren Glaubens, durch den der wahre Gott erkannt wird. Dort unterdrückt derselbe Glaube die Kälte und alle Feuchte der Laster so, daß sie nicht weiter keimen oder wachsen können. Dann zieht er alle Tugenden fest an sich, wie wenn man Wein in einen Becher gießt, der den Menschen zum Trinken gereicht wird.

Deshalb tragen auch die Gläubigen im wahren Vertrauen auf die ewige Belohnung jauchzend und in Freude die Garben (vgl. Ps 126,6b) ihrer guten Werke, die sie getan haben. Sie dürsten nach der Gerechtigkeit Gottes und saugen an ihren Brüsten die Heiligkeit. So können sie es nicht überdrüssig werden, sich immer an der Anschauung Gottes zu erfreuen, da die Heiligkeit alles menschliche Verstehen übertrifft. Wenn nämlich der Mensch das Rechte ergreift, verläßt er sich selbst, kostet und trinkt die Tugenden und wird durch sie gestärkt, wie sich die Adern des Trinkenden mit Wein füllen; aber er ist nicht mit den Lastern ein Diener des Unglaubens und unmäßig, wie ein Betrunkener vom Wein außer sich ist und nicht merkt, was er tut. So lieben die Gerechten Gott, weil es an Ihm keinen Überdruß gibt, sondern dauernde Glückseligkeit.

19. Der Hauptwestwind mit seinen Seitenwinden

Unter den Füßen dieser Menschengestalt in dem Kreis der wasserreichen Luft erscheint der Kopf eines Wolfes, der aus seinem Maul einen Hauch ausstößt. Das bedeutet: Unter der Macht dessen, der der Menschen wegen Mensch wurde, kommt im westlichen Bereich aus der wasserreichen Luft wie ein Wolf der Hauptwestwind mit seinem Blasen hervor. Der Wolf, der im Wald verborgen lebt und reißend ist, wenn er Nahrung sucht, zeigt an, daß dieser Wind, wenn er aus seinem Versteck, der wasserreichen Luft, hervorkommt, bald das Grünen der Pflanzen hervorbringt, bald es plötzlich durch Ausdörren vernichtet.

Dieser bricht von rechts aus diesem Maul ziemlich weit hervor und nimmt in der Mitte des Zwischenraumes zwischen Wolf- und Bärenkopf die Gestalt eines Hirschkopfes an; aus dessen Maul kommt ein anderer Hauch und endet in derselben Mitte, denn dieser Wind, der jene Bereiche in der Mitte zwischen Westen und Osten sucht, verwandelt sich in Hirschgestalt. Daher schickt der Seitenwind, der dort von ihm ausgeht, sein Blasen bis zu dieser Mitte, indem er wie ein Hirsch heftig zustößt und schnell wegläuft.

Von der linken Seite des Wolfkopfes steigt ein Hauch aus seinem Maul, der sich bis zur Mitte des Zwischenraumes zwischen Wolfs- und Löwenkopf verlängert und bis zum Krebskopf mit seinen zwei Scheren, die wie zwei Füße sind, aufsteigt. Auch von seinem Maul geht ein anderer Hauch aus und läßt in der Mitte nach. Denn in diesen Bereichen übt derselbe Wind seine Dienste aus und kommt in der Mitte des Zwischenraums zwischen Westen und Süden zurück nach Art des Krebses, der vorwärts und rückwärts geht. Denn dort erhebt sich sein Seitenwind und breitet sich in seiner Unbeständigkeit, die wie ein Krebs bald hierhin, bald dorthin bläst, in der vorher erwähnten Mitte aus.

In derselben Größe und Form wie die Zwischenräume zwischen den Köpfen dehnt sich ihr Blasen hierhin und dorthin in der Länge aus, wie es oben von den anderen gesagt wurde. Denn in dem Maß, wie diese Winde voneinander getrennt sind, senden jene auch den Hauch ihres Blasens aus, weil ein Wind sein Blasen auf den anderen richtet. Aber sie überschreiten bei dieser Begegnung nicht ihre Grenze, und kein Wind geht über den anderen mit seinem Wehen hinaus, außer es geschieht nach Gottes Entscheidung. Wenn es aber nach göttlicher Entscheidung bisweilen geschieht, dann kommt es dort zu Schrecken, und sehr viele schlimme Schäden treten auf.

20. Der Einfluß dieser Winde auf das sittliche Verhalten des Menschen

Und diese Häupter entsenden ihren Hauch auf das beschriebene Rad und die Menschengestalt, die in ihm steht, so daß dieselben Winde die Welt und den Menschen und alles, was in der Welt ist, mit ihren Kräften und Diensten halten.

Wenn daher die Gläubigen die irdischen Begierden in ihrer Hinfälligkeit gleichsam mit Füßen treten, dadurch daß sie Gutes tun, dann gehen aus diesen guten Werken wie aus der wasserreichen Luft die höllischen Qualen nackt hervor wie ein Wolf. Denn wenn die Gläubigen aufhören zu sündigen, streben sie nach dem richtigen Weg und zeigen so, daß sie die höllischen Qualen, die die Seelen verschlingen, gefürchtet haben. Diese schicken aus ihrem Maul, nämlich aus ihrer Gefräßigkeit, einen Hauch, die Zerknirschung, in die Herzen der Menschen, weil die Gläubigen jene verabscheuen.

Diese Zerknirschung streckt sich, auch wenn der Mensch erfolgreich in seinem Handeln ist, zu Gott hin aus und erhält in der Fülle der Vollendung, die zwischen den höllischen Qualen und der körperlischen Drangsal steht, die Gestalt eines Hirschkopfes, das heißt des Glaubens. Aus seinem Mund, nämlich seiner Kraft, kommt ein anderer Hauch, die Heiligkeit, und bleibt in derselben Vollendung.

Wenn nämlich der Mensch die Höllenstrafen fürchtet, zügelt er seinen Leib oft so lange mit verschiedenen Bedrängnissen, bis er zu jener Vollkommenheit gelangt, in der er ganz im Glauben glüht, im Vertrauen darauf, daß Gott ihn von den höllischen Qualen befreit. So erhebt sich in ihm die Heiligkeit, wenn er die weltlichen Werke ablegt und sich ganz in die geistlichen versenkt. Wenn aber der Mensch durch Gottes Zulassung von der linken Seite her durch die widerwärtige Gefräßigkeit der genannten Höllenqualen mit vielen Schicksalsschlägen an seinem Leib gezüchtigt wird, kommt ebenfalls Zerknirschung in sein Herz. Wenn er dann bedenkt, daß er im gegenwärtigen Leben kein Glück hat und sich von da an ausstreckt und so zur Fülle der Vollkommenheit gelangt, die zwischen den Höllenqualen und dem Gericht Gottes steht, dann erhebt er sich zum Kopf des Krebses, nämlich zum Vertrauen, das bald Hoffnung, bald Zweifel hat. Denn der Mensch, der sein Tun auf Gott setzt, hofft bald, Vergebung seiner Sünden erhalten zu haben, bald aber zweifelt er daran. Aber schließlich geht vom Vertrauen ein weiterer Hauch aus, der die Beständigkeit bezeichnet, und führt ihn zu einer solchen Vollendung in den Tugenden, daß er von nun an nicht mehr an der Güte Gottes zweifelt. In dem Ablauf, in dem diese Wege zur Befreiung voneinander unterschieden sind, wird auch die Wirksamkeit der Handlungen selbst gefördert. Denn obwohl die höllischen Qualen gefürchtet werden müssen, stärken sie dennoch, wenn der Mensch sich aus Furcht vor ihnen in Zerknirschung grämt, den Glauben zusammen mit der Heiligkeit. Denn wegen der Furcht vor der Hölle kann der Mensch in allen Bereichen als vorsichtiger gelten.

Und indem diese alle auf die Weisung Gottes achten, der alles umfaßt, treiben sie den Menschen mit der Kraft ihrer Tugenden an, den Willen Gottes zu erfüllen. Denn die Höllenqualen bewirken, daß Gott gefürchtet wird, weil der Mensch zu sündigen aufhört, wenn er diese Strafen wirklich fürchtet. Und wenn er an anderen Menschen gute Beispiele sieht, erträgt er an sich oft sehr viele Widrigkeiten, und wenn er sie geduldig erträgt, zeigt er in all seinem Tun Heiligkeit. Wenn er aber durch die Unterstützung seiner guten Werke seinen Weg erfolgreich geht, ohne Widrigkeiten zu erleiden, verbindet er sich durch deren Tugendkraft mit der Lebendigkeit der rechten Gesinnung, so daß er sich im Besitz des Erfolges in der Welt ohne jedes Zögern der Gnade Gottes anvertraut. Insofern soll er auch wie im Vorwärtsgehen die vergänglichen Dinge so gebrauchen, daß er nicht der ewigen beraubt wird, weil er in dem, was den Himmel betrifft, rückwärtsgeht. Wer aber die Lebenskraft <viriditas> des Heiligen Geistes nicht hat, erstickt im Unglauben, verbraucht sich in schlechten Taten und läuft in den Pfuhl der Hölle, weil er sich nicht bemüht hat, sich der Gnade Gottes anzuvertrauen. Von ihm spricht mein Knecht Jesaia, indem er sagt:

21. Jesaia 5, 5–6: Das Los des Menschen, der Gott die Schuld an seinem Versagen gibt

„Ich entferne seine schützende Hecke, und er wird ein Ort der Plünderung. Seine Mauer reiße ich ein und er wird zertreten werden. Ich werde ihm zu Ödland machen und seine Reben werden nicht geschnitten und gehackt werden. Dornen und Disteln werden auf ihm wuchern. Den Wolken werde ich verbieten, über ihm zu regnen" (Jes 5, 5–6). Das ist so zu verstehen: Jeder, der nicht auf Gott vertraut und nicht darauf achtet, auf welche Weise er von Gott geschaffen ist, sondern Ihm Vorwürfe macht, als ob Er an seinen Sünden schuld sei und in ihm gleichsam nicht die richtigen Wege angelegt habe, der will auch nicht den Aufgang und Untergang der Sonne, des Mondes und der Sterne, die Gott an den Himmel gesetzt hat, noch den Wind mit der Luft, noch die Erde mit den Gewässern und den übrigen Geschöpfen betrachten. Das alles hat Gott des Menschen wegen erschaffen, damit er in all dem erkennt, zu welch großer Würde er erschaffen ist. Mich, der Ich ohne Anfang und ohne Ende bin, verachtet er, er zerstört alle Kreatur und erkennt weder sie noch sich selbst vollkommen. Deshalb werde Ich seinen Schutz von ihm nehmen, weil er keinen anderen Helfer hat. Menschen, die dem Leben feindselig gegenüberstehen, werden ihn berauben. Ich werde auch seinen Schutzwall zerstören, und er wird von den Dämonen vernichtet werden. Und so wird er von den guten Engeln verlassen sein. Denn jede innere Verknüpfung seiner Begierden wird ihm genommen und unter die Hunde und wilden Tiere zerstreut werden, weil er Mich weniger erkannt hat als die Tiere, da diese tun, wie sie geschaffen sind. Deshalb wird er auch wie Schmutz zertreten und von aller Seligkeit verlassen werden.

Aber auch in die Zahl der Söhne Gottes wird er nicht gerechnet und nicht mit der Hacke des Glaubens von seinen Sünden freigegraben werden; denn er hat jenen nachgeahmt, der Ähnlichkeit mit Gott haben wollte, der aus niemandem hervorging und ohne Ende ist. Und deshalb kommen in ihm durch seinen Hochmut auch Zwistigkeiten und Zornesausbrüche auf, die ihn völlig von jeder Ehre des himmlischen Erbes trennen. Und so gerät er durch den Mangel an Gnadentau des Heiligen Geistes in eine solche Trockenheit, daß er keine Frucht der guten Werke hervorbringt. Aber wie der Mensch Gott darum bittet, daß ein schreckliches Unwetter sich legt und ihm das gewährt wird, was er nötig hat, so soll er auch von Gott verlangen, daß die schlechte Erkenntnis in ihm überwunden wird.

22. Der Hauptsüdwind mit seinen Seitenwinden

Aber zur Rechten der erwähnten Menschengestalt im Kreis des leuchtenden Feuers siehst du gleichsam einen Löwenkopf. Das weist darauf hin, daß von dem erwähnten Element des leuchtenden Feuers, vom südlichen Bereich auf das Wohlergehen des Menschen gerichtet, gleichsam als Löwe der Hauptsüdwind ausgeht. Denn wie der Löwe stark ist und in seiner Kraft seinen Willen ausübt, so ist auch der Südwind im Feuer seinem Wesen nach stark und stürmisch. Wenn die Tage länger werden, ist er mächtig, und in dieser Macht verursacht er das Zusammenprallen von Wolken, Wolkenbrüche und Gefahren durch plötzliche Regengüsse. *Aus seinem Maul geht ein Hauch hervor und dehnt sich an beiden Seiten des Maules in der Länge aus;* denn aus dem südlichen Bereich geht eben dieser Wind hervor und dehnt sich nach beiden Seiten hierhin und dorthin aus. *Und so formt er sich auf der rechten Seite zu einem Schlangenkopf, auf der linken aber zum Kopf eines Lammes.* Auf der rechten Seite nämlich bringt dieser Wind, der die Natur einer Schlange annimmt, die sich geschmeidig biegt, aber bissig nachstellt, bisweilen sanfte Lüfte hervor; manchmal aber schickt er auch starke Stöße und Hiebe aus. Auf der linken Seite aber verwandelt er sich in ein Lamm, das zahm und sanft ist, weil er sich in diesen Bereichen mild und ungefährlich zeigt.

Der Schlangenkopf zeigt sich in der Hälfte des Zwischenraumes zwischen Löwen- und Wolfskopf und schickt einen Hauch aus, der sich nach derselben Mitte zieht und sich mit dem Hauch verbindet, der vom Krebskopf ausgeht, der zwischen Wolfs- und Löwenkopf ist. Denn gemäß der Natur der Schlange, wie oben dargelegt wurde, taucht dieser Seitenwind des Hauptsüdwindes in der Mitte der Hälfte der Strecke zwischen Süd- und Westwind auf. Er schickt sein Blasen bis zu dieser Hälfte und überschreitet wie die anderen diese Grenze nur nach der Entscheidung Gottes. Dort nimmt er das Blasen des Seitenwindes auf, der zwischen West- und Südwind ist. Denn wenn man die Länge des Zwischenraumes zwischen Süden und Westen in vier Teile teilt, ist das Ende des ersten Teiles von Süden aus, das auch der Anfang des zweiten Teiles ist, die Mitte zwischen dem Anfang des ersten Teiles und dem Ende des zweiten Teiles. Das Ende des zweiten Teiles, der auch der Anfang des dritten Teiles ist, ist die Hälfte jener Länge zwischen Süden und Westen. Auf gleiche Weise ist auch im Gegensinn von Westen aus das Ende des ersten Teils, das auch der Anfang des zweiten Teils ist, die Mitte zwischen dem Anfang des dort ersten Teiles und dem Ende des dort zweiten Teiles. Das Ende des dort zweiten Teiles, das der Anfang des dritten Teiles ist, ist die Hälfte der Länge, die auf der Gegenseite zwischen Westen und Süden besteht, wo sich auch die Seitenwinde begegnen. Und so sind die Hauptwinde und ihre Seitenwinde zwischen Osten und Süden, zwischen Süden und Westen, zwischen Westen und Norden und zwischen Norden und Osten in gleicher Weise miteinander verbunden und voneinander getrennt, wie es zuvor gesagt wurde.

Der Lammkopf aber erscheint in der Mitte der Hälfte des Abstandes zwischen Löwen- und Leopardenkopf und schickt einen Hauch aus, der sich bis zur Mitte des Hauches zieht, der vom Krebskopf, welcher zwischen Leoparden- und Löwenkopf ist, in einer Verbindung entgegenkommt. Denn entsprechend der Natur des Lammes, wie oben gezeigt wurde, erhebt sich ein weiterer Seitenwind in diesem Bereich, nämlich der Mitte des Raumes, der zwischen dem Süden und dieser Hälfte der Länge zwischen Süden und Osten besteht. Auch er richtet sein Blasen auf dieselbe Hälfte hin und geht dort mit seinem Rauschen auf das Blasen zu, das aus dem Wind kommt, der die Natur des Krebses nachahmt und zwischen Osten und Süden ausbricht. So entstehen dort aus ihrem Zusammentreffen oft sehr viele Schrecknisse und Zusammenstöße.

Die Länge ihres Zwischenraumes entspricht den Zwischenräumen, durch die diese Köpfe voneinander getrennt sind, wie bereits von den obe-

ren Köpfen und ihrem Hauch gesagt wurde. Denn entsprechend der Länge, in der die Anfänge dieser Winde voneinander getrennt sind, schicken sie auch das Wehen ihres Hauches bis zu den Stellen, an denen sie sich erheben und ihr Wehen einander entgegenläuft.

23. Der Einfluß der Winde auf die Erde und den Menschen

Und sie zeigen, daß sie auf das erwähnte Rad und die menschliche Gestalt zuhauchen. Denn die Winde, sowohl die Hauptwinde als auch ihre Seitenwinde, erhalten durch ihre Kraft das Weltall und den Menschen, in dem alle Geschöpfe verborgen liegen, damit sie keinen Schaden erleiden. Die Seitenwinde sind nämlich die Flügel der Hauptwinde, und sie hören nicht auf, beständig, aber dennoch sanft zusammen mit der Luft zu wehen. Die Hauptwinde aber werden mit ihren stärksten Kräften nur durch die Entscheidung Gottes zur Bestrafung am Weltende aufgerufen. Denn Süd- und Nordwind geben ihren Seitenwinden die Entscheidungen Gottes gemäß Seinem Willen ein: der Südwind durch große Hitze und große Überschwemmung, der Nordwind mit Blitz, Donner, Hagel und Kälte. Die Hauptwinde nämlich, und zwar der östliche und der westliche, fordern ihre Seitenwinde gelassener und bedächtiger auf, die Urteile Gottes durchzuführen. Wenn sie sie trotzdem nach dem Willen Gottes dazu antreiben, tun sie das im Sommer durch Kälte oder Trockenheit, im Winter durch Wärme, Regen oder ähnliche Übel, die der Erde und den Menschen zuwider und schädlich sind.

Und wie die Winde den Erdkreis mit ihren Kräften halten, so lassen sie auch durch ihre Dienste den Menschen wissen und einsehen, was er tun soll. Wenn diese Winde aber ihr Wehen über die Erde schicken, dann verbreiten sie es auch unter der Erde. Und wenn sie dort an bestimmten Stellen in unterirdische Höhlen eindringen, lassen sie, falls sie keinen Ausgang haben, die Erde erbeben. Aber wo sie einen Ausgang haben, werden sie dort, wo sie hervorkommen, von manchen Leuten gesehen. Sie entstehen aber nicht dort, sondern, wie oben gesagt wurde, in den höheren Elementen und breiten sich über der Erde und unter ihr aus.

24. Die Auswirkung der Winde auf das Heil der Seele; Sinnbilder der Tugenden

Wie aber das alles einen Bezug auf das Heil der Seele hat, das soll der Mensch einsehen. Denn im Zeichen des leuchtenden Feuers, das die göttliche Macht bezeichnet, sieht man gleichsam den Löwenkopf, das heißt das Urteil Gottes, das schrecklich ist. Das ist deshalb so, weil Gott mit vollkommener Gerechtigkeit alles beurteilt und nichts ungeprüft läßt. Dieses Urteil streckt sich in seiner Kraft von hier und dort zur Richtigkeit und stellt dem Menschen, dem es gut geht, den Schlangenkopf, nämlich die Klugheit, vor Augen. Dem aber, der sich in Schwierigkeiten abmüht, zeigt es den Kopf des Lammes, das Sinnbild der Geduld. Denn es ist notwendig, daß der Mensch im Glück das Gericht Gottes klug fürchtet, damit er die List und Schläue des Bösen meidet und nicht in eitler Sicherheit den Weg der Wahrheit verläßt. In Schwierigkeiten soll er unter demselben Gericht Geduld haben und wissen, daß Gott die Winkelzüge in den Werken der Menschen vielmals erträgt, indem er sie übersieht.

Der Schlangenkopf, nämlich die Klugheit, erscheint in der Fülle der Vollendung, die zwischen dem Gericht Gottes und den Höllenstrafen liegt, und läßt einen Hauch, das heißt die Vorsicht, von sich ausgehen. Denn solange der Mensch, durch Gottes Gericht erschreckt, mit klugem Sinn die Höllenstrafen fürchtet, trifft er durch gute Werke dafür Vorsorge, daß er sie nicht verdientermaßen erleidet. Diese streckt sich aus zur vollkommenen Richtigkeit und verbindet sich mit der Standhaftigkeit, die aus dem Kopf des Krebses, das heißt aus der Stärke des Vertrauens hervorgeht, das zwischen den Höllenstrafen und dem Gericht Gottes steht. Denn der Gläubige bemüht sich, darin beständig zu sein, daß er für das ewige Leben in allem Guten vorsorgt. Der Kopf des Lammes, das die Geduld bezeichnet, erscheint in der Fülle der Vollendung, die zwischen dem Gericht Gottes und der Furcht Gottes liegt, und bringt gleichsam einen Hauch, die Sanftmut, hervor. Diese gelangt ebenfalls zur rechten Vollendung und verbindet sich mit der Standhaftigkeit, die aus dem festen Vertrauen kommt, das zwischen Gottesfurcht und Gottesgericht steht. Denn wenn der gesegnete Mensch geduldig gegenüber Widrigkeiten ist und sich in ihnen gelassen zeigt, dann muß er die Beständigkeit umfassen, damit er in einem guten Ende vollendet wird.

25. Die Ordnung der Tugenden in ihrer Bedeutung für den Heilsweg der Menschen

Aber da die Ordnung dieser Tugenden voneinander und in sich unterschieden ist, weil jede Tugend andere Kräfte zeigt, so sind es auch ihre Wirkungen in den Menschen, wie man es auch von den übrigen Tugenden verstehen muß. Dem guten Willen folgen gute Werke und auf dieselbe Weise neigen sie sich zum Wissen Gottes hin, weil sie im Wissen Gottes stehen. So führen sie den Menschen zu jeder Gerechtigkeit und gleichermaßen zur Richtigkeit des Himmlischen.

Alle Tugenden sind eilig auf die Heilung des Menschen aus, obwohl sie nicht in einem einzigen Menschen zugleich erscheinen. Denn das Gericht Gottes erschreckt den Menschen und prüft ihn, und kein Werk eines Menschen wird ausgelassen, das nicht durch Gottes Urteil genau geprüft wird, denn das gerechte Gericht Gottes beurteilt alles gerecht. Auch die Klugheit setzt ihre Kräfte zusammen mit der Vorsicht beim Menschen ein, damit er die Ausschweifungen der Welt klug abwirft und die Keuschheit umfaßt. Die Geduld in Verbindung mit der Sanftmut berührt ihn, damit er die Versuchung des Fleisches auch geduldig erträgt. Denn bei beiden Geschlechtern, bei Mann und Frau, muß die Glut der fleischlichen Begierde durch diese Tugenden ohne gleichgültigen Überdruß gedämpft werden. Deshalb soll keiner von den Gläubigen die Tugenden gering achten, damit sie ihn nicht in Dürre ausgetrocknet oder in fleischlichen Begierden erstickt verlassen. Er soll sie mit guten Werken nachahmen, damit sie ihn in aller Heiligkeit bewahren.

Wenn aber der Mensch Gott gering achtet, gerät er nach dessen gerechter Entscheidung öfters, wie schon gesagt wurde, auch in körperliche Bedrängnis. Er ist dann von den oberen Elementen und Geschöpfen her in Hitze und Kälte, in Trockenheit und Nässe und in anderen mannigfachen Bedrängnissen der Geißel Gottes unterworfen, weil er nicht im Blick auf die Beständigkeit der Tugenden einsehen wollte, was er tun sollte. Wenn nämlich die Tugenden in den geistlichen Belangen die Menschen erfüllen, machen sie sie auch in den fleischlichen klug, so daß sie, während sie ihnen noch nicht offen erscheinen, sie doch stillschweigend zur Gottesfurcht antreiben. Aber wenn sie sich in ihnen offen kundtun, so daß diese Menschen die Tugenden offen aus Liebe üben, dann wird man sehen, daß sie früher in den zeitlichen Dingen Furcht vor Gott hatten. Jetzt aber haben sie sich, mehr aus Sehnsucht nach dem Himmlischen als aus Furcht vor den Höllenstrafen, vom Fleischlichen zurückgezogen und sich dem Geistigen zugewandt, gestärkt durch die Kraft der seligen Tugenden, wie David bezeugt, wo er nach Meinem Willen sagt:

26. Psalm 118, 15–17: Gottes Wirken in der Seele durch die Erkenntnis von Gut und Böse

„Die Rechte des Herrn wirkt mit Macht. Die Rechte des Herrn hat mich erhoben, die Rechte des Herrn wirkt mit Macht. Ich werde nicht sterben, sondern leben, und ich werde die Taten des Herrn verkünden" (Ps 118,15–17). Das ist so zu verstehen: Der Mensch wendet sich zuerst aus Furcht vor Gott und den Höllenstrafen von der linken Seite ab; danach steigt er durch die Liebe zu Gott zu der rechten Seite hinauf, das heißt zur Sehnsucht nach den himmlischen Gütern. Während er das zu tun beginnt, legt er die stärksten Waffen an, weil er mit Einsicht das Gute vom Bösen getrennt hat. Daher wird mit dieser doppelten Einsicht <in Gut und Böse> auch das Auge verglichen, das innerhalb des Augenweiß einen wässrigen Ring hat, wie auch ein Gefäß einen Spiegel in sich hat. Denn die Einsicht in das Böse, die man auf der linken Seite erkennt, ist gleichsam das Gefäß der Einsicht in das Gute, die von der rechten Seite aufgenommen wird. Denn das rechte Auge der guten Einsicht blickt überall umher und erwägt, daß die nur fleischliche Begehrlichkeit ohne Nutzen ist und nicht auf das Licht der Wahrheit blickt. Und wenn sie in unzüchtigem Tun ausgelassen lebt, wird sie später durch Traurigkeit wie durch eine Überschwemmung erstickt. Deshalb erhebt sich der rechte Teil der Erkenntnis des Guten zu Gott empor, zertritt die böse Lust und beseitigt die Traurigkeit.

So also wirkt die Rechte des Herrn, das heißt seine Stärke, mit Macht, damit die Menschen Ihn durch den Glauben erkennen und ihr Tun in Gottesfurcht verrichten. Und dieselbe Rechte <Gottes> erhebt mich, der ich vorher durch meine Sünden unrein geworden war. Und ebenso bewirkt sie nach der Reue über meine Sünden die Tugend, daß ich in der Liebe zu Gott mit solcher Sehnsucht brenne, daß ich davon nicht gesättigt werden kann. Deshalb werde ich auch nicht in Sünden sterben, wenn ich mich durch die

Reue über sie erhebe, sondern ich werde durch wahre und reine Reue, die ich gegenüber Gott habe, in Ewigkeit leben. Wenn ich so dem Tod entrissen bin, werde ich die Wundertaten Gottes in Furcht und Liebe zu Ihm verkünden, weil Er mich nicht dem Tod überlassen, sondern dem Verderben der Hölle entrissen hat.

27. Der Hauptnordwind mit seinen Seitenwinden

Zur Linken dieser Gestalt aber erscheint im Kreis des schwarzen Feuers der Kopf eines Bären. Das zeigt, daß aus dem nördliche Bereich in gefährlichen Stürmen aus dem schwarzen Feuer ein Hauptwind, nämlich der nördliche, wie ein Bär hervorgeht, der oft für den Menschen widrig ist, weil er aus dem schwarzen Feuer stammt. Und deshalb brummt er in seinem Zorn auch wie ein Bär, und wie dieser in seinem Wesen böse ist, so verursacht auch dieser Wind manchmal Erschütterungen, Getöse und Gefahren.

Er entsendet aus seinem Maul einen Hauch, der sich ebenfalls rechts und links von seinem Maul etwas in die Länge ausdehnt. Rechts endet er in einem Lammkopf, links bekommt er die Form eines Schlangenkopfes. Das bedeutet: Dieser Wind, der vom nördlichen Bereich ausgeht und sich an seinen beiden Seiten der Länge nach etwas ausdehnt, geht rechts in die Milde, in die Natur des Lammes über, das sanft und ungefährlich ist, weil dieser Wind in jenen Bereichen sich manchmal sanft zeigt. Links aber bildet er eine Schlange nach, die zwar zunächst sanft dahingleitet, sich aber dann jäh bewegt und, wenn sie so nichts ausrichtet, furchtsam den Menschen zu bitten beginnt. Denn auch dieser Wind kommt dort am Anfang gleichsam täuschend ohne Geräusch hervor, schließlich zeigt er sich aber gefährlich, listig und unsanft. Und wenn dann die Menschen glauben, daß sie bereits untergehen, kehrt er wieder zur Milde zurück.

Aus dem Maul des Lammkopfes reicht ein anderer Hauch bis zur Mitte des Abstandes zwischen dem Bären- und Leopardenkopf. Denn in Ähnlichkeit zum Lamm schickt dieser Seitenwind dem Hauptwind, der aus dem Bereich des Nordens hervorgeht, seine Kräfte mit Blasen bis zur Mitte der Ausdehnung zwischen Norden und Osten. In diesem Bereich zeigt er sich milde wie ein Lamm, obwohl er anderswo gleichsam in Zorn wütet. *Aber aus dem Maul des Schlangenkopfes geht ein anderer Hauch hervor und reicht bis zur Mitte des Abstandes zwischen Bären- und Wolfskopf.* Wie es nämlich die Natur der Schlange ist, so gelangt dieser Wind, der dem Nordwind an der Seite benachbart ist, zu dem Bereich, wo die Hälfte jener Länge ist, die sich zwischen dem nördlichen und dem östlichen Hauptwind erstreckt. Dabei übt er seine Kräfte bald schmeichelnd, bald wie mit List überstürzt aus.

All diese Aushauchungen haben eine vollkommen gleiche Länge: die, welche von der rechten Seite des Bärenmauls zum Kopf des Lammes kommt, der von der linken Seite diese Maules bis zum Schlangenkopf führt, auch die, die aus dem Maul des Lammkopfes bis zu der erwähnten Mitte des Abstandes zwischen Bären- und Leopardenkopf geht, und die aus dem Maul des Schlangenkopfes, der sich bis zur Mitte des Abstandes zwischen Bären- und Wolfskopf ausdehnt. Denn der nördliche Hauptwind erstreckt sich auf beiden Seiten zu den Winden, die für ihn durch ihre Unterordnung Seitenwinde sind, in gleicher Ausdehnung. Auch die Seitenwinde selbst, die sich nach Osten und Westen wenden, enden im selben Ausmaß ihrer Länge wie der Hauptwind, der wie oben gesagt, ihr Ausgangspunkt ist.

28. Der Einfluß dieser Winde auf den Menschen

Auch all diese Köpfe hauchen auf das erwähnte Rad und die Gestalt des Menschen. Denn die genannten Winde halten mit dem Wehen ihrer Kräfte den Umlauf des Weltalls zusammen; den Menschen, der in ihm lebt, spornen sie an, auf seinen wahren Nutzen zu achten, damit er keinen Schaden erleidet. Wenn daher ein Wind mit den oben genannten Eigenschaften entweder naturgemäß oder nach Gottes Anordnung sein Blasen ausstößt, durchdringt er, ohne daß sich ein Widerstand entgegenstellt, den Leib des Menschen. Die Seele nimmt ihn auf und führt ihn auf natürliche Weise zu den Organen des Leibes, die seiner Natur entsprechen. So wird der Mensch durch das Wehen der Winde entweder gekräftigt oder, wie oben gesagt wurde, geschwächt. Aber auch wenn der Mensch irdisches Glück hat, beschränkt ihn körperliche Bedrängnis, die vom Gerichtsfeuer der Strafe Gottes ausgeht, wie ein Bär. Sie läßt ihn nicht nach seinen Begierden vorgehen, sondern schickt ununterbrochen wie einen Hauch Mühsal. So treibt sie ihn im Glück wie im Unglück an, die Armut des Geistes zu ersehnen und zu besitzen. Auf diese Weise geht dieser Mensch gerecht seinen Weg und umfaßt gleichsam im Kopf des Lammes die Geduld. Und indem er das Böse meidet, ahmt er gleichsam im Kopf der Schlange die Klugheit nach. Denn durch die körperliche Bedrängnis kommt der Mensch oft zu geistlichem Reichtum und durch diesen Reichtum erreicht er das Himmelreich.

Aus dem Maul des Lammkopfes, der wie oben gesagt, die Geduld versinnbildlicht, gelangt ein anderer Hauch, die Sanftmut, die zwischen der körperlichen Drangsal und der Gottesfurcht steht, zur Vollendung. Aber aus dem Maul des Schlangenkopfes, der die Klugheit bezeichnet, geht ein anderer Hauch hervor, nämlich die Vorsicht, die zwischen der körperlichen Drangsal und den Höllenstrafen steht. Sie mahnen den Menschen, der durch die Strafe Gottes gezüchtigt wird, das Irdische zu verachten und zum Himmlischen aufzuseufzen, wie es bereits oben von ihnen gezeigt wurde. Denn sowohl der Anfang als auch das Ende der erwähnten Geheimnisse hat in seinem Tun und seinem Sinnbilden nur das einzige und gleiche Bestreben, den Menschen zu erziehen, obwohl sie verschiedene Aufgaben zu haben scheinen. Und alles, was das Wissen Gottes als mit dem Heil der Seele übereinstimmend zeigt, das bringen sie zu ihrer Rettung hervor und treiben den Menschen mit ihren Kräften dazu an, mit Leib und Seele seinem Schöpfer treu anzuhängen. Deshalb soll der Mensch sich für die Heiligkeit kräftigen, so daß er fleischliche Gelüste meidet und sich den Ausschweifungen der übelriechenden Laster versagt und Gott, der die Enthaltsamkeit und Keuschheit liebt, in Weisheit dient. Im Werk der Tugenden soll er weder übermäßig trocken noch übermäßig feucht sein. Wer nämlich sein Fleisch nicht züchtigen und in Schranken legen will, wird ins Verderben seiner Seele gehen. Wer aber sich selbst bezähmt, die Tugenden liebt und in der Liebe bewahrt, wird seine Seele dem ewigen Leben zuführen, wenn er vom Herrn gezüchtigt und gestraft wird, wie auch David, durch mich inspiriert, spricht, wenn er sagt:

29. Psalm 118, 18: Der Weg des Menschen von der Gottesfurcht zur Gottesliebe

„Der Herr hat mich hart gezüchtigt, doch er hat mich nicht dem Tode übergeben" (Ps 118,18). Das ist so zu verstehen: Der Mensch überläßt sich dem Zufall <casualis est>, ist oft ungezügelt und nicht furchtsam, wenn nicht all seine Adern von Schmerzen durchzogen werden. Daher täuschte auch der Teufel den ersten Menschen, als dieser sich in dem Größenwahn verstieg, zu begehren, das zu sein, was ihm nicht zustand. Deshalb drang auch große, schmerzvolle Traurigkeit in ihn ein. Denn aufgrund seiner Mühe hat der Mensch Angst, aus seiner Eitelkeit hat er Vergessen, aus der Verletzung des Gesetzes törichte Sicherheit. Aber über diesen allen steht die Gottesfurcht, weil der Mensch in der Gottesfurcht zittert und wahrhaft erkennt, daß in vielem anderen kein Nutzen ist. Die Furcht nämlich geht im Menschen voraus und später umfaßt sie die Liebe, sobald der Mensch Gott liebt, indem er überlegt, wie er Ihn versöhnen kann, damit Er sich der Sünde des Menschen nicht erinnert. Aber wenn der Mensch Gott in Liebe sucht, züchtigt ihn Gott oft mit Beschwerden, so daß er vertrauensvoll sagt: Mit Seinen Geißelhieben hat er mich Sünder geschlagen, Er, der der Herr von allem ist; aber dennoch hat Er mich mit dieser Züchtigung, durch die Er mich schlug, nicht dem Tod der Höllenstrafen übergeben, weil ich Ihn in Liebe gesucht und Ihm meine Sünden bekannt habe. Und ich bin darin geduldig und klug, wenn ich sein Urteil über meine Schuld als richtig erkenne und mit meinen beiden Flügeln, der Erkenntnis des Guten und des Bösen, mich bemühe, zu Ihm zu fliegen, nämlich so, daß ich mit dem rechten Flügel mir den linken unterwerfe, damit ich auf dem richtigen, ebenen Pfad gehe.

30. Die sieben Planeten im Weltgebäude

Aber über dem Kopf dieser Gestalt sind in der Höhe getrennt voneinander sieben Planeten bezeichnet, drei im Kreis des leuchtenden Feuers, einer in dem darunterliegenden Kreis des schwarzen Feuers, drei wieder darunter im Kreis des reinen Äthers. Denn von Osten nimmt jeder von ihnen seinen Anfang, wobei einer den anderen in der Höhe seiner Kreisbahn übersteigt.

Wenn er seinen Lauf vollendet hat, wendet er sich wieder nach Osten und sucht seinen Aufgang, um laufen zu können. Drei haben in dem oben genannten leuchtenden Feuer, einer in dem diesem untergeordneten schwarzen Feuerkreis, drei unter diesem im reinen Äther ihre Laufbahn. Die, die im selben Feuer laufen, werden von diesem zu ihren Feuern angefacht. Dieses Feuer wird von den Kräften jener zu ihrer Glut gestärkt, so wie Holzstücke vom Feuer entzündet werden und das Feuer durch die Holzstücke zur Glut verstärkt wird. Und es sind drei; denn wenn es mehr wären, würden sie bewirken, daß dasselbe Feuer zu sehr brennt, und sie würden es durch ihre Umläufe durcheinander bringen. Wenn sie weniger wären, würde dasselbe Feuer seiner ihm entsprechenden Hilfe beraubt und in seiner Glut erlöschen. Der erste Planet erhellt mit seinem Glanz den Glanz der Sonne, der zweite unterstützt mit seiner Glut die Glut der Sonne, der dritte hält mit seinem Lauf den Lauf der Sonne in der rechten Bahn. Von diesen wird die Sonne umgeben, gelenkt und <in ihrer Bahn> gehalten, damit sie dem Firmament und der ganzen Welt mit ihrer Wärme und ihrem Glanz das rechte Maß gibt.

Die drei aber, die im Äther dahinlaufen, der seine Reinheit von dem darüberliegenden Feuer und dem darunterliegenden Wasser hat, werden vom Äther zur Reinheit ihres Glanzes geläutert und durchfluten ihn mit ihrer Reinheit. Es sind nicht mehr und nicht weniger als drei, weil sie zur Stärkung seiner Reinheit weder im Überfluß sind noch unzureichend, sondern ihm in entsprechender Mischung beistehen. Weder beschweren sie ihn durch Überfluß noch lösen sie ihn durch Schwäche auf.

Der Planet, der im Äther der erste oberhalb des Mondes ist, hilft diesem beim Zunehmen und schützt ihn, damit er sich nicht übermäßig entzündet; der zweite, der ihm am nächsten ist, bewahrt ihn beim Abnehmen, damit er sich nicht ganz auflöst. Diese Planeten laufen gleichsam mit ihrem Dienst dem Mond voraus bzw. folgen ihm und mahnen ihn unterschiedlich und angemessen zum rechten Maß des ganzen Weltalls.

31. Die Funktion der Planeten für die Sonne und den Menschen

Gegen Süden aber an der Seite der Gestalt und ebenso unter ihren Füßen erscheint die Sonne in derselben Weise und Anordnung und deutlich bestimmt in ihrem Kreis. Denn sie läuft nach Süden und Westen, jedoch nicht so, daß sie unter den Füßen des Menschen ist, sondern weil sie im Westen mit der Umdrehung des Firmaments den Westen der Welt aufsucht, dabei vom nördlichen Bereich sich abwendet und im Osten mit demselben Firmament wieder aufgeht.

Und von der Mitte des höchsten und ersten Planeten, der über dem Haupt dieser Gestalt bezeichnet ist, gehen gleichsam Strahlen aus, von denen einer bis zur Sonne hinabreicht. Das bedeutet, daß von der Kraft dieses Hauptplaneten (der sich zuerst im Osten zeigt, weil dort das Licht des Tages hervorkommt) Strahlen der Kraft ausgehen, von denen einer zur Sonne gelenkt wird, der ihr hilft und ihren Lauf mäßigt, damit sie ihr Feuer nicht übermäßig ausstößt. *Einer strahlt bis zum rechten Fuß des Krebskopfes, der vom Leopardenkopf ausgeht.* Denn dieser Planet geht an der Seite auf, der jener Wind entgegenkommt, und schickt seinen Strahl auf die Kraft von dessen Ausbruch, der vor- und rückwärts läuft und vom östlichen Hauptwind ausgeht, dessen Seitenwind er ist. Er hält ihn in seiner Bahn, damit er nicht weiter vordringt, als ihm von Gott erlaubt ist. *Einer richtet sich auf die rechte Geweihgabel des Hirschkopfes, der ebenfalls von demselben Leopardenkopf ausgeht.* Denn von dieser Seite desselben Planeten kommt ein anderer Strahl und leistet der Stärke des Windes, der dort vom Hauptwind ausgeht, Widerstand, indem er dessen Ansturm besänftigt, damit er sein Wehen richtig der entsprechenden Notwendigkeit nach ausschickt, wie ein Mann, der die Arme seines Feindes zurückbiegt, damit er nicht ihn oder einen anderen töten kann. So wird ein Geschöpf durch das andere gehalten, und jedes wird vom anderen unterstützt.

Auch von der Mitte des zweiten Planeten neigt sich ein Strahl über die Sonne. Denn dieser Planet zeigt seine Kräfte, indem er mit seinem Strahl die Sonne berührt und sie streichelt, damit sie mild ist. *Ein anderer Strahl geht zum Kopf des Lammes, der aus dem Löwenkopf kommt.* Denn von der starken Seite seiner Strahlkraft spannt sich ein Strahl zum Ausgangspunkt des Seitenwindes, der die Sanftmut bezeichnet und aus dem Hauptwind des

Südbereiches hervorgeht. Er hält ihn, damit er nicht seine Milde in Wildheit verwandelt, sondern ohne Mutwillen in ihr beharrt. *Ein weiterer wird bis zu der erwähnten Linie gelenkt, die sich am Firmament vom Anfang der Ostseite des Rades bis zum Ende der Westseite gegen den nördlichen Bereich hin erstreckt, wo der Kopf des Lammes, der vom Bärenkopf ausgeht, höher steht.* Das bedeutet, daß aus seinem ununterbrochenen starken Glanz ein Strahl kommt und bis zum Ausgangspunkt des anderen Seitenwindes führt, der aus dem oben erwähnten Hauptwind des nördlichen Bereiches hervorgeht. Mit seinem Maß widersteht er diesem, damit er sein Wehen gleichmäßig ausschickt.

Auch der dritte Planet schickt aus seiner Mitte gleichsam einen Strahl zur Sonne. Denn dieser Planet unterstützt wie die oberen mit der Kraft seiner Stärke und dem Glanz seiner eigenen Glut die Sonne und dient ihr mit seinem Maß, wie ein Diener seinem Herrn dient, indem er schnell für jeden Wunsch von ihm auf der Stelle bereit ist. *Einen anderen lenkt er zum Kopf der Schlange, der aus dem Löwenkopf hervorgeht.* Das zeigt, daß aus seiner Kraft sich ein Strahl zum Beginn des Seitenwindes ausspannt, der bald Arglist, bald Klugheit zeigt und vom südlichen Hauptwind ausgeht. Dessen Blasen hält er zurück, indem er ihn zusammenpreßt, damit er nicht übermäßig mit seinen Bewegungen wütet. *Einen anderen streckt er aus bis zu der vorher erwähnten Linie in Richtung des Schlangenkopfes, der von dem Bärenkopf ausgeht.* Das zeigt, daß sich vom tatkräftigen Teil seiner Glut, in der er selbst seine Lebenskraft hat, ein Glanz auch zum Anfang des Seitenwindes spannt, der häufig in seinen Bewegungen hinterlistig und heftig ist und auch vom Hauptwind des nördlichen Bereiches ausgeht. Dessen Stärke leistet er Widerstand, damit er den Menschen keine größere Verletzung und Gefahr bringt, als der Urteilsspruch der göttlichen Prüfung zuläßt, wie es auch von den anderen weiter oben gezeigt wurde. Auch die genannten Planeten sind der Sonne untergeordnet, und ohne sie könnte die Sonne nicht bestehen. Sie geben der Sonne zusätzliche Wärme, so wie das Sehen, das Hören und Riechen dem Gehirn ihre Wärme und ihre Kräfte zukommen lassen.

Wie du aber siehst, *sendet auch die Sonne Strahlen aus und berührt hier den Leopardenkopf, dort den Löwenkopf und an anderer Stelle den Wolfskopf, nicht aber den Bärenkopf.* Denn die Sonne, die der größte der Planeten ist, erwärmt und stärkt mit ihrem Feuer das gesamte Firmament und erleuchtet mit ihrem Glanz den Erdkreis. Dem östlichen Hauptwind und ebenso dem südlichen und westlichen widersetzt sie sich mit den Kräften ihrer Stärke, damit sie nicht ihre von Gott gesetzten Grenzen überschreiten. Den Nordwind jedoch berührt sie nicht, weil jener sozusagen als Feind der Sonne allen Glanz ihres Lichtes verschmäht. Deshalb verachtet ihn auch die Sonne und stellt ihm keinen Strahl entgegen, der von ihr ausgeht, sondern nur ihre eigene Bahn, an der sie seine Wut abprallen läßt. Sie geht auch nicht an jene Bereiche heran, weil der Teufel dort seine Bosheit zeigt, indem er Gott bekämpft. *Einen anderen Strahl aber richtet sie oben auf den Mond, weil sie ihn mit ihrer Wärme entzündet,* wie auch durch die Sinneswahrnehmung und den Verstand des Menschen dessen ganzer Körper gelenkt wird.

Einen weiteren dehnt sie gleichsam bis auf die Hirnschale und die Fersen der vorher erwähnten Gestalt aus. Denn die Sonne gibt dem ganzen Leib des Menschen von oben bis unten Kraft und das richtige Verhältnis, indem sie vor allem das Gehirn stärkt, so daß es durch den Verstand voller Lebenskraft alle Körperkräfte zusammenhält und als oberer Teil des Körpers mit den Sinneswahrnehmungen alle Eingeweide durchströmt, so wie die Sonne die Erde erleuchtet. Aber wenn manchmal die Elemente unter der Sonne durch Unwetter durcheinander gebracht werden, wird das Feuer der Sonne mit Wolken bedeckt, als ob eine Sonnenfinsternis wäre. Sie versinnbildlicht Irrtümer und zeigt sich dann, wenn die Herzen und der Verstand der Menschen sich einem Irrtum zuwenden, so daß sie nicht richtig unter dem Gesetz wandeln, sondern sehr viele Streitigkeiten miteinander austragen. Der zuvor erwähnte Strahl berührt auch die Fersen des Menschen; denn wie das Gehirn den übrigen Körper lenkt, so tragen die Fersen den ganzen Körper des Menschen; und so gibt die Sonne mit ihren Kräften allen Gliedern des Menschen das rechte Maß, wie sie auch die übrigen Geschöpfe belebt.

Auch aus der Mitte des fünften Planeten, der der nächste unterhalb der Sonne ist, steigt ein Strahl empor zur Sonne. Denn durch die Kraft seines Dienstes bemüht sich dieser Planet, der der Sonne untergeordnet ist, sie zu mildern, damit sie nicht ihre Feuer übermäßig aussendet. *Einer aber erstreckt sich zum Kopf des Krebses, der vom Wolfskopf ausgeht.* Das bedeutet: Von der Kraft desselben Planeten geht ein Strahl zum Anfang des Seitenwindes, der vom Hauptwind des westlichen Gebietes ausgeht; er hält dessen Unbeständigkeit fest, wie es vorher auch von den anderen gesagt wurde. *Ein anderer richtet sich zum linken Horn des Mondes.* Das zeigt, daß er aus seiner Lebenskraft auch einen Strahl zum schwächeren Teil des Mondes schickt, ob er nun am Zunehmen oder am Abnehmen ist. Beim Zunehmen hilft er ihm, um so schneller und stärker sein Licht zu bekommen; beim Abnehmen aber, um so sanfter und ohne Gefahr abzunehmen.

Auch von der Mitte des sechsten Planeten, der der nächste über dem Mond ist, geht ein einziger Strahl empor zur Sonne. Denn aus der starken Kraft des Planeten, der unmittelbare Nachbarschaft zum Mond hat, steigt ein Strahl zur Sonne auf und hält deren Glut durch die Milde seiner Unterordnung zurück, damit sie nicht im Übermaß ausbricht. *Ein anderer wird zum rechten Horn des Mondes gelenkt;* denn seine Kraft sendet einen Strahl zum stärkeren Teil des Mondes, wodurch er ihn in Grenzen hält, damit er den nördlichen Bereich meidet und bei seinem Abnehmen ordnungsgemäß auf die Sonne zugeht und wenn er von ihr angezündet ist, wie es bestimmt ist, sich zurückzieht. *Ein weiterer aber erstreckt sich zum Kopf des Hirsches, der vom Wolfskopf ausgeht.* Denn aus der starken Helligkeit seines Glanzes zieht sich ein Strahl zum Anfang des Seitenwindes, der aus dem nördlichen Hauptwind hervorquillt, und läßt dessen jähe Schnelligkeit abprallen, damit er nicht jene Grenze überschreitet, die ihm die göttliche Ordnung vorgegeben hat, sondern in der richtigen Ausdehnung hervorbricht.

Auch vom Mond leuchtet, wie du siehst, gleichsam ein Strahl über beide Augenbrauen und beide Fußknöchel der erwähnten Gestalt. Denn der Mond mäßigt mit seiner natürlichen Kraft den Leib des Menschen. Wie nämlich die Augenbraue das Auge beim Sehen schützt und der Knöchel den Menschen trägt, so werden nach der Anordnung Gottes durch die Kräfte des Mondes die Glieder des Menschen von oben bis unten ins richtige Verhältnis gebracht, allerdings nicht in so großer Vollkommenheit wie durch die Kraft der Sonne; denn mit ihrem Dienst berührt die Sonne den Leib des Menschen vollkommener, der Mond aber sparsamer. Auch der Mond nimmt seinen Lauf in Wärme und Kälte, denn beim Zunehmen ist er warm, beim Abnehmen jedoch kalt; die Sonne aber ist vom Osten bis zum Süden in Glut, danach aber zieht sie bis zum Westen Kälte an sich. Der Mond empfängt auch nach seinem Abnehmen Licht von der Sonne, weil die Sonne den erloschenen Kreis des Mondes mit einem Funken gleichsam wie mit einem von ihr ausgehauchtem Strahl entzündet; dann ist er in der Höhe. Aber nachdem er entzündet ist, steigt er an seinen Platz hinab. Und wie die Sonne den Kreis des Mondes anzündet und erleuchtet, so stärkt sie auch alles, was unter ihr liegt, sowohl am Firmament, als auch das, was unter dem Firmament ist. Auch der Mond ist ihr Helfer, dadurch daß er das Darunterliegende erleuchtet, wie sie selbst den oberen und unteren Bereich erleuchtet. Aber der Mond ist durch die wasserreiche Feuchtigkeit, durch die Wolke, die sich unter ihm befindet, und die Luft, die über der Erde liegt, viel kälter als die Sonne. Auch die Sonne würde vieles versengen, wenn ihr der Mond keinen Widerstand leistete; denn mit seiner kalten Feuchtigkeit mäßigt der Mond die Glut der Sonne.

Deshalb dienen Sonne und Mond auf diese Weise nach göttlicher Anordnung dem Menschen und bringen ihm entweder Gesundheit oder Krankheit, je nach der Mischung der unteren Luftschicht und der Luftströmung. So wird gezeigt, wie die Sonne vom Gehirn bis zur Ferse, der Mond aber gleichsam von der Augenbraue bis zum Fußknöchel der oben erwähnten Menschengestalt ihre Strahlen schicken. Denn wenn der Mond im Zunehmen ist, vermehren sich Gehirn und Blut im Menschen, wenn der Mond aber im Abnehmen ist, vermindern sich Gehirn und Blut im Menschen. Wenn nämlich das Gehirn des Menschen in einem einzigen Zustand bliebe, würde der Mensch in Wahnsinn fallen, so daß er noch ungezähmter als ein wildes Tier erschiene. Und wenn das Blut des Menschen in einem einzigen Maß da wäre, so daß es weder einen Zuwachs noch eine Abnahme in sich spürte, würde der Mensch sehr schnell gespalten und könnte nicht leben. Wenn also der Mond voll ist, ist auch das Gehirn des Menschen voll, und dann ist der Mensch voll verständig. Wenn aber der Mond leer ist, dann ist auch der Mensch in seiner Sinneswahrnehmung zu einem Teil leer. Wenn der Mond feurig und trocken ist, ist auch das Gehirn gewisser Menschen feurig und trocken. Und daher werden diese im Gehirn geschwächt und sind weniger mit Verstand begabt, so daß sie dann nicht zu allen beliebigen Werken den vollen Verstand haben. Aber wenn er feucht ist, wird auch das Gehirn dieser Menschen übermäßig feucht. Und so leiden sie an Schmerzen im Gehirn und ihre Sinneswahrnehmung wird ihnen genommen. Wenn aber der Mond im ausgewogenen Maß ist, hat der Mensch im Gehirn und im Kopf Gesundheit und in der Sinneswahrnehmung Lebenskraft, weil durch die richtige Mischung der äußeren Elemente die Säfte im Menschen in Ruhe sind; aber durch ihre Bewegung und Unruhe werden die Säfte des Menschen vielfach durcheinander gebracht. Denn ohne Mäßigung und den Dienst der Elemente könnte der Mensch nicht leben.

Wie aber oben gesagt wurde, ist die Sonne in derselben Weise und Ordnung wie über dem Scheitel dieser Gestalt mit ihren Strahlen an den erwähnten Stellen bezeichnet. Auch auf ihrer rechten Seite und ebenso unter ihren Füßen erscheint sie in ihrem Kreis an denselben Stellen. Denn die Sonne erscheint in derselben Stellung und im selben Umlauf wie im östlichen Bereich und schickt den Glanz ihrer Strahlen an die vorher gezeigten Orte. So leuchtet sie auch im südlichen und westlichen Bereich in den oben gezeigten Unterschieden und Umläufen auf diese Orte. Sie wird dabei durch die Kraft der Umwälzung des Firmaments vom Osten durch den Südwind in schräger Bahn zum Westen getrieben, obwohl sie sich bemüht, auf ihren Bahnen gegen die Bewegung des Firmaments zu laufen. Denn die vorher genannten Planeten bewegen sich gegen das Firmament von Westen nach Osten, damit sie mit ihrem Feuer das Feuer der Sonne zurückhalten und zum Brand erneuern. Denn wenn sie sich mit ihr vom Osten nach Westen bewegen würden, würde ihr Feuer, während sie nach vorn eilen, erlahmen, weil ihnen von hinten die Erneuerung fehlt. Deshalb bewegen sie sich nach und nach in Gegenrichtung zu ihr, damit sie, wenn die Sonne nach vorn eilt, ihr Feuer vor dem Erstarren gleichsam in ihrem Rücken ausgießen. Den nördlichen Bereich aber meiden sie, weil dort im Norden der Ort der Finsternis ist; denn Licht und Finsternis harmonieren nicht miteinander. Auf diese Weise also sind die vorgenannten Planeten vom Schöpfer der Welt am Firmament angeordnet.

Du aber, o Mensch, der du dies siehst, verstehe, daß sich das auch auf das Innere der Seele bezieht.

32. Die Bedeutung der sieben Planeten

Über dem Kopf dieser Gestalt nämlich sind getrennt voneinander in der Höhe sieben Planeten abgebildet: drei im Kreis des leuchtenden Feuers, einer im darunterliegenden Kreis des schwarzen Feuers, drei wieder darunter im Kreis des reinen Äthers. Sie versinnbildlichen, daß die sieben

Gaben des Heiligen Geistes allen Verstand des Menschen überragen, und zwar durch alle drei Weltzeiten, nämlich vor dem Gesetz, im Gesetz und im Evangelium.

Die Sonne, die auf den darunterliegenden Kreis des schwarzen Feuers gestellt ist, bezeichnet den allmächtigen Gott, der allein mit gerechtem Urteil gegen Seine Feinde gekämpft und sie machtvoll überwunden hat. Die drei Planeten aber, die in jenem darunterliegenden Kreis des reinen Äthers ihren Platz haben, zeigen, daß die drei Personen der Gottheit vom Menschen mit der guten Haltung der Unterwerfung der reinen Reue wahrhaft verehrt werden müssen, worin der Mensch sich Gott ganz unterwirft. *So daß die Sonne auch an ihrer rechten Seite und ebenso unter ihren Füßen in derselben Weise und Anordnung bezeichnet und bestimmt in ihrem Kreis an den genannten Stellen erscheint.* Denn im Gericht Gottes, im Heil der Seelen und im Vorbild der guten Werke offenbaren sich dieselben Gaben in ihrer Bedeutung gerade in ihrer Ausübung, wie vorher gezeigt wurde. Daß Gott gefürchtet und in lauterer Gesinnung verehrt wird, dazu mahnen das Gericht Gottes, das Heil der Seelen und die Beispiele der Gerechten.

33. Die sieben Gaben des Heiligen Geistes in ihrer Verbindung zum Kosmos

Von der Mitte des höchsten und ersten Planeten aber, der über dem Haupt dieser Gestalt bezeichnet ist, gehen gleichsam Strahlen aus, von denen einer zur Sonne hinabreicht. Das ist so, weil aus der ersehnten und hervorragenden Gabe des Geistes der Weisheit, der die ganze Tiefe des menschlichen Verstandes übersteigt, die Tugenden hervorgehen. Aus ihnen senkt sich ein heiliger Hauch zur Sonne, das heißt, zum Geist der Stärke, hinab und schließt sich ihm an, damit im gläubigen Menschen die Stärke der Heiligkeit weise einhergeht, daß er sich nicht unklug anmaßt, das zu tun, was er nicht erfüllen kann. *Aber einer strahlt auch zum rechten Fuß des Krebskopfes, der von dem Leopardenkopf ausgeht.* Das zeigt, daß zur Rettung der Seelen die Aushauchung des Geistes der Weisheit sich offenbart und zum rechten Fortschreiten der Zuversicht hin ausweitet, die aus der Gottesfurcht hervorgeht. Er schützt die Zuversicht, damit sie mit der Gottesfurcht auf Gott vertraut und nicht leichtfertig Seine Barmherzigkeit gleichsam für nichts hält. *Einer aber richtet sich auf die rechte Geweihgabel des Hirschkopfes, der ebenfalls von demselben Leopardenkopf ausgeht.* Denn die Aushauchung der Richtigkeit <rectitudo> zeigt sich bei der Züchtigung und streckt sich zur Glaubenskraft aus, die aus der Gottesfurcht hervorgeht. Sie führt jene auf den rechten Weg, damit sie sich vom Betrug des Teufels abwendet, indem sie nicht aufhört, den Menschen für seine Unkenntnis der Wahrheit zu züchtigen.

Auch aus der Mitte des zweiten Planeten neigt sich ein Strahl über die Sonne. Das versinnbildlicht, daß aus der überreichen Fülle des Geistes des Verstandes eine Ausgießung von Einsicht auch zum Geist der Stärke gelangt. Damit verdeutlich er auch: Jeder gläubige Mensch soll ganz klar einsehen, daß er mit starkem Herzen seinem Schöpfer dienen und dem Teufel entsagen muß. *Und ein anderer geht zum Kopf des Lammes, der aus dem Löwenkopf kommt.* Denn damit der Mensch glücklich zu seinem Schöpfer geht, spannt sich eine Aushauchung vom Geist des Verstandes zur Geduld; sie zeigt, daß der Mensch, indem er die Geduld nachahmt, Glück und Unglück mit Gleichmut ertragen soll. *Und ein weiterer Strahl wird bis zu der erwähnten Linie gelenkt, die sich vom Anfang der Ostseite des Rades bis zum Ende seiner Westseite gegen den nördlichen Bereich hin erstreckt, wo der Kopf des Lammes, der vom Bärenkopf ausgeht, höher steht.* Denn damit jeder Gläubige das, was seiner Seele zuwider ist, meidet, kommt wieder ein Hauch vom Geist des Verstandes zur aufrechten Gerechtigkeit. Diese trennt vom Beginn der guten Taten, die in der Kraft Gottes bleiben, bis zu deren Ende die Nachstellungen des Teufels von den gerechten Werken. Dabei hilft ihr die Geduld von oben. Sie wird von der leiblichen Drangsal hervorgebracht und mahnt den Menschen, wenn das Gericht Gottes ihn züchtigt, diese Züchtigung geduldig zu ertragen, damit er nicht noch schärfer getroffen wird.

Auch der dritte Planet schickt aus seiner Mitte gleichsam einen Strahl zur Sonne. Das bedeutet, daß der Geist des Rates aus seiner Kraft eine Aushauchung zum Geist der Stärke lenkt. Denn obwohl diese Gaben des Heiligen Geistes verschiedene Namen haben, führen sie in einem Bestreben und einem Wirken den Menschen zur Glückseligkeit. Und so mäßigt der Geist des Rates die Stärke, damit sich der Mensch in richtiger Ordnung zu Gott aufrichtet. *Einen anderen aber lenkt er zum Kopf der Schlange, der aus dem Löwenkopf hervorgeht.* Denn im Glück des wahren Heiles weitet der Geist des Rates seine Aushauchung zur Klugheit aus, die aus dem Urteil Gottes hervorgeht. Er gibt zu verstehen, daß der Mensch seinen Leib klug in Zucht halten soll, damit er nicht, von unvernünftiger Zerknirschung überwältigt, in seiner Anstrengung unterliegt, wenn er ihn ohne die richtige Unterscheidung <discretio> durcheinander gebracht hat. *Einen anderen streckt er aus zu der erwähnten Linie in Richtung des Schlangenkopfes, der vom Bärenkopf ausgeht.* Denn damit der Mensch nicht in seelische Schwierigkeiten gerät, wendet der Geist des Rates seinen Hauch wieder hin zur aufrechten Gerechtigkeit, wobei die Klugheit, die sich von der leiblichen Drangsal her ausstreckt, weiter oben erscheint. Dadurch lehrt der Geist des Rates den Menschen, der das Gericht Gottes fürchtet, dafür zu sorgen, daß er es nicht über das Maß hinaus fürchtet und so in Verzweiflung gerät, sondern ihr durch den Rat der guten Inspiration klug entgeht.

34. Die Strahlen der Sonne

Du siehst aber, daß auch die Sonne Strahlen aussendet und hier den Leopardenkopf, dort den Löwenkopf und an anderer Stelle den Wolfskopf berührt, nicht aber den Kopf des Bären. Das bedeutet: Der Geist der Stärke gießt seine Aushauchungen aus und berührt auf einer Seite die Gottesfurcht, auf der anderen Seite das Gericht Gottes und auf einer weiteren die Höllenstrafen. Das zeigt, daß der Mensch aus Gottesfurcht sich fürchtet zu sündigen, wegen Seines furchtbaren Gerichtes von seinen Sünden abläßt und wegen der äußerst grausamen Höllenstrafen die Gewohnheit der Sünden ablegt. Sie berührt aber nicht den Kopf des Bären, weil der Geist der Stärke sich der leiblichen Drangsal entzieht, die eigentlich nicht wegen Gott geschieht. Der Bär zeigt nämlich an sich zuweilen menschliches, zuweilen tierisches Verhalten. Denn solange der Mensch seinem Leib ohne richtige Unterscheidung <discretio> Drangsal zufügt, bricht der Leib oft erschöpft zusammen, weil er von Anstrengung und Überdruß überwältigt ist. Solange er zweifelt, ob er darin aushalten kann, knurrt er gleichsam im Zorn wie ein wildes Tier. Daher ruft weder diese Drangsal, die der Mensch ohne rechtes Maß sich selbst zufügt, noch die, die ihm von anderen auch gegen seinen Willen zugefügt wird, den Geist der Stärke herbei, denn sie hat nicht die Ausgeglichenheit der richtigen Unterscheidung <discretio>. Weil dieser Mensch unbeständig ist, so daß er sich gleichsam im Flug außerhalb des rechten Maßes bald nach oben, bald nach unten bewegt, kann er nicht die Stärke haben, in einem Zustand zu verharren. Die Stärke bleibt nämlich immer, ohne hierhin und dorthin zu schwanken. Der Mensch aber, der entweder aus Furcht vor Gott oder aus Liebe zu Ihm unter der Leitung der Unterscheidungskraft <discretio> und der Richtigkeit <rectitudo> seinen Leib in Zucht hält, freut sich aus tiefstem Herzen wie bei einem Gastmahl. Deshalb darf man diese Drangsal nicht für eine Bedrängnis halten, sondern muß sie vielmehr als Segen betrachten. Auch hier wirkt der Geist der Stärke, damit dieser Gläubige bei den rechtschaffenen Werken bleibt, denn sie sind in Gott.

Einen anderen Strahl richtet die Sonne oben auf den Mond, weil sich der Geist der Stärke mit der Gottesfurcht verbindet. Dadurch soll jeder Gläubige in der Furcht, mit der er Gott fürchten soll, stark sein, damit er nicht, vom Leichtsinn besiegt, aus dem Ort der Seligkeit hinunter gestürzt wird. *Einen weiteren dehnt sie gleichsam auf das Gehirn und über beide Fersen der zuvor erwähnten Gestalt aus.* Denn derselbe Geist der Stärke inspiriert den Menschen, damit er die Absicht und den Beginn des guten Werkes zur richtigen Vollendung führt, da ja selig ist, wer sich selbst bis zum guten Ende in Zucht hält.

35. Die Strahlen der anderen Planeten zur Sonne

Du siehst aber, daß *aus der Mitte des fünften Planeten, der unterhalb der Sonne der nächste ist, gleichsam ein Strahl nach oben zur Sonne steigt.* Das bedeutet, daß von der Kraft des Geistes der Wissenschaft, der durch die Nachbarschaft des richtigen Handelns dem Geist der Stärke beistehen muß, ein Hauch nach oben zu eben dieser Stärke geht. Denn die Wissenschaft erhebt sich zur Stärke, um von ihr gekräftigt zu werden, damit sie sich nicht in Unverstand verkehrt. *Einer erstreckt sich zum Kopf des Krebses, der vom Wolfskopf ausgeht.* Denn von der Stärke der Kräfte der Wissenschaft verbreitet sich ein Hauch zum Vertrauen, das von der körperlichen Drangsal ausgeht. Wenn nämlich ein Mensch bewußt und aufrichtig und unter dem Schutz der Unterscheidungskraft seinen Körper züchtigt, vertraut er darauf, daß seine Sünden bestraft und gebüßt sind. *Ein anderer aber richtet sich auf das linke Horn des Mondes;* denn wenn sich das Wissen von den zeitlichen Dingen zurückzieht, verbreitet es seine Aushauchung, weil es die zeitlichen Dinge hintansetzt, bis zur Gottesfurcht und ergreift sie, damit diese den Menschen glaubwürdig Schrecken einflößt.

Auch von der Mitte des sechsten Planeten, der über dem Mond der nächste ist, geht ein einziger Strahl empor zur Sonne. Das zeigt, daß aus dem Schutzwall des Geistes der Frömmigkeit, der in seiner Lieblichkeit der Gottesfurcht benachbart ist, ein Hauch empor zum Geist der Stärke steigt. Dort stärkt er sich und wappnet sich, um der Bosheit zu widerstehen. Denn wer auch immer sich vornimmt, fromm zu leben, der soll sich mit der Stärke verbinden, damit er in der Frömmigkeit bleiben kann. *Und ein anderer wird zum rechten Horn des Mondes gelenkt.* Das bedeutet, daß der Geist der Frömmigkeit, der erfolgreich einhergeht, sich der Lebenskraft der Furcht des Herrn nähert und auch den Menschen offenbart, daß sie mit der Frömmigkeit auch die Gottesfurcht haben. *Ein anderer spannt sich zum Kopf des Hirsches, der vom Wolfskopf ausgeht.* Das bedeutet, daß der Geist der Frömmigkeit die Widerwärtigkeit vertreibt und ihre Aushauchung zum Glauben führt, der aus den Höllenstrafen hervorgeht, damit der Mensch, gewappnet mit Frömmigkeit und Glauben, die Höllenstrafen so meidet, daß er nicht die ewige Seligkeit durch den Antrieb des Trotzes verliert.

Du siehst aber, *wie auch vom Mond ein Strahl über beide Augenbrauen und über beide Fußknöchel der genannten Gestalt leuchtet.* Das zeigt, daß die heilbringende Aushauchung aus der Gottesfurcht den Menschen mahnt, die Schärfe seines Verstandes zu hüten, um nicht in Blindheit der Seele zu fallen. Sie ermuntert ihn auch, die Kraft der Schritte des inneren Geistes so auf den richtigen Weg zu lenken, daß er in der Wahrheit fortschreitet und die ewige Seligkeit erlangt. Denn wie die Augenbraue das Auge schützt und wie der Knöchel den Leib des Menschen trägt, so formt die Gottesfurcht das innere Auge des Menschen, damit er Gott nicht vergißt. Sie erhält seine innere Kraft, durch die der Mensch zu allem Nützlichen und Richtigen geführt wird.

36. Der Sinn der Versuchung des Menschen

Wie aber oben gesagt wurde, war die Sonne in derselben Weise und Ordnung wie über dem Scheitel dieser Gestalt mit ihren Strahlen an den erwähnten Stellen bezeichnet. Auch auf ihrer rechten Seite und ebenso unter ihren Füßen erscheint sie in ihrem Kreis an derselben Stelle bezeichnet. Denn die geheimnisvolle Gabe des Geistes der Stärke beeinflußt mit derselben Lenkung und Ausgießung, in der sie die Absicht des Menschen mit ihren Aushauchungen durchtränkt, auch seine vollkommenen Werke und Beispiele, mit denen er seine Nächsten erbaut, in der Fülle der Seligkeit bis hin zur ersehnten Heiligkeit des richtigen Beginnens. Die Tugenden veranlassen nämlich den gläubigen Menschen, der mit ihnen in seinem guten Willen übereinstimmt, das, was richtig ist, zu beginnen. Sie mahnen ihn aber auch, es zur Vollendung zu führen und durch die gute Vollendung den übrigen Menschen damit ein Beispiel der Gerechtigkeit zu geben. Aber trotzdem lassen dieselben Tugenden, obwohl sie den Menschen mit den verschiedenen Weisen ihrer Eingebung beschützen, es zu, daß er doch durch die Versuchung des Fleisches und durch teuflische Machenschaften, gleichsam nach Norden hin, oft versucht wird; denn dadurch soll er erkennen, wie er sich davor schützen kann, damit er sich nicht durch die Vermessenheit des Stolzes im ungerechtem Maß erhebt und danach in noch Schlimmeres gerät und zugrunde geht. So gingen auch jene in ihrer Anmaßung Überheblichen zugrunde, von denen in den Worten des Propheten Jesaja geschrieben steht:

37. Jesaia 5, 14–15:
Das Suchen des Menschen nach Gnade

„Darum sperrt die Unterwelt ihren Rachen auf, maßlos weit reißt sie ihr Maul auf, so daß des Volkes Pracht und Reichtum hinabfährt, der ganze lärmende und johlende Haufen. Die Menschen müssen sich ducken, jeder Mann muß sich beugen, die stolzen Augen werden sich senken" (Jes 5,14–15). Das ist so zu verstehen: Der Mensch, der in seinen Sünden bleibt, wird mit dem abnehmenden Mond verglichen, der einen dunklen Kreis hat, wenn er ganz verfinstert ist und wieder angezündet wird. Denn wenn der Mensch sieht, daß er im Dunkeln ist, wird er durch die Gnade Gottes öfters angetrieben, auf angemessene Weise Gottes Gnade zu suchen. Und wenn er angemessen die Gnade Gottes angerufen hat, entzündet ihn der Heilige Geist, das wahre Licht zu schauen, so wie der Mond von der Sonne wieder angezündet wird. Aber nachdem er durch gute Werke so gestärkt ist, daß er an ihnen nicht satt werden kann, soll er sich mit allem Eifer davor hüten, diese sich selbst zuzuschreiben, als ob sie von ihm stammten und nicht von Gott. Denn dadurch macht er sich gleichsam zu Gott und meint, tun zu können, was er will. So meinte es auch Satan, der in seiner eigenen Schönheit wie Gott sein wollte. Daher führte er auch seine Herrlichkeit in Vergessenheit.

Deshalb hat auch die Unterwelt ihren Rachen aufgesperrt, das heißt, die Strafen, die sie in sich hat, und sie hat ihre Gefräßigkeit unaufhörlich geöffnet, denn sie ist ohne jede Freude; und deshalb wird sie auch nicht satt, in ihrer Gier zu verschlingen. Denn wie unreine Vögel die Leichen von Tieren verschlingen wollen, so zieht die Hölle in ihrer Schlechtigkeit die Starken an sich, die gegen Gott kämpfen, die Stolzen, die sich zu Unrecht erheben, und die Prahlsüchtigen, die ihren eigenen Ruhm und nicht den Ruhm Gottes suchen, und verschlingt sie. Daher wird auch der Mensch, der diesen Lastern zustimmt, gebeugt werden. So wie die oben genannten unseligen Geister mit ihrem Fürsten gebeugt wurden, wird auch der, der männliche Stärke haben müßte, erniedrigt, wenn er sich vom Guten dem Bösen zuwendet. Und die Augen, das ist das Wissen derer, die in ihrer Überheblichkeit stolz meinen, sie seien weise, werden zunichte gemacht werden. Denn sie verlieren den Lohn des Ruhmes der Demut, weil sie unbußfertig für ihre guten Werke beim Volk Ruhm suchen. Wenn sie dann aber bereut haben, werden sie als Büßer im Blut des Opferstieres aufgenommen werden.

38. Die sechzehn Hauptsterne

Wie du aber siehst, *zeigen sich auch im Umlauf des Kreises, der wie leuchtendes Feuer erscheint, sechzehn Hauptsterne.* Sie zeigen, daß im Kreis des oberen Feuers des Firmaments, wie vorher gesagt wurde, die größten Sterne ihren Platz haben. *Vier zwischen dem Leoparden- und Löwenkopf, vier zwischen dem Löwen- und dem Wolfskopf, vier zwischen Wolfs- und Bärenkopf, vier zwischen dem Bären- und Leopardenkopf.* Das heißt, vier zwischen Ostwind und Südwind, vier auch zwischen Südwind und Westwind, vier zwischen Westwind und Nordwind, vier zwischen Nordwind und Ostwind. Sie festigen mit ihren Kräften dieselben Teile des Firmaments und mäßigen die Winde selbst. Aber wenn sie in Unzahl im Überfluß vorhanden wären, würden sie durch diese Überzahl das Firmament belasten; oder wenn sie in zu geringer Anzahl vorhanden wären, hätten sie durch den Mangel ihrer geringen Zahl nicht die Kraft, das Firmament zu festigen. Denn einem jeden Geschöpf hat Gott sowohl üppigen Überfluß als auch bedürftigen Mangel genommen. Und vier Sterne stehen zwischen je zwei Winden, weil sie mit ihrer geraden, notwendigen, nicht überflüssigen Zahl eben diese Teile des Firmaments, wo sie angeordnet sind, zugleich mit ihren Kräften halten, wie Nägel die Wand halten, in die sie geschlagen sind. Sie bewegen sich nicht von ihren Plätzen, sondern drehen sich mit dem Firmament, wobei sie es festigen.

Acht von ihnen, die die mittleren der jeweils beieinander stehenden Sterne zwischen diesen Köpfen sind, nämlich je zwei zwischen zwei Köpfen, dehnen ihre Strahlen auf die dünne Luft aus, die ihnen gegenübersteht. Denn diese Sterne, die die mittleren vier der Sterne zwischen den genannten Winden sind, verlängern ihre Strahlen, – es stehen ja vier zwischen zwei Winden, wie vorher gesagt wurde – in die dünne Luft, wie die Adern vom Kopf des Menschen bis zu seinen Füßen hinabsteigen. Und wie dieselben Adern den ganzen Leib des Menschen stärken, so festigen auch diese Sterne mit ihren Kräften das ganze Firmament. Sie leisten auch den Winden, die ihnen am nächsten sind, Widerstand, damit diese nicht das Firmament über sein Maß hinaus bewegen. Sie bringen auch die Luft in die richtige Mischung und sind gleich weit voneinander entfernt, damit zur Stärkung des Firmaments der eine vom andern unterstützt wird. *Die übrigen acht aber, die auf beiden Seiten dieser mittleren Sterne den erwähnten Köpfen am nächsten erscheinen, richten ihre Strahlen nur auf das schwarze Feuer.* Denn sie, die in ihrer Mitte andere Sterne haben und, wie oben gezeigt wurde, den Winden durch ihre Nachbarschaft beistehen, schicken die von ihnen ausgehenden Strahlen nur zum schwarzen Feuer. Sie leisten diesem Widerstand, damit es nicht sein glühendes Feuer maßlos ausstößt. Und diese Sterne sind im Umlauf des Firmaments in gleichmäßigem Abstand voneinander angeordnet, damit sie das Firmament gleichmäßig mit ihren Kräften unterstützen.

39. Die Sterne in ihrer Funktion

Du siehst aber, *daß der Kreis des reinen Äthers wie auch der Kreis der starken, weißleuchtenden Luft gleichsam voll sind von Sternen, die ihren funkelnden Schein zu den ihnen gegenüberliegenden Wolken schicken.* Das bedeutet, daß der obere weiße Äther und unter ihm die starke, weißleuchtende Luft von größeren und kleineren Sternen völlig durchdrungen und gefestigt sind. Weil sie nicht im Überfluß vorhanden sind, erwärmen und stärken sie das Firmament. Mit ihren Strahlen durchströmen sie die Wolken unter der starken, weißleuchtenden Luft, durchdringen sie und halten sie fest, damit sie nicht die von Gott gesetzten Grenzen überschreiten.

40. Die Wolkenzungen als Hilfe für die Menschen

Von dort richten diese Wolken auf der rechten Seite der erwähnten Gestalt gleichsam zwei voneinander getrennte Zungen, die sie aus sich hervorbringen, wie Rinnsale auf das erwähnte Rad und die Gestalt. Denn zum Heil des Menschen gehen zwei Schutzwälle, die voneinander soweit getrennt sind wie die beiden Hauptwinde in diesen Gebieten, direkt von den Wolken aus, die sich nach Süden hin zeigen. So gehen auch von den Wolken selbst Aushauchungen in die gemeinsame Luft, durch die die verschiedenen Geschöpfe belebt werden, und wenden sich dem Menschen zu. Denn auch dieser, nämlich der Mensch, kann wie die anderen Geschöpfe Hilfe und Dienst von oben nicht entbehren.

Auf ihrer linken Seite gehen von den dort beschriebenen Wolken ebenfalls zwei Zungen aus, die etwas voneinander getrennt, wie Rinnsale hervorquellen und sich dem Rad und der Gestalt zuwenden. Damit jegliche Widrigkeiten sowohl von rechts wie von links vom Menschen ferngehalten werden, gehen auch von den Wolken, die nach Norden hin sind, zwei voneinander getrennte festigende Rückhaltetaue aus, so wie die Hauptwinde ihrer Bereiche voneinander getrennt sind, wie es auch von den anderen oben gesagt wurde. Sie erhalten alles, was auf der Welt existiert, natürlich auch den Menschen und die übrigen Geschöpfe, wie Gott es für sie bstimmt hat. Diese vier Zungen aber gehen von den Hauptwinden aus, weil diese sie zum Zurückhalten der Wolken aushauchen. Denn wie die Hauptwinde das gesamte Firmament stärken und halten, so halten auch die Aushauchungen, die wegen ihrer Beweglichkeit als Zungen erscheinen, die Wolken, die unter dem Firmament sind, zusammen, damit sie nicht ihr Maß überschreiten, indem sie hierhin oder dorthin auseinanderdriften.

41. Die sechzehn Hauptsterne: die geistlichen Lehrer und die acht Seligkeiten

Auf diese Weise ist, wie vorher erwähnt wurde, die Gestalt in diese Zeichen verflochten und von ihnen umgeben. Denn der Mensch ist durch die Kraft der Elemente und die Unterstützung der übrigen Geschöpfe so gestärkt und geschützt, daß er durch keinen Anprall einer Widerwärtigkeit aus seinem Zustand herausgerissen werden kann, solange ihn die göttliche Macht behütet.

All dies aber kann man aber auch auf eine andere Weise verstehen:

Im Umlauf des Kreises, der wie leuchtendes Feuer erscheint, zeigen sich auch sechzehn Hauptsterne. Das bedeutet: In der Vollkommenheit der göttlichen Macht gibt es hervorragende Lehrer, die lehrten und lehren, daß die Zehn Gebote des Gesetzes die Weltalter hindurch erfüllt werden. *Vier zwischen dem Leoparden- und Löwenkopf, vier zwischen dem Löwen- und Wolfskopf, vier zwischen dem Wolfs- und Bärenkopf, auch vier zwischen dem Bären- und Leopardenkopf.* Denn dieselben Lehrer mahnen im Bereich der vier Weltgegenden alle Gläubigen, vor der Furcht des Herrn und Seinem Gericht und den Höllenstrafen samt der leiblichen Drangsal zu erschrecken, damit sie aus Furcht davor, selbst wenn sie die Liebe zu Gott hintangesetzt haben, aufhören zu sündigen. *Acht von ihnen, die die mittleren der jeweils beieinander stehenden Sterne zwischen diesen Köpfen sind, nämlich je zwei zwischen zwei Köpfen, dehnen ihre Strahlen auf die dünne*

Luft aus, die ihnen gegenüber steht. Sie zeigen, daß die acht Seligkeiten (vgl. LVM 4,25) in der Vollkommenheit der vorher erwähnten Tugenden leben. Sie verkünden die Gottes- und Nächstenliebe und gießen mit größtem Eifer ihre Aushauchungen den Wünschen der Menschen ein. So sollen diese, obwohl sie auf vielfache Weise mit der Welt beschäftigt sind, dennoch die irdischen Belange zurückstellen und zum Himmlischen eilen (vgl. RB 73,8). *Die übrigen acht aber, die auf beiden Seiten dieser mittleren Sterne dem erwähnten Köpfen am nächsten erscheinen, lenken ihre Strahlen nur auf das schwarze Feuer.* Sie zeigen, daß dieselben Seligkeiten sowohl im Erfolg als auch im Mißerfolg in ihrem Beistand für die Vollendung der übrigen Tugenden die Spitze ihrer Aushauchungen zum Feuer des Gerichtes schicken. Sie regen die, die Gott im Geist eifrig dienen sollen, an, keine Sünden, auch nicht die geringsten, gering zu achten, als ob sie nicht durch das Gericht und die Strafe Gottes geprüft würden.

42. Die Sterne der Luftschichten: Reue und Discretio

Du siehst aber, *daß der Kreis des reinen Äthers und der Kreis der starken, weißleuchtenden Luft voll sind von Sternen, die ihren funkelnden Schein zu den ihnen gegenüberliegenden Wolken schicken.* Das bedeutet, daß die Lauterkeit der wahren Reue und die Lauterkeit der Unterscheidungskraft der heiligen Werke im vielfältigen Glanz der Vernunft erblühen. Denn wie die Sterne verschieden und vielfältig sind, so zeigen auch die Reue und die richtige Unterscheidung der heiligen Werke in sich möglichst viele Kräfte der Seligkeit. Durch ihren Glanz machen sie den Geist der Gläubigen vernünftig, weil sie ihnen eingeben, daß alle Werke, die sie vollbringen, vor Gott vernünftig erscheinen.

43. Die Wolkenzungen als Hinweise auf die Gottes- und Nächstenliebe

Von dort richten diese Wolken auf der rechten Seite der erwähnten Gestalt gleichsam zwei voneinander getrennte Zungen, die sie aus sich hervorbringen, wie Rinnsale auf das erwähnte Rad und die Gestalt. Denn die

Herzen der gesegneten Menschen offenbaren zu ihrem Nutzen die beiden Testamente, das eine nach dem Fleisch, das andere nach dem Geist. Sie sind voneinander getrennt, jedoch einander zugeordnet, so daß sie miteinander übereinstimmen, wie auch jene Zungen eine Form haben. Und von ihren Bezeugungen ist der Erdkreis erfüllt, und so lehren sie den Menschen, auf seinen Schöpfer zu achten. *Auf ihrer linken Seite jedoch gehen von den dort beschriebenen Wolken ebenfalls zwei Zungen aus, die etwas voneinander getrennt, wie Rinnsale hervorquellen und sich dem Rad und der Gestalt zuwenden.* Sie zeigen, daß der Mensch, wenn er von teuflischen Versuchungen angefochten wird, gleichsam die beiden Testamente, nämlich die Liebe zu Gott und die Nächstenliebe, in sein Herz aufnehmen soll. (Diese haben einen gewissen Abstand voneinander, weil die Liebe, die sich auf Gott richtet, größer ist als die Liebe zum Nächsten.) Und so soll er das Folterrad der irdischen Sorgen und auch das Begehren der fleischlichen Anfechtungen durch die Bewässerung einer gerechten Ermahnung vernichten.

44. Der gläubige Mensch auf seinem geistlichen Weg

Auf diese Weise ist die Gestalt in diese Zeichen verflochten und von ihnen umgeben. Denn der gläubige Mensch, der treu den Spuren des Gottessohnes folgt, ist durch die Strahlkraft der Tugenden geschützt und ausgerüstet. Er wird so von ihnen umgeben, daß sie ihn den Fallen des Teufels entreißen und zur Glückseligkeit der himmlischen Freuden führen, wo er sich in Ewigkeit freuen wird. Das bezeugt Jesaja, Mein Knecht, der sagt: „Dieser wird auf den Bergen wohnen, Felsenburgen sind seine Zuflucht; man reicht ihm sein Brot, und seine Wasserquelle versiegt nicht. Seine Augen werden ein weites Land sehen“ (Jes 33,16–17).

Das ist so zu verstehen: Wer sich von der linken Seite zur rechten neigt, weil er darauf achtet, daß Gott über dem ruht, der von Herzen demütig und friedvoll ist, überwindet den hochmütigen Teufel. Denn er nimmt sich selbst in Zucht und sagt: Gott hat mich mit zwei Augen erleuchtet, mit denen ich betrachte, welche Herrlichkeit das Licht in der Finsternis hat. So kann ich auswählen, welchen Weg ich gehe. Ich werde entweder sehend oder blind sein, weil ich erkenne, welchen Führer ich für den Tag oder für die Nacht anrufen soll. Wenn ich mich nämlich in der Finsternis verberge, kann ich zügellose Werke tun, die ich im Licht nicht tun kann, weil ich von allen Umstehenden gesehen werde. Dennoch werde ich in der Finsternis keine Belohnung erhalten, sondern die Strafe der Verdammnis. Deshalb werde ich dem Drängen meines Herzens, mit dem ich mich an den Sünden erfreue, Wunden zufügen und den lebendigen Gott anrufen, damit Er mich auf den Weg des Lichtes führt und meine Wunden heilt, daß ich nicht im Licht für sie vor Scham erröte. Wenn ich das tue, werden die Stricke meiner Gefangenschaft zerreißen. Denn meinen Feind, dessen Einflüsterungen ich zugestimmt hatte, werde ich auf diese Weise gefangen halten, weil er in mir verspottet wurde.

Wer so handelt, wird in den Höhen des Himmels wohnen und die Felsenburg, die Christus ist, wird seine Erhabenheit sein. Dort wird ihm das Brot des Lebens gegeben, dessen Erquickung er nie verschmähen kann, weil er durch den süßen Geschmack der wahren Liebe <caritas> immer erfreut wird. Deshalb wird er so auch ein aus dem lebendigen Wasser fließender Bach. Durch das Geschenk des Heiligen Geistes strömen all seine Werke so in Heiligkeit, daß die Taubenaugen des Heiligen Geistes (Aug, De Trin 2, Proem) auf sie blicken. So sind auch diese Wasser zuverlässig, weil sie weder ausgeschöpft werden noch austrocknen, und der Mensch wird an ihnen nicht satt werden, weil sie vom Osten her fließen. Ihre Höhe wird der Mensch nicht schauen, solange er im Leib weilt, noch ihre Tiefe ergründen. Denn auch die Wasser, in denen der Mensch zum Leben wiedergeboren wird, werden vom Heiligen Geist durchströmt. Auf diese Weise wird der gläubige Mensch auch den König im Glanz der Seligkeit schauen, und in seinem Wissen wird er das Land der Lebenden erkennen, wenn er sich mit Leib und Seele weit von den Sünden entfernt; daher soll er auch überlegen, was er wählt.

45. Die Liebe Gottes als zentrale Kraft in der Welt und im Menschen

Du siehst auch, daß *von dem Mund dieser Gestalt, auf deren Brust das Rad erschien, Licht, strahlender als das Licht des Tages, wie in Fäden ausging..* Denn aus der Kraft der wahren Liebe <caritas>, in deren Wissen der Weltumlauf ruht, geht ihre überaus feine Ordnung hervor. Sie leuchtet über alles und umschließt und festigt alles. *Durch diese Fäden sind die beschriebenen Kreise und die der übrigen Zeichen, die auf demselben Rad unterschieden sind, und die einzelnen Glieder der Menschengestalt – eben derselben Gestalt die auch im Rad erscheinen,* wie vorher gesagt wurde – *in richtigem und genauem Maß gemessen, wie es aus den vorausgegangenen und noch folgenden Worten hervorgeht.* Durch dieses Licht unterscheidet die Liebe angemessen die Kräfte der Elemente und den übrigen Schmuck am Himmel, die zur Festigung und Zierde der Welt dienen. Alle Verbindungen der Glieder des Menschen, der in der Welt Herr ist, paßt sie maßvoll dem rechten Maß an, wie es dir schon oft offenbart wurde.

Aber aus der wahren Liebe, die ganz göttlich ist, kommt auch das Gute, das wertvoller ist als alles, was man ersehnt. Sie sammelt alle, die es suchen, und zieht sie an sich. Die Verdienste, die aus der Sehnsucht nach dem Himmel und aus den geistlichen Stoßseufzern durch göttlichen Antrieb kommen, und ebenso alle Werke des Menschen, die er um Gottes willen vollbracht hat, wägt sie mit richtigem Urteil. So ist auch für alle, die Gott vollkommen lieben, klar, wie Ich durch Meinen Diener Jeremias rede, wenn Ich sage:

46. Jeremia 17,10: Das Streben des Menschen zu Gott

„Ich, der Herr, erforsche das Herz und prüfe die Nieren, der ich jedem gebe, wie es sein Verhalten verdient, entsprechend der Frucht seiner Taten" (Jer 17, 10). Das ist so zu verstehen: Diejenigen, die Gott lieben, suchen durch keine Falle eines falschen Vorwandes einen anderen als Ihn selbst und wollen kein Geflüster der Begehrlichkeiten des Fleisches mit einem anderen haben. Der Mensch setzt trotzdem häufig seinen Eigenwillen durch, wie auch Adam versuchte, wie weit er gehen könne. Der Mensch aber kann nicht Gott und dem Teufel zugleich dienen (vgl. Mt 6,24), weil der Teufel das haßt, was Gott liebt, und weil Gott das nicht will, was der Teufel liebt. So ist es auch im Menschen, weil das Fleisch sich an Sünden ergötzt und die Seele nach Gerechtigkeit dürstet (vgl. Mt 5,6); und zwischen diesen beiden tobt ein heftiger Kampf, weil der eine Teil dem anderen entgegengesetzt ist (vgl. Röm 8; Gal 5, 16–23). Dennoch aber wird das Werk, das der

Mensch beginnt, auf diese Weise mit großer Anstrengung vollendet, so wie auch ein Knecht gezwungen wird, seinem Herrn zu dienen. Denn das Fleisch beginnt die Sünde mit der Seele, die es sich unterworfen hat, und die Seele bewirkt ein gutes Werk mit dem Fleisch, das sich ihr unterwirft.

Wenn aber der Mensch nach der Sehnsucht seiner Seele lebt, verleugnet er sich aus Liebe zu Gott und macht sich zu einem Fremdling bei den Begierden des Fleisches. Das tun die Gerechten und die Heiligen, und auch Abel tat es, der zu Gott aufschaute und beim Vergießen von dessen Blut die ganze Erde erbebte. Sie wurde danach als Witwe bezeichnet, denn sie war durch den Mord Kains ihrer unversehrten Heiligkeit beraubt, wie eine Frau wenn sie Witwe wird, des Trostes ihres Mannes beraubt wird.

Denn auch Ich, der Herr des Alls, prüfe die zerknirschten Herzen, die die Sünden unterlassen, und Ich prüfe die Nieren, die sich vom Geschmack der Begierden enthalten. Ich gebe dem Menschen seinen Lohn entsprechend der Mühe seines Lebenswandels und entsprechend dem, was er bei der Abwägung seiner Gedanken als Frucht hervorbringt (vgl. Mt 16,27 u.a.); denn Ich habe alle Früchte der Menschen eingeschrieben vor Mir. Der Mensch nämlich, der von den Wünschen seiner Begierden abläßt, ist gerecht. Wer aber in seinen Begierden jedem Wunsch folgt, den wird man nicht als gerecht bezeichnen können. Aber trotzdem werden seine Wunden im Blut des Lammes gereinigt, wenn er sich zum Guten bekehrt hat. Dann wird auch das himmlische Heer, wenn es diese geheilt sieht, zu einem wunderbaren Lob Gottes angespornt.

Jeder Mensch also, der Gott fürchtet und liebt, soll sich diesen Worten mit der Hingabe seines Herzens öffnen, und er soll wissen, daß sie zum Heil des Leibes und der Seele der Menschen nicht von einem Menschen verkündet sind, sondern durch Mich, der Ich bin (Ex 3,14).

Dritte Vision

Der Mensch im Bau der Welt

Ich schaute, und siehe, der Ostwind und der Südwind mit ihren Nebenwinden setzten durch ihr gewaltiges Wehen das Firmament in Bewegung und ließen es sich vom Osten bis zum Westen über die Erde hin drehen. Dort nahmen der Westwind und ebenso der Nordwind und ihre Nebenwinde es auf, trieben es mit ihrem Wehen an und stießen es unter der Erde vom Westen zum Osten zurück. Ich sah auch, daß von dem Tag an, an dem die Tage länger zu werden beginnen, der erwähnte Südwind mit seinen Nebenwinden das Firmament an der Südseite allmählich nach Norden in die Höhe hob, indem er es gleichsam stützte, und zwar bis zu dem Tag, von dem an sie nicht mehr zunehmen. Und von demselben Tag an, an dem die Tage kürzer zu werden beginnen, trieb der Nordwind, der die Klarheit der Sonne verabscheut, mit seinen Nebenwinden das Firmament vom Norden nach Süden zurück und drückte es allmählich nach unten, bis der Südwind es von der Zunahme der Tage an wieder emporzuheben begann.

Aber ich sah auch, daß im oberen Feuer ein Kreis erschien, der das ganze Firmament von Osten nach Westen umgab. Aus diesem ging vom Westen ein Wind hervor, der die sieben Planeten antrieb, von Westen nach Osten gegen die Umdrehung des Firmaments zu laufen. Und dieser blies wie die anderen Winde nicht gegen die Erde hin, sondern mäßigte nur, wie vorher gesagt wurde, den Lauf der Planeten.

Danach sah ich auch, wie die Säfte im Menschen durch die verschiedene Beschaffenheit der Winde und der Luft, wenn sie miteinander zusammenstoßen, bewegt und verändert werden und deren Beschaffenheit annehmen. In jedem der oberen Elemente nämlich ist ein Luftanteil, der dessen Eigenschaft entspricht, durch den jenes Element mit der Gewalt der Winde zur Umdrehung angetrieben wird; anders könnte es nicht bewegt werden. Mit Unterstützung von Sonne, Mond und den Sternen wird aus jedem von ihnen der Luftanteil ausgestoßen, der das Weltall ins richtige Maß setzt. Wenn aber einmal entweder durch die Glut der Sonnenbahn oder nach der

Entscheidung Gottes irgendein Element in Richtung eines Bereiches der Welt berührt wird, so gerät es dort zusammen mit der Bewegung der Luft selbst in Bewegung und schickt aus dieser selben Luftschicht einen Hauch, den man Wind nennt, in die erwähnte untere Luftschicht. Dieser Wind vermischt sich bald mit jener, weil er zu einem Teil aus ihr stammt und ihr ziemlich ähnlich ist. Und so berührt dieselbe Luft den Menschen. Daher werden auch die Säfte, die in ihm sind, entsprechend der Art des Windes und der Luft, da sie von gleicher Art sind, öfters verändert, sei es zu seiner Schwächung oder seiner Kräftigung.

Und wiederum schaute ich: Einer von allen Winden mit den vorher erwähnten Eigenschaften wird in irgendeinem Bereich der Welt entweder durch den geänderten Lauf der Sonne und des Mondes oder nach Gottes Entscheidung erregt, so daß er dort seinen Hauch aussendet, weil die Luft bewegt und ihm angepaßt ist. Er bläst dann diese Luft durch die Welt und bewahrt das, was in der Welt ist, dadurch daß er es im rechten Maß erhält. Entsprechend diesem Wehen macht er den Menschen in seinen Säften beträchtlich veränderlich. Denn der Mensch, dessen natürliche Eigenschaft diesem Wehen entspricht, atmet die so veränderte Luft ein und läßt sie ausströmen. Weil die Seele diese aufnimmt und ins Innere des Leibes bringt, werden auch die Säfte, die in ihm sind, verändert und bringen ihm, wie schon gezeigt wurde, oft Krankheit oder Gesundheit.

Die Säfte nämlich erheben sich bisweilen wild wie der Leopard im Menschen, dann jedoch werden sie sanfter, und wie der Krebs zeigen sie, indem sie bald vorwärts und bald rückwärts gehen, öfters an sich eine Veränderung. Wie der Hirsch legen sie auch manchmal durch Springen und Zustoßen verschiedenes Verhalten an den Tag. Und gleichsam in der Raubgier des Wolfes gehen sie zusammen mit ihm in der Eigenschaft des Hirsches und des Krebses manchmal auch auf den Menschen los, wie vorher gesagt wurde. Bisweilen beweisen sie auch wie der Löwe ihre Kraft an ihm, indem sie nicht nachgeben, und wie die Schlange zeigen sie bald Milde, bald Schärfe; und manchmal stellen sie sich sanft wie ein Lamm. Aber auch wie der Bär brummen sie manchmal wie im Zorn, manchmal zeigen sie auch mit ihm die Eigenschaft des Lammes und der Schlange, wie oben gezeigt wurde. Denn die Säfte im Menschen verändern sich auf diese Weise öfters.

Deshalb gehen sie auch oft so verändert auf die Leber des Menschen über, in der sein Wissen geprüft wird, das, durch die Kräfte der Seele gemäßigt, aus dem Gehirn hervorgeht. Die Feuchtigkeit des Gehirns berührt sie, so daß sie fett, stark und gesund ist. Denn auf der rechten Seite des Menschen ist die Leber und eine große Körperwärme. Deshalb ist auch die rechte Hand schnell bereit, sich zu erheben und zu arbeiten. Auf der linken Seite aber sind Herz und Lunge, die diese Seite für Lasten stärken und ihre Wärme von der Leber wie von einem Ofen haben. Wenn aber die Blutgefäße der Leber von den so bewegten Säften getroffen sind, erschüttern sie die Äderchen des Gehörs des Menschen. Manchmal verwirren sie so sein Gehör, weil dem Menschen durch das Gehör oft Gesundheit oder Krankheit zugetragen wird, das heißt, wenn er durch Erfreuliches übermäßig von Freude erschüttert oder wenn er bei Unglück übermäßig in Traurigkeit versetzt wird.

Ich sah auch: Bisweilen streben diese Säfte bis zum Nabel des Menschen, der sozusagen als Haupt der Eingeweide vortritt und sie sanft abschließt, damit sie sich nicht zerstreuen; er bewahrt auch ihre Bahnen und ihre Wärme und die ihrer Adern in der richtigen Mischung, wenn er auch durch seine heftigen Bewegungen oft unruhig ist. Anders könnte der Mensch nicht leben. Diese Säfte berühren manchmal auch die Geschlechtsorgane des Menschen, die in ihren Kräften gleichsam spielerisch verführend und gefährlich sind und die von den Sehnen und den übrigen Blutgefäßen gehalten werden. Aber in ihnen ist auch die Vernunft wirksam, so daß der Mensch weiß, was er tun oder meiden soll. Daher hat er auch Genuß an diesem Tun. Auf der rechten Körperseite werden die Geschlechtsorgane vom Atemhauch des Menschen und von seiner Leber erwärmt und gekräftigt. Von da erhält der Mensch auch die Unterscheidungskraft und Zucht, um die Anstürme der anderen Säfte zu zähmen, damit er sein Tun in Zucht vollenden kann.

Dieselben Säfte berühren auch bisweilen die Blutgefäße der Nieren und Beckenorgane, die zu den Adern der Milz, der Lunge und des Herzens hinziehen. Diese alle werden mit den Eingeweiden auf der linken Seite angeregt, da die Lunge sie erwärmt. Die rechte Körperseite aber wärmt die Leber. Auch die Adern von Gehirn, Herz, Lunge, Leber und die übrigen bringen den Nieren Kraft. Die Adern der Nieren steigen zu den Waden hinunter, stärken sie und kommen mit den Adern der Waden wieder hoch und verbinden sich entweder in den männlichen Geschlechtsorganen oder der Gebärmutter der Frau miteinander so, wie der Magen die Speisen aufnimmt. Sie geben diesen Organen Kräfte zum Zeugen von Kindern, wie auch durch einen Stein Eisen geschärft wird. Die Muskeln der Oberarme, die der Unterarme, die Wadenmuskeln sowie die schwellenden Muskeln der Schenkel sind voller Adern und Säfte. Denn wie der Bauch die Eingeweide und Speisen in sich hält, so bewahren die Muskeln der Arme und die Waden der Beine die Adern und Säfte in sich und stärken und tragen den Menschen mit ihrer Kraft so, wie der Bauch ihn nährt.

Aber wenn der Mensch bisweilen eilig läuft oder einen weiten Weg zu Fuß zurücklegt, dann werden die Sehnen unter den Knien und die Äderchen in den Knien übermäßig gedehnt und berühren die Adern in den Waden, die sehr zahlreich und netzartig miteinander verbunden sind. Sie kehren ermüdet zu den Adern der Leber zurück und veranlassen auch, daß diese die Adern des Gehirns berühren, und so machen sie den ganzen Körper müde. Die Blutgefäße der Nieren berühren und unterstützen mehr die linke Wade als die rechte, weil die rechte Wade von der Wärme der Leber gestärkt wird. Auch zu den Adern der Nieren und Beckenorgane steigen die Adern der rechten Wade hinauf, und deren Blutgefäße berühren die der Leber. Die Leber erwärmt die Nieren, die in dem Fett liegen, das aus den Säften stammt. Diese dehnen sich dann aus, bringen rasch Wohlbehagen und nehmen es wieder, weil sie schnell damit aufhören. Wenn nämlich die Leber dem Menschen Wärme gibt, scherzt er und ist fröhlich.

Wenn deshalb die Säfte, die im Menschen sind, auf unrechte Weise erregt werden und dann die Gefäße der Leber berühren, wie oben gesagt wurde, so wird deren Feuchtigkeit vermindert und auch in seiner Brust wird sie herabgesetzt. Daher trocknen sie den Menschen aus und treiben ihn in Krankheit. Die Feuchtigkeit in diesem Menschen vertrocknet und vergiftet und steigt in sein Gehirn und verursacht Kopf- und Augenschmerzen. Auch das Mark in seinen Knochen verliert seine Kraft. So wird er mitunter von Fallsucht befallen, wenn der Mond im Abnehmen ist.

Auch die Feuchtigkeit, die in seinem Nabelbereich ist, wird manchmal durch dieselben Säfte vertrieben, verwandelt sich in Trockenheit und verhärtet. Dadurch wird sein Fleisch geschwürig und schwammig, als ob er aussätzig wäre, obwohl er keinen Aussatz hat. Auch die Adern seiner Geschlechtsorgane erregen, wenn sie von jenen Säften zu Unrecht berührt werden, die anderen Adern auf dieselbe Weise, so daß die normale Feuchtigkeit im Menschen ausgetrocknet wird, und so kommt es bei ihm, weil die Feuchtigkeit fehlt, oft zu Ausschlägen.

Tafel 5
Die Weltkräfte

Ich schaute, und siehe, der Ostwind und der Südwind mit ihren Nebenwinden setzten durch ihr gewaltiges Wehen das Firmament in Bewegung und ließen es sich vom Osten bis zum Westen über die Erde hin drehen. Dort nahmen der Westwind und ebenso der Nordwind und ihre Nebenwinde es auf, trieben es mit ihrem Wehen an und stießen es unter der Erde vom Westen zum Osten zurück. Danach sah ich auch, wie die Säfte im Menschen durch die verschiedene Beschaffenheit der Winde und der Luft, wenn sie miteinander zusammenstoßen, bewegt und verändert werden und deren Beschaffenheit annehmen.
Aber über dem Kopf dieser Gestalt waren in der Höhe getrennt voneinander sieben Planeten bezeichnet, und es gingen von ihnen gleichsam Strahlen aus. Auf diese Weise war die Gestalt in diese Zeichen verflochten und von diesen umgeben.

Die Adern der Nieren des Menschen werden, wenn die vorher erwähnten Säfte in unrechter Weise erregt wurden, davon betroffen und erschüttern die anderen Adern, die in den Waden oder im übrigen Körper zu ihnen gehören, wie vorher gesagt wurde. Sie trocknen das Knochenmark und die Adern in der Muskulatur aus. So ist der Mensch lange krank und schleppt sich sein Leben lang damit hin. Aber manchmal überschwemmen diese Säfte mit ihrer Feuchtigkeit übermäßig die Brusthöhle des Menschen und durchnässen ihm seine Leber mit dieser Feuchtigkeit. Dann steigen in diesem Menschen viele widersprüchliche Gedanken auf, so daß er bald äußerst klug, bald äußerst dumm zu sein glaubt. Dieselben Säfte steigen dann hoch in sein Gehirn, stecken es an und steigen wieder hinab zu seinem Magen und verursachen in ihm Fieber; so wird dieser Mensch lange geschwächt.

Auch die Äderchen der Ohren reizen die Säfte bisweilen mit dem Überfluß ihres Schleimes <phlegma> und befallen mit demselben Schleim die Blutgefäße der Lunge, so daß der Mensch hustet und kaum atmen kann. Und wenn dieses Übermaß an Schleim von den Gefäßen der Lunge auf die des Herzens übergeht, ruft es in ihm Schmerz hervor. Dieser Schmerz geht auf die Brustwand dieses Menschen über, verursacht Lungenentzündung und schüttelt ihn so, als ob er bei abnehmendem Mond Fallsucht hätte.

Durch die übermäßige Überschwemmung bewegen diese Säfte auch die Eingeweide im Nabelbereich des Menschen, steigen so zu seinem Gehirn auf und machen ihn oft irrsinnig. Sie reizen auch die Adern in den Geschlechtsorganen und berühren die schwarze Galle in ihm, so daß er auf diese Weise verwirrt und ohne die Unterscheidungskraft traurig wird.

Manchmal berühren diese Säfte mit ungewöhnlicher Feuchte die Adern der Nieren des Menschen. Wenn diese so gereizt sind, tränken sie die Adern seiner Waden und die übrigen Blutgefäße seines Körpers mit ihrer übermäßigen Überschwemmung. Und wenn der Mensch von übermäßigen Speisen und Getränken dann überquillt, bringen sie ihm manchmal eine fette Lepra, da sein Fleisch anschwillt. Wenn aber die genannten Säfte weder übermäßig trocken noch übermäßig feucht sind, sondern auf ausgeglichene und entsprechende Weise gemischt, im rechten Maß sich in den Gliedern des Menschen verteilen, dann bleibt dieser gesund und gedeiht in seiner Erkenntnis, sei es zum Guten oder zum Bösen.

1. Die Schöpfung als Hilfe für den Menschen

Und wiederum hörte ich vom Himmel eine Stimme, die so zu mir sprach: Alle Geschöpfe, die Gott in der Höhe und in der Tiefe geschaffen hat, hat er dem Menschen zum Nutzen gegeben. Wenn dieser sie durch verkehrtes Handeln zerstört, so läßt das Gericht Gottes sie zur Strafe über ihn kommen. Wenn auch <die Geschöpfe> dem Menschen in seinen leiblichen Bedürfnissen beistehen, so muß man doch genauso einsehen, daß sie auch das Heil seiner Seele betreffen.

Denn wie du siehst, *setzen Ostwind und Südwind mit ihren Nebenwinden durch ihr gewaltiges Wehen das Firmament in Bewegung und lassen es sich von Osten nach Westen über die Erde hin drehen.* Das bedeutet: Wenn die Aushauchungen der Furcht Gottes und auch die des Gerichtes Gottes mit den übrigen Tugenden in der Kraft ihrer Heiligkeit den inneren Sinn des Menschen berühren, dann veranlassen sie ihn, gleichsam im Osten das Gute zu beginnen und in ihm bis zur guten Vollendung gleichsam bis zum Westen zu verharren, indem er das Fleischliche völlig überwindet. Denn wenn der Mensch Gott fürchtet, gerät er in große Sorge, für seine Ausschweifungen vor Sein Gericht zu geraten. Wenn er aber das Gute so beginnt, daß er in ihm beharrt, dann bemüht er sich um ewige Belohnung.

Und dort nehmen der Westwind und ebenso der Nordwind und ihre Nebenwinde es auf, treiben es mit ihrem Wehen an und stoßen es unter der Erde vom Westen zum Osten zurück. Denn die Aushauchung der Richtigkeit <rectitudo> schreckt mit Höllenstrafen, die Aushauchung der Bestrafung mit der leiblichen Drangsal und den übrigen Züchtigungen den Geist des Menschen auf. Sie rütteln ihn mit ihren Schrecknissen auf, wenn er bereits im Überdruß der Ermüdung aufhört, das Gute zu tun, indem er gleichsam nach Westen hin abweicht. Sie führen ihn unterhalb des irdischen Unglücks zum Aufgang der Gerechtigkeit zurück. Dabei ermahnen sie ihn, damit er nicht sozusagen am Ende der gerechten Taten, von lauer Leichtfertigkeit übermannt, unterliegt, sondern damit er eifrig zum Anfang der Heiligkeit zurückkehrt. Denn nicht dem, der beginnt und nachlässig wird, sondern dem, der beginnt und zu Ende führt, wird der Lohn der Seligkeit zuteil werden.

2. Der Sinn der leiblichen Drangsal

Du siehst auch: *Von dem Tage an, an dem die Tage länger zu werden beginnen, hebt der erwähnte Südwind mit seinen Nebenwinden das Firmament an der Südseite nach Norden in die Höhe, indem er es gleichsam stützt, und zwar bis zu dem Tag, von dem an sie nicht mehr zunehmen.* Denn wenn im Licht der Wahrheit die guten Werke durch den gläubigen Menschen ausgebreitet werden, kommt aus dem Feuer der Gerechtigkeit zusammen mit den anderen Tugenden die Aushauchung der Richtigkeit. Sie hebt den inneren Geist des Menschen in glühender Gerechtigkeit nach oben, wenn er durch viele Versuchungen gegen die Begehrlichkeit des Fleisches reuig und erprobt ist, in leuchtender Gerechtigkeit empor zum guten Ende, indem sie ihn gut und geordnet aufrichtet.

Und von demselben Tage an, an dem die Tage kürzer zu werden beginnen, treibt der Nordwind, der die Klarheit der Sonne verabscheut, mit seinen Nebenwinden das Firmament von Norden nach Süden zurück und drückt es allmählich nach unten, bis der Südwind es wieder zur Zunahme der Tage emporzuheben beginnt. Das bedeutet: Wenn den Menschen bei seinen guten Werken Überdruß und Trägheit erfassen und ihn zur Ermüdung führen, dann berührt auch leibliche Drangsal seinen Geist innen mit entgegengesetzten Gedanken. An ihr hatte dieser Mensch im Widerstand gegen die teuflische Überredung früher vielfach gelitten und die Strahlkraft seiner Werke nicht beachtet. Jetzt aber spornt sie ihn an, sich in diesen Bedrängnissen zu beherrschen und die Härte, die er in ihnen hatte, abzulegen. Denn die Gnade Gottes verzeiht ihm gleichsam wie im Südwind gütig und mild seine Sünden und bringt ihn so allmählich dahin <decipit>, bis das Feuer der Gaben Gottes diese richtig beurteilt und seinen Geist, der so im Fleisch kämpft, wieder zur früheren Lebenskraft der Tugenden zurückführt.

3. Die sieben Gaben des Heiligen Geistes

Aber du siehst auch: *Im oberen Feuer erscheint ein Kreis, der das ganze Firmament von allen Seiten umgibt. Aus diesem geht ein Wind hervor, der die sieben Planeten antreibt, von Westen nach Osten gegen die Umdrehung des Firmaments zu laufen.* Denn in der göttlichen Macht liegt die Vollendung der Heiligkeit, die den inneren Geist des Menschen, der sich mit Gott verbindet, von allen Seiten schützt. Daher bewirkt auch die Aushauchung, die aus ihr kommt, daß ihn, sobald er im Überdruß zu erlahmen beginnt, die mystischen Gaben des Heiligen Geistes berühren, damit er die Erstarrung von sich abschüttelt und sich eifrig zur Gerechtigkeit erhebt. Trotzdem fällt das dem Geist des Menschen oft schwer, denn seinen Körper, in den er durch die göttliche Anordnung gelegt ist und bleibt, kann er bisweilen nur mit Mühe dazu bringen, ihm zu gehorchen. Er stimmt ihm gleichsam als seiner Wohnung öfters in den fleischlichen Begierden zu. So stellt sich die Aushauchung der Gaben Gottes oft dem Willen des Menschen entgegen.

Und dieser bläst wie die anderen Winde nicht gegen die Erde hin, sondern mäßigt hier, wie vorher gesagt wurde, den Lauf der Planeten. Denn die oben gezeigte Aushauchung, die aus der Vollendung der Heiligkeit hervorgeht wie die übrigen Tugenden, die den der Welt ergebenen Menschen vom Bösen zum Guten hinwenden, zeigt sich nicht offen. Wenn der Mensch nämlich durch Gottes Geschenk Gutes zu tun beginnt, ist er noch nicht in der Fülle der Heiligkeit vollendet. Aber wenn er dann doch wahrhaft zu ihrer Vollendung gelangt ist, hält ihn die Aushauchung der Heiligkeit in den vollen, vollendeten Gaben des Heiligen Geistes fest und erlaubt ihm nicht, hierhin und dorthin zu schwanken. Denn wie die Säule der Heiligkeit unten auf Christus gegründet ist und sich oben zum Himmel aufrichtet, so wird er, auch wenn er von den Stürmen verschiedener Versuchungen geschüttelt wird, nicht fallen können, weil Christus ihn hält, über dem die sieben Gaben des Heiligen Geistes ruhen. Und er wird sprechen, wie auf Meine Eingebung hin von Habakuk aufgeschrieben wurde:

4. Habakuk 3,19: Gott, der Herr, als Kraftquell für den Menschen

„Gott der Herr ist meine Kraft. Er macht meine Füße schnell wie die Füße der Hirsche. Auf meine Höhen führt der Sieger mich, der ich zum Saitenspiel singe“ (Hab 3,19). Das ist so zu verstehen: Gott, der mich geschaffen hat und der wie ein Herr Macht über mich hat, ist meine Stärke. Denn ohne

Ihn kann ich nichts Gutes tun, weil ich durch Ihn den Lebensgeist habe, durch den ich lebe und mich bewege und durch den ich alle meine Wege erkenne. Daher wird auch derselbe Herr und Gott, wenn ich Ihn in Wahrheit anrufe, meine Schritte in schnelle Bewegung zu seinen Geboten setzen, wie der Hirsch eilt, wenn er sich nach der Quelle sehnt (Ps 42,2). Und so wird Er mich auf jene Höhe führen, die mir in Seinen Geboten gezeigt und aufgetragen ist. Er wird mir dabei die irdischen Begierden im Sieg Seiner Stärke unter die Füße legen, so daß ich Ihm unermüdlich Lobgesänge darbringen kann, wenn ich zur Glückseligkeit der Himmlischen gelangt bin.

Denn wie die Sonne, die an das Firmament des Himmels gesetzt ist, über die irdische Schöpfung herrscht und nichts sie zu verdunkeln vermag, so kann auch kein Gläubiger, der sein Herz und seinen Geist an Gott heftet, von Ihm weggerissen werden. Und weil er in Ihm fest verankert ist, verachtet er wahrhaft alles Irdische, und deshalb nimmt auch keiner Anstoß an ihm. Denn in keinem Getöse wird er von Todesfurcht bewegt und in keiner Mühe bemerkt man, daß sein Schicksal beklagenswert ist. Und man findet ihn nicht in den Höhlen von Räubern (Jer 7,11), das heißt in listigem, hinterhältigem Haß, worin der Mensch oft gefangen ist. Er geht auch nicht im Wirbelwind der Unbeständigkeit entsprechend der unbeständigen Sitten der Menschen, die nicht auf ihren Schöpfer achten und ihre Werke nach der Freiheit ihres eigenen Willens vollbringen. Daher vergleicht man solche Menschen auch mit dem Krebs, der rückwärts geht, und einem Wirbelsturm, der die Pflanzen ausdörrt.

5. Das Wirken der Tugenden in der Seele entsprechend den Säften im Leib

Danach aber siehst du, wie die Säfte im Menschen durch die verschiedene Beschaffenheit der Winde und der Luft, wenn sie miteinander zusammenstoßen, bewegt und verändert werden und deren Beschaffenheit annehmen. Das bedeutet: Durch die verschiedenen Arten der Aushauchung der Tugendkräfte und ebenso durch die Eigenschaft der Wünsche der Menschen stimmen diese miteinander überein, und der Mensch will das, was Gottes ist. Dann unterwerfen sich die Gedanken der Menschen, die sich vom Bösen entfernt und dem Guten zugewandt haben, der Würde der Tugenden und der heiligen Wünsche. *In jedem der oberen Elemente nämlich ist ein Luftanteil, der dessen Eigenschaft entspricht, durch den jenes Element mit der Gewalt der Winde zur Umdrehung angetrieben wird; anders könnte es nicht bewegt werden.* Das bedeutet, daß ein Verlangen des gläubigen Menschen vorhanden ist, das allen höheren Tugenden und Stärkungen entspricht. Dadurch wird er mit der Aushauchung der Tugenden zur Vernichtung des Bösen gestärkt. Anders würde er sich nicht dem Guten zuwenden. *Mit Unterstützung von Sonne, Mond und Sternen wird aus jedem von ihnen Luft ausgestoßen, die das Weltall ins richtige Maß setzt.* Das zeigt: Aus allen höheren Stärkungen der Tugenden, auch aus dem Geist der Stärke, ebenso aus dem Geist der Furcht des Herrn samt den übrigen Erleuchtungen aus den guten Aushauchungen werden die Wünsche entfacht, die in den Herzen der Gläubigen nach der himmlischen Seligkeit aufseufzen. Denn alles, was der Mensch Gutes tut, kommt nicht aus seinem Verdienst, sondern aus einer Gnadengabe Gottes.

Wenn aber einmal entweder durch die Glut der Sonnenbahn oder nach der Entscheidung Gottes irgendein Element in Richtung eines Bereiches der Welt berührt wird, so gerät es dort zusammen mit der Bewegung der Luft selbst in Bewegung und sendet aus dieser selben Luftschicht einen Hauch, den man Wind nennt, in die erwähnte untere Luftschicht. Denn durch den Geist der Stärke und auf Anordnung Gottes werden die Kräfte der höheren Tugenden zum Heil der Menschen geweckt, sobald die Sehnsucht gläubiger Menschen zu Gott aufsteigt und Gott anruft. Sie, die mit der Sehnsucht nach dem Himmel herbeigerufen wurden, richten von ihr ihre Aushauchungen auf die Herzen dieser Menschen, damit sie sich allem Guten zuwenden. Denn wenn der Mensch in reiner und gläubiger Gesinnung Gott anruft, umgibt ihn Gott nach seinem gerechten Urteil mit dem Schutzwall der Tugenden, weil er das Böse verworfen hat und eilends auf das Gute zugeht. *Dieser vermischt sich bald mit jener Luftschicht, weil er zu einem Teil aus ihr stammt und ihr ziemlich ähnlich ist.* Das bezeichnet, daß die Herzen der Gerechten mit der Aushauchung der Tugenden übereinstimmen. Denn solange sie lieben, was gerecht ist, kommt das aus den Tugendkräften; deshalb machen sie sich auf diese Weise auch jenen ähnlich. *Und so berührt dieselbe Luft den Menschen. Daher werden auch die Säfte, die in ihm sind, entsprechend der Art des Windes und der Luft, da sie von gleicher Art sind, öfters verändert, sei es zu seiner Schwächung oder seiner Kräftigung.* Denn die Herzen der Gesegneten, die sich der Gerechtigkeit zugewandt haben, zähmen in ihnen die fleischlichen Begierden. Sie heften ihre Gedanken an die Aushauchung der Tugenden und an die Hingabe an himmlische Wünsche, indem sie die Laster schwächen und den Tugenden Kraft verleihen. Wenn nämlich der Mensch um Gottes willen sein Fleisch in vernünftiger Weise in Zucht nimmt, hebt er seinen inneren Geist empor zur Seligkeit. Das bezeugt die Weisheit, die sagt:

6. Sprichwörter 15,6: Die möglichen Wege des Menschen

„Im Haus des Gerechten gibt es reichen Vorrat; was der Frevler erwirbt, wird zerschlagen" (Spr 15,6). Das ist so zu verstehen: Wie die Sonne, wenn sie am Mittag emporsteigt, in ihrer Hitze am meisten brennt, so zeigt auch das Haus, das ist die Gesinnung dieses Gerechten, der all seine Werke so vollbringt, wie wenn er das Urteil Gottes unterstützte, in sich größte Stärke. Er macht Fortschritte, indem er von Tugend zu Tugend aufsteigt (Ps 84,8), und läßt darin nicht nach, wie auch die Sonne sich weder wegen ihres Aufstiegs noch wegen der Ausstrahlung ihrer Wärme in ihrer Kreisbahn vermindert. Der gesegnete Mensch entbrennt nämlich um so mehr in beglückendem Eifer, je mehr er im Guten erglüht. Denn seine bleibenden Stätten sind an himmlischen Orten, an denen er mit ganzem Eifer und ganzem Verlangen weilt; an ihrer Süße kann er sich nicht sättigen. Auch seine Kraft übersteigt das Firmament und reicht bis zur Tiefe des Abgrunds, weil der Mensch mit jedem Geschöpf zusammen äußerst stark ist und jedes Geschöpf ihm eifrig dient.

Die Erde wird auch manchmal durch die Bewegung des Firmaments erschüttert und bebt, und das Firmament dient der Erde dadurch, daß es sie mit Regen durchnäßt, damit sie nicht auseinanderfällt und durch die Luft und den Tau ihre Früchte herrlich hervorbringt. Der gesegnete Mensch aber streift alles Irdische von sich ab. Weder aus Reue, noch aus Furcht vor irdischen Begierden hört er auf, zur himmlischen Höhe aufzusteigen und mit der Freude des ewigen Lebens gute Werke aufzubauen. Aber in den Früchten, die der Gottlose durch seine bösen und verkehrten Werke hervorbringt, ist Verwirrung. Denn jener schwankt hin und her, weil er von der Verwirrung der Welt überschwemmt wird. Er wandelt nicht im Tageslicht und hofft nicht auf das Licht der Ewigkeit, sondern verschlingt die Schoten der Schweine (Lk 15,16). Aber er findet in ihnen kein Leben, weil er die fleischlichen Begierden nicht ablegt.

7. Die kosmischen Kräfte und die Tugendkräfte

Aber du siehst wiederum: *Einer von allen Winden mit den vorher erwähnten Eigenschaften wird in irgendeinem Bereich der Welt entweder durch den geänderten Lauf der Sonne und des Mondes oder nach Gottes Entscheidung erregt, so daß er dort seinen Hauch aussendet, weil die Luft bewegt und ihm angepaßt ist. Er bläst dann diese Luft durch die Welt und bewahrt das, was in der Welt ist, dadurch, daß er es im richtigen Maß hält. Entsprechend diesem Wehen macht er den Menschen in seinen Säften beträchtlich veränderlich.* Das bedeutet: Die Aushauchung der Tugendkräfte sehr vieler Gaben erhebt sich im gläubigen Menschen durch die Inspiration des Geistes der Stärke und Demut und des Geistes der Gottesfurcht und des zerknirschten Herzens wie auch auf Anordnung der Erwägung Gottes. Überall wo der Heilige Geist sie aushaucht, steht er dem richtigen Verlangen dieses Menschen durch seine überströmende Eingebung bei, weil es mit ihm übereinstimmt. Dieses Verlangen ergründet alles Nützliche und lehnt sich mit Hingabe an es an und verbindet sich mit dieser Einhauchung.

Und so erschüttert auch dasselbe Verlangen das Herz eben dieses Menschen. *Denn der Mensch, dessen natürliche Eigenschaft diesem Wehen entspricht, atmet die so veränderte Luft ein und läßt sie wieder ausströmen. Weil die Seele diese aufnimmt und ins Innere des Leibes bringt, werden auch die Säfte, die in ihm sind, verändert und bringen ihm, wie schon gezeigt wurde, oft Krankheit oder Gesundheit.* Das geschieht, wenn der Mensch, dessen guter Wille mit dieser Aushauchung übereinstimmt, sein Verlangen vom Bösen trennt und sich gründlich damit auseinandersetzt <ruminando discutit>. Weil die Seele das ganz geheim in sich hin- und herbewegt <excribrat>, ändern sich in ihm auch die Stürme der wogenden Gedanken, so daß sie ihm bald Mißerfolg und bald Erfolg versprechen.

8. Das Zusammenwirken der Säfte und Tugendkräfte im Menschen

Die Säfte nämlich erheben sich bisweilen wild wie der Leopard im Menschen, dann jedoch werden sie sanfter, und wie der Krebs zeigen sie, indem sie bald vorwärts und bald rückwärts gehen, öfters an sich eine Veränderung. Und wie der Hirsch legen sie manchmal durch Springen und Zustoßen verschiedenes Verhalten an den Tag. Denn wieviel Gottesfurcht der Mensch auch haben mag, steigen doch in ihm manchmal Gedanken auf, die sich im Überdruß mit Nichtigkeiten befassen. Mit dem Krebs ermahnen sie ihn manchmal, im Vertrauen auf eine gute Vollendung vorwärts zu schreiten, dann aber ziehen sie ihn wieder zurück und täuschen ihn, indem sie ihm eingeben, so könne er nicht durchhalten. Manchmal machen sie ihn sozusagen im Hirsch sicher durch den Glauben, danach aber stoßen sie ihn, wenn er im Glauben schwankt.

Und gleichsam in der Raubgier des Wolfes gehen sie zusammen mit ihm in der Eigenschaft des Hirsches und des Krebses manchmal auf den Menschen los, wie vorher gesagt wurde. Denn manchmal stellen sie wie im Wolf dem Menschen die Höllenstrafen vor Augen und versprechen trügerisch, daß er nur durch den Hirsch, das heißt durch den Glauben, und durch den Krebs, das heißt durch das Vertrauen, ohne andere gerechte Werke den Höllenstrafen entkommen könne. Dann aber bringen sie ihn oft zur Verzweiflung.

Bisweilen beweisen sie auch wie der Löwe ihre Kraft an ihm, indem sie nicht nachgeben, und wie die Schlange zeigen sie bald Milde, bald Schärfe; und manchmal stellen sie sich sanft wie ein Lamm.

Sie stellen dem Menschen das Gericht Gottes vor Augen, aber danach überreden sie ihn, es nicht zu fürchten. Denn wie die Schlange, die vorsichtig heranschleicht, bringen sie ihm trügerisch bei, wie er dem Gericht Gottes mit schleichender List entgehen kann, indem sie ihn wie das Lamm in seiner Geduld auffordern, nichts zu fürchten, als ob er nicht in Sünden verstrickt wäre. *Aber auch wie der Bär brummen sie manchmal im Zorn, manchmal zeigen sie auch mit ihm die Eigenschaft des Lammes und der Schlange, wie oben gezeigt wurde.* Manchmal brummen sie insgeheim wie der Bär, der Mensch ertrage für Gott die leibliche Drangsal. Sie legen ihm dar, daß er durch sie gleichsam in der Geduld des Lammes und der

Klugheit der Schlange gezüchtigt und von seinen Sünden gereinigt sei; dann wieder machen sie ihn durch viele entgegengesetzte Aussagen darin unsicher.

Denn die Säfte im Menschen verändern sich auf diese Weise öfters, weil die Gedanken des Menschen sich durch solche Verwirrungen und auf andere Weise verändern und ihn bald in falsche Sicherheit, bald in Verzweiflung führen; manchmal heben sie ihn auch in echter Hingabe empor. *Deshalb gehen sie auch oft so verändert auf die Leber des Menschen über, in der sein Wissen geprüft wird, das durch die Kräfte der Seele gemäßigt, aus dem Gehirn hervorgeht. Die Feuchtigkeit des Gehirns berührt sie, so daß sie fett, stark und gesund ist.* Das zeigt: Die Gedanken des Menschen wenden sich öfters gewissermaßen seiner Leber, das heißt der Kraft der Gerechtigkeit zu, in der der Gerechte mit seiner Erkenntnis handelt. Denn die Kräfte der Seele zeigen die Erkenntnis von Gut und Böse, die durch die Gerechtigkeit in den Gläubigen das Leben umfängt. Genauso hat der Sohn Gottes Sünder und Zöllner (vgl. Mt 9, 11 u. a.) um sich versammelt, die er in der Fülle des Heiligen Geistes stark machte.

9. Die Leber des Menschen in ihrer Wirkung und Abbildlichkeit

Denn auf der rechten Seite des Menschen ist die Leber und eine große Körperwärme. Deshalb ist auch die rechte Hand schnell bereit, sich zu erheben und zu arbeiten. Auf der linken Seite aber sind Herz und Lunge, die diese Seite für Lasten stärken und ihre Wärme von der Leber wie von einem Ofen haben. Das zeigt: Auf der rechten Seite, das heißt im Erfolg des Heiles des guten und aufrichtigen Menschen, wirkt die Gerechtigkeit mit dem Heiligen Geist, so daß dieser sich erfolgreich zu Gott erhebt und das Gute durchführt. Auf der linken Seite aber wünscht er, um das Böse zu vermeiden, durch die Kraft der Gerechtigkeit gestärkt zu werden, indem er Gott mit aufrichtigem Herzen bekennt.

Wenn aber die Blutgefäße der Leber von den so bewegten Säften getroffen sind, erschüttern sie die Äderchen des Gehörs des Menschen. Manchmal verwirren sie so sein Gehör, weil durch das Gehör dem Menschen oft Gesundheit oder Krankheit zugetragen wird, das heißt, wenn er durch Erfreuliches übermäßig von Freude erschüttert oder wenn er bei Unglück übermäßig in Traurigkeit versetzt wird. Das zeigt: Die durch die richtigen Gedanken hervorgerufene gleichbleibende Gerechtigkeit wendet den Menschen vom Hören des Schlechten ab und lenkt ihn zu dem des Guten hin. Denn das Gehör gibt der Seele des Menschen zuweilen sowohl das, was heilig ist, als auch, was schändlich ist, ein, so daß der Mensch dann weder beim Guten noch beim Bösen bereit ist, sich ein Maß aufzuerlegen. Die Erkenntnis des Guten nämlich ist ohne das Hören von Gutem stumm, weil das, was die Erkenntnis des Guten weiß, das gute Hören aufnimmt. Es hat großen Eifer, zu behandeln und zu sagen, was ihm durch die Erkenntnis des Guten zugebracht wird. Und wenn es alles entsprechend geordnet hat, hört es damit auf und ruht ein wenig aus wie ein Mensch, der seinen Schatz in eine Truhe legt. Wenn er das Gute und das Böse erkennt, birgt er das Gute in der Geheimkammer seines Herzens und wirft das Böse weit von sich. So mahnt Jesaja, indem er sagt:

10. Jesaia 52,2–3: Verlassen des Bösen und Hinwendung zu Gott

„Löse die Fesseln von deinem Hals, gefangene Tochter Sion! Denn so spricht der Herr: Umsonst wurdet ihr verkauft, und ihr werdet nicht mit Geld losgekauft werden" (Jes 52,2–3). Das ist so zu verstehen: Zermalme durch Reue die Fessel der ersten Gefangenschaft und Übertretung, Mensch, der du im Paradies unter die Töchter des himmlischen Friedens gerechnet warst. Aber nach dessen Verlust bist du vielen Übeln unterworfen. Deshalb spricht Er, der der Herr über alles ist, zu euch, die ihr freiwillig in Sünden verwickelt seid: Auf solche Weise seid ihr ohne Preis verkauft worden, wie Gott der ersten Frau Schmerz verhieß, die wegen der Übertretung des Gebotes Gottes auf das Paradies verzichten mußte und den Namen „Tochter Sion" verlor. Aber ohne das Geld der irdischen Begehrlichkeit werdet ihr zurückgekauft werden, sobald euer Erlöser in seiner jungfräulichen Natur auferstanden ist und bestimmt hat, daß ihr durch den Geist und das Wasser wiedergeboren werdet. So hat Er euch an euren ererbten Platz zurückgeführt. Wer aber in dieser Geburt gerecht verharrt, wird von der erhabenen Höhe Sions nicht vertrieben werden.

Der gläubige Mensch soll sich also zu Gott aufrichten, indem er seine Sünden ablegt und alles Böse hinter sich zurückläßt. Er soll in seiner Sehnsucht nach dem Himmlischen aufseufzen, indem er Gott um Hilfe für seine guten Werke bittet. Wenn er in dieser Bitte standhaft ausharrt, wie der Blinde, der am Weg saß, es tat (Lk 18,35), blickt sogleich die Gnade Gottes auf ihn. Und wenn sie dann sieht, daß er zum Licht strebt und sich selbst aus der Finsternis erhebt, wird sie ihm in allem beistehen und ihm eingeben, was gerecht und heilig ist. Denn der Mensch, der sich vom Bösen abwendet, erfreut sich an guten und heiligen Werken und kostet ihre Süßigkeit, weil er nicht von Gott ablassen will, sich aber von der Schlangenlist abgewandt hat.

11. Die Eingeweide des Menschen

Du siehst auch: Bisweilen streben diese Säfte auch bis zum Nabel des Menschen, der sozusagen als Haupt der Eingeweide vortritt und sie sanft abschließt, damit sie sich nicht zerstreuen; er bewahrt ihre Bahnen und ihre Wärme und die Adern in der richtigen Mischung, wenn er auch durch seine heftigen Bewegungen oft unruhig ist. Anders könnte der Mensch nicht leben. Denn wenn der gläubige Mensch das Hören von Bösem ausschließt, bezähmt er mit seinen guten Gedanken den Nabel der verschiedenen Begierden, damit er zum Leben der wahren Glückseligkeit gelangen kann. Denn jenes fordert ihn öfters zur Beunruhigung durch das Böse heraus.

Diese Säfte berühren manchmal auch die Geschlechtsorgane des Menschen, die mit ihren Kräften gleichsam spielerisch, verführerisch und gefährlich sind und die von den Sehnen und den übrigen Blutgefäßen gehalten werden. Aber in ihnen ist auch die Vernunft wirksam, so daß der Mensch weiß, was er tun oder meiden soll. Daher hat er auch Genuß an diesem Tun. Auf der rechten Körperseite werden die Geschlechtsorgane vom Atemhauch des Menschen und von seiner Leber erwärmt und gekräftigt. Daher erhält der Mensch auch die Unterscheidungskraft und Zucht, um die Anstürme der anderen Säfte zu zähmen, damit er sein Tun in Zucht vollenden kann. Denn die Lenden, in denen Ausschweifung liegt, umgürtet er (Lk 12,35). Und weil er durch die Kraft der Gerechtigkeit zum Heil der Seele gestärkt ist, vollendet er das maßvoll und mit Würde.

Dieselben Säfte berühren auch bisweilen die Blutgefäße der Nieren und der Beckenorgane, die zu den Adern der Milz, der Lunge und des Herzens hinziehen. Diese alle werden mit den Eingeweiden auf der linken Seite angeregt, da die Lunge sie erwärmt. Die rechte Körperseite aber wärmt die Leber. Denn der Mensch zügelt mit denselben richtigen Gedanken ganz fest seine Nieren, die mit ungerechter Begehrlichkeit sein Herz öfters berühren und zum Bösen anregen, wenn der Leichtsinn des Fleisches sie berührt. Und das macht er dadurch, daß er auf den Pfaden der Gerechtigkeit geht.

12. Nieren und Muskeln in ihrer Funktion und Abbildlichkeit

Auch die Adern von Gehirn, Herz, Lunge, Leber und die übrigen Adern bringen den Nieren Kraft. Die Adern der Nieren steigen zu den Waden hinunter und stärken sie und kommen mit den Adern der Waden wieder hoch und verbinden sich entweder in den männlichen Geschlechtsorganen oder der Gebärmutter der Frau miteinander so, wie der Magen die Speisen aufnimmt. Sie geben diesen Organen Kräfte zur Zeugung von Kindern, wie auch durch einen Stein Eisen geschärft wird. Denn nachdem der Mensch die Begierde beruhigt und durch die Schamhaftigkeit die Nieren gezügelt hat, reinigt er sie durch die gute Erkenntnis, die in ihm wohnt, in Keuschheit und umgibt sie mit andauernder Gerechtigkeit und Selbstbeherrschung. Und so wendet er sich gerade darin der Selbstbeherrschung zu, wo er vorher nicht enthaltsam war, und stärkt sie, damit er nicht in Leichtsinn verfällt. Wenn er daher in derselben Selbstbeherrschung zu Gott seine Zuflucht nimmt und sowohl als Mann wie auch als Frau sich mit ihr schützend umgibt und von den übrigen Tugenden unterstützt wird, bringt er eine heilige Nachkommenschaft hervor, wenn er auf dem geraden Pfad der Unterscheidungskraft geht.

Die Muskeln der Oberarme, die der Unterarme, die Wadenmuskeln sowie die schwellenden Muskeln der Schenkel sind voller Adern und Säfte. Denn wie der Bauch die Eingeweide und Speisen in sich hält, so bewahren die Muskeln der Arme und die Waden der Beine Adern und Säfte in sich und stärken und tragen den Menschen mit ihrer Kraft so, wie der Bauch ihn nährt. Denn die Enthaltsamkeit ist die Zusammenfassung der Stärke und des Zurückhaltens von Rechtfertigungen im Menschen. Sie ist umgeben vom steten Seufzen der guten Gedanken und erhält auch das Innere der Seele in Fülle und bewahrt den ganzen Menschen mit Leib und Seele zur Vollkommenheit des Heiles, indem sie ihn in Heiligkeit ernährt.

13. *Ermüdung an Leib und Seele*

Aber wenn der Mensch bisweilen eilig läuft oder einen weiten Weg zu Fuß zurücklegt, dann werden die Sehnen unter den Knien und die Äderchen in den Knien übermäßig gedehnt und berühren die Adern in den Waden, die sehr zahlreich und netzartig verbunden sind. Sie kehren ermüdet zu den Adern der Leber zurück und veranlassen auch, daß diese die Adern des Gehirns berühren, und so machen sie den ganzen Körper müde. Denn wenn der Mensch mitunter den rechten Weg ohne das richtige Maß in Hast einschlägt, lenkt ihn die Maßlosigkeit dieser Haltung auf allerhand Unziemliches und führt auch die Enthaltsamkeit in ihm zu einem übertriebenen <iniustum> Maß des Gewissens. So verfällt er, wenn er sich auch erlaubter Dinge maßlos enthält, in Ekel an den anderen Tugenden. Indem er zur Gerechtigkeit zurückzukehren und überreiche Einsicht zu haben glaubt, bereitet er sich die Schlinge der Ermüdung; denn durch diese unangemessene Enthaltsamkeit schätzt er die Unbesonnenheit von Kühnheit und Vermessenheit gering und zweifelt, daß er wenigstens auf diese Weise durchhalten kann, und so stürzt er in den Fallstrick der Verzweiflung.

Die Gefäße der Nieren berühren und unterstützen mehr die linke Wade als die rechte, weil die rechte Wade von der Wärme der Leber gestärkt wird. So wird nämlich die Fortdauer der Begehrlichkeit durch unangemessene und maßlose Enthaltsamkeit mehr vergrößert als vermindert, da sie ja weder nach Gottes Willen noch um Gottes willen da ist. Denn Enthaltsamkeit, die mit der Unterscheidungskraft wirkt, wird durch die Tugend der Gerechtigkeit gestärkt.

Auch zu den Adern der Nieren und der Beckenorgane steigen die Adern der rechten Wade hinauf, und deren Adern berühren die Blutgefäße der Leber. Die Leber erwärmt die Nieren, die in dem Fett liegen, das aus den Säften stammt. Diese dehnen sich dann aus, bringen rasch Wohlbehagen und nehmen es schnell wieder, weil sie schnell damit aufhören. Wenn die Leber dem Menschen Wärme gibt, scherzt er und ist fröhlich. Denn die Enthaltsamkeit, die wahrhaftig in Gott ist, überholt den Lauf der Begehrlichkeit, schleppt sie vor das Gericht der Gerechtigkeit und zerschlägt sie dort, bis sie ganz zugrunde geht. Aber die Gerechtigkeit vernichtet sie, die im fetten Schmutz da lag, und verbrennt sie im Feuer des Heiligen Geistes. So wird das Böse, das in ihr war, zur Zerknirschung und Bitternis hin ausgestreckt, während es vorher, wenn auch nur kurze Lust in sich zeigte. Denn der sündige Mensch wird, wenn er gerechfertigt ist, in Freude seinen Lohn ernten.

14. Krankheit als Störung der inneren Säfte

Wenn deshalb die Säfte, die im Menschen sind, auf unrechte Weise erregt werden und dann die Gefäße der Leber berühren, wie oben gesagt wurde, so wird deren Feuchtigkeit vermindert und auch in seiner Brust wird sie herabgesetzt. Daher trocknen sie den Menschen aus und treiben ihn in Krankheit. Die Feuchtigkeit in diesem Menschen vertrocknet und vergiftet und steigt in sein Gehirn und verursacht Kopf- und Augenschmerzen. Auch das Mark in seinen Knochen verliert seine Kraft. So wird er mitunter von Fallsucht befallen, wenn der Mond im Abnehmen ist.

Wenn nämlich die Gedanken des Menschen Unbändigkeit, Härte und Gewalt in sich aufnehmen und so zu jedem nichtigen Tun neigen, unterdrücken sie mit dieser Gewalt <tyrannis> die Gerechtigkeit, die vom Tau des Heiligen Geistes übergossen, die Heiligkeit guter Werke in ihm sprießen lassen sollte. Auch die übrigen Tugenden in ihm schwächen und trocknen sie aus. Seine Einsicht, den Anfang, die Absicht und Kraft zum gerechten Tun, die vorher in ihm lebendig waren, führen sie in Verzweiflung, gleichsam wie in Fallsucht, denn das Licht der Wahrheit, das diesem Menschen leuchtete, wird nun geschwächt.

Auch die Feuchtigkeit, die in seinem Nabelbereich ist, wird manchmal durch dieselben Kräfte vertrieben. Sie verwandelt sich in Trockenheit und verhärtet. Dadurch wird sein Fleisch geschwürig und schwammig, als ob er aussätzig wäre, obwohl er keinen Aussatz hat. Auch die Adern seiner Geschlechtsorgane erregen, wenn sie von jenen Säften zu Unrecht berührt werden, die anderen Adern auf dieselbe Weise, so daß die normale Feuchtigkeit im Menschen ausgetrocknet wird. Und so kommt es bei ihm, weil die Feuchtigkeit fehlt, oft zu Ausschlägen. Denn die Feuchtigkeit der Selbstbeherrschung, die gleichsam in seinem Nabel die Begehrlichkeit hätte vernichten sollen, wird durch diese unbändigen, harten und unerlaubten Gedanken vertrieben und in ihm nicht mehr vom Tau des Heiligen Geistes benetzt. Daher bringen, wenn Er ihn verläßt, die Sünden durch die schlechte Gewohnheit Fäulnis hervor, so daß sie in allem wie der Aussatz durch ihren üblen Geruch offenbar werden. Seine Lenden, die nicht mehr von Keuschheit umgürtet sind (Lk 12,35), werden durch dieses selbe Denken erregt, so daß der Sproß der guten Früchte in ihm verdorrt und schlechte Beispiele wie Ausschlag in ihm aufbrechen. So weist auch Hosea durch den Heiligen Geist darauf hin, wenn er sagt:

15. Hosea 6, 10: Der in Sünden lebende Mensch

„Im Hause Israel habe ich gräßliche Dinge gesehen, dort befleckt sich Israel mit Unzucht" (Hos 6,10). Das ist so zu verstehen: In jenen Schlupfwinkeln lag der, der Gott reinen Herzens anschauen sollte, wie zum Ausruhen in seinen Sünden. Ich aber, der Ich alle verborgenen Winkel der Sünden durchforsche, sah die unsäglichen Greuel, nämlich daß er in die Unzucht der unreinsten, stinkenden Verfehlungen verwickelt ist; von ihnen besudelt, wälzt er sich wie ein Schwein im Kot (vgl. 2 Petr 2,22). Er, der die Reinheit suchen, anschauen und umarmen sollte, hat sich in allem verächtlich und zügellos gemacht. Die Unreinheit nämlich entkräftet den Menschen und nimmt ihm seine Einsicht.Er kann dann weder das, was die Welt, noch das, was Gott betrifft, mit voller Würde beachten. Denn der Brand des Fleisches gibt ihm nach seinem eigenen Willen Stolz, eitlen Ruhm und alles Böse ein, indem er es ihm gleichsam einbläst.

Tafel 6
Der Lebenskreis

Ich sah auch, wie das obere Feuer des Firmaments bisweilen erschüttert wurde und gleichsam Schuppen wie Glutasche aus sich auf die Erde schickte, die bei Menschen, Tieren und Früchten der Erde Brandmale und Geschwüre verursachten. Auch sah ich, wie sich aus dem schwarzen Feuer manchmal ein Nebel auf die Erde herabsenkte. Dieser dörrte die Grünkraft <viriditas> der Erde aus und ließ die Feuchtigkeit der Äcker vertrocknen.
Und ich sah auch, wie aus der starken, weißleuchtenden Luft sich bisweilen ein Nebel auf die Erde senkte, der Mensch und Vieh mit einer verheerenden Seuche schlug.
Ich sah auch, daß aus der dünnen Luft Feuchtigkeit, die über die Erde sprudelte, die Grünkraft der Erde weckte und alle Früchte keimen und hervorsprießen ließ.

16. Die Nieren und ihre Funktion in Leib und Seele

Auch die Adern der Nieren des Menschen werden, wenn die vorher erwähnten Säfte in unrechter Weise erregt wurden, davon betroffen und erschüttern die anderen Adern, die in den Waden oder im übrigen Körper zu ihnen gehören, wie vorher gesagt wurde. Sie trocknen das Knochenmark und die Adern in der Muskulatur aus. So ist der Mensch lange krank und schleppt sich sein Leben lang damit hin. Denn wenn der Mensch es vernachlässigt, seinen Nabel und seine Lenden zu zügeln, so daß er auch seine Gedanken in Herrschsucht und unnützen Dingen schweifen läßt, verachtet er den Fortgang der Tugenden, die mit der Enthaltsamkeit verbunden sind, und die Enthaltsamkeit selbst, die man zur Erhaltung der Schamhaftigkeit im rechten Maß und geordnet einhalten muß. Deswegen entbehren auch seine übrigen Werke die Eingießung des himmlischen Taues und verkehren sich in Trockenheit. Sie lassen die Seele dieses Menschen dahinsiechen, bis er zur Lebenskraft <vigor> der Tugenden zurückkehrt.

17. Die Störung der Säfte im Brustraum und ihre Auswirkung

Aber manchmal überschwemmen diese Säfte mit ihrer Feuchtigkeit übermäßig die Brusthöhle des Menschen und durchnässen ihm seine Leber mit dieser Feuchtigkeit. Dann steigen diesem Menschen viele widersprüchliche Gedanken auf, so daß er bald äußerst klug, bald äußerst dumm zu sein glaubt. Dieselben Säfte steigen dann hoch in sein Gehirn, stecken es an und steigen wieder hinab zu seinem Magen und verursachen in ihm Fieber; so wird dieser Mensch lange geschwächt. Auch damit wird gezeigt: Wenn die widersprüchlichen Gedanken eines Menschen die Wildheit abgelegt haben und sich in Weichlichkeit, Nachgiebigkeit und schlüpfriger Eitelkeit ausbreiten, trachten sie danach, in jenem Menschen durch diese Leichtfertigkeit die Gerechtigkeit zu ersticken. Wenn sie sich in ihm erheben, heben sie ihn daher bald wie in Weisheit empor, bald drücken sie ihn gleichsam in Torheit nieder, verwirren seine Einsicht und verursachen in ihm Gefräßigkeit. So wird seine Seele in diese Übel wie in langandauernde Mattigkeit verstrickt und leidet oft an einer gefährlichen Bedrückung.

Auch die Äderchen der Ohren reizen die Säfte bisweilen mit dem Überfluß ihres Schleimes <phlegma> und befallen mit demselben Schleim die Blutgefäße der Lunge, so daß der Mensch hustet und kaum atmen kann. Und wenn dieses Übermaß an Schleim von den Gefäßen der Lunge auf die des Herzens übergeht, ruft es in ihm Schmerz hervor. Dieser Schmerz geht auf die Brustwand dieses Menschen über, verursacht Lungenentzündung und schüttelt ihn so, als ob er bei abnehmenden Mond Fallsucht hätte. Das alles soll zeigen: Mitunter verursachen die verschiedenen Gedanken in demselben Menschen ein so großes Getöse, daß sie das Hörvermögen seiner Seele verwirren; er kann dann weder das Gute erkennen noch in sich sammeln, sondern wie bei einem Hustenanfall bekommt er Widerwillen dagegen. Sie verwirren auch sein Herz so durch Sinnlosigkeit, daß er keine Ruhe zum Nutzen seiner Seele finden kann, sondern auf dem rechten Weg hierhin und dorthin schwankend wie ein Todkranker einhergeht, weil das Licht der Rechtschaffenheit in ihm bereits verdunkelt ist.

Durch die übermäßige Überschwemmung bewegen diese Säfte auch die Eingeweide im Nabelbereich, steigen so zu seinem Gehirn auf und machen ihn oft irrsinnig. Sie reizen auch die Adern in den Geschlechtsorganen und berühren die schwarze Galle in ihm, so daß er auf diese Weise verwirrt und ohne die Unterscheidungskraft traurig wird. Denn auch durch die maßlose Verwirrung ihrer trügerischen Ausgelassenheit lenken die Gedanken in ihm seine Begierden nach ihrem Belieben. Sie spalten seine Einsicht, damit er sich mit verkehrten Handlungen beschmutzt, und so machen sie ihn sozusagen wahnsinnig und haltlos in der Unzucht. Auch Traurigkeit umdüstert ihn, wenn er die Begierde seines Fleisches nicht vollkommen stillen kann.

Manchmal berühren diese Säfte mit ungewöhnlicher Feuchte die Adern der Nieren des Menschen. Wenn diese so gereizt sind, tränken sie die Adern seiner Waden und die übrigen Blutgefäße seines Körpers mit ihrer übermäßigen Überschwemmung. Und wenn der Mensch von übermäßigen Speisen und Getränken dann überquillt, bringen sie ihm manchmal eine fette Lepra, da sein Fleisch anschwillt. Dadurch wird gezeigt: Wenn die Gedanken bisweilen mit unreiner und schlüpfriger Begierde den Menschen erregen, ihn zu schändlicher Weichlichkeit verleiten und die Kraft der Enthaltsamkeit, die sein Fleisch hätte zähmen sollen, aus ihm vertreiben, dann bringen sie ihn sanft zur Gefräßigkeit, die die Flammen der

Leidenschaft entzündet. Daher stecken sie ihn gleichsam wie mit Lepra mit der Fäulnis der Sünden an, weil er der Wollust seines Körpers keinen Widerstand mehr leistet. Denn wer sein Fleisch nicht durch angemessene Enthaltsamkeit schwach hält, sondern es mit Lastern und Lüsten nährt, häuft das Fett der Sünden in sich auf und bewirkt, daß er vor den Augen Gottes vor Schmutz strotzt.

18. Gesundheit als Ausgeglichenheit von Körperfunktionen und Seelenkräften

Wenn aber die erwähnten Säfte weder übermäßig trocken noch übermäßig feucht sind, sondern auf ausgeglichene und entsprechende Weise gemischt, sich im rechten Maß in den Gliedern des Menschen verteilen, dann bleibt dieser gesund und lebenskräftig in der Erkenntnis, sei es zum Guten oder Bösen. Das bedeutet: Wenn die Gedanken des Menschen weder zu verhärtet in Hartnäckigkeit noch in Leichtfertigkeit zu schlüpfrig sind, sondern dem Menschen und Gott entsprechend in der Ehrenhaftigkeit der Sitten gut und passend sind, machen sie den Menschen in seinem Körper durch Sanftmut ruhig und in seinem Wissen genau. So flieht er vor der Gunst der Welt und weicht nicht nach rechts oder links ab, sondern er seufzt, von möglichst vielen Tugenden unterstützt, nach den himmlischen Freuden, wie im Hohenlied geschrieben steht: „Wie schön sind deine Schritte in den Sandalen, du Tochter des Fürsten!" (Hld 7,2).

Das ist so zu verstehen: Du, der du dich in deinem Herzen in deiner Sehnsucht nach Gott an den guten Werken erfreust, hast durch sie Hoffnung auf das ewige Leben, das dir in der Freude widerstrahlt, wie wenn die Sonne aufgeht. Du zeigst den anderen Menschen die schönsten Schritte auf dem Weg des Gottessohnes, wenn du dir die Abtötung des Fleisches gleichsam mit deinen Schuhen anlegst und die Nacktheit deiner Sünden bedeckst, sobald du mit gutem Willen Gott mehr liebst als dich. Und dann wird auch deine Seele Tochter des Fürsten genannt, des Fürsten nämlich, der der Friedensfürst (Jes 9,6) genannt wird, der auch die alte Schlange besiegt (Offb 12,9) und Sein Volk befreit hat und alle Feindschaft, die zwischen Gott und dem Menschen bestand, mit Seinem Blut abgewaschen hat. Diesen Frieden verkündeten die Engel bei der Menschwerdung des Gottessohnes den Menschen (vgl. Lk 2,13–14), und sie freuten sich sehr darüber, weil Gott sich so der Erde verbunden hatte, daß die Menschen Ihn in Menschengestalt erblickten und die Engel Ihn als Menschen und als Gott vollkommen sahen.

Jeder Mensch also, der Gott fürchtet und liebt, soll sich diesen Worten mit der Hingabe seines Herzens öffnen, und er soll wissen, daß sie zum Heil des Leibes und der Seele der Menschen nicht von einem Menschen verkündet sind, sondern durch Mich, der Ich bin (Ex 3,14).

Vierte Vision

Die Gliederung des Firmaments

Und ich schaute, daß das Firmament mit allem, was zu ihm gehört, von seinem höchsten Punkt bis zum Scheitelpunkt der Erde in seinem Durchmesser dieselbe Dichte wie die Erde hatte. Ich sah auch, wie das obere Feuer des Firmaments bisweilen erschüttert wurde und gleichsam Schuppen wie Glutasche aus sich auf die Erde schickte, die bei Menschen, Tieren und Früchten der Erde Brandmale und Geschwüre verursachten. Auch sah ich, wie sich aus dem schwarzen Feuer manchmal ein Nebel auf die Erde herabsenkte. Dieser dörrte die Grünkraft <viriditas> der Erde aus und ließ die Feuchtigkeit der Äcker vertrocknen. Aber der reine Äther leistete jenen Schuppen und diesem Nebel Widerstand, damit sie nicht über das Maß hinaus den Geschöpfen Schaden zufügten.

Und ich sah auch, wie aus der starken, weißleuchtenden Luft sich bisweilen ein anderer Nebel auf die Erde senkte, der Mensch und Vieh mit einer verheerenden Seuche schlug, so daß viele deshalb an verschiedenen Krankheiten litten, sehr viele auch dem Tod verfielen. Diesem Nebel jedoch trat die wasserreiche Luftschicht entgegen, die ihn mäßigte, damit er die Geschöpfe nicht übermäßig schädigte.

Ich sah auch, daß aus der dünnen Luft Feuchtigkeit, die über die Erde sprudelte, die Grünkraft der Erde weckte und alle Früchte keimen und hervorsprießen ließ. Sie trug auch Wolken nach oben, die alle oberen Schichten stützten und von diesen oberen Schichten gekräftigt wurden. In derselben Luftschicht sah ich auch eine Wolke von strahlendem Weiß, die an ihren beiden Enden gleichsam in die anderen Wolken des Firmaments eingefügt war. Ihr mittlerer Teil blieb wie ein Bogen gekrümmt und erstreckte sich in die vorher genannte Luftschicht.

Und wieder hörte ich eine Stimme vom Himmel, die zu mir sprach:

1. Das Firmament, von Gott der Erde und dem Menschen als Zeichen gesetzt

Gott, der alles erschaffen hat, hat den oberen Bereich so angeordnet, daß Er durch ihn auch den unteren Bereich festigt und reinigt. In der Gestalt des Menschen aber bezieht Er diese Zeichen auch auf das Heil der Seele. *Denn du schaust, wie das Firmament mit allem, was zu ihm gehört, von seinem höchsten Punkt bis zum Scheitelpunkt der Erde in seinem Durchmesser dieselbe Dichte wie die Erde hat.* O Mensch, wie dir gezeigt und gesagt wird, sind Firmament und Erde von gleicher Dichte. Und so groß, wie der Leerraum der Luft über der Erde bis zu den oberen Widerständen ist, so groß ist auch der Leerraum unter der Erde bis zu den unteren Widerständen. Und genauso groß ist nach Süden und Norden dort zwischen der Erde und den Widerständen des Firmaments ein Luftraum. Das zeigt: Der innere Geist des Menschen zeigt seine Kräfte sowohl im himmlischen als auch im irdischen Bereich je nachdem, wie der Leib des Menschen in seiner Kraft sich bemüht, in diesen beiden Bereichen zu bleiben. Wo nämlich Seele und Leib in rechter Übereinstimmung sind, erreichen sie in einer einzigen Freude auch die himmlischen Belohnungen.

2. Die Kräfte, die das Firmament in Bewegung halten

Du siehst auch, wie das obere Feuer des Firmaments bisweilen erschüttert wird und gleichsam Schuppen wie Glutasche aus sich auf die Erde schickt, die bei Menschen, Tieren und Früchten der Erde Brandmale und Geschwüre verursachen. Gott hat nämlich das Firmament durch das Feuer gefestigt, damit es nicht zerfließt. Er hat es durch den Äther leichter gemacht, damit es sich bewegen kann, mit Wasser hat Er es durchtränkt, damit es nicht austrocknet, mit den Winden hält Er es in beständigem Umlauf. In den vier Bereichen, nämlich im Osten, Süden, Westen und Norden, wird das Firmament durch die Winde zum Umlauf angetrieben. Aber das leuchtende Feuer schickt, wenn es auf Anordnung Gottes von der Feuchtigkeit des oberen Wassers überwunden wird und so vom richtigen Maß seiner Glut abweicht, aus der Feuchte des oberen Wassers zur Bestrafung glühende Schuppen aus, wie oben gesagt wurde. Das bedeutet, daß die Macht Gottes, die den Geist des Menschen in ihrer Gewalt hat, wenn sie zum gerechten Gericht herausgefordert wird, ihr Strafgericht über die verkehrten Taten des Menschen schickt. Diese werden dann verwirrt und niedergeworfen, weil sie kein menschliches, sondern ein tierisches Verhalten an sich zeigen und keine Frucht von guten Werken haben.

3. Das schwarze Feuer

Auch aus dem schwarzen Feuer senkt sich bisweilen ein Nebel auf die Erde, dörrt die Grünkraft der Erde aus und läßt die Feuchtigkeit der Äcker vertrocknen. Denn wenn in demselben Feuer Hitze und Kälte durch Gottes Willen bewegt werden, senkt sich, wie vorher gesagt wurde, ein Nebel herab, der von der gefährlichen Hitze rauchig und von der zerstörerischen Kälte feucht ist und zur Strafe der Sünder entsteht. Jenes schwarze Feuer glüht, durch den Südwind entflammt, vom Nordwind aber hat es bei übergroßer Kälte Hagel. Beide beruhigt der Ostwind. Der Westwind jedoch, der in der wasserreichen Luft wirbelt, bewirkt, wenn das schwarze Feuer bisweilen bewegt wird, eine gefährliche Überschwemmung. Das zeigt, daß sich von der Prüfung des Richters eine andere Strafe zu den fleischlichen Begierden ausstreckt. Sie stürzt diese in die Trockenheit der Verachtung und verzehrt ihre strotzende Fülle völlig. Denn Gott macht alles zunichte, was sich Ihm entgegenstellt.

4. Der reine Äther

Aber der reine Äther leistet jenen Schuppen und diesem Nebel Widerstand, damit sie nicht über das Maß hinaus den Geschöpfen Schaden zufügen. Denn der Äther, der die Mitte zwischen Feuer und Wasser einnimmt, besänftigt den oberen Bereich, mäßigt den unteren und bringt keine Plagen. Wenn nämlich die einzelnen Elemente die Menschen treffen würden und ihnen nichts zur Hilfe käme, könnten sie weder fortbestehen noch am Leben bleiben. Das Wasser aber wird nach der göttlichen Anordnung manchmal durch das Feuer unterdrückt, damit es sich nicht in einer unangemessenen Überschwemmung ausbreitet. Deshalb schickt es ihm auch Dunst, der jedoch nicht schädlich ist, wie auch der Atem des Menschen niemanden verletzt. Derselbe Dunst mäßigt mit entsprechender Feuchtigkeit den unteren Bereich, damit er seine Plagen nicht weiter ausdehnt, als er soll. So mildert auch aufrichtige Reue die göttliche Rache und Strafe und macht Gott gegenüber Seinem Geschöpf versöhnlich.

5. Die weißleuchtende Luft

Du siehst auch, wie aus der starken, weißleuchtenden Luft sich bisweilen ein anderer Nebel zur Erde senkt, der Mensch und Vieh mit einer verheerenden Seuche schlägt, so daß viele deshalb an verschiedenen Krankheiten leiden, sehr viele auch dem Tod verfallen. Denn wenn aus dieser Luft, wie gesagt, bisweilen ein Nebel hervorgeht, werden die oberen Wasser, an die sich dieselbe Luftschicht wegen ihrer Nachbarschaft unten anschließt, durch Gottes Willen von dem oberen Feuer über das Maß bewegt. Sie sieden bald infolge der unruhigen Hitze, bald schmerzen sie durch die furchtbare Kälte, die im schwarzen Feuer ist. Und so ist der Nebel von beiden durchdrungen und in beiden Richtungen schädlich. Diese Plagen kommen nur über die Menschen, wenn das gerechte Urteil Gottes durch deren Sünden herausgefordert wurde. Sie zeigen, daß aus der Unterscheidungskraft der heiligen Werke eine Strafe hervorgeht für Handlungen ohne richtige Unterscheidung. Sie gibt den Menschen, die in der Sünde keine Mäßigung kennen, eine unmäßige Zerknirschung ein und schwächt in ihnen, was dem Leib nach ohne die rechte Unterscheidung <indiscreta> ist. Das, was für das Heil der Seele ohne die Unterscheidungskraft <discretio> ist, tötet sie ganz ab. Denn die Discretio bringt alles, was sowohl für den Leib als auch für die Seele nützlich ist, in das richtige Verhältnis.

Diesem Nebel jedoch tritt die wasserreiche Luftschicht entgegen, die ihn mäßigt, damit er die Geschöpfe nicht übermäßig schädigt. Denn durch ihre wässrige Beschaffenheit schwächt sie deren Kraft. Die heiligen Werke in den Vorbildern der Gerechten zeigen dieser Strafe, die aus der Unterscheidungskraft hervorgeht, auf welche Weise sie jene unmäßigen Werke treffen soll.

6. Die dünne Luft

Aber aus der dünnen Luft sprudelt Feuchtigkeit über die Erde, weckt die Grünkraft der Erde und läßt alle Früchte keimen und hervorsprießen. Sie trägt auch Wolken nach oben, die alle oberen Schichten stützen und von diesen gekräftigt werden. Das ist deshalb, weil dieselbe dünne Luft den Schnee schickt, der sich gewissermaßen fliegend über die Erde ausbreitet, wenn durch den Tiefstand der Sonne auf der Erde Kälte herrscht. Denn die Wassertropfen verwandeln sich durch die obere Kälte in Schnee. In der Hitze aber läßt die Sonne bei ihrem Aufstieg dieselbe Luft als Tau auf die Erde fallen, wie die Wabe Honig austreten läßt. Dieser Tau wird durch den sanften Ostwind manchmal zu mildem Regen. Und diese Luft unterdrückt die Gefahren von oben und ist wie ein Schild zum Schutz der Erde (wie ein Schild einen Mann vor sehr vielen Hieben schützt), und aus der ganz milden, gemäßigten Wärme der Sonne sendet sie den Tau des Segens, den Jakob seinem Sohn gab (vgl. Gen 48,15), über die Erde. Bisweilen dampft diese Luft auch infolge des Aufstiegs des Wassers und der Feuchtigkeit des Taus. Das ist dennoch nicht schädlich, sondern sie beleckt jede Fruchtbarkeit der Erde und reinigt sie so von dem widerlichen Geruch, von dem sie durch ein Unwetter berührt wurde.

7. Die Wolken und das echte Streben des Menschen

Die dünne Luft trägt auch die genannten Wolken, die bald leuchtend, bald auch dunkel sind, über sich und stützt sie. Diese haben gleichsam einzelne Zitzen, durch die sie Regen auf die Erde schicken, wie die Milch aus den Zitzen gesäugt wird. Diese Wolken dehnen sich manchmal zu den höheren Bereichen aus und erhalten von jedem einzelnen Kraft: Vom Äther werden sie leichter gemacht, von den Wassern werden sie durchtränkt und durch die Kälte gerinnen sie, damit sich nicht der Regenguß durch die einzelnen Zitzen zu heftig über die Erde ergießt. Aber dieselben Wolken sind auch die

Spiegelschicht, die die Menschen Himmel nennen. Denn die für Sonne, Mond und Sterne vorgesehenen Stellen sieht man durch sie, wie man irgendwelche Gestalten im Spiegel sieht, so daß die Menschen meinen, sie sähen ihre wirkliche Gestalt. Das ist jedoch nicht so, weil die Wolken selbst nur die Aufgaben eben dieser Gestirne wie auf einer dunklen Spiegeloberfläche zeigen und wie Wasser fließen, in dem man alles seitenverkehrt sieht. Damit versinnbildlichen sie, daß vom aufrichtigen Verlangen des gläubigen Menschen ein Gedanke ausgeht, der sich auf den fruchtbaren Nutzen richtet, der gute Werke hervorbringt. Er berührt dessen Lebenskraft <viriditas>, damit er vielfache Früchte der Heiligkeit trägt und die Herzen der Menschen zum Himmel emporhebt, so daß sie nach ihm seufzen und von ihm gestärkt werden. Denn solange der Mensch im aufrichtigem Verlangen zur Frucht der guten Werke strebt, verachtet er das Irdische und heftet sich so an das, was oben im Himmel ist, daß er ganz verwandelt erscheint, als ob er kein Mensch wäre.

8. Die leuchtend weiße Wolke als Bild für die vollkommene Gesinnung der Gläubigen

In derselben Luftschicht siehst du auch eine Wolke von strahlendem Weiß, die an ihren beiden Enden gleichsam in die anderen Wolken des Firmaments eingefügt ist. Ihr mittlerer Teil bleibt wie ein Bogen gekrümmt und erstreckt sich in die vorher genannte Luftschicht. Denn in denselben Wolken, die diese Luftschicht aufwärtsträgt und unterstützt, wird eine Wolke gelenkt, die gleichsam eine milchige Farbe hat. Sie festigt diese Luft, wie eine Säule ein Gebäude stützt. So sind in der vorher genannten Ordnung des aufrichtigen Verlangens die Herzen gewisser Menschen so bestellt, daß sie sowohl in weltlichen, als auch in geistlichen Angelegenheiten Lohn für das Ergebnis ihrer Werke erwarten dürfen. Denn sie vollenden ihre irdischen und himmlischen Aufgaben, damit sie dem höchsten Richter gefallen. Und obwohl die Vollkommenheit ihrer Gesinnung die Gebrechlichkeit des Fleisches bisweilen wie eine Krümmung fühlt, verharrt sie doch in aufrichtigem Verlangen, wie es auch mein Knecht Ijob zeigt, wenn er sagt:

9. Ijob (17,9): Der Weg des Gerechten

„Der Gerechte hält fest an seinem Weg; wer reine Hände hat gewinnt an Kraft" (Ijob 17,9). Das ist so zu verstehen: Der Mensch, der die Gerechtigkeit liebt, wird im Wagnis der Kraft die rechten Wege einhalten. Und wer rein vom Schmutz der Welt ist, wird durch gute Werke Heiligkeit erlangen, wenn er sich von Schlechten fernhält und sich all dem zuwendet, was Gott gefällt, um jenes Leben zu erhalten, das ohne Ende ist. Der Gerechte erfaßt nämlich die Weisheit, und die Weisheit steht in jener Vernunft, die das Lebendige und das Sterbliche kennt und die richtigen Wege lehrt. Die Verblendung des Herzens aber, die aus dem Genuß des Fleisches entsteht, verdunkelt das klare Wissen, da es versucht, nach seinem eigenen Willen alles zu tun, was es will. Daher wird es solange verblendet, bis es selbst seine Wunden spürt, so daß es sich selbst mißfällt und überlegt, wie es noch bestehen könne, wenn es von Gott abgewichen ist.

10. Das Firmament als Fußschemel des Thrones Gottes und die Schöpfung der Engel

Mit solchen Überlegungen soll der Mensch den allmächtigen Gott wie ein Siegel <sigillum> betrachten, indem er all dessen Wunder und Zeichen anerkennt und sein Haus so wie das Firmament festigt, daß er durch keine Erschütterung der Furcht oder Liebe von Gott abgewendet wird. Gott hat das Firmament deshalb zum Schemel Seines Thrones gemacht. Es bildet einen geschlossenen Kreis als Sinnbild der Macht Gottes, die weder Anfang noch Ende hat, wie niemand erkennen kann, wo ein kreisendes Rad beginnt oder endet. Der Thron Gottes ist ja Seine Ewigkeit, in der Er allein sitzt, und alle Lebewesen sind die Funken des Strahles Seines Glanzes, die wie die Strahlen der Sonne aus Ihm hervorgehen. Und wie würde Gott als das Leben erkannt, wenn nicht durch das Lebendige, das Ihn verherrlicht, da es ja, Seinen Ruhm preisend, aus Ihm hervorging? Deshalb setzte Er zum Ruhm Seines Angesichtes die lebenden und brennenden Funken ein. Sie sehen, daß Er keinen Anfang und kein Ende hat, und so werden sie es nicht überdrüssig, Ihn anzuschauen und blicken mit Eifer und ohne Überdruß auf Ihn. Und dieser Eifer wird niemals nachlassen. Wie aber würde Er erkannt, da doch Er allein ewig ist, wenn Er nicht von den Engeln so geschaut würde? Wenn Er aber diese Funken nicht hätte, wie könnte dann Seine Herrlichkeit voll in Erscheinung treten? Und wie würde Er als der Ewige bekannt werden, wenn kein Glanz von Ihm ausginge? Denn es gibt kein Geschöpf, das nicht irgendeinen Strahl hätte, sei es die Grünkraft oder Samen oder Blüten oder Schönheit; sonst wäre es kein Geschöpf. Aber wenn Gott nicht die Schöpferkraft hätte, alles zu machen, wo wäre dann Seine Macht?

11. Die ersten Engel und der finstere Nordbereich im Dienst des Lichtes Gottes

Alle Schönheit der Werke Seiner Schöpferkraft hat Gott im ersten Engel ausgedrückt. Ihn schmückte Er mit den Sternen und der Schönheit der Lebenskraft <viriditas> und mit jeder Art funkelnder Edelsteine gleichsam wie den gestirnten Himmel und nannte ihn Luzifer, weil er aus Ihm, der allein ewig ist, sein Licht trug. Denn Ich, der Ich bin, offenbarte Meine Werke in drei Bereichen, im Osten, Süden und Westen; den vierten Bereich jedoch ließ Ich leer; weder Sonne noch Mond geben dort ihren Schein. Deshalb ist in diesem Bereich außerhalb des Firmamentes die Unterwelt, die weder oben eine Decke noch unten einen Grund hat. Aber auch die Finsternis, die dort herrscht, ist im Dienst aller Leuchten Meines Ruhmes; denn wie könnte das Licht erkannt werden, wenn nicht durch das Dunkel? Und wie könnte man von der Dunkelheit wissen, wenn nicht durch den strahlenden Glanz Meiner Diener? Wenn das nicht wäre, fehlte Meiner Macht die Fülle, so daß nicht alle Meine Wunderwerke genannt würden. So aber ist Meine Macht voll und vollendet, und kein Mangel ist an Meinen Wundertaten. Wenn nämlich das Leuchten <lumen> ohne jede Dunkelheit ist, wird es deshalb Licht <lux> genannt. Das lebendige Auge ist das Licht, die Blindheit aber ist die Finsternis. An diesen beiden Bereichen erkennt man alles, ob es gut oder böse ist. Im Licht erkennt man die Werke Gottes, in der Finsternis aber die Flucht vor Gott, die das Licht nicht berührt, und zwar in denen, die sich wegen ihrer stolzen Art nicht zu Ihm bekennen wollen.

12. Auflehnung und Sturz der ersten Engel

Die unzählbare Menge der Funken, die dem ersten verlorenen Engel anhingen, strahlte wider im Glanz all seines Schmuckes, wie auch die Welt durch das Licht erleuchtet wird. Aber als jener merkte, daß er in all seinem Schmuck Gott dienen sollte, wandte er sich von Seiner Liebe ab und strebte zur Finsternis hin. Er sprach bei sich: Es ist sehr ruhmreich für mich, aus mir selbst zu wirken und Werke zu schaffen, wie ich es bei Gott sehe. Ihm stimmte sein ganzer Anhang zu und sagte: Wir werden den Thron unseres Herrn nach Norden setzen gegen den Allerhöchsten. Und sie überlegten bei sich, daß sie immer Täuschung und Spaltung mit den Dienern Gottes bewirken wollten. Denn ihr eigener Herr sollte so große Macht und Herrlichkeit haben wie der Allerhöchste jener.

Da entflammten die Augen der einzigen Ewigkeit. Sie erdröhnte in gewaltigem Donner und stürzte durch den Dienst der Engel den ersten Übertreter samt seinem ganzen Anhang. Und die Engel Gottes riefen mit Donnerstimme: Welche maßlose Vermessenheit könnte sich Gott, unserem Schöpfer, gleichstellen, der aus sich selbst ist? Weil aber du, der du nur auf Seinen Befehl hin existierst, diese Einbildung in dir hattest, Ihm gleich sein zu wollen, wirst du ins Verderben stürzen. Und er stürzte mit seinen übrigen Anhänger rücklings in den Ort der Finsternis wie schweres Blei, weil er Kämpfer gegen Gott sein wollte, dessen Werke er in der Finsternis nicht leuchten sah.

13. Der bis zum Weltende andauernde Kampf des Satans gegen Gott

Deshalb führte Gott selbst einen offenen Kampf gegen jenen, und zwar so, daß Er auf Sein Gewand schaute, das Er ohne jeden Anfang in Seinem Vorwissen gehabt hatte. In Ihm wird Satan, der vor Ihm geflohen war, Ihn nie vollkommen anschauen können, bis Er Seinen ganzen Kampf gegen ihn zu Ende geführt hat. Dann wird man Satan im tiefsten Schmerz seiner Verstörung sehen, wenn er am Ende der Zeiten von diesem gerechten Richter ganz zuschanden gemacht werden wird.

Und in Seinem uralten Ratschluß, der ewig in Ihm war, ordnete Er an, wie Er dieses Sein Werk vollende: Und Er formte aus der lehmigen Erde den Menschen, wie Er dessen Gestalt vor der Zeit festgelegt hatte, wie ja auch das Herz des Menschen die Vernunft in sich einschließt und alle tönenden Worte ordnet, die er dann äußert. So tat es auch Gott mit Seinem Wort, als Er alles schuf. Denn im Vater ruhte das Wort verborgen, das Sein Sohn ist, wie das Herz im Menschen verborgen ist. Und Gott bildete die Gestalt des Menschen nach Seinem Bild und Gleichnis, weil Er wollte, daß dessen Gestalt die Heilige Gottheit umhüllen sollte. Und deshalb hat Er alle Geschöpfe in den Menschen eingezeichnet, wie auch jedes Geschöpf durch Sein Wort hervortrat.

Daher ist am Kopf des Menschen wie am kreisenden Rad der Scheitelpunkt des Gehirns. An ihm ist eine Leiter angelegt, die Stufen zum Aufstieg hat, mit den Augen im Sehen, mit den Ohren im Hören, mit der Nase im Riechen und dem Mund im Sprechen. Mit diesen Sinnesorganen sieht, erkennt und unterscheidet der Mensch alle Geschöpfe, er teilt sie ein und gibt ihnen Namen. Gott nämlich hat den Menschen geformt und ihn mit dem lebendigen Atem, der Seele belebt; mit Fleisch und Blut ließ er ihn gerinnen (vgl. Weish 7,2). Er gab ihm Halt durch die Knochen und festigte ihn so, wie die Erde durch Steine gefestigt ist; denn wie die Erde ohne Gestein nicht bestehen könnte, so könnte auch der Mensch nicht ohne Knochen sein.

Auch das Firmament trägt Sonne, Mond und Sterne nicht ohne die feste Bestimmung ihrer Bereiche, in denen sie ihre Bahn ziehen. Denn dieses Zusammenwirken der Gestirne <constellationes> könnte ohne Festlegung ihrer Bereiche nicht gefestigt werden. Daher sind alle ihre Räume im richtigen Maß angeordnet, damit die Kreisbahn des Firmaments richtig umlaufen kann. So ist auch alles in der Gestalt der Menschen festgelegt, wenn auch nicht in der Anordnung und Vollendung wie in der oberen Welt.

14. Die Proportionen des Körpers und ihre Entsprechung in der Seele

Das hat auch Bezug zur Seele. Der Scheitelpunkt des Kopfes bezeichnet nämlich den Beginn des Wirkens der Seele, die mit umsichtiger Vernunft jedes Werk des Menschen plant und ordnet. Die Seele selbst entscheidet als

Scheitelpunkt im Leib des Menschen das, was dieser fordert und begehrt; und das bewirkt sie, indem sie die vier Stufen hinauf- und hinuntersteigt, nämlich Sehen, Hören, Riechen und Schmecken, mit denen sie auch die Geschöpfe wahrnimmt und fühlt. Und ihr fleischliches Gefäß streckt sich mit ihr aus zu den Geschöpfen und zieht sie ihrem Wollen entsprechend an sich. Auch mit jedem heranwachsenden Geschöpf fliegt sie wie die Luft in allen Begierden des Leibes, indem sie diese erfüllt; in der Erkenntnis der Namen der Geschöpfe erhebt sie sich dem Leib entsprechend entweder zur Liebe oder zum Haß ihnen gegenüber.

Die Länge der menschlichen Gestalt und ihre Breite sind gleich, wenn Arme und Hände von der Brust her gleichmäßig ausgestreckt sind, wie auch das Firmament dieselbe Länge und Breite hat. Denn im Maß der Länge und Breite des Menschen, die bei ihm gleich sind, wird das Wissen um Gut und Böse einsichtig gemacht, das das Gute am Nutzen, am Unnützen aber das Böse erkennt. Durch das Begehren des Fleisches und Blutes nämlich und der übrigen Organe wird die Seele wie in ein Netz verstrickt, so wie durch den Jäger ein Tier gefangen wird. So kann die Seele kaum atmen, bevor der Leib seine Begierden befriedigt hat, und danach läßt sie den Leib oft mit ihr seufzen.

15. Firmament und menschliche Gestalt in ihrer Entsprechung zur Seele

Aber auch im Rund des menschlichen Kopfes wird die Rundung des Firmaments gezeigt, und in dem richtigen und ausgewogenem Maß dieses Kopfes wird auf das rechte und ausgewogenen Maß des Firmaments hingewiesen. Denn der Kopf hat ringsum das richtige Maß, wie auch das Firmament im gleichen Maß eingesetzt ist, damit es von jeder Seite aus den rechten Umlauf finden kann und kein Teil von ihm einen anderen in ungerechtem Maß übertrifft.

Gott hat den Menschen entsprechend dem Firmament geformt und seine Kraft durch die Kräfte der Elemente gestärkt. Ihre Kräfte festigen das Innere des Menschen, so daß der Mensch sie beim Atmen einholt und wieder ausstößt, wie die Sonne, die die Welt erleuchtet, ihre Strahlen von sich aussendet und wieder zu sich zurückholt. So zeigt auch die Rundung und

Ebenmäßigkeit des menschlichen Kopfes: Die Seele handelt in den Sünden nach dem Willen des Fleisches, in den Seufzern aber erneuert sich eben diese Seele zur Gerechtigkeit. Daher liegt auch darin eine Ebenmäßigkeit, weil sie sich zwar an den Sünden ergötzt hat, aber sich auch für sie in Schmerzen grämt; und diese Fähigkeit hat sie durch die Ehrfurcht <verecundia>. Denn weil die Seele in der Ehrfurcht steht und sich nicht an Sünden erfreut, begehrt sie nur durch das Begehren des Fleisches mit dem Fleisch. Auch wenn der Mensch bis zum Ekel vor den Sünden in ihnen gelebt hat, wird er durch die Ehrfurcht der Seele überwältigt und oft von ihnen weggeholt, wie auch die Seele durch die Natur des Fleisches besiegt wird. Deshalb führen Leib und Seele, solange sie miteinander leben, einen heftigen Kampf gegeneinander, da dort, wo der Leib sich an den Sünden ergötzt, die Seele leidet. Daher herrscht bei den bösen Geistern eine große Verwirrung, weil sie in den Seelen der Gerechten niemals die Reue austilgen konnten, während sie selbst bei ihrem Fall wegen des ungeheuren Hasses, den sie gegen Gott haben, niemals in Reue erwägen konnten, was sie getan hatten.

Darin zeigt die Seele ihre Rundung und ihr Ebenmaß, weil die Erkenntnis des Guten gegen die Erkenntnis des Bösen kämpft und die Erkenntnis des Bösen der Erkenntnis des Guten Widerstand leistet. Die eine wird nämlich von der anderen erprobt. Aber die Erkenntnis des Guten ist wie der volle Mond, wenn sie durch gute Werke das Fleisch überwindet; wenn sie aber selbst besiegt wird, ist sie wie der abnehmende Mond, dessen Scheibe man nur verschattet sieht.

16. Der Kopf des Menschen und seine Spiegelung in den Kräften der Seele

Im Kopf des Menschen sind auch die drei oberen Elemente bezeichnet, nämlich von der Schädeldecke bis zur Stirn das leuchtende Feuer mit dem dahinterliegenden schwarzen Feuer, von der Stirn bis zur Nasenspitze der reine Äther, von der Nase bis zur Kehle die wasserreiche Luft mit der ihr unterstellten starken, weißleuchtenden Luft. Und diese Bereiche sind im gleichen Maße voneinander getrennt, wie auch die Dichte des oberen Feuers mit dem schwarzen Feuer, auch die Dichte des reinen Äthers und ebenso sind die Dichte der wasserreichen Luft mit der weißleuchtenden Luft von gleichem Maß sind.

Denn auch in der Seele sind drei Kräfte, das Begreifen <comprehensio>, mit dem sie in der Kraft Gottes das Himmlische und das Irdische begreift; die Einsicht <intelligentia>, durch die sie das meiste einsieht, indem sie weiß, daß die Sünden böse sind, und sie durch die Reue ablehnt, und schließlich die Triebkraft <motio>, durch die sie in sich überall bewegt wird, wenn sie nach dem Vorbild der Gerechten mit ihrer Wohnstätte heilige Werke vollbringt. Jenes Begreifen aber und die Einsicht verbinden sich miteinander zur Triebkraft der Seele. Wenn nämlich die Seele mehr begriffe, als sie einsehen oder bewegen kann, wäre sie in unrechtem Maß. Und eben diese Kräfte sind in der Seele auf diese Weise einmütig, und die eine übertrifft nicht die andere.

Das Begreifen der Seele umgibt nämlich den ganzen Leib mit all seinen Gliedern, indem es alles in ihm im rechten Maß zu dem bewegt, was das Fleisch durch Fühlen und Schmecken begehrt, wie ein Baumeister sein Haus für die Menschen zum Bewohnen richtig zumißt. Der Leib wird durch die Seele bewegt, und die Seele kann es nicht unterlassen, den Leib zu entgegengesetzten Werken anzuregen, denn sie hat Einsicht in das, was das Fleisch begehrt, da ja das Fleisch durch sie lebt. Und die Seele, die das Leben ist, ist auch das lebendige Feuer im Leib. Der Leib aber als geschaffenes Werk kann sich deshalb nicht zurückhalten, auf beiden Wegen tätig zu sein, entweder nach dem Begehren des Fleisches oder nach dem Sehnen der Seele. Ein gutes Werk der Seele ist wie ein wunderschönes Gebäude vor Gott und Seinen Engeln, ihre schlechte Tat aber ist wie ein Haus aus Lehm, das mit sehr viel Unrat angefüllt ist. Deshalb wird die Seele, die gute Werke vollbringt, von den Engeln gelobt, und die, die schlechte Taten entsprechend dem Begehren des Fleisches ausführt, vom Lob ausgeschlossen.

In dem rechten und gleichen Maß, das vom Scheitel des menschlichen Kopfes vorn bis zu den Augenbrauen und den beiden Ohren und hinten bis zum Anfang des Nackens besteht, wird die gleiche Dichte der Elemente mit den zu ihnen gehörenden Ordnungen bezeichnet. Auf diese Weise gibt es entsprechend in der Seele drei Kräfte, das Vergeistigen <exspiratio>, das Erkennen <scientia> und das Fühlen <sensus>, mit denen sie ihre Aufgaben erfüllt. Durch das Vergeistigen beginnt sie das, was sie tun kann; das ist sozusagen der vordere Teil des Kopfes. Mit dem Erkennen breitet sie sich gleichsam zu den beiden Ohren aus und durch die Empfindung wendet sie sich gewissermaßen zurück bis zum Beginn des Nackens. Diese drei Kräfte sind auf diese Weise gleichwertig, weil ja die Seele durch das Vergeistigen nicht mehr zu tun beginnt, als die Erkenntnis begreifen oder die Empfindung ertragen kann. Und so wirken sie einmütig, weil keine von ihnen eine andere übertrifft, wie ja auch der Kopf das richtige Maß hat.

17. Die Maße am Kopf und ihre Entsprechung im Wirken der Seele

Auch oberhalb und unterhalb der Lippen, die beide gleichermaßen den Schleim von Kopf und Bauch auswerfen, ist im Gesicht des Menschen das gleiche Maß. So sind auch das schwarze Feuer, das die Reinigung bei der Strafe Gottes bewirkt, und die starke, weißleuchtende Luft, die jene durch Mäßigung lenkt, von derselben Dichte. Das wird auch sichtbar in dem Maß, das von einem Ohr des Menschen zum anderen hinten quer über den Kopf führt, wie auch von den Ohrlöchern bis zu den Schultern und von den Schultern bis zum Ende der Kehle.

Darin wird also gezeigt, daß der Mensch sowohl in den oberen, das heißt in den himmlischen, als auch in den unteren, nämlich den irdischen Dingen, das für Seele und Leib Schlechte ablegen und mit seinem Mund in gleichmäßigem Eifer Gott loben soll. Denn Er ist ja der Erhalter der Seelen und Leiber.

Daß auch von einem Ohr zum anderen, von den Ohren zu den Schultern und von den Schultern bis zum Ende der Kehle ein Maß ist, wie vorher gesagt wurde, bedeutet, daß der Mensch die Gebote Gottes mit den Ohren aufnimmt, sie seinen Schultern gläubig auferlegt und mit seiner Kehle gleichsam in sich zieht. Dabei muß er in allem das gleiche, richtig unterschiedene Maß haben, damit er zu jener Ausgeglichenheit gelangt, in der keine Verwirrung ist. Denn solange der Leib sündigt, solange wird die Seele, die im Leib den Sünden unterworfen ist, verwirrt. Und in dem Maß, wie der Leib durch Enthaltsamkeit in Reue niedergedrückt wird, freut sich die Seele am Lohn der ewigen Herrlichkeit. Denn wie der Mensch den Beginn seines Tuns anschaut, so soll er auch sein Ende und die Verdienste sorgfältig bedenken.

Die Seele wird von Gott deshalb in die Gestalt des Menschen eingesenkt, damit eben diese Gestalt durch sie Leben erhält. Und weil sie fühlt, daß sie von ihrem Schöpfer gekommen ist, nennt auch der Mensch Gott mit Namen, ob er in einem falschen oder im richtigem Glauben steht, denn das trägt er in sich eingepflanzt aus den guten Kräften seiner Seele. Deshalb steigt er auf der Suche nach Gott in die Höhe und siebt <excribrat> sich nach einem bestimmten Gesetz eine Lehre aus, durch die er Ihn, den er beim Namen nennt verehren kann.

Aber die Seele erkennt auch, daß das Gericht Gottes über die Gesetzesübertretung kommen wird. Daher läßt sie manchmal für die Vergehen, die sie unter Schmerzen aufgehäuft hat, ihre schützende Hülle Tränen vergießen, wie auch Schleim durch die Lippen ausgeworfen wird. Und mit diesem Schmerz erfaßt sie so den Leib, in dem sie verborgen ist, daß sie ihn über seine ungerechten Taten erröten läßt. Aber trotzdem folgt der Leib dem Begehren des Fleisches und widersetzt sich oft der Seele, damit sie nicht in jene Höhe emporsteigt, in der sie Gott spürt. Und so blendet er sie, kann sie aber trotzdem nicht so unterdrücken, daß sie nicht wegen ihrer Sünden Schmerz empfindet, obwohl der Mensch sich an ihnen erfreut. Eine solche Reue haben die bösen Geister niemals empfunden. Daher werden sie tiefrot vor Scham, weil sie dem Menschen die Reue nicht rauben können.

18. Die beiden Wirkbereiche der Seele

Die Seele hat zwei Kräfte, mit denen sie Arbeit und Ruhe ihrer Bestrebungen in gleicher Stärke mäßigt. Mit der einen steigt sie empor, dadurch daß sie Gott fühlt, mit der anderen nimmt sie den ganzen Leib, in dem sie lebt, in Besitz, indem sie in ihm wirkt. Denn es macht ihr Freude, im Leib zu wirken, weil er von Gott gebildet ist und sie selbst eifrig ist, das Werk des Leibes zu vollbringen.

Sie steigt auch ins Gehirn, ins Herz, ins Blut und Knochenmark und in den gesamten Leib, indem sie ihn erfüllt. Aber sie hebt ihn nicht weiter empor, als die Möglichkeit des Leibes selbst es vermag. Denn obwohl die Seele, die im Leib weilt, bemüht ist, möglichst viel Gutes zu tun, kann sie doch nicht weiter vorgehen, als die göttliche Gnade ihr gestattet. Oft wirkt sie auch selbst entsprechend dem Begehren des Fleisches so lange, bis durch Erschöpfung das Blut in den Adern ziemlich austrocknet und Schweiß durch das Knochenmark ausgeschieden wird; und dann entzieht sie sich durch Ruhe, um das Blut des Fleisches zu erwärmen und das Mark aufzufüllen. Und so regt sie den Leib zum Wachen an und erfrischt ihn für die Arbeit. Denn wenn sie manchmal den fleischlichen Begierden zusetzt, tritt öfters Überdruß an ihnen ein; aber wenn sie dann ihre Kräfte erholt hat, wendet sie sich wieder ganz dem Dienst Gottes zu. Wenn sie aber nach ihrer eigenen Sehnsucht wirkt, indem sie sich zu Gott erhebt, dann folgt sie den Worten Davids, der vom Mir inspiriert, sagt:

19. Das Flehen der Seele zu Gott

„Birg mich im Schatten deiner Flügel vor den Frevlern, die mich hart bedrängen" (Ps 17,8).

Das ist so zu verstehen: Du, der Du der Verteidiger aller Gläubigen bist, in der Ruhe Deiner machtvollen Kräfte beschütze mich, der ich im Schutz Deiner Macht stehe, indem ich Dich anbete, Dich verehre und nicht auf einen fremden, trügerischen Gott schaue. Befreie mich von den schlimmen, schändlichen Gelüsten der bösen Geister, die mich mit der Lust des Fleisches heimsuchen. Daher spricht die Seele bei der Vollendung dieses Sieges: Du Fleisch und ihr Glieder, in denen ich wohne, wie freue ich mich, daß ich in euch geschickt wurde; denn wenn ihr mit mir übereinstimmt, schickt ihr mich zu den ewigen Belohnungen Die Seele aber, die merkt, daß schlechte Taten sie berühren, sagt bekümmert: Ach, daß ich in eine solche Wohnstätte geschickt worden bin, die mich in den Schatten des Todes zieht. Denn ihre Ergötzung läßt mich wie eine Mühle umlaufen und die Werke des Todes tun.

20. Der Kopf als Firmament des Leibes und die Entsprechung in der Seele

Der menschliche Leib insgesamt ist so mit seinem Kopf verbunden wie die Erde mit allem, was zu ihr gehört, mit dem Firmament verbunden ist. Und der Mensch als Ganzes wird durch die Sinnesausstattung <sensualitas> des Kopfes gelenkt, wie durch das Firmament alle einzelnen Funktionen auf der Erde erfüllt werden. So steht auch auf dieselbe Weise die Erfahrung im Himmlischen wie im Irdischen der Seele bei, und die Vernunft <rationalitas>, durch die sie Himmlisches und Irdisches spürt, ist ihr eingeprägt. Denn wie das Wort Gottes in der Schöpfung alles durchdrang, so durchdringt auch die Seele den ganzen Leib, indem sie mit ihm wirkt. Die Seele ist auch die Lebenskraft <viriditas> des Fleisches, weil der Leib durch sie wächst und Fortschritte macht, wie die Erde durch die Feuchtigkeit fruchtbar ist. Dieselbe Seele ist auch die Feuchte <humiditas> des Leibes, weil sie ihn durchfeuchtet, damit er nicht austrocknet, so wie Regen in die Erde eindringt. Wenn nämlich die Nässe des Regens richtig und geordnet und nicht im Übermaß herabfällt, läßt sie die Erde aufkeimen. Wenn sie aber ungeordnet niederströmt, vernichtet sie die Erde, weil sie sie samt ihren Keimen ersticken läßt. Von der Seele gehen beim Beleben des menschlichen Leibes Kräfte aus wie Feuchtigkeit vom Wasser. Deshalb freut sich auch die Seele daran, mit dem Leibe zu arbeiten.

Wenn nun der Mensch gemäß dem Verlangen der Seele handelt, werden alle seine Werke gut sein, wenn er aber dem Fleisch nach handelt, werden sie böse sein. Das Fleisch nämlich schwitzt die Feuchtigkeit durch die Seele aus, weil der Geisthauch der Seele das Fleisch bewegt, wie es seine Natur verlangt. Und der Mensch bekommt durch den Anhauch der Seele Lust zu allem. Denn die Seele erhebt sich zum Himmlischen und erkennt mit ihrem Empfinden, wie sie alle einzelnen Taten entsprechend ihren Verdiensten beurteilen soll. Und wie durch die Sinnesausstattung des Leibes der ganze Leib gelenkt wird, so sammelt die vernünftige Seele alle Werke der menschlichen Glieder um sich, indem sie überlegt, was diese nach ihren Wünschen wirken können. So bringt sie die Glieder des Menschen zum Keimen, weil sie den gesamten Leib des Menschen durchdringt wie die Feuchtigkeit die ganze Erde. Und wie die Erde Nützliches und Unnützes hervorbringt, so hat auch der Mensch das Seufzen nach oben und den Geschmack der Sünde in sich.

21. Die sieben Planeten des Himmels und ihre Entsprechung an Leib und Seele

Vom Scheitelpunkt der Schädeldecke bis zum äußersten Stirnrand des Menschen werden sieben Stellen im gleichmäßigen Abstand voneinander unterschieden. Durch sie sind die sieben Planeten bezeichnet, die im gleichen Abstand voneinander am Firmament stehen. So wird mit dem genannten Scheitelpunkt der oberste Planet bezeichnet, an dem erwähnten Stirnrand wird der Mond gezeigt und in der Mitte von diesen die Sonne. Die übrigen Planeten auf beiden Seiten dieser Stelle, nämlich zwei oberhalb und zwei unterhalb, sind am gleichen Platz vermerkt und voneinander und dem Grenzpunkt der Sonne und der anderen Planeten im gleichen Abstand entfernt. Denn die Abstände am Kopf des Menschen sind im gleichen Maß voneinander unterschieden, wie auch die Planeten am Firmament im gleichen Abstand voneinander entfernt sind.

Mit dem Scheitel des Kopfes wird der oberste Planet versinnbildlicht, weil dieser eine größere Umlaufbahn hat als die anderen. Der Stirn wird der Mond gleichgesetzt; denn wie mit der Stirn des Menschen die Ehrfurcht bezeichnet wird, so werden auch beim Mond, der am offenen Himmel wie eine Stirn erscheint, die Gezeiten und die Art der Gezeiten unterschieden. In ihrer Mitte aber hat die Sonne ihren Platz, weil sie selbst gewissermaßen die Fürstin der anderen Planeten ist. Sie hat den Schutz dieser beiden, die über ihr sind wie einen Schild gegen das obere Feuer; unter sich aber hat sie von den beiden anderen eine Stütze für sich und den Mond. Aber im gleichen Abstand wie der oberste Planet in seiner oberen Stellung von der Sonne entfernt ist, genauso weit ist auch der Mond in der untersten Stelle seiner Umlaufbahn von der Sonne entfernt. Auch die anderen Planeten haben, wie oben gesagt, die gleichen Abstände voneinander.

Der obere und der untere Teil des Firmaments ist rund wie ein Mischkrug von der Töpferscheibe (vgl. Hld 7,3). An seiner oberen Rundung sitzt die Sonne, die dieses Firmament nach oben und unten durchdringt und ihren Glanz ergießt, so wie Wein aus dem Krug gegossen wird. Das aber bedeutet, daß die Seele im menschlichen Leib vom Anfang ihres Wirkens bis zu dessen Ende die sieben gleichbleibenden Gaben des Heiligen Geistes mit Eifer verehren soll. Zu Beginn ihres Tuns soll sie sich an die Weisheit wenden und am Ende soll sie die Furcht des Herrn haben. In die Mitte soll sie die Stärke stellen, indem sie sich in den himmlischen Dingen mit Verstand und Rat wappnet und in den irdischen mit Wissenschaft und Frömmigkeit umgibt, die sie zu ihrer Hilfe in gleicher Ehrfurcht umfassen muß. Daher muß sie, die Seele nämlich, dafür sorgen, daß sie sich zuerst weise ausbreitet, sich zuletzt aber furchtsam in Ehrfurcht zurückhält und sich dazwischen mit Tapferkeit, verbunden mit der Zierde der Einsicht und des Rates, schmückt und sich auch mit Wissenschaft und Frömmigkeit verbindet, wie oben gesagt wurde. Und jede einzelne von diesen Gaben verbindet sich mit der anderen, wenn ein Werk in Würde vollendet wird. Denn der Geist der Weisheit, der Geist der Stärke und der Geist der Gottesfurcht durchtränken die Seele des Menschen so, daß er in wahrer Stärke weise seinen Weg geht, in ihr die Furcht <vor Gott> hat und in den anderen fünf Gaben in gleicher Gesinnung sich an seinen obersten Schöpfer hält.

Die Bewegung der vernunftbegabten Seele nämlich und das Werk des Leibes <opus corporis> mit seinen fünf Sinnen, was den ganzen Menschen ausmacht, haben das gleiche Maß, da die Seele den Leib nicht mehr bewegt, als jener wirken kann, und der Leib nicht mehr ausführt, als durch die Seele veranlaßt wird. Auch die einzelnen Sinne des Menschen trennen sich nicht voneinander, sondern halten in hoher Kraft zusammen und erleuchten den ganzen Menschen sowohl in den höheren als auch geringeren Belangen zu allem Guten.

22. Sonne und menschliches Gehirn

Das Gehirn des Menschen besteht nur aus drei Kammern, und da es auch der Feuchtigkeit unterworfen ist und dem gesamten Leib Empfindung und Lebenskraft <viriditas> gibt, weist es auf die Kräfte der Sonne hin, die den östlichen, südlichen und westlichen Bereich erleuchtet, den nördlichen aber meidet. Sie schickt der Erde immer wieder durch die nützliche Erquickung von Tau und Regen die Grünkraft <viriditas> und stärkt die Geschöpfe des ganzen Erdkreises dadurch, daß sie sie mit ihrer Kraft mäßigt. Denn auch das Gehirn wird durch die Stärke der Hirnschale zusammengehalten, wie die Kräfte der Sonne durch die Hitze des oberen leuchtenden Feuers gestärkt werden.

Wenn aber die Sonne ihren Lauf nimmt, wenn die Tage lang sind, besteht auf der Erde größere Gefahr von ihrem Feuer, als wenn sie sich neigt, als ob sie ihr Antlitz verbergen wollte. Denn wenn sie sich neigt, kommen ihr die Wasser mit den Gestirnen entgegen und stützen sie mit der Luft. Die Sonne steigt so unter den Fußschemel des Herrn (vgl. Jes 66,1 u.a.) und bleibt dort in ihrem Stand und lenkt alles, was unter der Erde ist, wie eine Henne ihren Küken wärmt. Und wenn sie dann an einem heiteren Tag über der Erde aufsteigt, stärkt sie alles, was auf ihr ist, wie auch die Henne ihre Küken aus den Eiern hervorlockt (vgl. Mt 23,37).

Auch der Mensch wirkt am Tag und schläft in der Nacht, wie die Sonne in den beiden dargestellten Weisen über der Erde und unter ihr wirkt, indem sie bei Tag über der Erde leuchtet und in der Nacht nach ihrem Untergang die Erdoberfläche verdunkelt wird. Und wie durch die Kräfte der Seele das Fleisch des Menschen in seiner Ermattung wieder auflebt (weil sie ja Fleisch und Blut des Menschen erhält, damit er nicht vergeht), so wird auch der Mond vom Feuer der Sonne angezündet, sooft er schwindet.

23. Tag und Nacht im Wirken der Seele

So lenkt auch die Seele mit ihren Kräften weise den Leib des Menschen, wenn dieser in Güte, Vollkommenheit und Heiligkeit fühlt und weiß, was Gott betrifft. Er verehrt dann den wahren Gott in der Dreieinigkeit und sucht nicht in trügerischer Hoffnung einen anderen Gott, so wie auch die Kräfte der Seele sich zu einer Einheit verbinden, indem sie miteinander wirken. Wenn die Seele vom Geist der Stärke so berührt wird, daß sie den Anfang der Werke und ihre Vollendung zusammen mit ihrem Ziel allseitig erwägt, dann wendet sie sich vom Bösen ab und führt so den Leib, in dem sie wohnt, in die Süßigkeit der himmlischen Gaben ein. Mit ihnen erfüllt sie alle seine Glieder zu ihrer Würde, da ja ihre Kräfte durch die Stärke der Macht Gottes vereinigt sind. Aber wenn eben diese Stärke die Seele auf diese Weise kräftigt, dann bewirkt sie, daß der ganze Leib des Menschen ihrer Herrschaft dient, so daß er darüber oft unter Seufzen Tränen vergießt. Und dann hält sie den Menschen in solcher Demut und Ruhe, daß er sich sowohl in weltlichen als auch in geistlichen Belangen beherrschen kann, weil er in allem Guten entsprechend unterwiesen ist. Daher steigt auch seine Seele durch den guten Eifer wie an einem guten Tag in die Höhe.

Solange sie aber von der Übereinstimmung mit der Begehrlichkeit des Fleisches überwunden wird, wird sie wie in der Nacht von dumpfem Schlaf niedergedrückt, weil sie sich bald mit Stärke wappnet, bald aber der Untätigkeit hingibt. Denn durch den guten Eifer ist gleichsam Tag, weil sie alles bedenkt, durch die Untätigkeit aber gleichsam Nacht, da sie nichts voraussieht. Aber wie die Nacht bisweilen vom Mond erleuchtet und nach seinem Verschwinden wieder dunkel wird, so sind die Taten des Menschen gemischt, so daß sie bald leuchtend sind, bald dunkel. Wenn nämlich die Seele, vom Körper gezwungen, mit ihm das Böse tut, dann verdunkelt sich ihre Kraft, weil ihr das Licht der Wahrheit fehlt. Aber wenn sie sich dann von Sünden belastet fühlt, erhebt sie sich gegen den Willen des Fleisches, wobei sie das Fleisch demütigt und ihm alle bösen Taten vorwirft. Wenn so die Nacht der Sünden überwunden ist, geht das Licht der Glückseligkeit auf, so daß durch die Seele die schlechte Erkenntnis zusammen mit dem Fleisch überwunden wird. Das Fleisch wird dann in der Reue und Wiedergutmachung der bösen Werke gezüchtigt. Und wenn das Fleisch auf diese Weise gezügelt wird, bewirkt die Seele auch, daß es mit ihr nach dem Himmlischen strebt. Denn weil es mit ihr durch den Geist der Kraft gestärkt ist, unterwirft sie es auch rasch der Furcht des Herrn.

Die Seele unterstützt ja das Fleisch und das Fleisch die Seele, weil durch die Seele und das Fleisch jedes einzelne Werk vollendet wird. Daher lebt auch die Seele auf, wenn sie mit dem Fleisch gute und heilige Werke vollbringt. Aber das Fleisch leidet oft an Überdruß, wenn es mit der Seele wirkt; deshalb kommt dann die Seele dem Fleisch entgegen und erlaubt ihm, sich an etwas zu erfreuen, wie eine Mutter ihr weinendes Kind zum Lachen bringt. Und so wirkt das Fleisch mit der Seele zusammen manche gute, aber dennoch mit Sünden vermischte Werke. Das duldet die Seele, damit das Fleisch nicht überlastet wird. Denn wie das Fleisch durch die Seele lebt, so lebt auch die Seele wieder auf, wenn sie mit dem Fleisch das Gute wirkt, denn sie hat ihren Platz im Werk der Hände Gottes. Wie nämlich die Sonne die Nacht überwindet und bis zur Mitte des Tages aufsteigt, so geht auch der Mensch, wenn er böse Taten meidet, aufrecht einher; und wie die Sonne sich nach der Tagesmitte neigt, so stimmt auch die Seele dem Fleisch zu; und wie der Mond durch die Sonne neu entzündet wird, damit er sich nicht verfinstert, so wird auch durch die Kräfte der Seele das Fleisch des Menschen unterstützt, damit es nicht ins Verderben stürzt.

24. Das Wirken der Seele, Abbild des Wirkens der Sonne und des Gehirns

Weil das Gehirn feucht, weich und kalt ist, führen ihm alle Blutgefäße und alle Organe des Körpers Wärme zu. So steht auch der Sonne, die manchmal Tau und Regen auf die Erde fallen läßt, alles, was oben im Feuer leuchtet, durch Zuführung von Feuer bei, damit sie nicht an Wärme verliert. Aber weil auch das Gehirn von Feuchtigkeit benetzt und von Wärme gestärkt wird, erhält und lenkt es den gesamten Leib, wie Feuchtigkeit und Wärme die ganze Erde keimen lassen. Vom Herzen, von der Lunge, der Leber und allen Eingeweiden des Menschen steigt Feuchtigkeit zum Gehirn und erfüllt es. Und wenn das Gehirn von deren Feuchtigkeit erfüllt ist, geht von dieser Feuchtigkeit etwas zu den übrigen Organen hinunter und beeilt sich, diese aufzufüllen.

In ähnlicher Weise sendet das Wissen der Seele die Tränenfeuchtigkeit aus, wenn die Sünden in ihr erkalten und andauernde Rechtschaffenheit mit den übrigen guten Werken ihr die Wärme der himmlischen Sehnsucht eingibt. So kommen auch der Stärke, die jedem Gläubigen den Tau der Heiligkeit einträufelt, die übrigen Tugenden zur Hilfe. Und wenn so die Seele vom Tau und der Wärme des Heiligen Geistes durchtränkt wird, unterwirft sie sich das Fleisch und zwingt es, mit ihm zusammen Gott zu dienen. Von den guten Gedanken und den ehrlichen Bekenntnissen, vom Nutzen der Gerechtigkeit und der Fülle der inneren Sehnsucht strebt die Kraft <viror> der Heiligkeit zum Wissen der Seele und festigt es. Durch diese Kraft wird der gesamte Mensch unter dem mächtigen Schutz der Geduld gegen alle Widerstände so gewappnet, daß er danach nicht mehr auf die entgegengesetzte Seite der Laster bewegt werden kann. Wie nämlich die oberen Gestirne der Sonne Feuer geben, so geben auch alle inneren Organe des Menschen der Seele Kräfte für ihre Aufgaben; und während sie, um die Gerechtigkeit zu vollenden, die Sünden verachtet, steigt sie mit der Vernunft wieder empor. Wenn sie dann aber spürt, daß der Leib Mangel leidet, steigt sie mit ihm hinab, damit er nicht vergeht.

Die Seele ist ja der lebendige Hauch <vivens spiraculum> (vgl. Gen 2,7), der den gesamten Leib des Menschen lebendig macht, aber trotzdem unterliegt sie gegen ihren Willen oft der Verlockung des Fleisches. Mit ihrem Willen, im Guten zu verharren, ist sie wie die Sonne; das Fleisch aber, das in seinem eigenem Genuß bleibt, ist wie der Mond, und wenn die Seele mit ihm sündigt, schwindet sie, wie der Mond sein Abnehmen spürt. Aber trotzdem richtet sich diese Seele gegen den Willen des Fleisches wie die Sonne immer wieder auf, und so steht auch der Mensch infolge ihrer Klage wieder auf, so wie der Mond durch die Sonne wieder entzündet wird.

Durch die Feuchtigkeit hat das Fleisch Genuß an seinen Sünden, und durch die Wärme trauert es in Reue, denn die Feuchtigkeit kommt vom Fleisch, die Wärme von der Seele. Durch diese beiden wird jedes Werk, das böse und das gute, vollendet, wie auch die Kraft der Erde durch sie alles, Nützliches und Unnützes, hervorsprießen läßt. Im Menschen besteht also dieser Konflikt, weil das Fleisch an den Sünden Genuß hat und die Seele von ihnen bedrängt wird, da ja alle Werke des Menschen vom Leib und der Seele verrichtet werden. Denn der Seele mißfällt das Böse, das dem Fleisch gefällt, weil das Fleisch sterblich ist, die Seele aber unsterblich. Die Seele lebt auch ohne das Fleisch, das Fleisch aber kann ohne die Seele nicht leben.

Die Seele ist ja vernunfbegabter Geisthauch. In der Wohnstätte des Herzens ist ihre Weisheit zu Hause, mit der sie alles berechnet und verfügt, wie ein Hausvater in seinem Haus alle seine Angelegenheiten ordnet; und daher besitzt sie auch die Klugheit, mit der sie für ihr Gefäß <den Leib> alles Nützliche richtig bestimmt, wie auch das Herz von der Lunge bedeckt wird. Und daraus erhält sie auch die Unterscheidungskraft <discretio>, indem sie alles gerecht verteilt, damit auch die Eingeweide des Menschen richtig und entsprechend miteinander verbunden sind.

Denn die Seele hat eine feurige Natur. Daher erwärmt sie auch alle Vorgänge <itinera>, die sie dem Herzen zuführt und kocht sie zu einer Einheit. Zugleich hält sie sie zurück, damit nicht der eine vom anderen getrennt wird, und erfüllt sie, damit keinem von ihnen etwas fehlt. So ordnet sie auch mit Weisheit in den Gedanken klug alle Aufgaben des Leibes. In guter und heiliger Absicht steigt sie im Glauben zu Gott empor, weil sie erkennt, daß sie von Ihm gesandt ist. Wie nämlich die Feuchtigkeit von den unteren Organen des Körpers zum Gehirn aufsteigt, so zieht auch die Seele mit ihrer heiligen Sehnsucht in der Erkenntnis Gottes alle Aufgaben des menschlichen Leibes nach oben. Und wie andererseits dieselbe Feuchtigkeit hinabsteigt und die unteren Organe durchtränkt, so steigt auch die Seele mit dem Leib nach unten, damit nicht seine Aufgaben im Widerstreit zu Gott verrichtet werden.

25. Das Ringen der Seele mit dem Leib

Das Gehirn sendet, wenn es angefüllt ist, aus sich eine Strömung <rheuma> aus; auch wenn die Eingeweide gefüllt sind, setzen sie die Ausscheidung in Gang. Das geschieht beim Menschen regelmäßig, wie auch Feuchtigkeit und Wärme auf die Erde herunterkommen und sie keimen lassen. Aber nachdem die Früchte ihre volle Reife erlangt haben, werden Feuchtigkeit und Wärme nach oben zurückgezogen. Deshalb drängt zu Beginn der Kälte, wenn der Winter sich zu nähern scheint, die Luft wieder nach oben. Sie wird durch die Wärme der Sonne zu einem Teil zum Gerinnen gebracht und fliegt, wie Fäden sich in die Länge ziehend. Dann erweicht sich auch durch die Feuchtigkeit von oben die Erde und speit schmutzigen Schaum aus. Ähnlich sondert das Fleisch, wenn die Funktionen des Fleisches erfüllt werden, Schweiß ab, und so entsteht in ihm Lust; dann beginnt der Mensch im Geschmack dieser Lust zu schaffen. Aber wenn die Seele in ihrer Einsicht spürt, daß sie die Werke nach dem Willen und der Begierde des Fleisches getan hat, haucht sie dem Fleisch oft Bedrängnis durch die Sünden ein, weil sie Schlechtes getan hat. Dann zieht sie sich von der Begierde des Fleisches zurück, um nichts von der Sünde zu wissen; und so wünscht auch der Leib, sich der Sünden zu enthalten.

Die Seele hört auch keineswegs auf, den Leib zu bedrängen und ihm Bitterkeit wegen der begangenen Sünden einzuflößen; deshalb ist der Mensch stets in innerer Bedrängnis, denn die Seele führt Klage gegen das Fleisch, und das Fleisch nährt die Begierde. Und so erkennt man auch am Werk der Sünde wie an der Ausscheidung das Schlechte. Die Seele wirkt oft in der Lust des Fleisches, die sie danach von sich weist, wie auch die Erde von Feuchtigkeit und Wärme berührt wird und dann unnütze und nützliche Pflanzen hervorbringt. Und gerade wenn die lange Gewöhnung an die Sünden diese dem Menschen bedrohlich macht, dann gibt die Seele oft dem Leib ein, Gott um Reue über sie zu bitten, wie auch Feuchte und Wärme immer wieder nach oben zurückgezogen werden. Und so tut der Mensch in der Mitte von diesen Böses und Gutes. Wenn das Fleisch des Menschen auf seine Lust aus ist, dann streckt sich die Seele manchmal zu der Wärme der Vernunft aus, wenn sie auch durch Wohnen im Irdischen öfters behindert wird. Denn wenn der Leib durch die Geschlechtskraft den Zeugungsakt sündhaft abbricht, beginnt die vernunftbegabte Seele durch ihre Übereinstimmung mit dem Fleisch zu erkalten. Aber dennoch streckt sich diese Seele danach wieder zur Vernunft aus, der sie die verkehrten Taten vorlegt. Sie berührt dabei auch das Herz des Menschen und veranlaßt es, zu seufzen und zu weinen. Auf diese Weise überwindet sie das Fleisch, so daß der Leib wegen der Kräfte der Seele die Sünde nicht mehr ausführt. Er wird vom Tau des Heiligen Geistes berührt, der von oben kommt, legt seine frühere Härte ab, betrachtet seine Sünden kritisch und schätzt sie gleichsam als Schmutz ein.

26. Vernunft und Erkenntnis der Seele in Entsprechung zur Sonne und zum Gehirn

Das Gefäß des Gehirns, das sich mit der Stirn zu den Augen hin erstreckt, bezeichnet das obere Feuer, unter dem die Sonne brennt, deren Feuer mit der milden Feuchtigkeit der wasserreichen Luftschicht vermischt ist. Diese Feuchtigkeit ist der Scheitelpunkt der Sonne; über diesen Endpunkt ihres Bereiches kann sie nicht hinausgehen. Und diese Feuchtigkeit, die durch die Reinheit des Äthers zur Sonne emporsteigt, mildert deren Glut, damit sie nicht mit ihrem Feuer verzehrt, was auf der Erde lebt. So hat auch die Seele in sich Erkenntnis und Vernunft zusammen mit offenkundiger Ehrfurcht und heilsamer Umsicht. Sie weist so auf die Macht Gottes hin, unter der jene Kraft steht, die den Herzen der gläubigen Menschen selige Seufzer eingibt. Diese Seufzer halten das Gericht der Stärke Gottes zurück, damit es sich nicht in seiner vollen Strenge zeigt. Durch die wahre Reue mildern sie die Prüfung durch diese Kraft so, daß sie die Sünden des Menschen, wenn er bereut, dem Vergessen übergibt.

Aber wie der Wind Feuer auflodern läßt, so bewegt auch die Vernunft <rationalitas> die Seele des Menschen und macht sie hell. Die Vernunft in der Seele nämlich ist gleichsam der Wind und das Licht im Feuer. Die Seele ist ein Hauch, von Gott in den Menschen gesandt, der nie abnimmt und vernünftig ist. Und wie das Feuer ohne Glut kein Feuer wäre, so wäre auch die Seele ohne die Vernunft nicht mit Einsicht begabt, während die übrige Schöpfung in ihrer Unvernunft wie ein Wind vergeht, weil sie kein flammendes Feuer ist. Denn die Vernunft führt die Seele mit ihrem Wissen überall hin, indem sie auf tausend Weisen betrachtet und erkennt, was der Mensch tut. Deshalb versteht sie auch mit der Seele in Freude in ihrem

Wissen das Gute, wie auch die Sonne brennt und himmlisch ist. Aber trotzdem kann die Seele nicht immer in dieser Glut des Himmels bleiben, weil sonst das Fleisch des Menschen verginge. Deshalb bringt die Seele auf irgendeine Weise dem Leib Erquickung. So hat auch Mein Sohn, als Er auf der Erde weilte, bald gebetet, bald gearbeitet und sich dann wieder erholt; und das tat Er ohne Sünde, weil Er ohne Sünde empfangen war.

Wie der Scheitelpunkt die Sonne davon zurückhält, ihre Grenze zu überschreiten, so mäßigt auch die Seele den Leib, indem sie mit ihm übereinstimmt, damit er nicht untergeht. Und das tut sie in großer Lauterkeit, damit sich der Leib des Menschen nicht durch verkehrte Taten dem Spott aussetzt und damit er auch nicht durch zu starke Ausrichtung auf das Himmlische aus seinen Grenzen gerät, wie ja die Feuchtigkeit die Sonne mäßigt, damit sie sich nicht verzehrt.

Die Seele liebt deshalb in allem die Unterscheidungskraft. Deshalb werden, sooft der Leib des Menschen ohne das rechte Maß ißt oder trinkt oder etwas ohne die richtige Unterscheidung tut, die Kräfte der Seele gespalten; denn alles muß mit der richtigen Unterscheidung getan werden, da der Mensch nicht ständig mit Sehnsucht im himmlischen Bereich sein kann.

Und wie durch allzu große Sonnenglut die Erde rissig wird und durch übermäßigen Regen die Saat nicht richtig aufgeht, sondern nur in der rechten Verbindung von Wärme und Feuchtigkeit die Erde alle nützlichen Pflanzen hervorbringt, so werden auch durch die ausgewogene Mischung alle Werke im himmlischen und irdischen Bereich maßvoll und gut geordnet und vollendet. Diese Unterscheidungskraft haben die, mit denen der Himmel erleuchtet ist, geliebt, und sie lieben sie immer noch. Aber der Teufel wollte sie nicht, noch will er sie haben, weil er entweder in extreme Höhe oder extreme Tiefe strebt, aus der er stürzt und sich nicht wieder erheben wird.

27. Der Antagonismus in der Welt, im Leib und zwischen Seele und Leib

Das Gehirn hat auch eine Schwärze über sich, weil der feuchte Atem des Menschen diese Feuchtigkeit nach oben schickt, die am Ende, wo sie nicht weiter kann, Schwärzung verursacht. Diese Schwärze widersteht der Wärme, damit nicht das Gehirn in der Hitze zerbirst. So hält auch das schwarze Feuer das leuchtende Feuer davon zurück, seine Grenze zu überschreiten. Diese Schwärze des Gehirns entsendet Phlegma und Livor in den übrigen Organismus, wie jenes schwarze Feuer oft auf der Erde Unwetter, Donner und Hagel hervorruft.

Auf diese Weise schwärzt die Seele, wenn sie ihr Wissen in Sucht nach Überheblichkeit nach oben ausstreckt, dieses dadurch gleichsam von oben. Denn die Seufzer des Menschen, die sich dort zur Überheblichkeit ausstrecken, haben nicht die Reinheit des wahren Lichtes. Gerade diese Verwirrung widersetzt sich der oberen Kraft so, weil diese Kraft nicht mit der Glut der himmlischen Sehnsucht dieses Wissen weckt. So hält auch das Strafgericht Gottes, das die Sünden der Menschen nach und nach untersucht, seine Macht oft zurück, um den sündigen Menschen nicht völlig zu vernichten. Auch die Dunkelheit dieses Wissens verleitet den nachlässigen Menschen häufig zur Begierde und Verwegenheit der Sünden, weil er nicht das Gericht von oben beachtet; denn gerade dieses Gericht vernichtet mit seiner Strafe die verschiedenen Auswüchse derer, die sich vergehen.

Und doch stimmt die Seele oft durchaus mit dem Leib überein, da sie eine umarmende Liebe zum Leib hat, mit dem sie wirkt. Und wenn sie das Dunkel dieser Übereinstimmung in ihrer feurigen Vernunft erkannt hat, bewirkt sie, daß das Fleisch sich in Reue demütigt. Sie stärkt diese Reue, damit der Mensch nicht an seiner Sinnlichkeit vergeht. Denn die Seele bleibt im Leib des Menschen, weil sie ihn in seinen Säften verbindet. So bildet auch die Biene in ihrem Stock die Wabe mit dem Honig, und zwar bald reinen, bald trüben. Wenn nämlich die Seele mit ihrer feurigen Vernunft so emporgestiegen ist, daß der Leib diesen Aufschwung nicht ertragen kann, dann steigt sie wieder hinab und stärkt ihn, weil das Fleisch gebrechlich ist wie die Erde. Und so haben Seele und Leib verschiedene Auseinandersetzungen miteinander, weil der Mensch mit der Seele und dem Leib leuchtende und dunkle Werke tut.

28. Das Feuer der Sonne, die Kräfte des Gehirns und der Seele

Und wie vorher erwähnt wurde, wird durch die Kräfte des Gehirns der gesamte Leib des Menschen zusammengehalten, wie auch durch die Sonne die oberen Bereiche gekräftigt werden. Die Sonne leuchtet nämlich in die oberen und unteren Bereiche und umkreist das ganze Firmament außer der Nordseite. Als nämlich Gott die ganze Erde zusammen mit ihren Geschöpfen stärkte, ließ er einen Bereich leer, damit die Schöpfung die Herrlichkeit Gottes und ihre Wesen erkenne. Weil durch die Finsternis das Licht verherrlicht wird und der dunkle Bereich dem lichten dient, besteht dieser leere Ort. Ihn hat Luzifer sich erwählt, als er seinem Herrn gleich sein wollte.

Die Sonne erhebt sich im Osten und wird im Süden in ihrer Glut stärker und stärker; aber nach dem Mittag neigt sie sich zum Untergang, und so vollendet sie ihren Lauf bis zum Morgen Und weil sie nicht in den Norden vordringt, ist es morgens und abends auf der Erde kalt.

Ich aber, der Ich ohne Anfang bin, Ich bin das Feuer, durch das alle Gestirne entzündet werden. Das Licht überdeckt die Finsternis, und die Finsternis kann das Licht nicht begreifen. Deshalb vermischt sich das Licht nicht mit der Finsternis, und die Finsternis kann nicht ins Licht übergehen.

Der Mensch wurde nämlich in der Erkenntnis des Guten, die das Licht der Wahrheit ist, von Gott geschaffen. Mit der Erkenntnis des Bösen, das einen leeren Raum hat, in dem Verdienste oder Belohnungen nicht bestehen, neigt er zum Bösen. So werden auch im Menschen Himmel und Erde, Licht und Finsternis bezeichnet. Durch die Erkenntnis werden ja alle Werke des Menschen gelenkt, wie auch durch den Geist der Stärke die übrigen Tugenden zusammengehalten werden. Denn derselbe Geist ist in den geistlichen und weltlichen Angelegenheiten lebendig <viget> und verteidigt den Menschen gegen die Nachstellungen der alten Schlange. Diese ist leer von allem Glück, aber sie beweist die Herrlichkeit Gottes, damit durch das Böse erkannt wird, was das Gute ist. Denn der Knecht muß seinem Herrn unterworfen sein.

Die Stärke nämlich ist zu Beginn und bei der Ausführung der guten Taten des Menschen kräftig, nach ihrer Verwirklichung vermeidet sie in ihm das Böse. Und so geht sie an ihren Anfang zurück und trachtet nicht nach dem Bösen. Denn sowohl am Anfang wie am Ende einer Sünde ist die Wärme des Heiligen Geistes nicht beteiligt, sondern Trägheit und Nachlässigkeit, die den Menschen zum Schädlichen hinziehen. Aber Er, der ohne Anfang ist, tritt als das Licht hervor, das alles Leuchtende entzündet und alle Widerwärtigkeiten der Finsternis vertreibt, weil es von ihnen nicht vertrieben werden kann. Und wie der gläubige Mensch von Gott geleitet wird und der schlechte sich Ihm entfremdet, so sind auch im Menschen alle Elemente in bestimmter Ordnung voneinander unterschieden.

Auch die Seele erscheint wie Feuer, aber die Vernunft in ihr ist gleichsam das Licht. Von der Vernunft, die lichtvoll ist, wird sie so durchdrungen, wie die Welt von der Sonne erleuchtet wird, weil sie durch die Vernunft alle Werke, die sie im Menschen wirkt, voraussieht und erkennt. Der Mensch nämlich hat den Geschmack und das Verlangen in sich, und von diesen beiden wird das Blut in seinen Adern mit der Hitze des Markes in Bewegung gesetzt. Und so handelt der Mensch, wie ein Rad sich dreht, wenn es zum Laufen angetrieben wird. Weil nun der Leib Geschmack und Verlangen hat, treibt er die Seele zu diesem und jenem an, so daß sie oft ihre Schritte nach diesen Antrieben richtet.

29. Das Tun des Menschen in seiner Entsprechung zum Lauf der Sonne

Auch die Sonne erscheint nicht, wenn sie von einer schwarzen Wolke verdunkelt und von Blitz, Donner und übermäßigen Regengüssen verdeckt ist. Wenn aber diese alle aufhören, sendet sie wieder ihr Licht aus. Darin weist sie auf die Seele des Menschen hin. Denn wenn diese vom Leib so bedrängt wird, daß sie nach den Begierden des Fleisches handelt, wird das Licht der Vernunft in ihr verdunkelt, weil der Zorn wie ein Blitz, die Habgier wie Donner und die unerlaubten Wünsche des Fleisches wie übermäßige Regengüsse sind. Aber wenn sie sich dann durch die Reue von ihnen gereinigt hat, wird sie wieder von der Klarheit des wahren Lichtes erleuchtet, indem sie hofft, daß sie befreit und geheilt werden kann.

Die Seele haucht also Vernunft aus, wie das Feuer Funken ausprüht, und durch sie unterscheidet sie Himmlisches und Irdisches. Wenn daher der Leib durch sie so überwunden wird, daß er gerechte und gute Werke tut, dann wird er sich am ewigen Leben erfreuen. Wenn sie aber durch den Leib so unterdrückt wird, daß sie das Gute vernachlässigt und das Böse tut, stürzt sie sich selbst in die Hölle. Auch den Teufel weist sie zurück, der Gott gleich sein wollte, und dadurch wird sie von der Nordseite getrennt. Ob sie aber Gutes oder Böses tut, sie nennt sich nicht selbst Gott, sondern erkennt durch die Vernunft, daß sie von Gott geschaffen ist. Sie belehrt auch oft ihr irdisches Gefäß, daß es himmlische Werke tut. Andererseits stimmt sie den Begierden des Fleisches zu, denen sie sich wiederum entwindet, um ihr Gefäß zu bedrängen. So steigt sie zu ihren eigentlichen Aufgaben empor, indem sie durch die Reue in eben diesem Gefäß alles Böse aussiebt, wie Gerste von Weizen getrennt wird (vgl. Am 9,9).

Dies sind die Werke der Seele. Denn wenn sie das Gute wirkt, ist sie wie die Sonne, wenn sie am Mittag brennt. Wenn sie sich aber nach dem Bösen sehnt, ist sie wie die Sonne, wenn sie sich zum Untergang neigt; aber wenn sie danach durch die Reue wieder aufsteht, ist sie wie die Sonne, wenn sie ihren Glanz von Unwettern abwendet. Aber dennoch kann der Mensch, wenn er durch die Kräfte der Seele heranwächst, da seine Adern und sein Mark noch nicht angefüllt oder gekräftigt sind, wegen der Zartheit seines Leibes noch nicht erkennen, was himmlisch ist. Er vermag auch nicht die Höllenstrafen zu unterscheiden, weil sein Leib noch nicht bis zur Vollkommenheit gereift ist. Daher hat die Seele dann mit ihrem Gefäß noch Zeit, weil dieser Mensch jetzt die Furcht noch nicht hat. So waren auch die Menschen im ersten Zeitalter der Welt frei von der Angst vor dem Gesetz. Aber im vollen Alter des Menschen erstarkt die Seele zusammen mit dem Leib und treibt ihn an, gute Werke zu tun; der Leib jedoch entzieht sich ihrem Willen und übt seine Kräfte gemäß den Begierden des Fleisches aus. Und damit hat er, solange er lebt, seine Not, wenn er nicht von den Seelenkräften durch die Reue immer wieder gezügelt wird.

30. Die Augenpartie in ihrer Abbildlichkeit

Wie vorher gesagt wurde, wird von der Stirn bis zur Nasenspitze die reine Ätherschicht bezeichnet. Die Stirn mit ihrem Platz zwischen Gehirn und Augen unterstützt die Stellung des Gehirns und der Augen und nimmt Krankheiten, die aus dem Gehirn und dem Magen entstehen, in sich auf.

So nimmt auch der Mond, der, von Sternen umgeben, unterhalb der Sonne steht, oft in sich auf, was von oben herabkommt und was von unten aufsteigt.

Die Augen, die sehr vieles erblicken, weisen auf die Sterne des Firmaments hin, die überall leuchten. Denn ihr Weiß bezeichnet die Reinheit des Äthers, ihre Klarheit dessen Glanz, die Pupille aber die Sterne, die in eben diesem Äther sind; ihre Feuchtigkeit weist hin auf die Feuchtigkeit, durch die dieser Äther aus den oberen Gewässern benetzt wird, damit er nicht von der höheren Feuerschicht beschädigt wird. Das ist deshalb so, weil die Seele zwischen Erkenntnis und Umsicht in der wahren Reue ihren Platz hat und ihr Gefäß durch die Gnade Gottes zur Reue antreibt. Auch die Ehrfurcht, die zwischen der Erkenntnis und der Umsicht steht, beobachtet deren Weg, weil sie den richtigen Weg geht und die Schamhaftigkeit liebt. Sie macht alles Schädliche zunichte, dadurch daß sie es in sich birgt, damit es nicht offen ausbricht, wenn das Wissen um das Böse die Schamhaftigkeit durch die Begierde angreift. So lenkt die Furcht Gottes, die von der Kraft der himmlischen Tugenden schützend umgeben ist, gut das Ewige und das Vergängliche in sich.

Die Umsicht <circumspectio>, mit der der gläubige Mensch für alles Gute in sich Vorsorge trifft, zeigt seine brennende Sehnsucht nach dem himmlischen Bereich. Denn die Überlegung der Umsicht, mit der der Mensch sorgfältig erwägt, was er als nützlich für seine Seele ansieht, strebt nach der Aufrichtigkeit der wahren Reue; die Klarheit derselben Überlegung liebt die Schönheit der Reue, wenn der Mensch sieht, daß er von den Sünden gereinigt ist. Auch seine Absicht <intentio>, die gleichsam die Pupille seines Auges ist, erhellt die strahlend leuchtenden Werke, die in der Reue liegen Der Nachlaß der Sünden aber schmückt das Stöhnen und Seufzen, von dem die Reue mit der Feuchtigkeit der Tränen erschüttert wird, damit der Mensch nicht vom machtvollen Gericht Gottes getroffen wird.

Die Seele blickt überall umher, indem sie jedes einzelne Werk beginnt und vollendet; denn sie ist feurig und atmet mit der Luft. Mit Erkenntnis <scientia> und Vernunft <rationalitas> führt sie alles aus und unterscheidet es. Denn die Seele beginnt, wenn sie im Leib gestärkt ist, kraftvoll zu wirken und sehnt sich danach, dies zu tun. Aber sehr viele Krankheiten des Fleisches, nämlich im Mark, im Blut und im Magen, treten ihr entgegen.

Aufgrund der Hitze des Markes wallt das Blut des Menschen, und von der Schwere der Speisen kommt das Blut des Magens zum Sieden. Diese Krankheiten sind für die Seele ein Hindernis. Denn aus der Hitze des Fleisches keimt Unzucht, die der Satan listig gewoben hat. Sie steigt vom Irdischen zur Seele auf und stellt ihr vor Augen, daß der Mensch Fleisch ist und dem Fleisch gemäß leben muß. So wird sie selbst oft durch den Leib, der unten ist, gezwungen, mit ihm das Böse zu tun.

Das Tun der Seele also vollzieht sich im wandelbaren Körper, wie ja auch der Mond von Sternen umgeben ist. Die Seele selbst ist durch ihr Wissen wie die übrige Schöpfung kunstreich, so daß man die Werke ihrer Kunst, ob sie nun von oben oder von unten stammen, an ihrem Gefäß sieht und erkennt, wie die Sterne am Firmament strahlend oder verdunkelt leuchten. Leuchtend klar wie das Weiß der Augen des Menschen erscheint auch die Erkenntnis, die Einsicht funkelt wie ihre Strahlkraft in ihm, und die Vernunft leuchtet in ihm wie ihre Pupille. Daher wird auch der Mensch durch Seufzen und Weinen dazu gedrängt, zum Himmlischen zu streben, sobald er sich des Preises der ewigen Belohnung für unwürdig erachtet; denn er weiß, daß er von vielen Sünden belastet ist, und deshalb bemüht er sich, wenigstens den Strafen des Gerichtes zu entgehen.

31. Regen, Tränen und Reue in ihrer Entsprechung

Wenn der Mensch durch Freude oder Trauer in seinem Herzen bewegt wird, werden die Äderchen seines Gehirns, seiner Brust und seiner Lunge erschüttert. Daher schicken die Äderchen der Brust und der Lunge ihre Säfte nach oben zu den Äderchen des Gehirns, die sie aufnehmen und in die Augen ergießen. Und so veranlassen sie den Menschen zu Tränen. So bringen auch das Meer und die anderen Gewässer Dunst und Feuchtigkeit hervor, wenn bei zunehmendem oder abnehmenden Mond das Firmament, durch Stürme bewegt, sich mit seinem Tosen erschüttert. Die Wolken nehmen den Dunst und die Feuchtigkeit auf und dehnen sie bis zum Mond aus. Dieser trinkt sie aus, als ob er durstig wäre, schickt sie wieder zu den Wolken zurück und veranlaßt sie, angemessenen Regen hervorzubringen. Auf diese Weise fällt aus den unteren Wassern, die die Wolken nach oben schleppen und wieder herunterschicken, Regen auf die Erde.

Wenn die Seele im Menschen sich manchmal entweder über die Sicherheit ihrer Rettung freut oder unter dem Druck ihrer Sünden trauert, dann wird das Gewissen des Menschen zusammen mit dem bewußten Bekenntnis der Reue durch Gottes Furcht bewegt. Mit ihnen richtet sich die Seele unter Seufzen nach oben. Sie überblickt seine Werke, treibt ihn zu Tränen und veranlaßt ihn zu klagen. Denn wenn die Gottesfurcht den Menschen erschüttert, treibt sie ihn an, voller Durst unter Seufzen zu weinen. Daher kommt es, daß der Mensch, wenn er bisweilen die Widerwärtigkeit der weltlichen Angelegenheiten beweint, seinen Geist oft zurückwendet zum Verlangen nach der himmlischen Wirklichkeit und das Irdische vernachlässigt. Denn wenn der Mensch von Gott abweicht und ihn vergißt, zittert alsbald seine Seele. Daher werden alle Glieder des Menschen, die von ihren Kräften erfüllt sind, auf einen anderen Weg gebracht, als ob man Gott nicht verehren und fürchten müßte. Die Seele aber stellt ihrem Gefäß die Beschämung und Verwirrung der Sünder vor Augen und veranlaßt es zu seufzen, so daß diese Seufzer Tränen hervorrufen.

Und so erhebt sich aus diesen Seufzern und Tränen in demselben Menschen die Grünkraft <viriditas> der Reue. Daher prüft auch er selbst, weil er von neuem zu guten Taten ermuntert ist, die Schwere seiner Sünden mit so großer Sorgfalt und Reue, daß das Fleisch an seinen Gliedern etwas austrocknet und in seinem Herzen eine so große Bitterkeit wächst, daß er bei sich oft sagt: Warum bin ich zu solchen Verbrechen geboren? Mit meiner Seele habe ich gegen Gott gesündigt und mit ihr bereue ich, indem ich zu Gott aufseufze, der sich würdigte, Adams Gestalt aus der Jungfrau anzunehmen. Daher vertraue auch ich, daß Er mich nicht verachtet, sondern mich von meinen Sünden erlöst und mich Reuigen durch das Antlitz Seiner heiligen Menschheit im wahren Glauben aufnimmt. Dann verbinden sich Seele und Leib und seufzen einmütig zu Gott. Denn der Seele gefallen die Sünden keineswegs, sondern sie wird lediglich vom Stumpfsinn des fleischlichen Begehrens gezwungen, mit dem Fleisch übereinzustimmen. Wenn nämlich die Seele Freude an der Sünde hätte, würde sich der Mensch immer im Schmutz der Sünde wälzen. Doch die Seele erfreut sich nicht an den Sünden, obwohl sie mit dem Leib wirkt. So zwingen auch die Elemente, die den Menschen stützen, ihn nicht zur Sünde, sondern sie richten ihn nach dem Urteil Gottes in seinen Sünden. Bei seinen guten Werken aber zeigen sie über ihm Süßigkeit und Milde.

Sooft die Seele gezwungen wird, mit dem Leib Böses zu tun, erfüllt sie ihn mit Traurigkeit, weil dieses Tun ihr mißfällt. Aber wenn sie zusammen mit dem Leib Gutes tut, macht sie auch ihn froh. Deshalb wird auch der Mensch, der durch die Gnade Gottes das Gute tut, ohne sein Wissen von den anderen Menschen geliebt. Manchmal macht er auch einen solchen Fortschritt, daß er das Gute unaufhörlich zu tun verlangt, wie auch die Engel das Antlitz Gottes anschauen und an seiner Betrachtung keinen Überdruß haben können. Auch seine Seele steigt, weil sie Freude an seinen guten Werken hat, mit dem Leib nach unten, erschreckt ihn vor den Sünden und gibt ihm durch demütige Reue Seufzer und Tränen ein, damit er zu den Tugenden erstarkt, wie auch die Wolken die Wasser nach oben ziehen und wieder zurückschicken.

32. Das Ebenmaß der Augen und die Unterscheidungskraft

Wie aber keine sichtbare Gestalt ohne Namen ist, so ist auch keine ohne Maß. Und so haben auch die beiden Augen des Menschen gleiches Maß, und ihre Augäpfel treten bei ihrer Drehung gleichmäßig hervor. Denn Gott hat die Tugenden von den Lastern und die heiligen Werke von den Sünden getrennt, wie er auch die Geschöpfe, die dem Menschen bekannt sind, durch ihre Gestalten und Namen voneinander getrennt hat. So sieht auch der Mensch beim Umherschauen gleichsam in seinen Augen alles Gute vor sich. Auch in der Erwägung seiner guten Absicht soll er eine klare und maßvolle Unterscheidung <discretio> haben, damit er nicht in die Tiefe stürzt, wenn er im Guten das Maß überschreitet, oder in Verzweiflung völlig zugrunde geht, wenn er das Böse im Übermaß ergreift.

33. Der Mensch im Ringen zwischen Gut und Böse

Auch die Seele zeigt in ihrer Vernunft, was und wie die Sünden sind, und weist auf das Maß der Sünde und der Reue hin. Denn aus den Kräften der Seele wird der Mensch mit Reue durchtränkt; er bedrängt mit allem Eifer seine Sünden durch die Reue, wie ein Regen Feuer auslöscht. Dennoch wird der Mensch im Vergleich zur ewigen Herrlichkeit und der unaussprechlichen Belohnung kaum erwägen können, wie er geheilt werden könnte. Denn auch wenn die Reue eines Menschen den Sand der Wüste und das Wasser des Meeres überträfe (vgl. Sir 18,8), könnte er dennoch seine Heilung und Freude im Hinblick auf die unaussprechliche Herrlichkeit des ewigen Lebens kaum fassen.

Und ach, wo findet man einen Menschen, der die Begierden seines Fleisches nicht erfüllt, indem er sich von Sünden abwendet? Denn das Erkennen der vernünftigen Seele hat zwei Möglichkeiten: Es erkennt das Gute und spürt das Böse, und für das Gute bestimmt es die Belohnung und für das Böse die Strafe. Das sind die Aufgaben der Seele, mit denen sie dem Leib hilft und vielfach nach dessen Forderungen wirkt. So ist auch der Mensch im Guten wie der Tag und im Bösen wie die Nacht.

34. Die Sinne des Menschen, die Gestirne und das Wirken der Seele

Der Mensch sieht mit den Augen, er riecht mit der Nase und schmeckt mit dem Mund. So werden auch durch die Kraft der Sonne und des Mondes von den höchsten Sternen, die ihnen mit ihrem Dienst beistehen, Strahlen bisweilen zu den übrigen Gestirnen gesandt, so daß ein Licht vom anderen entzündet wird.

Wenn die Seele aber die schlechten und schändlichen Taten sieht, wird sie traurig, und wenn sie diese durch ihren üblen Ruf gleichsam wie durch den Geruch wahrnimmt, seufzt sie; wenn sie sie gleichsam im Geschmack zusammen mit dem Leib durchgeführt hat, veranlaßt sie den Menschen, Tränen zu vergießen. Sie schickt ihm aus der Einsicht Reue, Seufzer wegen des schlechten Rufes der Sünden und Tränen wegen ihrer Ausführung.

Eine Leuchte für die Seele ist die Reue und in ihr sind Seufzer und Tränen, und schnell wäscht sie im Menschen die Schuld ab. In der Seele entstehen Seufzer und Tränen, die der echten Reue beistehen. So werden auch durch den Geist der Stärke und der Furcht des Herrn die übrigen Tugenden aufgerufen, den gläubigen Menschen wirksam zu erleuchten.

35. Die Bedeutung von Hitze und Kälte

Alles, was im Kopf des Menschen ist, wird durch das Kinn zusammengehalten, so wie alles vorher Genannte durch die Wolken an seinem bestimmten Ort festgehalten wird. Das bedeutet, daß die Herzen der Gläubigen die Festigkeit der guten Werke so an sich reißen, daß sie im Guten verharren und zum Himmlischen gelangen können. Die Hitze bezeichnet im Menschen die Knochen und die Kälte das Mark, weil die Seele durch das Feuer die Knochen kocht und durch die Kälte, die sie in ihr Gefäß zieht, das Mark gerinnen läßt. So bewährt sich auch im Sommer und im Winter die ganze Erde so, daß ihre Frucht durch die Kälte des Firmaments unter der Erde gerinnt und durch seine Wärme wieder gelöst wird. Denn die Hitze der Sonne und die Feuchtigkeit des Wassers in den Wolken verbinden und vermischen sich so miteinander, daß durch sie alle Frucht auf der Erde gelenkt und gestärkt wird. Die Glut der Sonne und die Feuchtigkeit des Wassers nämlich bearbeiten gleichsam die ganze Erde, machen sie so fruchtbar und vollenden sie, wie ein Drechsler seine Gefäße zur Vollendung bringt. Und sie werden in den Wolken so fest miteinander verbunden, daß sie keineswegs vor dem Jüngsten Tag durch Eindringen und Entweichen, noch dadurch, daß sie sich hierhin und dorthin ausbreiten, zerstreut oder getrennt werden.

Auch die Seele wird im Menschen durch das Feuer des Heiligen Geistes zu allem Guten gestärkt und durch die Kälte der Gleichgültigkeit und Nachlässigkeit geschwächt. Wenn das Feuer der Stärke und die Zerknirschung des Herzens des Menschen sich mischen, bringen sie in ihm gute Frucht hervor und stärken ihn so in allem Nützlichen und rüsten ihn aus, daß er nicht mehr vom Dienst für Gott und von der Liebe zu Ihm getrennt werden kann. Wenn der Mensch aber in den Verdruß und Ekel an den Sünden hineingerät, dann werden durch diesen Verdruß die Sünden in ihm so eingeschränkt, wie durch dichten Rauch Feuer erstickt wird, daß es nicht in voller Kraft brennt. Wenn nämlich durch die Kräfte der Seele die Gier des Fleisches zerstört wird, bilden sich in ihm bald Seufzer nach der himmlischen Heimat, wie durch die Biene in ihrem Stock die Wabe mit dem Honig aufgebaut wird. Dann werden auch die neuen und alten Taten desselben Menschen zugleich beimischt und mit wahrer Demut bewässert, damit sie nicht, von der Hitze des Hochmuts verbrannt, austrocknen.

Durch das Feuer des Heiligen Geistes also und durch die Feuchtigkeit der Demut werden die fruchtbaren Tugenden im Gefäß des Heiligen Geistes, in dem die Weisheit sich ihre Wohnung gebaut hat, vollendet. Und so sammelt der Mensch die Tugenden, die vor Gott und seinen Engeln die leuchtendsten sind, in sich an gleichsam im Duft aller Wohlgerüche, wo sie alsdann nicht mehr aufhören.

36. Die fünf Sinne, ihr Abbild in den Gestirnen und in der Seele

Aber durch die Sehkraft der Augen werden auch Gehör, Geruch, die vernünftige Rede und der Tastsinn gelenkt und erkannt, daß man jedenfalls weiß, was oder wie sie sind. So wird auch durch die Sonne, den Mond und die Sterne die gesamte Anordnung des Firmaments gelenkt und erleuchtet. Der Mensch sieht nämlich mit den Augen, was er durch die Weisheit erkennt, und dasselbe erfaßt er durch das Gehör, den Geruch und Geschmack. Was er aber in seinem Herzen sammelt, das weiß er durch seine Erkenntnis, aber er sieht es nicht mit den Augen. Denn auch die List der Schlange war verborgen und zeigte sich erst dann, als sie Eva zuerst fragte, was jene nicht wußte, und sie täuschte Eva, weil diese ohne List war. Dieser Anfang in der ersten Erbsünde entstand durch die List des Teufels. Er ist gleichsam ein Nebel, der aus schädlicher Luft aufsteigt und die ganze Erde bedeckt, damit man den klaren Tag nicht sehen kann, und der die Werke der Weisheit zerfrißt, indem er sie sozusagen verschmäht. So hat auch die List weder Fröhlichkeit noch Freude und ist an keiner Stelle in Ruhe.

Das weist auch darauf hin, daß jeder seiner Sinne sich der Absicht des Menschen entsprechend neigt, wie auch die Tugendkräfte sich beeilen, ihn zu bessern, wenn er das von Gott erbittet. Wohin die Absicht eines Menschen ihn führt, dorthin richtet er auch seine Sinne, aber dennoch erkennt man die Gedanken seines Herzens nicht, solange sie im Verborgenen bleiben. So erkannte auch Eva, als sie vom Teufel getäuscht wurde, dessen Schlauheit nicht, weil er sich so gänzlich versteckt hatte, daß seine List von der Stammutter nicht gesehen werden konnte. Daher hat der Teufel auch die ganze Welt ins Unheil gestürzt, weil er nichts Gutes in sich hatte.

37. Die Augenbrauen in Entsprechung zu den Mondbahnen und der Beständigkeit der Seele

Die Augenbrauen des Menschen aber verdeutlichen die Bahnen des Mondes; den einen Weg, auf dem er zu seiner Erneuerung unter die Sonne geht, den anderen aber, auf dem er, von der Sonne entzündet, zurückkehrt. Die Augenbrauen sind auch Verteidigung und Schutz der Augen, wie der Mond Schutz und Nahrung der Gestirne ist. Denn während er von der Sonne entzündet wird und zu wachsen beginnt, bekommt er sein Licht sowohl von den Sternen wie auch von der Sonne. Und dabei hilft er diesen, damit sie nicht vom Übermaß ihres Feuers überfließen. Und solange er im Abnehmen ist, ergießt er sein Licht auf die Sterne, nicht aber auf die Sonne, weil jene wie eine Fürstin immer in einem einzigen Zustand ist.

Auf diese Weise schickt auch die Seele die Beständigkeit und Sicherheit im Menschen zur Gottesfurcht, damit sie gleichsam ihr Weg sind. Denn solange der Mensch Gott fürchtet, begegnet ihm manchmal Glück, manchmal auch Unglück. In ihnen muß er geradlinig einhergehen, so daß er nie durch das Glück überheblich wird noch sich vom Unglück niederdrücken läßt. Daher erweist er sich in allem stark, wenn er vom Geist der Stärke geschützt wird. Die Tugendkräfte bilden nämlich für die Absicht des Menschen einen Schutz, wie die Gottesfurcht Fundament und Schild der anderen Tugenden ist. Wenn sie sich selbst mit Stärke wappnet, sammelt sie die übrigen Tugenden um sich und zeigt sie, von Kraft und Furcht gewappnet. Und so bewirkt sie, daß der Mensch sowohl im Unglück als auch im Glück der Sehnsucht nach dem Himmel anhängt.

38. Nase, Mund und Ohren in ihrer Bedeutung

Der Abschnitt von der Nase bis zur Kehle bezeichnet die wasserreiche Luftschicht mit der unter ihr liegenden starken, weißleuchtenden Luft. Die Nase des Menschen bezeichnet die Luft, die die Wasser bewegt; der Mund in seiner Vernünftigkeit zeigt ihre Feuchtigkeit; die Ohren verdeutlichen das Tosen und Rauschen dieser Wasser, die durch den Wind der wasserreichen Luft und durch das Aufsteigen der Wolken angemessen einströmen.

Denn durch das Hören des Ohres wird das Innere des Menschen erschüttert, wie auch mit dem Klang der oberen Wasser die Elemente durchdrungen werden. Durch die Feuchtigkeit wird der vernünftig redende Mund benetzt, wie durch die Feuchtigkeit eben dieser Gewässer der obere Bereich befeuchtet wird, damit er nicht durch Trockenheit vernichtet wird. Die Nase wird vom Geruch erfüllt, wie diese Wasser von der Luft erfüllt werden.

Daß aber die Nase sich in ihrer Länge nach oben erstreckt, das bedeutet, daß die wasserreiche Luft ihre Feuchtigkeit in die Reinheit des oberen Äthers und in die Glut des oberen Feuers leitet und von ihnen die richtige Mischung der Stärke erhält, damit sie nicht im Auseinanderfließen zerstreut oder aufgelöst wird. Durch die Nase werden auch das Gehirn und die Augen gereinigt, weil auch dieselben Elemente bisweilen bewegt und von Feuchtigkeit und Rauch oft im höheren Bereich gereinigt werden. Der reine Äther wird nämlich, wie vorher gesagt wurde, von der Feuchtigkeit der wasserreichen Luft übergossen. So wird auch die Reue durch die Werke und das Vorbild der Gerechten erhellt, und so nimmt das Hören der Ohren, in die die Worte der Weisheit dringen, diese auf. Auch das Blasen des Geruchs und die Feuchtigkeit des vernünftig redenden Mundes verbinden sich und haben eine triefende Feuchtigkeit. Und wie das Wasser fließt und rauscht und mit seiner Nässe die ganze Erde benetzt, so befeuchtet auch die wasserreiche Luft die oberen Elemente. Auch der Hauch der Seele hat einen geraden Weg durch die Nase und durch den Mund, weil er außerhalb ihrer Grenze weder auf- noch absteigt, wie auch die wasserreiche Luft ihre Wege einhält, so wie sie eingesetzt ist.

Das bedeutet auch: Die Seele, die im Menschen durch Gottes Geschenk berührt ist, kostet mit der unterscheidenden Einsicht des guten Geruchs aufmerksam die Beispiele der Gerechten, die ihr das Hören auf die anderen mit der Grünkraft der Worte eingegeben hatte. Sie erschüttert das Innere des Herzens, damit es, von der Gnade des Heiligen Geistes übergossen, mit aller Sehnsucht den Wohlgeruch der Tugenden festhält. Deshalb betrachtet auch die Mäßigung <temperantia>, die den Duft der Seligkeit empfängt, die Werke der Gläubigen, die diese vollenden, wenn sie im Guten beharren und durch die Reue vom Bösen ablassen. Sie vertraut sie der Macht Gottes an, damit sie sich nicht durch Unmäßigkeit auflösen. Denn durch den Wohlgeruch der Mäßigung wird das Wissen des Menschen gereinigt und kräftigt ihn überall im Guten. Die Reue allerdings wird oft von echtem Aufseufzen unterstützt, wo wahre und heilige Worte zur Erbauung der Gläubigen vorgebracht werden. Denn die Tugend der richtigen Mäßigung muß in ihnen sein, damit der Mensch all seine Werke gut ordnet und sich mit aufrichtigem Blick so zum Himmlischen erhebt, daß er nicht sein Maß überschreitet, sondern nach dem Vorbild der Heiligen mit Seele und Leib den rechten Weg geht.

Auch in der wasserreichen Luftschicht ist ein Blasen, das mit der Feuchtigkeit des Taus auf die Erde herabkommt und die Grünkraft und Trockenheit der Früchte mäßigt, und zwar im Sommer die Grünkraft, im Winter aber die Trockenheit. Und wie durch dieses Blasen die Früchte der Erde ihre Kräfte erhalten, so wird durch den Mund des Menschen der ganze Mensch ernährt. Und wie durch das Strahlen der Sonne die Welt erleuchtet wird, so werden auch durch dieses Blasen alle oberen Winde maßvoll hervorgebracht. Ähnlich entsteht durch die Beispiele der Gerechten im gläubigen Menschen Zerknirschung, die ihm Grünkraft für die guten Werke und Trockenheit für die schlechten bringt. Er strebt dann gleichsam im Sommer nach dem Guten und verachtet wie im Winter das Böse. Auf diese Weise wird er mit diesen Früchten der Gerechtigkeit erfreut und genährt, so daß er immer sein Streben auf die Sehnsucht nach dem Himmel richtet.

39. Die Hinweisfunktion der Zunge

An der Zunge wird das Ansteigen der Gewässer gezeigt, wodurch sie sich zur Überschwemmung erheben. Denn wie durch die Zunge die Worte geformt werden, so bilden sich durch das Ansteigen des Wassers Wellen. Dadurch wird gezeigt, daß die Seele in ihrer Sehnsucht, in himmlischen Wünschen zu bleiben, ihr Gefäß zum Lobpreis seines Schöpfers antreibt und es mit der Andacht des Herzens beständig Gebete vorbringen läßt. Die Seele wird von der Feuchtigkeit bewegt und tönt von feurigem Tosen. Durch ihr feuriges Wesen erkennt sie Gott, und dadurch, daß sie ein Geisthauch ist, seufzt sie auf zu Gott, der Geist ist.

Wenn sie das Gute vollendet, hat sie den richtigen Weg, so wie die reine Luft, die ohne dunkle Wolken ist. Wenn sie aber die Fäulnis der Sünden bewirkt, ist sie gleichsam wie eine Überschwemmung der Wassermassen, die den reinen Weg der Luft zerstören. Aber wenn sie sich dann von den Sünden abgewandt hat, wendet sie sich der Barmherzigkeit zu, wie es im Evangelium von dem Verwalter geschrieben steht, der die Sünden verließ und die Schulden verminderte (vgl. Lk 16, 1–2). Und wenn sie nach den Sünden die Gnade Gottes sucht, damit Er sie wie den seit vier Tagen toten Lazarus aufweckt (vgl. Joh 11, 39), dann stößt sie tiefste Seufzer aus, flicht wie einen festen Zaun ihre Besserung und beharrt in den guten Werken, um sich nicht wieder der Gewohnheit der Sünden zu nähern. Sie bewirkt so eine Reue, die beständig ist wie das Firmament, um nicht wieder durch den Beginn des Sündigens Böses zu tun.

40. Die Sinnbildlichkeit der Zähne

An den Zähnen wird die Begrenzung für diese Wasser gezeigt, die nach Art der Zähne stark und fest ist. So hält die starke, weißleuchtende Luft diese Wasser zusammen, damit sie nicht ihre Grenze überschreiten und zerfließen. Dadurch wird gezeigt, daß der Sinn des Menschen mit der Gnade Gottes durch die Seele gestärkt und zurückgehalten wird, damit er sich nicht zu sehr in schlechten Gedanken verliert, so daß er sie durch unerlaubte Wünsche freiwillig an sich zieht. Die Gnade Gottes erweist sich im Menschen bald wegen der Werke der Sünden wie ein Sturm, bald wegen der Reue darüber wie eine Arznei.

Die Zähne sind nicht ausgehöhlt und haben nicht die Weichheit des Markes, weil sie nicht von Fleisch umgeben sind; vielmehr werden sie durch das Gehirn und alle Gliederungen der menschlichen Gestalt, die gemäß dem Firmament angeordnet sind, zum Gerinnen gebracht und gehärtet; auch durch die Wärme und Feuchtigkeit des Kopfes kommen sie zu ihrer Härte.

Das aber bedeutet, daß die vernünftige Seele in ihrer Unveränderlichkeit als unendliches Leben besteht und weder durch das Wachstum des Körpers zunimmt noch durch sein Vergehen eine Minderung erfährt. Denn sie ist ein Hauch des allmächtigen Gottes, der alle Geschöpfe in Seinem Vorauswissen geordnet und durch Sein Wort wunderbar erschaffen hat. Die Seele bewegt sichtbar den Leib, dem sie durch die Macht ihres Schöpfers unsichtbar eingegossen wird. Und indem sie ihn bewegt, weilt sie unsichtbar in ihm, wie auch Gott all seine Geschöpfe, die er zum Dienst des Menschen geschaffen hat, mit der unsichtbaren Kraft Seiner Schöpfermacht aus der Grünkraft der Erde und der Wärme der Luft gestärkt hat. Und für eben diese Seele hat Er ihr Gewand, den Leib, der ihrem Wesen unbekannt und fremd ist, vorausgesehen.

41. Die Zahnlosigkeit in Kindheit und Alter

Wenn das Kind zart ist und noch nicht die Stärke des Blutes hat, hat es keine Zähne, weil es noch kalt ist. Aber wenn sich das Blut in ihm kräftigt und von Wärme durchdrungen wird, kommen seine Zähne hervor und werden fest. Wenn der Mensch ins Greisenalter kommt, wird das Blut in ihm vermindert, und die Wärme in ihm läßt nach. Auch seine Zähne kommen wegen der Kälte wieder zu Schaden und beginnen zu wackeln.

So wärmt auch die Seele, sobald sie nach der Anordnung des allmächtigen Gottes in den Leib gegeben ist, ihren Leib, der aus den vier Elementen geschaffen wurde, mit ihrem Feuer solange, bis sie nach dem Geheiß des allmächtigen Gottes von hier hinübergeht. Die Seele freut sich gerade in der Kindheit des Menschen wegen seiner Unschuld sehr über ihn, wenn er noch durch Saugen mit zarten Speisen ernährt wird. Denn er hat noch nicht die Sünde gekostet, wie auch Adam vor dem Sündenfall in seinem reinen und einfachen Leben sie nicht kostete. Aber wenn der Mensch im Laufe der Zeit, wenn seine Knochen stark geworden sind, die volle Kraft seines Fleisches und Blutes hat, dann hört die Unschuld auf. Denn weil sich der Mensch in der Begierde nach der Sünde erhebt, wird die Seele, dadurch daß sie gegen ihre Natur wirkt, in ihm niedergedrückt und vom Leib durch sein Leben in Sünde überwunden. Und wie nach dem Untergang der Sonne ihr Glanz dem Menschen entzogen wird, so quält sich nach dem Begehen der Sünde die Seele, wobei sie über den Verlust der Freude, die sie früher gehabt hatte, stöhnt und weint. Denn die Begierde nach den Sünden verseucht den Leib, das Blut und alle Eingeweide des Menschen durch das Tun der Sünden. Nach dem Begehen der Sünde aber wird der Mensch aus Ekel vor seinen Sünden vielfach durch die Seufzer seiner Seele bedrängt und in Seelenschmerz gestürzt.

Tafel 7
Die Jenseitsräume

Darauf sah ich den Erdkreis aufgeteilt in fünf Bereiche.
Der fünfte dieser Bereiche, der in der Mitte von diesen allen lag, zeigte quadratische Form und war an einer Stelle von Hitze, an der anderen von Kälte und an einer weiteren Stelle von mäßig warmer Luft erfüllt.
Aber nach Osten sah ich über der Rundung der Erde in gewisser Höhe eine rote Kugel, von einem saphirblauen Kreis umgeben. Von ihrer rechten und linken Seite gingen je zwei Flügel aus.
Von dieser Rundung aus nach Osten erschien zwischen den genannten Flügeln gleichsam ein Gebäude, das sich bis zu der oben erwähnten Kugel erhob. Und von dieser Kugel nach oben führte gleichsam eine Straße, über der ein heller Stern strahlte. Ferner sah man zwischen den Spitzen dieser Flügel gleichsam eine feurige Kugel, die Strahlen aussandte.

42. Das Entstehen der Zähne und die seelische Entwicklung

Solange das Kind noch zart ist, steigt Flüssigkeit <liquor> von seinem Gehirn zum Zahnfleisch hinunter und verursacht mit anderen Säften zusammen in ihm kleine Höhlungen, in denen sie bis zur Reife verborgen bleibt, wie die jungen Blüten im Winter in den Zweigen des Baumes verborgen bleiben. Aber wenn dann die Kraft des Blutes und die Wärme wie der Sommer in ihnen erwacht sind, gerinnt die Flüssigkeit mit den anderen Säften und bricht als Zähne hervor. So beginnen auch die Knospen an den Zweigen der Bäume zu erscheinen, wenn die Sommerwärme über sie kommt.

Das Kind leidet nämlich, bevor bei ihm die Zähne herauskommen, manchmal am heftigen Schmerz einer Krankheit, weil die Zahnfleischstellen durch die Flüssigkeit des Gehirns und die übrigen Säfte ausgehöhlt sind. Wenn es dann nach der Kindheit zur Fülle seines Blutes kommt, nimmt in ihm durch den Geschmack am Fleischlichen schon die Heiligkeit der Seele ab und es beginnt die Ausgelassenheit zu lieben. Deshalb muß der Mensch in diesem Alter unter der besonderen Obhut der Furcht gehalten werden.

So beherrscht zwar die Seele den Leib, während der Mensch noch im Zweifel überlegt, was er auswählen oder tun soll und was nicht, aber sie wird trotzdem im Leib ständig gleichsam wie eine Gefangene mitgeführt und gefesselt. Und wenn der Mensch, weil durch sein siedendes Blut der Geschmack der Sünde geronnen ist, das Böse begeht, dann wirkt auch sie mit dem Leib, allerdings gegen ihren Willen, was ihrem Wesen zuwider ist.

Und wie die Sommerhitze die Keime der Erde und die Früchte der Bäume zur Reife bringt, so hört der Mensch, weil er durch die Glut seines Blutes sich an den Verlockungen des Fleisches ergötzt, nicht auf, jegliche Laster auszuführen, wie er es vermag.

43. Das Zermahlen der Zähne und die Gedanken des Menschen

Die Zähne, die jede Speise zerkleinern, durch deren Kräfte der Mensch ernährt wird, und diese im Mund hin und her bewegen, sind nach Art einer Mühle angeordnet, die durch den Wasserstrom angetrieben wird und deren Mühlstein sich erhitzt. Wie nämlich der Mensch die Speise, durch die er erquickt wird, mit seinen Zähnen durch Zerbeißen ins richtige Maß bringt, so bewirkt die Seele in ihm mit brennenden Eifer, was er sich nach seinem Willen ausgewählt hat. Auch die Seele selbst, durch die der Mensch das Gefühl und den Geschmack erhält, jedes beliebige Werk, gut oder böse, auszuführen, treibt ihn durch die Gedanken leidenschaftlich an, wie ein Feuer, das, durch die Luft des Blasebalgs entzündet, heftiger brennt. Dabei wird sie im Geist wie eine Mühle umgetrieben. So wirkt die Seele auch in den vier Elementen, in denen der Mensch geschaffen ist, mit der Fähigkeit der Vernunft alles, was der Mensch will und treibt es durch die Sehnsucht seines Herzens an, wie eine von menschlicher Fertigkeit gebaute Mühle sehr schnell vom Wasser im Kreis getrieben wird. Und wie die Mühle zur Erhaltung der Schnelligkeit ihrer Umdrehungen durch die Kunst des Menschen angemessen und häufig gefestigt wird, so wird die Seele, solange sie im Menschen bleibt, durch die Gnade Gottes im Guten unterstützt, wenn ihr auch im Bösen durch die Einflüsterungen des Teufels die böse Lust und die Zustimmung dazu eingegeben werden.

44. Kinn, Kehle und Hals und ihre Entsprechung in Kosmos und Seele

Mit dem Kinn aber, das wie ein gekrümmter Bogen herabhängt und das Gesicht des Menschen anhebt, mit der Kehle, die alle Kraft der Erfrischung aufnimmt und maßvoll in den Magen leitet, und mit dem Hals, der den gesamten Kopf mit seiner Kraft trägt, wird die Verschiedenheit der Wolken bezeichnet. Einige von diesen hängen, von Regen beschwert, etwas nach unten, bei heiterem Wetter aber zeigen sie gleichsam die Heiterkeit der oberen Bereiche. Manche berühren mit der Kraft der Luft die Erde und temperieren sie auf diese Weise, daß sie zum Nutzen der übrigen Geschöpfe eine Fülle von Früchten hervorbringt. Andere binden alle Beweglichkeit des Firmaments, indem sie es wie eine Säule tragen.

Der Mensch erkennt, wenn er durch die Seele seine zuversichtliche Hoffnung auf Gott richtet, mit den beiden Augen seiner Vernunft, nämlich dem Wissen um Gut und Böse, die himmlische Heimat und die Strafen der Hölle. Mit seinem Gesicht, das durch das Kinn angehoben wird, erblickt er jedes sichtbare Ding und überlegt mit seinem Verstand, was es ist. Wie nämlich der Mensch durch die Seele alles unterscheidet, so ordnet er es, damit es vor Gott und den Menschen angemessen geschieht. Wie auch die Kehle die Speise, die sie aufnimmt, dem Magen zur Stärkung gemäßigt weitergibt, so kann die Seele würdig zum Königsthron des wahren Salomo, der Christus ist, aufblicken, wenn der Mensch durch den wahren und reinen Glauben so gestärkt ist.

Der Glaube nämlich zerstreut alle Gedanken, die aus der Sünde im Menschen aufstehen; die Gedanken aber, die aus ihm in Einfalt und Wahrheit hervorgehen, lenkt er durch die Seufzer der Seele zum wahren König hin. Der Glaube selbst als wahre Tugend trägt die übrigen Tugenden wie der Hals den Kopf. Und wie die Wolken das bewegliche Firmament wie eine Säule tragen, so bewahrt er alle guten und heiligen Werke, die das himmlische Jerusalem aufbauen, durch die gute Beharrlichkeit in den Menschen. Die Ungläubigen aber, die den Glauben hintansetzen und alle ihre Werke im Unglauben schlecht tun, werden, weil sie vor Gott unwürdig sind, wie sie es verdienen, für die Höllenqualen bestimmt, so wie verdaute Nahrung mit Gestank ausgestoßen wird.

45. Die Haare in ihrer Sinnbildlichkeit

Die Haare, die vom Kopf herabhängen, erklären die Regentropfen, die einzeln durch die Wolken herabkommen, die ganze Erde bewässern und sie durch die Grünkraft zur Fruchtbarkeit führen. Ähnlich weckt die Seele, die von Gott in den sterblichen und schwachen Leib des Kindes gesenkt wird, diesen auf, indem sie ihn mit ihren Kräften belebt. Während er noch in seiner natürlichen Einfachheit existiert, wird die Seele mit dem erlesenen Gewand der Unschuld bekleidet und reich geschmückt; denn sie vertreibt alle Laster, die wie Unwetter sind, und bringt die Fruchtbarkeit aller Tugenden hervor wie die Erde, die durch den Regen aufkeimt und ihre Frucht hervorbringt. Die Unschuld ist nämlich eine Königin, bekleidet mit einem goldenen Gewand, in dem man die Keuschheit erkennt, deren Kräfte sich wie Regentropfen vermehren. Das Haupt der Keuschheit aber ist die Demut. Wenn diese beiden Tugenden im Menschen vereint sind, lassen sie den Himmel von Lobgesängen widerhallen und erfüllen die Erde mit den Vorbildern heiliger Tugenden.

46. Haarwuchs und Haarausfall als Sinnbilder

Daß aber die Haare auf den Köpfen gewisser Menschen, ohne weiter oben auszufallen, ihre Kraft behalten, so daß man sie nicht entwurzeln kann, findet man bei jenen, deren Fleisch durch die Säfte feucht ist. Denn diese nähren die Haare, wie auch die bewässerte Erde eine Menge Gras hervorbringt.

Dadurch wird offenbart, daß die Seele durch die fruchtbaren Tugenden der guten Werke in den Menschen wirkt, die mit demütigem Herzen das Wort Gottes gern hören und durch den Feuerhauch des Heiligen Geistes oft die Feuchtigkeit der Tränen mit Seufzern und Sehnsucht nach dem Himmel hervorbringen. Die heilige Absicht dieser Menschen bringt wie in einer fetten, guten Erde mit Freude die Früchte fruchtbarer Werke hervor. So freut sich die Seele an den guten Werken, da der Leib ihr zustimmt, und sie jubelt in Christus. Und durch die Süßigkeit Seiner Liebe wahrhaft gestärkt, verharrt sie so in seliger Beharrlichkeit, daß sie durch kein Herumschweifen geistiger oder fleischlicher Laster ermattet und austrocknet.

Bei denen aber, auf deren Köpfen die Haare ausfallen, so daß sie kahlköpfig werden, geschieht das deshalb, weil ihr Fleisch in der Hitze trocken ist. Denn die Hitze geht auf ihren Scheitel über und beseitigt allmählich Haar um Haar, da sie keine Feuchtigkeit haben, wie auch die Erde, wenn sie keine Feuchtigkeit hat, wegen ihrer Trockenheit ohne das Grün der Gräser ist.

So gleichen auch die Menschen, die in so großer Verhärtung der Gottlosigkeit leben, daß sie weder durch die Ermahnungen des Heiligen Geistes noch durch Belehrung oder den Rat gläubiger Lehrer dem Willen der Seele zustimmen, der trockenen Erde, die ohne Feuchtigkeit ist und vor Trockenheit keine Früchte hervorbringt. Denn alle ihre Werke unternehmen sie nach dem Willen ihres Verlangens und nicht nach dem Wesen ihrer Seele. Daher sind sie auch vom vielfältigen Wechsel der Sünden bedrückt und streben nicht in Hoffnung auf die Glückseligkeit zum Himmel. Auch im Irdischen wollen sie nicht mit der Unterstützung irgendeines nützlichen Dienstes den Menschen helfen. Denn diese Menschen, die nicht vom Feuer des Heiligen Geistes glühen, haben nicht die Unterscheidungskraft <discretio>, die die Mutter der Tugenden ist. So mißfällt ihnen wegen der Unbeständigkeit ihres Lebenswandels bald das, was ihnen vorher gefiel. Deshalb werden sie der Beständigkeit der heiligen Tugendkräfte beraubt, wie der Kopf seiner Haare beraubt wird.

47. Der Mensch in der Mitte der Schöpfung

Der Mensch ist nach Osten gewandt und blickt wie der Westen nach Osten, indem er seine Arme weit ausbreitet. Wie Süden und Norden voneinander getrennt sind, richtet er den rechten Arm nach Süden, den linken aber nach Norden. Auf diese Weise fliegt auch die Seele mit ihren Kräften und den vier Elementen im Menschen, indem sie im Wissen um Gut und Böse wirkt. Im Wissen um das Gute blickt sie nach Osten und im Wissen um das Böse nach Westen. So fliegt auch der Mensch im Wissen um das Gute, entflammt durch das Feuer, das Gott ist, in der Vollendung heiliger Werke mit dem Südwind; bei der Ausführung schlechter Werke wird er in den Qualen des Nordwindes entsprechend seiner Sünden bestraft.

Die Seele selbst nämlich, die den Leib empfindsam macht, macht den Menschen mit ihren Kräften kalt oder warm, so daß er durch sie die Wärme des Südwindes und die Kälte des Nordwinds fühlt; das kann man am Atem des Menschen prüfen, den er, je nachdem, was er gewollt hat, warm oder kalt ausstößt.

Der Mensch wirkt auch in der Schöpfung, die er durch die Sehkraft unterscheidet, mit der Seele zusammen Gutes oder Böses, entspechend dem, was das Fleisch will; die Seele selbst wirkt das Gute in Furcht und in Liebe zu Gott gleichsam auf der rechten Seite. Und so wird die schlechte Erkenntnis mit Gottes Hilfe im Menschen durch die gute überwunden, wie die linke Hand durch die rechte, die mehr Kraft hat, unterdrückt wird. Die Seele nämlich, die ein Hauch von Gott ist, bleibt unsichtbar im Leib, indem sie ihn zu jedem Werk bewegt. Sie wird nicht durch die Sehkraft erkannt, sondern durch die Kraft der Vernunft, wie man auch den Wind nicht mit der Sehkraft, sondern durch sein Rauschen und die Bewegung bei seinem Wehen spürt. Trotzdem vermag das menschliche Wissen nicht zu erfassen und zu verstehen, was das wirklich ist.

48. Der Schulterbereich mit den Armen

Dem Hals schließen sich die Schulterblätter und die Schultern mit den Armen und Händen an, wie auch die vier Hauptwinde mit ihren Nebenwinden mit dem Firmament verbunden sind. Der Beugung der Arme kommen der Oberarm mit dem Schulterblatt und die Hand mit den Fingern zu Hilfe, wie auch die Hauptwinde mit ihren Flügeln, das heißt mit ihren Seitenwinden, das Firmament halten; und eine Hand verbindet sich mit der anderen, wie der Flügel eines jeden Windes sich zu dem des anderen ausstreckt.

Das aber zeigt: Die Seele, die Leben ist durch das Leben, das Gott ist, und Hauch vom Geist Gottes, hat kein Ende des Lebens wie der menschliche Körper. Sie belebt den Leib mit ihren Kräften und erhält ihn. So halten die Gestirne das Firmament mit dem Punkt, nämlich der Erde, die das Wort Gottes in die Mitte des Firmaments gesetzt, unverrückbar befestigt und erleuchtet hat. Wenn nun die Seele, die von Gott geschickt ist, unsichtbar und verborgen in den Leib hinabsteigt, bewirkt sie, daß der Mensch durch den Glauben Gott erkennt, zum Himmel aufschaut und Himmlisches verwirklicht. Und wie der Tau unsichtbar über das Gras fällt und es fruchtbar macht, so benetzt Gott barmherzig den Menschen, der seine Hoffnung auf Ihn setzt, sich mit dem ganzen Leib zum Himmel aufrichtet und die Erde, das heißt die Begierden des Fleisches, mit Füßen tritt, mit der verborgenen Süßigkeit seiner Gnade, damit er die Früchte der guten Werke hervorbringt; entgegengesetzte Werke aber verdammt Er zu den ewigen Strafen der Hölle.

Der Mensch wirkt nämlich all seine Werke, gute oder böse, mit den vier Elementen nach Art der vier Winde, die ihre Kräfte in den höheren Bereichen der Luft ausüben, trotzdem aber ihr Wehen manchmal auf den Schmutz und die Unsauberkeit des Unrats legen. Den vier Hauptwinden gleichen im Menschen vier Grundkräfte, nämlich Denken <cogitatio>, Sprechen <locutio>, Absicht <intentio> und Aufschrei der Reue <gemitus>. Und wie jeder dieser Winde die Macht hat, sein Wehen nach rechts und nach links zu schicken, so kann die Seele, die mit diesen vier Kräften ausgerüstet ist, durch ihr natürliches Wissen sich auf die Seite neigen, die sie will, indem sie entweder Gutes oder Böses auswählt.

Der Südwind hat seine beiden Seitenwinde wie zwei Flügel, von denen der nach Osten gewandte warm ist. Er bezeichnet gute und heiligmäßige Gedanken, die durch das Feuer des Heiligen Geistes im Eifer der frommen Absicht entzündet werden. Der andere, der nach Westen gerichtet und kalt ist, bezeichnet die verkehrten und unnützen Gedanken, die nicht im Feuer des Heiligen Geistes glühen, sondern kalt sind, und die schlechten Werke. Der Feuerhauch, nämlich die vernunfbegabte Seele, spürt die Werke des Fleisches und des Blutes, an denen sich der Mensch erfreut. Aber obwohl sie von Natur aus zum Himmlischen aufseufzt, gibt sie dennoch dem Körper Kräfte und Wärme, sogar im unsauberen Gestank der Sünden, so wie die Sonne mit ihren Strahlen auch die stinkende Fäulnis der schmutzigsten Würmer wärmt.

Der Nordwind jedoch ist für alle Geschöpfe nutzlos. Auch er hat zwei Flügel, von denen sich der eine nach Osten, der anderen nach Westen erstreckt. Sie bezeichnen das Wissen um Gut und Böse im Menschen, womit er alles Nützliche und Unnütze in seinem Herzen wie im einem Spiegel betrachtet, so wie die Erde von oben durch das Firmament gelenkt wird.

Der Flügel des Ostwindes, der nach Süden strebt, bezeichnet den Menschen, der durch gute Werke in der Umarmung der wahren Liebe zu Gott aufsteigt. Der Flügel jedoch, der nach Norden blickt, bezeichnet den Menschen, der von den Begierden des Fleisches beschmutzt ist. Und wie diese beiden Seitenwinde mit dem Ostwind wie zwei Flügel verbunden sind, so ist mit der Seele das Gute und das Böse verbunden: das Gute in innerer und äußerer Freude, durch die sie wie die Sonne in ihrer Kraft vor Gott leuchtet, das Böse, durch das die guten und heiligen Werke von der Schwärze der Sünden bedeckt werden wie die Klarheit der Sonne von dunklen Wolken.

Der Mensch fürchtet nämlich durch die gute Absicht seiner Seele sehr die Strafen, die er im Nordwind erkennt, obwohl der Leib, wenn er sich an die Genüsse der Sünde gewöhnt hat, die Seele oft bedrängt. Aber auch diese Absicht hat zwei Flügel; der eine von ihnen ist die Gottesfurcht, die durch die Ermahnung des Heiligen Geistes im Menschen entzündet wird; der andere ist die Abkehr von den Sünden, die der Mensch, nachdem er die Gottesfurcht hintangesetzt hat, später sehr oft wieder begehrt. Auch der Westwind hat zwei Flügel, von denen sich der eine nach Süden, der andere nach Norden ausstreckt. Sie bezeichnen, daß der Mensch das Gute spürt und durch das Gute auch das Böse kennt. Der rechte Flügel zeigt, daß die Seele Sehnsucht und Seufzen nach guten Werken hat, der linke aber die

Torheit des Menschen, mit der er das Böse durchsetzt, das er sich durch die Schuld der Erbsünde zugezogen hat.

49. Die Windkräfte im Kosmos und die Wirkkräfte der Seele

Aber auch die Seele durchströmt den ganzen Leib, wie auch die Kraft dieser Winde sich über das ganze Firmament ausbreitet. Die Seele nämlich, die durch den Geist Gottes in den Leib geschickt ist, durchdringt diesen ganz mit ihren Kräften; und wie das Wehen der Winde das Firmament durchbraust, so bewirkt sie, daß der Mensch Gott glühend liebt und heiligmäßige Werke tut, die den Wohlgeschmack von fließendem Honig haben; denn die Worte Gottes sind für seinen Mund süßer als Honig und Honigwaben (vgl. Ps 19, 11; 119, 103). So durchströmt die Seele sehr sorgfältig ihr Firmament, das heißt ihren Leib, mit dem unvergleichlichen Schmuck der Tugenden und der überaus lieblichen Zierde der heiligen Werke.

50. Arme und Beine in ihrer Entsprechung zu den vier Seelenkräften

Denn auch der Mensch lenkt und hält sich als Ganzes mit seinen Armen und Beinen und ist den Winden ähnlich, wie die vier Hauptwinde mit ihren Seitenwinden das ganze Firmament, in das sie gestellt sind, und wie jeder einzelne von ihnen den anderen zur Festigung des Firmaments hilft. Das zeigt, daß die Seele mit ihren vier Flügeln, nämlich den Sinnen <sensualitas>, dem Verstand <intellectus>, und dem Wissen um Gut und Böse <scientia boni et mali> im Menschen fliegt. Mit den Sinnen wirkt sie nach dem Geschmack des Fleisches im Menschen; durch den Verstand unterscheidet sie ihre Werke, ob sie Gott oder den Menschen gefallen. Durch die beiden Flügel des Wissens, nämlich um Gut und Böse, vollbringt der Mensch jedes Werk in der Seele; durch ihre Verschiedenheit erkennt er, wie das Werk ist. Denn Heil erstrebt der Mensch durch die Seele von Gott, durch das Fleisch aber von den Menschen Ehre. Und so steigt er bisweilen durch das Wissen um das Gute zum Himmel, manchmal wird er auch durch das Wissen des Bösen auf die Erde geworfen. Aber wenn der Mensch einmal von der Gnade des Heiligen Geistes zuinnerst berührt wird und sich von der Last seiner Sünden beschwert fühlt, dann seufzt er zu Gott auf, indem er für seine schlechten Taten Buße tut. Und wie die Winde bald in sanftem Wehen, bald in einem gewaltigen Sturm am Firmament dahinziehen, so ist der Mensch immer entweder mit dem Guten oder dem Bösen beschäftigt.

51. Die verschiedenen Gelenke in ihrer Abbildlichkeit

Mit dem Ellenbogen des linken Armes wird der östliche Hauptwind bezeichnet, mit der Biegung und dem Gelenk, mit dem die Hand mit diesem Arm verbunden ist, werden die Nebenwinde dieses Windes gezeigt. Auch am Schulterblatt und an der Hand wird das Wehen der Nebenwinde verdeutlicht. Mit dem Ellenbogen des rechten Armes wird der südliche Hauptwind bezeichnet, mit der Schulter und dem Gelenk, durch das die Hand mit dem Arm verbunden wird, werden auch die Nebenwinde diese Windes gezeigt. Auch mit dem Schultergelenk und der Hand dieses Armes ist das Wehen dieser Nebenwinde gemeint.

Das ist, weil die Seele, die in den Gliedern Ähnlichkeit mit dem Wind hat, jedes von diesen sich beugen und sich natürlich bewegen läßt; und der Mensch wirkt auch nach der Begierde des Fleisches mit ihr. Deshalb kann sie selbst sich nicht vor der Sünde schützen, da der Mensch durch die Glut der Leidenschaft wie Milch geronnen ist und empfangen wurde (Ijob 10,10). Und so wirkt er durch die Seele auf seiner rechten Seite das Gute, auf der linken jedoch das Böse. Und wie jeder Wind mit dem anderen, so ist auch die Seele mit dem Leib verbunden. Der Mensch strebt auch mit der Erkenntnis des Guten zu Gott, aber mit dem Wissen um das Böse, das dem Guten wie die Magd ihrer Herrin untergeben ist, neigt er sich dem Bösen zu. Und wie die Herrin von der Magd öfters beleidigt wird, so wird auch die Erkenntnis des Guten manchmal von der des Schlechten überwunden. Wie auch die Hände sich zum Arbeiten verbinden und wie Himmel und Erde, wenn sie auch weit voneinander entfernt sind, in einer gewissen Gemeinschaft in Einklang stehen, so vollendet der Mensch durch diese beiden verschiedenen Weisen der Erkenntnis, die er in sich trägt, jedes seiner Werke.

52. Das Lebensalter des Menschen, gespiegelt in den Abmessungen des Rumpfes

Vom Scheitel des Kopfes des Menschen bis zum Ende seiner Kehle, vom Ende der Kehle bis zu seinem Nabel, vom Nabel bis zur Stelle der Ausscheidung besteht das gleiche Maß. Die gleichen Maßverhältnisse finden sich auch vom Scheitelpunkt des Firmaments bis zum unteren Bereich der Wolken, von diesen bis zum Scheitelpunkt der Erde und von eben diesem bis zu ihrem untersten Rand.

Die Seele wirkt vom ersten Tag der Geburt an bis zum letzten Lebenstag des Menschen, entsprechend dem, was Kindheit, Jugend und Alter erfordern. In der Kindheit wirkt sie in Unschuld, in der Jugend in der Fleischeslust, der oft schwere Sünden folgen Im Alter hat sie oft Überdruß am Wirken und bemüht sich deshalb, ihre Werke, wie immer sie sind, rasch zu beenden.

Wie der allerhöchste Künstler das Firmament mit seinen Wänden im gleichen Abstand errichtet hat, so hat auch die Seele, die im Leib wirkt, vom Anfang bis zum Ende einer Handlung die gleiche Möglichkeit, mit dem Wissen um Gut und Böse zu wirken, von denen keines ohne das andere wirkt.

53. Die Festigkeit der Erde und die festigende Kraft der Seele

Die eine Hälfte der Erde, das heißt ihr oberer Teil, ist zart, weich und durchdringbar; ihre andere Hälfte, nämlich der untere Teil, ist zäh, hart und undurchdringlich, so daß ihre Härte und Stärke sogar die Härte und Stärke des Stahls übertrifft.

Auf diese Weise besitzt auch die vernünftige Seele in ihren Kräften die Lebenskraft <viriditas>, die die Weichheit des Fleisches, die Härte der Knochen und sämtliche Gefäße durchdringt, wie Werkzeug, die durch die Härte des Stahls größere Festigkeit zum Zerschneiden von irgendwelchen Dingen bekommen. Und wie Brote im Feuer des Ofens durchgebacken werden, so werden die Werke des Leibes durch den brennenden Eifer der Seele vollendet. Denn sie hält den Leib durch die Liebe <amor> zusammen, wie der harte Teil der Erde den weichen hält, und so wirken alle ihre Werke unzertrennlich mit ihr, wie die Frau an ihrem Mann hängt, von dem sie sich nicht trennen kann, weil sie zwei in einem Fleische sind (vgl. Gen 2,24).

54. Die Proportionen von Armen und Beinen und die Absichten des Menschen

Aber auch von beiden Schultern bis zu den Ellenbogen beider Arme und von diesen bis zum Ende des Mittelfingers beider Hände besteht gleiches Maß. Auch die Hand hat von ihrem Gelenk bis zur Fingerspitze des Mittelfingers dasselbe Maß wie vom Fußknöchel bis zum Ende des Gelenks der großen Zehe, wie ja auch jeder Hauptwind mit seinen Seitenwinden und deren Blasen ein Maß hat.

Der Mensch erfreut sich durch die Kraft der Vernunft bisweilen in trügerischer Absicht an guten und heiligen Werken. Während er zu handeln beginnt, wird sein Blut, das in Sünden empfangen ist, wegen der Mühe des begonnenen Werkes in ihm ganz in Wallung versetzt; so läßt er aus Überdruß am Tun sein Werk unvollendet liegen. Das Gute, das er zunächst nicht in Gott, sondern im Vertrauen auf seine eigene Kraft begonnen hatte, verspottet ihn, da es unvollendet blieb, wegen seiner Überheblichkeit. Und so sehr, wie er vor dem Beginn sich darüber freute, so sehr errötet er danach wegen seiner Unvollständigkeit. Und weil er so etwas getan hat, beginnt er, Schmerz und Trauer zu empfinden.

Das Maß von den Schultern bis zu den beiden Ellenbogen bezeichnet nämlich die Taten, die der Mensch in Überheblichkeit tut; und das Maß von den Ellenbogen bis zum Ende des Mittelfingers beider Hände zeigt, daß der Mensch die Werke, die er in Überheblichkeit tat, durch die Reue wieder zerstört.

Daher kann die Seele, solange sie im Leib weilt, niemals volle Freude haben, weil Leib und Seele im Gegensatz zueinander stehen. Wenn der Mensch ihren Konflikt nicht ertragen kann, ermattet er innerlich und demütigt sich zerknirschten Herzens durch häufiges Seufzen vor Gott. Und wenn er sich so durch die Gottesfurcht gedemütigt hat, wendet er sich von den bösen, der Seele widersprechenden Werken ab. Er tut das Gute, was durch die Hand versinnbildlicht wird, und geht die Wege Gottes, was durch die Füße gezeigt wird. Denn die Bewegung der Hände und Füße zeigt an, daß die Seele sich über die guten Werke freuen soll, wenn sie aber mit der Bewegung aufhören, zeigen sie, daß diese Seele bei ihren schlechten Taten Trauer und Schmerz empfinden muß.

55. Die Proportionen im Unterleib, ihre Entsprechungen

Auch das Maß, das vorn quer von einem Oberschenkel zum anderen besteht, ist von so großer Länge wie das vom Nabel bis zur Stelle der Ausscheidung. Denn die Breite der Erde beträgt genauso viel wie die Dichte ihrer Tiefe.

Der Mensch, der häufig sündigt, freut sich freilich, wenn er einmal der Seele zu einem guten Werk zugestimmt hat. In dieser Freude hat er trotzdem den Schmerz der Angst, da er fürchtet, vielleicht das begonnene Werk nicht vollenden zu können. Und in dieser Furcht, die er durch die Kräfte der Seele in sich hat, wirkt er solange an dem guten Werk, bis die Seele den Menschen durch den Ekel vor der Sünde an sich zieht. So stimmt also jeder Mensch, der in dieses Leben gestellt ist, bald den Willen der Seele, bald der Lust des Fleisches zu, wie auch alle Heiligen und auserwählten Blutzeugen Gottes, solange sie noch lebten, es taten und das Banner der Leiden Christi trugen. Denn wenn das Fleisch sündigt, hat die Seele Hunger wie ein Mensch, der fastet. Und wenn das Fleisch hungert, das heißt von der Sünde abläßt, wird die Seele wie durch Speisen erquickt und freut sich an den guten Werken.

Das Maß vom Nabel bis zur Stelle der Ausscheidung bezeichnet auch den Mutwillen des Fleisches, dem der Mensch bisweilen zustimmt, manchmal aber widersteht, wie einem jedem Herrn der Gehorsam seines Dieners bald gefällt, bald mißfällt. Und wie die Erde durch ihre Dichte gehalten wird, so bringt sie auch in ihrer Länge und Breite Nützliches und Unnützes hervor. Denn die Dichte der Erde, die sich mit einem Diener vergleichen läßt, bezeichnet die Begierde des Fleisches. Ihre Länge und Breite aber zeigt die Enthaltsamkeit, die hier als Herrin gilt.

56. Das belebende und mäßigende Wirken der Seele

Mit dem Raum, der zwischen dem Ende der Kehle und dem Nabel liegt, wird der Luftraum bezeichnet, der von den Wolken bis hinab zur Erde reicht und mit seiner natürlichen Kraft die Geschöpfe der Erde maßvoll lenkt. Die Seele, die lebendiger Funke und vernünftiger Hauch aus der Allmacht Gottes ist, durchdringt belebend den ganzen Leib. Sie umgibt ihn mit Seiner Liebe und bewegt ihn zu jedem Werk, und selbst wenn es in der Begierde der Sünde entstanden ist, treibt sie ihn an, mit ihr zu wirken. Die Seele nämlich, die aus der Höhe des Himmels in den irdischen Bereich herabsteigt, läßt den Menschen, den sie belebt, erkennen, daß er von Gott geschaffen ist. Sie gleicht der Luft, die mitten zwischen Himmel und Erde erscheint, da ja der Mensch durch sie im höheren Bereich das Gute und in der Tiefe das Böse wirkt.

Denn diese Luft durchdringt mäßigend alle Stellen der Erde, so daß sie diese, wenn sie trocken ist, feucht macht, wenn sie fett ist, sie mit ihrer Wärme zusammenzieht, wenn sie wasserreich ist, austrocknet und sie auflockert, wenn sie hart ist; und das tut sie bis zur Mitte der Erdtiefe. Auch bei Hitze und Kälte wendet sie sie gleichsam mit dem Pflug um und macht sie durch den richtigen Ausgleich fruchtbar.

So wird auch die Seele, wenn sie spürt, daß ihr Leib von jeglicher Grünkraft der Tugenden ausgetrocknet ist, in Trauer und Leid versetzt und treibt ihren Leib durch die Einsicht der Vernunft und den Geist der Zerknirschung zu Seufzern und Tränen an. Denn sie erkennt, daß seine Werke verkehrt sind. Und so läßt sie den ausgetrockneten Leib durch den Tau der göttlichen Gnade wieder ergrünen.

Wenn aber der Mensch in Vermessenheit größere Dinge zu tun versucht, als er mit seinen Kräften ausführen kann, holt ihn die Seele zum Maß seiner Fähigkeit zurück und ordnet sein Tun besser. Und wenn er dann in Gottvergessenheit gewissermaßen in Sicherheit dahinlebt, erschreckt sie ihn mit der Furcht Gottes und macht ihn frei von seiner Gottvergessenheit. Wenn aber der Mensch sich einen fremden Gott sucht und so in die Verhärtung des Unglaubens gerät, wird er von der Seele durch so große Drangsale verwirrt, daß er weder Hoffnung auf Heil, noch irgendeine Freude haben kann. Durch diese Traurigkeit zieht sie ihn mit ihrer Ermahnung auf die bessere Seite und läßt ihn zum wahren Gott aufseufzen.

So wird also der Leib durch die Seele, die lebendiger Funke und Leben aus Gott ist, zurückgerufen zur Hoffnung auf Verzeihung und dazu, alle Werke zu unterscheiden und auf sie zu achten. Wenn er so den Irrweg der Zweideutigkeit verlassen hat, wird er auf den rechten Weg der guten Werke geführt, wie auch Wasser in seinem Lauf im rechten Flußbett dahinfließt. Und so wird der Mensch in der Gottesfurcht stark, wenn er von nun an richtig lebt.

Auch ganz milde Wärme und leichter Frost bringen der Erde ihre Feuchtigkeit und machen sie fruchtbar an Bäumen, Pflanzen und Getreide, so daß alles durch dieselbe Feuchtigkeit grün wird. Ähnlich bestärkt die Seele den Menschen in der milden Wärme des Glaubens und der stärksten Geduld, alle Ungerechtigkeiten zu ertragen. Und die Werke, die er früher tat, als er nicht richtig lebte, und bei denen er nicht bleiben durfte, stellt sie ihm hin als etwas, was er meiden muß. So macht sie ihn auch fruchtbar in guten Werken und läßt ihn in den heiligen Tugenden ergrünen.

Diese Luft schickt manchmal auch mit Schnee verbundene Kälte über die Erde, die diese ganz bedeckt und dadurch zum Keimen wärmt. Daher holt auch die Erde die Kälte aus sich heraus, bis sie innen zu ihrer Aufgabe, Frucht zu tragen, vorbereitet ist. Und so bringt sie dann ihre Grünkraft in die Frucht von allem, was keimt. Denn die Seele mäßigt den Menschen im Geschmack an seinen Taten, mit denen sie ihn wie eine Mühle im Kreis zu gehen zwingt. Sie ist jener Lufthauch, der das Blut strömen läßt, durch das der Mensch Sinne und Verstand bekommt. Sie läßt auch das Fleisch Schweiß ausscheiden, durch dessen Wärme der Mensch die Sinne und durch dessen Feuchtigkeit, die kalt und naß ist, er den Verstand hat. Und deshalb beruht alle Frucht seiner Werke auf seiner Sinneskraft <sensualitas> und seinem Verstand <intellectus>.

57. Der Flug der Vögel und der Höhenflug der Seele

Auch gewisse Vögel von großer Kraft fliegen im Sommer in dieser Luft und werden von ihr gestärkt; diese Luft steigt auch bisweilen in die Flüsse und kräftigt große Fische, so daß sie eine Zeitlang ohne Nahrung sein können.

Ähnlich fliegt die Seele, wenn sie den Leib zur Übereinstimmung mit sich gebracht hat, in die Höhe des Himmels wie ein Vogel in die Luft. Und wie ein Vogel ohne die Luft nicht fliegen kann, so wird auch der Leib nicht durch sich, sondern durch die Seele in Bewegung gehalten. Wenn der Mensch mit den Sehnsüchten der Seele übereinstimmt, brennt er ganz in der Liebe Gottes, und so fliegt er von Tag zu Tag in der Heiterkeit der ewigen Freude und findet seine Freude am Glauben, der ein Spiegel Gottes ist <fides speculativa>, und an der Weisheit der heiligen Schriften. Er nährt sich unsichtbar an deren Süßigkeit und wird gestärkt wie ein Fisch, der durch die Luft und durch das strömende Wasser gekräftigt, bisweilen ohne Nahrung im Wasser lebt.

58. Meere und Flüsse, die Blutgefäße des Körpers und das Wirken der Seele

Diese Luft bewegt auch zusammen mit der wasserreichen Luft das Meer, aus dem die Flüsse, die die Erde bewässern und kräftigen, getrennt herausfließen. Das zeigen die Adern, die untereinander verbunden den gesamten Menschen mit dem Blut stärken.

Auch die Seele, die luftartig ist und durch die alle Werke des Menschen vollendet werden wie durch die Luft alle Früchte der Erde, stellt dem Menschen seine Werke vor Augen, damit er durch die Gedanken, die in ihn wie das Meer einströmen, Nützliches und Unnützes unterscheidet. Der Mensch erleidet oft auch Schiffbruch, wenn er ohne Übereinstimmung mit den guten Gedanken der Seele von seinen Sünden in große Verwirrung versenkt wird. Und so rudert er mit größter Anstrengung mit dem Schiff seiner Gedanken, wenn er sie nicht durch die Eingebung des Heiligen Geistes auf den Felsen baut, der Christus ist. Wenn nämlich das Herz des Menschen, durch die verschiedenen Tugenden geweitet, sich zu Gott erhebt, baut es ein festes Fundament auf den Felsen, das von den Winden, das heißt von den vielfachen Versuchungen des Teufels, nicht erschüttert werden kann. Denn wie die Adern zusammen mit den Sehnen den Leib des Menschen festigen, damit er nicht zerfällt, so verbindet und stärkt die Tugend der Demut die guten Werke, damit sie nicht von der Überheblichkeit zerstreut werden.

Die Flüsse entsenden Bäche, indem sie der Erde mit ihrer Grünkraft helfen. Sie alle werden von der genannten Luft bewegt, die mit ihrer Wärme und Feuchtigkeit alles aufkeimen läßt. So ist es auch, wenn die Seele die Lust des Fleisches überwindet und das Fundament ihrer Sehnsüchte im Menschen gelegt hat; dann vollenden sie und der Leib einmütig ihre Werke, und daher fliegt auch die Seele in der Freude über die heiligen Werke im lieblichen Geruch der Tugenden. Und wie die größeren Flüsse verschiedene Bäche entsenden, die die Erde aufkeimen lassen, so weckt die Seele im Leib, wenn sie über ihn herrscht, Liebe, Gehorsam und Demut zusammen mit den anderen starken Tugendkräften, mit denen sie den Menschen durch die Übung in guten Werken zum Lob Gottes anleitet.

59. Die Jahreszeiten auf der Erde und in der Seele

Die Erde ist nämlich von der Hitze des Sommers und der Kälte des Winters immer lehmig, und dieser Lehm schwängert sie zum Keimen. So muß sich auch der Leib der Seele unterwerfen, wie die Magd der Herrin; die Seele wird jedoch durch den Leib, wie die Herrin durch die Magd, oft überwunden. Und sie selbst wirkt alles Gute im Menschen, wie auch die Sommerzeit alle Früchte zur Reife bringt. Aber wenn der Leib sich in der Fäulnis der Sünde wälzt und im Gegensatz zur Seele steht, sagt der Mensch bei sich: In solcher Strenge vermag ich nicht zu leben, daß ich meinem Fleisch ganz verweigern kann, was es begehrt. Was ich tun kann, genügt mir. Aber wenn er so im Schmutz seiner Sünden liegt, denkt er manchmal an die früheren Tugenden, die er übte. Und er bereut seine schmutzigen Sünden und kehrt mit Freude zu den gerechten Werken und heiligen Tugenden zurück, die er vorher gehabt hatte. Und wie die lehmige Erde alle Früchte während des Winters in sich aufbewahrt, die sie im Sommer zur Freude der Menschen hervorbringt, so schmückt der Mensch seine früheren Tugenden gleichsam mit kostbaren Edelsteinen und macht sie noch schöner.

Tafel 8

Die Jenseitsräume (Ausschnitt)

Ferner sah man zwischen den Spitzen dieser Flügel gleichsam eine feurige Kugel, die Strahlen aussandte. Vom obersten Punkt der genannten Erdrundung bis zur erwähnten roten Kugel, von dieser aus bis zu dem leuchtenden Stern und von diesem Stern bis zu der feurigen Kugel waren die Abstände gleich. Auch zwischen den vorderen Flügeln sah man auf beiden Seiten der erwähnten Sraße von der Kugel rings um den Stern bis zu der Feuerkugel unterschiedliche Strahlen von Sternen.

60. Der Brustraum als Sinnbild des umfassenden Wirkens der Seele

Der Brustkorb des Menschen aber weist hin auf die Fülle und Vollkommenheit derselben Luft; denn wie der Brustkorb Herz, Leber, Lunge und die übrigen inneren Organe in sich faßt, so trägt diese die Wärme, Trockenheit und Feuchtigkeit der Luftschichten in sich. So unterscheidet auch die Seele in der Brust des Menschen die Gedanken über jede beliebige nützliche oder unnütze Angelegenheit, indem sie diese erwägt und gleichsam aufschreibt. Sie ordnet an, wie der vernunftbegabte Mensch diese Sache verwirklichen soll.

Die Seele sammelt auch alle Werke des Menschen, seien sie weich, weil sie dem Fleisch gefallen, oder hart, weil sie ihm widerstreben, und sie weist darauf hin, daß sie sich mit ihnen auseinandersetzen muß. Dadurch, daß die Seele feurig ist, trocknet sie mit ihrer Wärme die Verlockungen des Fleisches aus. Und wenn diese ausgetrocknet sind, erweckt sie im Menschen Seufzen zusammen mit der Feuchtigkeit der Tränen, durch die die Seele ihre Werke ausschmückt, indem sie alles Gute wirkt. Die Seele haßt nämlich die Fleischeslust und dadurch, daß sie luftartig ist, zeigt sie ihrem Fleisch die schlechten Taten und die Wunden des Ansturms der teuflischen Einflüsterung und fordert den Menschen auf zu erkennen, von welcher Art seine Werke sind. So stärkt auch das Herz mit allen zugehörigen Gefäßen den Menschen, der mit seinem Atem alles befeuchtet.

61. Herz und Seele in ihrer entsprechenden Wirkung

Das Herz des Menschen weist auf die Wärme dieser Luft hin, die Leber auf ihre Trockenheit, die Lunge auf ihre Feuchtigkeit. Denn wie die Wärme des Herzens, die Trockenheit der Leber und die Feuchtigkeit der Lunge den Menschen beleben, so festigen auch Wärme, Trockenheit und Feuchtigkeit der Luft und der Luftschichten alles, was im Weltall ist. Auf gleiche Weise, wie das Herz mit allen zu ihm gehörenden lebendigen Teilen den Menschen erwärmt und stärkt, vollendet die Seele mit den ihr von Gott verliehenen Kräften die Taten des Menschen, indem sie ihm heilige Sehnsucht nach guten Werken verleiht. Wenn sie jedoch erkennt, daß dieses Werk der

Sehnsucht schlecht ist, bedauert sie, was er getan hat, und treibt den Menschen durch die Zerknirschung wieder zu Tränen. Und es geht ihm dann so, wie einem, der aus Gefallen an den guten Werken vor Freude weint.

Die Seele leitet auch jedes Werk des Menschen, sei es gut oder böse, in welcher Gesinnung es auch geschieht, nach den Bedürfnissen des Fleisches. Wie die Luft auf jedes Geschöpf haucht, bald auf ein keimendes und blühendes, bald auf ein vertrocknetes und welkendes, so verändert die Seele die Werke des Fleisches, indem sie bald mit Freuden, bald mit Tränen abwechselt. Und wie Sonne und Mond ihren Lauf nie ohne den Wechsel der Wolken vollenden, so kann der Mensch kein gutes Werk, das er begonnen hat, in solcher Reinheit, wie er sich vorgenommen hat, zu Ende führen, ohne daß irgendeine Unruhe ihn öfters verwirrt. Denn ähnlich wie Tag und Nacht, die manchmal in ihrem Licht heller erstrahlen und manchmal in Folge des Wechsels der Wolken in ihrem Licht abnehmen, hat der Mensch einen Widerstreit zwischen Leib und Seele. Durch das Begehren des Fleisches nämlich nimmt er im Guten ab, aber durch die Sehnsucht der Seele macht er in Freude darin Fortschritte. Denn in all seinen Werken wird er von ihrer Wärme belebt, wie die vorgenannte Luft mit allen Geschöpfen dahinfliegt.

62. Der aufnehmende Bauchraum in seiner Abbildlichkeit

Und wie durch die Kehle die Speisen, die vom Mahlwerk der Zähne vorher zerkleinert sind, in den Magen geleitet werden und wie die Brust des Menschen durch Nachdenken und Erkennen alles, was den Menschen angeht, mäßigt und wie der Bauchraum die Eingeweide des Menschen enthält und umschließt, so schickt auch die genannte Luft frische Kräfte in die Früchte und bewahrt so das, was auf der Welt zum Heil des Menschen ist.

Genauso käut die Seele alle Werke des Menschen wider und bewahrt sie im Gedächtnis, so daß sie keines von ihnen unerörtert läßt. Wie die Speise durch die Kehle in den Magen geleitet und von den Zähnen zerkleinert wird, so unterscheidet die Seele mit ihrem Geisthauch die Werke des Menschen und schreibt sie auf. Und das Aufgeschriebene sammelt sie in den Gedanken, so daß der Mensch erkennt, von welcher Art seine Werke sind. Er soll sie ständig anschauen wie auch die Vorstellungen von den Dingen in seinen Gedanken, in denen sie Gestalt annehmen. Der Mensch kann also seine Werke nicht vergessen, weil sie in seinen Gedanken wie die Eingeweide im Bauchraum eingeschlossen bewahrt werden. Er selbst ist in allen seinen Werken durch die Seele stark, da diese ja luftartig ist. Auch die Gedanken sind in der Brust des Menschen zusammen mit der Erkenntnis gleichsam die Dienerschaft all seiner Werke, weil sie diesen zuvorkommen und sie so vorbereiten, wie die linke Hand der rechten dient. Denn auch der Winter dient dem Sommer, da er alles aufbewahrt, was der Sommer hervorbringt.

Auch die Seele steht im Dienst der Gedanken, und die Gedanken sind für die Seele wie ein Schreibtäfelchen, auf das geschrieben wird. Denn sie feilt mit ihnen alle Werke des Menschen und bereitet gleichsam im Schreiben vor auf das, wozu sie durch den Leib gezwungen wird. Wenn nämlich der Mensch nach der Begierde des Fleisches böse Werke tut, vergießt er durch die Kraft der Seele dennoch manchmal Tränen. Denn die bösen Werke des Fleisches mißfallen der Seele, obwohl sie in Übereinstimmung mit ihnen dem Fleisch, dem sie unterworfen ist, oft dient. Sie ruft dem Menschen die schlechten Taten, die er in Fleischeslust begangen hat, mit tränenreichen Seufzern gleichsam durch Aufschreiben ins Gedächtnis zurück. Und wie der Winter die Früchte des Sommers in sich bewahrt, so stellt die Seele in sich dem Menschen, der sich vergeht, das Seufzen, mit dem er geheilt werden kann, gewissenhaft vor Augen.

63. Die Fülle der Brüste und die Fruchtbarkeit der Luft

In der Brust aber, in der sich alles sammelt, was der Mensch machen will, erheben sich Schwellungen von Fleisch und werden zu den Brüsten <ubera>, die die Fruchtbarkeit <ubertas> der obengenannten Luft bezeichnen. Denn wie die Brüste Stärke und Fülle des Menschen zeigen, so machen sie auch die Fruchtbarkeit dieser Luft für die Ergiebigkeit <fertilitas> der Erde sichtbar. So weiß auch die Seele, welche Werke des Menschen sie nach oben ziehen und wie Luft nach oben fliegen lassen. Denn es steht fest, daß in der Seele das Wissen lebt, wie im Herzen der Verstand. Deswegen werden alle Taten des Menschen durch sie ausgeführt. Und wie der menschliche Leib von verschiedenartiger Kleidung umhüllt wird, so wird die Seele von den einzelnen Taten des Leibes, wie auch immer sie sind, wie von Kleidern bedeckt. Sie erscheinen fortwährend an ihr, allerdings nur den Seelen und allen Geistwesen sichtbar, weil der Mensch, was er gesät hat, auch ernten wird (Gal 6,8), wenn er am Ende die Garben seiner Werke einbringt (vgl. Ps 125, 6). Denn das Begehren des Menschen ist mit seinem Herzen verbunden wie die Brüste, auf denen die ganze Kraft der Brust beruht, mit dem Brustkorb. Deshalb wird die Seele durch das Begehren gezwungen, mit dem Leib zusammenzuarbeiten, so daß durch sie, weil sie luftartig, feucht und warm ist, alle Handlungen ausgeführt werden. So wird auch die Fruchtbarkeit der ganzen Erde durch die Luft im Überfluß hervorgebracht.

An dieser Stelle nämlich ist der Mann in seinen Kräften mächtig, die Frau aber verströmt dort Milch für die Kinder, die noch nicht mit Speisen ernährt werden können. So sind auch die Kräfte der Seele sehr stark, weil sie durch diese Gott kennt und fühlt, obwohl sie auch den Gelüsten des Fleisches dient. Deshalb quält sie mit schmerzlichem Seufzen den Leib, wenn er es gegen ihren Willen verschmäht, Gott zu dienen, wie ein Knecht, der sich mit Unwillen von seinem Herrn zurückzieht. Denn die Fleischeslust hat nicht die Kräfte der Seele, der die Sünden mißfallen, sondern wird durch die Bewegung des siedenden Blutes angetrieben. Daher wird der Leib durch die Kräfte der Seele so weit niedergeschlagen, daß er schwere Sünden niemals ohne den Schmerz des Seufzens mit Freude vollenden kann. Auch die Lust selbst, die durch die Kräfte der Seele bereitet ist, hat keine Kraft zum richtigen Handeln, sondern nährt sich an der Begierde des Fleisches, wie das Kind mit Muttermilch ernährt wird, weil es ganz schwach ist, und wie eine Frau im Vergleich zur Stärke des Mannes. Aber die Sehnsucht der Seele ist scharf wie ein fliegender Pfeil, der den Menschen verwundet, auf den er gerichtet ist. Daher unterwirft sich das Begehren des Fleisches, ob es will oder nicht, oft den Kräften der Seele. Deshalb spricht die Sehnsucht der Seele vorwurfsvoll zum Menschen, der in den Vergnügungen des Fleisches sorglos dahinlebt: Beachte, daß dein Werk sozusagen stinkender Kot ist; deshalb wird es sich in Verwirrung verwandeln, weil alles, was angenehmen Duft aushaucht, weit von dir entfernt ist.

64. Die Stellung der Frau zum Mann in ihrer Abbildlichkeit für die Seele

Daher ist auch die Frau schwach und blickt zum Mann hin, damit sie von ihm umsorgt wird, wie der Mond seine Kraft von der Sonne empfängt. Deshalb soll die Frau dem Manne unterworfen und immer zum Dienen bereit sein. Sie bedeckt mit dem Werk ihrer Kunstfertigkeit den Mann, weil sie aus Fleisch und Blut geformt ist, was der Mann nicht ist, weil er zuerst Lehm war. Deshalb blickt er auch in seiner Nacktheit auf die Frau, um sich von ihr bekleiden zu lassen.

Deswegen blickt die Fleischeslust mit großem Schrecken auf das Verlangen der Seele, weil sie von dieser oft getadelt und überwunden wird. Aber sie kann sich nicht von den Kräften der Seele trennen. Denn wie die Frau zum Mann hinblickt, damit sie von ihm versorgt wird, da sie ihm ja mit Furcht dient, so blickt die Fleischeslust immer auf die Seele. Wenn dann der Mensch durch die Verlockungen des Fleisches ganz ermattet ist, wird er durch das Zureden der Sehnsucht der Seele wieder ermuntert und überlegt bei sich, warum er nicht von seinen Fehlern läßt, da er doch von Gott in so große Ehre eingesetzt wurde. Und so holt die Seele ihren Leib öfters wieder zur Liebe der guten Werke zurück.

Diesen Widerspruch in seinem Handeln hat der Mensch immer in sich, wie auch die Engel mit Gott in der Freude leben und wie von ihnen die bösen Taten der Menschen mit dem Zorn Seines Gerichtes gerichtet werden. Die Seele ist auch Hauch aus Gottes Geist und in den Leib des Menschen gesandt, tut sie aus sich selbst nichts. Was Er aber von ihr verlangt, das zündet sie nach ihrer Natur mit dem Wissen um das Gute, durch das sie Gott erfährt, und dem Wissen um das Böse, mit dem sie Ihn fürchtet, wie ein Feuer an. Dabei freut sie sich immer an den guten Werken und bedrängt mit den bösen den Leib. Der Mensch lebt nämlich durch die Kräfte der Seele wieder auf, so daß er seine Taten, die er nach dem Verlangen des Fleisches getan und durch die er die Seele ihrer Kräfte beraubt hatte, einsieht und zu Tränen bewegt wird. Mit diesen wird die Seele wie mit einem Hemd bekleidet.

65. Die Bedeutung und Wirkung der Reue

Wer auch immer durch Tränen der wahren Reue seine Sünden abgewaschen hat wie Maria Magdalena, die über den Füßen des Herrn weinte (Lk 7, 36–50), wird nicht weiter über sie erröten. Wenn er aber nach den Tränen sein Fleisch mit Fasten und Beten abtötet, schmückt er seine Seele gleichsam mit einem Purpurgewand. Durch es werden die Narben der Wunden so bedeckt, daß sie an ihr nicht mehr sichtbar sind. Die Seele verlangt auch vom Menschen jederzeit Reue, weil er selbst Geschmack an Sünden hat, und sie fordert selbst, von der Reue bedeckt zu werden, wie auch eine Frau mit dem Werk ihrer Kunstfertigkeit den Mann bedeckt. Der Mensch aber, der sich von den Sünden abgewandt hat, mit denen er durch das Begehren des Fleisches beschäftigt ist, schmückt seine Seele mit goldenen Kronen und allen Arten von Schmuck, indem er mit allem Eifer das Gute tut. Daher freuen sich auch die Engel über sie, die ein verlorenes Schaf (vgl. Lk 15,2–10) war, und sie freut sich mit ihnen.

Laster und Tugenden sind nämlich fruchtbar wie eine Frau, weil ein Laster andere Laster und eine Tugend andere Tugenden gebiert. Und der Mann, der gemäß Gott stark und mächtig ist (vgl. Gen 1,27), vollbringt all seine Werke, die guten und die bösen, mit der Frau, die als erste den Fall verursachte und durch die dann dieses Übel später zum Besseren wiederhergestellt wurde.

66. Die stärkenden Kräfte für den Bauchraum

Das Herz wärmt auch den Bauch, die Leber stärkt ihn, die Lunge gibt ihm Feuchtigkeit, so daß er die aufgenommenen Speisen bis zur Ausscheidung aufbewahrt, wie die obengenannte Luft Grünkraft, Wärme und Feuchtigkeit aller keimenden Früchte bis zu ihrer Reife bewahrt.

So sendet die Seele, die vernunftbegabt und feurig ist, die Vernunft mit dem Wind aus, wie auch das brennende Feuer seine Flamme ohne Wind nicht ausstößt. Im umlaufenden Kreis ihres Wissens um Gut und Böse unterscheidet sie auch mit der Vernunft, durch die sie erkennt, was Gott gefällt oder mißfällt, die Aufgaben und Namen der Geschöpfe. Durch die Vernunft erkennt sie auch, daß Gott die schlechte Gewohnheit der Sünden in Seinem Eifer verbrennt, wie geschrieben steht:

67. Psalm 18,9: Die Läuterung des sündigen Menschen

„Rauch stieg auf bei Seinem Zorn und Feuer brach hervor aus Seinem Antlitz, glühende Kohlen sprühten aus von ihm" (Ps 18,9).

Das ist so zu verstehen: Über den Menschen, der durch Sündigen zur Gottvergessenheit gebracht wird, steigt der Zorn der Rache Gottes auf, und seine Sünden werden vor Ihm durch Feuer geprüft. Wie erloschene Kohlen durch Feuer angezündet werden, so bereitet der Sünder sich selbst die Strafen zum Verbrennen der Sünden. Er selbst nämlich erkennt durch sein Wissen um Gut und Böse, daß er für seine bösen Taten bestraft werden muß und daß seine guten Taten im Lob Gottes auffliegen und über die Cherubim aufsteigen (vgl. Ps 18,11). Dieses Wissen erwärmt die zuversichtliche Hoffnung, die der Mensch gegenüber Gott hat, und stärkt ihn in der Furcht und Liebe zu Gott. Durch diese Tugenden wird nämlich die Feuchtigkeit der Tränen hervorgerufen. Auch alles Gute, das im Menschen zu verwirklichen ist, wird durch sie bewahrt, wie der Bauchraum durch Herz, Leber und Lunge die aufgenommenen Speisen bis zur Ausscheidung bewahrt.

Auch alle Werke, seien sie gut oder schlecht, werden durch die Vernunft der luftartigen, vernunftbegabten Seele zusammen mit der Grünkraft des Wissens, der Wärme der Sinneskraft und der Feuchtigkeit der Weisheit zur Erkenntnis der Menschen hervorgebracht; so bringt auch die Luft Grünkraft, Wärme und Feuchtigkeit aller keimenden Früchte bis zu ihrer Reife.

68. Der Bauchraum und die fruchtbare Erde in ihrer Entsprechung

Der Bauchraum, der von den Rippen und anderen Knochen, die keine Markflüssigkeit haben, gehalten wird, bezeichnet die weiche, fruchtbare Erde, die von Steinen durchsetzt ist. Nach diesem Beispiel hat die Seele ihrem Wesen nach nicht den Geschmack der Sünde, obwohl sie mit dem Leib Sünden ausführt; sie zündet ihn zu Taten an, die seine Fleischeslust fordert, ähnlich der Luft des Windes, die die ganze Erde zum Keimen anregt. Sie hält nämlich den Leib in seiner gesamten Funktion zusammen, wie die weiche, fruchtbare Erde durch die dazwischenliegenden Steine gefestigt wird. Wie das zarte Kind über Sünden spricht, die es noch nicht gekostet hat, und wie Adam vor dem Sündenfall um die Sünde wußte, sie aber nicht kostete, so genießt sie im Leib, der sündigt, die Sünde aufgrund ihrer Natur nicht. Die Seele, die heilige und gute Werke tut, ist wegen der Verdienste ihrer Werke vor Gott im himmlischen Reich voller Ruhm, aber der Seele, die die bösen Taten begeht, stehen durch das Gericht Gottes schwere Strafen bevor. Auch der gute Mensch wird wegen seiner guten Taten vor Gott und den Menschen gelobt, worüber sich seine Seele freut. Der Mensch jedoch, der sich in schmutzigen Sünden wälzt, wird vor Gott und den Menschen in große Verwirrung gestürzt. Daher flieht er, vom Schweiß der Scham bedeckt, wegen seiner Sünden die Menschen, wenn er sich an ihnen schuldig erkannt hat. Er klagt darüber, daß er aller Ehre der Glückseligkeit tot und beraubt ist, indem er sagt: „Sie lauern mir auf, wie der Löwe voll Gier ist auf Beute, wie das Junge des Löwen, das im Versteck haust" (Ps 17, 12). Das ist so zu verstehen: Wenn der Mensch gesündigt hat, entblößt er sich wegen seiner Sünden aller Seligkeit; da ihm mit seinem eigenen Willen alle Heiligkeit geraubt wird, raubt er wie der Löwe, was er verschlingen will. Und wie das Junge des Löwen im Versteck, so verbirgt er sich wegen der elenden Verwirrung durch die Sünden vor den Menschen, schamrot über die Sünden, damit seine Werke nicht bekannt werden. So wird auch jede Tat des Menschen entweder Lohn in der Herrlichkeit oder Strafe im Gericht Gottes erhalten. Die Seele aber freut sich an der Heiligkeit und spricht zu Gott: Du höchster Gott, all meine Gebete bringe ich Dir zum Lobe dar, weil ich ohne Dich von mir aus nichts vermag, außer was Du durch die Gnade des Heiligen Geistes in mir entzündest.

69. Der Hunger des Leibes und der Hunger der Seele

Auch der Hunger, der nach Nahrung verlangt, ist ein Hinweis auf die Blüten der Früchte; wenn der Magen mit Früchten gesättigt ist, weicht der Hunger, so wie die Blüten abfallen, wenn die Früchte hervorkommen.

Ähnlich ist die Seele, die Geisthauch von Gott ist und mit ihrem Wissen um Gut und Böse immer die Wahrheit sucht, eine Schatzkammer der Gerechtigkeit. Sie erkennt in ihrem Wesen, daß Gott über alles geliebt werden muß, weil sie aus Ihm hervorgegangen ist, wie ein Funke aus dem

Feuer. Sie läßt die Werke des Menschen wie Funken aufleuchten, weil der Mensch durch sie wie durch einen Funken erhellt wird.

Sie läßt auch den Menschen wegen der ganz wertlosen Taten, die er mit ihrer Hilfe tut, aufseufzen. Dadurch, daß sie in sich nach der Gerechtigkeit Gottes hungert, beugt sie ihn solange nieder, bis er seine Sünden erkennt und für sie in Reue Tränen vergießt. Wenn daher der Mensch durch solche Reue seine Sünden niedergetreten hat, wird die Seele durch die Gerechtigkeit Gottes gesättigt. Wenn sie dann mit den guten Taten die Blüten der Tugenden in sich gesammelt hat, hungert sie, erfüllt von guten Werken, sofort nicht mehr, während sie vorher durch den Schmerz über die schlimmen Taten Hunger litt. Denn dieser Hunger vergeht durch die Früchte der guten Werke, wie wenn die Blüten abfallen.

70. Der Magen, die Fassungskraft des Kosmos und die Seele mit der Erkenntnis von Gut und Böse

Dem Magen, dessen Sitz im Bauchraum ist, werden die Speisen zugeführt und von ihm wieder ausgeschieden. Er ist wie ein Sack mit den Eingeweiden zusammengebunden und verweist auf die Fassungskraft der Welt. Die Geschöpfe erfüllen diese mit Keimen und Wachsen und machen sie durch ihr Vergehen gleichsam leer. Das bedeutet, daß der Mensch, der wie der Mond wächst und abnimmt, durch die Seele wirkt, die mit allen Geschöpfen erfüllt ist. Und wie das Blut sich in den Adern befindet, so sind alle Werke des Menschen in der Seele.

Wenn die Seele ihrer Sehnsucht entsprechend mit guten Werken erfüllt ist, steigt sie auf zur ewigen Wohnstätte, wo sie von der Speise des Lebens erquickt wird. Aber wenn sie von schlechten Taten besetzt wird, steigt sie hinunter in den stinkenden Schmutz, um in den Höllenstrafen unterzugehen. Denn Gott, der Adam das Gebot gab, will, daß der Mensch unter dem Gebot steht. Durch seine Beobachtung sammelt die Seele in Freude Werke des Heils, sie wird aber unter Tränen in die Verbannung des Verderbens geschickt, wenn der Mensch den Gelüsten seines Fleisches zustimmte, indem er vom Gebot abließ.

Aber wie der Magen, der die Speise aufnimmt und abgibt, mit den Eingeweiden verbunden ist, so wirkt die Seele mit allen Geschöpfen im Menschen entweder durch den Aufstieg im Guten oder durch den Abstieg im Bösen. Und wie die Geschöpfe im Sommer blühen und grünen, im Winter aber vertrocknen und vergehen, so blüht und grünt auch die Seele voll Freude bei guten Werken, aber bei den schlechten Werken verdorrt sie in Trauer und vergeht.

Dem Magen bekommt es nicht, wenn er leer ist, wie es auch für die Fassungskraft der Welt nicht nützlich wäre, wenn sie von den verschiedenen Geschöpfen entleert würde. Denn diese Fassungskraft ist die Verteilerin der Fruchtbarkeitskräfte der Erde. Sie läßt diese weder verödet noch leer von irgendetwas, was zur Reifung der Früchte notwendig ist. Wenn nämlich die Welt eng und eingeschränkt wäre, so daß ihr die Weite fehlte, könnte sie die Fülle der Geschöpfe, die sie jetzt hat, nicht tragen.

So würde es auch dem Menschen nichts nützen, wenn er nur eine Erkenntnis hätte; denn er wäre dann gleichsam leer, da er kein Werk beginnen oder vollenden noch das Licht des Tages oder das Dunkel der Nacht unterscheiden könnte. Nur mit den beiden Erkenntnissen ist er voll und liebt mit dem Wissen um das Gute mit seinen guten Werken Gott. Ihn fürchtet er auch, weil er durch die Erkenntnis des Bösen die bösen Taten erkennt.

Die Seele aber wohnt mit großer Besorgnis im Leib, wie ein Familienvater, der immer besorgt ist, daß er in seinem Haus seiner Güter beraubt wird. Denn sie hat immer die Sorge, daß der Mensch durch die Verwicklung in die Sünden der heiligen Sehnsucht beraubt werden könnte, die von ihr ausgeht. Wenn aber der Mensch aus Überdruß an seinen Sünden irgendwann mit der Seele übereinstimmt, dann stellt diese voller Freude dem Menschen all seine Sünden in ihrer Bitterkeit vor Augen Die himmlische Sehnsucht aber macht sie ihm süßer als Honig und Honig aus Waben (Ps 19, 11) und oft bewirkt sie, daß er heilig wird und führt ihn ins himmlische Reich. Wie nämlich der Mensch zugrunde ginge, wenn sein Magen immer leer wäre, so könnte die Seele ohne diese doppelte Erkenntnis nicht bestehen. Und wie die Welt vertrocknen würde, wenn sie leer wäre an guten und schlechten Früchten, so wäre die Seele trocken und leer, wenn sie die Werke, die der Mensch durch diese doppelte Erkenntnis der Seele wirkt, nicht hätte. Denn alles, was den Menschen angeht, teilt sie mit der Unterscheidungskraft richtig ein, indem sie ihn auf den rechten Weg lenkt. Und durch die Güte Gottes durch den sie göttlich ist, vertraut sie darauf, durch die heiligen Werke, die sie mit dem Menschen wirkt, eine Wohnstätte im Lande der Lebenden (Ps 27, 13) zu haben. Mit dem Wissen um das Gute, durch das sie das Böse erkennt, beurteilt sie dieses als ungerecht, obwohl sie eben dieses Böse, vom Körper gezwungen, oft wirkt. Wenn sie das Wissen um Gut und Böse nicht hätte, wäre sie wie ein Blasebalg, mit dem der Schmied nicht arbeitet. Und wie die Welt ohne die ganze Fülle von Früchten wäre, wenn sie nicht in der Grünkraft keimen würde, so wäre auch die Seele ohne die Ehre und Glückseligkeit der guten Werke, wenn sie nicht in der Vernunft des Wissens um Gut und Böse blühen würde.

71. Die der Erde Grünkraft spendende Luft und die schöpferische Kraft der Seele

Die genannte Fassungskraft der Welt umfaßt die Luft, die mit ihren Kräften die Grünkraft auf die Erde schickt und sie dadurch fruchtbar macht, die aber die Früchte, wenn sie reif geworden sind, durch die Kräfte des Windes zum Austrocknen bringt. Aber obwohl sie die Erde durch diese Kälte von außen austrocknet, wird diese dadurch im Inneren fett, damit sie im Sommer keimen kann. Daher hat der Schöpfer des Alls, der die Erde zum Wirken gefestigt hat, die Seele, durch die der Mensch all seine Werke tut, nach sich selbst geschaffen. Sie ist für den Menschen, der das Werk Gottes ist und bis zu Jüngsten Tag wirken wird, wie die Heilige Gottheit unsichtbar. Aber nach dem Jüngsten Tag, wenn der Mensch ganz geistig geworden ist, wird er die Heilige Gottheit und alle reinen Geister und Seelen vollkommen anschauen.

Diese Seele aber ist eine fruchtbringende Kraft, die dadurch, daß sie den ganzen Menschen bewegt, ihn mit sich leben läßt. Und wie der Mensch sich mit aus Fäden gewebtem Tuch umhüllt und bekleidet, so legt die Seele alle Werke, die sie mit dem Menschen wirkt, wie ein Gewand an und wird von ihnen, seien sie gut oder böse, wie vom Leib, in dem sie wohnt, bedeckt. Die guten Werke erscheinen an ihr, wenn sie sich vom Körper getrennt hat, wie ein Gewand im Glanz des reinsten Goldes, das mit allem Schmuck verziert ist, die schlechten Taten aber stinken an ihr wie ein Kleid, das von allem Schmutz befleckt ist. Sie selbst wirkt mit dem Menschen wie die Luft, die ihre Kräfte in die Erde schickt, durch die diese fruchtbar ist und ihre

Früchte ausreift, und die durch die Winterkälte die ganze Erde austrocknen läßt, aber trotzdem die Wärme für die Fruchtbarkeit der Erde in sich bewahrt. So wirken Kindheit, Jugend, Erwachsensein und Greisenalter durch die Kräfte der Seele die Früchte guter Werke und vollenden sie. Die Altersschwäche läßt sie durch ihre Hinfälligkeit gleichsam austrocknen, aber dennoch werden sie im wahren Glauben für den Lohn der ewigen Glückseligkeit nach dem Tod des Menschen aufbewahrt werden.

72. Die Jahreszeiten, ihre Entsprechung in den Abläufen im Seelenleben und die Macht des Glaubens

Wenn aber die Erde zweimal im Jahr ergrünen und überall Frucht bringen würde, würde sie austrocknen und wie Sand werden. Dadurch wird gezeigt: Wenn die Seele ihrem eigenen Verlangen und dem Willen des Fleisches in gleicher Weise zustimmen würde, könnte sie kein Werk vollenden. Denn sie selbst ist lebendiger Geisthauch, der in lebendiger Berührung den ganzen Leib belebt und durchdringt, wie auch das Wehen der Luft die ganze Erde fruchtbar macht. Diese Luft ist gleichsam die Seele der Erde, indem sie deren Feuchtigkeit mit ihrem Hauch berührt und sie so grünen läßt. Und wie diese Luft, deren Grünkraft beim Menschen das Blut und deren Feuchtigkeit seinen Schweiß bezeichnet, auf der Erde unsichtbar ist und nicht berührt werden kann, so wärmt die Seele im Leib das Blut, ohne daß man sie spüren kann, und wirkt durch ihre Vernunft unsichtbar in ihm. Denn der Mensch versteht durch die Seele, daß er einen Gott hat, und deshalb gibt er sich immer ein Gesetz, entweder durch sich selbst oder durch einen anderen. Und das ist für ihn natürlich, weil der erste Mensch mit dem Gebot das Gesetz angenommen hat, das er dann auf den Rat der Schlange mißachtete. Nach der Übertretung des Gebotes Gottes wurde er in jene Verbannung getrieben und konnte das Paradies nicht mehr bewohnen. Aber trotzdem sehnte er sich in vielen Seufzern nach ihm, wie auch die Seele, wenn sie vom Leib überwältigt ist, in ihrem Schmerz sehr viele Seufzer ausstößt.

Aber wenn die Seele ihn dem Sehnen ihrer eigenen Natur unterworfen hat, jubelt sie in tiefer Freude. Und wie die Erde in Kälte und Hitze nicht in gleicher Weise ihre Früchte hervorbringt, so hat auch sie, indem sie böse und gut handelt, ungleiche Werke. Denn in dieser Natur, in der oft die Seele durch den Leib und der Leib durch die Seele überwunden wird, kann der Mensch keinesfalls jenen reinen Glauben haben, durch den er selbst einen Berg in die Höhe heben und ins Meer werfen könnte, wie es der Herr seinen Jüngern vom Senfkorn sagte (vgl. Mt 17, 9; Lk 17,5–6). Adam hatte diesen Glauben, als er die unsichtbare Herrlichkeit Gottes mit seinen leiblichen Augen sah, einen Glauben, in dem er nicht zweifelte, tun zu können, was er wollte. Aber nach dem Sündenfall konnte weder Adam noch irgendeiner der Menschen dieses Schauen haben. Daher soll der gläubige Mensch mit dem inneren Blick seiner Seele im Spiegel des Glaubens auf Gott schauen und darauf vertrauen, daß er von Ihm, der alles vermag, geheilt wird. In diesem Glauben haben viele, die die Begierden ihres Fleisches abtöteten, sehr viele Zeichen vollbracht.

73. Das Blutsystem des Magens

Vom Herzen, von der Leber und der Lunge gehen bestimmte Blutgefäße wie Röhren aus, die dem Magen bei der Aufnahme und Abgabe der Speisen behilflich sind. So fühlt auch die Seele, die mit großer Kraft den Leib aufweckt, den sie schlafend findet, Gott auf ihren zahlreichen Wegen. Und wie die Blutgefäße dem Magen helfen, wenn er gefüllt und geleert wird, so hilft sie selbst dem Menschen bei allem Guten und Bösen. So führt der Mensch seine Gedanken, die Härte der Bosheit und die Weichlichkeit des fleischlichen Begehrens im Beginnen und Vollenden durch sie aus. Und wie die Blutströme zum Magen laufen, so durchdringt sie mit ihren Kräften den gesamten Leib. Wie es auch dem Magen nichts nützte, wenn er immer voll oder leer wäre, so würde es auch der Seele schaden, wenn der Leib immer in der Lust der Begierden des Fleisches leben würde. Denn sie würde aus Hunger nach den Sehnsüchten ihrer Natur in ihren Kräften ermatten. So wird auch der Mensch, der in der Feistigkeit seines Fleisches unaufhörlich sündigt, oft an seinen Sinnen <sensus> und an seinem Leib schwach.

74. Völlerei und Überheblichkeit; die Bedeutung des Maßhaltens

Wenn also Speisen im Überfluß aufgenommen werden, wird das Fleisch des Menschen durch schädlichen Flecken <livor> krank. Wenn weniger als notwendig aufgenommen wird, wird das Fleisch durch Abnehmen geschwächt. So ist der Magen auf richtige Weise der Verteiler der Aufnahme und Abgabe der Speisen. Wenn die Seele mit ihrer feurigen Kraft den Menschen so überwunden hat, daß er sich durch Enthaltsamkeit in den fleischlichen Begierden und im Eigenwillen abtötet, dann sagt er oft, durch die Einflüsterungen des Teufels von Stolz aufgebläht in Verachtung für die anderen: Ich bin heilig und verdiene zu Recht, von allen gelobt und geehrt zu werden. Da so die Augen seiner Seele durch den Hochmut geblendet sind, kann sie vor übermäßiger Traurigkeit keine Freude und himmlische Sehnsucht haben. Deshalb spricht sie verwirrt im Menschen: Ach, ach! Ich, die ich durch stinkenden Hochmut geblendet bin, bin meiner himmlischen Sehnsucht beraubt, in der ich Gott schaute und erkannte.

Daher soll der Mensch, der nicht mit Fleisch und Blut, sondern mit den Kräften der Seele, durch die er Gott kennt und spürt, das Gute tut, sich sehr achtsam vor Überheblichkeit bei guten Werken hüten, damit er nicht durch sie den Lohn der ewigen Seligkeit verliert. Wie nämlich der Leib geschwächt wird, dadurch daß der Mensch Speisen im Überfluß oder weniger als nötig zu sich nimmt, so wird auch seine Seele durch die Überheblichkeit des Stolzes und durch übermäßige Enthaltsamkeit, die ohne richtige Unterscheidung <discretio> ist, kraftlos. Die Seele aber, die den Leib belebt und Gott in der Dreifaltigkeit der Einheit erkennt, ist ein demütiger Geist. Ihre Demut offenbart sie in der Kindheit des Menschen, der noch nicht im Genuß der Sünden Stolz oder Haß hat. Darüber freut sie sich solange, bis derselbe Mensch durch die Begierden des Fleisches zu Sünden bewegt wird; die Seele empfindet darüber Schmerz und wehklagt immer. Denn im gebrechlichen Gefäß des Leibes kann sie nie nach dem Verlangen ihrer eigenen Natur vollkommen wirken, da das Fleisch die Verbannung, sie selbst aber das Leben sucht. Aber der Leib, durch dessen Sündigen sie oft betrübt wird, bedrängt sie, indem er ihr die unreinen und stinkenden Laster unter Schmerz vor Augen stellt, und läßt sie diese Sünden in Traurigkeit erkennen.

Der Magen nämlich, der Speisen aufnimmt und sie unter üblen Geruch wieder von sich gibt, bezeichnet den Menschen, der sich an seinen Sünden ergötzt und später durch die Reue zum Unwillen über die Sünden umkehrt.

75. Der Nabel als Zentrum des Leibes und die Seele als Kraftzentrum des geistlichen Lebens

Mit dem Nabel sind alle inneren Organe verbunden, wie auch die übrigen Geschöpfe sich nach dem Kreislauf der Erde richten; denn der Nabel ist die Stärke des Bauches, wie der Umkreis der Erde Zufluchtsort für die übrigen Geschöpfe ist. Das bedeutet, daß die Seele, die die Mittlerin aller Werke des Menschen ist, sich bei den heiligen und guten Werken nicht für sich selbst freut, sondern indem sie Gott dankt. Bei den Sünden, bei denen sie erkennt, daß ihr Gefäß in sie verwickelt ist, wird sie betrübt und errötet dabei. Durch diese Traurigkeit bedrängt sie dieses Gefäß, nämlich den Leib, wie mit einem Stachel. Dadurch innerlich gezwungen, sagt der Mensch: Warum betrübt mich meine Seele (vgl. Ps 42,12) so sehr für die Sünden, in denen ich geboren bin und von denen ich mich nicht enthalten kann, da ich doch darauf vertraue, sie noch vor meinem Ende wieder gutzumachen? Indem der Mensch sich so noch in seinen Sünden tröstet, freut er sich an ihnen wie an der Musik beim Gastmahl (vgl. Ps 41,5)

Daher wird die Seele, aus deren Natur diese Scheintröstung nicht kommt, von Traurigkeit erfüllt; denn sie selbst ist Leben und geht aus der göttlichen Vernunft hervor, die den Menschen bewegt, der als Ganzes ein Geschöpf ist. Gott nämlich, der sich aus der armseligen Natur des Menschen das Gewand Seiner Menschheit aus dem jungfräulichen Fleisch der Jungfrau Maria gewebt hat, liebt sehr die Demut, durch die Er den Stolz und die Bosheit des Teufels überwunden hat. Die Seele aber stützt den Menschen im Guten und im Bösen wie eine Säule das Haus. Durch sie erkennt er, wenn er aus Überheblichkeit in der Heiligkeit vor Gott geflohen ist, daß er vor Gott und den Menschen hassenswert ist. Und indem sie ihn auf diese Weise niederschlägt, läßt sie ihn keine Freude haben. Viele nämlich gehen durch Überheblichkeit in der Heiligkeit zugrunde und die meisten verlieren den Lohn für ihre Mühen, so daß sie an ihrem Lebensende durch ihr Seufzen zu Gott kaum gerettet werden können. Denen aber, die durch Vernachlässigung der Heiligkeit und durch fleischliche Begierde ohne Hochmut gesündigt haben, verzeiht Gott sehr viele Sünden, wenn sie ihretwegen in Reue aufgeseufzt haben. Viele von diesen werden Heilige und später Säulen des himmlischen Jerusalem werden. Wie nämlich der Nabel die Kraft aller inneren, ihm zugehörigen Organe ist, so blicken alle Werke, ob gute oder böse, auf die Seele, weil sie die Kraft von ihnen allen ist.

76. Die Verdauung im Körper und die Wirkung des Bösen in der Seele

Der Nabel erhebt sich auch mit den fleischernen Gefäßen des Herzens, der Leber, die Lunge und aller Eingeweide zur Hilfe für die Erquickung des Menschen. Sie alle bewegt der Geisthauch der Seele, wie die Luft alle Kräfte der Erde durch ihr Wehen stärkt. Dieser Nabel erstreckt sich bis zum Rand der Lenden, gleichsam wie die Erde, die beständig in den Sümpfen schlammigen, wässrigen Schmutz ausstößt. Wärme, Kälte und Feuchtigkeit des Menschen nämlich, von denen er gelenkt wird, sind im Nabelbereich verborgen, und Speisen und Trank, durch die der Mensch im Fleisch und Blut belebt wird, fließen an dieser Stelle zu den unteren Organen hinunter und werden als Kot ausgestoßen.

Denn der Mensch, der durch die Kräfte der Seele mit jedem Geschöpf nach der Bestimmung Gottes wirkt, ist auch gemäß der Natur der Erde, von der ein Teil weich, der andere hart ist, ebenfalls seinem Wesen nach hart und weich. In seiner Härte wird die Seele durch seinen Stolz und in seiner Weichheit durch die Fleischeslust betrübt, wenn der Mensch von diesen beiden überwältigt wird und nicht mit ihr übereinstimmt. Wie nämlich die Luft alle Geschöpfe zum Wachsen stärkt und wie der Nabel mit den fleischernen Gefäßen sich zur Hilfe der Verdauung der Speisen erhebt, so durchdringt die Seele alle Werke des Menschen mit ihren Kräften, erhält und vollendet sie.

Die Seele wird von den Handlungen des Leibes umkleidet wie ein Wurm von seiner Schutzhülle, die er sich aus Schmutz bereitet; und wie durch Würmer, die man manchmal nicht sieht, der Schmutz bewegt wird, so wird der Mensch durch die unsichtbare Seele zu seinen schmutzigen Taten bewegt. Und obwohl sie alle Taten des Menschen an sich zieht wie der Angelhaken den Fisch, wird sie trotzdem vom Leib so überwältigt, daß sie ihm in keiner Weise Widerstand leisten kann. Sie erkennt, daß sie für die Sünden, die sie, vom Leib gezwungen, tut, bestraft und zu den Foltern des Gerichts geführt werden muß, denn alle Sünden werden gleichsam in ihr eingeschrieben sichtbar. Deshalb stößt sie, solange sie im Körper bleibt, Seufzer des Schmerzes aus; denn wie der Nabel sich bis zu den Lenden erstreckt, so breiten sich die Sünden zu ihr aus und werden mit ihr in die Strafen hinausgestoßen, wie die Nahrung des Menschen im Kot ausgeschieden wird und wie die Erde ihren schmutzigen Unrat ausstößt.

77. Die Lebensabschnitte des Menschen in Entprechung zu den Jahreszeiten

Der Mensch steht in Kindheit und Jugend in voller Blüte; danach neigt er sich durch das Alter zur Dürre, wie auch die Erde im Sommer durch die Grünkraft mit Blühen geschmückt wird und danach im Winter durch die Kälte ein blasses Aussehen bekommt.

Wenn nämlich die Seele ihren Leib so überwunden hat, daß er mit einfältigem Herzen in gutem Willen mit ihr übereinstimmt und sich an guten Taten wie an einer köstlichen Speise erfreut, dann sagt dieser Mensch in seiner Sehnsucht nach dem Himmel: „Wie köstlich ist für meinen Gaumen deine Verheißung, viel süßer als Honig für meinen Mund" (Ps 119,103). Und so lebt er mit kindlicher Einfalt ohne das Verlangen des Fleisches in Unschuld. Die Seele aber durchtränkt diesen Menschen solange mit ihren Sehnsüchten, bis er, von Tugend zu Tugend voranschreitet (Ps 84,8), Lebenskraft erhält und in guten Werken und den Beispielen erblüht, die der Sohn Gottes den Menschen hinterlassen hat. Weil sie nicht von dem Makel <livor> der Sünde befleckt ist, freut sie sich in Ihm und schmückt sich. Und wie in der Winterkälte die Grünkraft, das Blühen und Reifen aller Früchte schwinden, so vergeht der Mensch durch den Tod mit all seinen guten und bösen Taten. Wer aber in seiner Kindheit, seinem Erwachsensein und Greisenalter gute Werke glücklich vollendet hat, dessen Seele steigt mit diesen Werken leuchtend und wie mit kostbaren Edelsteinen geschmückt empor vor das Angesicht Gottes, und der Leib, der durch sie wirkte, kann kaum erwarten, daß sie in der lieblichen Wohnstatt zusammen wohnen.

78. Die Nieren in ihrer Symbolik für die Erde und die Seele

Mit den Nieren, in denen sich sowohl Kraft als auch gefährliche Ausgelassenheit ausbreitet, wird die Fettigkeit der Erde bezeichnet. Denn wie in ihnen manchmal die Kräfte des Menschen, manchmal auch das, was ungeordnet ist, aufsteigt, so bringt auch die maßvolle Fettigkeit der Erde eine Fülle von Früchten hervor, die maßlose Fettigkeit bisweilen aber taube Früchte, wenn sie auch sehr zahlreich erscheinen. Denn der Mensch vollbringt alles, was er unter dem Kreislauf der Sonne und des Mondes tut, durch die Kräfte seiner Seele mit Weisheit, Wissen und Unterscheidungskraft. Weil die Seele feurig und luftartig ist, tut er durch sie auch entsprechend dem Mond, der zu- und abnimmt, das Gute und das Böse. Durch die Kräfte der Seele, die durch die Erkenntnis des Guten himmlisch ist, bedenkt der Mensch auch alles; er wirkt und unterscheidet die richtigen Zeiten (vgl. RB 6,24) und die Elemente, mit denen er Gutes und Böses tut, mit der Unterscheidung <differentia> der Vernunft und gibt allem, was er erkennt, seinen Namen. Und wie in den Nieren die Kraft zur Rechtschaffenheit und die Schwäche, das Gedeihen und die Nutzlosigkeit verborgen liegen und wie die Erde durch Sonne, Mond und Luft alles, wodurch der Mensch lebt, Nützliches und Unnützes, hervorbringt, so ist in der Seele diese Stärke, damit der Mensch durch ihre Kräfte das Gute und das Böse, das Nützliche und das Unnütze tut.

79. Die stützende Funktion der Erde in ihrer Entsprechung zum Wirken der Seele

Die Erde ist nämlich in der Mitte des Luftraumes wie die Wabe inmitten des Honigs. Sie erhebt sich in verschiedene Höhen, so daß sie in einem Teil durch zu große Hitze, in einem anderen durch zu große Kälte unbewohnbare Anhöhen hat, in einem anderen jedoch Höhenzüge, die in Hitze und Kälte gemäßigt sind. Sie ist ja durch die Berge befestigt, wie eine Stadt mit Türmen und Wehrmauern. Die Höhen schützen so die Täler und die Berge verteidigen die Erde gegen die verschiedenen Stürme. So ist die Erde von Bergen und Hügeln wie von einer Mauer umgeben und befestigt.

Das bedeutet: Die Seele, die nach Gottes Gebot dem Leib ganz und gar eingefügt ist, erkennt, daß sie in ihm mit allen Geschöpfen himmlische und irdische Werke vollbringen wird. Sie versteht auch, daß Gott, der alle bösen Taten richtet, in den guten Werken des Menschen von all Seinen Engeln und Heiligen gelobt wird. Denn Er selbst, der König und Herrscher über alles im Himmel und der Befreier im irdischen Bereich ist, hat sterbliches Fleisch angenommen und so den Menschen befreit. Sie versteht auch, daß der wunderbare Gott in Seinen Heiligen sehr viele Wunder wirkt. Wenn nämlich der Mensch nach der Begierde seines Fleisches gesündigt hat, wird er oft von der Seele in der Reue zurückgerufen. Wer aber nicht zu sündigen aufhört und so seine Seele unterwirft, in dem klagt die Seele mit tränenerstickter Stimme, weil der Hunger ihrer Natur nie gestillt wird, solange sie kaum Hoffnung auf Heilung bei Gott haben kann. Aber die Gnade Gottes läßt diesen Menschen schließlich in bitterer Reue seine Sünden erkennen und stärkt ihn, das Weltliche zu verlassen, worüber sich die Seele sehr freut. Und so gleichen die Werke des Menschen der Erde, die die Luft von oben und unten an allen Seiten hält. Auch die Seele exisitert mit dem Leib, wie die Luft mit der Erde und wie die Wabe mitten im Honig ist. Wie nämlich die Erde Anhöhen hat, die zum Bewohnen in Hitze und Kälte gemäßigt sind, und andere ungemäßigte und unbewohnbare, so übt auch der Mensch gute Taten aus, durch die er zur himmlischen Heimat geführt wird, und böse Taten, durch die er an den Ort der Strafen gelangt.

Wenn aber die Seele den Willen des Fleisches überwindet und Siegerin ist, freut sie sich auf Grund ihres Wesens, da sie ja Geist ist, an den guten Werken und dient Gott in der Liebe des Glaubens wie die Engel, die Sein Antlitz schauen. Auch den Leib zwingt die Seele, der die Begierden des Fleisches zuwider sind, zu guten und heiligen Werken. Und wenn sie ihn durch die stärksten Kämpfe der guten Werke bezwungen hat, wird er mit diesen guten Werken geschmückt und befestigt wie eine Stadt mit Türmen und Wehrmauern.

Die Seele selbst ist demütig. Wegen der völlig hinfälligen Natur des Fleisches, durch die sie bedrückt wird, hat sie eine klagende Stimme, durch die sie dem Menschen, der seinen Nacken in Hochmut aufrichtet, niemals erlaubt, die volle Freude zu haben. Er kann auch aufgrund des Wesens der Seele sich wegen der Last der Sünden nicht bei der Reue freuen. Und so hält die Seele in ihrem wahren Aufsteigen zur Demut den Menschen davon zurück, auf dem nichtigen Weg des Hochmuts herumzuschweifen. Denn die Seele, die auf der Leiter der Demut (vgl. RB 7) zu dem hohen Berg emporsteigt, der die Wohnstatt des himmlischen Jerusalem ist, mahnt ihn immer, vom Hochmut abzulassen und sich der Demut zuzuwenden, damit er nicht durch die List der alten Schlange untergeht. Wie nämlich die Täler durch die Anhöhen vor übermäßigem Regen geschützt werden, so werden die Menschen durch die Demut vor dem Bösen geschützt. Und wie die Erde durch die Berge und Hügel, durch die sie wie durch eine Mauer verteidigt und gesichert ist, gegen die verschiedenen Stürme geschützt wird, so wird die Seele durch die heiligen Werke, die von der Demut wie von einer Mauer befestigt werden, weg von der Verwirrung des Teufels hin zur himmlischen Heimat gelangen.

80. Die Wirkung der Sonne auf die Erde und das Wirken der Seele im Menschen

Die Erde ist zur Bahn der Sonne so gestellt, daß sie an jeder Stelle durch sie gemäßigt wird. So durchtränkt auch die Seele, die durch die Weisheit gemäßigt ist, mit den Tropfen der sprudelnden Quelle, die Gott ist, den Menschen, damit er auf den Wegen der Unterscheidungskraft und der heiligen Sehnsüchte geht und Gott erkennt. Aus Liebe zu Ihm soll er die Lust an seinen Sünden aufgeben. Aber der Mensch, der gemäß dem Verlangen der Seele handelt, wird durch sie mit heiligen Werken erleuchtet, so wie die Erde bei all ihren Aufgaben von der Sonne erleuchtet wird.

81. Der Mensch, im Leiblichen und Seelischen nach der Erde geschaffen

Die Erde ist auch mit Steinen und Bäumen befestigt, und ihr entsprechend ist der Mensch geschaffen. Denn sein Fleisch ist wie die Erde, seine Knochen ohne Mark sind wie die Steine, seine markhaltigen Knochen wie die Bäume. Daher baut auch der Mensch sein Haus seinem Wesen entsprechend aus Erde, Steinen und Holz.

Die Seele, der die Begierden des Fleisches zuwider sind, ist das Firmament des gesamten Leibes. Sie durchtränkt den Leib mit ihren Kräften und bewirkt und vollendet alle Handlungen mit dem Menschen. Der Mensch selbst wird, wenn er der Seele gemäß handelt, ein blühender Garten, an dem Gott Seine Augen weidet. Wenn er aber nach dem Willen des Fleisches handelt (vgl. Joh 1,13), leuchtet er nicht vor den Augen des Herrn wie die Sonne bei Sonnenfinsternis. Der Mensch, der gute Taten vollbracht hat, gleicht einem mit allen köstlichen Früchten gefüllten Obstgarten wie die Erde, die mit Steinen und Bäumen gefestigt und geschmückt wird. Wenn er aber in der Verhärtung der Sünden böse Taten begangen hat, steht er vor Gott unfruchtbar da wie harte Erde, die ohne Frucht ist. Denn das Fleisch des Menschen bezeichnet das Wissen um das Gute, das fruchtbare Weichheit hat, die Knochen bezeichnen das Wissen um das Böse, das sich gegen Gott verhärtet. Die Knochen aber, die in ihm ohne Mark sind, bezeichnen seine bösen Taten.

Die Seele wirkt im Menschen gemäß dem Willen Gottes. Denn wie Er selbst den Himmel in der vollen Freude für die Himmlischen errichtet hat und wie Er die Erde den Menschen als Wohnstatt gab, so wirkt die Seele im Menschen in Freude die guten Werke, die himmlisch sind, und in der Klage der Trauer die schlechten Werke, die irdisch sind. Das Wissen um das Gute und das Wissen um das Böse sind daher die Eingeweide der Seele. Mit ihnen lehrt sie den Menschen die Demut, die der Mutterstoff <materia> aller Tugenden ist. Mit ihren Kräften hält sie den Menschen in seinen Sünden so im Zaum, daß er sie nie mit Freude tun kann. Und wie der Mensch alle Teile seines Hauses, das er errichten will, seinem Willen entsprechend vorher bedenkt, so ordnet sie alle Werke im Menschen entsprechend dem, was er kann.

82. Die Seele inmitten des Leibes nach der Erde inmitten des Luftraumes

Inmitten des Luftraums schwebt die Erde so, daß die Luft im gleichen Maß über und unter der Erde und auf ihren beiden Seiten ist. Die Seele, die als lebendiger Geisthauch von Gott in den Leib gesandt ist, unterweist den Menschen, auch mit Geduld den Geboten Gottes zu gehorchen in diesem mühseligen Leben, in dem sie in so großem Abstand, wie Himmel und Erde wohnen. Sie mahnt ihn, der mit seinem Wissen nicht voll erfassen kann, was er selbst ist, in der Mühsal seines Kampfes mit Geduld und Gehorsam nach seinem Schöpfer zu streben und auf ihn zu blicken. Wie nämlich die Luft mitten in der Erde ist, indem sie diese hält und stützt, so wohnt die Seele mitten im Leib, stützt ihn als Ganzen und wirkt in ihm entsprechend dem, was er von ihr verlangt.

83. Die Blase in ihre Abbildlichkeit für die Erde und die Seele

Die Blase des Menschen aber deutet hin auf das Strömen der Flüsse, die sich hier und dort über die Erde ergießen. Denn wie jene die Flüssigkeit des Bauchraumes aufnimmt und ausscheidet, so schwellen auch die Flüsse bald an, bald nehmen sie ab und bewässern die ganze Erde.

Die Seele also, der die Natur von Fleisch und Blut entgegengesetzt ist, lehrt den Menschen, sich unruhiger Gedanken zu enthalten und nicht wegen seiner Sünden an der Gnade Gottes zu verzweifeln, sondern sich ihretwegen in wahrer Demut dem Herrn zu Füßen zu werfen, damit der allmächtige Gott sich würdigt, ihm in seiner bitteren Reue seine Sünden barmherzig zu vergeben. Wenn nämlich die Seele in ihrer demütigen Natur, den Menschen, so überwältigt hat, daß er ihr in allem zustimmt, dann durcheilt sie siegreich den Himmel und sagt: „Ich sehne mich, Herr, nach deiner Hilfe, und deiner Weisung sinne ich nach" (Ps 119,174).

Das ist so zu verstehen: Ich in meinem Fleisch, das mit Deinem Geboten von sich aus nicht übereinstimmt, habe mich nach Dir gesehnt und Dich erkannt. Und durch die Kraft Deines Heiles wurde ich wie von einem schnell fließenden Wasser so durchströmt, daß ich mitten in meinen Kräften und mitten in meinem Herzen gegen den Willen dieses Fleisches Deine Gebote betrachtete. Und wie eine Mühle die Körner durch die Kraft des Wassers zerreibt, so erforsche ich, die ich im Leib ein reißender Wasserstrom bin, nach meiner Natur all Deine Gebote und befolge sie genau. Wie nämlich die Blase des Menschen die Flüssigkeit aufnimmt und ausscheidet und wie die Flüsse im An- und Abschwellen die ganze Erde überströmen, so lenkt die siegreiche Seele den gesamten Leib mit den Geboten Gottes, indem sie das Gute aufnimmt und das Böse ausscheidet, und ihre Kräfte wachsen durch das Gute und nehmen im Bösen ab.

84. Die Körperausscheidungen und ihre Entsprechungen im Kosmos und in der Seele

Mit den Stellen aber, wo die verdauten Speisen und Getränke ausgeschieden werden, werden die geheimen, unterirdischen Ausgänge der genannten Flüsse bezeichnet. Denn wie verdaute Nahrung nicht im Körper des Menschen bleiben kann, sondern ausgeschieden zum Vorschein kommt, so leiten auch jene Ausgänge die Flüsse nach außen und bringen sie offen zum Vorschein.

Wenn aber die Seele in schmutzigen Sünden vor dem Licht verborgen ist, kann sie sich nicht enthalten, mit klagender Stimme zu sagen: Ach, ach, ich Unglückliche, die ich lebendiger Geisthauch von Gott bin, ich bin in so tiefen Schmutz der Sünden geraten, daß ich nicht mit Freude zum Himmel aufschauen kann. Ach, woher bin ich gekommen und wohin werde ich gehen? Was nützen mir alle Güter, die Gott geschaffen hat, wenn ich in die Hölle sinke? Aber danach geht sie in sich und spricht wieder: Ich vertraue auf meinen Gott, weil ich in wahrer Reue durch Seine Barmherzigkeit von den Höllenqualen, die ich verdient habe, befreit werden kann. Und wenn sie so durch die Gnade Gottes getröstet und gestärkt ist, sagt sie wieder: „Warum bist du betrübt, meine Seele und warum bist du so unselig in mir? Harre auf Gott, denn ich werde Ihm noch danken, meinen Gott und Retter, auf den ich schaue“ (Ps 42,6–7). Das ist so zu verstehen: Wenn der Mensch, durch die Natur seiner Seele veranlaßt, daran denkt, sich von seinen Sünden zu reinigen, sagt er in der Freude, die aus der Quelle des lebendigen Wassers in ihn geströmt ist: Warum bin ich in meiner Seele so sehr betrübt und verwirrt, da ich doch durch die Gnade Gottes die Wunden meiner Sünden mit Seufzern und Tränen tilgen kann? Ich vertraue ja darauf, daß meine Seele durch die Wunden meines Herrn, der für meine Sünden die Nägel und die Lanze ertrug, befreit werden kann! Danach offenbart er in bitterer Reue all seine bösen Taten, wie auch die verdauten Speisen und Getränke ausgeschieden werden. Und wie aus den unterirdischen Wassern die Flüsse auf die Erde gelenkt werden, so eilt davon die beste Kunde über die Erde, weil er, der durch die Sünden ausgelöscht war, sich in seinen guten Werken wieder aufrichtet.

85. Die stützende Kraft der Seele und ihre Entsprechung im Kosmos und im Menschen

Rücken und Hüften des Menschen aber weisen auf die Ebenen der Erde hin. Die Seele nun, die wirkender Geist genannt wird, wirkt mit dem Menschen die heiligen Werke und strahlenden Tugenden, durch die Gott von den Geistern der Engel gelobt wird. Sie ist aber für den Leib, den sie in allem lenkt, unsichtbar, so wie Gott, der die ganze Welt erschaffen hat, unsichtbar ist. Und wie der Mensch mit dem Rücken und den Hüften kraftvoll wirkt, so vollendet auch die Seele zusammen mit dem Leib alle ihre Werke.

Mit den Schenkeln und dem Gesäß werden die Hügel und Unebenheiten der harten und undurchdringlichen Erde gezeigt. Denn wie die Schenkel mit den Lenden und dem Bauch verbunden sind und den Menschen tragen und wie das Gesäß den Menschen hält, so ist auch dieser innere, undurchdringliche Teil der Erde mit ihren oberen weichen Teilen verbunden und hält ihn mit seiner Stärke wie Stahl fest, damit er nicht zerfällt.

Wie nämlich der Mensch die ganze Erde mit seinen Fertigkeiten beherrscht und sie mit dem Pflug bald tiefer, bald oberflächlicher umwendet, so durchdringt die Seele mit ihren Kräften und Tugenden den Leib nach dem Begehren des Fleisches und wendet ihn um. Mit den stärksten Kräften dieser Seele begeht der Mensch die schweren und verbrecherischen Sünden; die leichteren Sünden jedoch, die in Gedanken ohne Tat geschehen, werden nur durch die Flügel der Seele ausgeführt. Denn der Teufel verschafft dem Menschen aus dem Haß, den er gegen seinen Herrn hat, einen Genuß, aus dem, so oft der Mensch zornig wird, ein Rauch in ihm aufsteigt. Der Mensch würde nämlich niemals zornig, wenn er dabei keinen sinnlichen Genuß hätte. Die Seele aber, die unsterbliches Leben ist, bei deren Scheiden der Leib stirbt, führt alle Werke nach den Wünschen des Leibes durch, wie ein luftiger Wind die ganze Erde aufsprießen läßt. Sie hört auch nie auf, im Leib zu wirken, indem sie wie ein Gießbach in ihm dahinfließt.

Alle Engel freilich staunen über den Menschen, der sich mit heiligen Werken wie mit einem überaus feinem Gewand bekleidet. Denn er wird mit ihnen auch Gemeinschaft im Lobpreis Gottes haben. Die Seele hält alle seine Werke fest, wie die Schenkel und das Gesäß den gesamten Menschen tragen Und wie die harte, kantige Erde den weichen Teil der Erde und die Flüsse trägt, so halten die Kräfte der Seele den ganzen Menschen aufrecht. Sie sind ihm im Dienen verbunden wie die Schenkel mit den Lenden dem Bauchraum. Die Seele selbst trägt mit ihren Kräften die Werke des Menschen, wie der Rückenbereich ihn stützt, und sie bringt ihn dazu, sich am Guten zu erfreuen und über das Schlechte zu trauern. Sie umgibt ihn mit den guten Taten und den verschiedenen Tugenden wie mit Perlen und Edelsteinen. Daher sagt auch Johannes:

86. Offenbarung 21,2 und Psalm 8,6–7 als Aussagen über die heilige Seele und den gläubigen Menschen

„Ich sah Jerusalem vom Himmel herabsteigen, geschmückt wie eine Braut für ihren Mann" (Offb 21, 2). Das ist so zu verstehen: Diese Braut bezeichnet die heilige, geschmückte Seele, die Christus durch die Mitgift Seines Blutes vermählt ist und auf den sie wie eine Braut auf ihren Bräutigam blickt. Denn der Sohn Gottes selbst stieg vom Himmel herab in den Schoß der Jungfrau; in ihr erbaute Er die neue heilige Stadt Jerusalem. Die Engel, die das Anlitz Gottes immer anschauen, staunen nämlich über die Werke der Heiligen, die mit unzähligen Kleinodien vor Gottes Angesicht strahlen. Indem sie zum himmlischen Jerusalem emporsteigen, errichten sie immer neue Zelte, und auch vor ihnen leuchten sie wie eine goldene Schrift. Daher ertönen sie im Klang der Harfe, der Kithara und der Stimme aller Lobpreisungen. Gott aber hat den Menschen darum geschaffen, daß er leuchtende Werke vollbringe, die am Himmel erstrahlen sollen, damit die Engel bei den Werken dieses Menschen staunen wie auch vor Gottes Antlitz. Daher steht auch geschrieben: „Du hast ihn nur wenig geringer gemacht als die Engel, hast ihn mit Herrlichkeit und Ehre gekrönt und ihn zum Herrscher eingesetzt über das Werk deiner Hände“ (Ps 8,6–7). Das ist so zu verstehen: Gott ist in den Engeln, die sein Lobpreis sind, immer gegenwärtig; daher wird Er von ihnen gesehen und erkannt. Der Mensch aber, der Werk mit der Seele <opus cum anima> ist, sieht Ihn im Glauben, nicht jedoch in Seiner Gottheit. Gott verherrlicht ihn, ehrt ihn und schmückt ihn besonders, weil Er ihn zum Gehorsam gegenüber Seinen Geboten geschaffen und über alle Werke gesetzt hat, die Er geschaffen hatte.

87. Die unbewohnbare Erdregion und das Ringen zwischen Seele und Leib

Mit dem weichen Teil der Erde ist unten der harte, gleichsam eiserne andere Teil der Erde verbunden, der in seiner Härte fortbesteht, als ob er aus Stahl wäre. Er kann daher durch keine Überflutung der um ihn brausenden Wasser entweder zerbrochen oder erweicht werden.

Auch wenn der Mensch die Fleischeslust liebt, sagt die Seele in ihrer geistigen Natur: O weh mir, wegen der Weichlichkeit der Fleischeslust, die ich bedränge und von der ich bedrängt werde! Daher seufzt der Mensch bald in seinen Sünden auf und sagt: O weh mir, daß ich zu so großen Sünden geboren bin, die ich in mir nicht überwinden kann! Und sobald die Seele diesen Schmerz fühlt, zieht sie den Menschen an sich, indem sie ihn mehr als früher in seinen Sünden bestraft; sie macht ihn wegen seiner Sünden traurig, weil die Kräfte der Seele in ihm verdorrt sind. Wenn der Mensch danach gemäß der Natur der Seele wirkt, verliert er sie in der Abtötung der fleischlichen Begierden, um sie in der himmlischen Sehnsucht zu finden. So siegt auch die Seele des Menschen, in dem sie keine Verhärtung des Herzens findet, so wie die harte, gleichsam eiserne Erde die weiche in ihrer Macht erhält. Und die Seele selbst stärkt ihn mit der Kraft des Glaubens wie mit Stahl, damit er nicht durch die ihn umgebenden Übel seiner gewohnten Sünden ermattet.

Ein Teil dieser harten und gleichsam eisernen Erde hat deshalb Hügel mit Felsen; die Flüsse, die im Osten in den vier Himmelsrichtungen getrennt fließen, können diese nicht spalten; sie bringen sie zwar bisweilen zum Beben, aber verletzen sie nicht. Dieses Beben kommt aus der übermäßigen Glut der Sonne von jenem Teil des Firmaments, wo die Sonne aufsteigt. Und wenn die Erde unten nicht wie aus Eisen oder gleichsam aus Stahl wäre, würde sie durch diese große Hitze ganz gespalten; auf der anderen Seite des Firmaments, wo die Sonne untergeht, würde sie durch die übermäßige Kälte zerbrechen. Denn infolge der unmäßigen Hitze der Sonne und der unmäßigen Kälte sind diese Teile der Erde unbewohnbar.

Daher kämpft auch die Seele, die ihrem Wesen nach demütig ist, immer gegen den Stolz des Menschen und sagt zu ihm: Warum steigst du in so große Höhe empor, als ob du dich selbst geschaffen hättest? Wenn du nämlich begehrst, durch dich selbst zu sein oder zu handeln, wirst du wie der erste Engel stürzen. Sie selbst weiß auch und fühlt Gott, von dem sie selbst als geistiges Wesen geschaffen ist, und sie sieht ein, daß Ihm niemand gleich ist. Deshalb haßt sie den Stolz, der ohne Freude ist und aus sich selbst sein und keinem gehorchen will. Daher sagt sie auch zu der stolzen Gesinnung ihres Leibes: Alles, was du suchst, ist eitel und trügerisch, und was du Ehre nennst, ist Lästerung. Wenn du ohne die Hilfe Gottes und der Menschen emporzusteigen meinst, dann wirst du fallen. Aber der Mensch seufzt oft aus der Trauer seiner Seele, und wenn er sich dann von den Werken des Stolzes abwendet, steigt er auf zur Höhe der heiligen Werke der Demut. Durch sie wird er inmitten seiner Sünden so wie die harte Erde durch Hügel und Felsen gehalten und gefestigt. Und dann vollbringt der Mensch zusammen mit den Elementen gute und heilige Werke, indem er auf andere Weise gleichsam neu auflebt. Er wird dann nicht, wie einer der durch Wunden zum Tode verurteilt ist, vor Gott und den Menschen ausgelacht, wie auch die Erde von den vier Flüssen in ihren Kräften nicht zerbrochen wird. Die Seele aber, die windartig ist, läßt durch Herz und Adern im Menschen das ganze Geschöpf erbeben, während sie zusammen mit ihm Sünden begeht, die ihr lästig und zuwider sind. Sie läßt ihn nach der Freude der Sünden oft weinen und nach der Sicherheit in ihnen bringt sie ihn in große Verwirrung.

Der Mensch fällt auch oft in schwere Krankheit, wenn all seine inneren Organe nicht ihre richtige Funktion ausführen, weil er tut, was er will. So ist die Seele wie ein Sturm im Menschen, wenn sie ihn mit den Sünden und auch mit der Reue bedrängt. Und wieviel sie unter den Sünden litt, soviel läßt sie ihn in der Reue leiden. Die Seele stützt auch den Menschen in aller Glut der Sünde und Reue, damit er nicht vergeht, so wie die eiserne und stählerne Erde die weiche stützt. Denn sie ist die lebendige Kraft <vitalis virtus> des Leibes, den sie nie mit Freude seine Sünden begehen läßt und den sie in seinen Sünden so niederdrückt, daß er kaum hofft, von ihnen wieder aufzustehen. Dadurch aber rüttelt die Seele ihn wieder wach und tröstet ihn, daß er darauf vertraut, durch die Gnade Gottes wieder befreit zu werden, damit er nicht in die Zerstörung der Verzweiflung fällt. Das versinnbildlicht auch die Erde, die durch die übermäßige Kälte des Westens nicht zerbricht.

Denn das Land, das wegen der übermäßigen Kälte oder Hitze unbewohnbar ist, versinnbildlicht, daß der Mensch, der wegen der Vertreibung Adams nur einen kleinen Teil der bewohnbaren Erde wie ein Fremdling bewohnt, zwischen den Kämpfen und Kriegen der Sünden und der Reue niemals Sicherheit haben kann. Und weil er in der tränenreichen Verbannung die volle Freude der himmlischen Heimat nicht sehen kann, außer daß er von weitem im Schatten des Glaubes danach strebt, sagt er, weil er sieht, daß er keine Sicherheit hat:

88. Psalm 102,12 als Klage über die existentielle Unsicherheit des menschlichen Daseins

„Meine Tage schwinden dahin wie Schatten, ich verdorre wie Gras" (Ps 102, 12). Das ist so zu verstehen: Der Mensch ist durch die Erbsünde blind für das, was vergangen und zukünftig ist. Daher hat er es nur wie einen Schatten in seinem Wissen. Dadurch, daß er keine Sicherheit hat, welkt er dahin wie Gras, da all seine Werke für ihn unsicher sind. Denn alle Tage des Menschen vergehen und fallen der Vergessenheit anheim, aber das ewige Leben ist beständig und immer neu, wie auch der Sommer jedes Jahr neue Früchte hervorbringt.

89. Die Erdoberfläche mit ihren Erhebungen als Abbild der Verführbarkeit des Menschen zu Stolz und Gier

Die Erde trägt Berge und Hügel und ist in ihrer gesamten Rundung nicht eben, aber trotzdem berührt die Luft sie überall. Sie trägt Berge und Hügel oberhalb und unterhalb wie ein Hirsch sein Geweih. Die Seele, die ein Geisthauch von Gott ist, haßt mit knirschendem Unwillen die Habgier, die sich als Hals der Genußsucht erhebt; denn durch diese beiden Laster kann der Mensch niemals einen friedlichen und gelassenen Lebenswandel haben, weder in sich noch gegenüber anderen.

Auch die Seele selbst ist dem Leib so eingesenkt, daß sie zusammen mit dem Menschen zur Verwirrung des Teufels gegen dessen Einflüsterungen kämpft. Denn die Genußsucht steigt durch die Einflüsterung Leviathans, der die ganze Welt verschlingen will, in ihm auf. Er will durch sie auch die Seelen beflecken und an sich reißen wie der Geizige das Geld. Denn der Mensch, der stolz und habgierig ist, belastet sich mit der Möglichkeit zur Sünde, wie die Erde von Bergen und Hügeln belastet und so keineswegs eben ist. Wenn er dann die Furcht vor Gott aufgegeben hat, macht er nach dem Verlangen seines Herzens, was er will, als ob er nicht von Ihm gerichtet werden müßte. Und wie die Luft die Erde nicht gleichmäßig, sondern nach Art eines Sturmes berührt, so handelt er selbst ungerecht, wobei er die unrechten Werke in der Eitelkeit seines Herzens entschuldigt.

Aber die Seele bedrängt mit ihren Kräften auch diesen Menschen und bringt ihn dazu, für seine Sünden zu Gott aufzuseufzen. Sie wirft den Berg des Stolzes in ihm nieder und zwingt ihn, der vorher seine Sünden im Stolz gleichsam unter der Erde begangen hat, auf der Erde in Demut heilige und gute Werke zu tun. Sie vollbringt auch in der Macht ihres Wissens Gutes und Böses, und in der großen Bedrängnis, die sie im Leib durch den Stolz hat, sagt sie: Ach, ach, woher bin ich gekommen und was tue ich? Nur unter Seufzern bringe ich meine klagende Stimme hervor, weil ich mein Wissen mit der Fäulnis der Sünden vermische. Und indem sie so klagt, zwingt sie den Menschen, den Herrn mit folgenden Worte anzubeten: „Erbarme Dich meiner, Herr, denn ich habe meine Seele mit Sünden befleckt. Heile das Elend der Narben meiner Wunden, denn gegen Dich allein habe ich gesündigt" (Ps 51, 6). O mein Gott, mehr und mehr lehre mich, Heiliges und Gutes zu tun, damit durch es meine Seele geheilt wird, die ich tief verwirrt habe. Denn wenn der Mensch sich dann ganz Gott zuwendet und der Hunger seiner Seele nachläßt, erfreut er sich am Gastmahl der Reue.

90. Die Kraft des Erdinnern und ihre Entsprechung in der Kraft der Seele

Die Oberfläche der Erde ist unten wie oben rund, und sie selbst ist gegenüber den eindringenden und sie umflutenden Wassern gleichsam von Eisen. Auch die Seele, die im Leib verborgen ist und durch das Denken, Reden und Tun in alle Sinne des Körpers fliegt, wirkt ihnen entsprechend mit jedem Geschöpf im Menschen, während die anderen Geister reiner Lobpreis Gottes sind und nicht wirken. Der Mensch nämlich, über dessen Werke die Engel staunen und Gott loben, ist himmlisch und irdisch; daher wird er im Himmel ruhmreich gepriesen und erfüllt die ganze Erde mit seinem Wirken. Und so gleicht die Kraft der Seele der Rundung der Erde. Sie geht im Leib und in allen Werken des Menschen umher und wirkt entsprechend der Natur des Fleisches und entsprechend ihrer eigenen Natur. Die Kraft der Seele aber ist wie ein Stahl (vgl. Sciv 3,1,446 ff.), durch den alle Werkzeuge aus Eisen geschärft und gefestigt werden. Die Gelüste des Fleisches, die in ihr Wesen eindringen, überwindet sie im Kampf, damit der Mensch nicht zugrunde geht. Und um nicht selbst durch das Gewicht der Sünden erstickt zu werden, tritt sie gegen alle List des Teufels als Kämpferin auf.

91. Die Proportionen im Bereich der Schenkel, Beine und Füße und ihre Entsprechung

Von den Knien bis zum Knöchel besteht das gleiche Maß wie von der Stelle der Ausscheidung oder vom Oberschenkel bis zum Knie. Und mit dem Maß dieses Gliedes, nämlich vom Knie bis zum Knöchel, wird der Ozean bezeichnet, der die gesamte Erde umfaßt. Denn wie die Unterschenkel sich nach hinten beugen, so umfassen auch diese Wasser die gesamte Rundung der Erde und überschreiten ihre Grenze nicht. Diese Wasser treten nicht über ihr Bett hinaus, weil sie gleichsam in einer Furche und wie in Kanälen fließen und diese Grenzen nicht überschreiten. Sie sind den Wassern, die sich über dem Firmament befinden, in ihrer Tiefe gleich.

So eilt auch die Seele, die ihren Platz in allen Gliedern des Menschen hat, durch ihn zu allen Begierden des Fleisches, wie ein Blasebalg zum Blasen gezwungen wird. Daher sagt sie auch klagend zum Menschen: Ach, ach, du Fäulnis voller Asche, warum bin ich von Gott jemals in dich gesandt worden, der du mich so in deine Begierden verwickelt hast, daß ich durch teuflische Überredung gezwungen werde, mit dir deine verbrecherischen Taten zu vollbringen?

Darauf sagt der Mensch, obwohl er in der ausgelassenen Tischgesellschaft der Sünder lebt, wegen der Klage der Seele oft bei sich: O, weh mir, warum kann ich mich nicht der Sünden enthalten, der ich doch erkenne, daß meine Handlungen vor Gott und den Menschen beschmutzt sind? Und warum fürchte ich nicht meinen Gott, der jeden Makel der Sünden wie die Bosheit des Teufels richtet und verwirft? Danach wendet sich der Mensch in bitterer Reue von seinen Sünden ab, indem er sie aufzählt, und er wird in dieselbe Pein geführt, in der die Seele war, als er sündigte. So spricht er: Ach, ach, ich habe meinen Schöpfer vergessen, als ich nicht aus Furcht und Liebe zu Ihm in der Erkenntnis meiner Vernunft vom Begehren des Fleisches abwich. Und so wirft er sich in wahrer Reue zur Erde und ruft im Gebet zu Gott: O mein Gott, hilf mir, und durch Dein Blut führe mich aus der Tiefe meiner Sünden, durch die ich gleichsam in die Hölle versenkt bin. Durch Deine Gnade ziehe mich an Dich, damit ich zur Heilung aufstehen kann. Und so wäscht er seine Sünden einzeln ab, indem er sie in wahrer Reue betrachtet.

Das Maß, das von der Stelle der Ausscheidung bzw. vom Oberschenkel bis zum Knie besteht, bezeichnet, daß die Kraft der Leidenschaft <libido> in den Lenden des Mannes und im Nabel der Frau durch die erste Einflüsterung des Teufels geweckt wird, wenn sie infolge des Übels dieser Täuschung mit gleichem Eifer in Gedanken und in der Tat Sünden der Ausschweifung begehen. Danach jedoch wird der Mensch durch die Seele in Schmerz und Beschwerde über diese Sünden geführt, worauf auch das Maß von den Knien bis zum Knöchel hinweist. Der Knöchel versinnbildlicht den Ort der Verbannung, an dem Adam ausgesetzt wurde, was der Mensch bei all seinen Taten, den guten und den bösen, nicht vergessen kann. Denn bei den bösen Taten wird er an die Vertreibung Adams erinnert, und bei den guten Taten denkt er daran, wie er von Gott erschaffen wurde.

Gott hat ja für die vernunftbegabte Seele eine Wohnstätte in so großer Vollkommenheit geschaffen, daß sie in ihr alle ihre Tugendkräfte verwirklichen kann, so wie auch der Mensch sein Haus baut, um in ihm alles, was er will, zu verrichten. So sind die Winde von Gott geschaffen, um bald angenehm, bald mit Gefahr alles mit ihrem Wehen zu durchdringen Und wie der Ozean den Bereich, in dem er fließt, nicht überschreitet, so verläßt auch die Seele ihr Maß nicht, ob sie sich an guten Werken erfreut oder von bösen betrübt wird. Wenn nämlich der Mensch nach dem Verlangen des Fleisches sündigt, ist er vor Gott wie die finstere Nacht; wenn er aber nach dem Wesen der Seele handelt, leuchtet er vor Gott und seinen Engeln wie das Licht des Tages.

Vom Knöchel bis zum Ende der großen Zehe ist das gleiche Maß wie vom Handgelenk bis zur Spitze des Mittelfingers, wie schon oben gezeigt wurde. Die Füße versinnbildlichen die übrigen Flüsse, die sich über die ganze Erde verteilen und sie überall bewässern. Und wie die Füße mit den Unterschenkeln und die Hände mit den Armen verbunden sind, so nehmen die Flüsse ihre Kräfte vom Ozean. Gott schuf ja die Erde, die durch die Kräfte der übrigen Elemente aufkeimt, wie auch die Frau durch die Zeugungskräfte (vgl. Sciv II 3,22) des Mannes befruchtet wird.

Der Mensch also, durch die Seele göttlich und durch die Erde irdisch, ist das volle Werk Gottes <plenum opus Dei>. Daher kennt er das Irdische und erkennt im Spiegel des Glaubens das Himmlische. Wie nämlich vom Fußknöchel bis zum Ende der großen Zehe und vom Handgelenk bis zur Spitze des Mittelfingers das gleiche Maß ist, so besitzt die Seele, durch die der Mensch versteht, daß er einen Gott hat, in gleichem Maß ohne jede Einschränkung den Leib, und er unterstützt sie in gleichem Maß, so daß die Seele in ihm, in allen Handlungen, die sie mit dem Leib ausführt, keine Schwäche hat. Und wie auch die Erde Nützliches und Unnützes wachsen läßt, so tragen die Füße den Menschen zu nützlichen und unnützen Werken; und wie aus dem Ozean alle Wasser ausströmen, so werden von Leib und Seele alle Taten des Menschen ausgeführt.

92. Die zwölf Gelenke des Körpers als Sinnbild der zwölf Winde und ihrer ausgleichenden Funktion

Mit der Kniekehle des rechten Beines, wo sich das Bein des Menschen biegt, wird der westliche Hauptwind bezeichnet; mit dem Schenkel und dem Knöchel desselben Beines wird auf die Seitenwinde dieses Windes hingewiesen. Mit dem Oberschenkel und dem Fuß desselben Beines wird das Wehen dieser Seitenwinde gezeigt. Mit der Kniekehle des linken Beines wird der nördliche Hauptwind bezeichnet, mit seinem Schenkel und dem Knöchel dessen Seitenwinde. An den Oberschenkeln und am Fuß dieses Beines wird das Blasen dieser Seitenwinde gezeigt.

Gott hat, wie schon erwähnt wurde, die Bestimmung der Winde im Menschen versinnbildlicht, nämlich in den Ellenbogen, den Schulterblättern, den Händen, den Knien, Oberschenkeln und Füßen, an denen sich zwölf größere Gelenke befinden, wie es auch zwölf Winde gibt.

Die Ellenbogen mit den ihnen verbundenen Gliedern bezeichnen den Ost- und Südwind mit ihren Seitenwinden, wie schon oben gesagt wurde. Die Knie aber mit den ihnen unten verbundenen Gliedern weisen auf den West- und den Nordwind mit ihren Seitenwinden hin. Und wie diese Glieder mit dem gesamten Körper verbunden sind, so stehen auch diese Winde mit ihren Dienern dem Firmament bei. Der eine wird auch durch den anderen in Hitze, Kälte, Trockenheit und Feuchtigkeit gemäßigt; und so üben sie ihre Funktion üereinstimmend aus, wie auch der Mensch mit seinen Armen und Händen alles ausführt, was er sich in seinem Wissen vornimmt. Und wie diese Glieder im gleichen Maß voneinander entfernt sind, so liegen auch die Winde im gleichen Abstand auseinander.

93. Der gefährliche, schädliche Nordwind

Unter ihnen aber zeigt der Nordwind öfters seine Rauheit und seinen Schrecken, wenn er seinen windreichen Flügel gegen das Rad des Firmaments und gegen Osten wendet, wo er oft einen schrecklichen und schädlichen Dunst in Bewegung setzt und im Sommer kalte Nässe schickt, die die Früchte der Erde verdirbt und die Bäume verdorren läßt. Wenn das geschieht, türmt sich dieses schreckliche Wehen mit großer Wildheit auf und bedeckt die Wolken, durch die die Sonnenscheibe leuchtet, so daß es den Menschen vorkommt, die Sonne habe sich verfinstert. So verursacht dieses Wehen auch Verwirrung unter den Wolken, und daher entsteht dann Finsternis auf der Erde. Das kann jedoch von den Menschen nicht wahrgenommen werden, außer wenn sich vorher große Wunderzeichen ankündigen. Denn diese werden durch die Elemente in Bewegung gesetzt, wie die Hand, wenn sie vom Arm gebeugt wird, zeigen und alles ausführen kann.

Dieser Nordwind spielt wegen der widersprüchlichen Taten der Menschen oft so mit dem Mond, daß dieser ihnen manchmal schwarz, manchmal eisenfarbig und manchmal gleichsam in seinen Teilen verschiedenartig gefärbt erscheint. Deshalb ist sein Anblick dann für die Menschen schrecklich. Denn der Nordwind ist in jede Richtung, in die er sich wendet, gefährlich, und für alles, wohin er bläst, schädlich. Den warmen Wind, der mit der Feuchtigkeit des Taus mild von der Sonne her fliegt und alle Grünkraft und die Früchte der Äcker auf der Erde zur Vollendung bringt, stört er mit seiner Kälte und Rauheit und meidet das Gedeihen des Nützlichen. Er unterstützt aber die anderen Winde wie ein Mensch, der sich an eine Wand lehnt, und dient ihnen so. Und alle Lichter erscheinen durch das Dunkel des Nordwindes in der Schöpfung noch leuchtender und strahlender, weil in ihm kein Licht ist. Auf diese Weise unterstützt auch der linke Arm den rechten und dient ihm.

94. Die Entsprechung zwischen den Winden, den Gelenken und dem Wirken der Seele im Menschen

Das alles hat auch Bezug zur Seele. Die Seele weilt im Leib ähnlich wie die Winde, deren Wehen man nicht sieht, sondern hört. Sie breitet, weil sie luftartig ist, wie ein Luftzug ihr Wehen, ihr Seufzen und ihre Gedanken in ihm aus. Durch die Feuchte ihrer Weisheit gleicht sie auch dem Tau, durch den sie ihre guten Absichten auf Gott richtet. Wie nämlich der Glanz der Sonne die ganze Welt beleuchtet und sich trotzdem nicht verringert, so ist sie selbst als Ganzheit in der kleinen Gestalt des Menschen, obwohl sie mit ihren Gedanken überall hinfliegt. Durch die heiligen Werke steigt sie im Lob Gottes zu den Sternen empor, aber durch die bösen Werke der Sünden steigt sie in die Finsternis hinab. Darauf weist auch die Sonne hin, die mit ihren Kräften am Tag über der Erde und nachts unter der Erde leuchtet. Die Seele steigt auch mit der guten Absicht empor, und wenn sie in böser Absicht verkehrt handelt, steigt sie hinab. So werden auch die Beine durch die Kniekehlen bei den verschiedenen Arbeiten höher oder tiefer bewegt.

Der Westwind, den man ziemlich fürchten muß, zeigt die gute Absicht des Menschen, die niemals ohne Furcht sein darf. Denn durch sie wird der Mensch, solange er noch im Gestank der Sünden lebt, wie durch die Kniekehle unterstützt. Der Fußknöchel und Fuß versinnbildlichen den Willen und die Sehnsucht , mit deren Hilfe die gute Absicht mit den Werken zusammen vollendet wird. Und wie dem Westwind seine Seitenwinde bei seiner Aufgabe beistehen, so helfen Willen und Sehnsucht beim Werk. Der rechte Seitenwind des Westwindes bezeichnet, daß der Mensch gleichsam auf der rechten Seite der Seele zustimmt und so die Sünde in sich besiegt, der linke aber, daß er von Sünden überwältigt, gleichsam auf der linken Seite in Gottvergessenheit lebt.

Der Nordwind, der mit seinem Blasen alle Grünkraft der Erde austrocknet, wobei ihm seine Seitenwinde helfen, zeigt den Menschen, der nach dem Wollen und der Verlockung seines Herzens die Begierden des Fleisches ausführt, durch die er jeden Glücks der himmlischen Güter beraubt wird. Aber wenn eben dieser Mensch gleichsam auf der linken Seite Böses vollbringt und so nicht mit seiner Seele übereinstimmt, dann hält ihn die Kraft seiner Vernunft gleichsam von rechts davon ab. Trotzdem werden alle Handlungen, die guten und die schlechten, von ihr ausgeführt, wie durch den Sommer alle Früchte der Erde hervorgebracht werden. Gott schuf auch die Seele durch die vier Kräfte, die sie vom Feuer, von der Luft, vom Wasser und von der Erde hat, damit sie in ihrer Weisheit ihr Gefäß, den Leib, lenkt. Mit diesen Kräften vollendet sie alle Aufgaben des Leibes, indem sie mit ihm zusammenwirkt. Sie selbst hat, bevor sie in den Leib gesandt wird, keine Aufgabe, wie sie auch, wenn sie ihn verlassen hat, nicht weiter wirken wird.

Mit den Gelenken der Glieder des Menschen hat Gott die vier Winde mit ihren Seitenwinden bezeichnet: an den Schultern, den Ellenbogen, den Händen, den Hüften, den Knien und den Füßen. Einer von ihnen, der Ostwind, ist mit der Kraft der Morgenröte eng verbunden, die aus der Kühle der Nacht Tau hat, den sie über die Erde schickt. Am frühen Morgen erstrahlt die Morgenröte; in der ersten Tagesstunde erleuchtet die Sonne den Tag; in der dritten beginnt sie zu brennen und in der sechsten entfaltet sie die Fülle ihrer Glut. Das bedeutet, daß der Mensch durch die gute Absicht aufseufzt, dann weint und danach die guten Werke beginnt, die er später mit dem großen Eifer der guten Absicht vollendet.

Denn der Mensch, der im heiligen Umgang mit den guten Werken stark glüht, ist wie der Südwind; er begann zunächst durch Seufzen und gute Absicht gleichsam im Osten heiligmäßig zu leben; aber später hören gleichsam im Westen die unruhigen Kämpfe auf, mit denen die Seele den Leib in Zucht hielt, so wie die Glut der Sonne im Osten aufgeht, im Süden voll brennt und im Westen nachläßt. Wie sich nämlich Osten und Süden in der Hitze des Tages verbinden, so fügt die Seele eine Tugend an die andere und vollendet alle guten Werke wie die Hände zusammen mit den Armen. Die Sonne aber steigt am Tagesende im Westen nach unten, wie die Knie des Menschen mit den Füßen über die Erde laufen. Am Abend wird auch die Fröhlichkeit des Tages in Unbehagen verwandelt. Der Mensch freut sich dann nicht mehr am Licht des Tages, sondern hat Verdruß durch seine Schläfrigkeit. Das bedeutet, daß der Mensch, der nach dem Verlangen des Fleisches handelt und mit fleischlichen Werken beschäftigt ist, die himmlischen Güter vergißt und so nächtlich wird. Wenn er aber durch die Seele im Feuer des Heiligen Geistes die heiligen Tugenden ausübt, erkaltet er durch die Liebe Christi in der Begierde des Fleisches.

Die vernunftbegabte Seele bringt ja mit dem Klang Worte hervor und vermehrt sie, wie ein Baum seine Zweige vermehrt. Von ihr gehen alle Kräfte des Menschen aus wie von einem Baum die Äste. Und ihre Werke, wie auch immer sie sind, die sie mit dem Menschen wirkt, erkennt man wie die Früchte eines Baumes. Die Seele hat nämlich vier Flügel, die Sinneskraft <sensus>, das Wissen <scientia>, den Willen <voluntas> und die Einsicht <intellectus>. Durch den Flügel der Sinneskraft fühlt sie, daß sie verwundet ist und zu dem neigt, was das Fleisch liebt. Denn sie ist immer ein beweglicher Hauch. Durch den Flügel des Wissens hat der Leib den Drang zu wirken, weil er erkennt, daß er durch die Seele lebt. Durch den Flügel des Willens aber sehnt sich die Seele danach, mit dem Leib zu wirken, weil sie sieht, daß er geschaffen ist. Durch den Flügel der Einsicht jedoch erkennt sie die Früchte eines jeden Werkes, ob es nützlich oder unnütz ist, weil sie selbst unbegrenztes Leben bleibt. Durch diese vier Flügel hat die

Seele also mit dem Wissen um Gut und Böse Augen nach vorn und nach hinten. Durch das Wissen um das Gute fliegt sie wie ein Vogel mit den guten Werken gleichsam vorwärts, im Wissen um das Böse mit den schlechten Werken aber gleichsam zurück.

95. Der Nordwind, der Sturz der Engel und das Wirken der bösen Geister

Denn wenn der Nordwind sein Blasen wütend erhebt, widersteht ihm der Ostwind, und der Westwind hindert ihn daran, über ihn hinaus zu blasen. Der Südwind jedoch, der stärker als diese beiden ist, widersteht ihm zusammen mit jenen, damit er nicht sein Blasen über ihn hinaus schickt. So widersetzen sich alle Winde vom Sonnenaufgang bis zu ihrem Untergang (vgl. Mal 1, 11) dem Nordwind, den das Licht der Sonne weder berührt noch erhellt. Denn der Nordwind ist schlimmer als die anderen Winde. Er wurde nämlich beim Sturz des Teufels, als Gott ihn in den Abgrund der äußeren Finsternis warf, wo er fern von jedem Licht im Finstern bleibt, selbst finster. Denn seit Adams Fall schicken die bösen Geister ihr Blasen aus der Finsternis, in der sie sind, in die ganze Welt und drängen die Menschen in den Irrtum. Und das tun sie in derselben Bosheit, mit der sie dem wahren Licht widersprachen. Gott aber läßt nicht zu, daß sie sich in ihrer schrecklichen Gestalt den Menschen, die unter der Sonne leben, so zeigen, wie sie sind. Sie erscheinen ihnen aber gemäß ihrer Absicht und ihrer Wesensart, indem sie sie in jeder Gestalt der Geschöpfe täuschen und sie, soweit sie können, von den guten Werken abbringen.

Der Nordwind nämlich verletzt die Menschen und die Früchte der Erde. Mit seinen Flügeln schickt er in der Sommerhitze die entgegengesetzte Kälte nach Osten und Westen, wodurch er die Früchte der Erde austrocknen läßt. Er ist der Dunkelheit und Bosheit der Geister der Luft ähnlich. Denn diese sehr bösen Geister lassen das Feuer des Heiligen Geistes durch die Gottvergessenheit in den Menschen erkalten. Die Seele freilich, die durch den Kampf mit dem Leib so überwältigt wird, daß sie ihm zustimmt, wühlt sich so in die Begierden des Fleisches hinein wie ein Wurm in sein Schlupfloch. Wenn sie dann durch den Geifer der Schlange mit Sünden befleckt ist, denkt sie nicht daran, daß sie Geisthauch von Gott ist. Sie bleibt jedoch nicht lange in ihnen, sondern für die Umarmung der Sünden, nach denen sie wie nach großem Vergnügen lechzte, seufzt und stöhnt sie. Und sie hält ihre Sünden nicht mehr für Genüsse wie vorher, sondern für eine Last. Sie kämpft gleichsam gegen sich selbst und wendet sich schließlich den guten Werken zu.

Aber wenn der Mensch in seinem Wissen um das Böse, sich selbst verkauft hat und durch die Glut der Leidenschaft <libido> Gott vergessen und auf den Rat der Schlange geachtet hat, dann brennt eben diese Leidenschaft durch das Blasen der teuflischen List in ihm noch glühender und täuscht ihn, indem sie spricht: Wie könntest du dich beherrschen, daß dein Fleisch nicht durch die Lust erschüttert würde, da du doch ein Mensch bist und durch Reue wieder rein werden kannst? So ist dieser Mensch wie der Wind, der seinen Schrecken unter den Wolken verbreitet, durch den Spott seines irrenden Verstandes in seiner Einsicht verfinstert und schläft mit seinen verbrecherischen Sünden im Dunkel der Gottvergessenheit. Und wenn er so in seinen Sünden Gott vergißt und eingeschlafen ist, wird er in der Erkenntnis der Menschen, die durch ihr gerechtes Leben Gott schauen, für etwas wie widerliche, scheußliche Würmer gehalten, vor denen die Menschen fliehen. Daher sagen sie über ihn: Was für ein Mensch ist das, der in solcher Unreinheit lebt und nicht daran denkt, daß er ein Mensch ist? Und so meiden sie ihn wie ein todbringendes Zeichen. Sie betrachten sich selbst prüfend und wegen des Schreckens, den sie an diesem Menschen erkannten, bezeichnen sie in Gottesfurcht alle ihre Werke, um ihm nicht ähnlich zu werden. Das machen sie auch in Ähnlichkeit zu den Zeichen, die auf Mühsal und Unnützes hindeuten.

Und wie die Hand durch den Arm alles bezeichnet und ihre Wunderzeichen durch die Bewegung der Elemente vorausbezeichnet werden, so tut der Mensch durch die Seele Nützliches und Unnützes, indem er es bei sich überlegt. Die Gegensätzlichkeit des Nordwindes bezeichnet die Unbeständigkeit der Gesinnung jener Menschen, die alles nach ihrem Willen planen und als richtig einschätzen, weil sie auf sich vertrauen und nicht auf Gott. Dadurch sind sie einer dichten Wolke ähnlich, durch die man den Glanz der Sonne niemals klar sieht. Sie horten alles, was ihrem Schöpfer zuwider ist, indem sie es auswählen und ihm seinen Platz geben. Daher sind sie auch in der Schwärze ihrer Bosheit den Menschen lästig. Wie nämlich der Mond in verschiedenen Farben erscheint, so verwandeln sie sich mit der Gottvergessenheit durch die Doppeldeutigkeit der List in so eiserne Härte, daß sie sich manchmal den Menschen gegenüber ohne aufrichtige Treue sanft und nützlich zeigen. Sie sind selbst durch die teuflische List getäuscht, und durch ihre hassenswerten und boshaften Taten geraten sie vor Gott und den Menschen in Verwirrung.

Derselbe Nordwind ist in jeder Hinsicht gefährlich und ohne jeden Nutzen; denn er hat nach dem Urteilsspruch des gerechtesten Richters jenen bösen Geist aufgenommen, der Gott widerspricht. Er versinnbildlicht auch den glühenden Zorn, in dem durch die Einflüsterung des Teufels Menschenblut vergossen wird, und auch den Menschen, der im Haß seines Zornes in seiner Bosheit, soweit es an ihm liegt, den vernichtet, den der Heilige Geist inspiriert hat, da er ihn niemals im süßen Ton der Liebe loben kann. Denn dieser Mensch gießt in seiner Bosheit, das Wasser der Schande über den, den er von Weisheit durchdrungen sieht, und verfolgt ihn überall mit seiner Geringschätzung. Den Menschen, der die echte Liebe hat, beraubt er durch Worte der Lüge aller Ehre, soweit er kann; den Frieden zerstört er mit Worten der Härte und Falschheit überall in allen, bei denen er es kann.

Denn der Nordwind, der von Gott entfremdet ist, nimmt alle Laster der Menschen auf, damit sie in ihm herumgewirbelt werden. Wie nämlich die Gerste aus dem Weizen ausgesiebt wird (vgl. Lk 22,31), so ist er zwar selbst von jedem Nutzen, jeder Glückseligkeit und Heiligkeit getrennt, unterstützt aber dennoch alle Tugenden, die aus der Einhauchung des Heiligen Geistes hervorgehen und durch ihn ansehnlicher und leuchtender werden, wie eine Wand den Menschen stützt, der sich an sie lehnt. Durch sein Dunkel wird auch alles Leuchtende erkannt, das mit der himmlischen Harmonie in Verbindung steht und das der Menschensohn in seinem jungfräulichen Wesen ausgesät hat. Und wie die Einflüsterung des Teufels die Menschen verführt, so ist auch das Blasen des Nordwindes für den Menschen schädlich. Wenn nämlich der Mensch Ungerechtigkeiten und Sünden sozusagen auf der linken Seite mit dem Teufel durch dessen Einflüsterung begangen hat, erinnert er sich durch Reue und Umkehr gleichsam auf der rechten Seite an sie und wird dann wie ein Gefangener von der Hölle befreit; durch die Erinnerung an seine Sünden wird er stärker und heiliger in guten Werken, so wie die linke Hand der rechten dient.

96. Der Mensch in seinem kleinen Maß und das Weltenmaß

Das Gesicht seines gerechten Sprosses aber, des Adam, wandte Gott nach Osten, als Er ihn erweckte und aufrichtete. Mit seiner rechten Hand bezeichnete Er das südliche Gebiet der Seligkeit und mit seiner Linken die äußere Finsternis, die Norden genannt wird. Ihm prägte er auch die Kräfte der Elemente und der übrigen Geschöpfe ein. Mit ihnen sollte der Mensch gegen den Norden wirken, den Bereich der gefallenen Engel, die sich von Ihm getrennt haben, weil sie Ihn in ihrem Eigenwillen verneinten und nicht wollten, daß es Gott gibt. Deshalb will auch Gott, daß der Mensch den Norden mit seiner linken Seite verschmäht und zurückweist und nicht in irgendeiner Nachahmung auf ihn schaut, so wie er keineswegs mit seinem Gesicht seinen Rücken sehen kann. Mit allen Kräften des Geschöpfes soll er im Kampf Michaels gegen die Schlange kämpfen und den Norden ganz im Vergessen seiner linken Seite haben, wie die Finsternis vom Licht getrennt ist.

So hat Gott den Menschen mit den Kräften aller Geschöpfe gestärkt und ihn mit diesen wie mit einer vollständigen Rüstung bekleidet. Er erkennt daher durch das Sehen die Geschöpfe, mit dem Hören versteht er sie, mit dem Geruchsinn unterscheidet er sie, mit seinem Geschmack wird er von ihnen ernährt und mit dem Tastsinn beherrscht er sie. Daher soll er auch den wahren Gott als Schöpfer aller Kreaturen erkennen und nicht seine Kräfte aufbieten, gegen Ihn zu kämpfen, obwohl er durch den Rat der alten Schlange oft getäuscht wird. Denn Gott hat ihn mit den genannten Kräften nicht dazu erfüllt, in irgendeiner Hinsicht zu versuchen, seinen Geist zur Torheit des verlorenen Engels zu erheben. Gott hat nämlich die Gestalt des Menschen nach der Ordnung des Weltgefüges und der anderen Geschöpfe gebildet, wie ein Gießer eine Form hat, nach der er seine Gefäße gießt.

Und wie Gott die große Einrichtung des Weltalls in ausgewogenem Maß gemessen hat, so hat er auch in gleicher Weise den Menschen in seiner kleinen, kurzen Gestalt abgemessen, wie oben gesagt wurde. Er hat ihn so geschaffen, daß ein Glied mit den anderen verbunden ist und sein richtiges Maß und richtiges Gewicht nicht überschreitet, außer wenn es nach Gottes Entscheidung geschehen soll. Und Er hat ihn geschaffen, daß er sich an ziemlich vielen Körperteilen beugen kann, am Hals, an den Schultern, den Ellenbogen, den Händen, Oberschenkeln, Knien und Füßen und bestimmten anderen Gliedern.

97. Jahreszeiten und Monate in ihrer Beziehung zu Leib und Seele des Menschen

Wie Gott die Schöpfung im Menschen bezeichnet hat, so hat er in ihm auch die Jahreszeiten in ihrer Abfolge dargestellt. Den Sommer zeigt er am wachen Menschen, den Winter am schlafenden. Denn wie der Winter in sich verbirgt, was der Sommer mit Freuden hervorbringt, so wird auch der schlafende Mensch durch den Schlaf gekräftigt, damit er im Wachen mit seinen Kräften für jede Arbeit bereit wird. Auch die Monate hat Er an ihm unterschieden, indem Er ihre Eigenschaften und Kräfte an ihm unterschied.

Der erste Monat

Der erste Monat, in dem die Sonne wieder steigt, ist kalt und feucht. Er ist voller Widerspruch und schwitzt Wasser aus, das sich in das Weiß des Schnees verwandelt hat. Daher werden seine Eigenschaften mit dem Gehirn verglichen. Auch es ist kalt und feucht und reinigt sich, indem es wertlose Flüssigkeit durch Ohren und Nase ausscheidet. So wirkt auch die Seele mit Freude in der Kindheit des Menschen, die weder Arglist noch fleischliches Begehren kennt und die Seele nicht antreibt, gegen ihre Natur zu wirken. Die Seele ist in der Kindheit, die ihrem eigenen Sehnen nach einfach und unschuldig ist, stark und mächtig. Später aber, wenn sie ohne die Freude der kindlichen Unschuld ist, wird sie in große Traurigkeit gestürzt, wie ein Fremdling, der aus seiner Heimat vertrieben ist. Denn die Körpersäfte im Menschen nehmen jetzt zu, er selbst wird von der Fleischeslust befleckt, liebt die Leichtfertigkeit und damit die Gottvergessenheit und findet Freude und Lust an der Tischgesellschaft der Sünder. Wie nämlich die Sonne sich im ersten Monat wieder erhebt, so ist die Seele im frühen Lebensalter durch die Lust und Auswirkung der Sünden weder gebunden noch verfinstert. Durch sie wendet sich der Mensch mit dem widersprüchlichen Verhalten seine Unbeständigkeit zur Verhärtung von Niedertracht und Eitelkeit, da ihm die Heiligkeit der richtigen Werke fehlt. Aber wenn dieser Mensch durch die Belehrung und Ermahnung des Heiligen Geistes Tränen vergießt, wird er mit dem süßen Duft des guten Rufes vom Gestank seiner Sünden gereinigt, weil er Unkenntnis und Widerwillen gegen gute Werke meidet.

Der zweite Monat

Der zweite Monat ist seinem Wesen nach reinigend und wird in den Augen versinnbildlicht. Denn wenn die Augen wässrig, unrein und krank sind, reinigen sie sich bisweilen selbst. So ist auch die Seele im Menschen wie der Saft im Baum. Denn wie durch den Saft alle Früchte des Baumes wachsen, so werden auch durch die Seele alle Werke des Menschen ausgeführt. Wenn dann die Adern und das Mark des Menschen in voller Kraft sind, beginnt er nach dem Verlangen des Fleisches zu handeln. Wenn er das getan hat, seufzt er oft auf, gezwungen vom geistigen Wesen seiner Seele. Auch wenn er mit dem Auge seines Gewissens betrachtet, wie er mit den Sünden begonnen und wie er sie ohne Reue ausgeführt hat, bemüht er sich, nachdem er von jeder Befleckung gereinigt ist, sie weiterhin zu meiden.

Der dritte Monat

Der dritte Monat ist seinem Wesen nach voller Unruhe. Er bringt Stürme und hat ungesunde Witterung in sich. Mit seinen verschiedenen Winden weckt er alle Keime der Erde. An diesem Monat erkennt man die Ohren, in denen der Laut von allem Nützlichen und Unnützen ertönt, wodurch der ganze Leib bewegt wird. Auf ähnliche Weise hat auch die Seele im Leib, der durch sie bewegt, erfüllt und wie von Adern durchflochten wird, eine Auseinandersetzung mit den Kräften ihrer Natur. Denn der Mensch gleicht mitten in seiner Jugend einem Baum, der zunächst unreife Früchte und erst später seine reifen Früchte hervorbringt. Denn der Mensch trägt in sich Stürme eines unruhigen Lebens, wenn er merkt, was er tun könnte, weil sein Mark schon fett und seine Adern gefüllt sind. Dann hat die Seele in ihm eine trauernde und klagende Stimme, weil ihr Schmerz durch seine Sünden mehr und mehr vergrößert wird; denn sie ist das Leben, das alles im Menschen in Bewegung setzt. Jener aber ist, mehr als recht ist, begierig nach Anerkennung, und indem er sich für weise hält, handelt er noch unvernünftiger. Durch seine Verwegenheit und seinen Hochmut ist er wie eine eitrige Wunde. Er verfällt in Lüge, während der Ruf eines guten und ehrenhaften Namens, den er zu haben sucht, sich nie an ihm zeigt. Daher wird auch die Seele, durch deren Kräfte alles ausgeführt wird, tief traurig. Denn in sie kommt alles Gute und Böse zurück, wie auch in den Ohren alles Nützliche und Unnütze widerhallt. Wenn aber der Mensch die Auswüchse des jugendlichen Überschwangs überwunden hat, durch die Gnade Gottes seine Fehler wiedergutmacht und sich dem Besseren zuwendet, dann durchweht die Seele, die vorher traurig war, in ihm alles, Wertvolles und Unnützes, und bewegt ihn zur Reue wegen seiner schlechten Taten. Über seine guten und nützlichen Werke aber läßt sie ihn sich freuen, als wäre er an einem paradiesischen Ort.

Der vierte Monat

Durch den vierten Monat, der grün ist, Duft verbreitet und wie aus Furcht donnert, wird die Nase bezeichnet. Mit ihr zieht der Hauch der Seele den Geruch von allem ein, was der Mensch sich in Furcht auswählt, und entläßt ihn wieder. Diesem Monat gleicht der Mensch, der durch den Hauch der Vernunft in seinem Wissen die Grünkraft der guten Werke weise erwählt. In diesem Menschen gedeihen alle Früchte und er bringt Wohlgeruch hervor. Denn mit dem süßesten Geruch wird der Ruf seiner Rechtschaffenheit und Nützlichkeit zum Lobe Gottes überall verbreitet. Aber der Lärm der widerwärtigen und schlechten Menschen verschmäht oft die Tugenden und guten Werke jenes Menschen und bezeichnet ihn als ungerecht und böse. So behaupteten auch die Juden lügenhaft, Jesus Christus sei ungerecht und befleckt, obwohl sie ihn in all seinen Werken als heilig und gerecht erkannten. Wie nämlich dieser Monat gefährlich und furchterregend donnert und trotzdem die Früchte der Erde nicht austrocknet, so dörren auch die Kräfte und Tugenden des seligen Menschen durch die genannten bösen Reden nicht aus, sondern die, die mit ihren Zähnen gegen ihn knirschen, verlieren ihre Kraft. Und wie der Mensch mit dem Hauch der Vernunft das Edelste und Süßeste auswählt und durch die Nase einzieht, das Stinkende und Häßliche aber verwirft, so verdient er ewigen Lohn und wird von den Menschen mit Lob geehrt. Sein Verfolger dagegen bleibt ohne den himmlischen Lohn und kann auf Erden niemals von den Menschen in Wahrheit gelobt werden. Wer nämlich Gott fürchtet und liebt, hütet seinen Sinn vor allem, was schlecht ist, wie der Mensch seine Nase von etwas Stinkendem, Unreinem abwendet.

Der fünfte Monat

Der fünfte Monat ist lieblich, mild und herrlich durch alle Früchte der Erde, wie auch das Schmecken des Mundes süß und erfreulich ist; denn durch den Geschmack wird erkannt und festgestellt, woran der Mensch sich in Freude erquickt. So ist auch die Vernunft die Säule und das Mark der fünf Sinne, die durch sie erhalten und zum Wirken angeleitet werden, wie die Erde, die vom Pflug umgeworfen ist, im Keimen fruchtbar wird. Das Sehen aber, die Sehkraft der Augen, durch das der Mensch alles sieht und erkennt, hat mit Recht die Vorrangstellung unter den anderen Sinnen. Denn wie es in seiner Stellung höher ist als die übrigen, so erfaßt er auch besser die entfernteren Dinge als die anderen Sinne. Auch dadurch ist die Sehkraft der Augen angenehm und großartig, weil der Mensch in ihr durch Erkennen und Auswählen das Nützliche vom Unnützen unterscheidet. Der fünfte Monat, der Mai, hat den lieblichsten Duft der Blumen, an denen sich die Herzen der Menschen erfreuen, weil in ihm alle Früchte der Erde hervorsprießen, an denen sich der Mensch freut. So erkennt auch der Mensch mit der Sehkraft der Augen auf natürliche Weise jede Verwendung der Wesen. Mit der Schärfe seiner Vernunft erkennt er den Unterschied von dem, was er sieht. Die Fruchtbarkeit dieses Monats aber ist dem Geschmackssinn des Menschen ähnlich, durch den der Mensch erkennt, was zu seiner Erquickung nützlich ist.

Der sechste Monat

Der sechste Monat ist durch die Hitze trocken, und beim Wachsen der Früchte erhebt er sich mit dem Wind, der den Früchten die Reife bringt und zuweilen übermäßig Regen ausgießt. Mit ihm werden die Schultern des

Menschen bezeichnet, die mit der Wärme Trockenheit haben und jede Arbeit unterstützen, jedes Werk durchführen und den gesamten Körper aufrecht halten. Trotzdem suchen sie bisweilen statt ihrer Arbeit Ruhe, wie ein Vogel vor Müdigkeit seine Flügel sinken läßt und wie die Wurzel ihre Verzweigungen zusammenhält. Auf die gleiche Weise ist der zweite Sinn, das Gehör, gleichsam der kleine Flügel der Vernunft zum Verstehen der Worte, die er aufnimmt. So kommt es, daß der Mensch, während die Ohren den Laut jedes einzelnen Geschöpfes aufnehmen, erkennt, wie dieses Geschöpf ist oder wo es sich befindet. Dadurch strengt er seinen Geist mehr an, es zu erforschen. Denn die Kraft der Seele, die durch die Ohren empfindet, hat keine Mühe mit dem Hören und ist nicht aus Überdruß satt daran, sondern sie hat vielmehr das Verlangen, vieles zu erkennen und sich zu merken. So dehnt auch der sechste Monat, der nicht feucht ist, die Früchte, die er mit seiner milden Wärme hervorgeholt hatte, durch vielfache Zunahme aus und beginnt in ihnen die Reife. Und wie in diesem Monat sich Wassermassen unter dem gefährlichen Grollen des Donners in Furcht ergießen, so ist auch unter dem, was das Gehör über die menschlichen Angelegenheiten gelassen zuträgt, vieles, was der Mensch mit Schrecken und Trauer aufnimmt.

Das Gehör ist der Anfang der vernunftbegabten Seele. Denn wie Worte, die geschrieben werden, vorher verfaßt werden, so wird alles, was über das Gehör verfaßt und zusammengestellt wurde, nach der Absicht des Menschen ausgeführt. Die Seele wird dennoch gezwungen, das alles, Gutes und Schlechtes, Wertvolles und Unnützes, zu ertragen, obwohl sie schon beim Beginn des Hörens wegen ihrer Seufzer und Tränen sich nicht voll freuen konnte, weil sie noch keine guten Werke begonnen hat. Auch die Schultern, die die Feuchtigkeit der Eingeweide und der anderen Glieder des Menschen, wie auch den ganzen Körper unterstützen, haben einige Ähnlichkeit mit dem Gehör, das der Anfang der Seele ist und durch das alle Werke vollendet werden, wie von den Schultern alle Lasten getragen werden. Wie nämlich die Eingeweide miteinander zusammenhängen, so stehen auch die Werke des Menschen miteinander in Verbindung. An den guten Taten, durch die die bösen beschuldigt werden, hat der Mensch Freude, durch die schlechten, an denen man die guten erkennt, wird er traurig. Und so wird er, wenn er noch in der Freude weilt, sogleich in Traurigkeit gestürzt. Deshalb sucht er auch Ruhe, wie ja ein Mensch oft die

Ruhe ersehnt, die er nicht haben kann. Daher wird auch die Seele, die, solange sie im Leib weilt, keine Ruhe findet, für das Gute in den ewigen Zelten aufgenommen, für das Böse entsprechend dem, was sie verdient, bestraft.

Der siebte Monat

Auch der siebte Monat hat durch die glühende Sonne große Kräfte und läßt die Früchte der Erde reifen und austrocknen. Durch seine Unwetter, die teils Dürre, teils Regen bringen, ist er reißend. Ähnlich stark sind auch die Ellenbogen durch die Schultern und die Hände, mit denen der Mensch alles Notwendige zusammenholt. So versteht auch der Mensch durch den Geruchssinn das Wesen eines jeden Dings, indem er unterscheidet und erkennt, was nützlich und was unnütz ist. Das, was zur Erhaltung seiner Natur dient, wählt er aus und sammelt es in seiner Brust, damit er nach Austrocknen der schlechten Säfte in Gesundheit wächst. Denn die Körpersäfte <humores>, durch die er gemäßigt wird, sollen nicht durch einen verdorbenen zähen Saft <sucus> der Kraft des Blutes beraubt werden. Der Mensch zieht nämlich mit seinem Wissen das alles an sich und bringt es unter seine Herrschaft, so daß damit das Gift <livor> aus den Körpersäften ausgestoßen wird und sie selbst in der Kraft der Gesundheit bleiben. Und so ordnet er das mit der Unterscheidungskraft <discretio> kraftvoll, wie auch die Ellbogen durch die Schulterblätter und Hände stark sind. Auch in seinem Geist behält er alles, was zu seiner Gesundheit dient, und so trifft er für alles, was für ihn notwendig ist, Vorsorge, wie alle Früchte, die in diesem Monat reif sind, schon gesammelt werden.

Die Seele aber, die Geisthauch von Gott ist, hat einen reißenden Weg, wie auch die Weisheit auf ihrer reißenden Bahn den Umkreis des Himmels umlaufen hat (Sir 24,8). Daher beginnt und vollendet der Mensch durch sie in der Kraft der sieben Gaben des Heiligen Geistes mit Hilfe seiner fünf Sinne all seine Werke, wie auch der siebte Monat alle Früchte der Erde vollendet. Diese Werke werden entweder zum Lob gleichsam mit der rechten Hand oder zur Verwirrung gleichsam mit der linken vollendet, wie es bei Reife oder Dürre von Früchten ist. Aus der Besinnung auf die Sünden werden nämlich oft in bitterer Reue Tränen vergossen. Wie mit den riesigen Kräften eines Löwen, der die anderen wilden Tiere überwindet, zertritt der

Mensch alle Fehler und Sünden im Eifer einer großen Anspannung. Auch durch die Weisheit, in der er Gott erkennt, trauert er wegen seiner sündigen Werke, mit denen er vor Gott geflohen war. Denn die Seele bewegt und trägt mit ihren Seufzern durch die Ermahnung des Heiligen Geistes mit vielen Kräften den Menschen. Sie läßt ihn in Reue alle Grünkraft der Tugenden sammeln, um die Wunden der Sünden zu tilgen. Daran hat sie selbst Freude, indem sie immer wünscht, zur ewigen Heimat zu gelangen und ohne Ende dort zu bleiben.

Der achte Monat

Der achte Monat ist mit seinen Kräften wie ein mächtiger Fürst, der durch seine Fülle alles in seiner Macht hat. Daher strahlt er auch Freude aus. Er brennt in der Glut der Sonne, hat aber wegen einer gewissen Kühle auch Tau. Durch seine Gewitter ist er schrecklich, weil sich die Sonne schon ihrem Niedergang zugeneigt hat. Seine Eigenschaften zeigen sich an den Händen des Menschen, die sehr viele Werke vollbringen und die Macht des ganzen Körpers in sich tragen, denn alles, was sie können, ziehen sie an sich und speichern es, so daß der Mensch wegen der Werke seiner Hände oft gelobt wird. Ähnlich erkennt der Mensch auch durch den Geschmack seines Mundes vollkommener als durch die übrigen Sinne die Kräfte von dem, was für ihn nahrhaft ist, und behält es in der Kraft seines Wissens, wie auch dieser Monat in seinen Kräften groß ist. Der Mensch hat auch Freude in sich, indem er weise unterscheidet, welche kalten und warmen Wesen seiner Gesundheit zuträglich sind, so wie auch dieser Monat die Glut der Sonne und die Kühle des Taus in sich hat. Denn in seinem Wissen wendet er sich ab von dem, was gefährlich und unnütz ist, und sammelt das Gute und Nützliche. So vollenden die Hände kraftvoll in Rechtschaffenheit lobenswerte Werke, wie ein Baumeister in der Beherrschung seines Handwerks alle Teile seines Hauses errichtet, in dem er seine ganze Habe weise aufbewahrt.

Die Seele aber ist ihrem Wesen nach kämpferisch und durchdringt mit ihren Wünschen die unerlaubten Begierden des Menschen und überwindet sie. In reißendem Lauf zieht sie ihre Bahn und steigt vom Beginn ihres Kampfes an zu Gott empor. Sie kämpft mit dem Schild des Glaubens und der gesamten Waffenrüstung der Tugenden (vgl. Eph 6,16 und 6,11) gegen die Begierden des Fleisches, und wenn sie diese besiegt hat, freut sie sich wie ein Kämpfer, der nach seinem Willen und seiner Absicht seine Feinde überwunden hat. Denn da sie in der Glut der wahren Sonne brennt, läßt sie den Menschen aufseufzen, so daß er in der Kühle der wahren Reue, die alle Sünden ausdörren läßt, Tränen vergießt. Der Mensch steigt nämlich in der Reue, in der ihm sehr viele Widerstände entgegentreten, hinab, weil er sich in Demut für Schmutz hält, so daß er kaum die Heilung seiner Seele erhofft. Aber die Seele stellt ihm bald das Kreuz und alle Leiden Jesu Christi vor Augen, durch die die Sünden getilgt werden. So erhebt sie ihn zur Hoffnung empor, aus der die Reue erblüht, während er selbst von Tugend zu Tugend emporsteigt. Durch sie bewirkt er für jedes einzelne Werk, das er durch sie vollbracht hat, die Blüten der guten Werke und heiligen Tugenden, an denen er nie Überdruß bekommen kann. So wird er durch die Reue emporgehoben, schreitet täglich mit großer Kraft voran und sammelt gute und heilige Werke, an denen sich die ganze himmlische Schar im Lobpreis Gottes erfreut.

Der neunte Monat

Der neunte Monat ist die Zeit der Reife und zeigt sich nicht mehr schrecklich durch Unwetter. Allen überflüssigen Saft der Früchte, die zum Essen taugen, nimmt er weg. Denn er trägt alles sicher wie in einem Sack. Daher ist er auch in seinen Eigenschaften wie der Magen des Menschen, in dem mit der Hitze der Leber und der anderen Eingeweide alles, was man ihm eingibt, durchgekocht wird; wenn es durch Wärme und Kälte gemischt ist, wird es in festgesetzter Weise regelmäßig ausgeschieden. Aber dieser Vorgang wird manchmal durch Krankheiten gestört, wie auch dieser Monat durch die vorausgehenden Unwetter bisweilen in seiner Regelmäßigkeit gestört wird. Der Mensch erkennt auch durch den Tastsinn, was zum Essen reif ist, und verzehrt es, damit er nicht von unreifen Früchten in seinen Säften gestört wird und erkrankt, so wie auch dieser Monat den überflüssigen Saft der Früchte beseitigt. Er selbst strebt auch danach, nicht unmäßig, sondern richtig und ausreichend zu essen, damit nicht seine Körpersäfte von verdorbenem Blut durcheinander gebracht werden. Auch alles Nützliche sammelt er sorgfältig für sich, wie jemand einen Gegenstand, den er liebt, sorgfältig einschließt, damit er ihm nicht weggenommen wird. So ist also

Tafel 9
Die Stadt Gottes

Und wiederum schaute ich gleichsam die quadratische Anlage einer großen Stadt, die auf allen Seiten wie von hellem Glanz und von Dunkelheit wie von einer Mauer umgeben war.
In der Mitte ihrer Ostseite sah ich auch einen mächtigen, hochragenden Berg aus hartem, weißem Stein. An seinem Gipfel erstrahlte eine Art Spiegel. Derselbe Spiegel entsandte aus sich einen Glanz, in dem viele Geheimnisse und eine große Anzahl Abbilder verschiedener Gestalten erschienen.
In ihm erschien eine Taube mit ausgebreiteten Flügeln, wie zum Fliegen bereit.
In demselben Glanz nach Süden hin zeigte sich eine Wolke, oben leuchtend weiß, unten aber schwarz, über der eine unendliche Schar von Engeln erstrahlte. Sie alle wurden wie brennende Fackeln von einem Wind bewegt.
Und dieser Wind sandte Feuer in die Wolke. Aber dann blies er in sie hinein und ließ sie wie dichten Rauch schwächer werden und vergehen.

der Mensch mit seinem Tastsinn dem Magen ähnlich, der das, was er aufnimmt, in Wärme und Kälte maßvoll durchmischt, wieder ausscheidet, wie auch in diesem Monat alle Früchte sich reif zeigen, deren Saft später austrocknet.

Die Seele, die wegen Adams Fall von vielen Kämpfen und Mühen der Drangsale und auch durch die Anfechtungen des Fleisches verwirrt wird, steigt in den guten Werken mit Freude zum himmlischen Bereich empor, bei den bösen Taten aber steigt sie in Trauer hinab. Sie legt einen sehr starken Panzer an, der aufs sorgfältigste gewebt und zusammengefügt ist, nämlich die Geduld. Diese vermag kein Pfeil zu durchbohren, und beim Aufstieg mit den guten Werken bringt sie den Menschen dazu, gleichsam im Abstieg zur wahren Demut alles, was er an Gutem getan hat, Ihm zuzuschreiben, der das höchste Gut ist und durch den er das Gute hat. Wenn aber der Mensch wegen seiner Sünden in so großer Traurigkeit ist, daß er kaum noch auf die Rettung seiner Seele hofft, dann unterstützt ihn seine Seele wieder in Geduld und stellt ihm vor Augen, daß Gott für das Heil des Menschen Menschengestalt angenommen hat. Sie läßt ihn in Hoffnung aus seinem Zweifel aufstehen, wie geschrieben steht: „Steige ich hinauf in den Himmel, so bist du dort, steige ich hinab in die Unterwelt, so bist du zugegen" (Ps 139,8). Das ist so zu verstehen: O Gott, jeder Aufstieg der heiligen und himmlischen Werke derer, die Du mit Deinem Feuer entzündest, ist Dein, der Du in Deiner Liebe in den Menschen den Tau der Zerknirschung des Herzens hineinlegst, durch den dann die Tugenden ergrünen und Laub tragen. Wenn ich aber in den Abgrund der Sünden hinabsteige und, weil ich Dich vergesse, die Höllenstrafen verdiene, dann salbst Du mich mit den Tropfen Deines Blutes und heilst mich, wenn ich in wahrer Reue zu Dir aufschreie und seufze, und so stehst Du mir bei als mein Befreier und Retter. Die Geduld ist mit der Demut in den Höhen, indem sie den Hochmut überwindet, sie ist aber auch in der Finsternis der Sünden und mahnt den Menschen, nicht wegen seiner Sünden an der Barmherzigkeit Gottes zu verzweifeln; und so hält sie alle Werke im richtigen Maß gleichsam in der Reife. Was in Heiligkeit geschieht, heilt sie, indem sie es vor eitlem Ruhm schützt. Was in der Fäulnis der Sünden begangen wird, heilt sie, indem sie es von der Verzweiflung befreit. Die Geduld ist nämlich auf dem rechten Weg, weil sie das Himmlische nicht läßt und das Irdische nicht verachtet, sondern alle Anreize des trügerischen

Teufels zu Sünden im wahren Licht, das Gott ist, zertritt. Und bei all dem freut sie sich weder zu viel noch fällt sie zu sehr in Traurigkeit, wenn sie auch manchmal durch die Täuschung des Teufels beunruhigt wird, dem sie mit dem Schild des Glaubens tapfer widersteht.

Der zehnte Monat

Der zehnte Monat gleicht einem sitzenden Menschen, weil er nicht mit seinen Kräften in Grünkraft auffliegt. Er bringt auch keine Wärme, sondern entblättert die Äste der Bäume und schickt Kälte aus. So krümmt sich auch der Mensch im Sitzen zusammen, um der Kälte zu entgehen. In diesem Monat zieht er auch seine Kleidung fest an sich, weil er dann durch seine Bekleidung Wärme hat. So ist auch der Mensch, wenn er im Greisenalter zu frieren beginnt, weiser geworden als früher. Er hat die Lebensart der Jugend satt, läßt das Schwanken zwischen zügellosem und törichtem Verhalten in diesem Alter austrocknen und meidet die Gesellschaft der Toren, damit sie ihn nicht mit ihrer Unwissenheit täuschen. Denn die wertlosen, vielfältigen Säfte der Begierde des Fleisches nehmen durch die Kälte des Alters in ihm bereits ab, wie auch dieser Monat nicht durch seine Grünkraft angenehm ist, da durch seine Trockenheit zusammen mit der Kälte die Äste entlaubt werden.

Auch die Seele, die als lebendiger und kluger Geisthauch von Gott geschaffen wurde, der die wahre Weisheit ist, lehrt den Menschen, an dem festzuhalten, was von Gott kommt. Durch die Gnade Gottes beherrscht sie mit ihren Kräften im seligen Menschen wie eine Herrin ihre Magd den Leib, unterwirft ihn sich und erzeugt in ihm Freude am Guten. Wenn nämlich manchmal das Fleisch dieses Menschen durch Genußsucht erregt ist, ist die Seele in ihm entrüstet und verwundert. Sie bringt dieses Gift in seinen Adern und seinem Mark zum Stillstand und löscht es aus. Mit der Gnade des Heiligen Geistes tröstet sie ihn, führt ihn von den Lastern zu den Tugenden, damit er nicht in Sünden zugrundegeht, und behütet ihn sorgsam.

Der elfte Monat

Der elfte Monat neigt sich und baut die Kälte auf. Er zeigt an sich nicht die Freude des Sommers, sondern die Traurigkeit des Winters. Kälte fällt aus ihm über die Erde und läßt sie Schmutz aufschäumen. Das macht auch der Mensch nach, wenn er sich zusammenkauert, damit ihn die Kälte nicht durchdringt. Daher häuft er auch, wenn er seine Knie in Traurigkeit beugt, in seinem Herzen schmerzliche Gedanken auf, hält sich gleichsam für Schmutz und hat keinen Blick für die Freude. In dieser tiefen Betrübnis erinnert er sich daran, daß die Knie des Menschen vor seiner Geburt von Natur aus angewinkelt sind. Genauso wird der Mensch, wenn er ins Greisenalter kommt, schwach. Und da er die Freude der Jugend nicht mehr hat, wird er traurig durch die Schwächung infolge der Trockenheit, in der er abmagert und durch schädliche Säfte allmählich verfällt. Jeder Greis nämlich, der aus Furcht vor der Kälte sich am Feuer wärmt, zieht seine Glieder zusammen, weil er von Natur aus kalt ist. So ist auch dieser Monat, der fern von der Freude des Sommers lauter kalte Tage hat, den Knien des Menschen vergleichbar, die dieser in Traurigkeit beugt, wenn er sich an seinen Anfang erinnert, als er im Schoß seiner Mutter mit angewinkelten Knien gleichsam gefangen saß.

Obwohl aber die Seele den Menschen mit ihren Kräften so überwältigt hat, daß er ihretwegen von den Sünden, die er begangen hat, ein wenig abläßt, kann sie ihn dennoch nicht daran hindern, Begier nach dem Sündigen zu haben. Dann stöhnt sie in ihrem Gefäß, dem Fleisch, in dem sie wohnt; denn sie durchdringt den ganzen Leib und bewegt ihn wie Wind, der in ein Haus weht, dessen Wände er zittern läßt und durch dessen Luken oder Fenster er mit seinem Wehen dringt. Aber wenn der Mensch sich in die Finsternis der Sünden hineinwühlt wie ein Wurm in sein Schlupfloch, dann läßt die Seele in den Adern, dem Mark und allen Gelenkverbindungen der Glieder in ihren Kräften nach, weil sie keine Wärme vom Feuer des Heiligen Geistes hat. Und weil sie durch die fleischliche Natur des Menschen keine erfreulichen Werke haben kann, übergeht sie das Tageslicht der Heiligkeit, stöhnt immer wieder auf und vergißt in ihrer Natur, was sie ist und woher sie gekommen ist. Das Stöhnen der Seele erhebt sich voller Schmerzen, da der Geschmack ihrer geistigen Natur ihr entfremdet wurde; denn wenn sie nicht durch die Gnade des Heiligen Geistes entfacht ist, stimmt sie, wenn auch gegen ihren Willen, dem Menschen zu, seine Werke auszuführen. Weil sie aber gegen ihren Willen wirkt, hat sie große Traurigkeit, wie auch der Leib manchmal Traurigkeit hat, wenn er gemäß der Natur seiner Seele zu handeln gezwungen wird.

Der zwölfte Monat

Auch der zwölfte Monat hat starke Kälte. Er läßt die Erde gefrieren, bedeckt sie völlig mit dem Schaum der Kälte und macht sie abstoßend und beschwerlich. Deswegen werden mit seiner Eigenschaft die Füße des Menschen bezeichnet, die sehr vieles zertreten und breittreten und die Erde eindämmen. Sie können sich auch nicht von der Erde in die Höhe heben, sondern stehen auf ihr.

Daher wird auch die Seele des Menschen schwer befleckt, der in seiner Wut das Blut seines Nächsten vergossen hat oder ihm im Streit ein anderes Unrecht zufügte. Denn wie der Körper nach dem Scheiden der Seele ohne jede Wärme ist und kalt bleibt, so vergißt ohne die Wärme der Gaben des Heiligen Geistes die Seele, in Zorn verhärtet, ihr Wesen. Dadurch erscheint sie vor Gott blutig, weil sie wie Kain im Blut seines Bruders von Gott verworfen ist. Denn im Zorn fließt das Blut des Menschen über. So wird er selbst seiner gesunden Sinne beraubt und sozusagen wahnsinnig. Durch die unvernünftigen Regungen des Zornes und der Gotteslästerung trennt er sich von jeder Glückseligkeit, indem er seinen Bruder beneidet. Soweit er kann, zerstreut er in Gedanken und im Reden alles, was an ihm gut ist. Und deshalb ist er durch das Übel des Hasses in seinem Herzen vor Gott ein Mörder. Denn er knirscht mit seinen Zähnen gegen Gott und schüttet boshafte Worte über Ihn aus, die er in seinem Herzen immer wieder mit Haß gesagt hatte. Wegen der Verhärtung seiner ungerechten Wege kann er weder die Wonne der Heiligkeit in sich haben noch den Samen der guten Werke aussäen. Wegen dieser Verhärtung, in der er beständig verharrt, seufzt er auch nie zum Himmel auf. Wer also derart für die guten Werke der heiligen und reinen Erkenntnis blind ist, wird niemals die Freuden der Heiligkeit besitzen, die er in seinem Zorn befleckt hatte. Denn er selbst ist wie ein Kamel mit dem schmutzigen Gepäck seiner Sünden beladen und besudelt. Auf diese Weise gleichen sich die Eigenschaften und Kräfte der Monate dem Menschen an. Daher spricht der Psalmist unter Meiner Eingebung:

98. Psalm 104,19: Mond und Sonne in ihrem Bezug auf Zeit und Mensch

„Er hat den Mond gemacht als Maß für die Zeiten; die Sonne kennt ihren Untergang" (Ps 104,19). Das ist so zu verstehen: Gott setzte den Mond in Beziehung zur Zeit ein, damit er alle Zeiten ernährt, wie eine Mutter ihr Kind zuerst mit Milch, dann mit fester Nahrung ernährt. Denn bei seinem Abnehmen ist der Mond schwach und nährt daher die Zeiten wie mit Milch. Beim Zunehmen aber ernährt er sie gleichsam mit fester Nahrung. Die Sonne jedoch hat Gott dazu bestimmt, über der Erde zu leuchten und sich unter ihr zu verbergen. Deshalb leuchtet sie bei Tag über der Erde, wie der Mensch am Tag mit offenen Augen wach ist; in der Nacht ist sie unter der Erde, wie auch der Mensch in der Nacht mit geschlossenen Augen schläft. So ist der Mensch irdisch in seinem Leib entsprechend dem, was unten ist, himmlisch aber in der Seele entsprechend der Höhe des Himmels. Er kennt die richtigen Zeiten (vgl. RB 6,24), weil er durch das alles lebendig in Bewegung gehalten wird.

99. Der Mensch als Abbild Gottes und Herr über die Erde; die Bestimmung von Mann und Frau

Als aber Gott den Menschen anblickte, gefiel er Ihm sehr, weil Er ihn nach dem Gewand Seines Abbildes und nach Seinem Gleichnis (Gen 1,31; 1,27) geschaffen hatte, damit er mit dem vollen Ton seiner vernünftigen Stimme alle Wunderwerke Gottes verkünde. Der Mensch ist nämlich das vollkommene Wunderwerk Gottes (vgl. LVM 5,77) weil Gott durch ihn erkannt wird und weil Gott alle Geschöpfe seinetwegen erschaffen hat. Ihm hat Er mit dem Kuß der wahren Liebe gestattet, Ihn durch seine Vernunft <rationalitas> zu preisen und zu loben. Aber dem Menschen fehlte eine Hilfe, die ihm ähnlich war (vgl. Gen 1,18). Daher gab Gott ihm eine Hilfe, die Spiegelgestalt der Frau. In ihr war das gesamte Menschengeschlecht verborgen, das in der Schöpferkraft Gottes hervorgebracht werden sollte, wie er auch den ersten Menschen in der Macht seiner Schöpferkraft vollendet hatte. Mann und Frau sind miteinander so eng verbunden, wie es ein Werk durch das andere ist. Denn der Mann würde ohne die Frau nicht Mann heißen, und die Frau würde ohne den Mann nicht Frau genannt. Die Frau ist nämlich Werk des Mannes und der Mann Anblick des Trostes für die Frau; und keiner von beiden könnte ohne den anderen sein. Der Mann bezeichnet die Gottheit des Gottessohnes, die Frau aber Seine Menschheit (vgl. 1 Kor 11–12). Der Mensch sitzt also auf dem Richterstuhl der Erde und befiehlt der gesamten Schöpfung, und sie untersteht seiner Weisung <disciplinatus> und ist ihm untergeben. Er selbst aber steht über allen Geschöpfen, wie David durch Meine Eingebung sagt:

100. Psalm 110,1: Der menschgewordene Gottessohn und seine Herrschaft über die Welt

„So spricht der Herr zu meinen Herrn: Setze dich mir zur Rechten, und ich lege dir deine Feinde als Schemel unter die Füße" (Ps 110,1). Das ist so zu verstehen: Also soll der Mensch sprechen: Er, der Herr und Vater aller, sprach zu Seinem menschgewordenen Sohn, dem vom Vater alle Macht im Himmel und auf der Erde gegeben ist, so daß Er mein Herr ist, der ich ein sündiger Mensch bin: Herrsche zu meiner Rechten sitzend, das heißt, herrsche über den Menschen, der Meine rechte Hand ist, weil Ich ihm alle Geschöpfe unterworfen habe. Unterwirf Du ihn Dir im Glauben, so daß er die Götzen verläßt und sich seinem Schöpfer, dem wahren Gott, zuwendet. Das aber wirst Du tun, bis ich die Aufrührer, die in ihrem Unglauben Deine Feinde sind, zum Schemel Deiner Füße mache. Denn ich werde sie Dir für ewig unterwerfen und werde machen, daß sie die Spuren Deiner Füße anbeten. Denn wenn sie sich von ihrem Unglauben bekehrt haben, werden sie Dich als den wahren Gott erkennen.

So hat Gott durch Sein WORT alle Geschöpfe hervorgebracht, und dieses WORT hat Fleisch angenommen im Menschen, der die rechte Hand Gottes ist, weil er seinem Wesen nach die Zusammenfassung Seiner Macht ist. Dieses WORT, das der Sohn des Vaters ist, sitzt herrschend über dem Menschen, bis die Zahl seiner Brüder voll ist. Das wird am Jüngsten Tag sein. Dann wird die Schar der Teufel mit ihrem Anhang Ihm wie ein Fußschemel unterworfen werden, was er noch nach der letzten Zeit der Welt ist. Dann wird man sehen und erkennen, wer und was der Herr ist. Denn der Satan selbst wird dann wie ein Schemel zertreten und völlig vernichtet werden.

101. Der Mensch in seiner Bestimmung,über die Erde zu herrschen

Der Herr nämlich herrscht im Himmel in Seiner Macht und schaut auf die Gestirne, die von Ihm entzündet werden, und auf die übrige Schöpfung. So sitzt auch der Mensch auf seinem Herrschersitz, der die Erde ist, und herrscht über die übrige Schöpfung, weil er mit dem Zeichen des allmächtigen Gottes bezeichnet ist (vgl. Offb 7,1).

Diese Zeichen aber sind die fünf Sinne des Menschen, durch die er aus der Kraft Gottes versteht und fühlt, daß er im rechten Glauben in Gott die Dreiheit in der Einheit und die Einheit in der Dreiheit verehren muß. Und diese Verehrung ist auch die Zierde der neun Engelschöre, von denen die Schar der Teufel vertrieben wurde und stürzte. Der Mensch aber ist der zehnte Chor, den Gott in Sich in der ersten Bestimmung der gefallenen Engel wiederhergestellt hat. Denn Er wollte Mensch werden und in Seiner Menschheit ist Er die Burg, in der die wandeln, die im zehnten Chor sind. Deshalb hat, wie oben gesagt wurde, Gott im Menschen sowohl die höheren als auch die niederen Geschöpfe bezeichnet. Dieser erhob sich, nachdem er vom Geisthauch des Lebens, der die Seele ist, inspiriert war, und erkannte alle Geschöpfe. In seinem Herzen umschloß er sie mit der stärksten Liebe.

102. Das Wesen der Seele in Bezug auf Gott, sich selbst und den Leib

Die Seele des Menschen aber ist feurig, erwärmt den gesamten Leib des Menschen und belebt ihn. Und weil sie feurig ist, hat der Mensch Blut. Sie hat auch Wege wie der Wind, indem sie ihren Hauch in den Menschen einzieht und wieder ausstößt. Wenn sie ihn in den Menschen einzieht, trocknet dieser innen; das ist sehr nützlich, weil das Fleisch des Menschen durch die Trockenheit an Gesundheit zunimmt. Wenn sie ihren Hauch ausstößt, nimmt das Feuer im Menschen ab und gibt die Wärme nach außen ab. Daher wird zusammen mit der Sinnesausstattung der ganze Körper aufgebaut, so daß der Mensch leben kann und alle fünf Sinne seines Körpers mit ihren Funktionen lenkt. Wenn diese Wärme aber nicht nach außen abgegeben würde, würde das Feuer der Seele den Leib ersticken wie ein Haus, das von einem Feuer völlig zerstört wird.

Durch die Kräfte der Seele wird der Mensch auch mit Fleisch und Blut umkleidet und als Ganzes vollendet, wie durch das Wehen der Winde alle Früchte der Erde zur Reife kommen. Dadurch aber, daß die Seele von feuriger Art ist, erkennt sie, daß sie Gott hat. Dadurch, daß sie ein Geisthauch ist, versteht sie, daß sie mit dem Körper wirken kann. Daher hat sie auch von Gott das Gebot, ihre Werke richtig auszuführen und nicht in die Leere des Nordens zu blicken, wo der erste Engel regieren wollte und zugrunde ging. Wenn sich nämlich die Überheblichkeit mit ihrem Eigenwillen verbindet, erhebt sich daraus bald Stolz und strebt rasch nach Norden, indem er seinen Eigenwillen durchsetzt, wie auch immer er will. Die Überheblichkeit aber und der hochfliegende Stolz gleichen Gewässern, die ein Schiff keineswegs überqueren kann. Sie bedrängen Gott und die Menschen und unterdrücken alles. Daher zerrinnen auch ihre Werke; die Liebe <caritas> durchdringt sie nicht, weil sie nicht lieben noch von den Gläubigen geliebt werden können. Sie wollen in Beschlag nehmen, was sie nicht haben, und sie verfügen über das, worüber sie keine Verfügungsgewalt haben; deshalb gehen sie ins Verderben.

Die Seele ist deshalb die Meisterin im Haus ihres Leibes, in dem Gott alle Wohnräume bildete, die die Seele in Besitz nehmen sollte. Niemand kann sie sehen, wie auch sie Gott nicht sieht, solange sie im Leib weilt, außer soweit man im Glauben sieht und erkennt. Und mit jedem Geschöpf, das aus Gott hervorgegangen ist, wirkt sie im Menschen und zwar so, wie die Biene in ihrem Stock Waben bildet. So soll auch der Mensch sein Werk wie eine Wabe mit dem Wissen seiner Seele vollenden, das gleichsam fließender Honig ist. Und weil die Seele von Gott gesandt ist, macht sie die Gedanken im Herzen flüssig und versammelt sie in der Brust; von da gehen sie in den Kopf und in alle Glieder des Menschen über. Die Seele durchdringt auch die Augen, denn sie sind ihre Fenster, durch die sie die Geschöpfe erkennt. Mit ihrer vollen Vernunft unterscheidet sie deren Kräfte allein durch das Wort. Daher vollbringt auch der Mensch jedes seiner Werke nach dem Willen seiner Gedanken, je nach seinem Bedürfnis. Wenn nämlich der Wind des Wissens der Seele im Gehirn in Bewegung gerät, steigt er vom Gehirn in die Gedanken des Herzens hinab, und so wird das Werk des Willens vollendet. Denn die Seele sät in ihrem Wissen, was als

Werk der Gedanken ausgeführt werden soll. Durch das Feuer der Seele wird es gekocht und in Geschmack verwandelt, durch den es mit Wissen geprüft wird.

Die Seele bringt auch die Erquickung der Speisen und Getränke ins Innere des Menschen, damit sein Fleisch aufgefrischt wird. Denn durch ihre Kräfte ordnet sie genau an, wie der Mensch in allen Bereichen seines Leibes gedeiht und besteht, und sie füllt mit ihren Kräften sein Inneres. Sie selbst ist nicht Fleisch und Blut, aber sie erfüllt diese, so daß sie sie mit sich leben läßt. Denn sie ist vernunftbegabt aus Gott hervorgegangen, der dem ersten Geschöpf das Leben einhauchte. Daher existieren Seele und Leib in zwei Naturen als ein Werk. Die Luft aber führt Sie dem Leib des Menschen zu im Denken, die Wärme im Zusammenführen, das Feuer beim Aufnehmen, das Wasser beim Wachsen und die Lebenskraft <viriditas> bei der Fortpflanzung. So ist der Leib auch von der ersten Bestimmung an geschaffen. Die Seele ist überall, über und unter dem Leib, um ihn und in ihm. Und so ist der Mensch.

103. Die endgültige Bestimmung der Seele und des Leibes

Wenn der Mensch rechte Werke tut, haben auch die Elemente ihre richtige Bahn; wenn er aber ungerechte Werke vollbringt, dann lenkt er die Elemente mit strafender Bedrängnis auf sich. Der Leib wirkt nämlich nach dem Willen seines Begehrens mit der Seele, Gott aber richtet den Menschen nach seinen Werken entweder zum Leben oder zur Strafe. Die Seele durchströmt den ganzen Leib mit Denken, Sprechen und Atmen wie der Wind, der in einem Haus überall weht. Aber solange der Leib mit der Seele im Menschen wirkt, ist er an den Ort gebunden, unterliegt der Schwerkraft und kann sich nicht erheben. Wenn aber der Leib mit der lebendigen Seele erneuert werden wird, das heißt nach dem Jüngsten Tag, dann wird er leicht sein und fliegen können wie ein Vogel mit seinen Flügeln. Die Seele spürt auch Gott, solange sie im Leib ist, weil sie von ihm kommt; aber solange sie in den Geschöpfen ihren Dienst tut, sieht sie Gott nicht. Wenn sie aber aus der Wirkungsstätte <ergastulum> des Leibes hinausgeführt wird und vor das Angesicht Gottes kommt, wird sie erkennen, was sie selbst ist und was ihr anhing, solange sie im Leib weilte. Und weil sie dann um die Herrlichkeit ihrer großen Würde wissen wird, wird sie ihre Wohnstätte zurückfordern, damit diese mit ihr ihre Herrlichkeit kennt. Daher wird sie begierig den Jüngsten Tag erwarten, da sie ja von ihrem geliebten Gewand, ihrem Leib, entblößt ist. In ihm wird sie mit den Engeln das herrliche Antlitz Gottes voll anschauen, wenn sie ihn zurückbekommen hat. Wenn das geschehen ist, werden die Engel von neuem in ihren Lobgesängen entflammt, so wie sie an ihrem ersten Tag durch den Sieg bei ihrem Kampf entflammt wurden. Denn nach dem Jüngsten Tag werden sie im Lobpreis Gottes vollendet werden, wenn sie die neuen Wundertaten des Werkes Gottes, des Menschen, preisen. Von da an werden sie die Kithara der herrlichen Freuden spielen, und sie werden darin nicht ermüden noch nachlassen noch ein Ende finden. Und wie sie immer verlangen werden, ohne Unterlaß Gottes Angesicht zu schauen, so werden sie auch nie aufhören, die Werke Gottes immer im Menschen zu bestaunen.

So ist, wie schon oben gesagt wurde, die Gestalt des Menschen: Er besteht aus Leib und Seele als Werk Gottes zusammen mit allen Kreaturen <opus Dei cum omni creatura>. So hat Johannes, inspiriert von Meinem Geist geschrieben, wenn er sagte:

104. Deutung des Johannesprologs (Joh 1,1–18)

Im Anfang war das WORT
Das ist so zu verstehen: Ich, der Ich ohne Anfang bin und aus dem jedes Beginnen hervorgeht und der Ich der Hochbetagte bin, sage: „Ich bin durch Mich selbst der Tag, Ich, der Ich niemals aus einer Sonne hervorging, sondern von dem die Sonne entflammt wurde. Ich bin auch die Vernunft, die nicht ein Widerhall von einem anderen ist, sondern aus der jedes vernünftige Wesen atmet. So habe Ich zum Anschauen Meines Antlitzes Spiegel geschaffen, in denen Ich alle Wunder Meines Urseins betrachte, die niemals vergehen werden. Und eben diese Spiegel, die in ihren Lobpreisungen zusammenklingen, habe Ich bereitet, weil Ich eine Stimme habe wie ein Donnerschall, mit der Ich den ganzen Erdkreis durch die lebendigen Töne aller Geschöpfe bewege. Das mache Ich, der Alte der Tage, denn durch Mein Wort, das ohne Anfang immer in Mir war und ist, ließ Ich ein großes Licht und mit ihm unzählige Funken, die Engel, hervorgehen. Als diese in ihrem

Licht erwachten, vergaßen sie Mich und wollten sein wie Ich bin. Deshalb warf die Vergeltung Meines heiligen Eifers unter mächtigem Donner jene in ihrer Anmaßung, mit der sie Mir widersprachen, hinab. Denn es gibt nur einen einzigen Gott, und kein anderer kann sein.

Darauf habe Ich das kleine Werk, <opusculum> das der Mensch ist, in Mir gesprochen und es nach Meinem Bild und Gleichnis geschaffen (Gen 1,26–27), so daß es in gewissem Sinn gleich Mir wirke, da Mein Sohn sich in einem Menschen mit dem Gewand des Fleisches bedecken sollte. Dieses Werk habe Ich auch aus Meiner Vernunft mit Vernunft ausgestattet und in ihn Meine Schöpferkraft eingezeichnet. So begreift die Vernunft des Menschen in ihrem Können alles durch Namen und durch die Zahl; denn der Mensch unterscheidet keine Sache anders als durch Namen noch erkennt er die Vielzahl der Dinge außer durch die Zahl. Ich bin auch der Engel der Stärke, weil Ich Mich den Heerscharen der Engel durch Wunder zu erkennen gebe und Mich allen Geschöpfen im Glauben zeige. Darin erkennen sie, daß Ich ihr Schöpfer bin; aber trotzdem kann Ich von keinem von ihnen vollkommen verkündet werden.

Der Mensch ist ja jenes Gewand, von dem umhüllt Mein Sohn sich in königlicher Macht als Gott aller Schöpfung und als Leben des Lebens zeigt. Aber die Heerschar der Engel, die Seiner königlichen Macht in besonderer Weise zu Gebote stehen, kann niemand außer Gott zählen. Auch die, die Ihn einzeln als Gott aller Schöpfung bekennen, kann niemand zu Ende zählen, und keine Zunge reicht aus, die zu bestimmen, die Ihn auf besondere Weise als das Leben allen Lebens verkünden. Selig sind deshalb alle, die mit Ihm wohnen.

Gott hat aber Sein gesamtes Werk in die Gestalt des Menschen eingezeichnet, wie bereits gesagt wurde. Das wird an dieser Stelle durch einige Beispiele an ihm gezeigt.

Denn in der Rundung des menschlichen Gehirns zeigt Er Seine Herrschaft, weil das Gehirn den gesamten Körper hält und lenkt. In den Haaren auf dem Kopf bezeichnet Er Seine Schöpferkraft, die Sein Schmuck ist, wie die Haare den Kopf schmücken. Mit den Augenbrauen des Menschen weist Er auf Seine Stärke hin. Denn die Augenbrauen sind Schutz für die Augen des Menschen, so daß sie alles Schädliche von ihnen abwenden und die Schönheit des Gesichtes zeigen. Sie sind auch wie die Flügel der Winde (Ps 18,11; 104,3), mit denen diese sich erheben und oben halten wie ein Vogel, der mit seinen Flügeln bald fliegt, bald im Fliegen innehält. Denn der Wind weht aus Gottes Kraft, und das Wehen des Windes sind Seine Flügel. Aber auch an den Augen des Menschen offenbart Er Sein Wissen, durch das Er alles vorhersieht und vorausweiß. Die Augen offenbaren an sich sehr viel, denn sie sind voller Licht und wässrig, gleichsam wie der Schatten der anderen Geschöpfe im Wasser erscheint. Der Mensch erkennt nämlich mit seiner Sehkraft alles und unterscheidet es. Wenn ihm die Sehkraft fehlte, wäre er darin wie ein Toter. Auch im Gehör des Menschen öffnet Gott alle Töne der Lobpreisungen über die verborgenen Geheimnisse und der Engelscharen, in denen Gott selbst gelobt wird. Denn es wäre unwürdig, wenn Gott nur durch sich selbst erkannt würde, während ein Mensch vom anderen durch das Gehör erkannt wird, wo er doch an sich selbst alles versteht; und er wäre gleichsam leer, wenn er das Gehör nicht hätte. An der Nase aber zeigt Gott die Weisheit, die als duftende Ordnung in allem kunstvollen Wirken liegt, so daß der Mensch durch den Geruch erkennt, was die Weisheit anordnet. Der Geruchssinn nämlich breitet sich über alle Dinge aus und zieht sie an sich, damit er weiß, was und von welcher Art sie sind. Durch den Mund des Menschen aber bezeichnet Gott Sein WORT, durch das Er alles geschaffen hat, wie ja aus dem Mund alles durch den Klang der Vernunft hervorgebracht wird. Der Mensch bringt sehr viel durch Laute hervor, wie es das WORT Gottes beim Erschaffen in der Umarmung der Liebe tat, so daß Seinem Werk nichts Notwendiges fehlt. Und wie die Wangen und das Kinn um den Mund gelegt sind, so war bei Gottes WORT, als es erschallte, jener Anfang der gesamten Schöpfung, als alles erschaffen wurde. Und so heißt es:

Im Anfang war das WORT und das WORT war bei Gott
und Gott war das WORT.

Das ist so zu verstehen: Im Anfang jenes Ursprungs, als der Wille Gottes sich schon öffnete, um die Erschaffung der Geschöpfe aus sich hervorzubringen – dieser Wille war ohne Anfang in Ihm, auch wenn er sich noch nicht geöffnet hatte – da war das WORT ohne den Anfang eines Ursprungs. *Und das WORT war bei Gott*, so wie das Wort in der Vernunft ist, denn die Vernunft hat das Wort in sich, und in der Vernunft ist das Wort; und diese beiden sind nicht voneinander getrennt. Denn das WORT war ohne Anfang vor dem Beginn der Schöpfung und auch in ihrem Beginn. Und dasselbe WORT war vor dem Anfang und im Beginn der Schöpfung bei Gott und in keiner Weise von Gott getrennt. Denn Gott wollte in diesem Seinen WORT, daß Sein WORT alles erschaffe, wie Er es von Ewigkeit vorherbestimmt hatte. Und warum wird Es das WORT genannt? Weil Es mit dem Erschallen Seiner Stimme alle Geschöpfe geweckt und zu Sich gerufen hat. Denn was Gott im WORT sprach <dictavit>, das befahl das WORT mit Seinem Erschallen; und was das WORT befahl, das hat Gott im WORT gesprochen. Und so *war Gott das WORT*. Das WORT war nämlich in Gott, und Gott sprach in Ihm Seinen ganzen Willen insgeheim aus; und das WORT erklang und brachte alle Geschöpfe hervor; und so sind das WORT und Gott eins. Als das WORT Gottes erklang, rief Es die gesamte Schöpfung, die vor aller Zeit in Gott vorherbestimmt und geordnet war, zu Sich, und durch Seine Stimme wurde alles zum Leben erweckt. So hat es Gott auch im Menschen bezeichnet, der sein Wort in seinem Herzen insgeheim spricht, bevor er das äußert, was beim Aussprechen in ihm ist. So ist das innere Sprechen <dictatus> des Wortes im Wort. Als nämlich das WORT Gottes erklang, erschien dieses WORT in jedem Geschöpf, und derselbe Klang war in jedem Geschöpf das Leben. Daher wirkt auch aus diesem Wort die Vernunft des Menschen ihre Werke und aus diesem Klang bringt sie ihre Werke tönend, rufend und singend hervor. Durch den Scharfsinn ihrer künstlerischen Fähigkeit läßt sie in den Geschöpfen Kithara und Tympanon erklingen. Denn der Mensch ist durch die lebendige Seele vernunftbegabt, und seine Seele zieht mit ihrer Glut das Fleisch an sich, in dem das erste Gebilde des Fingers Gottes erscheint, das Er in Adam geformt hatte. Und die Seele durchdringt es, indem sie es belebt und beim Wachsen mit ihrer Fülle erfüllt. Denn das Fleisch bewegt sich nicht ohne die vernünftige Seele, die Seele aber bewegt das Fleisch und macht es lebendig. Denn das Fleisch ist bei der vernünftigen Seele wie alle Geschöpfe beim WORT sind. Deshalb schuf Es den Menschen im Willen des Vaters. Wie aber der Mensch ohne die Verästelungen der Adern kein Mensch wäre, so könnte er auch ohne die Geschöpfe nicht leben; und weil er sterblich ist, kann er seinem Werk kein Leben verleihen, da er ja selbst Leben ist, das seinen Anfang in Gott hat. Gott aber gibt Seinem Werk das Leben, weil Er selbst Leben ohne Lebensanfang ist.

Dieses war im Anfang bei Gott
Das heißt: In dem Anfang, von dem Mose, Mein Diener, durch Mich inspiriert, spricht, wenn er sagt: „Im Anfang schuf Gott Himmel und Erde" (Gen 1,1). Als das WORT, das „Es werde" erschallen ließ – wie auch an dieser Stelle geschrieben steht: „Und Gott sprach: Es werde Licht" (Gen 1,3) – war Es in diesem Anfang, als die Schöpfung vom Schöpfer ihren Anfang empfing, bei Gott, das heißt in Wesensgleichheit mit der Gottheit. Dieses WORT, das bei Gott ist, ist Ihm gleich in der Gottheit, weil das WORT, das in Gott ist, von Gott untrennbar ist und wesensgleich mit Ihm.

So *ist alles durch Es geschaffen,* weil alle Geschöpfe durch das WORT Gottes, wie der Vater es wollte, geschaffen wurden. Denn es gibt keinen Schöpfer außer Gott allein. Alles Nützliche nämlich, die geformten Dinge und die Lebewesen, ist durch das WORT geschaffen. Er zeigt auch an den Armen des Menschen und den ihnen zugehörigen Gelenken die Stärke des Firmaments mit seinen Himmelszeichen, die das Firmament stützen und lenken, so wie die Arme mit den Verbindungen der Gelenke die Herrschaft und Wirkkraft des ganzen Leibes offenbaren. Die rechte Hand ist nämlich wie der Südwind und die linke wie der Nordwind, die das Firmament halten, damit es nicht über sein festgesetzes Maß hinausgeht, wie es geschrieben steht: „Zwischen uns und euch ist ein tiefer, unüberwindlicher Abgrund" (Lk 16,26), damit die Finsternis nicht das Licht auslöscht und das Licht die Finsternis nicht vertreibt.

Und ohne Es ist nichts geworden
Denn ohne das WORT Gottes ist kein Geschöpf geworden, wie durch Gottes WORT jedes Geschöpf, sichtbar oder unsichtbar, geschaffen wurde, das in irgendeiner Wesenheit, sei es des lebendigen Geistes oder der Grünkraft oder der Wirkkraft besteht. Und ohne Es ist nichts gemacht worden außer dem Bösen, das vom Teufel stammt und deshalb vor den Augen Gottes verworfen und ins Nichts verstoßen wurde. Denn es gibt nur einen einzigen Gott, und es gibt keinen anderen. Auch der vernunfbegabte Mensch, in den von Gott die Entscheidungsfreiheit zu handeln gelegt wurde, hat die Sünde begangen, die ins Nichts gestoßen wird, weil sie nicht von Gott geschaffen ist. Und für dieses Nichts hat Gott die unendliche Finsternis bestimmt, weil sie floh und das Licht ablehnte.

Aber was geworden ist, war Leben in Ihm

Alles, was geschaffen wurde, erschien in der Vernunft des Schöpfers. Es war in Seinem Vorauswissen aber es ist trotzdem nicht gleich ewig mit Ihm, sondern von Ihm vorhergewußt, vorhergesehen und im voraus geordnet. Gott nämlich ist das einzige Leben, das nicht den Anfang jenes Lebens empfing, das einen Anfang hat. Daher war alles, was geworden ist, Leben in Ihm, weil es von Ihm vorausgewußt war und für Gott lebte. So begann Gott nie, eine Erinnerung an es zu haben. Denn er hatte es nie vergessen, weil es in Seinem Vorauswissen war, obwohl es in seinen <einzelnen> Formen zeitlich noch nicht existierte. Denn wie unmöglich ist, daß Gott nicht ist, so ist es auch nicht möglich, daß nicht durch Ihn in den Geschöpfen jene Werke hervorgingen, die in Seiner Weisheit vorausgewußt und vorher angeordnet waren. Und so war das, was in der Schöpfung geworden ist, Leben in Gott ohne Erlöschen, weil es so geschaffen werden sollte, daß dem geschaffenen Wesen nichts fehlte, um im Wachsen die Fülle seiner Entwicklung zu haben. So ist auch das, was der Mensch wirkt, für ihn Leben und hilft ihm zum Leben, weil er darin Bestand hat und vollendet wird. Und weil Gott ohne Anfang und ohne Ende Leben in Fülle ist, ist deshalb auch Sein Werk Leben in Ihm und wird darin auf keine Weise getäuscht werden. So hat Gott es im Brustraum des Menschen bezeichnet, wo der Mensch eine jede Sache, die gute wie die böse, im Wünschen, Gestalten und Aufsteigen in seinen Gedanken sammelt und überlegt, was ihm gefällt oder mißfällt; was ihm gefällt, das behält er mit Freude, damit es ihm das Leben erhält. Was ihm mißfällt, wirft er mit Entrüstung von sich, damit es seinem Leben nicht schadet.

So ist alles, was Gott gemacht hat, Leben in Ihm, weil es aus Gott in seiner Natur lebendig ist. Wie daher das WORT des Vaters den Menschen ihr leibliches Leben gab, als Es sie schuf, so zeigte Es ihnen auch das geistliche Leben, als Es Sein Gewand anzog. Denn in einem anderen Leben und nicht dem Fleisch nach sollten die Menschen dahinschreiten und sich ausweiten in die Scharen der Geistwesen. Und so hält das WORT beide Völker in Seiner Hand, weil Er selber, der Sohn Gottes, Gott und Mensch ist. Denn das geistliche Volk umfängt Er in Liebe, weil Er der Sohn Gottes ist, das Weltliche hält Er gemäß dem Ihn entsprechenden Recht, in dem gesagt ist: „Wachset und mehret euch“ (Gen 1,28,1), weil Er Menschensohn ist.

Und das Leben war das Licht der Menschen
Denn das Leben, das die Geschöpfe erweckt hatte, ist auch das Leben des menschlichen Lebens, weil es dadurch lebt. Es gab durch Vernunft und Wissen den Menschen das Licht, in dem sie im Glauben Gott anschauen sollten. Sie sollten Ihn als ihren Schöpfer anerkennen, weil sie von diesem Licht so durchflutet sind, wie das Tageslicht die Welt erleuchtet. Der Mensch nämlich versteht die Flügel des Wissens durch den Himmel, der Sonne und Mond hervorbringt. Denn der Tag weist auf das Wissen um das Gute hin, die Nacht auf das Wissen um das Böse, wie die Sonne den Tag und der Mond die Nacht bezeichnet. Und wie der Mensch mitsamt den Geschöpfen ohne diese Lichter in seiner Lebensaufgabe gleichsam blind wäre und wie sein Leib ohne den Geist nicht leben könnte, so könnte er auch ohne die Flügel des Wissens nicht verstehen, was er ist.

Das Licht leuchtet in der Finsternis
Daher *leuchtet das Licht in der Finsternis,* wie das Licht des Tages durch den Mond noch in der Nacht leuchtet, damit der Mensch an seinen guten Werken die bösen Werke erkennt, die von Licht getrennt sind. Denn das Wissen um das Gute weist, von der Vernunft unterstützt, das um das Böse zurück und treibt es von sich weg.

Und die Finsternis hat es nicht begriffen
Denn die Nacht kann den Tag nicht verfinstern, weil dieses Böse das, was das Gute ist, weder wissen noch verstehen will, sondern es meidet. Das zeigt Gott am Herzen des Menschen. Denn das Herz ist Leben und Firmament des Leibes und erhält den ganzen Leib, weil im Herzen das Denken des Menschen geordnet und der Wille genährt wird. Daher ist auch der Wille gleichsam das Licht der Menschen, denn wie das Licht alles durchdringt, so ist auch der Wille in Fülle in dem, was er begehrt. Und in diesem seinem Begehren, das er für Licht hält, geht der Wille oft in die Finsternis schlechter Werke, die er ausführen will. Aber die Finsternis begreift diesen Willen nicht so, daß sie ihm das Wissen um das Gute wegnehmen könnte, so daß er nicht um das Gute wüßte, obwohl er es nicht tut.

Tafel 10
Das Tor zum Heil

Danach sah ich an der Ostecke einen Marmorblock, der wie ein gewaltiger, unberührter Berg war. An ihm war nur ein ausgehauenes Tor zu sehen, wie bei einer großen Stadt. Leuchtender Glanz wie vom Sonnenaufgang erfüllte es ganz. Es erschienen Menschengestalten, nämlich Kinder, Jünglinge und Greise wie Sterne durch eine Wolke.
Dicht an dieser östlichen Grenze aber standen zwei andere Gestalten nebeneinander. Die erste von ihnen hatte Kopf und Brust wie ein Leopard, Arme wie ein Mensch, aber ihre Hände glichen den Tatzen eines Bären. Sie war mit einem steinernen Gewand bekleidet.
Die andere Gestalt hatte Gesicht und Hände eines Menschen, die gefaltet waren, aber Füße eines Habichts. Bekleidet war sie mit einem hölzernen Gewand. Sie trug auch ein Schwert, das quer über die Hüften gelegt war.

Es war ein Mensch, von Gott gesandt
Er hatte keinen Geschmack am Irdischen, weil er vom Schöpfer droben gesandt war und nicht von einem Menschen; denn die Glut des WORTES Gottes hatte das trockene Fleisch seiner Eltern grünen lassen, so daß auch sein Fleisch in den meisten Werken gleichsam der Lebensgewohnheit der in Sünden Geborenen fremd war. Denn seine Eltern brachten ihn, von der Gnade Gottes berührt, zur Welt, und so trat er durch die Gnade Gottes auf, gesandt zum Zeugnis für den Sohn Gottes. Daher hat ihn auch der Engel Johannes <Gott ist gnädig> genannt.

Sein Name war Johannes
Denn alles, was er tat, stimmte mit seinem Namen überein, weil die Gnade Gottes ihn gestärkt hatte, indem sie ihm zuvorkam und ihn helfend geleitete. Die Gnade des WORTES, das Gott ist, entsandte Johannes ohne die Schwankung des unbeständigen Charakters, der im Wankelmut der Menschen, die in Sünden geboren werden, dahinwogt. Und deswegen hatte er eine Beständigkeit entsprechend der Geradheit der Geistwesen, die weder die Unbeständigkeit des menschlichen Charakters haben noch zu sündigen begehren. Gott aber, der Wunderbare, bildet die Wunder, die er an Johannes getan hat, im Magen des Menschen entsprechend ab. Denn der Magen verlangt die Kräfte der Geschöpfe, die er aufnimmt und wieder abgibt, damit er, wie Gott es bestimmt hat, von ihrem Saft ernährt wird. Aber dennoch liegen verhüllt in allen Geschöpfen, nämlich in den Tieren, in den Reptilien, Vögeln und den Fischen, und in den Pflanzen und Bäumen verborgene Geheimnisse Gottes, die weder der Mensch noch ein anderes Geschöpf weiß oder spürt, außer soweit es ihnen von Gott gegeben ist. Johannes aber wurde auf wunderbare Weise zu den Elementen geschickt und von ihnen auf wunderbare Weise ernährt. Und wie er sozusagen der Gewohnheit der Sünden entzogen war, so lebte er in seiner Enthaltsamkeit wunderbarerweise von den Elementen. Als reiner Mensch war er auf würdige und lobenswerte Weise der Bote vor dem verborgenen Sohn Gottes, durch Den die Welt in ihrer namenlosen Zahl hingestellt wurde und alle Geschöpfe erschaffen wurden. Das wird auch am Magen gezeigt: Denn wie die Welt alles umfaßt, so nimmt auch der Magen die anderen Geschöpfe durch das Essen in sich auf. Und wie jedes Geschöpf aus Gott hervorging, so trug auch Adam alle Menschen in seiner Gestalt. Ihnen hat der Sohn

Gottes eine wahre Weide gegeben, als Er den Menschen in Seiner Menschheit trug.

Dieser kam zum Zeugnis, um Zeugnis abzulegen für das Licht, damit alle durch ihn zum Glauben kommen
Denn Johannes, der unter erstaunlichen Umständen nach der Art einer fleischlichen Geburt, doch auf wunderbare Weise Mensch wurde und als wunderbarer Mensch lebte, kam auf göttliche Anordnung zum Zeugnis für die Geheimnisse Gottes. Er sollte durch die Tugendkräfte, die in ihm wirksam waren, Zeugnis ablegen vom Licht, das heißt von Gott. Von Ihm wird alles Licht entzündet, damit alle, die durch den Heiligen Geist entflammt sind, durch des Johannes Bezeugungen, die er auf wunderbare Weise vortrug, an Gott glaubten. Er kam also als Zeuge der Gottheit, die sich mit der menschlichen Gestalt umkleidet hatte.

Und wie er selbst in der welken Natur, soweit es diese betraf, ohne jugendliche Lebenskraft <viriditas> geboren wurde, so sagte er, daß Mein Sohn aus der Jungfrau Maria ohne Sünde geboren ist. Das habe Ich deshalb gewollt, damit durch das Wunder, das Ich an Johannes wirkte, die Menschen den Wundertaten Meines Sohnes glaubten. Und wie in Johannes dieses Zeugnis offenbar wurde, so ist auch in den Oberschenkeln des Menschen ein wahres Zeugnis verdeutlicht. Sie sind Zeugnis aller, die geboren werden und Halt ihres ganzen Leibes, der sieht, tastet, denkt und wünscht und in seinem Wissen alles berechnet, was er wirkt. Denn der Mensch ist ein Wunderwerk Gottes <miraculum dei>; und daher ist es gerecht, daß er Zeugnis gibt von den Wundertaten Gottes.

Er war nicht selbst das Licht, er sollte nur Zeugnis ablegen für das Licht
Johannes war nicht jenes Licht, das unteilbar und unveränderlich ist, das Gott ist. Aber er kam, von Gott gesandt, um Zeugnis von Ihm zu geben, der das wahre Licht ist, das alle Lichter entzündet. Denn Gott ist reine Bedürfnislosigkeit ohne jede Notwendigkeit in sich und durch sich. Er selbst wollte alles in allem machen. Daher ist Er auch in jedem Tun Seines Werkes. So hat auch Johannes ein bezeugtes Zeugnis von Christus verkündet. Denn wie eine Frucht Zeuge der Wurzel und ihrer Art ist, so trat er selbst unter den Wundertaten Gottes auf. Deshalb hat er auch dessen Wundertaten bezeugt.

Der Mensch aber ist ein bezeichnetes Werk <designatum opus> und Licht aus Gott, das zu leben beginnt und im Fleisch irgendwann aufhören wird; auch dadurch legt er Zeugnis für Gott ab, weil Gott so nicht ist.

Das war das wahre Licht
Das Licht wurde niemals durch einen Schatten verdunkelt und ihm wurde niemals eine Zeit gegeben, zu dienen oder zu herrschen, abzunehmen oder zu wachsen. Es ist vielmehr die Ordnung jeder Ordnung und das Licht allen Lichtes und aus sich heraus leuchtend. Gott nämlich hat sich nie an irgendeinem Morgen, in irgendeiner Morgenröte erhoben, sondern Er war immer vor aller Zeit.

Das Licht, das jeden Menschen erleuchtet, der in diese Welt kommt
Denn dieses Licht durchströmt mit seinem Lebenshauch jeden Menschen, der Fleisch und Knochen hat und durch den Ursprung in der Empfängnis in die gegenwärtige Welt in ihrer Veränderlichkeit von Wachsen und Vergehen kommt. Er soll, sobald die Sonne mit ihren Gestirnen ihn aufgenommen hat, die Geschöpfe anschauen und erkennen. Gott hat nämlich durch den lebendigen Funken der Seele den ersten Menschen erweckt; Er formte ihn aus Lehm, so daß er durch diesen Seelenfunken aus Lehm zu Fleisch und Blut wurde. Daher wird er auch in seinen Nachkommen, wenn nach der Natur des Menschen der Samenschaum ausgestoßen ist (vgl. Ijob 10,10), durch den Feuerfunken der Seele ganz zu Fleisch und Blut. Wenn er nicht auf diese Weise durch die Glut der Seele auferweckt würde, würde der Mensch nicht ganz zu Fleisch und Blut; genauso wäre die Materie des ersten Menschen Lehm geblieben, wenn sie nicht durch die Seele verwandelt worden wäre. Denn wie durch Wasser und Feuer aus Mehl Brot wird, so wird auch durch das Feuer der Seele Fleisch und Blut.

Der Mensch ist also gleichsam das Licht der anderen Geschöpfe, die mit ihm auf der Erde leben, die oft zu ihm hinlaufen und ihn mit viel Liebe lecken. Daher sucht auch der Mensch öfters bei dem Geschöpf, zu dem er in Liebe brennt, zu erkunden, was es will. Das Geschöpf aber, das den Menschen nicht liebt, flieht vor ihm und zertritt und zerstreut alles, was den Menschen betrifft. Denn aus Furcht vor ihm ist es ihm lästig, daß es ihn gibt, und deshalb bedrängt es ihn oft, um ihm das Leben zu nehmen.

Er war in der Welt
Aus dem Fleisch der Jungfrau hat Er das Königsgewand angelegt, als die Heilige Gottheit sich in ihren Schoß niederbeugte; denn in einer fremden Natur wurde Er Mensch, nicht wie jeder andere Mensch. Denn Sein Fleisch wurde durch die Heilige Gottheit entflammt. Daher werden nach dem Jüngsten Tag, wenn jeder Mensch umgestaltet ist, die Seelen der Auserwählten ihre Leiber, die vorher in der Welt waren, in den Himmel emporheben. Das wird Gott aus sich selbst vollbringen in Seiner Kraft, die kein Geschöpf begrenzen kann. Dann wird der Mensch, wie schon gesagt wurde, mit Fleisch umhüllt werden, und seine Knochen werden mit Mark angefüllt. Aber er wird fernerhin nicht mehr durch Mangel an Speise, Trank und Lebenskraft ermatten, weil er dann in den Kräften der Gottheit ohne jeden widersprüchlichen Wechsel voranschreiten wird. Denn er ist im Guten ein Glied Christi, der in der Welt viele Leiden und größte Schmähungen ertrug, obwohl Er der Sohn Gottes war. Das konnte der Teufel, der Erfinder allen Truges, der einen Anfang hatte, nicht wissen. Und er beeilte sich mit all seinen Gliedern, die Gott ablehnen, Ihn zu verleugnen, konnte aber dennoch nicht verhindern, daß der Mensch in das unvergängliche Leben erhoben wurde.

Und die Welt ist durch Ihn geworden
So ist die Welt durch Ihn entstanden, nicht Er durch die Welt. Denn die Schöpfung ging aus dem WORT Gottes hervor, das heißt alles, was es an Geschöpfen, unsichtbaren und sichtbaren, gibt. Denn es gibt Geschöpfe, die man weder sehen noch berühren kann, andere aber sieht und berührt man. Der Mensch aber hat beides in sich, nämlich die Seele und den Leib, weil er „nach dem Bild und Gleichnis Gottes" (Gen 1,26) geschaffen wurde. Daher befiehlt er auch mit dem Wort und wirkt mit den Händen. So hat Gott den Menschen nach sich geordnet, weil er wollte, daß Sein Sohn von einem Menschen Fleisch annehme.

Aber die Welt erkannte Ihn nicht
Denn die Kinder dieser Welt, nämlich die, die in der Blindheit ihrer Unwissenheit der Welt folgen, wußten es nicht, als Er kam, und erkannten Ihn nicht in Seinem Wirken, wie ein Kind, das Wissen und Wirken nicht kennt. Deshalb weist Gott in den Oberschenkeln und Knien des Menschen auf die

unwissende Kindheit der Ungläubigen hin. Denn ein Kind kann nicht gehen, weil sein Mark und seine Knochen noch nicht gefestigt sind, da es mit Milch und weicher Nahrung ernährt wird. Und ohne Unterschenkel und Füße, nur mit Oberschenkeln und Knien kann auch der erwachsene Mensch nicht gehen. So konnten sie nicht auf dem richtigen Weg wandeln, weil sie mit dem Wissen und Gefühl der Ungläubigen leer waren vom Feuer des Heiligen Geistes, durch das sie Gott hätten anerkennen sollen.

Er kam in Sein Eigentum
Denn Er hatte die Welt erschaffen und das menschliche Fleisch angenommen. Daher zeigten auch alle Geschöpfe Ihn, wie eine Münze ihren Herrn zeigt. Denn Gott hat die Welt erschaffen, die Er dem Menschen als Wohnstatt bereiten wollte; und weil er das Menschsein annehmen wollte, machte Er ihn nach Seinem Bild und Gleichnis, deshalb war alles Sein Eigentum.

Aber die Seinen nahmen Ihn nicht auf
Die Menschen waren ja die Seinen, weil Er sie geschaffen hatte und weil Er sie besonders nach Seinem Bild gemacht hatte; aber dennoch beachteten sie Ihn nicht, da sie nicht erkannten, daß Er ihr Schöpfer war, und nicht einsahen, daß sie allein von Ihm erschaffen worden waren. Die Ungläubigen nämlich nahmen Seine Menschheit nicht an, und wegen der Blindheit ihres Unglaubens erkannten sie Gott in Seiner menschlichen Gestalt nicht. Daher wird auch mit den Unterschenkeln des Menschen seine Jugend bezeichnet, die töricht und nichtsnutzig ist. In ihr richtet er auf das Grünen und Blühen und jedes andere Geschöpf seine Aufmerksamkeit und dünkt sich weiser als die anderen, weil jetzt sein Mark und seine Knochen vollkommen gefestigt sind. So handelten die Juden und Heiden, die die Eitelkeit der Welt liebten und zu wissen meinten, was sie nicht wußten, und zu sein, was sie nicht waren, und die nicht im Glauben auf Ihn achteten, der ihnen Fleisch und Geist gegeben hatte. Wie nämlich die Jugend sich von den Geschöpfen täuschen läßt und sich an ihnen ergötzt, so war damals die Welt in leerem Wahn. Und deshalb war es notwendig, daß Gott Sich selbst ihnen zeigte und sie an Sich zog, wie Er auch befahl, die Eselin und ihr Junges loszubinden und zu Ihm zu führen (vgl. Mt 21,2), als Er sich selbst mit dem Gesetz der Wahrheit über sie stellte.

Allen aber, die Ihn aufnahmen, gab er Macht, Kinder Gottes zu sein
Denn allen Menschen beiderlei Geschlechts, die Ihn aufnahmen, indem sie glaubten, daß Er Gott und Mensch ist (denn zuerst wird Gott im Glauben erfaßt, dann erst Seine Menschwerdung), gab Er in Seiner Machtfülle die Fähigkeit, in eigener freier Entscheidung Söhne Ihres Vaters im himmlischen Reich zu werden. Das heißt, sie sollten Erben Seines·Vermächtnisses werden und mit Ihm Teilhabe an Seinem Königreich haben, und zwar in der Macht, in der ein Sohn Erbe seines Vaters ist. Denn weil sie Ihn als Gott und ihren Schöpfer erkannten, Ihn in Liebe umarmten und im Glauben küßten und alles, was sie hatten, von Ihm genau und sorgfältig erfahren wollten, fiel der Tau des Heiligen Geistes auf sie, so daß durch sie die ganze Kirche zu sprießen und die Frucht der himmlischen Freuden zu tragen begann. Daher wurde es ihnen gegeben, durch die Kraft des wahren Glaubens Kinder Gottes zu sein.

Denen, die an Seinen Namen glauben
Denen, die durch ihr Vertrauen diesen Glauben haben, daß sie in Seinem Namen durch die Taufe gerettet werden, wird die Teilhabe am himmlischen Reich gegeben. Denn alle ihre Werke tun sie in brennender Liebe, als ob sie Gott schauten, und sie verehren nicht im Schatten des Glaubens ohne Werke den Namen Gottes. Sie verwerfen fremde Götter, die sich nicht selbst machen können und nicht aus sich selbst sind, sondern Genossen der Menschen. Dieser Name aber, in dem der wahre Glaube begründet ist, ist so, daß Er keinen Anfang hat. Durch Ihn sind alle Geschöpfe entstanden und Er ist das Leben, durch das alles Leben atmet. Daher wird Er auch von Seiner ganzen Schöpfung angebetet. Gemäß den drei Kräften aber, die in diesem Namen sind, besteht jedes Geschöpf, das einen Namen hat, aus drei Kräften. Ein welkes, von Fäulnis befallenes Geschöpf jedoch hat keinen Namen, weil es nicht lebenskräftig ist. Dem Namen der lebendigen Kreatur aber stehen drei Kräfte bei, von denen die eine gesehen, die andere erkannt wird, die dritte aber unsichtbar ist. Den Körper von etwas Lebendigen sieht man und was es hervorbringt, weiß man, aber woher es lebendig ist, weiß man nicht und sieht man nicht.

So hat Gott auch an den Füßen des Menschen große Wundertaten offenbart. Denn wie die Füße den gesamten Körper aufrechterhalten und ihn tragen, wohin er will, so hält auch der Glaube den Namen Gottes mit den

Wundern, den sichtbaren und den unsichtbaren, die man erkennen und nicht erkennen kann, kraftvoll aufrecht und trägt ihn überall großartig. Auch den Leib des Menschen und seine Taten sieht man, aber noch viel mehr ist in ihm, was man weder sieht noch erkennt. Da aber schon im Menschen so viel Unbegreifliches ist, wie könnte dann Der zu begreifen sein, Der ihn geschaffen hat? Denn kein Mensch kann, solange er in dieser Zeit lebt, wissen, wie Er ist.

Die nicht aus dem Blut, nicht aus dem Willen des Fleisches, nicht aus dem Willen des Mannes, sondern aus Gott geboren sind
Gottes Sohn spricht: „Was aus dem Fleisch geboren ist, ist Fleisch, und was aus dem Geist geboren ist, ist Geist" (Joh 3,6). Denn das Fleisch ist aus dem Fleisch in Sünden empfangen und geboren. Aber weil Gott Geist ist, sind aus Ihm alle Geistwesen entstanden. Weder wird der Geist in Fleisch verwandelt noch das Fleisch in Geist, aber durch Fleisch und Geist wird der Mensch vollendet, sonst wäre er kein Mensch und würde nicht so genannt. Denn Gott hat Adam geschaffen, damit er ewig unveränderlich leben sollte; aber jener verging sich in Ungehorsam, dadurch daß er auf den Rat der Schlange hörte. Deswegen meinte die Schlange, er werde ganz zugrunde gehen. Das jedoch wollte Gott nicht, der ihm den Verbannungsort <exilium> der Welt bereitete, wo er seine Kinder in Sünden empfing und gebar. So wurde er mit seinem ganzen Geschlecht sterblich, und durch den Samen der Sünde, den er empfing, wird er in Verwesung verwandelt bis zum Jüngsten Tag. Dann wird Gott den Menschen erneuern, so daß er danach als unveränderliches Leben lebt, wie Adam geschaffen war. Dieses Leben aber konnte in seinen Kindern, die in Sünden empfangen und geboren wurden, nicht sein. Aber es erschien in der Menschheit des Sohnes Gottes, durch den der himmlische Vater sich daran erinnerte, den Menschen zu befreien, der verloren war. Diejenigen nämlich, die durch die Kraft der guten Werke Kinder Gottes werden, haben diese Macht der Gotteskindschaft nicht aus dem Gerinnen des Blutes ihrer Eltern, durch das sie am Blut Anteil haben, noch aus dem Willen des schwächeren Fleisches, das zur Geburt keimt, noch aus dem Willen des stärkeren Teiles, der die Kraft hat zu zeugen. Vielmehr empfangen sie aus dem Geschenk der göttlichen Offenbarung im Bad der Taufe und in der feurigen Ausgießung des Heiligen Geistes, daß sie auf diese Weise aus Gott geboren und Erben Seines Reiches werden.

Gott hatte nämlich alle Seine Werke, bevor sie Gestalt annahmen, im voraus gesehen. Als sie dann bei der Erschaffung zu Gestalten geformt wurden, blieben sie in sich nicht leer, sondern wurden mit Leben erfüllt. Denn das Fleisch wäre ohne das Leben kein Fleisch, da es ja zerfällt, wenn das Leben aus ihm entweicht. Der Geisthauch aber, den Gott in Adam entsandte, war feurig, mit Verstand begabt und er war Leben. Daher ist durch seine Glut der Lehm der Erde vom Blut rot. Und wie jedes Geschöpf vor der Zeit im Vorauswissen Gottes war, so sind noch jetzt alle Menschen, die noch geboren werden, in Seinem Vorauswissen.

Der Mensch aber hat Einsicht und ist mit der Sinneskraft begabt. Einsicht hat er, weil er alles versteht, mit den Sinnen begabt ist er, weil er spürt, was ihm hilft. Denn Gott erfüllt das gesamte Fleisch des Menschen mit Leben, indem er den Geisthauch des Lebens in ihn schickt. Deshalb wählt der Mensch auch durch das Wissen um Gut und Böse, was ihm gefällt, und verwirft, was ihm mißfällt. Gott aber betrachtet, was der Mensch sich vornimmt. Wenn sich der Mensch aber etwas vornimmt, was nicht von Gott ist, zieht sich Gott von ihm zurück, und bald treten ihm die entgegen, die das erste Böse begannen, nämlich die, die den Himmel zerstören wollten, was Gott nicht berührte. Denn es wäre unziemend, daß Gott sich selbst zerstörte. Wenn aber der Mensch zum Namen seines Vaters aufseufzt und ihn mit echter Sehnsucht anruft, wird ihm die Hilfe der Engel beistehen, damit er nicht von seinen Feinden belästigt wird. Und wegen der Freude über die Sehnsucht nach guten Werken flößt Gott ihm zuerst sanft gleichsam Milch ein; dann gießt er den Regen Seiner Gnade über ihn aus, durch die er kraftvoll von Tugend zu Tugend (Ps 83,8) emporsteigen kann. Und so ist jener Mensch durch diese Tugenden bis zu seinem Tod immer neu. Aber wer nur Mäßiges und nichts Großes tun kann, geht immer seinen Weg in dem Drang, das zu vollenden, was er kann. Wer jedoch viel Großes zu tun vermag, hat darin Maß und Ausgeglichenheit. Der Teufel nämlich will die Seelen zum Tod verführen. Er sucht nichts anderes zu tun und kann auch nichts anderes tun und erträgt es kaum, bis er das, was er tun kann, erreicht.

Gott aber hat, weil Er in allem und durch alles in all Seinen Werken mächtig ist, das rechte Maß und bewirkt mit der Ausgeglichenheit der Unterscheidungskraft, daß der Mensch stärker und bereiter wird zur Beständigkeit im Guten. Denn jeder, der im Ungestüm geht, stürzt sich oft ins

Unheil. Aber der Mensch ist das Zeichen der vollen Ehre Gottes, weil die Erkenntnis des Guten, die in ihm ist, die Engelscharen bezeichnet, die Gott mit Lob dienen. Die Erkenntnis des Bösen aber, die er hat, offenbart die Macht Gottes, weil Gott diese besiegte, als er den Menschen aus dem Paradies vertrieb. So geschieht es in jedem Menschen, weil in dem, der in der Erkenntnis des Guten das Gute wählt und verwirklicht, sich die Güte Gottes zeigt und in dem, der das Böse ergreift und es tut, die Macht Gottes sich offenbart, weil Gott das Böse zuweilen richtet, zuweilen es verzeiht.

Auf diese Weise also ist der Mensch, wie schon gesagt, Leben, und alles, was ihm anhängt, hat durch ihn Lebenskraft. Denn Gott hat den Menschen mit all dem, was zu ihm gehört unter der Sonne geschaffen, damit er auf der Erde nicht allein sei, so wie Gott im Himmel nicht allein ist, sondern durch alle himmlischen Harmonien verherrlicht wird. Das aber, was auf Erden um den Menschen ist, bleibt mit ihm auf der Erde, bis jene Zahl erfüllt ist, die Gott beschlossen hat. Nach der künftigen Auferstehung aber wird der gesegnete Mensch nichts mehr brauchen, um zu wachsen oder um von etwas ernährt zu werden. Dann wird er in jener Herrlichkeit sein, die niemals vergehen und sich nicht ändern wird. Mit dieser Herrlichkeit wird der gesegnete Mensch dann durch die Heilige Dreifaltigkeit bekleidet werden, und er wird Ihn schauen, der niemals eine Begrenzung durch Anfang und Ende gehabt hat. Und daher wird er nie mehr von Alter und Überdruß befallen werden, weil er immer neue Loblieder singen und spielen wird. (vgl. Offb 14,3)

So lebt, wie schon gesagt wurde, das Fleisch durch das Leben, und nur durch das Leben ist es vollkommen Fleisch; und so ist das Fleisch mit dem Leben und das Leben mit dem Fleisch eins. Das war Gottes Absicht, als Er in Adam durch den Geisthauch, den Er in ihn sandte, Fleisch und Blut kräftigte. Denn schon damals achtete Er auf jenes Fleisch, mit dem Er sich umhüllen wollte, und liebte es mit brennender Liebe.

Und das WORT ist Fleisch geworden und hat unter uns gewohnt

Das WORT, das bei Gott vor der Zeit ewig war und das Gott war, nahm durch die Glut des Heiligen Geistes aus dem Schoß der Jungfrau Fleisch an. Es umgab sich so damit, wie die Adern der Halt des Fleisches sind und wie sie selbst das Blut in sich tragen und dennoch nicht das Blut sind. Gott nämlich hatte den Menschen so erschaffen, daß jedes Geschöpf Ihm diene.

Deshalb geziemte es sich auch für Gott, daß Er die Hülle des Fleisches im Menschen annahm. So also hat das WORT Fleisch angenommen, weil das WORT und das Fleisch eins sind; aber nicht so, daß sich das eine in das andere verwandelte, sondern daß sie eins sind in der Einheit der Person. Auch der Leib ist das Gewand der Seele, und die Seele hat mit dem Leib zusammen die Pflicht zu wirken. Der Leib wäre nichts ohne die Seele, und die Seele würde ohne den Leib nicht wirken. Daher sind sie im Menschen eins, sie sind der Mensch. So ist das Werk Gottes, der Mensch, nach dem Bild und Gleichnis Gottes gemacht. Wenn nämlich dem Menschen der Geisthauch von Gott gesandt wird, werden dieser Hauch und das Fleisch ein Mensch. Das WORT Gottes aber nahm aus dem ungepflügten Fleisch der Jungfrau und ohne jede Hitze der Leidenschaft Fleisch an, so daß das WORT das WORT ist und das Fleisch Fleisch und daß sie eins sind; denn das WORT, das ohne Zeit vor den Zeiten im Vater war, veränderte sich nicht, sondern umhüllte sich nur mit dem Fleisch.

Und hat unter uns gewohnt
Denn Mensch geworden, wohnte Er ohne Sünde wie ein Mensch unter uns. Er verachtete unser Menschsein nicht, wo doch auch wir mit dem Geisthauch des Lebens Menschen sind, die nach Seinem Bild und Gleichnis gemacht wurden. Deshalb leben auch wir in Ihm, weil wir Sein Werk sind und weil Er uns immer in Seinem Vorauswissen trug und uns nicht vergaß.

Und wir haben Seine Herrlichkeit gesehen
Denn wir, die wir mit Ihm zusammen waren, wir haben Ihn in besonderer Weise gesehen, wie Er in Seiner wunderbaren Natur ohne alle Sünden kam und die Herrlichkeit des einzigen Sohnes vom Vater offenbarte. Wunderbar vor den Zeiten vom Vater als einziger Sohn geboren, zeigte Er Seine Herrlichkeit, indem Er wunderbar vom Vater kam, als Ihn die Jungfrau aus der Glut des Heiligen Geistes empfing. Er brauchte nicht den Zeugungsakt eines Mannes, obwohl doch jeder andere Mensch von einem Mann, nämlich seinem Vater, in Sünde gezeugt wird. Gott hatte den Menschen aus Lehm geformt und in ihn den Geisthauch des Lebens geschickt. Daher hat auch das WORT Gottes im Menschen mit der vernunftbegabten Seele das königliche Gewand angenommen und es ganz an sich gezogen und ist in

ihm geblieben. Denn auch der Geisthauch, der im Menschen Seele genannt wird, durchströmt das Fleisch und hat es als ein schönes Kleid und zierenden Schmuck. Deshalb liebt er es und stimmt mit ihm überein, kann aber nicht in ihm gesehen werden. Sowohl in seiner Natur, als auch aus der Sehnsucht seiner Seele verlangte der Mensch das Gewand des Lebens; und weil Gott kein Geschöpf ohne Kräfte als leeres Wesen geschaffen hat, deshalb wirkt der Mensch immer Bewundernswertes.

Und *dieses WORT ist voll Gnade und Wahrheit*
Denn Es stand in voller Gnade, als Es alles in Seiner Gottheit schuf und in Seiner Menschheit erlöste, und Es was voller Wahrheit, weil kein Trug der Ungerechtigkeit und Sünde Es berührte und sich ihm näherte. Es ist ja der Herr, der durch Seinen Kampf das Böse besiegt hat, das ohne Ihn nichts ist. Denn dieses WORT, der wahre Sohn Gottes, ist voller Gnade, indem Es in Seiner Barmherzigkeit schenkt und vergibt. Es hat sich Seiner Gottheit nicht beraubt, aber Es hat sich mit der Menschheit umhüllt. Auch Seine Menschheit ist vollkommen, weil keine Runzel einer Sünde der menschlichen Natur Es berührt hat. Es ist auch voller Wahrheit, weil Es schenkt, erläßt und richtet, wie Es gerecht ist. Das tut der Mensch nicht, weil er im Makel der Sünde empfangen und geboren ist. Auf diese Weise ist Gott rund, einem Rad ähnlich, denn Er hat alles erschaffen, Er will das Gute und vollendet es. Gottes Wille nämlich hat alles vorbereitet, was das WORT Gottes geschaffen hat.

Jeder Mensch also, der Gott fürchtet und liebt, soll sich diesen Worten mit der Hingabe seines Herzens öffnen, und er soll wissen, daß sie zum Heil des Leibes und der Seele der Menschen nicht von einem Menschen verkündet sind, sondern durch Mich, der Ich bin (Ex 3,14).

Fünfte Vision

Die fünf Bereiche des Erdkreises

Darauf sah ich den Erdkreis aufgeteilt in fünf Bereiche, so daß ein Teil nach Osten, der andere nach Westen, der dritte nach Süden, der vierte nach Norden lag, der fünfte aber in ihrer Mitte. Der Umfang des Ost- und des Westteils war gleich groß, und beide hatten die Gestalt eines gespannten Bogens. Auch der Umfang des Süd- und des Nordteiles war gleich groß. In Länge und Breite glich er den beiden ersten Teilen, aber sie erschienen in ihrer inneren Krümmung wegen der bogenförmigen inneren Enden der beiden ersten Bereiche gleichsam abgeschnitten. Außer ihrer abgeschnittenen inneren Enden waren sie einem gespannten Bogen ähnlich.

Denn diese beiden Bereiche, der Süd- und der Nordteil, wurden in je drei Teile gegliedert, von denen die beiden mittleren dieser Abschnitte gleiche Form und gleiches Ausmaß hatten. Die vier übrigen Abschnitte, die am Rand lagen, hatten eine andere, aber dennoch untereinander gleiche Gestalt und die gleiche Aufgliederung und waren in Länge und Breite genau so groß wie die beiden mittleren Teile, außer daß sie an ihren inneren Krümmungen verkürzt schienen, an den äußeren dagegen breiter als die beiden anderen. Das entsprach dem, daß der oben genannte östliche und westliche Bereich ihnen auf der einen Seite engeren, auf der anderen weiteren Raum boten, dadurch daß sie sich an ihren beiden Enden bogen. Der fünfte dieser Bereiche, der in der Mitte von diesen allen lag, zeigte quadratische Form und war an einer Stelle von Hitze, an der anderen von Kälte und an einer weiteren von mäßig warmer Luft erfüllt.

Der zuvor genannte östliche Bereich erstrahlte in großer Helligkeit, der westliche wurde dunkel, weil er etwas von Finsternis bedeckt war. Der südliche Bereich aber, der in drei Abschnitte gegliedert war, hatte die beiden Randabschnitte voller Strafen. Den dritten, nämlich den mittleren, zeigte er entsetzlich, und zwar nicht durch Strafen, sondern durch andere ungeheuere Schrecken. Das zeigte auch der nördliche Bereich, der ebenfalls drei getrennte Bezirke hat; während nämlich in den beiden äußeren Abschnitten verschiedene Strafen im Übermaß vorhanden waren, war der mittlere Teil durch zahlreiche Schrecken ohne Strafen entsetzlich. Aber nach Osten sah ich über der Rundung der Erde in gewisser Höhe eine rote Kugel, von einem saphirblauen Kreis umgeben. Von ihrer rechten und linken Seite gingen je zwei Flügel aus, von denen die einen sich von beiden Seiten eben dieses Kreises empor in die Höhe streckten, so daß sich beide am höchsten Punkt zurückbogen und aufeinander blickten. Das andere Flügelpaar ging von denselben Seiten aus nach unten bis zur Mitte der zuvor genannten Erdrundung, und zwar so, daß die Flügel diese Rundung außerhalb des Firmamentes zur Hälfte umfaßten und bedeckten. Von dieser ging ein roter Kreis wie ein Bogen aus und umfaßte den gesamten äußeren Teil des Westens und ebenso gewisse Bezirke, die außerhalb der Rundung lagen und zwar so, daß er sich vom Ende des erwähnten östlichen Flügels um den westlichen bis zum Ende des nördlichen Flügels zurückbog. Von dieser Rundung aus nach Osten erschien zwischen den genannten Flügeln gleichsam ein Gebäude, das sich bis zu der oben erwähnten Kugel erhob. Und von dieser Kugel nach oben bis zur Mitte der erwähnten Flügel führte gleichsam eine Straße, über der ein heller Stern strahlte.

Ferner sah man zwischen den Spitzen dieser Flügel gleichsam eine feurige Kugel, die Strahlen aussandte. Vom obersten Punkt der genannten Erdrundung bis zur erwähnten roten Kugel, von dieser aus bis zu dem leuchtenden Stern und von diesem Stern bis zu der feurigen Kugel waren die Abstände gleich. Auch zwischen den vorderen Flügeln sah man auf beiden Seiten der erwähnten Straße von der Kugel ab rings um den Stern bis zu der Feuerkugel unterschiedliche Strahlen von Sternen.

Aber auch nach Westen hin außerhalb der Erdrundung erschien Finsternis, die sich von beiden Seiten dieser Rundung bis in deren Mitte, zu der auch die genannten Flügel hinunterreichten, wie ein Bogen spannte. In ihr waren zwischen der westlichen und nördlichen Ecke noch andere dichtere und tiefere Finsternisse, die das Aussehen eines entsetzlichen, zum Verschlingen aufgerissenen Maules hatten. Sie hafteten an anderen äußerst dichten und schlimmen unendlichen Finsternissen, die außerhalb von ihnen waren, als ob sie deren Maul und Rachen wären. Um diese unendlichen Finsternisse wußte ich, aber sehen konnte ich sie nicht.

Und wiederum hörte ich eine Stimme vom Himmel, die zu mir sprach:

1. Der Erdkreis mit seiner Gliederung inmitten der Elemente in seinem Bezug zum Menschen

Gott hat den Erdkreis so inmitten der drei Elemente aufgehängt, daß er nicht zerfließen und zerfallen kann. Auch damit zeigt Er sich wunderbar und mächtig, daß Er weder das Fleisch noch die Knochen des Menschen so zu Staub gemacht hat, daß Er sie nicht am Jüngsten Tag in ihrer Unversehrtheit wiederherstellen kann. Einen Teil der Erde machte Er lichtvoll, einen anderen dunkel, den dritten schaudererregend, den vierten zur Strafe, einen für den Menschen geeignet, den anderen aber ungeeignet, wie Er auch bestimmte Seelen in Sein Reich aufnimmt, andere aber durch sein gerechtes Urteil zur Hölle verdammt.

Du siehst den Erdkreis in fünf Bereiche aufgeteilt, so daß ein Teil nach Osten, der andere nach Westen, der dritte nach Süden, der vierte nach Norden, der fünfte aber in ihrer Mitte liegt. Das ist deshalb so: Wenn die Erde kantig und nicht rund wäre, würden die Ecken bei ihr eine Schwäche und Unausgeglichenheit des Gewichtes verursachen. Und wenn sie nicht in fünf Bereiche gegliedert wäre, würde sie nicht im richtigen Maß ausgewogen. Die vier äußeren Teile nämlich halten sie in der richtigen Lage, der fünfte mittlere jedoch festigt sie in der richtigen Lage und macht sie darin beständig. Das bezeichnet auch, daß der Mensch, für den die Erde ein Sinnbild ist, durch die fünf Sinne, die in ihm lebendig sind, zu allem, was für ihn notwendig ist, gefestigt und zum Heil seiner Seele hingelenkt wird.

2. Die fünf Erdbereiche und die fünf Sinne des Menschen

Daher teilt der eine nach Osten gerichtete Teil dem mittleren Bereich guten Saft und nützliche Grünkraft zu. So ist auch die Sehkraft des Menschen gleichsam dem Ursprung der Helligkeit zugewandt und gibt ihm, der gleichsam in der Mitte der Elemente steht, Gesundheit des Leibes und der Seele.

Der zweite Bereich, der nach Westen liegt, gibt diesem Teil bald nützliche, bald schädliche Flüssigkeit, wie auch das Gehör den ganzen Leib des Menschen gleichsam nach Westen hin erschüttert und durchdringt und ihm bald Glück, bald Unglück, bald das Seelenheil, bald Verzweiflung anzeigt.

Der dritte Bereich, der sich nach Süden wendet, sendet in diesen Teil Hitze, die durch das kühle Wehen der Winde gemäßigt ist. So gießt auch der Geruchssinn wie Dampf, der aus der Hitze aufsteigt, den Geruch, der aus Mischungen von Warm und Kalt hervorgeht, und den Duft, der aus den Seufzern nach oben kommt, dem Menschen ein.

Der vierte Bereich, der sich nach Norden ausdehnt, bringt dem erwähnten mittleren Teil die Kälte von Norden und die Wärme von Süden. So nimmt der Geschmackssinn das Kalte auf, und indem er Warm und Kalt unterscheidet, regt er den Menschen mit verschiedenem Wohlgeschmack und himmlischer Süße an.

Der fünfte Bereich aber, der in ihrer Mitte liegt, wird von ihnen in seiner Festigkeit gestärkt und durch verschiedene Einflüsse gemäßigt. So wird auch der Tastsinn, der gleichsam in der Mitte der anderen Sinne tätig ist, von diesen gestärkt; denn sie alle geben ihm Kräfte und festigen ihn für seinen Dienst. Das wird auch in der Anordnung der Finger gezeigt, weil durch sie die Werke vollendet werden, die die ewige Belohnung betreffen.

Und wie du siehst, *sind der Umfang des östlichen und der Umfang des westlichen Bereiches gleich groß, und beide haben die Gestalt eines gespannten Bogens,* da die Sonne bei ihrem Umlauf in ihrem Aufgang und Untergang den gleichen Abstand zur Erde einnimmt. Das weist auch darauf hin, daß die Sehkraft durch die Erkenntnis von Gut und Böse dem ähnlich ist. Denn wie das Sehen durch die Erkenntnis des Guten zu dem aufsteigt, was gut ist, so steigt es durch das Wissen um das Böse zu dem hinab, was böse ist, durch jenes wendet es sich vom Bösen ab, durch dieses aber beugt es sich vom Guten weg.

Auch der Umfang des Süd- und des Nordteiles ist gleich groß und gleicht in Länge und Breite den beiden ersten Teilen; aber sie scheinen in ihren inneren Krümmungen wegen der bogenförmigen inneren Enden der beiden ersten Bereiche gleichsam abgeschnitten. Außer ihren abgeschnittenen inneren Enden sind sie einem gespannten Bogen ähnlich. Denn wieviel von der Erde der Süden mit Hitze besetzt, soviel besetzt der Norden mit Kälte, wobei sie damit der Länge und Breite des Ostens und des Westens gleichkommen. Nur ihre Enden, die sich dem fünften der genannten Bereiche zuwenden, ziehen sich durch die Ausdehnung des Ostteiles und ebenso des Westteiles etwas zusammen, während sie an den anderen Stellen einem Kreis ähnlich sind. So strebt auch der Geruchssinn durch den Duft der Tugendkräfte nach rechts, der Geschmackssinn aber durch das Schmecken der Laster nach links. Bei diesem Bestreben haben sie gleichsam den gleichen Eifer, wenn auch in verschiedener Richtung, und gleichen sich ihrem Ursprung an, indem jener sich dem Guten und dieser sich dem Bösen anpaßt. Aber dennoch kann keiner von ihnen im Anfang seines Vorhabens die Erfüllung seines Versuchs haben; denn am Anfang, wenn der Mensch entweder das Gute oder das Böse beginnt, beschränkt er sich bewußt in diesem Tun, weil er es noch nicht wagt, sich ihm ganz zu überlassen.

3. Die Bereiche in ihrer Bedeutung für den Menschen als Wesen der Grenze

Denn diese beiden Bereiche, der Süd- und der Nordteil, werden in je drei Teile gegliedert, die hier infolge von Wärme, dort wegen Kälte und an anderer Stelle wegen Schlangen für die Menschen unbewohnbar sind. Das zeigt auch, daß der Geruchssinn, wenn er zum Duft der Tugendkräfte sich erhebt, der Geschmackssinn aber, wenn er zum Geschmack der Laster hinabsteigt, den Leib des Menschen, seine Seele und seine Werke in verschiedener Weise berühren. Sie zeigen ihn gleichsam unbewohnbar, wenn er nicht einsieht, was der Leib, was die Seele und was die Werke in ihm bedeuten und wenn er auch in sich das richtige Maß nicht zu unterscheiden weiß.

Von ihnen haben die beiden mittleren dieser Abschnitte die gleiche Form und das gleiche Ausmaß, da auch der südliche und nördliche Bereich das rechte Maß haben und ihnen mit ihrem richtigen Ausmaß die richtige Mäßigung geben. Sie zeigen, daß die Seele im Duft der Tugenden und im Geschmack der Laster gleichsam in der Mitte zwischen dem Leib und seinen Werken steht, jedoch nur eine Richtung und Zuordnung hat, indem sie in Furcht vor dem Bösen zu Gott aufseufzt.

Aber auch *die vier übrigen Abschnitte, die am Rand liegen, haben eine andere, aber dennoch untereinander gleiche Gestalt und gleiche Aufgliederung.* Denn jene sind sowohl im südlichen wie auch im nördlichen Teil auf beiden Seiten der erwähnten mittleren Abschnitte ausgedehnt, in ihren inneren Krümmungen aber, die sich zu dem genannten fünften Teil hin erstrecken, etwas verengt. An ihren äußeren Enden haben sie jedoch eine beträchtliche Breite, wo sie auch eine andere Gestalt als die erwähnten mittleren Teile zu haben scheinen. Untereinander aber sind sie sich sowohl in ihrer Gestalt, als auch in ihrer Anordnung ähnlich. Das zeigt: Der Leib des Menschen und seine Werke, die ihm gleichsam eine Grenze setzen, wenn sie in sich die Unzulänglichkeit spüren, haben eine andere Aufgabe als die Seele sie hat, wenn sie dem Menschen die Lebenskraft des Leibes und der Sinne voll zuführt. Untereinander jedoch stimmen sie in gleicher Weise miteinander überein; denn wenn der Leib schwankt, werden auch seine Werke geschwächt, wenn aber die Seele den Leib emporhebt, werden auch die Werke des Leibes unterstützt.

Auch an Länge und Breite der beiden mittleren Teile sind sie gleich, außer daß sie an ihren inneren Enden verkürzt, an den äußeren aber breiter als die beiden anderen scheinen. Das entspricht dem, daß der obengenannte östliche und der westliche Bereich ihnen auf der einen Seite engeren, auf der anderen reichlicher Raum bieten, dadurch daß sie sich an ihren beiden Enden biegen. Das ist deshalb so, weil jene Teile, die sich auf beiden Seiten der mittleren befinden, zwar die Länge dieser mittleren Teile haben; sie haben aber eine geringere Breite in den mittleren Teilen gegenüber dem erwähnten fünften Bereich, gegen sein äußeres Ende jedoch eine größere Breite, an den anderen Stellen die gleiche. Denn beide Enden des Teiles, der nach Westen und des Teiles, der sich nach Osten ausdehnt, werden nach Art eines Bogens an den inneren Enden der erwähnten vier ähnlichen Bereiche zusammengezogen.

Das deutet darauf hin, daß der Leib des Menschen und seine Werke sich in ihm zu seiner Erhaltung so ausstrecken, wie die Seele in ihm zu seiner Stärkung angeregt wird. Aber derselbe Leib und dieselben Werke des Menschen krümmen sich oft in der Sicherheit zusammen, im Zweifel aber erweitern sie sich mehr, als das Seufzen der Seele es wünscht. Sie nämlich strebt nach dem richtigen Maß, der Leib des Menschen jedoch stürzt sich in seinen Werken öfters in Unmäßigkeit.

4. Der Mittelbereich und sein Sinn für den Menschen

Der fünfte dieser Bereiche, der in der Mitte von diesen allen liegt, zeigt quadratische Form, denn er wird von den anderen in gleicher Weise gehalten und von ihnen durchdrungen. Das zeigt, daß der Tastsinn die Vollkommenheit der Werke und nicht den Leichtsinn der Fehler haben soll. *Und er ist an einer Stelle von Hitze, an der anderen von Kälte und an einer weiteren von maßvoll warmer Luft erfüllt,* weil die Glut der Sonne ihn hier wegen ihrer Nachbarschaft durchglüht, dort jedoch die Kälte wegen der Entfernung der Sonne ihn zusammenzieht und unbewohnbar für den Menschen macht. Die Ausgewogenheit von Hitze und Kälte aber macht ihn bewohnbar. So kräftigen auch die Finger, obwohl sie untereinander verschieden sind, trotzdem die Hand, indem sie sie mit ihrer Kraft zusammenhalten, und die fünf Sinne des Menschen durchziehen, obwohl sie voneinander verschieden sind, gleichsam mit Feuer und Wasser den Tastsinn und geben sich gegenseitig hilfreiche Stützen für die Tugenden.

Eben diese bewohnbaren Bereiche weisen auf die gläubigen Menschen hin, die ständig über das göttliche Gesetz nachsinnen, sich ganz auf das himmlische Leben ausrichten und sich in ihren guten Werken bewohnbar machen. Die unbewohnbaren Bereiche aber bezeichnen die ungläubigen Menschen, die sich den Worten Gottes zu widersetzen und sie zu bekämpfen versuchen. Sie bemühen sich, den Glauben zu verleugnen, die Wahrheit und Festigkeit des Glaubens zu verletzen und zu zerstören und machen sich mit diesem verkehrten Benehmen unbewohnbar, da sie dem Heiligen Geist keine Wohnstatt in ihrem Inneren gewähren.

5. Die Zuordnung der Bereiche zu Belohnung und zur differenzierten Bestrafung

Der zuvor genannte östliche Bereich erstrahlt in großer Helligkeit, weil in ihm der Ort der Wonne und der Freuden liegt. Er birgt in sich die Erquickung für die glückseligen Seelen und mahnt die Seele, ihr inneres Auge auf den Anblick des wahren Lichtes zu richten. Gegen die Laster der vielen Sünden aber, mit denen die Menschen die Gerechtigkeit verletzen, liegen Durchgangsorte der Bestrafung an den vier Ecken der Erde, an denen die Seelen der zu Rettenden, nachdem sie ihren Körper abgelegt haben, entsprechend dem, was ihre Schuld fordert, geprüft werden.

Daher ist der westliche Bereich dunkel, weil er von etwas Finsternis bedeckt ist. In diesem Dunkel hat er die Strafen für die leichten und geringen Sünden in sich, und zwar der Menschen, die sich aus Unwissenheit verfehlen und zeigt an ihnen, daß sich das Gehör des Menschen vom Rufen der Wahrheit abgewandt hat.

Der südliche Bereich aber, der in drei Abschnitte gegliedert ist, hat die beiden Randabschnitte voller Strafen. In ihnen werden die schweren Sünden jener Seelen bestraft, die, solange sie in ihrem Körper weilten, den Duft der Tugenden vernachlässigten.

Denn in dem Winkelabschnitt, der zwischen Osten und Süden liegt, sind die härtesten Strafen der feurigen, stürmischen Luft und andere Qualen, mit denen die schlimmsten Taten der Mörder, Räuber, Diebe und anderer derartiger Menschen geprüft werden; denn das Gericht Gottes steht immer bereit für die Gottlosigkeit und den Unglauben, für Laster und abscheuliche Gefühle, die sich Gott zu widersetzen bemühen.

In dem Winkelabschnitt jedoch, der zwischen Süden und Westen liegt, sind die schlimmsten Strafen im Überfluß vorhanden, so daß dort im Sommer Kälte, im Winter aber Hitze und andere Plagen entstehen, durch die die Seelen der Verstorbenen gereinigt werden, die wegen ihrer vielen schweren Sünden nicht einmal an ihrem Ende Buße erlangen. Daher werden sie, weil ihnen der Duft der Tugenden fehlt, kaum gerettet werden.

Der dritte aber, der der mittlere von ihnen zu sein scheint, zeigt sich entsetzlich und zwar nicht durch Strafen, sondern durch andere ungeheure Schrecken. Denn wenn auch er wie die beiden anderen von Strafen voll wäre, würden diese Strafen in ihrer Fülle überquellen und die Wohnstätte der Menschen auf Erden unbewohnbar machen, während er jetzt wegen der vielen Schrecken, die in ihm sind, oft den Menschen und Tieren Pest und den Früchten Schaden bringt, weil die Menschen den Duft der Tugenden nicht in ihre Seelen lassen.

Das zeigt auch der nördliche Bereich, der ebenfalls drei getrennte Bezirke hat, in deren beiden äußeren Abschnitten die verschiedenen Strafen im Übermaß vorhanden sind. In ihnen werden die Seelen jener gereinigt, die den Geschmack des Lebens hintansetzten und den Begierden des Fleisches folgten.

In dem Winkelabschnitt, der zwischen Osten und Norden liegt, befinden sich die härtesten Strafen von Kälte, Stürmen und anderen Qualen, mit denen der Unglaube derjenigen ungläubigen Menschen geprüft wird, die, solange sie in der Welt weilten, den Unglauben pflegten und so das Begehren nach dem wahren Glaubens vernachlässigten. Erst in ihrer Todesstunde kehrten sie durch Reue zum katholischen Glauben zurück und erhielten zuletzt den Geschmack an der Rechtschaffenheit.

In dem Winkelabschnitt aber, der zwischen Norden und Westen liegt, sind die schmutzigen Strafen schlammiger Feuchtigkeit, todbringenden Gestankes und Rauches und ebenso anderer Qualen. Mit ihnen werden die Taten der Ehebrecher, der Fresser und Trinker geprüft, die den Geschmack des Lebens gleichgültig behandelten.

Aber der mittlere zeigt sich durch zahlreiche Schrecken ohne Strafen schrecklich, wie vorher gesagt wurde, da er viele Schrecken in sich hat. Wenn er auch Strafen in sich hätte, würde durch deren Ausdünstungen die Wohnstätte der Menschen verseucht. Die in ihm vorhandenen Schrecken aber bringen den Menschen und anderen Geschöpfen manchmal Gefahr, wenn die Menschen den Geschmack des Lebens für Torheit halten. Und wie aus dem stinkenden Schmutz Würmer hervorquellen, so steigen auch aus dem Gestank der Sünden in den erwähnten Winkeln Strafen auf. Deshalb verbreitet sich oft aus diesen Strafen ein Dunst auf der Erde, wo die Menschen wohnen, und verursacht unter Menschen und Tieren eine schlimme Seuche.

6. Das Strafgericht Gottes über die Erde

Diese Gerichte aber, die über die Erde und über die Menschen kommen, gehen aus den erwähnten Winkeln hervor, so daß sich sehr viele Übel aus ihnen ergießen. Aber trotzdem sind gegen die entsetzliche Finsternis der höllischen Strafen sehr hohe und feste Berge gesetzt, die durch keinen Sturm gespalten werden können. Sie widerstehen der Finsternis und schützen die Erde, wie Wände das Haus zusammenhalten, damit es nicht einstürzt.

Da aber der Mensch, zu dessen Wesen die fünf Sinne gehören, ständig sündigt, erfährt er in den erwähnten fünf Bereichen der Erde eine Reinigung. Die geringen Strafen in dem oben genannten Dunkel des westlichen Bereiches erleiden jene, denen die Erde hier, solange sie in ihrem Körper weilten, wegen der Liebe zum Himmlischen wie ein Kerker war. Die jedoch, die der Fleischeslust dienen, werden durch andere reinigende Strafen, die wie schon gesagt, in den südlichen und nördlichen Bereichen liegen, gereinigt; denn obwohl sie sündigten, haben sie dennoch Gott und den rechten Glauben nicht verworfen.

Die erwähnten beiden Hauptbereiche der Erdrundung im Osten und Westen und ebenso im Süden und Norden, diese vier Eckbereiche bewohnt, wie schon gesagt, kein sterblicher Mensch, weil er wegen der steten Hitze oder Kälte oder wegen anderer Unannehmlichkeiten in ihnen nicht leben könnte. So nimmt auch der Mensch, wenn er sich über das Maß erhebt, wenn er in Verzweiflung fällt oder wenn er die rechte Seite vernachlässigt und sich zur linken Seite neigt, den Heiligen Geist nicht in die Wohnstatt seines Herzens auf. Deshalb übt Gott sein Gericht oft über den vier Eckbereichen der Erde aus, wie es Johannes, der von mir Erwählte, in der Apokalypse gesehen hat. Er spricht so, indem er sagt:

7. Die vier apokalyptischen Pferde als Sinnbilder der vier Weltzeitalter

„Da sah ich ein weißes Pferd; und der, der auf ihm saß, hatte einen Bogen. Ein Kranz wurde ihm gegeben, und als Sieger zog er aus, um zu siegen" (Offb 6,2). Das ist so zu verstehen: Die erste Zeit, die mit Adam begann, war wie ein weißes Pferd. Denn der Mensch übertrat das Gesetz aus Unkenntnis. Darüber legte Gott den Zorn Seiner Strafe, der auch die Rettung in sich trug. Gott gab ihm auch die Kraft zu siegen und seine Feinde zu überwinden, so daß er im Kampf der Kämpfe gegen den alten Drachen kämpfen sollte. Und diese Rettung legte er in das Abfallen vom Gesetz, das er Adam gegeben hatte, wie er beim Abnehmen der Sintflut den Bogen in den Wolken des Himmels setzte (vgl. Gen 9,13). Diese Zeit aber dauerte von der Vertreibung Adams bis zur Sintflut, in der Gott im Bogen Seines Zornes alles Volk außer denen, die in der Arche gerettet wurden, durch die zusammenströmenden Wassermassen, die wie Donner dröhnten, ertrinken ließ. Und wie Gott in der ersten Zeit Seines Zornes den Bogen zur Rettung zeigte, so gab Er nach der Sintflut den Wolken des Himmels den Bogen als Zeichen dafür, daß Er künftig nicht mehr durch das donnernde Tosen der Wassermassen die ganze Welt überschwemmen würde. Damit hat Er auch im voraus darauf hingedeutet, daß die Gläubigen durch die Taufe gerettet werden.

Und wiederum folgt: „Da erschien ein anderes Pferd, das war feuerrot. Und der, der auf ihm saß, wurde ermächtigt, der Erde den Frieden zu nehmen, damit die Menschen sich gegenseitig abschlachteten. Und es wurde ihm ein großes Schwert gegeben" (Offb 6,4). Das ist so zu verstehen: Dieses Pferd ist jene Zeit, in der nach der Sintflut durch den Zorn Gottes in gerechtem Gericht denen der Friede genommen wurde, die sich Gott widersetzten, weil sie den Frieden nicht bei Ihm suchten und ihn auch nicht den Menschen gaben. Und deshalb ließ Gottes Gericht es auch zu, daß sie sich gegenseitig grausam umbrachten und in schweren Kämpfen ums Leben kamen, weil sie sich im Unglauben vom Herrn entfernt hatten; so tötet auch die Seele sich selbst, wenn sie nicht Gott anzuhängen sucht.

Dann steht wiederum geschrieben: „Da sah ich ein schwarzes Pferd, und der, der auf ihm saß, hielt in der Hand eine Waage" (Offb 6,5). Und darauf folgt: „Ein Maß Weizen für einen Denar und drei Maß Gerste für einen Denar. Aber dem Öl und dem Wein füge keinen Schaden zu" (Offb 6,6). Das ist so zu verstehen: Dieses Pferd, schwarz durch den Unglauben, ist die Zeit, in der nach dem Leiden des Gottessohnes in der Kirche sich die Verfolger erhoben, als die Ungläubigen den Glauben verachteten und sich die Schwärze des Unglaubens zuzogen. Aber der Zorn Gottes wog die Qualen der Märtyrer mit dem rechten Maß ab, für die Peiniger die gebührende Strafe, für die Märtyrer aber die ewige Herrlichkeit. Denn der Sieg der Märtyrer war die fruchtbare Wurzel aller Tugenden, die an diesen ihre ersten Früchte hervorbrachten (vgl. Hld 2,13; Offb 6,13), mit denen sie die Tischgemeinschaft mit dem Eigenwillen und der Gesetzlichkeit des Fleisches beseitigten. In ihnen wurde das Abnehmen des Willens des Fleisches durch die Liebe zum ewigen Leben zum Glauben, den jeder Gläubige in sich trägt. Und das geschah auch in dem seligen Hunger, in dem die Glaubenden nach der Gerechtigkeit hungern und dürsten. So bedeutet auch die Waage, daß der Mensch in geistlicher Enthaltsamkeit sich von den Früchten der Erde ernährt und in jungfräulicher Natur die himmlische Heimat liebt.

Deshalb war das die Zeit der Märtyrer, die mit der Schwärze des Nordens vermischt war, weil die Märtyrer von den Ungerechten wie die Lämmer von den Wölfen getötet wurden. Daher ist auch dem Gericht dieses Zeitraumes die Waage beigegeben, die mit dem Doppelmaß diese beiden, die Enthaltsamkeit und die Liebe zur himmlischen Heimat, abwägen sollte, die, wie erwähnt, den Märtyrern zu eigen sind. Denn die Märtyrer schwächen ihren Leib durch Enthaltsamkeit und blicken auf die himmlische Sehnsucht, wie der Adler sein Auge auf die Sonne richtet. Das bedeutet das Maß Weizen, das den einen Denar mit dem Leben vergleicht. Diejenigen aber, die nach den Vorschriften des Gesetzes sich in Selbstbeherrschung der Sünden enthalten, auf den Verkehr mit dem Mann oder der Ehefrau verzichten, ihren Reichtum verlassen und arm werden, was alles sehr hart und mühsam ist (RB 58,8), sind durch die drei Doppelmaß dieser Härten in der Liebe zu dem einen Denar, der die himmlische Heimat ist, miteinander verbunden. Und das tut die Weisheit, die alles in Barmherzigkeit gleichmäßig abgewogen hat, weil Gott über alles hinaus barmherzig ist. Auf diese Weise wird dem Wein und Öl kein Schaden zugefügt, wenn durch Reue und Barmherzigkeit der Mensch von seinen Sünden erlöst wird.

Und wieder folgt: „Da sah ich ein fahles Pferd; und der, der auf ihm saß, heißt der Tod; und die Unterwelt zog hinter ihm her. Und ihm wurde die Macht gegeben über ein Viertel der Erde, zu töten durch Schwert, Hunger und Tod und durch die Tiere der Erde" (Offb 6,8). Das ist so zu verstehen: Dieses Pferd bezeichnet jenen Zeitraum, in dem alles Gesetzmäßige und die volle Gerechtigkeit Gottes wie in Leichenblässe für nichts erachtet werden, da die Menschen sagen: Wir wissen nicht, was wir tun, und diejenigen die uns das zu tun befahlen, wußten selbst nicht, was sie sagten. Und so werden sie ohne Furcht und Zittern vor dem Gericht Gottes das alles verachten, und sie werden es auf teuflischen Rat hin tun.

Über all diese Taten aber wird der Zorn Gottes mit seiner Strafe urteilen und sie völlig zertreten, denn er wird über die, die keine Reue zeigen, den Tod bringen und sie zur Hölle verdammen. In jener Zeit werden auch über alle Gebiete der Erde hin Kämpfe mit dem Schwert unter ihnen ausbrechen, die Früchte der Erde werden vernichtet werden und die Menschen werden durch plötzlichen Tod oder die Bisse wilder Tiere zugrunde gehen.

8. Die aus dem Neid entspringende Bosheit der alten Schlange

Die alte Schlange freut sich deshalb über alle genannten Strafen, mit denen der Mensch an der Seele oder am Leib bestraft wird, damit, weil sie selbst die himmlische Herrlichkeit verloren hat, der Mensch ebenfalls nicht zu ihr gelangt. Denn als sie spürte, daß der Mensch ihrem Rat zugestimmt hatte, bemühte sie sich, den Kampf gegen Gott zu führen, indem sie sagte: Jetzt werde ich im Menschen meinen ganzen Willen erfüllen.

Und dann schickte sie in ihrem Haß unter die Menschen das verabscheuungswürdige Einverständnis, sich gegenseitig zu töten. Und sie sprach: Ich will die Menschen sterben lassen,und ich werde sie noch mehr zugrunde richten, als ich verloren bin. Denn während ich bin, sind sie nicht. In ihrer Aufgeblasenheit nahm sie sich auch vor, daß das Fortbestehen der Menschenkinder ein Ende haben sollte, sobald Männer gegenüber Männern in Lust entbrannten und Schändliches taten (Röm 1,27). Daher war sie auch überaus in Freude und rief: Das ist die größte Lästerung für den, der den Menschen gebildet hat, daß der Mensch in der Bestimmung seiner Wesensart sich auslöscht, da er den natürlichen Verkehr mit Frauen aufgegeben hat. Deshalb stehen die Ungläubigen und Verführer unter teuflischer Einflüsterung, unter Haß und Menschenmord die Räuber und gedungenen Mörder; aber in der widernatürlichen Unzucht der Männer liegt das schmutzigste Vergehen und alles Laster. Und wenn sich diese Sünden unter den Völkern vereinigen, dann wird die Anordnung des Gesetzes Gottes zerrissen, und die Kirche wird wie eine Witwe erschüttert. Fürsten, Adlige und Reiche werden durch ihnen Gleichgestellte und ihre Untergebenen von ihren Sitzen vertrieben und von Stadt zu Stadt gejagt werden. Der Adel ihres Geschlechtes wird zunichte gemacht und aus dem Reichtum werden sie in Armut gestoßen. Das alles wird dann geschehen, wenn die alte Schlange die Vielfalt der Sitten und die Vielfalt der Kleider über die Völker auspfeifen wird. Sie werden diese nachahmen, dadurch daß sie hier etwas wegnehmen und dort etwas hinzufügen, indem sie sich bei den erwähnten Werken immer Neuerungen und Veränderungen suchen.

Aber der alte Feind und die übrigen bösen Geister gingen zwar der Schönheit ihrer Gestalt verlustig, gaben aber nicht die Aufgeblasenheit ihrer Vernunft auf. Aus Furcht vor ihrem Schöpfer zeigen sie keinem sterblichen Geschöpf die Gestalt ihrer Verderbnis, wie sie ist. Vielmehr stellen sie mit ihren Einflüsterungen jedem Menschen in seinem Verhalten nach, wobei sie auch in der übrigen Schöpfung etwas ihrer eigenen Bosheit Ähnliches finden. Gott aber hat gegen ihre Gottlosigkeit einen gewaltigen Kampf dadurch eröffnet, daß die Vernunft des Menschen ihrer Vernunft widersteht und sie verwirrt. Dieser Kampf wird bis zum Jüngsten Tag dauern, an dem die Verwirrung sie wegen allem beschmutzen wird und an dem der Mensch, der sie besiegt hat, den Lohn des Lebens empfangen wird.

9. Der Strafeifer Gottes

Aber du siehst nach Osten hin über der erwähnten Rundung der Erde in gewisser Höhe eine rote Kugel, von einem saphirblauen Kreis umgeben. Das bedeutet: Im Bereich des Ostens, der den Ursprung der Gerechtigkeit bezeichnet, offenbart sich der Eifer Gottes in Seiner Macht zusammen mit der Gerechtigkeit der Liebe; er überragt den menschlichen Verstand und besteht in der Höhe der himmlischen Geheimnisse. Denn obwohl Gott mächtig ist, seine Urteile auszuführen, erfüllt Er sie dennoch im Ebenmaß seiner Liebe.

Von ihrer rechten und linken Seite gehen je zwei Flügel aus, von denen die einen sich von beiden Seiten empor in die Höhe strecken, so daß sich beide am höchsten Punkt zurückbiegen und aufeinander blicken. Denn sowohl im Glück, als auch im Unglück erweist sich der göttliche Schutz zur Fürsorge für den Menschen entweder durch sanfte Erleuchtung oder durch strenge Zurechtweisung und faßt das, was durch Ihn zum Höheren strebt, zusammen, indem er es in der Erhabenheit seiner Majestät bewahrt.

Das andere Flügelpaar geht von derselben Seite nach unten bis zur Mitte der zuvor erwähnten Erdrundung und zwar so, daß die Flügel diese Rundung außerhalb des Firmaments zur Hälfte umfassen und bedecken. Denn wie die obere Verteidigung alles schützt, was im himmlischen Bereich liegt, so schützt sie auch das, was im unteren Bereich ist, indem sie sich der Fülle des guten Willens der Menschen zuneigt und sie mit der wahren Liebe umfangen hält.

10. Die Strafe Gottes für den schuldigen Menschen

Und von dieser Mitte geht ein roter Kreis wie ein Bogen aus und umfaßt den ganzen äußeren Teil des Westens und ebenso gewisse Bezirke, die außerhalb ihrer Rundung liegen. Denn in der Vollkommenheit, mit der Gott die barmherzig behütet, die Ihn verehren, richtet auch das Feuer Seines Eifers in einer Strafe von gerechtem Maß diejenigen, die außerhalb der Bahn der guten Werke einhergehen, und jene, die außerhalb des unversehrten Glaubens stehen. Er verurteilt sie zu den Orten der Strafe. *Und zwar so, daß er* <der rote Kreis> *sich vom Ende des südlichen Flügels um den westlichen bis zum Ende des nördlichen Flügels zurückbiegt,* denn die schuldhaften Taten, die aus dem Erfolg des gegenwärtigen Lebens kommen, verwirft Er; Er schickt sie in die Härte seiner Geißeln, weil sie die Wahrheit der Gerechtigkeit nicht festgehalten haben.

Daß aber *von dieser Rundung aus nach Osten zwischen den genannten Flügeln ein Gebäude erscheint, das sich nach oben bis zu der Kugel errhebt,* das bedeutet: Eine Stadt, die aus lebendigen Steinen erbaut ist, richtet abseits von den irdischen Angelegenheiten durch den Aufgang der Gerechtigkeit unter Gottes Schutz ihren Blick auf das Gericht Gottes und rühmt Ihn. Denn die gläubigen Seelen loben Gott beständig, da Er ja alles richtig verwaltet.

11. Deutung der Umgebung der Erde

Und von dieser Kugel nach oben bis zur Mitte der erwähnten Flügel führt gleichsam eine Straße, über der ein heller Stern strahlt. Denn vom Gericht der Macht Gottes bis hin zur Vollkommenheit Seines Schutzes führt ein Weg, über dem die Jungfräulichkeit erblüht, da der fleischgewordene Sohn Gottes, der von der Jungfrau geboren wurde, erscheint. Ihm folgt machtvoll in treuer Hingabe die große Schar, die die Jungfräulichkeit liebt und sich die Vollkommenheit zu eigen macht. *Und ferner sieht man zwischen den Spitzen dieser Flügel gleichsam eine feurige Kugel, die Strahlen aussendet.* Denn in der Höhe des himmlischen Schutzes offenbart sich der Heilige Geist, der Seinen Erwählten sehr viele Gaben verleiht. *Vom oberen Punkt der Erdrundung aber bis zu der roten Kugel, von dieser Kugel bis zu dem leuchtenden Stern und von diesem Stern bis zu der feurigen Kugel sind die*

Abstände gleich. Denn die Urteilssprüche Gottes, die Werke der Jungfräulichkeit und ebenso die Gaben des Heiligen Geistes stehen nicht zueinander im Widerspruch, sondern stimmen unter der gleichen Lenkung zutiefst miteinander überein. Was die Gnade des Heiligen Geistes aushaucht, das bestärken die heiligen Werke, und die göttlichen Gerichte beurteilen diese richtig.

Auch zwischen den vorderen Flügeln erscheinen auf beiden Seiten der erwähnten Straße von der Kugel ab rings um den Stern bis zu der Feuerkugel unterschiedliche Strahlen von Sternen. Sie zeigen, daß von jenem Schutz, der oben im himmlische Bereich ist, die Wege der Jungfräulichkeit überall umgeben werden. Denn in ihrer unbesiegten Macht entbehrt die Jungfräulichkeit, die im Sohn Gottes begonnen hat und durch die Kraft des Heiligen Geistes gewappnet ist, keineswegs den Schutz der Geister der Engel. Denn die Jungfräulichkeit ist die Gefährtin der Engel und verdient deren Gemeinschaft. Mein Sohn versammelt nämlich durch die Freundlichkeit Seiner Menschheit die um sich, die Ihn in der treuen Hingabe der Keuschheit nachahmen, das Gericht Gottes fürchten und durch die Einhauchung des Heiligen Geistes das Leiden Meines Sohnes ihren Leibern zufügen, indem sie den Begierden des Fleisches widerstehen.

12. Die äußere Finsternis als Ort der Qualen

Aber auch nach Westen hin außerhalb der Erdrundung erscheint Finsternis, die sich von beiden Seiten dieser Rundung bis in deren Mitte, zu der auch die genannten Flügel hinunterreichen, wie ein Bogen spannt. Die äußere Finsternis, die in jenem Bereich außerhalb der Welt herrscht, verlängert sich auf der einen Seite bis zu dem Bereich des Südens, auf der anderen Seite bis zur Mitte des Nordbereiches und richtet sich so durch die Bosheit ihrer Auflehnung gegen die Fülle des Schutzes Gottes. Dort freut sich der alte Aufrührer, der in ihr herrscht, daß er die Qualen für die dem Vergessen anheimgegebenen Seelen besitzt.

In ihr sind zwischen der westlichen und nördlichen Ecke noch andere und tiefere Finsternisse, die das Aussehen eines entsetzlichen, zum Verschlingen aufgerissenen Maules haben. Sie sind in den Bereichen außerhalb der Welt in ihrer Bitterkeit die Öffnungen des Höllenschlundes und verschlingen die Seelen der Verdammten und peinigen sie mit schrecklichen Qualen, weil sie mehr die Werke der Verdammnis tun, als Gott zu lieben, und so dem Teufel folgen.

Die eben erwähnten Finsternisse *haften an anderen ganz dichten, schlimmen und unendlichen Finsternissen, die außerhalb von ihnen sind, als ob sie deren Maul und Rachen wären.* Das ist der Ort der Hölle, in der alle Arten von Strafen ohne jeden Trost im Überfluß vorhanden sind. Sie sind von den anderen Strafen getrennt, weil sie härter sind als diese und alles verschlingen, was Gott dazu verurteilt, daß es in Vergessenheit gerät. Mit diesen Strafen werden die Seelen derer gequält, die durch die Untreue ihres Unglaubens und die Untaten des Verfluchens ihren Schöpfer dem Vergessen ausliefern. Deshalb *weißt du um diese unendlichen Finsternisse, aber du siehst sie nicht.* Denn daß es die Hölle und ihre harten Qualen gibt, davon kann der Mensch durch Wissen und Einsicht zwar wissen, aber er sieht sie, solange er im Leib lebt, mit dem sterblichen Blick nicht vollkommen und kann auch nicht unterscheiden, welche und wie große Qualen in ihnen liegen. So erkennt er, solange er in der Welt lebt, auch weder seine Seele noch deren Verdienste.

13. Gott und seine erste Schöpfung, die Engel; der Sturz der stolzen und die Stärkung der guten Engel

Gott also, der all das, was vorher gesagt wurde, geschaffen hat, ist das alleinige Leben, aus dem alles Leben atmet, wie auch der Sonnenstrahl von der Sonne stammt. Er ist das Feuer, an dem jedes Feuer, das auf die Seligkeit hinblickt, entzündet wird, wie Funken vom Feuer ausgehen. Und wie wäre es angemessen, daß diesem Leben nichts Lebendiges anhinge und dieses Feuer nichts erwärmte oder erleuchtete? Und wie würde es sich ziemen, daß von der Gottheit, die vor der Zeit Leben war, kein Leben und kein Licht ausginge? Und was würde es nützen, wenn das durch das Feuer entzündete Licht niemandem leuchtete, wo doch weder das Feuer sein Licht noch die Sonne ihren Strahl verbirgt? Gott ist ja jenes Leben, durch das die Schar der Engel entzündet wurde, wie Funken aus dem Feuer hervorgehen. Daher wäre es auch nicht geziemend, daß dieses Leben nicht leuchtete. Und diese Leuchtkraft ist unvergänglich, weil kein Tod in ihr sein kann.

Wie ist das zu verstehen? Gott allein ist durch sich selbst und in sich selbst. Er hat von keinem anderen das Sein empfangen, aber jedes andere Geschöpf hat sein Dasein von Ihm erhalten. Er schuf auch Geister von hoher Ehre, denen Er einen großen Fürsten gab, auf den alle blickten, wie man auf einen Leuchter blickt, auf dem ein brennendes Licht leuchtet. Denn in ihm funkelte aller Schmuck der Engel wie kostbare Edelsteine. Aber jener schaute auf einen leeren Ort, wo er seinen eigenen Sitz errichten wollte. Deshalb wurde er mit seinem ganzen Anhang wie ein Strohhalm in den Schacht der Hölle geworfen, so daß bei seinem Sturz die äußeren Schatten und die Öffnung des Höllenschachtes zusammen mit dem Abgrund selbst bereitet wurden. Dieser Abgrund ist ohne Maß, wie auch die Zahl der gefallenen Engel keine Zahl hat. Denn gegen jene Ähnlichkeit, durch die er Gott ähnlich sein wollte, wurden jene äußeren Schatten für ihn bereitet. Wegen der unerlaubten Zwietracht, die er zwischen der Heerschar Gottes und seiner eigenen haben wollte, wurde für ihn die Öffnung des Höllenschachtes geschaffen, und wegen des Neides, in dem er Gott auf keine Weise bekennen wollte, wurde für ihn der Abgrund der Hölle bereitet. Und Gott umgab mit der Kraft Seiner Majestät die seligen Geister so, daß sie weiterhin durch keinen stumpfsinnigen Anschlag des alten Betrügers erschreckt werden können. Er erfüllte ihr Angesicht so mit Seiner Klarheit, daß sie sich immerfort daran erfreuen, Sein Antlitz zu schauen. Seine Macht spannte er so über der Hölle aus, daß der alte Betrüger durch keinen Kampf und durch keine List die große Zahl derer, die gerettet werden sollen, vernichten kann, wie er sich selbst nach Schlangenart vernichtet.

14. Die Schöpfung des Menschen, sein Fall, sein Leben und Wirken in der Welt

Dann schuf Gott im Licht Seiner Kraft den Menschen und setzte ihn in das unauslöschliche Licht des Paradieses, das mit seinen Früchten unverweslich bleibt. Aber der Mensch griff gierig nach dem Ungehorsam und erkannte so, daß er nackt war. Das gefiel dem Teufel, der ihn entblößt hatte, weil ja auch er die Schönheit seiner Herrlichkeit verloren hatte. Gott aber erschien in einer bleichen Wolke wie eine Flamme und blieb ihm fremd, wie er auch später dem Mose und den anderen, die Ihm lieb waren, sich mit bedecktem Angesicht zeigte. Und Er wollte nicht, daß der Mensch nackt sei, weil er wollte, daß Sein Sohn einst das Gewand der Menschheit anlege. Und deshalb gab Er ihm auch ein Gewand aus der Luft, durch die das Tier lebt, weil Adam selbst und Eva auf ein Tier gehört hatten, als sie vom Gebot Gottes abgefallen waren. Und so wurden sie in eine elende Heimatlosigkeit hinausgestoßen und mit den anderen Früchten der Erde verweslich. Bei ihrem Fall und Auszug wurden alle Geschöpfe der Erde verdunkelt, wie wenn ein Sonnenstrahl durch eine dichte Wolke hindurch leuchtet, wie auch der Eingang zum Paradies für den alten Betrüger verdunkelt ist, so daß er ferner dort nicht eintreten kann.

Danach begann der Mensch mit der Schöpfung zu wirken. Denn wie ein Feuer alles andere anzündet und voll entfacht, so steht auch der Mensch zur übrigen Schöpfung. Die Schöpfung liegt im Feuer verborgen, das alles durchdringt und prüft, und das Wasser, das alles reinigt, steht ihr bei. Das Feuer brennt mit solcher Kraft, daß es niemanden verschonte, wenn es nicht durch das Wasser gemäßigt würde. Und wie das Wasser dem Feuer mildernd beisteht, so ist auch die Menschheit mit der Gottheit verbunden, damit sie Schonung gewährt. Es würde nämlich dem Menschen nichts nützen, in der Finsternis zu liegen und kein Licht zu geben. Er selbst wird durch das Feuer zusammengehalten und vom Wasser durchströmt, damit er Gestalt sein kann. Und deshalb vollendet er auch jede Form aus Lehm, die er macht, mit Feuer und Wasser.

Gott ist ja das lebendige Licht, von dem alle Lichter hell werden. Daher bleibt auch der Mensch durch Ihn ein lebendiges Licht. Er ist auch Feuer. Deshalb kocht er auch den Menschen im Feuer und durchtränkt ihn mit Wasser. Daher ist auch das Wasser von der zu großen Hitze im Fleisch des Menschen rot und fließt. Und wie wäre es richtig, daß der Mensch dunkel bliebe, er, der vom Licht leuchtet, und sich nicht bewegen würde, da er doch aus dem Feuer lebt? Wenn aber der Mensch ohne Tätigsein bliebe und keine Wohnstatt hätte, dann wäre er unerfüllt.

Denn Gott, der seinem Wesen nach Licht und Feuer ist, belebt den Menschen durch die Seele und bewegt ihn durch die Vernunft. So schuf Er auch im Erschallen des Wortes die ganze Welt, die Wohnstatt des Menschen ist. Der Mensch wirkt mit all dem, wie auch Gott ihn in allem vollkommen machte.

15. Offenbarung 12,13: Die Rettung der Frau vor der Schlange als Rettungsweg des Menschen

Und wer hätte den verlorenen Menschen wieder emporheben können, der in seiner Verblendung seinen Schöpfer vergaß, wenn nicht Jener, der von keinem Dunkel überschattet ist, mit dessen Unwissenheit Mitleid gehabt hätte? Aber als der Teufel die Frau bekleidet sah, erforschte er bei sich in seinem neidvollen Wissen, wegen dem er – wie er erkannte – vom Himmel gestürzt worden war, warum ihr Gott Kleidung gegeben hatte. Und er zerstörte sich selbst, wie in der Apokalypse geschrieben steht: „Und als der Drache sah, daß er auf die Erde gestürzt war, verfolgte er die Frau, die einen Sohn geboren hatte. Aber der Frau wurden die beiden Flügel des großen Adlers gegeben, damit sie in die Wüste an ihren Ort fliegen konnte. Dort ist sie vor der Schlange sicher und wird eine Zeit und zwei Zeiten und eine halbe Zeit genährt“ (Offb 12,13).

Das ist so zu betrachten: Als der alte Drachen sah, daß er jenen Platz verloren hatte, wo er seinen Sitz aufschlagen wollte, weil er in den Bereich der Unterwelt geschleudert worden war, verschärfte er seinen Zorn gegen die Frau. Denn er erkannte, daß sie durch das Gebären die Wurzel des gesamten Menschengeschlechtes war. Und weil er tiefen Haß gegen sie hegte, sagte er bei sich, er werde niemals aufhören, sie zu verfolgen, bis er sie gleichsam im Meer ertränkt hätte; denn sie hatte er zuerst verführt. Sie aber riß wie in der Angst des Gebärens endlich die stärkste Hilfe des Trostes an sich und, gestützt auf den göttlichen Schutz, stellte sie sich in jeder Hinsicht dem Teufel entgegen. Denn ihr wurden die beiden Stützen für die Glückseligkeit gegeben: die Sehnsucht nach dem Himmel und die Heilung der Seelen. Mit ihnen sollte sie nach den Geheimnissen ihres Herzens streben und dort die Nahrung des Heiles bekommen für die Zeit vor der Sintflut, durch die Zeiten nach der Sintflut und die Hälfte der Zeit, die in der Beschneidung vor der Menschwerdung Meines Sohnes lag und bis zur Fülle der Zeit des Evangeliums dauert, in dem alle Fülle der wahren und gerechten Ordnung sich gegen die alte Schlange erhob.

Vor der Sintflut nämlich und nach ihr und ebenso in der Zeit der Beschneidung lebten Menschen, die Gott verehrten, die die Erlösung ihrer Seelen durch das vergossene Blut Meines Sohnes erhielten. Als aber die Zeit der schimmernden Morgenröte, das heißt, der vollen Gerechtigkeit durch Meinen Sohn kam, erschrak die alte Schlange sehr und geriet in Bestürzung. Denn durch die Frau – nämlich durch die Jungfrau – wurde sie vollkommen getäuscht.

Deshalb entbrannte sie auch in ihrer Wut gegen sie, wie nach Meinem Willen geschrieben steht: „Die Schlange spie einen Strom von Wasser aus ihrem Rachen hinter der Frau her, damit sie von den Fluten fortgerissen werde. Aber die Erde kam der Frau zur Hilfe" (Offb 12,13–14). Das ist so zu betrachten: Der alte Verfolger schickte aus seiner boshaften Gefräßigkeit nach der Zeit der Geradheit der Frau, die den Mann geboren hatte, den Unglauben und die Untreue in die Völker der Juden und Heiden. Seine Absicht war, sie, die von zahlreichen Verfolgungen zermürbt war, sich zu unterwerfen oder ganz zu ertränken, wie ein Schiff durch Schiffbruch versenkt wird. So sollte ihr Name gänzlich von der Erde getilgt werden, wie auch das von der Erde getilgt wird, was man in die Tiefe eines Flusses wirft. Aber mit Hilfe der Erde wurde die Frau gerettet, weil Mein Sohn das Gewand Seiner Menschheit von ihr nahm. Er hat viele Schmähungen und Leiden zur Verwirrung eben dieser Schlange an Seinem Leib ertragen.

Kapitel 17–48: Deutung des Schöpfungsberichtes (Gen 1,1–13; 2,1–2), jeweils wörtlich (1), allegorisch (2) und bildlich/moralisch (3)

16. Der erste Schöpfungstag (1): Himmel und Erde, Licht und Finsternis

Gott schmückte also, wie oben geschildert, die Welt mit dem Himmel und festigte sie mit der Erde. Durch die Welt hat Er sich selbst verherrlicht und durch das, was in ihr ist, hat Er den Menschen erhöht, indem Er ihm alles Irdische unterstellte. So hat es Mein Diener, der Meine Geheimnisse kannte, offenbart, als er sagte: *Im Anfang schuf Gott Himmel und Erde.*
Das ist so zu betrachten: Im Anfang, das ist im Beginn aller Dinge, die so im Wissen Gottes waren, wie sie entstehen sollten, schuf Gott, das heißt, Er ließ durch sich selbst hervorgehen Himmel und Erde, nämlich den Urstoff <materia> aller Geschöpfe im Himmel und auf der Erde; den Himmel, nämlich den lichten Urstoff <lucida materia>, und die Erde, den verworre-

nen Urstoff <turbulenta materia>. Diese beiden Grundstoffe wurden zugleich erschaffen und erschienen in einem einzigen Kreis. Dieser Kreis ist die Macht Gottes im Himmel und auf Erden. Aus jener Helligkeit, die die Ewigkeit ist, leuchtete die eben erwähnte leuchtende Materie wie verdichtetes Licht, und dieses Licht leuchtete über den verworrenen Urstoff. Es durchleuchtete weder das Firmament noch die Erde mit einem Mal, wie es auch der Mensch nicht tut, der Gestalten zu malen vorhat, da er jede einzelne zuerst mit dem Zirkel zeichnet und sie danach mit Farbe ausmalt.

Die Erde aber war wüst und leer, und Finsternis lag über dem Antlitz des Abgrundes.

Die Erde war leer, weil sie noch ohne Gestalt war und das unsichtbare Licht noch nicht hatte, weil sie noch nicht vom Glanz des Lichtes noch von der Helligkeit der Sonne, des Mondes und der Sterne erleuchtet wurde. Und sie war unbebaut, weil sie von keinem Ackerbau durchpflügt wurde. Sie war leer, das heißt nicht geordnet, weil sie noch nicht erfüllt war. Sie hatte ja noch nicht die Grünkraft <viriditas> und kein Sprossen oder Blühen von Pflanzen oder Bäumen. Es ist aber nicht gesagt, daß der Himmel wüst und leer war, und zwar deshalb, weil er keine Früchte hervorbringen sollte. Aber Finsternis, die sich noch nicht durch den Glanz des Lichtes verflüchtigt hatte, da noch keine Gestalt aufleuchtete, lag über dem Abgrund, das heißt über dem ungegliederten Durcheinander der Erde, die das Antlitz des Abgrundes ist. Denn diese sieht man, der Abgrund aber ist verborgen, wie der Leib die Seele bedeckt, so daß man sie nicht sehen kann.

Und der Geist Gottes schwebte über den Wassern.

Denn der Geist Gottes ist das Leben, und dieses Leben bringt die Wasser zum Fließen. So wird die Erde durch sie gefestigt, damit sie nicht durch den Wind wie Asche verweht wird. Wie nämlich der Heilige Geist dem Menschen eingegossen wird, so haben auch die Wasser einen reißenden Lauf und waschen alles Unreine ab wie der Heilige Geist den Schmutz der Sünden.

Und Gott sprach: Es werde Licht. Und es wurde Licht.

Gott, das unauslöschliche Licht, das von niemanden verdunkelt wird, sprach. Durch Sein Wort ertönte es wie Donner, als Er sprach: Es werde Licht! Und es wurde Licht, denn alsbald leuchtete das für die Menschen unsichtbare, nie endende Licht auf, das niemals verdunkelt werden wird, dem auch die lebenden Lichtkreise anhingen, die Engel. Denn Gott ist das

Leben, und Sein Wort schläft nicht, sondern erscheint als Leben. Und was es hervorgebracht hat, das hat Gott sich zu Seinem Ruhm gesetzt. Es war aber nicht das Licht der Sonne, weil die Sonne noch nicht war und weil der Glanz der Sonne nicht immer über der Erde erscheint, sondern oft verdunkelt wird.

Und Gott sah das Licht, daß es gut war, und er schied das Licht von der Finsternis. Und er nannte das Licht Tag, und die Finsternis nannte er Nacht.

Denn Gott sah, daß das Licht gut war, weil es den Glanz Seines Antlitzes widerstrahlt. Deshalb trennte Er es auch von der Finsternis, damit sie nicht ihre Aufgaben miteinander vermischten. Denn von diesen beiden ist das eine unvergänglich, das andere aber verfällt dem Schwinden. Von Gott kommt der Tag, weil Gott durch Sein Wort das Licht zuerst hervorgehen ließ. Er nannte es Tag, und zwar nicht den Tag der Sonne, sondern den unvergänglichen Tag, der in der Höhe von keiner Finsternis unterdrückt wird. Und er nannte Finsternis nicht die, die vom Sonnenlicht gemieden wird, sondern die, die unvergängliches Dunkel in sich hat und von keiner Helligkeit des Lichtes durchdrungen wird. Die Finsternis aber, die über dem Antlitz der Urflut lag und die er noch nicht erleuchtet hatte, nannte er Nacht. Da die Nacht ja den Tag entbehrt, ist sie blind. Der Tag aber ist von der Nacht geschieden, und weil er von der Blindheit der Nacht getrennt ist, strahlt er in Klarheit. So trennte Gott das Licht von den nächtlichen Schatten.

Und es ward Abend und Morgen, der erste Tag.

Denn es wurden das Ende dieses Werkes und dessen Beginn eine einzige Klarheit in Vollendung. Als das Wort Gottes befahl, daß es Licht werde, war dessen Anfang wie ein Morgen, seine Vollendung aber wie ein Abend, wo es vollendet erschien.

Auf andere Weise <gedeutet>:

17. Der erste Schöpfungstag (2): Die Menschwerdung des Gottessohnes, aus dessen Seitenwunde die Kirche hervorgeht

Im Anfang schuf Gott Himmel und Erde.
Das ist so zu betrachten: Im Anfang der beginnenden Zeit, als Gott durch Sein Wort alles schuf, schuf Er Himmel und Erde, nämlich den Urstoff, in dem jedes Geschöpf im Himmel und auf Erden, das durch das Wort Gottes hervorgehen sollte, verborgen lag. In ähnlicher Weise machte es Gott bei der Erschaffung der Kirche, bevor Er sie aufbaute. Er selbst begann damit, indem Er im Anfang, das heißt, in Seinem Sohn begann, den Er durch die goldene Pforte der Jungfrau in der Abgeschlossenheit ihrer Keuschheit in die Welt sandte. Durch Ihn ist alles, Himmel und Erde, geschaffen, wie der Evangelist Johannes, der Geliebte Gottes sagt. Und auf dieselbe Weise ist alle himmlische und irdische Gerechtigkeit in Ihm entstanden.

Und wie ist Er der Anfang, der vor der Zeit im Vater geboren ist? Vor der Zeit ist Er im Vater im Geist geboren, nicht im Fleisch. Fleisch geworden aber ist Er der Anfang aller Gerechtigkeit, weil jede Gerechtigkeit, die die alten Heiligen vor Seiner Geburt hatten, <noch> nicht in der Erlösung lebte und den Menschen nicht in sie zurückführte. Jene Gerechtigkeit aber, die sich in Ihm erhob, nämlich die Taufe, das Evangelium und der Glaube an den Einen Gott im Namen der Heiligen Dreifaltigkeit, führt den Menschen ins Paradies zurück.

Deshalb ist Er in Seinem Werk der Anfang des Heils, wie Adam in seinem Werk der Anfang des Verderbens war. Und wie Er das Wort ist, das alle Kreatur hervorbrachte, weil alles durch Ihn geschaffen ist, so liegt auch in Seiner Menschheit der Anfang des ganzen Bauwerks der Heiligen Kirche. Wieso? Er selbst war in der Verkündigung der Propheten, die Sein Kommen voraussagten, wie ein Schatten. So war auch von Abel bis zur Geburt des Sohnes Gottes jede Gerechtigkeit ein Schatten der Kirche, die aus der Seite Christi in Seinem Blut geboren wurde. Durch die Wiedergeburt aus dem Geist und dem Wasser, die niemals vorher da war, außer soweit Johannes der Täufer sie im Schatten der Taufe im voraus verkündete, erschien sie damals in ihrer Gestalt in Fülle. Denn Christus selbst, der vor

Seiner Geburt von den Propheten gleichsam als Schatten vorhergesagt worden war, erschien als Mensch im Fleisch, wie der Psalmist David in Meinem Geiste spricht:

18. Psalm 1,3: Die Menschwerdung Christi und die Fruchtbarkeit seiner Lehre

„Und er wird sein wie ein Baum, der an Wasserbächen gepflanzt ist, der zur rechten Zeit seine Frucht bringt" (Ps 1,2–3). Das ist so zu betrachten: Der Sohn Gottes, der in allem dem Willen Seines Vaters folgte, war der Baum des Heiles, empfangen vom Heiligen Geist, aus dem die lebendigen Wasser strömen. Er schenkte reichliche Frucht der Heiligkeit, als Er Seine Jünger vollständig in der kirchlichen Lehre unterwies. Denn der Sohn Gottes war Seiner Gottheit entsprechend gleichsam die Wurzel im Herzen Seines Vaters und die Kraft der Gottheit. Und so brachte Er, als Er in den Schoß der Jungfrau hinabstieg, durch Seine Menschheit die volle Frucht hervor. Denn wie das Naß des Wassers in der Grünkraft des Baumes ist, so war der Sohn Gottes immer in Seinem Vater bis zur vorherbestimmten Zeit Seiner Menschwerdung, als Er die Speise des Lebens für alle geistlichen Menschen wurde. Der Himmel berührte ja den Gottessohn, solange Er im Himmel im Herzen des Vaters erschien; die Erde berührte Ihn, als Er in der Krippe lag (vgl. Lk 2,7–12); das Wasser spürte Ihn, als Er über dem See wandelte (vgl. Joh 6,19). Und wenn Ihn auch die Volksmengen dem Leib nach sahen, erkannten sie dennoch nicht, daß Er Gott war.

19. Die Finsternis des Unglaubens bei Juden und Heiden; die Geistsendung und das Lehramt der Kirche

Die Erde aber war wüst und wirr, und Finsternis lag über dem Antlitz der Urflut.

Jedes Volk, das jüdische und das heidnische, das über dem Antlitz der Urflut, nämlich auf der Erde wohnte, war durch die Erbitterung seines Geistes ohne Glauben, blind und taub in der Erkenntnis Gottes und leer von guten Werken; denn es vollbrachte sie nicht nach der Lehre des allerhöchsten Sohnes, bis dieser zum Vater emporstieg. Und über der Erde, die das Antlitz des Abgrundes ist, lag die Finsternis des Unglaubens, in dem die Menschen wie Blinde lebten, weil sie Gott nicht erkannten.

Und der Geist Gottes schwebte über den Wassern.

Nach der Himmelfahrt des Herrn schwebte der feurige Heilige Geist über den Wassern, nämlich den Aposteln. Das tat die Liebe des Sohnes im Willen des Vaters. Wie nämlich bei der Erschaffung der Welt die Wasser vor den anderen Geschöpfen entstanden, so waren auch die Apostel die ersten Lehrer in der Kirche vor allen anderen Lehrern. Und wie aus jenen Wassern, die bei der Erschaffung der Welt entstanden, alle Wasser hervorströmen, so stammen von den Aposteln, den ersten Lehrern, alle Lehrer der Kirche ab, wie es der Psalmist David bezeugt, wenn er sagt:

20. Psalm 29,3: als Hinweis auf das eine Amt der Propheten, Apostel und Lehrer

„Die Stimme des Herrn erschallt über den Wassern; der Gott der Herrlichkeit donnert, die Stimme des Herrn über den vielen Wassern" (Ps 29,3). Das ist so zu betrachten: Die Stimme ertönt zuerst und hat die Kraft des Wassers in sich, so daß alles, was sie ankündigt, mit Bewußtsein verstanden wird. Deshalb kam die Stimme dessen, der alles beherrscht, über die Wasser, das heißt über die Propheten, indem sie ihnen viele Geheimnisse, sowohl himmlische als auch irdische, enthüllte. Er, der Herr, der Gott der Majestät, erscholl mächtig, weil Er über alles mächtig ist, als Er Seinen Sohn in die Welt sandte. Dann sandte dieser Herr aller Völker auch den Heiligen Geist über die Apostel und alle Glaubenden, die sich im katholischen Glauben vermehrt hatten, so daß ihre Lehre den gesamten Erdkreis durchdrang. Denn die Menschen erblickten den Sohn Gottes in menschlicher Gestalt, aber wie Er empfangen und geboren war, wußten sie nicht. So ist auch die Stimme ziemlich fremd und nicht verständlich; das Wort aber, durch das der Mensch den Gott der Majestät im Glauben erkennt, ist bekannt und verständlich. Er hat die Prophetengabe, die das Wasser versinnbildet, in den Menschen gesandt, deshalb wird auch der Herr der Propheten an deren Stimmen erkannt.

21. Das Licht der Predigt der Apostel vor den Ungläubigen

Und Gott sprach: Es werde Licht. Und es wurde Licht.
Gott sprach durch den Heiligen Geist, als Er zu den Aposteln sagte: Seid ein brennendes Licht, wenn ihr im Namen der Heiligen Dreifaltigkeit die Wahrheit lehrt. Diese öffneten, vom Heiligen Geist entzündet, sofort den verschlossenen Raum, in dem sie sich eingeschlossen hatten (vgl. Apg 2,1–4), und beim Öffnen wurden sie ein Licht und leuchteten so mit ihren Lehren in die Welt.

Und Gott sah, daß das Licht gut war, und er schied das Licht von der Finsternis. Und er nannte das Licht Tag und die Finsternis nannte er Nacht.

Weil Gott sah, daß sie ein nützliches Licht für die Welt waren, trennte Er das Licht, das heißt die Apostel, von der Finsternis, das heißt vom Unglauben der Ungläubigen. Und Er nannte dieses Licht den Tag, der durch Sein Wort, das Sein Sohn ist, der im Fleisch zu ihnen sprach und der Welt durch ihre Predigt leuchtet. Die Finsternis, nämlich den Unglauben der Ungläubigen, nannte Er Nacht.

Und es wurde Abend und Morgen: ein Tag.

Als der Unglaube der Ungläubigen sich gleichsam dem Abend zuzuneigen begann, da wurde es Abend mit seinem Hinübergehen, und es wurde der Morgen des ersten Lichts, nämlich der Anfang des Glaubens der Gläubigen: ein Tag, weil es nur ein einziger Glaube ist, durch den an den Einen Gott geglaubt wird. Denn der erste Anfang in Abel ist durch das gute Ende in Christus vollendet. Und deshalb spürte und berührte er am Abend den Sohn Gottes mit seiner Heilstat, weil dieser eine Tag bis zum Ende der Welt dauert. Abel war nämlich gewissermaßen der Morgen und der Sohn Gottes der Abend des Tages.

Und wieder auf andere Weise <gedeutet>:

22. Der erste Schöpfungstag (3): Die Erkenntnis von Gut und Böse, die Unterscheidungskraft und die Reue

Im Anfang schuf Gott Himmel und Erde.
Das ist so zu betrachten: Während Ich, Gott, den Menschen gleichsam am Anfang einer Schöpfung in einem guten Lebenswandel gestalte, schaffe Ich in ihm die lebendige Erkenntnis um Gut und Böse, und zwar so, daß er das Böse meidet und Mich, seinen Vater, im Guten nachahmt. Denn ich habe ihm die Unterscheidung <discretio> von Gut und Böse nach Meinem Gleichnis gegeben. Mit dieser Erkenntnis soll er alle Geschöpfe unterscheiden und dadurch, daß er sie erkennt, nach Mir Gewalt über sie haben. Aber der Mensch verläßt Mich in seiner großen Eitelkeit auf den Rat des Teufels hin und fällt in die beweinenswerten Leiden der Sünden; denn da er in der gebrechlichen Natur Adams geboren ist, gibt er die fruchtbare Erkenntnis auf, die ihn keineswegs verwunden würde. Aber dennoch behält er in seiner Seele, daß er in aufrichtigen Seufzern oft in Sehnsucht nach dem Himmlischen aufseufzt, was gleichsam der Himmel ist. In seinem Fleisch aber sucht er immer die irdischen Begierden. Deshalb kann er wegen seiner Gebrechlichkeit, die von Adam stammt, und wegen des Rates des Teufels, des Verführers, niemals ohne Berührung mit der Sünde sein: Das ist gewissermaßen die Erde.

Die Erde aber war wüst und wirr, und Finsternis lag über dem Antlitz der Urflut. Der Mensch, der in seinem Lebenswandel nie beständig sein kann, ist eine große Leere und immer unstet wie das Wogen des Meeres. Aber wie bei der Erschaffung der Welt ein Geschöpf nach dem anderen geordnet aus dem Urstoff hervorging, so sollte der Mensch durch sein gutes Streben von Tugend zu Tugend aufsteigen, wie Ich ihn bei seiner ersten Erschaffung angelegt habe. Dann aber hat er auf den Rat des Teufels sein gutes Streben in große Nichtigkeit verkehrt, wie schon gesagt wurde, und in dieser Eitelkeit seines Lebenswandels ist er gern ohne gute Werke. Deshalb ist er rings von finsteren Taten umgeben, die seinem verkehrten Lebenswandel entsprechen. Sie herrschen so über seinen Leib, daß der, der eine Sünde begeht, Sklave der Sünde ist. Und der Leib ist gewissermaßen das Angesicht des Abgrunds, die Seele aber ist der Abgrund. Denn den Leib kann man sehen und betasten wie das Angesicht des Abgrunds, die Seele aber ist unsichtbar und unantastbar wie der Abgrund der Erde.

Und der Geist Gottes schwebte über den Wassern.

Während der gläubige Mensch in Sünden verstrickt ist, seufzt er manchmal zu Gott auf. Wie geschieht das? Aus der Zerknirschung, die durch die Gnade des Heiligen Geistes sich in ihm erhebt, bringt er das Naß der Tränen hervor, da jedem guten Werk Seufzer vorangehen müssen. Und wie bei der ersten Erschaffung die Wasser vor der anderen Schöpfung aus dem Hauch des Geistes Gottes hervorgingen und mit dem Heiligen Geist in besonderer Weise verbunden sind, so erzeugt auch der Heilige Geist vor dem Beginn guter Werke das Naß der Tränen im Herzen des Menschen.

Und Gott sprach: Es werde Licht. Und es wurde Licht.

Gott sagt in der Ermahnung des Heiligen Geistes: Jetzt soll nach der Zerknirschung des Herzens in diesem Menschen der Aufbau der guten Werke geschehen. Die Grünkraft der Frucht soll in ihm wachsen, damit dadurch in seiner Seele Licht wird. Dann steht der Mensch zusammen mit der Traurigkeit der Reue im Licht der guten Werke auf. Und wie geschieht das? Wenn sich der Mensch selbst von den unerlaubten Wünschen der Begierden des Fleisches erholt und das Böse von sich abstreift, beginnt er in diesem neuen Licht zu wirken, das er vorher nicht erkannte, solange er in den verlockenden Begierden des Fleisches schlief. So wird sein Werk am Anfang lichtvoll.

Und Gott sah, daß das Licht gut war, und er schied das Licht von der Finsternis. Und er nannte das Licht Tag, und die Finsternis nannte er Nacht.

Wenn also Gott sieht, wie jener Mensch das Gute zu wirken beginnt und sein Haus so leuchtet, blickt Er ihn an, indem Er ihn in Liebe umfängt, weil Er den Beginn des Guten in ihm weiß und sieht. Und bei demselben Beginn trennt Er jene leuchtenden Werke von der Berührung mit den finsteren Taten, die zu Qualen führen. Das ist jene Scheidung, daß Gott das Gute in diesem Menschen sieht und das Böse von ihm abwendet. Die leuchtenden Werke nennt Er auch bei sich selbst den Tag des Heils, weil Er in den guten Werken die Seelen aus dem Verderben, das in Adam war, zu sich zurückruft. Die entgegengesetzten Werke nennt Er die Nacht des Verderbens, die mit dem Teufel, dem Vater des Menschenmordes, anbrach.

Und es wurde Abend und Morgen: ein Tag.

So wird in diesem Menschen die abendliche Gewohnheit des bösen Werkes zusammen mit dem Anfang des Beginnes der guten Werke gleichsam am Morgen einer einzigen Tugend ein Tag, weil er das Böse verließ und sich mit dem Guten verband. Denn die Zerknirschung ist die erste Tugend des Lichtes.

23. Der zweite Schöpfungstag (1): Das Firmament

Und Gott sprach: Es werde das Firmament inmitten der Wasser und scheide die Wasser von den Wassern.

Das ist so zu betrachten: Gott, der das unauslöschliche Licht ist, ließ durch Sein brennendes Wort das Firmament entstehen, das heißt dieses bewegliche Gebilde, das durch die oberen Zeichen so gefestigt ist, daß es nicht schwanken kann. Und Er stellte es inmitten der Wasser, indem Er so die Wasser von den Wassern trennte. Die Wasser nämlich, die wie ein Berg sich in die Höhe erheben, hielt Er so zusammen. Denn wie auch ein Berg nicht von seiner Höhe hinabsteigt, so sollen sich auch jene nicht irgendwohin nach unten neigen, außer nach Seiner Verfügung. „Die Wasser des Meeres sammelte Er wie in einem Schlauch" (Ps 33,7), der das Firmament ist. Er setzte auch die unteren Wassermassen in Schatzkammern, die die Erde sind. Denn die Erde ist die Schatzkammer für die, die auf ihr leben. So hat Gott es auch mit der Arche Noach bezeichnet, die Er inmitten der Wasser aufrecht erhielt, da Er in ihr die eingeschlossenen Geschöpfe bewahren wollte.

Auf diese Weise stellt Gott zwischen die getrennten Wasser das Firmament, um die Wasser von den Wassern zu trennen. Gott nahm diese Trennung vor, bevor Er das Firmament beleuchtet hatte. Es stand also noch nicht beleuchtet und ohne Umdrehungen an seinem Platz und wartete, wann es von seinem Schöpfer erleuchtet würde. Denn jedes Geschöpf existiert zuerst als Wurzel, dann erst vermehrt es sich durch Zeugung, wie auch der Winter die Wurzel in sich trägt, der Sommer aber das Blühen der Grünkraft. So zeichnete Gott die Geschöpfe der Erde zusammen mit Seinem Kreis, dann belebte Er sie gemäß ihrer Natur. Allein den Menschen hauchte Er mit Seinem Geisthauch an, die übrigen Geschöpfe aber belebte Er mit dem Wehen der Luft, das mit der Wolke vorübergeht.

Und Gott machte das Firmament und schied die Wasser, die unterhalb des Gewölbes waren, von denen, die über dem Firmament waren. Und so geschah es.

Gott stellte das Firmament hin zur Teilung jener Wasser, die unter und über ihm waren, und so erschien das Firmament.

Und Gott nannte das Firmament Himmel.

Denn jedes Ding, das ein anderes hält, wird dessen Stütze <firmamentum> genannt. Deshalb nannte Er das Firmament Himmel, weil es alles überragt und Seine Herrlichkeit kund tut. Wenn der Mensch es anblickt, kann er nicht vollkommen erkennen, was es ist, weil der Mensch Gott nicht vollkommen erkennt, den er doch im Glauben schaut. Den Himmel aber, der die Wohnstatt Gottes ist, wird der Mensch nur dann schauen, wenn er ganz geistig wird, weil das seine Sinne und sein Wissen übersteigt. Deswegen spricht der Prophet: „Die Himmel rühmen die Herrlichkeit Gottes, und die Werke seiner Hände kündet das Firmament" (Ps 19,2). Das ist so zu betrachten: Alles, womit das Firmament ausgestattet ist <omnia instrumenta firmamenti>, wird mit Recht Himmel genannt, weil Gott es durch sich allein einsetzte und nicht das Wissen irgendeines Geschöpfes bedurfte; denn es gibt niemand, der mit seinem Verstand genau bestimmen könnte, wie Er ihn schuf. Daher künden auch die Zeichen, die durch Ihn am Firmament wie in einem Spiegel eingezeichnet sind, die Wunderwerke Gottes. Die Sonne zeigt die Gottheit des Gottessohnes, der Mond Seine Menschheit und die Sterne Seine übrigen Geheimnisse. Und so bekennt sich zu Gott, der Gott und Mensch ist, eine so unzählbare Zahl der Gläubigen, daß niemand sie zu zählen vermag, weil auch Er in Seiner Herrlichkeit unermeßlich ist. Auch den Menschen, der das Werk der Hände Gottes ist, verkündet das Firmament in seinem leuchtenden Dienst, weil er ihm entsprechend gebaut ist. Daher offenbart es auch den Menschen, wo es dessen Zeichen offen an sich trägt.

Und es wurde Abend und Morgen, der zweite Tag.

Denn Gott beendete Sein Werk am Firmament mit dem gleichen Eifer, mit dem Er es begann, weil Er alle Seine Werke in Ausgewogenheit ordnet.

Ebenfalls auf andere Weise <erklärt>:

24. Der zweite Schöpfungstag (2): Das Firmament des Glaubens

Und Gott sprach: Es werde das Firmament inmitten der Wasser und scheide die Wasser von den Wassern.

Das ist so zu betrachten: Gott sprach: Es werde das Firmament des Glaubens inmitten der ungläubigen Völker, damit sie die Verkündigung der Apostel verstehen und ihre Worte freiwillig aufnehmen. Und es soll die Wasser, das heißt die Gläubigen, von den Wassern, nämlich den ungläubigen Juden und den Heiden, scheiden, wie Mein Sohn zu den Juden sagte: „Das Reich Gottes wird von euch weggenommen und einem Volk gegeben werden, das seine Früchte bringt" (Mt 21,43). Das soll man so betrachten: Ihr, die ihr ungläubig seid, habt eure Erbschaft durch den Unglauben verloren. Deshalb wird durch das gerechte Gericht Gottes das Reich von euch genommen werden, in dem ihr mit Gott herrschen solltet. Und es wird denen gegeben werden, die ihre Sünden verlassen und Früchte tragen, durch die das Gottesreich verherrlicht wird. Denn große Härte ist in den Herzen der Ungläubigen, die nicht nach ihrem Wissen um das Gute, sondern nach den verbotenen Wünschen ihres Herzens handeln.

Die Vernunft nämlich ist der Grundstoff <materia> für die Erkenntnis von Gut und Böse und erweist sich gleichsam als Baumeister im Aufbauen und Abbrechen. Denn wer den Tag des Glaubens liebt, erbaut sein Haus im himmlischen Jerusalem; wer ihn verachtet, der reißt sein Haus aus der Ehre und Glückseligkeit des himmlischen Erbes. Und weil dieser alles, was er tut, in der schädlichen Frucht nach seinen Begierden tut, sind seine Werke dunkel, weil sie durch die Flucht vor dem Licht im Dunkel geschehen. Die Ungläubigen haben also das wahre Licht, das heißt den Sohn Gottes, verschmäht. Sie wollten Ihn weder sehen noch seine Werke tun, und deshalb haben sie ihre Ehre verloren. Jene aber, die Ihn mit echtem Glauben aufnahmen und Seine Gebote erfüllten, haben durch die Mitgift Seines Blutes das himmlische Reich erlangt.

Und Gott machte das Firmament und schied die Wasser, die unterhalb des Gewölbes waren, von denen, die über dem Firmament waren. Und so geschah es.

Gott machte das Firmament der gläubigen Hörer in der Predigt der Apostel und trennte die Wasser, das heißt die ungläubigen Völker, die in irdischen Angelegenheiten mit Götzen und dergleichen unter dem Firmament gewesen waren, von jenen Menschen, die über dem Firmament, das heißt, bei Christus waren.

Und Gott nannte das Firmament Himmel.

Darunter wird der Glaube verstanden, weil er eine feste und große Gemeinde mit himmlischen Werken ist. Wie ist das zu verstehen? Es ist die Gemeinde der gesamten kirchlichen Ordnung und der siegreiche Kampf gegen den Unglauben aller Ungläubigen.

Und es wurde Abend und Morgen, der zweite Tag.

Jene Eingrenzung der ungläubigen Herzen geschah mit dem Aufgang des Firmaments an jenem Tag des rechten Glaubens, dem zweiten Tag. Das ist nämlich gleichsam im zweiten Licht der Glaube an Christus.

25. Der zweite Schöpfungstag ohne die Lichter des Himmels: Glaube ohne Werke

Daß aber an dieser Stelle nicht gesagt wurde: „Und Gott sah, daß es gut war", ist deshalb, weil dieses feurige Werk des Glaubens und die übrigen Tugenden noch nicht in der Tat entstanden waren. Sie formten sich nur im Hören der Völker, weil diese sie noch nicht im Geschmack des Werkes kosteten. Und wie ein Mensch nur durch den Geschmack weiß, welche Speise gut ist, so kosteten auch die Menschen noch nicht im Tun die Werke des Glaubens, sondern sie hörten sie nur gleichsam im Schatten des Gehörs. Wie deshalb das Firmament über dem Erdkreis noch ohne den Glanz der Sonne, des Mondes und der Sterne war, so blieb damals der Glaube selbst im zweiten Licht des Glaubens ohne das leuchtende Werk der rechtmäßig festgesetzten Ordnungen. Daher erfaßten jene Menschen den Glauben nur wie in einer Verschattung.

Und wieder auf andere Weise <gedeutet>:

26. Der zweite Schöpfungstag (3): Das Firmament der Unterscheidungskraft (discretio)

Und Gott sprach: Es werde das Firmament inmitten der Wasser, und es scheide die Wasser von den Wassern.

Das soll man so betrachten: Gott spricht zuweilen zum Menschen, indem Er dessen Herz weit macht. Wie geschieht das? In der Süße des Heiligen Geistes, weil im Menschen selbst der Ort Seines Wohnens aufleuchtet. Dann schafft Er in ihm die Werkzeuge der Tugenden zum Schutz dieses Werkes, das Er in ihm begann. Daher fehlt diesem Menschen nichts Notwendiges zu irgendeiner Tugend, wie Er es auch im Himmel und auf Erden gemacht hat, wo keine Geschöpfe fehlen, die für den Menschen notwendig sind. Durch das Wort Gottes also entsteht das Firmament, das in der Widersprüchlichkeit der Menschen, in ihrer Geistigkeit und Leiblichkeit, die Unterscheidungskraft <discretio> ist. Denn der Mensch muß die Sehnsucht nach dem Himmel und die notwendige Sorge für das Fleisch haben. Daher soll er in diesen Bereichen mit der Unterscheidungskraft so zurückgehalten werden, daß sich in ihm nicht durch gute Werke eine hohe Ruine aufbaut, noch daß er durch den feindseligen Andrang sich einander widersprechender Verhaltensweisen verdorben wird. Er soll bisweilen unter Seufzern beten, zu anderer Zeit soll er sich mit guten Werken beschäftigen, im Wechsel dazu aber soll er das Notwendige für seinen Leib besorgen, damit dieser nicht ermattet.

Und alle Gaben des Heiligen Geistes, die er empfangen hat, soll er mit der Unterscheidungskraft immer wieder aufbauen. Er soll so immer in der Übung der Tugenden nach ihrem Maß beharren, daß er durch sie in glühenden Seufzern nach dem Himmel aufseufzt und sich der Sorge um das Fleisch nur aus Notwendigkeit widmet. In diesen Gaben des Heiligen Geistes soll auch der eitle Ruhm vermieden werden, den Gott völlig verwirft, weil der Mensch, der ihn hat, damit statt Gott sich selbst ehrt und eine Wurzel des Guten nach der anderen ausreißt. Dadurch bleibt der Mensch stets unbeständig und kann nicht an einem Platz stehen (vgl. RB 1,11), und auf einem solchen Menschen kann die Gnade des Heiligen Geistes nicht ruhen.

Tafel 11
Der Brunnen des Lebens

Ich sah auch gleichsam in der Mitte des beschriebenen südlichen Bereiches drei Gestalten. Zwei von ihnen standen in einem ganz klaren Brunnen, der ringsum eingefaßt und oben mit einem runden, durchbohrten Stein geschmückt war. Die eine war von Purpurglanz, die andere von einem strahlend weißen Glanz so umgeben, daß ich sie nicht voll anschauen konnte. Die dritte aber stand außerhalb dieses Brunnens auf dessen Randstein, mit einem leuchtendweißen Gewand bekleidet. Ihr Antlitz leuchtete in solcher Helligkeit, daß diese auf mein Gesicht zurückschlug. Und vor ihnen erschienen die seligen Ordnungen der Heiligen gleich Wolken. Auf sie blickten die Gestalten aufmerksam.

Und Gott machte das Firmament und schied die Wasser, die unterhalb des Gewölbes waren, von denen, die über dem Firmament waren. Und so geschah es.

Nun schafft Gott auch alle Werkzeuge der Tugenden im Menschen zusammen mit der Unterscheidungskraft, die er mit der Aushauchung des Heiligen Geistes einsetzt. Der Mensch soll dadurch selbst alle diese Werkzeuge, von denen Gott sieht, daß sie nützlich sind, in sich selbst unterscheiden, damit keine Tugend, die er beginnt, durch das Umherschweifen <vagatio> seines Geistes untergeht. Und so trennt Gott die irdischen Bedürfnisse und die himmlischen Tugenden, die der Heilige Geist betaut und die immer dem Himmlischen anhangen, damit sich der Mensch mit ihnen stets nach dem kontemplativen Leben <vita contemplativa> sehnt. Diese Tugenden hält die Unterscheidungskraft auch zusammen gleichsam wie eine Magd, die für ihre Herrin durch ihren Dienst ein Halt ist, da in den irdischen Dingen, die zum Leib gehören und die der Unterscheidung unterliegen, sogar die Herrin ihre Magd nicht entbehren will. So ist die Discretio das Firmament. Das Irdische, das heißt das tätige Leben <vita activa>, hat sie unter sich, das Himmlische, nämlich das kontemplative Leben, hat sie über sich. Dadurch ist sie selbst die Treppe, auf der die Herzen der Menschen durch die guten Werke zum Himmel aufsteigen und auf der sie wegen der leiblichen Bedürfnisse zur Erde herabsteigen. So leisteten Maria und Marta Gott verschiedene Dienste, dem dennoch beide gefielen, weil Er selbst der Begründer von beiden ist. Und so entsteht das Firmament der Tugend zwischen diesen beiden Lebensweisen, indem der Mensch selbst für sich die Unterscheidung trifft, so daß er das Himmlische und Irdische nach ihrem gesetzten Maß in richtiger Weise hat, wie Gott es bestimmte.

Und Gott nannte das Firmament Himmel.

Gott nennt durch die Einhauchung des Heiligen Geistes im Menschen die Unterscheidungskraft <discretio> Himmel. Sie ist wahrhaftig die sicherste Bezeichnung für den Himmel. Denn wie das Firmament alle Gestirne in sich trägt, die die Welt beleuchten, lenken und zusammenhalten, so trägt auch die Unterscheidungskraft alle Werkzeuge der Tugenden, die aus Gott hervorgehen und durch die Leib und Seele gelenkt werden. Und so geht das, was innen verborgen ist, nicht verloren, und was außen ist, wird nicht durch Prahlen verdunkelt.

Und es wurde Abend und Morgen, der zweite Tag.

So geschieht es auch in dem Menschen, der selbst in seiner guten Gewohnheit abendlich ist, wenn er alle seine Werke mit der Unterscheidungskraft vollendet. Denn Gott sieht am Anfang aller Tugenden ihr Ende vorher, da er spürt, daß sie Ihn berühren; auch in ihrem Ende prüft er ihren Anfang, weil ein guter Beginn nichts nützt, wenn nicht auch ein gutes Ende folgt. So spricht Mein Sohn im Evangelium vom Bräutigam, der zu den törichten Jungfrauen sagte:

27. Matthäus 25,12: Gott spricht zu denen, die sich ihm nicht zuwenden

„Amen, amen, Ich sage euch: Ich kenne euch nicht" (Mt 25,12). Das ist so zu betrachten: Ich, der Ich bin, sage euch ganz bestimmt: Ihr, die ihr wegen dem Geschmack des Fleisches nach euren Begierden handelt, seid ganz und gar ausgelöscht. Ich kenne euch nicht, weil ihr Mich im Erkennen nicht so berührt, daß ihr die Tugenden der gerechten Werke, die Ich eurem Wissen um das Gute vor Augen gestellt habe, ausübt und sie auch nicht von mir erbittet. Ihr verwehrt auch eurer Seele ihre Seufzer und zwingt sie dazu, den Willen des Fleisches zu erfüllen und keine Hilfe von Mir zu erbitten. Wer aber kann dem antworten, dessen Stimme und Worte man nicht hört? Keiner. Ihr richtet nämlich keinen Ruf an Mich. Und welches Geschenk wird dem gegeben werden, der um nichts bittet und nichts verlangt, sondern stumm vor dem Geschenk flieht? Wahrhaftig keines! Und so verlangt ihr nichts von Mir. Denn die, die nicht mit dem Seufzen ihrer Seele zu Mir aufschreien und sich nicht mit Herz und Sinn an Mich wenden, die kenne Ich nicht. Sie haben Mich vergessen, als ob nicht Ich ihnen das Wissen gegeben hätte, und besonders deswegen, weil sie Mich durch ihre ungerechten Werke erzürnen. Denn wegen ihrer törichten Trägheit schauen sie nicht auf Mich und verachten wegen der Umarmung des Fleisches die Unterscheidungskraft der tugendhaften Herzen, die vom Heiligen Geist entzündet werden. Daher sind sie auch vor meinen Augen ausgeschlossen.

Sie wählen nämlich das eine und verwerfen das andere: Die Erde mit ihrer Grünkraft ergreifen sie und den Himmel vernachlässigen sie wegen ihrer eigenen Begierden. Nur mit ihrer Stimme klopfen sie an und wollen ohne Werk eintreten; aber deshalb kann ihnen die Tür nicht geöffnet werden. Denn alle Tugenden können durch Himmlisches und Irdisches unterschieden werden, weil der Mensch auf der Erde geht und zum Himmel aufblickt. Und zwischen diesen beiden muß er wählen, was er nach dem Willen Gottes liebt und verabscheut, so daß er im Guten zum Himmel strebt und sich vom Bösen abwendet. So jedenfalls heißt es, daß Gott den Anfang eines jeden Menschen nicht kennt, von dem Er nicht auch das Ende billigt. Und wie am Ende der Welt, das viel nutzbringender ist als ihr Anfang, in Meinem Sohn die Rettung aufstand, weil am Anfang das Verderben, am Ende aber die Rettung kam, so ist auch ein gutes Ende viel nützlicher als ein guter Anfang. Auf diese Weise ist die Unterscheidungskraft das zweite Licht des guten Wirkens wie der zweite Tag.

28. Das Wesen der Unterscheidungskraft als Stütze der Tugenden

Daß aber hier nicht gesagt wurde: „Und Gott sah, daß es gut war", das bedeutet: die Unterscheidungskraft <discretio> hat einen Dienst an den anderen Tugenden, nicht indem sie wirkt, sondern indem sie den anderen Tugenden dient. So hält auch das Firmament die anderen wirkenden Geschöpfe, indem es ihnen zu Diensten steht. Denn es ist die Stütze jener Kräfte, durch die es gedreht wird. Wegen ihres Dienstes am Menschen werden diese als Arbeiterinnen bezeichnet, weil sie durch das Firmament Tag und Nacht ihre einzelnen Aufgaben erfüllen. Und wie eben dieses Firmament alles, was an es gesetzt ist, stützt und ihm Raum gibt, so ist auch die Unterscheidungskraft nicht durch ein Werk eine Bewirkerin <operatrix>, wie die übrigen Tugenden, die nach ihrem Werk Wirkkräfte <operatrices> genannt sind, sondern lediglich Stütze <sustentaculum> der übrigen Tugendkräfte.

29. Der dritte Schöpfungstag (1): Meere und Festland, Pflanzen und Bäume

Gott aber sprach: Das Wasser, das unterhalb des Himmels ist, sammle sich an einem Ort, und es erscheine das Trockene. Und so geschah es.

Das ist so zu betrachten: Durch das Wort, das unauslöschlich ist, flossen die Wasser, die unter dem Firmament zurückblieben, an einem Ort zusammen, bis die Erde erschien, damit sie nicht, von ihnen bedeckt, wertlos wurde; und dies geschah, bevor das Firmament erleuchtet wurde. Es sollte dann nach seinerErleuchtung durch die Sterne den von den <oberen> Wassern getrennten Wasserstraßen auf der Erde leuchten.

Und Gott nannte das Trockene Erde, die die Mutter alles Keimenden auf Erden ist. Denn auch der erste Mensch wurde aus ihr gebildet. *Und die Ansammlungen der Wasser nannte Er Meere,* aus denen die Wasser fließen, als ob sie von ihnen hervorgebracht würden.

Und Gott sah, daß es gut war, und sprach: Die Erde bringe Pflanzen hervor, die grünenden Samen tragen, und fruchtbares Holz, das Früchte trägt nach seiner Art und dessen Samen in ihm ist auf Erden. Und so geschah es.

Gott sah, daß alles, was Er gemacht hatte, richtig und gut zu Seinem Dienst eingesetzt war. Und durch Sein lebendiges Wort befahl Er, daß die mütterliche Erde ergrüne, um blühende Pflanzen sprießen zu lassen, die auch Samen trugen, damit sie sich durch ihren Samen vermehren, durch den sie wieder neu wachsen. Denn jeder Keim hat einen Samen in sich, damit er nicht in seiner Natur ausstirbt. Er befahl auch, daß das fruchtbringende Holz sproßt, Früchte zum Essen hervorbringt und nach seiner Art Samen in sich trägt, durch den es wieder keimt, wenn er auf die Erde fällt. Und so erfüllte es sich, wie wenn ein Diener frohen Herzens die Anordnungen seines Herrn ausführt, jedesmal wenn der Hausvater ihn ruft und ihm seine Geschäfte anvertraut und ihm angibt, was er bei jedem tun soll. Denn auch die Erde regte sich mit Freuden auf die Befehle ihres Herrn, indem sie diese in allem erfüllte.

Und die Erde brachte grünende Pflanzen hervor, die Samen tragen nach ihrer Art, und Holz, das Früchte trägt, und jedes hatte Samen nach seiner Art.

Denn wie Gott befahl, brachte die mütterliche Erde das Grün der Pflanzen hervor, die ihren Samen in sich trugen, und das Grün der Bäume, die entsprechende Frucht trugen und in ihren Samen wieder entstanden. Denn solange ihre Samen auf die Erde fallen, gehen wieder andere entsprechend ihrer Art hervor. *Und Gott sah, daß es gut war*, daß all das für den Menschen Notwendige, den Er zu erschaffen vorgehabt hatte, so vorausging, daß es bei der zukünftigen Bedürftigkeit des Menschen nicht mangelte.

Und es wurde Abend und Morgen, der dritte Tag.

Das heißt: Es wurde Ende und Anfang, an denen das dritte Werk vollendet wird. Denn Gott hatte die vorher genannten drei Werke in Seinem umfassenden Wissen vollendet, ohne daß sie mit dem Kreislauf der Lichter beleuchtet waren. Wie nämlich das Feuer schweigt, bevor es durch einen Windhauch angefacht wird, aber dann aufflackert, wenn es durch einen Windhauch erregt ist, so schwieg das Werk Gottes in Seinem Vorauswissen, bevor es hervortrat. Aber als es durch die Kraft des lebendigen Wortes geweckt war, erschien es in seiner Gestalt. Daher steht auch durch Meine Eingebung geschrieben:

30. Jesaia 42,14: Das Wirken der Propheten vor der Menschwerdung

„Ich schwieg immer, ich schwieg und ich war geduldig; aber ich werde wie eine Gebärende schreien“ (Jes 42,14). Das ist so zu betrachten: Ich, die Prophetengabe der Propheten, schwieg, vom Heiligen Geist durchtränkt, in Geduld, ich schwieg in Sanftmut; aber wie eine Gebärende nach ihrem Schmerz werde ich reden. Denn vor der Menschwerdung des Sohnes Gottes habe ich wie eine Stumme geschwiegen, so daß ich seine Geheimnisse schweigend in mir behielt. Und ich habe sie nicht nach außen getragen, wie ein Feuer seine Flamme, die nicht durch sich, sondern vom Wind bewegt wird, in sich behält. Jetzt aber nach jenem Schmerz, den der Gottessohn dem Fleisch nach am Kreuz erlitten hat, werde ich wie eine Gebärende reden, nachdem der Schmerz gewichen ist, und zwar indem ich das, was ich vorher verborgen hatte, in Freude offen vorbringe. Die Propheten unterdrückten nämlich schweigend ihre Stimmen. Denn was die Kunde ihres Redens war, wußten sie nicht vollkommen. Daher sagten sie zu sich selbst: Oh, oh, oh, wir sehen nicht vollkommen, was wir sagen;

trotzdem wissen wir, daß Gott es zu Seiner Zeit offenbaren wird. Und so hielten sie geduldig aus, indem sie es dem Wissen Gottes anvertrauten.

Gott aber erleuchtete es später zum Dienst für Sein Werk, das Er nach Seinem Bild geschaffen hatte, wie eine Mutter sich nach der Geburt freut, wenn sie das Kind sieht, das sie aus sich geboren hat, indem sie seufzend zu ihm sagt: Das ist mein Sohn.

So spricht auch der höchste Vater von Seinem Sohn: „Heute habe ich dich gezeugt" (Ps 2,7). Weil das Heute die Ewigkeit ist, in der Er Seiner Gottheit nach immer dem Vater gleich ist, brannte nach Seiner Menschwerdung die Prophetengaben offen in den Heiligen, die die Weissagung der Propheten auslegten und öffentlich davon redeten, wie auch Gott das Firmament durch die strahlenden Lichter erleuchtet hat.

Auf andere Weise <gedeutet>:

31. Der dritte Schöpfungstag (2): Das erste Erwachen des Lebens in der Kirche nach den Vorausbildern

Gott aber sprach: Das Wasser, das unterhalb des Himmels ist, sammle sich an einem Ort, und es erscheine das Trockene. Und so geschah es.

Das ist so zu betrachten: Gott versammelte die Völker der Christen, die unter den Heiden in schmerzlichen Kämpfen bekämpft wurden und an verschiedenen Orten lebten. Er brachte sie in eine Kirche, und so erschienen sie als ein Land der Lebenden, wie der Prophet sagt: „Ich aber bin gewiß, die Güte des Herrn zu schauen im Land der Lebenden" (Ps 27,13). Das soll man so betrachten: Ich, der ich mich bemühe, Gott zu folgen, indem ich tue, was gut ist, glaube und zweifle nicht daran, daß ich jenes Gute sehen werde, das dem Herrscher über das All gehört, in jenem Land, in dem die Seligen wohnen, die keine Gefahren des Todes mehr fürchten.

Das Wort Gottes weckt auch die schlafenden Herzen der Menschen und läßt sie in der wahren Schau des Glaubens sehen. So pflügt Er die, die vorher in ihrem Unglauben wie ungepflügtes Land waren, dann durch die Gnade des Heiligen Geistes mit dem Pflug des Glaubens um. Er macht sie auch zur Erde der Lebenden, die mit der ganzen fruchtbaren Grünkraft blüht und volle Frucht bringt. So sagten auch die Propheten, daß die Jungfrau den Sohn Gottes gebären werde (vgl. Jes 7,14), der die schlafende Erde mit dem Pflug des wahren Glaubens in Seinen Heiligen erweckt, so daß sie als strömendes Wasser des Heiligen Geistes fließen. Und das geschah nach dem Geheiß Gottes, wie Gott es wollte.

Und Gott nannte das Trockene Erde, und die Ansammlungen der Wasser nannte er Meere.

Deshalb bezeichnet der Gott Israels die Kirche als das verheißene Land, das von Milch und Honig fließt (vgl. Ex 3,17), weil sie die Wonne und der Glanz des himmlischen Reiches ist. Sie erstrahlte durch den Glauben und das Bekenntnis Gottvaters im christlichen Volk, so daß dasselbe Volk Gott in der wahren Dreieinigkeit bekannte, die die Juden nicht annehmen wollten. Sie, die von den Wassern, nämlich den Aposteln, versammelt wurde, wird auch Meer genannt. Denn die Feindschaft des teuflischen Kampfes gegen die Seelen und die Stürme der schlechten Christen und Heiden gegen den Leib wogen unter großen Gefahren in der Kirche auf und wollen sie unterdrücken, wenn nicht Gott sie befreit, der immer der Schiffsführer und Ruderer der Seinen ist; denn kein Christ kann in das himmlische Jerusalem eingehen, wenn er nicht mit Gottes Hilfe durch diese Stürme gegangen ist.

Auch die Kirche ist dieses Meer, das der Evangelist Johannes als ein gläsernes, mit Feuer vermischtes Meer schaute, wie er in der Offenbarung sagt: „Und ich sah gleichsam ein gläsernes Meer, das mit Feuer vermischt war; und die, die das Tier besiegten und sein Standbild und die Zahl seines Namens sah ich auf dem gläsernen Meer stehen mit den Harfen Gottes. Und sie sangen das Lied des Mose, des Knechtes Gottes und des Lammes" (Offb 15,2–3).

Das soll man so betrachten: Ich, dem die Geheimnisse Gottes gezeigt wurden, sah mit meinen inneren Augen die Kirche, die Gott aus dem einfachen Volk von Juden und Heiden berief. Ich sah sie rein im Glauben und dazu noch von vielen Drangsalen erschüttert, wo die Gläubigen, durch den Heiligen Geist entflammt, den lebendigen Gott im wahren Glauben erkannten und schauten. Denn der Glaube ist wie der Schatten der Gottheit, die der sterbliche Mensch nicht vollkommen sehen kann. Auch der Schatten zeigt eine Gestalt, die man nicht sieht, wie ein Zirkel eine Gestalt umreißt, die noch nicht geformt ist. So sagt auch der Sohn Gottes zu Philippus, der den Vater sehen will, daß der, der Ihn sieht, auch Seinen Vater sieht (vgl. Joh 14,9). Denn die Heilige Gottheit war in der Menschheit verborgen und erleuchtete durch die Lehre, mit der sie die ganze Welt erhellt hatte, die Welt. So durchtränkt auch das Wasser die Erde ganz, die wie ihr Leib ist, und macht sie zur Erquickung aller Geschöpfe fruchtbar. Denn wie Gott von den himmlischen Geistern geschaut wird, so wollte Er auch, daß Er von der Schöpfung in menschlicher Gestalt gesehen wird.

Aber ich bemerkte auch jene, die die alte Schlange und deren Anhang überwanden, und die Zahl Seines Engelsheeres (vgl. Offb 12,9; 20,9). Denn der Ort und die Zahl dieser gefallenen Geister werden durch den Menschen aufgefüllt werden, den der Teufel aus Neid aus dem Paradies verführt hatte. Ich bemerkte, sagte ich, die, die in der Höhe der Kirche standen mit ihren heiligen Werken und den Zeichen, mit denen sie überall zum Lob Gottes aufflogen, während sie ihr Fleisch abtöteten. Und sie erwiesen auch jenen Lobpreis, der nach dem Gebot Gottes geschrieben steht und den Gott durch die Geschöpfe begründet hat. Denn wie das himmlische Jerusalem zu Anfang aus ungeschliffenen Steinen (vgl. Ex 5,8), die auf der Erde lagen, gegründet wurde, so begann auch das alte Gesetz, das das Geistige in sich verbarg, endlich das Geistige zu verstehen, durch das später die Mauern dieser Stadt errichtet wurden. Sie sangen auch das Lied des Mose (Ex 15,1–21) nach Art eines Sängers, der das Gegenwärtige und Zukünftige besingt, das ihm dennoch unbekannt und fremd ist, außer daß er nur nach ihm seufzt. So war auch Mose mit dem alten Gesetz gleichsam die Stimme, in der das Wort, nämlich die Menschheit des Erlösers, verborgen war. Und dieser Mose schrieb alle Wunder der Menschwerdung des Gottessohnes zeichenhaft auf, wie Gott es ihn lehrte.

Sie sangen auch das Lied des Lammes, das im Stand der Jungfrau ertönt (vgl. Offb 14,3–5), die das Lamm Gottes im Glauben besitzen, indem sie die Vermählung des Fleisches hintansetzen. Sie schauen das Lamm, das sie im Fleisch nicht schauen, in Liebe an, als ob sie es gegenwärtig hätten. Deshalb ist es für sie auch die größte Freude, mit dem höchsten König vermählt zu sein und mit dem Jubel ihres Lobpreises Ihm zu singen. Sie lechzen mit dem Seufzen ihrer Seele immer nach dem anderen Leben und vertrauen all ihre Sorge Gott an, indem sie Ihn mit ihrer Stimme und ihrem Werk loben.

32. Die Fruchtbarkeit der Kirche aus dem Glauben

Und Gott sah, daß es gut war, und sprach: Die Erde bringe Pflanzen hervor, die grünen und Samen tragen und fruchtbares Holz, das Früchte trägt nach seiner Art und dessen Same in ihm ist auf Erden. Und so geschah es.

Die lebendige Erde ist die Kirche, die mit der Lehre der Apostel die Frucht der Gerechtigkeit hervorbringt. So verkündeten diese am Anfang ihren Jüngern, daß sie gleichsam wie eine Pflanze in der Grünkraft des rechten Glaubens stehen sollten, den sie im Samen des Wortes Gottes empfangen hatten. Sie sollten nach Gottes Gesetz auch fruchttragende Bäume werden, so daß in ihrem Samen Unzucht und Ehebruch nicht begangen würden, sondern daß sie in rechtmäßiger Geburt auf Erden Kinder zur Welt bringen.

Und es geschah so, weil die Kirche durch das Wort der Apostel den Glauben empfing und jede Ordnung der Völker sich dem rechten Gesetz unterwarf.

Und die Erde brachte grünende Pflanzen hervor, die ihren Samen trugen nach ihrer Art, und Holz, das Früchte trug, und jedes hatte Samen nach seiner Art.

Die Kirche, die das Land der Lebenden ist, brachte in der Grünkraft des Glaubens die Frucht der guten Werke hervor, die den Samen und die Frucht des Wortes Gottes trägt. So führen auch ihre Söhne, ob reich oder arm, ob älter oder jünger, eine rechte Ehe gemäß ihrer Art.

Und Gott sah, daß es gut war. Und das war gut vor Gott. *Und es wurde Abend und Morgen, der dritte Tag.*

Dann begann sich die trennende Zerstreuung des christlichen Volkes, die durch die Kämpfe der Ungläubigen und durch die Schmerzen, die sie ihm wegen des rechten Glaubens zufügten, sich gleichsam durch den Abend hin bis zum Morgen jenes Tages des festen Glaubens zu neigen. In ihm haben die Christen das angeordnete Gesetz angenommen, durch das sie wissen sollten, was sie nach diesem Gesetz Gottes zu tun hatten. Und dieses Geschehen ist gleichsam der dritte Tag mit dem dritten Licht des rechten Glaubens.

Und wieder auf andere Weise <gedeutet>:

33. Der dritte Schöpfungstag (3): Maßhaltung, Demut und Unterscheidungskraft

Gott aber sprach: Das Wasser, das unterhalb des Himmels ist, sammle sich an einem Ort, und es erscheine das Trockene. Und so geschah es.

Das soll man so betrachten: Gott spricht in der Zerknirschung des Menschenherzens (vgl. RB 49,2): Alle Bedürfnisse des Leibes, die der Unterscheidungskraft unterliegen, sollen sich an dem ruhigen Ort einer einzigen Gewohnheit sammeln. Wie geschieht das? Der Mensch soll weder durch Schlemmen noch durch Trinken oder durch verführerischen Schmuck seiner Kleidung oder durch verworrene Gesinnung übermäßig sein, indem er in all diesen Bereichen Ruhm für sich selbst sucht; vielmehr soll sich in alledem lediglich das Bedürfnis des Leibes zeigen. Und wie? Der Leib soll so maßvoll ernährt werden, daß die Seele sich freuen kann, wenn er richtig gestärkt ist. Sie soll richtige Wege mit ihm gehen, so daß er nicht aus übermäßiger Enthaltsamkeit tief hinabstürzt und auch nicht vom Überfluß der genannten Maßlosigkeit erdrückt wird. Und so geschieht das im Menschen durch die Ermahnung des Heiligen Geistes, die er in der Heiterkeit seines Herzens aufgenommen hat.

Und Gott nannte das Trockene Erde und die Ansammlungen der Wasser nannte er Meere.

Gott drängt mit dieser Ermahnung den Menschen durch die heilige Demut so, daß er sich selbst wegen der verschiedenen Bedürfnisse seines Leibes als armselige, trockene Erde bezeichnet. Daher seufzt er auch wegen der irdischen Interessen, die sich hinter diesen Bedürfnissen verbergen. Er schätzt sich ein wie das unruhige Wogen des Meeres und erniedrigt sich deswegen selbst so in Demut, als ob er der geistlichen Freuden unwürdig sei.

Und Gott sah, daß es gut war, und sprach: Die Erde bringe Pflanzen hervor, die grünen und Samen tragen, und fruchtbares Holz, das Früchte trägt nach seiner Art und dessen Samen in ihnen ist auf Erden. Und so geschah es.

Gott sieht in der Umarmung der zarten und tiefen Demut, daß der Mensch sich wegen des Irdischen verachtet, das wegen seiner Gebrechlichkeit nicht ohne Beeinflussung sein kann. Und in der Ermahnung des Heiligen Geistes spricht Er: Weil der Mensch die Zerknirschung des Herzens und die Unterscheidung von Gut und Böse angenommen und in der Erkenntnis, daß er nur Erde ist, sich der heiligen Demut unterworfen hat, soll er jetzt in der Grünkraft der Tugenden eifrig sprossen, so daß er in seinem Denken und Handeln nicht den fleischlichen Begierden unterliegt; denn er hat in seinem Leib einen Saft, der ihn immer dazu verlockt, in seinem Tun mit dem Sündigen zu beginnen. Und wenn er diese guten Werke zur Gewohnheit hat, soll er Samen tragen, das heißt er soll nach den Worten seiner Lehrer sich bessern und sich von den erwähnten Begierden abwenden. Dann soll er nach der Lehre der Meister zu den stärkeren Tugenden, die Früchte tragen emporsteigen. Wie denn? Der Mensch muß von den Lehrern erforschen, was gut und böse ist. Nach ihrer Lehre soll er so handeln, daß die Werkzeuge der Tugenden, mit denen er begonnen hat, diesen Samen des Werkes Gottes in sich haben und dieser auf der Erde, das heißt auf dem Menschen liegt. Und so wird es geschehen, daß das, was er von der Ermahnung Gottes glühend angenommen hat, durch die Liebe Gottes in ihm vollendet wird.

Und die Erde brachte grünende Pflanzen hervor, die Samen trugen nach ihrer Art, und Holz, das Früchte trug und jedes hatte Samen nach seiner Art.

Wenn der Mensch in seinem Innern vom Heiligen Geist belehrt ist, bringt er aus seinem Herzen die Grünkraft der Enthaltsamkeit hervor, indem er die Gelüste des Fleisches zügelt. Er spricht auch das Wort der Zurechtweisung (vgl. RB 2,27) aus, wenn er in sich gemäß der Unterweisung, durch die er sich zügelt, immer zu Gott aufseufzt. Denn eine jede Tugend ist trocken, wenn sie nicht durch das Wort der Zurechtweisung im Menschen Wurzeln schlägt, wie der Heiland im Evangelium sagt: „Das eine fiel auf Felsen, und als es aufgegangen war, verdorrte es, weil es keine Feuchtigkeit hatte" (Lk 8,6). Das soll man so betrachten: Der Same der Worte in der Lehre des Heiligen Geistes wird in die Erde gesät, damit der Mensch durch ihn in seiner Seele genährt wird. Aber weil die Gaben des Heiligen Geistes vielfältig sind, fällt ein anderer Teil in die harten Herzen ungläubiger Menschen, so daß diese ihn bisweilen gleichsam unter Stöhnen aufnehmen. Aber dennoch bringen sie nicht die Frucht der Frömmigkeit hervor, weil sie die Feuchte der Sanftmut nicht haben. So bringt auch die

Erde, wenn sie ohne Feuchtigkeit unfruchtbar ist, keine nützliche Frucht hervor.

Gott hat nämlich die Geschöpfe zum Verständnis des Menschen geschaffen, damit dieser aus ihnen die nützlichen auswählt und die unbrauchbaren verwirft. So bringt auch die Erde Frucht, wo sie von Feuchtigkeit durchtränkt und locker ist, wo sie aber ohne Feuchtigkeit hart und steinig ist, kann sie keine Frucht bringen. Denn der Mensch wird in seiner Erkenntnis des Guten als gute, üppige Erde verstanden, in seiner Erkenntnis des Bösen aber als harte und steinige Erde. So wird der Tau des Heiligen Geistes zu reicher Frucht über die ausgegossen, die in der Freude am geistlichen Leben gute Werke wirken. Die aber, die durch die Fleischeslust jegliche Sünden der Wollust auf sich laden, bleiben durch die Härte ihres Herzens unfruchtbar wie felsiges Land, weil der Saft des guten Willens in ihnen austrocknete. Und wie wird die Tugend im Menschen durch das Wort der Zurechtweisung Wurzeln schlagen? Er soll durch das Wort seines Herzens, mit dem er gegen die Fehler kämpfen muß, sich selbst zügeln. Und so wird er die hohen Tugenden vollenden, in denen er sich durch die Unterweisung der Älteren ausbildet, und zwar so, daß er erkennt, wie er sich in Furcht zügeln und in Enthaltsamkeit vom Bösen zurückweichen muß. Denn der Mensch, der sich mit Freude der verkehrten Werke enthält, hat größere Tugend als der, der freudlos die Werke seines Fleisches meidet. Und so wird der Mensch, der durch die Worte der Lehrer alles weise vollendet, in sich Frucht tragen nach dem Beispiel, durch das er belehrt wurde; und er wird deren Worte zusammen mit der Zurechtweisung seiner eigenen Worte gegen sich haben.

Und Gott sah, daß es gut war.

Die oben genannten Vorgänge berühren Gott so, daß er sich ihrer annimmt, sie weiß und sieht. Denn der Mensch, der sich selbst aus der Unbeständigkeit erneuert, die in ihm durch Adams Fall entstanden ist und von der er weiß, daß sie böse ist, ist demütig aufgestanden. Das ist sehr gut, weil er dann für Gott wieder lebendig wird, während er sich danach sehnt, zu Ihm zu kommen.

Und es wurde Abend und Morgen, der dritte Tag.

Und so wird das, nämlich das gute Ende, am Abend zusammen mit dem Anfang dessen, der das Gute beginnt, der dritte Tag werden, wie oben gesagt wurde, darin, daß der Mensch sich von bösen Handlungen enthält, nachdem die dritte Tugendkraft des guten Werkes erschaffen ist, nämlich die Demut.

34. Der vierte Schöpfungstag (1): Sonne, Mond und Sterne

Gott aber sprach: Lichter sollen am Firmament sein und Tag und Nacht scheiden. Sie sollen Zeichen sein für die Zeiten, Tage und Jahre. Sie sollen leuchten am Himmelsgewölbe und die Erde erleuchten. Und so geschah es.

Das soll man so betrachten: Auf göttlichen Befehl offenbarte die Erleuchtung des Firmaments das Werk Gottes als schön und herrlich, wie auch die Seele den Leib schön und herrlich machen wird. Obwohl dieser nach dem Tod wegen seiner ersten Empfängnis in der Verwesung übel riecht, wird er dennoch wie auch das Höhere verwandelt werden, wenn der Mensch wieder auferweckt wird. Die Aufgaben dieser Leuchten setzte Gott fest und teilte sie auf in Tag und Nacht, weil von diesen beiden Unterscheidungen, nämlich Tag und Nacht, die gesamte Einteilung der Bedürfnisse der Menschen abhängt. So soll der Mensch mit der Vernunft durch die Zeichen dieser Lichter erkennen, welches dieses und jenes Geschöpf ist, und wie die Zeitabschnitte der Tage, Nächte und Jahre durch diese einzelnen Zeichen benannt werden und daß diese Lichter, die am Firmament leuchtend erscheinen, auch die Erde erleuchten und was auf ihr ist. Und dies alles ist so angeordnet, wie Gott befahl, daß es erscheint.

Und Gott machte zwei große Lichter: das größere Licht, damit es über den Tag herrsche, das kleinere Licht, damit es über die Nacht herrsche, und die Sterne. Und er setzte sie an das Firmament, damit sie über die Erde hin leuchten und über Tag und Nacht herrschen und Licht und Finsternis trennen.

Gott ließ durch Sein Wort diese beiden großen Lichter erstrahlen, das größere am Tag, das kleinere in der Nacht; das eine von ihnen steht in seiner Ordnung und wächst weder noch nimmt es ab; das andere nimmt mit den Zeichen des Firmaments zu und wieder ab. In diesen beiden Lichtern sah Gott auch voraus, wie Er Sein Werk, den Menschen, in zwei Naturen vollenden wollte. Daher ist dieser in der Erkenntnis des Guten himmlisch, in der Erkenntnis des Bösen aber irdisch. Die Erkenntnis des

Guten nämlich ist aus Gott himmlisch, und niemand kann der vernunftbegabten Seele nehmen, daß sie durch die Erkenntnis des Guten die Tiere der Erde beherrscht, die dem Wissen um das Böse nachgebildet sind. Diese erhalten ihre Kraft von der Erde, kriechen nachts frecher über sie und fühlen sich wohl im Schmutz.

Wenn aber die Erkenntnis des Bösen im Schmutz der Sünden liegt, ist sie der guten Erkenntnis unterlegen und erkennt sie als gerecht, obwohl sie sie verabscheut. Aber die gute Erkenntnis läßt den stärksten Kämpfer der Erkenntnis des Bösen widerstehen. Sie richtet ihn, wenn er gefallen ist, durch die Reue wieder auf und hört nicht auf, ihn zu schützen, damit er nicht in den Genuß der Sünde zurückläuft. Denn die Erkenntnis des Guten ist wie der Tag, die Erkenntnis des Bösen aber wie die Nacht. Deshalb freut diese sich auch am Bösen und führt Böses aus, wenn die Freude der Sünde vorausgeht. Und durch diese beiden erkennt der Mensch alle reinen und unreinen Dinge. Denn der Tag weiß um die Nacht und zieht sich von ihr zurück, die Nacht aber kennt den Tag und flieht vor ihm. Auf dieselbe Weise wendet sich die Erkenntnis des Guten von der des Bösen ab, auch die Erkenntnis des Bösen trennt sich von der des Guten, weil die eine die andere verabscheut. So ist der Mensch himmlisch und irdisch, denn als der Himmel beim ersten Sturz des Engels erschüttert wurde, hat Gott ihn mit der Natur der Erde wiederhergestellt, und so ist die Erde das Fundament des Himmels. Und der Himmel ist mit größeren Wundern, als sie bei dem ersten Engel gewesen waren, über der Erde errichtet, weil ja der Mensch, der aus der Erde gemacht ist, das vollkommene Werk Gottes ist <plenum opus Dei>. Auch die Sterne haben ihr Leuchten vom Mond wie die Flamme vom Feuer und sind mit ihrem strahlenden Licht über das gesamte Firmament gegossen, wie eine Flamme durch ein Sieb leuchtet, und so erleuchten sie die ganze Erde. Und wie sie hingestellt wurden, werden sie bis zum Jüngsten Tag stehen bleiben. Beim Abnehmen des Mondes erscheinen sie leuchtender als bei dessen Zunehmen, weil sie bei seinem Zunehmen wegen der Stärke seiner Helligkeit nicht vollkommen gesehen werden können. Sie eilen der Sonne entgegen und zeigen den Tag an und helfen dem Mond, die Nacht zu erhellen. Und so trennen sie das Licht von der Finsternis und weisen mit ihrem Dienst auf Tag und Nacht hin.

Und Gott sah, daß es gut war.

Das heißt, er billigte, daß durch die atmende Kugel des Lichtes nach der

Vertreibung der Finsternis sein Werk vollkommen zum Dienst bereit und schön war.

Und es wurde Abend und Morgen, der vierte Tag.

Denn die vier Elemente, nämlich Feuer, Luft, Wasser und Erde, erschienen nun, nachdem sie durch Gottes Gnade bereitet und sichtbar geworden waren, in allen Dingen, in denen sie begründet waren.

Ebenfalls auf andere Weise <gedeutet>:

35. Der vierte Schöpfungstag (2): Priester und Lehrer, Könige und andere Mächtige und die richtig Lebenden

Gott aber sprach: Lichter sollen am Firmament sein und Tag und Nacht scheiden. Sie sollen Zeichen sein für die Zeiten, Tage und Jahre. Sie sollen leuchten am Himmelsgewölbe und die Erde erleuchten. Und so geschah es.

Das muß man so betrachten: Gott sprach durch den Heiligen Geist in den Herzen Seiner Jünger: Es sollen Priester und Lehrer werden in Meinem Sohn, die die Kirche erleuchten, die auf dem starken Felsen, das ist Christus, erbaut ist; aus diesem Felsen strömte die Gerechtigkeit des wahren Glaubens. Auch diese Priester sollen in die gesamte Kirche geschickt werden und sie so erleuchten, daß sie durch ihre Worte dem Volk den Tag, das ist das Heil des Glaubens, einteilen und ihm jene Glückseligkeit ankündigen, die sie durch diesen Glauben erhalten werden, wenn sie ihn bewahren. Und sie werden dem Volk auch die Nacht, nämlich die ewigen Qualen, die zum Unglauben gehören, nahebringen. Und das sollen ihnen die Lehrer mit verschiedenen Zeichen darlegen, so daß sie ihnen das ankündigen, was sie beobachten müssen, nämlich die Feste, die zu feiern sind, die Fastenzeiten, die bindend sind und die Tage, die im Gesetz Gottes Bußtage sind, damit sie das <Kirchen->Jahr zusammen mit den bestehenden Vorschriften beobachten. Diese Vorschriften sollen auch durch den Glauben im Himmel, das ist in Meinem Sohn, leuchten, weil sie sich dem Lob der Engel anschließen und auch die Kirche, das Land der Lebenden, mit dem Lob Gottes erleuchten.

Und so geschah es: Und Gott machte zwei große Lichter, das größere Licht, damit es über den Tag herrsche, das kleinere Licht, damit es über die

Nacht herrsche, und die Sterne. Und er setzte sie an das Gewölbe des Himmels, damit sie über die Erde hinleuchten, über Tag und Nacht herrschen und Licht und Finsternis trennen.

Gott machte zwei große Lichter, die für die Kirche notwendig waren: das größere Licht, damit es über den Tag herrsche, nämlich die führenden geistlichen Lehrmeister, die an der Spitze der Kirche gestellt und Licht für die Augen der Gläubigen sind. Daher sollen die übrigen geistlichen Lehrer, nämlich die geringeren Personen, unter ihrer Weisung stehen und wie der Ochse unter dem Joch gebunden sein, damit sie nicht ohne Hirte umherlaufen und von einem Raubvogel, nämlich dem Teufel, geraubt werden. Auch das kleinere Licht schuf er, nämlich die Könige und anderen weltlichen Mächte, damit sie den irdischen Angelegenheiten und weltlichen Völkern gleichsam wie der Nacht vorstehen. Diese werden durch die Dunkelheit vieler unerlaubter Dinge oft verfinstert, denn die sinnliche Begierde des Fleisches, die in Adam ihren Ursprung hat, erhebt sich oft in ihnen. Daher berechnen sie bei sich selbst, was sie tun können, und verbergen sich vor dem gerechten Urteilsspruch, weil sie nicht richtig unterscheiden können. Er schuf auch die Sterne, das heißt die, die mit geringerer Macht den höheren Fürsten unterworfen sind, damit sie dem lebendigen Land, nämlich der Kirche, überall leuchten, wo sie am Firmament des Felsens, das heißt in Christus ist. Also sollen sie die Leuchtenden leiten, das heißt die recht leben, und die im Schatten, das heißt die im Bösen hadern, indem sie die Leuchtenden nach ihren Werken und die Schlechten nach ihrer Schlechtigkeit richten.

Und Gott sah, daß es gut war.

Das heißt: In Seinem Wohlgefallen ordnete er an, daß in der Kirche, die sich in verschiedenen Stufen unterscheidet, sowohl die Einfachen durch die Lehre der Weisen erleuchtet, als auch die Sünder durch die Zucht der Leiter zurechtgewiesen werden.

Und es wurde Abend und Morgen, der vierte Tag.

Als Gott die Kirche einsetzte, begann sich jene Unbeständigkeit, die in ihr war, als die Christen keine geistlichen Hirten und keine weltlichen Führer hatten, gleichsam am vierten Tag von der Dunkelheit jener Verwirrung abzuwenden hin zum Aufgang des beständigen Tages, der in dieser Kirche aufleuchtete, als sie im Licht des wahren Glaubens und der übrigen Tugenden durch den Eifer des heiligen Wirkens gefestigt wurde.

Tafel 12
Der Brunnen des Lebens (Ausschnitt)

Und wieder auf andere Weise <erklärt>:

36. Der vierte Schöpfungstag (3): Gottes- und Nächstenliebe und die richtigen Gedanken

Gott aber sprach: Lichter sollen am Gewölbe des Himmels entstehen und Tag und Nacht scheiden. Sie sollen Zeichen sein für die Zeiten, Tage und Jahre. Sie sollen leuchten am Himmelsgewölbe und die Erde erleuchten. Und so geschah es.

Das muß man so betrachten: Gott sprach in der Ermahnung des Heiligen Geistes: Aus der Gabe des Heiligen Geistes sollen in der Unterscheidungskraft <discretio> Lichter entstehen, damit der Mensch Gott und seinen Nächsten wie sich selbst liebt. Wie wird er das tun? Mit der ganzen Lebenskraft der Seele soll er fest zu Gott aufseufzen, so daß er nicht wie ein Fremder im Unglauben einen fremden Gott sucht, sondern mit mutigem Herzen auf Mich schaut. Auch seinen Nächsten soll er lieben wie sich selbst, so daß er alles Notwendige, das sich auf seine eigene Gestalt bezieht, mit Sorgfalt auch für ihn besorgt; denn er selbst ist dem Menschsein nach seine Gestalt und sein Bruder. Er soll ihn nicht für unwürdig halten, als ob er ihm wie ein niedriges Geschöpf unterworfen wäre, sondern er soll ihn freiwillig in seine Gemeinschaft aufnehmen, weil Gott selbst wie ihn auch diesen in der gleichen Gestalt geschaffen hat. Er soll sich auch hüten, durch Zustimmung zu dessen Sünden am Tod seiner Seele einen Anteil zu haben, damit er so nicht dessen und seine eigene Seele tötet.

Und diese Lichter sollen am Firmament des Himmels, das heißt in der Unterscheidungskraft der Vernunft leuchten, so daß der Mensch selbst mit dieser Kraft den Tag richtig unterscheidet, nämlich mit welcher Ehre er Mich, den allmächtigen Gott, in der Sehnsucht seiner Seele trägt und in seinen Seufzern gern zu Mir aufseufzt. Auch die Nacht, das ist jenes Dunkel, das im Leib verborgen ist und zum Irdischen gehört, nämlich seine eigene Not und die des Nächsten, soll er so mit der gleichen Unterscheidungskraft erleuchten, daß er nicht wegen dem, was unten ist, von der Hoffnung auf das, was oben ist, abgelenkt wird, sondern auch darin stets nach der himmlischen Sehnsucht aufseufzt. Diese Leuchten sollen für ihn auch als innere Zeichen dienen, wie er zu Gott seufzen, beten und weinen soll und wie er den Heiligen Geist zu seiner Hilfe anrufen soll. Sie sollen ihm auch dienen für die Zeiten, das heißt wie er sie zum eigenen Nutzen und zu dem des Nächsten verwenden soll. Ferner sollen sie ihm für die Tage des Glaubens dienen, damit all seine Werke im Aufbau des guten Werkes in Mir erstrahlen. Und sie sollen ihm für die Jahre dienen, so daß er den Zeitabschnitt des Jahres beachtet, dadurch daß er in ihnen allen das Gute durch die Heiligen Werke mit Gott und seinen Nächsten beginnt und in jedem Gesetz Gottes gut beendet, so daß er in seiner ganzen Lebenszeit seinen Nächsten in allen festgelegten Dingen, die auf diesen beiden Geboten beruhen, gute Beispiele gibt. Und diese Lichter sollen in den genannten Geboten am Firmament, das heißt in der Unterscheidungskraft des Herzens, leuchten. Alle Lichter dieses Werkes sollen die Erde, das heißt den Menschen erleuchten, damit er vor Gott mit Geist und Leib widerstrahlt. Und das wird im Menschen durch die Zerknirschung einer glühenden Liebe zu Gott und seinen Nächsten so geschehen, daß er das alles in Gott unterscheidet.

Und Gott machte zwei große Lichter, das größere Licht, damit es über den Tag herrsche, das kleinere Licht, damit es über die Nacht herrsche, und die Sterne. Und er setzte sie an das Firmament, damit sie über die Erde hin leuchteten, über Tag und Nacht herrschten und Licht und Finsternis trennten.

Gott bewirkt im Menschen durch die Einhauchung des Heiligen Geistes, daß er mit allen Kräften in Liebe auf Ihn schaut, damit dieses Licht des Tages, nämlich des wahren Glaubens, der vor den Augen Gottes leuchtet, an erster Stelle steht. Denn der Mensch kann Gott mit seinen äußeren Augen nicht sehen, sondern berührt ihn durch den Glauben innen in der Seele. Und das kleinere Licht ist die Liebe zu seinen Nächsten, die geringer ist als die Liebe zu Gott, weil der Mensch mit seiner ganzen Sehnsucht Gott in seiner Seele schaut, seinen Nächsten aber durch Berühren und Sehen mit seinen äußeren Augen von Angesicht zu Angesicht anschaut (vgl. Kor 13,12). Und deshalb herrscht dieses Licht über die Nacht, weil das Sehen dieser Welt, das nicht ohne die Ansteckung der Sünde sein kann, nächtlich ist. Auch die Sterne, das heißt die richtigen und guten Gedanken, stellt Gott ans Firmament, nämlich in die Unterscheidungskraft des Menschen, damit er in allen Dingen erfaßt, was gut und nützlich ist, um nicht in seinem Wissen durch das Dunkel der Unwissenheit verdunkelt zu werden. Und er soll selbst über die Schwäche seines Leibes wachen, indem er ihn lenkt und mit seinen Gedanken alles vorsieht, was zu tun ist. Diese Gedanken sollen auch das Licht der Gerechtigkeit und die Bedürftigkeit des Leibes so lenken, daß sie sie in rechter Weise ordnen und das Licht der Gerechtigkeit Gottes von der finsteren Not der Welt unterscheiden, indem sie jenes dieser vorziehen.

Und Gott sah, daß es gut war.

Denn Er billigt sein Haus im Menschen, das nach Seiner Gerechtigkeit richtig geordnet ist. Er freut sich auch, daß der Mensch Seine Gebote, durch die Er mit ihm versöhnt ist, durch seine Werke erfüllt hat.

Und es wurde Abend und Morgen, der vierte Tag.

Gott selbst macht im Menschen das gute Ende mit dem Anfang des genannten Gesetzes, da Er für alle Tugendkräfte ein gutes Ende voraussieht. Wenn aber das Ende nicht gut ist, wird auch das Wirken am Anfang niedergehauen wie ein unnützer Baum zugrunde gehen wird, dessen Äste ausschlagen und zu blühen beginnen, aber dennoch keine Frucht bringen. Und wie jener Baum, wenn er so bleibt, gefällt wird (vgl. Mt 3,10), so wird auch jener Mensch, der gut zu wirken begonnen hat, aber das Begonnene nicht zu Ende führt, von Gott entwurzelt werden. Denn Gott beachtet den Anfang von guten Werken nicht ohne ein gutes Ende. Auch in den gläubigen Völkern, die die vier Elemente gebrauchen, wird gleichsam als vierter Tag die vierte Tugend entstehen, nämlich die Gottes- und die Nächstenliebe, die den Geistlichen und Laien zur Befolgung gemeinsam ist.

37. Der fünfte Schöpfungstag (1): Fische und Vögel als reine Kreaturen

Dann sprach Gott: Das Wasser bringe Tiere hervor, die leben, und Vögel über dem Land unter dem Gewölbe des Himmels.

Das muß man so betrachten: Durch Sein lebendiges Wort hat Gott befohlen, daß die Gewässer Tiere und Vögel mit lebender Seele hervorbringen sollten, wie Blumen, die aus den Zweigen der Bäume hervorkommen. Denn Gott schuf im Anfang Geschöpfe, dann ließ Er aus jeder Art andere hervorgehen. Er sah nämlich voraus, was jeder Ordnung am Firmament, die durch Ihn berührt wird, hilft, wie auch zuerst die Form bestimmt und danach zu jedem einzelnen ihrer Werke bewegt wird.

Und es kamen alle Tiere hervor, die im Wasser schwimmen und die in der Luft fliegen, damit das Wasser nicht leer war, um jenes Werk zu erfüllen, das durch es vollendet werden mußte, und damit auch die Luft nicht leibhaftige, lebendige Flugtiere entbehre, die aus der Luft erfüllt und belebt werden. Deshalb nennt man auch die Fische nach dem Schwimmen Schwimmtiere, die Vögel aber nach dem Fliegen Flugtiere. Der Mensch jedoch kann weder vollkommen schwimmen noch fliegen, sondern geht mit seinen Füßen auf der Erde, von der er geschaffen wurde.

Aber Fische und Vögel stammen aus reinerer Zeugung als die übrigen Lebewesen, weil der Heilige Geist die Wasser vor den übrigen Elementen geheiligt hat. Und wie das Wasser alles Reine und Unreine übertrifft, so durchdringt auch die Seele alles und übertrifft weit das Fleisch. Auch die menschliche Seele ist nach dem Bild Gottes geschaffen und wirkt mit allen Geschöpfen im Menschen, Gott aber ist in allen Geschöpfen und überragt die gesamte Schöpfung, weil man in Ihm weder Anfang noch Ende findet.

Und Gott schuf die großen Seeungeheuer und alles Lebendige und Bewegliche, das die Gewässer hervorgehen ließen nach seinen Arten, und alles, was fliegt, nach seiner Art.

Gott bildete in den Wassern die Arten der Fische und gab ihnen die lebendige Seele aus windartiger Glut ein. Deshalb leben sie beweglich, und da sie aus den Wassern gezeugt sind, erscheinen sie unter allen Tieren als erste. Und weil der lebendige Geisthauch die Gestalten der Körper überragt, hat auch das Wasser zuerst Lebewesen hervorgebracht; denn das Wasser ist geheiligt und geistig. Überhaupt ist die Zeugung im Wasser wunderbarer als jene Zeugung, die durch die List der alten Schlange verfälscht wurde, weil mit der Fleischeslust die Begierde nach Sünde entsteht. Weil aber der Teufel die Wiedergeburt im Wasser nicht vernichten kann, haßt er die Wasser. Gott aber wusch die Schuppe der Erbsünde in Seinem Sohn durch das Bad <der Taufe> ab. Diese kann der Teufel dem Menschen nicht nehmen, weil er nicht weiß, von wem die Jungfrau jenen Menschen empfangen hat, der allen Geschmack der Sünde durch das Wasser tilgte. Und weil dem Teufel die Geburt der Jungfrau verborgen ist, die erkannte, daß ihr Schoß nicht verletzt, sondern unversehrt war, deshalb vermag er auch nicht diese Zeugung des Geistes und des Wassers zu zerstören.

Durch die Fische aber hat Gott bezeichnet, daß der Mensch durch das lebendige Wasser beweglich ist, wie die Fische im Wasser flink sind. Durch die Vögel dagegen zeigt Er, daß der Mensch durch seine Vernunft überallhin fliegt, wie auch die Vögel durch die Luft getragen werden. Deshalb muß auch den geistlichen Menschen, die die Volksmenge meiden, gemäß ihrer Art geistliche Nahrung gegeben werden, so wie auch Fische und Vögel von den übrigen Tieren getrennt, im Wasser und in der Luft leben.

Und Gott sah, daß es gut war, und Er segnete sie, indem Er sprach: Wachst und vermehrt euch und erfüllt die Wasser des Meeres; und die Vögel sollen sich auf der Erde vermehren.

Gott sah, das heißt Er erkannte an, daß es gut war, daß die erwähnten Arten der Fische und Vögel Luft in sich haben, aus der sie leben. Und indem Er sie segnete, damit sie nicht aussterben, befahl Er jedem von ihnen, gemäß seiner Art in seiner Gestalt zu wachsen und sich an Zahl zu vermehren, wie die Keime und Früchte der Felder wachsen und gedeihen. So sollten auch die Fische die Gewässer erfüllen, weil sie sich ja in ihnen aufhalten, und die Vögel, die wegen der ihnen entsprechenden Nahrung auch auf der Erde verweilen, sollten sich in großer Zahl erheben.

Und es wurde Abend und Morgen, der fünfte Tag.

Ende und Anfang diese Werkes weisen auf jenes Werk hin, das Gott in die fünf Sinne legte, durch die die Seele im Menschen wandelt. Was nämlich die Seele sieht, das ist geistig, weil sie aus dem Geisthauch ihre Sehkraft für das Licht hat. Sie unterscheidet, was sichtbar und was unsichtbar ist, weil sie durch ihre Vernunft erkennt, daß sie Gemeinschaft mit den Geistern der Engel hat. Auch sie selbst ist unsichtbar wie ein Engel und bewegt nur die Gestalt des Leibes, der gleichsam ihr Gewand ist, durch das sie bedeckt wird, um nicht gesehen zu werden. Dennoch nimmt jedes Geschöpf sie wahr, weil sie lebende Bewegung ist.

Auf andere Weise <gedeutet>:

38. Der fünfte Schöpfungstag (2): Die verschiedenen Stände der Kirche; die geistlichen Menschen

Und Gott sprach: Das Wasser bringe Kriechtiere hervor, die leben, und Vögel über dem Land unter dem Gewölbe des Himmels.

Das muß man so betrachten: Gott sprach durch die Predigt Seiner Jünger zur Kirche: Jetzt wollen wir durch die Enthaltsamkeit genauere Vorschriften schaffen. Diese sollen, weil sie mit Wachen, Fasten und Beten treu in Christus leben, nicht an irdischen Dingen hängen und unter dem Firmament des Himmels, das Christus ist, mit den höheren Flügeln der Tugenden gleichsam wie Jungfrauen und Witwen in der Kirche fliegen und dem Himmlischen folgen.

Und Gott schuf die großen Seeungeheuer und alles Lebendige und Bewegliche, das die Gewässer hervorgebracht hatten, nach seinen Arten, und alles, was fliegt, nach seiner Art.

Gott zeigte nämlich Seinen einzigen Sohn im Fleisch. In Ihm hat das Evangelium seinen Ursprung, worin gesagt wird: „Jeder, der sein Haus oder seine Brüder oder Schwestern oder seinen Vater, seine Mutter oder Gattin, seine Kinder oder Äcker um Meines Namens willen verläßt, wird das Hundertfache erhalten und das ewige Leben gewinnen" (Mt 19,29). Das muß man so betrachten: Jeder Gläubige, der sein Haus verläßt, das heißt seinen eigenen Willen, oder seine Brüder, nämlich die fleischlichen Begierden, oder seine Schwestern, das heißt den Genuß der Sünden, oder seinen Vater, nämlich die Lust des Fleisches, oder seine Mutter, das heißt die Umarmung der Sünden, oder seine Gattin, nämlich die Habgier, oder seine Kinder, nämlich Raub und Diebstahl, oder seine Äcker, das heißt den Hochmut, und zum Ruhm Meines Namens so auf Mich schaut, der Ich der Sohn Gottes und Heiland der Menschen bin, wird hundertmal soviel in der Ruhe seines Herzens an seinem Leib erhalten, weil er alle Besorgnisse um das Irdische von sich geworfen hat und Mir gefolgt ist. Daher wird ihm das alles wieder zum Dienst entgegenkommen. Denn zuerst muß man das Haus verlassen, nämlich den eigenen Willen, in dem der Mensch nach seinem Belieben ausruht wie einer, der ruhig in seinem Haus bleibt, dann die Brüder, das heißt die fleischlichen Begierden, die sich mit dem Eigenwillen verbinden, ferner die Schwestern, das heißt den Genuß der Sünden, der überall den fleischlichen Begierden folgt, danach aber den Vater, durch den die Fleischeslust bezeichnet wird, die sich an den fleischlichen Begierden sehr erfreut; und nach diesen die Mutter, nämlich die Umarmung der Sünden, die in allem die Lust des Fleisches umarmt, und schließlich die Gattin, das heißt die Habgier, die das Umarmen der Sünden nachahmt, so daß sie an ihnen sich nicht sättigt, wie auch der Mann, wenn er seine Gattin geheiratet hat, in gierigen Besitzerwerb verfällt; und danach die Kinder, das heißt Raub und Diebstahl, die der Habgier folgen, wie ein Mann danach strebt, für seine Kinder Reichtum zu sammeln; und schließlich Äcker, nämlich den Hochmut, der Raub und Diebstahl zu verteidigen sucht. Denn wenn der Mensch ungerecht Erworbenes ungestraft an sich gebracht hat, beginnt er in Prahlerei hochmütig zu werden.

Aber wenn ein Gläubiger das alles ablegt und das Bessere in Überfluß empfangen hat, wie oben gesagt wurde, wird er auch das ewige, in der Glückseligkeit unvergängliche Leben besitzen, weil er für Gott sich selbst in dieser Zeit geringachtete und nach dem Himmlischen lechzte. Der nämlich, der sich, seine Familie und seine Kinder wegen Gott verläßt, wie Abraham es tat, wird für alles, was er mit seinen Augen sieht und mit seinem Herzen erwartet, hundertfachen Lohn erhalten, wie es auch von Maria gesagt wird: „Ihr sind viele Sünden vergeben, weil sie viel geliebt hat" (Lk 7,47). Weil diese sich vom Scheitel bis zur Fußsohle ganz losgelassen hat, ist sie für jedes einzelne belohnt worden. Daher wird auch dieser Mensch mit allen oben genannten Mühen geschmückt werden, wie ja auch ein Künstler sein Werk mit erlesenem Schmuck verziert, und er wird schließlich zu den ewigen Freuden hinübergehen.

Das kannte das alte Gesetz nicht, weil die Menschheit des Heilands es noch nicht berührt hatte, aber das neue Gesetz sammelte es treu in sich. Denn der Sohn Gottes, der im Feuer des Heiligen Geistes von der Mutter geboren wurde, der die menschliche Zeugung ganz entzogen und genommen wurde, lehrte die rechte Zeugung des geistlichen Lebens so, daß der Mensch sich selbst beherrscht und heiligt, und weil er so lebt, Gemeinschaft mit den Engeln hat. Denn der Sohn Gottes hat den Menschen durch Seine Menschheit befreit und zu den himmlischen Freuden zurückgeführt.

Gott schuf auch alles Leben der Tugenden, die in den lebendigen Herzen der Menschen bleiben, die sich von der Erde emporheben und auch darin beweglich sind, daß sie sich stets vom Bösen zum Guten bekehren und von Tugend zu Tugend (Ps 84,8) schreiten. Und diese Tugenden brachten jene Wasser hervor, über die der Heilige Geist kam, das heißt die Apostel. Sie gingen mit gutem Beispiel dem Volk voran und wiesen auch auf den himmlischen Lebenswandel hin, der wie eine Wolke schwebt (vgl. Jes 60,8) und alles Irdische entsprechend seiner Möglichkeit nach Art der Tugenden übergeht. So spricht Mein Sohn in Seinem Evangelium:

39. Rede Christi zum geistlichen Leben der Ehelosen und zum gläubigen Leben in der Welt (Joh 14,2)

„Im Hause Meines Vaters gibt es viele Wohnungen" (Joh 14,2).

Das muß man so betrachten: Der Sohn Gottes, der Seinen Gläubigen das ewige Leben versprach, sagte: In der himmlischen Wohnstatt, die Meinem Vater gehört, gibt es so viele Räume entsprechend dem Verdienst der Menschen, so daß jeder sich dort eine Bleibe schaffen kann, je nachdem wie er im leiblichen Leben Gott in Liebe sucht. Denn an einem Menschen, der sich selbst verleugnet, als wäre er kein Mensch, und dennoch die sinnliche Lust der Sünden in seinem leiblichen Gefäß nicht ganz lassen kann, aber auf diese Weise im Leiden den Sieg über die leiblichen Begierden hat aus Liebe zu Christus und in der Hoffnung des wahren Glaubens, hat Gott große Freude, weil dieser mehr mit dem Geist als mit dem Fleisch übereinstimmt. Auch seine Wohnung wird wegen des Siegeseifers, in dem er gegen sich kämpft, mit unzähligem Schmuck ausgestattet. Und für jede einzelne dieser Mühen wird er eine Belohnung erhalten; an ihr wird er sich wie an lebendigen Zithern freuen, weil Gott keine seiner leuchtenden Mühen vergißt. Daher lobt auch die ganze himmlische Harmonie Gott und wundert sich, daß ein irdischer Mensch, der von der Erde stammt, im Glauben in jene Höhe schaut, in der Gott ist. Und dieses Lob erklingt mit jeder Art von Musik über die Himmel wegen der Wunder, die Gott an einem solchen Menschen wirkt.

Denn er gehört zu jenen, die die Welt verließen und mit dem Tau des Heiligen Geistes durch ihre gute Absicht die ganze Welt erfüllen. Mit der Gnade eben dieses Geistes ziehen sie viele Menschen an sich, so daß durch ihre Worte und Werke möglichst viele in Gott wiedergeboren sind. Denn ein solcher Mensch ist allen angenehm. Und wie das Wasser, das für alle Menschen notwendig ist, all ihre Not erträglich macht, so wird durch diesen das übrige Volk unterstützt. Aber auch wie die Erde durch Keimen fruchtbar ist, so hat Gott bestimmt, daß die Menschen einer aus dem anderen hervorgehen. Und wie Gott selbst im ersten Schöpfungsakt die Erde schuf und Wasser hervorquellen ließ, so sah Er auch voraus, daß die Menschen in zwei Gruppen geteilt werden: die eine, um Kinder zu zeugen, die andere, um im Gewand des Gottessohnes sich der Zeugung zu enthalten. Die weltlichen Menschen aber, die um Gottes willen auf ihre Lehrmeister hören, die sie behüten wie Engel die Menschen, schmückt Gott in der himmlischen Freude auf erlesene Weise nach ihren Verdiensten. Deshalb freuen sich die geistlichen Völker sehr über sie, wie auch die Engel sich über sie freuen, weil sie zu ihrer Gemeinschaft gehören.

40. Gottes Segen über die geistlichen Völker

Und Gott sah, daß es gut war, und er segnete sie, indem er sprach: Wachst und vermehrt euch und erfüllt die Wasser des Meeres; und die Vögel sollen sich auf der Erde vermehren. Gott sah, daß es gut war, daß die Gerechten sich und ihrem eigenen Willen entsagten. Er segnete das mit dem inneren Segen des Herzens in Seinem Sohn, der diese Beispiel gab, indem er sprach: Diese Tugenden sollen in Gott wachsen und sich im Guten vermehren. Sie sollen die lebenden, tosenden Wasser erfüllen, nämlich die Apostel, die die Bäche der Heiligen Schrift durch ihr Wissen in der Kirche leiten, die ein gläsernes, feuriges Meer ist. So soll die Erinnerung an die Fleischwerdung des Herrn zusammen mit der Verachtung dieser Welt in den Menschen Wirklichkeit werden. Auch die Vögel der geistlichen Menschen sollen sich über der Kirche auf Erden, die das Abbild des himmlischen Jerusalem ist, vermehren. Dieses aber wird sich zusammen mit der Kirche auffüllen, bis der Jüngste Tag vorüber ist.

Und es wurde Abend und Morgen, der fünfte Tag.

Jene Unzulänglichkeit aber, daß das christliche Volk nichts anderes hatte als das gewöhnliche Leben, indem es nur in weltlichen Werken lebte, begann sich gleichsam durch den Abend hinzuneigen zum Beginn eines starken Tages, an dem ein einzigartiges Leben in Enthaltsamkeit, Fasten und Verachtung dieser Welt hervorsproß. Und das wurde im fünften Licht des wahren Glaubens durch Christus gefestigt zum Aufbau der Kirche mit dem Segen Gottes, wie es auch der fünfte Tag ist.

Und wieder auf andere Weise <gedeutet>:

41. Der fünfte Schöpfungstag (3): Der Sinn der Weltverachtung um Gottes willen und das Leben in den Tugendkräften

Dann sprach Gott: Das Wasser bringe Tiere hervor, die leben, und Vögel über dem Land unter dem Gewölbe des Himmels.

Das muß man so betrachten: Gott spricht in der Ermahnung des Heiligen Geistes, daß sich die geistlichen Gaben in den Herzen der Menschen aufbauen. Sie sollen sich in den genannten Bereichen beschränken und so von den irdischen Sorgen loskommen. Diese Menschen, die wie die Wasser sind, sollen alles Gewimmel an Tugenden hervorbringen. Das sind die Seelen, die ein kontemplatives Leben führen und die hochfliegenden Tugenden leben und das allgemeine Gebot des weltlichen Lebens überragen. Wegen ihrer Gottesliebe sollen sie über die festgelegte Gerechtigkeit ihrer Herkunft <semen> weit emporsteigen, wie ein guter Acker, der aus dem Samen, der in ihm gesät wurde, überreiche Frucht bringt. So sagt Mein Knecht Jesaia: „Wer sind die, die wie Wolken herauffliegen und wie Tauben zu ihrem Schlag?" (Jes 60,8). Das muß man so betrachten: Wer sind die, die das Irdische verachten, sich selbst verleugnen, mit ihrem Herzen zum Himmlischen eilen und in taubengleicher Einfalt (vgl. Mt 16,6) sich selbst betrachten und so zu Gott aufschauen? Oh, wie groß ist ihr Lohn bei Gott, wenn sie Ihn nicht wieder verwerfen, sondern in aller Demut verehren!

Gott hatte nämlich Sein Werk vor aller Schöpfung vorausgewußt. Er schuf Himmel und Erde, und zwischen diese beiden stellte Er die übrige Schöpfung, wie es für diese Schöpfung notwendig war. Denn im Wasser versinnbildlichte Er das Geistliche und in der Erde das Leibliche. Alles, was unrein ist, wird im Wasser gereinigt; so lebt auch der Leib aus der Seele. Und wie der Mensch das Leibliche berührt, obwohl er die Seele nicht berühren kann, aber weiß, daß er aus ihr lebt, weiß er dennoch nicht, was und wie sie ist. In diesem Wissen über sie ist er schwach. Auch die Erde mit ihrer Grünkraft besteht durch das Wasser, das sie trägt, und von ihm wird sie durchströmt.

Einige Geschöpfe hat Gott zur Stärkung Seines geschaffenen Werkes, nämlich des Menschen, eingesetzt, weil der Mensch mit ihnen wirkt. Und deshalb hat Er auch in den Geschöpfen bezeichnet, welche Möglichkeit der Mensch hat, das Sehnen seiner Seele zu verwirklichen, die niemals vergehen wird und deren Seufzen durch ihre Windartigkeit <ventositas> zum Himmel fliegt. Wer nämlich emporsteigt, der sucht den, zu dem er emporsteigt. So klopft auch die Seele mit ihren Wünschen an, damit Gott ihr die Kraft zum Wirken gibt; und weil Gott sie darin gutheißt, gewährt Er ihr das, was sie verlangt. Aber wenn sie hinabgestiegen ist, dann wirkt sie die Begierden des Fleisches gemäß dem, was dessen Begehren verlangt. So wird sie auf zwei Arten betrübt, nämlich dadurch, daß sie die Qualen des Fleisches erduldet, wenn sie zu Gott emporsteigt, und große Betrübnis durch ihr Wissen um die himmlische Sehnsucht hat, wenn sie die Begierde des Fleisches erfüllt hat.

Deshalb unterscheidet auch Gott im Menschen das Geschöpf, das sichtbare und das unsichtbare nämlich, wie ja der Leib sichtbar und die Seele unsichtbar ist, damit er auch durch diese Verbindung das auswählt, was gut ist. Der Leib wird durch die Geschöpfe ernährt, und die Seele regt das Verlangen des Fleisches nach Essen an. Durch ihre Seufzer zielt sie darauf ab, daß nicht durch den Überfluß an Speisen der Leib so erstickt wird, daß er nicht atmen kann. In diesem gemischten Tun wirkt die Seele so, daß der Leib in seinem Geisthauch auf richtige Weise von den Speisen ernährt wird. Denn wenn er über das Maß ernährt wird, schwinden die Kräfte der Seele; wenn ihm aber die angemessenen Speisen durch zu große Enthaltsamkeit entzogen werden, macht der stolze Teufel den Menschen so hochmütig, als ob er schon bald zum Himmel aufsteigen werde, um ihn so durch seinen Stolz zu Fall zu bringen. Daher haßt Gott den Rausch und mißbilligt unvernünftige Enthaltsamkeit, und deshalb soll sich der Mensch in beiden das rechte Maß auferlegen. Auch alle genannten Tugenden müssen unter der Unterscheidungskraft wie unter dem Firmament des Himmels stehen. Diese lenkt die Tugenden so, daß sie nicht wegen einer Vorliebe oder Überheblichkeit des Geistes höher steigen, als sie es ertragen können, und auch nicht beim Wiederholen der weltlichen Dinge tiefer fallen, als die Bestimmung umfaßt, die sie von Gott erhalten haben.

Und Gott schuf die großen Seeungeheuer und alles Lebendige und Bewegliche, das die Gewässer hervorgehen ließen nach seinen Arten, und alles, was fliegt, nach seiner Art.

Gott schafft in den Menschen durch die Eingebung des Heiligen Geistes große Tugenden, nämlich die Unberührtheit des Fleisches <Jungfräulichkeit> und die Enthaltsamkeit, indem er ihnen jeden Prunk und die Genüsse des Fleisches durch die Sehnsucht nach einer glühenden Liebe zu Gott nimmt, so daß sie sich bei fleischlicher Lust selbst kasteien, als ob sie tot wären. Alle Tugendkräfte der lebendigen Seele, die in dem unbeständigen Leben Bestand haben, stärkt Er so in ihnen, daß sie nicht von den Verbindungen der menschlichen Natur befleckt werden. Und das sind die lebendigen Tugenden, die dem Lamm folgen, das nicht von irgendeinem Makel der Sünde befleckt wurde. Sie gehen zum Besseren hin, wenn sie auf die Aufgabe der Ehe verzichten, zu der weltliche Sorgen gehören. Auch folgende leuchtende Tugenden sollen in diesen Ständen in der verschiedenen Mannigfaltigkeit ihrer Arten hervorgebracht werden, von denen die eine die Keuschheit, die andere die Enthaltsamkeit ist. Mit diesen hängen die übrigen Tugenden zusammen, die unter der Vielfalt ihrer Art wie eine Palme emporwachsen.

Und Gott sah, daß es gut war. Und Er segnete sie und sprach: Wachst und vermehrt euch und erfüllt die Wasser des Meeres; und die Vögel sollen sich auf der Erde vermehren.

Gott sah daß diese Tugenden sehr gut waren; denn Er freut sich in großer Wonne an ihnen, wenn diese Tugenden das Wort Gottes berühren, indem sie es nachahmen. Denn weil Gott den Menschen schuf, damit er das Gute wirkt, dieser aber das Gute verließ und Böses tat, wollte Gott, daß Sein Wort Mensch wurde, der in Seiner Güte alle Gerechtigkeit, die Adam verlassen hatte, in größerer Fülle hervorbringen sollte. Und deshalb bringt auch dieser Stand mit dem Sohn Gottes dessen Beispiele hervor, die die heilige Gottheit an Ihm offenbart. Und so sind diese Tugenden gesegnet, weil sie in Ihm auferstanden sind.

Und darauf spricht die Kraft Gottes: Diese Tugenden, die durch Mich begonnen haben, Mich nachzuahmen, sollen wachsen. Die Früchte der guten Werke sollen sich in ihnen vermehren und die Menschen, die in der Unbeständigkeit des Fleisches schwanken, so erfüllen, daß in ihnen aus der Kraft der Gottheit stärkere Tugendkräfte erscheinen als die Gebrechlichkeit des Fleisches. Und sie sollen so über der Erde, das heißt über den Menschen fliegen und sich vermehren, daß die Schwäche des Fleisches sich ihrer Kraft unterwirft.

Und es wurde Abend und Morgen, der fünfte Tag.

So wird, wie es vorher gesagt wurde, in Gott ein gutes Ende werden mit dem Beginn der fünften Tugend, die die Verachtung der Welt ist, wie der fünfte Tag.

42. Der sechste Schöpfungstag (1): Vieh, Kriechtiere und Wild; die Schöpfung des Menschen als Mann und Frau

Und Gott sprach: Das Land bringe lebende Wesen hervor nach ihrer Art, Vieh, Kriechtiere und wilde Tiere auf dem Lande nach ihrer Art.

Das soll man so betrachten: In Seinem unauslöschlichen Wort befahl Gott, daß die Erde Lebewesen nach ihrer Art, das heißt verschiedene Arten von Tieren in den ihnen eigenen Gestalten hervorbringe, nämlich Zugvieh, das den Menschen dienen sollte, Kriechtiere, von denen der Mensch die Gottesfurcht lernen sollte, und auch Raubtiere, die ihn auf die Ehre Gottes hinweisen. Jedes Tier hat das Aussehen seiner Gattung. Und so erfüllte es sich, daß der Mensch an ihnen alle Fülle hat, so daß er das auswählen kann, was ihm für seine Bedürfnisse nützt, und das unbeachtet läßt, was ihm feindlich ist. Auf diese Weise sollte seine Ehre vollkommen sein. Das Vieh schließt sich nämlich dem Menschen an, die Kriechtiere scheuen vor ihm zurück, die wilden Tiere aber meiden ihn. Und über sie alle herrscht er.

Und Gott schuf die wilden Tiere nach ihrer Art und das Vieh nach seiner Art und alle Kriechtiere auf dem Erdboden nach ihrer Art.

Das heißt, die wilden Raubtiere, die mit ihrer Wildheit dem Menschen Furcht einjagen, das Vieh, das ihm dient, und auch die Kriechtiere, die sich vor ihm verstecken, wie schon gesagt wurde.

Und Gott sah, daß es gut war, und er sprach: Laßt uns den Menschen machen nach unserem Bild und Gleichnis; und er soll herrschen über die Fische des Meeres, über die Vögel des Himmels, über die wilden Tiere, über die gesamte Schöpfung und alle Kriechtiere, die sich aut der Erde bewegen.

Er sah mit dem Blick Seiner Güte, daß es gut und nützlich war, daß der gesamte Erdkreis die Fülle der Ehre des Menschen in sich hat. Und Er sprach, indem Er den Menschen gleichsam zum Mahl einlud: Wir, die Wir die Kraft einer Wesenheit der Gottheit in drei Personen sind, wollen den Menschen machen nach Unserem Bild, das heißt nach jenem Gewand, das im Schoß der Jungfrau aufkeimen wird, das die Person des Sohnes für das

Heil der Menschen anlegen wird. Es wird aus ihrem Schoß hervorgehen, wobei sie selbst unversehrt bleibt, und von diesem Gewand wird die Gottheit nie weichen. Aber die menschliche Seele wird für die Erlösung dieses Menschen im Tod den Leib ablegen und ihn, wenn er durch die Macht Gottes wieder auferweckt ist, wieder annehmen. Wir wollen ihn auch nach unserem Gleichnis machen, daß er bewußt und weise das versteht und unterscheidet, was er mit seinen fünf Sinnen verwirklichen will. Durch die Vernunft <rationalitas> seines Lebens, die in seinem Inneren verborgen ist und die kein Geschöpf, solange es am Leben ist, sehen kann, soll er wissen, daß er über die Fische herrscht, die im Wasser schwimmen, und über die Vögel, die in der Luft schweben, über die ungezähmten Raubtiere und alle Lebewesen, die sich auf der Erde aufhalten, und über jedes Kriechtier, das sich in der Erde bewegt. Denn die Vernunft des Menschen wird diese alle überragen.

Und Gott schuf den Menschen nach seinem Bild; nach dem Bild Gottes schuf er sie, als Mann und Frau schuf er sie. Und Gott segnete sie und sprach: Wachst und vermehrt euch und erfüllt die Erde und macht sie euch untertan, herrscht über die Fische des Meeres, über die Vögel des Himmels und über alle Lebewesen, die sich auf der Erde bewegen. Gott schuf den Menschen in der Gestalt des menschlichen Fleisches, mit der sich Sein Sohn ohne Sünde bekleiden sollte, wie auch der Mensch sein Gewand für sich passend macht, entsprechend der Gestalt, die Gott von Ewigkeit voraus wußte.

Er schuf den Menschen, und zwar den Mann von größerer Kraft, die Frau aber mit zarterer Stärke. Er ordnete die Länge und Breite an all ihren Gliedern im rechten Maß. Auch die Länge, Tiefe und Breite der übrigen Geschöpfe hat Er in richtigem Verhältnis festgesetzt, damit keines dieser Ausmaße das andere ungeziemend überschreite. So hat Gott jedes Geschöpf im Menschen bezeichnet, und in sein Inneres hat Er die Ähnlichkeit mit dem Geist der Engel gelegt, nämlich die Seele, die in der Gestalt des Menschen wirkt aber von keinem sterblichen Geschöpf gesehen werden kann, solange sie in seinem Körper weilt. Denn die Seele stammt vom Himmel, der Leib aber von der Erde. Und die Seele wird durch den Glauben erkannt, der Leib aber durch das Sehen.

Gott hat ja Mann und Frau geschaffen, den Mann zuerst, die Frau danach, indem Er sie vom Mann nahm. Sie gebiert, wie der Mann mit der

Stärke seiner Zeugungskräfte (Sciv 23,22), die in ihm verborgen sind, zeugt. Durch den Winter und Sommer wachsen die Früchte und gedeihen. Auch durch die Wurzel des Baumes, der in sich die Grünkraft hat, werden Blüten und Früchte ernährt und haben doch einen Ursprung. So werden von Mann und Frau viele Menschen hervorgebracht, die dennoch von dem einen Schöpfer abstammen. Denn wenn der Mann allein wäre oder die Frau allein bliebe, würde kein Mensch entstehen. So sind auch Mann und Frau eins, denn der Mann ist gleichsam die Seele, die Frau aber wie der Leib.

Und Er segnete sie, Er, auf den die Engel blicken, indem sie Ihn erkennen und loben, und Er gebot ihnen, durch die Vermehrung zu wachsen, an Zahl zuzunehmen, mit ihrer Herrschaft die Erde zu erfüllen und sich diese zu unterwerfen, damit sie in Fruchtbarkeit aufbricht, solange sie vom Menschen bebaut wird. Und sie sollten auch herrschen über die Tiere, die in den Gewässern schwimmen und die in der Luft fliegen. Denn mit der Spannweite der fünf Sinne sollten sie diese und alle Lebewesen, die die Bewegung der lebendigen Luft über der Erde haben, übertreffen, weil sie diese durch die Herrlichkeit der Vernunft überragen sollten.

Wenn nämlich der Mensch in der Vollzahl vollendet sein wird, wie Gott sie bestimmte, wird er zu jenem Land gelangen, das nach den irdischen Menschen Land der Lebenden genannt wird, und dann wird er im Himmel Gemeinschaft haben mit dem Lamm. O wie gewaltig ist die Freude, daß Gott sich würdigte, Mensch zu werden, der Gott unter den Engeln und Mensch unter den Menschen ist. Deshalb muß man an Ihn, den wahren Gott und Menschen, glauben. Und deshalb hat Gott auch den Menschen zu Seinem Gewand und zur Vollzahl bestimmt, die niemals vom Menschen weichen wird. Denn Er hat an ihm gehandelt wie ein Vater an seinem Sohn. Er hat ihm die Erbschaft zugeteilt, die ihm zusteht, indem Er ihm die Fische, die Vögel und alle Lebewesen unterwarf, die sich ohne die Vernunft in ihrem Leben auf der Erde bewegen.

Und Gott sprach: Seht, ich habe euch alle Pflanzen gegeben, die auf der Erde Samen tragen, und alle Bäume, die Samen in sich tragen nach ihrer Art; sie sollen euch zur Nahrung dienen und allen Lebewesen der Erde und allem, was auf der Erde sich bewegt und in denen eine lebendige Seele ist, damit sie zu essen haben. Und so geschah es.

In Seinem unauslöschlichen Wort sagte Gott, daß er dem Menschen samende Pflanzen und Bäume gegeben hat, die an sich samentragende

Früchte tragen, damit sie ihm zur Nahrung dienen, aber nicht so, daß der Mensch von allen Pflanzen und Bäumen ißt, sondern daß er sich von den Lebewesen ernährt, die von Pflanzen und Früchten der Bäume leben. Und Er hat ihm auch gestattet, von jenen Lebewesen, die auf der Erde wohnen, den Vögeln und allem, was sich überall auf der Erde bewegt und in dem der Lebenshauch ist, Nahrung zu erhalten. Alles nämlich, was auf der Erde lebt, wird, wie man erkennt, von jener Grünkraft ernährt, die aus der Erde hervorbricht, und zwar nicht so, daß jedes Tier von Pflanzen oder Früchten von Bäumen lebt, sondern dadurch daß eines, das dem anderen als Nahrung dient, sich durch den Verzehr der erwähnten Kräuter und grünen Zweigen ernährt.

Und das Gebot Gottes ist auf diese Weise erfüllt, denn alles, was ist, ist dem Willen Gottes unterworfen, und jede Anordnung Gottes ist in den Geschöpfen wegen des Menschen getroffen worden. Denn der Mensch, der mit seiner Seele unvergänglich ist, wird nach dem Jüngsten Tag Gott schauen, der niemals begann und kein Ende haben wird. Solange nämlich der Mensch wie der Mond wächst und vergeht, das heißt solange er sterblich ist, wird er Gott nicht schauen, außer soweit dieser sich im Schatten der Prophetie den Menschen offenbart, wie es ihm gefällt. Als Gott nämlich den Anfang des Menschen machte, sah er auch dessen letzte Zeit voraus und auch die Zeit, in der er, der aus dem Schoß seiner Mutter kommt, durch das Wasser im Heiligen Geist von neuem wiedergeboren werden sollte.

Und Gott sah alles, was er gemacht hatte; und es war sehr gut.

Denn Er hatte alle Geschöpfe in ganzer Vollendung und ohne jeden Mangel geschaffen; und gut war das, daß sie keinen Mangel haben sollten.

Und es wurde Abend und Morgen, der sechste Tag. Als jener Anfang abgeschlossen war, den Gott mit den genannten Geschöpfen und dem Menschen gemacht hatte, den Er für den Platz der gefallenen Engel bestimmt hatte, erstrahlte der sechste Tag, als der Mensch vollendet war. Dieser wies auch im voraus darauf hin, daß der Mensch sechs Weltalter hindurch seine verschiedenen Werke verrichten wird.

Auf andere Weise <gedeutet>:

43. Der sechste Schöpfungstag (2): Die Tugendkräfte in der Kirche und ihre Gebote und Vorschriften

Und Gott sprach: Das Land bringe lebende Wesen nach ihrer Art hervor, Vieh, Kriechtiere und wilde Tiere des Landes nach ihrer Art.

Das muß man so betrachten: Die Erde, das heißt Meine Kirche, soll alle lebendigen Tugenden hervorbringen, die Ich durch die Lehre der Apostel in allen Arten der Tugendkräfte festgelegt habe. Die Verheirateten, die unter dem Joch des Gesetzes stehen, sollen in rechter Weise leben; auch jene, die in der Enthaltsamkeit von fleischlichen Begierden nur dahinkriechen, sollen ihre Leiber in Nachtwachen, Fasten und Beten kasteien. Die aber ihr ganzes Wesen Gott zum Opfer bringen, sollen auch ihr Leben für Ihn einsetzen, indem sie alles Unerlaubte in ihren Werken so unterlassen, daß sie Gott, ihrem Heiland, durch die Unterwerfung unter Seine Gebote, die ihnen auferlegt sind, gefallen. Und wie die wilden Tiere der Erde die ihnen bestimmte Natur nicht überschreiten, so sollen auch sie die ihnen bestimmte Lebensform nach ihren Kräften beobachten. So wird in diesen Tugendkräften die Enthaltung von weltlichen Dingen vollendet sein.

Und Gott schuf die wilden Tiere nach ihrer Art und das Vieh nach seiner Art und alle Kriechtiere auf dem Erdboden nach ihrer Art.

Durch die Gnade Gottes entstanden im Heiligen Geist im katholischen Glauben alle jene großen Tugendkräfte der geistlichen Einrichtungen, alle Ränge des Weltklerus und all diese Kräfte der Enthaltsamen.

Und Gott sah daß es gut war; und er sprach: Laßt uns den Menschen machen nach unserem Bild und Gleichnis; und er soll herrschen über die Fische des Meeres, über die Vögel des Himmels, über die wilden Tiere, über die gesamte Schöpfung und alle Kriechtiere, die sich auf der Erde bewegen.

In gleicher Weise sah Gott, daß alle diese Tugenden gut waren, und Er sprach bei sich selbst: Jetzt laßt Uns den Menschen machen nach Unserem Bild und Gleichnis zum Aufbau der Kirche. Wie? Laßt Uns ihn machen zur Errichtung der Kirche, damit sie mit dem Menschen zu dessen voller Erbauung aufgerichtet wird und damit er selbst in seiner Gestalt, ausgestattet mit der Vernunft, das heißt nach Unserem Bild und in Erkenntnis und

Weisheit, das heißt nach Unserem Gleichnis, geformt wird. So soll er selbst mit dem göttlichen Werk und den gerechten menschlichen Werken die Kirche aufbauen, damit ihm in Meinem Sohn, der aus Meinem Herzen gezeugt wurde, das Gesetz gegeben wird, das auch im Heiligen Geist entzündet wird. Der Mensch soll der Kirche mit seinem Wissen unter der Beachtung des Evangeliums, das Gott gegeben hat, in irdischen Dingen vorstehen, und zwar mit den Tugenden, die zum Guten streben. Er soll auch seinen Besitz <substantia> und seine Seele mit Unterwerfung unter die Gebote Gottes und mit allen übrigen Tugenden für Gott einsetzen. In Enthaltsamkeit vom Fleischlichen soll er seinen Leib abtöten; so soll der Mensch selbst diese Tugenden vollenden. Auch die Tugenden sollen den Menschen in der Beobachtung aller Gebote Gottes vollenden, wie wenn er im Aufsteigen von Tugend zu Tugend sich an ihnen nie sättigen könnte. Auch soll er immer darin beweglich bleiben, sich vom Bösen abzuwenden und das Gute zu tun.

Und Gott schuf den Menschen nach seinem Bild; nach dem Bild Gottes schuf er ihn, als Mann und Frau schuf er sie. Und Gott segnete sie und sprach: Wachst und vermehrt euch und erfüllt die Erde und macht sie euch untertan und herrscht über die Fische des Meeres, über die Vögel des Himmels und über alle Lebewesen, die sich auf der Erde bewegen.

Gott schuf den Menschen in der Kirche zur Erkenntnis Seiner Gottheit, damit er in seiner Seele die himmlischen Tugenden mit den Seufzern seiner Seele verwirklichen kann. Mit ihnen ist die Kirche wie mit Edelsteinen der Tugenden geschmückt. Er schuf ihn auch nach dem Bild Gottes, nämlich nach Seinem Sohn. So soll er von glühender Liebe umgeben sein, indem er alles Gute in Keuschheit mit noch vortrefflicheren Tugenden vollendet, damit die Kirche Gottes mit den Werken Gottes vollendet wird. So also schuf Gott die Völker, damit sie männliche Kräfte – nämlich den Mann – in den himmlischen Tugenden haben und damit sie bei der Bedrängnis der Seele im weltlichen Leben in Sorge um ihre Kinder auch in Gottesfurcht leben – das ist die Frau –, damit die Kirche auch mit ihr aufgebaut wird. Aus diesen Gründen segnete Gott sie mit dem vollen Segen der heiligen Menschwerdung, nämlich darin, daß der Sohn Gottes sich mit der Menschheit bekleidete. Und deshalb sollten in den geistlichen und weltlichen Menschen alle Arten der Tugenden, die wegen der Liebe zu Gott Fortschritte machen, kräftig träufeln. Denn Gott ist Gott und Mensch, aus dem alle heilige Lebenskraft <sancta viriditas> hervorsproßt. Und in der Ermahnung des Heiligen Geistes sagt Er, die Völker in der Kirche sollten in den reichlich strömenden gerechten Wünschen wachsen und in jedem einzelnen Leben gemäß der Gottesfurcht Fortschritte machen. Sie sollen sich in diesen vermehren, damit sie in ihren Bemühungen fruchtbar sind und die Tugenden nicht vertrocknen, weil sie diese stets in sich erneuern. Und so sollen sie jene Erde, die Kirche, erfüllen, sie Christus unterstellen und in ihr herrschen, so daß sie dem Evangelium nachfolgen und mit den auffliegenden lebendigen Tugenden, die sich vom Irdischen entfernen und im Guten beständig sind, sich zum Himmlischen aufrichten.

Und Gott sprach: Seht, ich habe euch alle Pflanzen gegeben, die auf der Erde Samen tragen, und alle Bäume, die Samen in sich tragen nach ihrer Art; sie sollen euch zur Nahrung dienen und allen Lebewesen der Erde und allem, was auf der Erde sich bewegt und in dem eine lebendige Seele ist, damit sie zu essen haben. Und so geschah es.

Gott sprach bei der gesamten Einrichtung der Kirche: Seht,schon gab und sandte Ich euch den rechten Glauben durch Meinen Sohn. Ihr habt Ihn gesehen, der in der Grünkraft der ungepflügten Erde, das heißt im Schoß der Jungfrau auf Erden geboren ist, wie unberührte Erde Blumen hervorbringt. Mein Sohn aber hat den Samen des Wortes Gottes gebracht, damit er über das verheißene Land gesät wird, nämlich über die heilige Kirche, durch die das himmlische Jerusalem errichtet wird. Und er brachte das Gesetz für die Verheirateten, denen die Ausbreitung Seines Samens unter den Völkern anvertraut ist, nämlich wie diese in der Furcht gegenüber Meinen Geboten leben sollen, so daß das von Mir gegebene Gesetz für euch Speise ist. Durch es sollt ihr zum Aufbau eurer Seele euch ernähren, wie euer Leib mit Speisen ernährt wird, weil Mein Sohn gesagt hat: „Meine Speise ist es, den Willen meines Vaters zu tun“ *(Joh 4,34)*.

Das muß man so betrachten: Meine Speise, der Ich der Sohn Gottes bin, ist, daß Ich Mich dem Leib nach dem Leiden unterwerfe. Durch es werde Ich den Menschen, nachdem Ich nach dem Willen Meines Vaters den Teufel überwunden habe, zum Paradies zurückführen, aus dem er vertrieben worden war. Denn dazu hat Mein Vater Mich in die Welt gesandt, daß Ich diesen heile. Denn vom Vater gesandt, habe Ich im Schoß Meiner Mutter ohne männlichen Samen Fleisch angenommen. Also ist diese Speise, in der Ich Meinem Vater ohne Zeit gleich bin, besser als jene Speise, mit der Ich für eine kurze Zeit dem Fleisch nach ernährt wurde. Denn Mein himmlischer Vater wollte, daß Ich für eine Zeit in dieser Welt war und unter den Menschen lebte, damit sie durch Meine Worte zum Heil zurückkehren, wenn Ich sie mit Mir wieder in den Himmel zurückhole.

So nämlich ist Mein Werk: Ich habe den Menschen durch Mein Menschsein zurückgekauft, damit auch er nach Meinem Willen wirkt. Ihr sollt euch also mit Meinem Gesetz ernähren, damit eure Seelen keinen Mangel haben. Denn ich habe euch auch die Zeit für die Speisen im Gesetz Gottes festgelegt, in dem ihr die Weide des Lebens finden werdet (Joh 10,9), auf der euch allen nichts fehlen wird, wenn ihr auf ihr bleibt, sondern ihr werdet in Ewigkeit leben. Wenn die Menschen sich auch durch die Tugenden den Geboten des lebendigen Gottes unterwerfen und in der himmlischen Heerschar zu Nachahmern Christi geworden sind, die sich vom Irdischen zurückziehen, mit ganzer Frömmigkeit nach der Gerechtigkeit verlangen und von Tugend zu Tugend, die zum Guten beweglich sind, in das Land der Verheißung (vgl. Hebr 11,9) aufsteigen, dann sollen sie Unterschiede in den Speisen haben und die richtigen Zeiten (vgl. RB 2,24), die ihnen von den Lehrmeistern festgesetzt sind. Auch jene Zeiten soll das Volk nach der Bestimmung des Gesetzes einhalten, in denen die Feste zu feiern und Fastentage zu halten sind. Ebenso muß bei den Speisen die Unterscheidung eingehalten werden, daß man sie nicht im Überfluß zu sich nimmt, sondern wie es die Zweckmäßigkeit des Bedürfnisses verlangt. Sie sollen für jeden nach dem Maß, in dem er selbst im Heiligen Geist gestärkt und angewiesen wurde, in rechter Weise zugeteilt werden (vgl. RB 39) Darauf soll der christliche Mensch, der der Bau der Kirche ist, hören, damit er mit seinem Haupt <Christus> richtig übereinstimmt. Und das ist so, weil die Worte Gottes und die Tugenden im christlichen Volk zur Speise des Lebens in der Kirche geworden sind.

Und Gott sah alles, was er gemacht hatte, das heißt er billigte alle diese erteilten Gebote und die angesetzten Zeiten aller vorher erwähnten Tugenden. *Und es war sehr gut,* weil es in der Fülle der ersehnten Gnade des allmächtigen Gottes ausgeführt wurde, so daß ihm nichts fehlte, da ja jede einzelne Tugend zuvor schon als Gut für sich bestand; aber hier war alles zugleich gut, da alles zugleich erschien, wie ein Gastmahl vollständig ist, wenn es in allem so bereitet wird, wie es richtig ist.

Und es wurde Abend und Morgen, der sechste Tag.

Jene schwankende Unbeständigkeit, weil in der Kirche noch nicht die Festigkeit der bestimmten Vorschriften war, begann sich zu neigen durch den Morgen der starken Gerechtigkeit jedes festgelegten Gesetzes, so wie der Tag durch die Kräfte der Sonne gestärkt wird, solange die Sonne in ihrer Ordnung steht. Daraus entsteht der sechste Tag, und gleichsam im sechsten Licht des festen Glaubens erfüllt das Volk die Gebote Gottes nach Seinem Willen und nach der Lehre seiner Meister in der Kirche.

Und wieder auf andere Weise <gedeutet>:

44. Der sechste Schöpfungstag (3): Der Mensch mit den Tugenden des Gehorsams und der Demut

Und Gott sprach: Das Land bringe lebende Wesen hervor nach ihrer Art, Vieh, Kriechtiere und wilde Tiere des Landes nach ihren Arten.

Das muß man so betrachten: Gott spricht in der Ermahnung des Heiligen Geistes zu den Menschen, die sich allen erwähnten Vorschriften unterwerfen, das heißt sich mit Gott durch die Sehnsucht ihrer Seele gewissermaßen verbinden: Jetzt soll diese Erde, nämlich der Mensch, die lebendigen Tugenden der Seele hervorbringen. Der äußere Mensch soll sich an die Aufgabe der Seele halten und immer zu Gott aufseufzen. Seele und Leib sollen dadurch Gott nach der Art der stärksten Tugend, des Gehorsams (vgl. RB Prol.3) gehorchen, der in Gott dem Tod seine Kraft heimlich weggenommen hat. So ist auch das Vieh durch Unterwerfung dem Menschen untertan, wie auch das Kriechtier mit seinem geringen Dienst ihm unterworfen ist, auch wie die wilden Tiere auf der Erde ihm dienen und wie der Mensch in der Unterwerfung der Demut sich einem Menschen unterwirft; denn der Gehorsam ist die Strafe für den Stolz, den Er ganz zuschanden macht.

Und Gott schuf die wilden Tiere nach ihrer Art und das Vieh nach seiner Art und alle Kriechtiere auf dem Erdboden nach ihrer Art.

Aus der Allmacht Gottes erhebt sich im Menschen, der vorher durch Stolz freiwillig gesündigt hatte, Furcht, so daß er selbst Gott zu suchen beginnt, wie der erste Mensch das Gebot des Gehorsams von Gott empfing. Und so bewirkt Gott im Menschen, daß er sich selbst mit seinem eigenem

Willen aus Liebe zu Gott in die Unterordnung unter Menschen demütigt, wie die wilden Tiere sich von den Menschen fangen lassen, von denen sie auch ernährt und eingesetzt werden, wie sie selbst es wollen. Ähnlich werden auch die Menschen in diese Unterordnung unter die Lehrmeister gemäß dem Vorbild der heiligen Demut gerechnet. Sie sind dem Gehorsam unterstellt nach Art der Zugtiere und auch in der Niedrigkeit der Kriechtiere, so daß sie in ihrem eigenen Willen gemäß dem Willen ihrer Lehrer zertreten werden, wie das geringe Wesen des Kriechtiers in seiner Art zertreten wird.

45. Der Mensch als Schutzherr des Nächsten und Vorsteher der übrigen Geschöpfe

Und Gott sah, daß es gut war; und er sprach: Laßt uns den Menschen machen nach unserem Bild und Gleichnis; und er soll herrschen über die Fische des Meeres, die Vögel des Himmels, über die wilden Tiere, über die gesamte Schöpfung und alle Kriechtiere, die sich auf der Erde bewegen.

Gott sieht, daß es gut ist, und findet mit hoher Wonne großes Gefallen daran, daß der Mensch in der ursprünglichen Gerechtigkeit, die Er selbst im Menschen grundgelegt hat, Ihn sucht. Und Er spricht bei sich selbst: Dieser Mensch, der sich selbst in seinen unerlaubten Begierden überwindet, berührt mit dem Anfang der Gerechtigkeit Mich. Mit der leuchtenden Sehnsucht Meiner ersten Bestimmung, die Ich im Anfang begründete, solange der Mensch Mir gehorchen mußte, richtet er sie durch gute Werke auf. Wir drei Personen, die Kraft einer einzigen Wesenseinheit, die den erstem Menschen berührte, als Sie ihm nach Ihrem Bild und Gleichnis schuf, wollen jetzt bewirken, daß diesem Menschen aus der Heiligkeit und der Erkenntnis der göttlichen Dinge große Ehre gegeben wird, so daß er als Schutzherr <patronus> gilt und zu seinem Nächsten die Liebe der heiligen Menschwerdung nach dem Bilde Gottes hat. In seiner Erkenntnis soll er nach dem Gleichnis Gottes der Gottheit Ehre erweisen, und da er durch die Unterweisung des Evangeliums und die Tugenden vor den zeitlichen Dingen Vorrang hat, soll er sich Gott opfern, nämlich so, daß er seinen Leib durch Enthaltsamkeit kasteit und vom Irdischen zum Himmlischen voranschreitet, damit er mit den Tugendkräften wirkt, mit denen er erfüllt ist, und die Tugenden mit ihm. In diesem Vorrang soll er Gott fürchten und lieben.

Und Gott schuf den Menschen nach seinem Bild, nach dem Bild Gottes schuf er ihn, als Mann und als Frau schuf er sie; und Gott segnete sie und sprach: Wachst und vermehrt euch; erfüllt die Erde und macht sie euch untertan, herrscht über die Fische des Meeres, über die Vögel des Himmels und über alle Lebewesen, die sich auf der Erde bewegen.

Und nun schafft Gott sich den Menschen zu Seiner Ehre, so daß Er ganz – in Seiner Gottheit und Menschheit – an ihm erkannt wird. Und Wie? Die Macht der Gottheit, die alles erschafft und lenkt, erscheint in der Vorrangstellung des Menschen, der nach Seinem Bild nach der Vernunft geschaffen ist, durch die er den übrigen Geschöpfen voransteht. Sein Erbarmen, in dem Er mit Seinem Menschsein der Welt zu Hilfe kommt, erkennt man am Mitleid dieses Menschen, durch das er seinen Nächsten nach seiner Möglichkeit schonen und sich seiner erbarmen muß. Und dies sind gute Beispiele für das Wort Gottes, wie der Psalmist David sagt: „Ihr seid Götter, ihr alle seid Söhne des Höchsten" (Ps 82,6). Das muß man so betrachten: Ich habe zu euch Menschen gesagt: Darin seid ihr Götter, daß der Mensch über jedes Geschöpf herrscht, indem er es sich zu jedem seiner Bedürfnisse unterwirft, wie er es wünscht. Denn wie der Mensch sich im Glauben, in der Furcht und in der Liebe hält, an den allmächtigen Gott so blickt die Kreatur in Furcht auf den Menschen wie auf einen Gott und liebt ihn, wenn sie von ihm ernährt wird. Aber auch Söhne dessen, der in den Höhen erhaben ist, werdet ihr Menschen genannt. Denn durch die Gnade des lebendigen Gottes seid ihr als vernünftige Wesen geschaffen, gleichsam als ob ihr aus Ihm geboren seid, habt ihr alles für euch notwendige Wissen von Ihm. Das unvernünftige Lebewesen aber weiß nichts anderes, als was es mit seinen Sinnen aufnimmt. Im Menschen, das heißt im lebendigen Wissen des Menschen, schafft Er auch die Kraft und Stärke einer umsichtigen Gerechtigkeit, so daß er weder bei sich selbst noch bei anderen in irgendeiner Hinsicht feige einer Ungerechtigkeit ausweicht, was gleichsam eine männliche Tat ist.

Er schafft aber auch in ihm, daß er durch die Gabe der göttlichen Gnade einen Menschen, der durch Sünden verwundet ist, in Barmherzigkeit schont. Er soll sich seines Elends so annehmen daß er ihm den Wein der Reue einflößt und ihn mit dem Öl der Barmherzigkeit so salbt, daß dieser Mensch nicht wegen der Überschreitung des rechten Maßes und einer Reue, die keine Verzeihung kennt, zu Fall kommt und damit er sich nicht lau in die Eitelkeit verkehrter Werke verwickelt, was gleichsam weiblich ist.

Auch das segnet Gott, weil es die Menschheit Seines Sohnes berührt, wie auch der Gottessohn im Evangelium spricht: „Jeder, der den Willen meines Vater tut, der im Himmel ist, der ist mir Bruder, Schwester und Mutter" (Mt 12,50). Das muß man so betrachten: Jeder Mensch, der von der Gnade Gottes unterstützt, in guter Absicht den Willen Meines Vaters tut, der durch Seine Gottheit Mein Vater ist, der im Himmel wohnt, ist Mein Bruder, der Ich der Sohn der Jungfrau bin, so daß er das verschmäht, worin er geboren ist, und sich mit seinem inneren Menschen zu Gott erhebt, dadurch daß er in einer anderen Natur als der, in der er empfangen wurde, Gott nachahmt und in der Verehrung wahrer Gottesfurcht Ihn immer anblickt. Wenn er Gott auch unablässig gläubig in Liebe umfaßt, ist er in dieser Hingabe Meine Schwester. Wenn er mit all seinen Werken im Willen zur Vollendung zu Meinem Vater aufsteigt und Ihn fortwährend in seinem Herzen und seiner Seele trägt, ist er Meine Mutter. Denn so läßt er mich gleichsam wachsen, wodurch Ich wegen des ganzen Eifers der Heiligkeit in Meinem Vater durch die Fülle der seligen Tugenden blühe.

Dann sagt Gott bei sich: Dieser Mensch soll in den Kräften der stärksten Tugenden wachsen, und die Vermehrung eben dieser Tugenden soll in ihm gepflegt werden, damit jene Erde, nämlich die übrigen Menschen, wenn sie von diesem Menschen die kostbaren Gewürze der guten Werke hören und sie verstehen, davon erfüllt werden und sich seinen Anweisungen unterwerfen. Dieser Mensch soll mit überfließendem Glück über seine Begierden herrschen, indem er mit denselben Tugenden allen Prunk der Welt, der wie ein Meer ist, abstreift. In den Tugenden und in dem, was in seinen Kräften zum Guten beweglich ist, soll er mit nach oben gerichteter Sehnsucht zum Himmlischen eilen, so daß diese Tugenden diesem Menschen die unerlaubten Begierden wegnehmen, die gleichsam die Erde sind.

Und Gott sprach: Seht, ich habe euch alle Pflanzen gegeben, die auf der Erde Samen tragen, und alle Bäume, die Samen in sich tragen nach ihrer Art; sie sollen euch zur Nahrung dienen und allen Lebewesen der Erde und allem, was auf der Erde sich bewegt und in dem eine lebendige Seele ist, damit sie zu essen haben.

Und jetzt spricht Gott im Heiligen Geist: Alle Keimlinge der Tugenden, die den Samen Meines Wortes über die fleischlichen Begierden des Menschen bringen, der sich so bezwingt, habe Ich in ihn gelegt. Auch alle stärkeren Tugenden, die zu den Geboten emporsteigen, habe Ich dazu eingesät, daß sie, die in sich durch die rechte Sehnsucht den guten Samen ihrer Art in Meinem Wort tragen, ihm Speise zur Erquickung der Seele sind. Auch alle Tugenden, die in Demut Gott unterworfen sind und in der himmlischen Heerschar fliegen, die den Menschen von den irdischen Belangen zu den himmlischen führen und in denen durch die Einpflanzung des Heiligen Geistes lebendige Kräfte sind, sollen mit ihm in seiner Seele ernährt werden, und auch er selbst soll sich mit ihnen an alldem nähren. Und das alles geschieht in dem Menschen, der so in Gott Fortschritte macht.

Und Gott sah alles, was er gemacht hatte, und es war sehr gut.

Gott sieht auch jetzt, daß alles, was der Heilige Geist verleiht, sehr gut ist, da es in der Fülle aller Tugenden vollendet ist. Während vorher eine jede Tugend für sich nur ein einziges Gut war, sind dagegen hier alle auf gleiche Weise <pariter> gut, weil sie zugleich <simul> im Menschen erscheinen und dadurch erfüllt sind.

Und es wurde Abend und Morgen der sechste Tag.

Und nun geschieht es aus Gott im Menschen, daß das gute Ende mit dem guten Beginn der sechsten Tugend, nämlich dem Gehorsam, wie der sechste Tag aufleuchtet.

46. Der siebte Schöpfungstag (1): Der Segen über die vollendete Schöpfung und Gottes Ruhe

So wurden Himmel und Erde vollendet und all ihre Zier.

Das muß man so betrachten: Die oberen und unteren Elemente mit allen zu ihnen gehörenden Kräften wurden in solcher Fülle und Vollkommenheit vollendet, daß sie sich ohne jeden Mangel am Überfluß eines harmonischen Nutzens erfreuen.

Und Gott vollendete am siebten Tag sein Werk, das er geschaffen hatte, und er ruhte am siebten Tag aus von seinem ganzen Werk, das er vollbracht hatte.

Die Vollendung der sechs unterschiedenen genannten Werke wurde als siebter Tag bezeichnet, als Gott alles zur Vollendung führte, von dem Er im voraus angeordnet hatte, daß es werde. Und so hörte Er auf zu wirken und ruhte am siebten Tag, denn Er hatte Sein ganzes Werk in seinen Formen ausgeführt.

Und Gott segnete den siebten Tag und heiligte ihn, weil er an ihm mit seinem gesamten Werk aufgehört hatte, das er schuf.

Gott segnete den siebten Tag mit Ruhm und heiligte ihn mit der Ehre eines Feiertages. Denn die gesamte Schöpfung, deren Entstehung Gott im voraus angeordnet hatte und aus der alles andere durch Zeugung hervorging, war an diesem Tag vollständig geschaffen. Daher priesen auch die gesamte himmlische Heerschar und alle verborgenen Geheimnisse der Gottheit Gott für die Vollendung des Werkes Gottes und lobten Ihn, weil Er mit den sieben Gaben des Heiligen Geistes sein gesamtes Werk vollendet hatte.

Ebenfalls auf andere Weise <gedeutet>:

47. Der siebte Schöpfungstag (2): Die Vollendung der Kirche in Christus und im Wirken des Heiligen Geistes

So wurden Himmel und Erde vollendet und alle ihre Zier.

Das muß man so betrachten: Vollendet sind alle himmlischen Werke, die im Durchgang durch die irdischen Dinge zum Himmel streben, zusammen mit den irdischen Dingen, die für die Menschenkinder, die geboren werden, notwendig sind. So ist auch das alles zum vollendeten Schmuck der himmlischen Werke in der Kirche bestimmt.

Und Gott vollendete am siebten Tag sein Werk, das er geschaffen hatte, und er ruhte am siebten Tag aus von seinem ganzen Werk, das er vollbracht hatte.

Vollendet wurde die ganze Bestimmung in all diesen Dingen. Und das ist so, weil Ich in Meinem Sohn am siebten Tag, das heißt in der Fülle des gesamten Guten, Mein ganzes Wirken so festgesetzt habe, daß das gesamte Kirchenvolk, wenn es sieht, hört und durch die Lehre nachforscht, gut weiß, was es nach Meinen Geboten tun soll. Und Meine ganze Bestimmung war so festlich, daß Ich sie an keinem anderen offenbarte als an Meinen Sohn, den Ich gesandt habe. Er hat alle Meine Anordnungen, die die Propheten schon vorher als Schattenbilder sahen, durch Seine Lehre und Seine Apostel mit einem sichtbaren Werk erfüllt. Damals strahlte auch der siebte Tag Meiner Ruhe in der Kirche auf, so daß Ich danach mit einem offenen Werk nichts anderes wirkte – weder mit der Verkündigung noch mit den Wunderzeichen, noch mit der Vision der alten Heiligen – als in Meinem Sohn die Werke des Lebens und möglichst viele Geheimnisse, sowohl künftige als auch vergangene und gegenwärtige, zu offenbaren und Meine Auserwählten so gütig zu mahnen, die Menschwerdung Meines Sohnes, die im ersten Sproß erblühte, als Vorbild zu nehmen.

Und Gott segnete den siebten Tag und heiligte ihn, weil er an ihm mit seinem gesamten Werk aufgehört hatte, das Gott schuf.

Diesen siebten Tag segnete Ich in der Heilung der Seelen und heiligte ihn, indem Ich Meinen Sohn sandte, daß Er im Schoß der Jungfrau Fleisch werde. Und Ich segnete und heiligte ihn, weil Ich an diesem Meinen Tag tiefe Freude habe. Das sind nämlich die, die sich wie Blüten von Rosen und Lilien vom Joch des Gesetzes befreit haben und nur durch Meine Eingebung sich freiwillig einzuschränken beginnen, wie auch die Menschwerdung Meines Sohnes, die Ich durch Weissagung vorher verheißen hatte, der Vorschrift des Gesetzes nicht unterworfen ist. Und Ich habe aufgehört auf solche Weise in der Kirche zu wirken, die bereits in dem heiligen Werk, wie sie jetzt leuchtet, nach ihrer vollen Bestimmung vollendet ist. Denn Mein Sohn, der Mein siebtes Werk ist, ging durch Seine Menschwerdung aus dem Schoß der Jungfrau hervor und vollendete im Heiligen Geist alles mit Mir gemäß dem, was Er im Evangelium sagt:

„Mir ist alle Gewalt gegeben, im Himmel und auf Erden" (Mt 28,18). Das muß man so betrachten: Von Gott dem Vater ist Mir, der Ich der Sohn der Jungfrau bin, nach dem Erbrecht alle Gewalt gegeben, im Himmel und auf der Erden zu tun und zu entscheiden, was getan und entschieden werden muß; aber nicht so, daß Ich den Willen Meines Vaters übergehe, sondern daß Ich in allem auf Ihn blicke, weil Ich im Vater bin und Er in Mir.

Und wieder auf andere Weise <gedeutet>:

48. Der siebte Schöpfungstag (3): Die Vollendung der Tugenden im Menschen

So wurden Himmel und Erde vollendet und alle ihre Zier. Das muß man so betrachten: Jene himmlischen und irdischen Tugenden und all ihre Zier werden im Menschen in Gerechtigkeit und Wahrheit mit guten Werken vollendet.

Und Gott vollendete am siebten Tag sein Werk, das er geschaffen hatte, und er ruhte am siebten Tag aus von seinem ganzen Werk, das er vollbracht hatte.

Gott vollendete durch den siebten Tag, der Sein Sohn ist, in dem die ganze Fülle des guten Werkes aufgegangen ist, im Menschen das gute Werk zusammen mit allen vollkommenen Tugendkräften, wie ein Goldschmied in sein Werk, das er schaffen will, kostbare Steine einfügt; denn alle guten Werke in einem Menschen, der sie durch die Gnade des Heiligen Geistes bewirkt, sind vollkommen geschmückt. Dann ruht Gott in Seinem Sohn von jedem Werk aus, nämlich von jenem Werk, in dem der Mensch schon vollendet ist. Denn Er selbst begann im Gottessohn, der das siebte Werk war, im Schoß der Jungfrau die gerechten Werke zu wirken.

Und Gott segnete den siebten Tag und heiligte ihn, weil er an ihm mit seinem gesamten Werk aufgehört hatte, das Gott schuf.

Gott segnete den siebten Tag in der Vollendung der guten Werke, das heißt den Menschen, der in Ihm ein Glied Seines Sohnes ist. Und auf welche Weise? Der Mensch soll den inneren Segen, das heißt den Sohn des Vaters, der aus Seinem Herzen hervorging, nachahmen, damit er durch die Beispiele dessen, der Gott dem Vater gehorsam wurde, zum Leben zurückkehrt. Im Menschen selbst heiligt Er auch die himmlischen Werke, indem Er ihm den Ruhm und die Ehre gewährt, mit Ihm seinem Nächsten jede Schuld freiwillig zu vergeben. Und von der Strenge, in der Er vor der Menschwerdung Seines Sohnes niemanden das himmlische Reich betreten ließ, läßt der Vater der Werke <pater operum> von da an ab. Jetzt öffnet Er in diesem Seinem Sohn den Zugang zu den ewigen Freuden, indem Er jede Schuld dem Menschen, der sie von Herzen bekennt, durch Seinen Sohn vergibt.

Das soll also der Gläubige im Glauben verstehen, und er soll darin nicht Ihn verachten, der wahrhaftig ist.

Sechste Vision

Das Vorauswissen Gottes

Und wiederum schaute ich gleichsam die quadratische Anlage einer großen Stadt, die auf allen Seiten wie von hellem Glanz und von Dunkelheit wie von einer Mauer umgeben war. Sie war auch mit einigen Bergen und Gestalten geschmückt. In der Mitte ihrer Ostseite sah ich auch einen mächtigen, hochragenden Berg aus hartem, weißem Stein, der die Form eines feuerspeienden Berges hatte. An seinem Gipfel erstrahlte eine Art Spiegel von solcher Klarheit und Reinheit, daß er sogar den Glanz der Sonne zu übertreffen schien. In ihm erschien eine Taube mit ausgebreiteten Flügeln, wie zum Fliegen bereit. Derselbe Spiegel, der zahlreiche verborgene Wunder in sich barg, entsandte aus sich einen Glanz von großer Breite und Höhe, in dem viele Geheimnisse und eine große Anzahl Abbilder verschiedener Gestalten erschienen.

In demselben Glanz nach Süden hin zeigte sich eine Wolke, oben leuchtend weiß, unten aber schwarz, über der eine unendliche Schar von Engeln erstrahlte, von denen die einen wie Feuer, andere hell leuchtend und andere wie Sterne erschienen. Sie alle wurden wie brennende Fackeln von einem Wind bewegt, der voller Stimmen war, die wie das Rauschen des Meeres klangen.

Und dieser Wind breitete in seinem Zorn seine Stimmen aus und sandte durch ihn Feuer in die erwähnte Schwärze der Wolke, wodurch diese ohne Flamme in ihrer Schwärze entbrannte. Aber dann blies er in sie hinein und ließ sie wie dichten Rauch schwächer werden und vergehen. So trieb er diese, während sie sich auflöste, vom Süden zurück über den erwähnten Berg nach Norden in eine unergründliche Tiefe, so daß sie sich seitdem nicht mehr erheben kann, außer daß sie manchmal Nebel über die Erde schickt.

Und ich hörte gleichsam Posaunen vom Himmel her ihre Stimme erheben: Was ist das, was verfiel, obwohl es in seinen Kräften stark war? Und so leuchtete der weiße Teil der oben erwähnten Wolke noch heller, als zuvor. Dem Wind aber, der mit den drei Arten seiner Stimmen die Schwärze dieser Wolke verjagt hatte, konnte von nun an niemand widerstehen.

Und wiederum hörte ich eine Stimme vom Himmel sagen:

1. Gottes Werk, geschaffen aus seinem Vorauswissen

Gott kennt in Seinem Vorauswissen alles, denn Er kannte die Geschöpfe, bevor sie in ihren Gestalten entstanden. Auch blieb Ihm nichts verborgen, was vom Anfang der Welt bis zu ihrem Ende entsteht. Das erklärt die vorliegende Vision.

Du siehst gleichsam die quadratische Anlage einer großen Stadt. Das bezeichnet das beständige und feste Werk der göttlichen Vorausbestimmung; *die auf allen Seiten von hellem Glanz und von Dunkelheit wie von einer Mauer umgeben ist.* Denn durch ein gerechtes Urteil voneinander getrennt, werden die Gläubigen zur Herrlichkeit, die Ungläubigen aber zur Strafe bestimmt. *Und sie ist auch wie von einigen Bergen und Gestalten geschmückt.* Das heißt: Sie ist mit großen Zeichen von Wundern und Tugenden bewehrt und erhöht, weil Gott all Seine Werke wahrhaft und gerecht machte und sie mit so großer Stärke der Beständigkeit kräftigte, daß sie durch keinen Ansturm irgendeiner Schwäche zerstört werden können. *In der Mitte ihrer Ostseite siehst du einen mächtigen, hochragenden Berg aus hartem, weißem Stein, der die Form eines feuerspeienden Berges hat.* Das bedeutet: Gott ist in der Kraft Seiner Gerechtigkeit groß an Macht, erhaben an Ruhm, hart in Strenge und licht in Seiner Milde, da er alle Seine Urteile in der Glut der Gerechtigkeit fällt. Er ist nämlich gerecht und vernichtet die Ungerechtigkeit vollständig. Denn Himmel und Erde sind auf Ihn gegründet, und Er hält das Firmament mit allen Geschöpfen, wie ein Eckstein das ganze Gebäude hält.

An seinem Gipfel erstrahlt eine Art Spiegel von solcher Klarheit und Reinheit, daß er sogar den Glanz der Sonne zu übertreffen scheint. Denn in der Erhabenheit Gottes erstrahlt Sein Vorauswissen so leuchtend und klar, daß es jeden Glanz der Geschöpfe übertrifft. *In ihm erscheint eine Taube mit ausgebreiteten Flügeln, wie zum Fliegen bereit.* Denn in diesem Vorauswissen breitete sich die göttliche Schöpfungsordnung aus und schritt zu ihrer Offenbarung. Als Gott es wollte, ließ Er die gesamte Schöpfung hervortreten. Und wie dem Vogel seine beiden Flügel zum Fliegen helfen und wie er auf einem Berg sitzt und überlegt, wohin er fliegen will, so hat auch die göttliche Ordnung in den Engeln und Menschen zwei Flügel und sitzt in ihrer Schöpferkraft wie auf einem Berg, indem sie alles ordnet, so wie ein Mann, der schweigend alles ordnet, was er will. Mit den Schutzwachen der Engel beschirmt sie den Menschen und hat ihm mit dem Willen und dem Werk gleichsam Flügel zum Fliegen gegeben. Im alten Gesetz blieb sie gleichsam stumm und schwieg; denn das Gesetz hatte als Ganzes hinweisende Bedeutung <significativa erat>. Die göttliche Ordnung hatte nämlich in allen <Menschen> vorausgesehen, daß die Gestalt, in der der lebendige Geisthauch und das Wissen waren, wüßte, was sie tun sollte, da sie durch den lebendigen Windhauch, die Seele, nach rechts und nach links blickte. Wenn sie nach rechts flöge, würde sie den Lohn des Lebens empfangen; wenn sie aber nach links strebte, würde sie dort den verdienten Strafen verfallen. Diese Anordnung hat Gott so unter dem Schutz Seiner Flügel, daß Er den, der zu Ihm fliegt und spricht: „In Dir werde ich jubeln, weil Du mich geschaffen hast, deshalb hängt meine Seele an Dir" (Ps 63,8) mit Seiner Rechten schützt, ihn aufnimmt und ihm reichen Schmuck verleiht. Den aber, der sich weigert, Ihm anzuhängen, läßt Er, wie vorher gesagt wurde, zugrunde gehen.

Als aber der Sohn Gottes das Gewand des Fleisches annahm, mit dem Seine heilige Gottheit umhüllt war, durch die Er selbst Sein Werk, das noch nicht vollendet war, in Seiner Menschheit vollenden wollte, da flog er voller Kraft mit den Menschen empor. Darüber staunten die Engel, weil kein anderer Mensch außer dem Einen fleischgewordenen Wort Gottes das tun konnte. Und Er heiligte die Menschen durch dieses Sein Gewand, damit sie im Aufschauen zu Ihm sich selbst verleugnen und wie mit ausgebreiteten Flügeln mit Ihm zur himmlischen Sehnsucht fliegen.

2. Die Ordnungen der Engel

Der erwähnte Spiegel, der zahlreiche verborgene Wunder in sich birgt, entsendet aus sich einen Glanz von großer Breite und Höhe. Das bedeutet: Das Wissen Gottes birgt in sich viele unbekannte Geheimnisse und offenbart Seine Wunder nach Seinem Wohlgefallen, indem Er sie ausbreitet und emporhebt. *In ihm erscheinen viele Geheimnisse und die Abbilder verschiedener Gestalten.* Weil die Offenbarung der Wunder Gottes sich kundtut, kommt das, was vorher unbekannt und nicht geschaut worden war, offen zu Tage. *Denn in demselben Glanz nach Süden hin zeigt sich eine Wolke, oben leuchtend weiß, unten aber schwarz.* Das weist darauf hin, daß in der Offenbarung der glühenden Gerechtigkeit Gottes die Absicht der seligen Geister als lobenswert, die der verworfenen Geister jedoch als wahrhaft verabscheuungswürdig aufgedeckt wird.

Über ihr erstrahlt eine unendliche Schar von Engeln, von denen die einen wie Feuer, andere hell leuchtend und andere wie Sterne erscheinen. Die wie Feuer erscheinen, stehen in den stärksten Kräften, so daß sie durch nichts bewegt werden können. Denn Gott wollte, daß sie vor Seinem Angesicht stehen, damit sie es immer anblicken (vgl. Mt 18,10). Die aber hell leuchtend erscheinen, bewegen sich jetzt im Dienst an den Werken der Menschen, die ja das Werk Gottes sind. Die Werke ihrer Dienste sind vor den Augen dieser Engel im Anblick Gottes, denn sie betrachten stets diese Werke und bringen deren Wohlgeruch Gott dar, indem sie die nützlichen auswählen und die unnützen wegwerfen. Die Engel aber, die wie Sterne erscheinen, haben Mitleid mit der menschlichen Natur und stellen sie wie eine Schrift vor das Angesicht Gottes. Sie begleiten die Menschen und sprechen zu ihnen durch die Worte der Vernunft, wie Gott es will. Mit deren guten Werken loben sie Gott, von den schlechten aber wenden sie sich ab.

3. Der Sturz der abtrünnigen und der Lobpreis der guten Engel

Sie alle werden wie brennende Fackeln von einem Wind bewegt. Denn der lebendige Geist Gottes, der in Wahrheit brennt, bewegt diese Engelsgeister in Seinem Zorn gegen Seine Feinde. Und wie du siehst, ist *dieser Wind voller Stimmen, die wie das Rauschen des Meeres klingen,* denn er trägt in sich die vollkommene Fülle aller Lobpreisungen, mit denen er sich über Engel und Menschen <angelica et humana creatura> zum Lob Gottes ergießt. Und wie du schaust, *breitet dieser Wind in seinem Zorn seine Stimmen aus*, denn der Geist Gottes verwendet die Stimmen der Richtigkeit Seiner Urteile für die Strafe der Verworfenen. *Und durch ihn sendet Er Feuer in die erwähnte Schwärze der Wolke, wodurch diese ohne Flamme in ihrer Schwärze entbrennt.* Als die seligen Geister das Vorhaben der verlorenen Engel sahen, beeilten sie sich Gott zu ehren. Sie gossen auch das Feuer der Rache glühend über die schlimme, treulose Absicht dieser ihrer Feinde aus. Doch jene brannten ohne jedes Licht des Heils nicht zu ihrer Besserung, sondern zu ihrer größeren Verfluchung und wollten ihrem Schöpfer nicht die geschuldete Ehre erweisen. Denn weil sie ohne den Glanz des Lobes für ihren Schöpfer sein wollten, wurden sie für nichts erachtet, wie ein unbeschriebenes Stück Pergament leer ist, weil es die Ehre der Schrift nicht auf sich trägt.

Aber dann blies er in sie hinein und ließ sie wie dichten Rauch schwächer werden und vergehen. Derselbe Eifer machte durch die seligen Geister den Versuch der verworfenen zunichte. Den, der nach oben steigen wollte, schwächte er und drückte ihn nieder. Denn die Scharen der guten Engel blicken auf zu Gott und erkennen Ihn in allem Wohlklang ihrer Lobgesänge. In wunderbarer Einzigartigkeit loben sie Seine Geheimnisse, die immer in Ihm waren und sind. Und auf keine Weise können sie das unterlassen, weil sie durch keinen irdischen Leib beschwert werden. Sie rühmen auch Seine Gottheit mit den lebendigen Tönen ihrer hervorragenden Stimmen, die über die Zahl der Sandkörner am Meer hinausgehen (vgl. Gen 32,13) und über die Zahl der Laute, die von allen Lebewesen hervorgebracht werden, und über jeden Glanz, der durch Sonne, Mond und Sterne in den Gewässern funkelt, auch über alle Klänge des Äthers, die durch das Wehen der Winde entstehen, die die vier Elemente emporheben und unterstützen. Aber mit all diesen Stimmen ihrer Lobpreisungen vermögen die seligen Geister die Gottheit an keinem Ende zu erfassen. Deshalb erfinden sie in ihren Stimmen immer Neues hinzu.

Der oben erwähnte Eifer *trieb auch diese, während sie sich auflöste vom Süden zurück über den erwähnten Berg nach Norden in eine unergründliche Tiefe. So kann sie sich seitdem nicht mehr erheben, außer daß sie manchmal Nebel über die Erde schickt.* Damit wird gezeigt, daß dieser

Eifer durch die Kräfte der Heiligkeit der Engel die schon wankende Absicht der bösen Geister vom Ort der Glückseligkeit weg hinter den Anblick des ewig Lebendigen ins Unglück des Verderbens und des unaufhörlichen Verlustes zurückstieß. Er trieb sie in so großes Elend, daß sie sich ferner nicht mehr gegen Gott empören können, obwohl sie es nicht unterlassen, mit ihren schlimmsten Einflüsterungen die Menschen zu versuchen.

4. Das Wesen der Engel: Lobpreis Gottes, Vorbild für jedes Geschöpf

Es gibt auch eine große Schar von Engeln, verborgen mit Gott im Himmel. Die Gottheit durchströmt sie mit ihrem Glanz, und sie ist dem menschlichen Geschöpf verborgen, außer daß sie an leuchtenden Zeichen erkannt wird. Diese Schar ist als Geistwesen mehr mit Gott als mit den Menschen verbunden und erscheint den Menschen selten, während die Engel, die den Menschen dienstbar sind, sich diesen, wenn es Gott gefällt, durch bestimmte Zeichen offenbaren. Denn Gott hat bestimmte <Engel> zu verschiedenen Aufgaben eingesetzt und sie zusammen mit den Geschöpfen <den Menschen> dienstbar gemacht. Obwohl sie verschiedene Aufgaben haben, verehren sie trotzdem alle mit ihrer Huldigung und ihrem Wissen den Einen Gott.

Wenn aber die Erkenntnis sich nicht mit dem Klang des Lobes zu dem erheben würde, von dem sie stammt, sondern aus sich selbst bestehen wollte, wie könnte sie dann Bestand haben, da sie ja nicht aus sich selbst kommt? Die Vernunft nämlich bezieht den Klang des Lobes immer auf einen anderen und erfreut sich daran. Denn wenn sie aus sich selbst heraus erschallen wollte, könnte sie sich nicht rühmen. Das machte Satan, sobald er zu leben begann. Weil er mit seinem Lobpreis nicht auf seinen Schöpfer schaute, sondern durch sich selbst sein wollte, stürzte er, von der Gottheit getrennt und zertreten, wie die Spreu vom Korn getrennt und zertreten wird.

Deshalb soll jedes Geschöpf, das lebt, auf seinen Schöpfer schauen und nicht danach trachten, Ruhm aus sich selbst zu haben. Die volle Freude über seinen Nutzen nämlich kann der Mensch aus sich selbst nicht haben, er erhält sie nur von einem anderen; und wenn er durch einen anderen Freude über seine Nützlichkeit erfahren hat, wird er dadurch in seinem

Herzen großen Jubel haben. Daher erinnert sich auch die Seele daran, daß sie von Gott geschaffen ist und blickt im Glauben zu Ihm auf, wie der Mensch sein Gesicht im Spiegel betrachtet, wie es geformt ist. Denn der allmächtige Gott hat Sein Geschöpf so bestimmt, daß es mit Lob auf Ihn blickt, weil Er es ja in großer Ehre vollendet hat. Er hat auch angeordnet, daß die seligen Geister diejenigen verstoßen sollten, die sich der wahren Glückseligkeit widersetzen, indem sie sagen: Wir wollen die von uns verstoßen, die uns erschrecken wollen.

Daher steht nach dem Willen Gottes geschrieben:

5. Psalm 93,3: Der Preis der Engelheere

„Fluten erheben sich, Herr, Fluten erheben ihr Brausen. Fluten erheben ihr Strömen aus dem Tosen vieler Wasser“ (Ps 93,3). Der Sinn dieser Aussage ist so zu verstehen: In Deinem Eifer, oh Herr aller Geschöpfe, beim Versenken Deiner Feinde haben sich die Geister der Engel aufgerichtet und ihre Kräfte gleichsam wie Fluten erhoben. Und wiederum richteten die Heere derselben Geister ihre Kraft nach oben, indem sie die klangvollen Stimmen ihrer zahlreichen Lobpreisungen Gott darbrachten; denn die Heerscharen der Engel sind wie Ströme lebendigen Wassers, die der Sturmwind des Heiligen Geistes zum Ruhm Seines Lobes bewegt, da eben diese Stimmen gegen den schwarzen Drachen kämpfen.

Denn Michael durchbohrte unter den Klängen der Posaunen des verborgenen Gerichtes Gottes diese Schlange, weil sie die Herrlichkeit der Gottheit nicht erkennen wollte, und warf sie in der Kraft Gottes in den Schacht der Hölle, der ohne den Widerstand eines Bodens ist. Dorthin stürzten auch seine Anhänger, die ihm wie einem Meister zugestimmt hatten. Aber dennoch erhielt er mehr Strafen als all diese, weil er auf niemanden anderes schauen wollte als auf sich selbst, während sie auf ihn schauten.

Nach dem Sturz dieses alten Feindes lobten die himmlischen Chöre Gott, weil ihr Ankläger gefallen war und sein Platz im Himmel nicht weiter gefunden wurde (vgl. Ps 37,36; Offb 12,8). Und dann erkannten sie die Wunder Gottes in noch größerem Glanz, als sie diese früher gesehen hatten. Und sie erkannten auch, daß im Himmel ein solcher Kampf von nun an nicht mehr stattfinden und ferner niemand mehr vom Himmel stürzen würde. Aber in der reinen Gottheit erkannten sie auch, daß die Zahl der gefallenen Geister durch irdene Gefäße ergänzt würde. Deshalb ließen sie diesen Sturz in der Freude darüber, daß sie wußten, daß die Zahl derer, die gefallen waren, so wiederhergestellt wurde, in solche Vergessenheit geraten, als ob er nicht stattgefunden hätte.

Der allmächtige Gott hat, wie es Ihm zukam, die himmlische Heerschar in verschiedene Ordnungen eingeteilt. So sollten die einzelnen Ordnungen ihre Aufgaben erfüllen, und eine jede sollte für die andere Ordnung ein spiegelndes Siegel sein. In jedem einzelnen Spiegel sind göttliche Geheimnisse, die dieselben Ordnungen weder vollständig sehen noch wissen noch begreifen noch vollenden können. Deshalb steigen sie staunend von Lobpreis zu Lobpreis, von Rühmung zu Rühmung empor. So sind sie immer neu, weil sie all das nicht zu einem Ende führen können. Sie selbst sind von Gott als Geist und Leben geschaffen. Deshalb erlahmen sie nie im Lob Gottes und blicken immer auf die feurige Strahlkraft Gottes, und aus der Strahlkraft der Gottheit leuchten sie auf wie eine Flamme.

Diese Worte sollen die Gläubigen in der Hingabe ihres Herzens aufnehmen, denn sie sind zum Nutzen der Gläubigen von Ihm verkündet, der der Erste und der Letzte ist.

Siebte Vision

Das Alte Testament als Vorbereitung auf Christus

Danach sah ich an der Ostecke, das heißt dort, wo der Osten beginnt, einen Marmorblock, der wie ein gewaltiger, unberührter Berg war. An ihm war nur ein ausgehauenes Tor zu sehen wie bei einer großen Stadt. Leuchtender Glanz wie vom Sonnenaufgang erfüllte es ganz, breitete sich aber nicht weiter aus. Von diesem Felsen fast bis zum anderen östlichen Ende, das nach Süden liegt, erschienen Menschengestalten, nämlich Kinder, Jünglinge und Greise wie Sterne durch eine Wolke. Ihr Laut drang bis nach Westen wie das Meer, das durch den Wind aufgewühlt dahinwogt. Von oben her übergoß sie auch ein Glanz, der alle Schönheit nach menschlicher Einschätzung übertraf, mit seinem Strahl, den er dann wieder zu sich zurückzog.

Dicht an dieser östlichen Grenze aber standen zwei andere Gestalten nebeneinander. Die erste von ihnen hatte Kopf und Brust wie ein Leopard, Arme wie ein Mensch, aber ihre Hände glichen den Tatzen eines Bären. Eine weitere Veränderung sah ich nicht an ihr. Sie war mit einem steinernen Gewand bekleidet und stand unbeweglich. Ihren Blick jedoch richtete sie zurück nach Norden.

Die andere Gestalt aber, die näher an der zuvor genannten Ecke stand, hatte Gesicht und Hände eines Menschen, die gefaltet waren, aber Füße eines Habichts. Bekleidet war sie mit einem hölzernen Gewand, das von oben bis zu ihrem Nabel weiß erschien, vom Nabel bis zu den Lenden rötlich, von den Lenden bis zu den Knien hellgrau und von den Knien bis zu ihren Fußspitzen trüb. Sie trug auch ein Schwert, das quer über die Hüften gelegt war, stand unbeweglich und hatte ihren Blick nach Westen gerichtet.

Darauf sah ich im gesamten südlichen Bereich unzählige andere Menschengestalten wie eine Wolke in der Luft schweben. Die einen von ihnen trugen auf ihren Häuptern goldene Kronen, andere hielten in ihren Händen reich geschmückte Palmzweige, wieder andere Schalmeien, andere

Zithern oder Harfen. Der Klang dieser Instrumente ertönte wie der liebliche Ton der Wolken.

Und wiederum hörte ich vom Himmel eine Stimme, die zu mir sprach:

1. Gottes Güte durch alle Zeiten

Nachdem das Heer der verlorenen Engel gestürzt war, setzte Gott in deren Herrlichkeit, die sie verloren hatten, die Menschen ein. Aber als auch der Mensch stürzte, kaufte Er ihn um den hohen Preis der seligen Errettung zurück. Viele wunderbare Botschaften, mit denen Er ihn zum Leben zurückrufen wollte, hat Er im alten Testament vielmals vorausgeschickt, und auch im Neuen Testament hat Er sehr viele Wunderzeichen für seine Befreiung gewirkt. Deshalb siehst du *in der Ostecke, das heißt dort, wo der Osten beginnt, einen Marmorblock, der wie ein gewaltiger, unberührter Berg ist.* Dieser bezeichnet, daß von Anfang der Schöpfung an, als die Welt geschaffen wurde, Gott als der sicherste Fels mächtig und erhaben in unversehrter Beständigkeit da ist und keine Veränderlichkeit in sich hat. *An ihm ist nur ein ausgehauenes Tor zu sehen wie bei einer großen Stadt. Leuchtender Glanz wie vom Sonnenaufgang erfüllt es ganz, breitet sich aber nicht weiter aus.* Denn der Wille Gottes, der wie ein Tor für alles Gute offensteht, wird von der Anordnung der strahlend hellen Gottheit berührt, die nicht über das hinausgeht, was angeordnet ist, weil der Wille und die Anordnung Gottes auf solche Weise übereinstimmen, daß keines über das andere hinausgeht. Denn Gott hat für den Ort, den die alte Schlange verloren hat, in der treuen Güte Seines Willens den Menschen bestimmt. Er hat ihn, als er zum Verkehrten hinwankte, durch die Wasser der Sintflut entsühnt und die Welt in Noach durch eine gerechte Prüfung wieder erneuert.

Daher *erscheinen von diesem Felsen fast bis zum anderen östlichen Ende, das nach Süden liegt, Menschengestalten, nämlich Kinder, Jünglinge und Greise wie Sterne durch eine Wolke. Ihr Laut dringt bis nach Westen wie das Meer, das durch den Wind aufgewühlt dahinwogt.* Denn aus der göttlichen Kraft nahm die Prophetie beim ersten Werk Gottes, nämlich bei Adam ihren Anfang, und zwar bis dahin, als das alte Gesetz, das mit Strenge erschien, sein Ende fand, weil die Glut der Gerechtigkeit und Wahrheit erschien. Sie leuchtete von Geschlecht zu Geschlecht durch die verschiedenen Zeitalter der Menschen wie ein Licht durch die Finsternis (vgl. Joh 1,5). Sie wird auch mit ihrem Wort nicht aufhören bis zum Ende der Welt. Wenn sie ihre Stimmen in vielfältigen Zeichen verkündet, wird sie durch die Einhauchung des Heiligen Geistes von verschiedenen Geheimnissen durchtränkt. Die Prophetie ist nämlich im Menschen, wie die Seele im Leib ist; wie die Seele im Leib überschattet ist und wie durch sie der Leib gelenkt wird, so ist auch die Prophetie, die aus dem Geist Gottes kommt, der jedes Geschöpf überragt, unsichtbar. Durch sie wird alles, was abwärts geht, ergriffen und die, die vom richtigen Weg abweichen, werden zurückgeführt.

So sprach auch durch Meine Eingebung Mein Knecht David:

2. Psalm 45,2:
Die Prophetie der Menschwerdung des Gottessohnes

„Mein Herz brachte das gute Wort hervor; ich weihe mein Werk dem König“ (Ps 45,2). Der Sinn dieser Aussage ist so zu verstehen: Ich, der Ich der Vater aller bin, zeige offenbar, daß vor aller Schöpfung Meine innere Kraft das gute Wort hervorbrachte, das heißt Ich zeugte Meinen Sohn, durch den alles überaus Gute geschaffen wurde. Deshalb spreche Ich, der ganz Unveränderliche, Ich, der Ich bin, indem Ich Meine Werke Ihm offenbar mache, der den Erdkreis regieren wird. Denn alle Meine Werke, die von Anfang an geschaffen wurden, sind Meinem Sohn bekannt.

Auch die Prophetengabe brachte in ihrer Kraft das gute Wort hervor, als sie im voraus wunderbare Werke verkündete, indem sie sagte, daß dieses Wort, durch das alles geschaffen wurde, Fleisch annehmen sollte. Sie offenbarte es auch als den künftigen König der Könige und als den gerechten Sproß, den eine unversehrte Erde hervorbringen sollte, die nicht vom Zeugungsakt des Mannes verletzt ist. Das erkannte die Prophetengabe durch die Eingebung des Heiligen Geistes, nämlich in bestimmten Greisen, auch in manchen jungen Männern und Kindern, die in sehr vielen Zeichen von diesem Sproß, der das Wort Gottes ist, durch die Eingebung des Heiligen Geistes sprachen.

Denn Gott schuf den Mann aus der Erde und verwandelte ihn in Fleisch und Blut; die Frau jedoch, die von demselben Mann genommen wurde, blieb Fleisch vom Fleisch, das nicht in etwas anderes verwandelt zu werden brauchte. Und diese erkannten im Geiste der Prophetie, daß die Frau durch die Einhauchung des Heiligen Geistes den Sohn Gottes gebären werde, wie eine Blume durch ganz milde Luft wächst. Auch in Aarons Stab (vgl. Num 17,23 ff.) ist das vorausgedeutet, der vom Baum abgeschnitten auf die Jungfrau Maria hinwies. Aus ihrem Herzen wurde der Mann so herausgeschnitten, daß sie niemals von der Lust einer geschlechtlichen Vereinigung berührt wurde. Durch die Glut des Heiligen Geistes gebar sie jenen einen Mann <virum unum>. Ihn umgab Gott mit allen Geschöpfen, weil jene, als sie aus Ihm hervorgingen, auch einen Genuß empfangen hatten, weshalb sie auch alle Seinem Wort gehorchten. Denn die Propheten hatten gesagt, daß die Frau aus dem Werk der Liebe <ex opere caritatis> gebären müsse, wie der Zweig aus der Wurzel Jesse hervorgeht (vgl. Jes 11,1). Und alle schrieben diese jungfräuliche Geburt dem König, nämlich dem Sohn Gottes zu.

Als nämlich diese Frau den Sohn Gottes umgab (vgl. Jer 31,22), liebten die Menschen, die Ihn nach ihrem eigenen Abbild sahen und hörten, Ihn mehr, als wenn sie Ihn nicht gesehen hätten. Denn was die Menschen im Schatten sehen, können sie nicht voll erkennen. Da auch die Propheten im Klang des Schattens sprachen, ging das bisweilen wie ein Schatten an ihnen vorüber, was trotzdem später alles bei den Menschen Gestalt annahm. Denn das Wort der Weissagungen geht aus den verborgenen Geheimnissen der Gottheit hervor.

3. Die Zeit vor der Sintflut in ihrer Grausamkeit

Wie du aber siehst, *stehen dicht an der östlichen Grenze zwei andere Gestalten nebeneinander.* Sie versinnbilden: Als der Anfang der Gerechtigkeit, der an Abel gezeigt wird, schon schwankte, offenbarte Gott zwei Zeiten, die trotz der verschiedenen Sitten der Menschen durch ihre zeitliche Nähe miteinander verbunden waren: die eine vor der Sintflut ohne das Gesetz und die andere nach der Sintflut unter dem Gesetz.

Die erste von ihnen hat Kopf und Brust wie ein Leopard, Arme wie ein Mensch aber ihre Hände gleichen den Tatzen eines Bären. Eine weitere Veränderung siehst du nicht an ihr. Denn die Zeit, die vor der Sintflut ohne das Gesetz war, zeigte im Verhalten der Menschen die Kraft und Stärke verschiedener wilder Tiere, weil damals die Menschen durch die erste Täuschung des Teufels in alle Laster verwickelt waren. Sie vergaßen Gott und lebten nach dem Begehren ihres Willens. Bald wirkten sie sozusagen mit ihren Händen wie ein Mensch, bald aber ahmten sie mit den Werken ihrer Hände die Natur der grausamen wilden Tiere und deren Raubgier nach. Daher mißachteten sie auch die ehrenhaften Sitten der Menschen und bemühten sich nicht, nach der menschlichen Ordnung <disciplina> zu leben, sondern blieben so nur häßlich.

Sie ist aber mit einem steinernen Gewand bekleidet und steht unbeweglich. Ihren Blick jedoch richtet sie zurück nach Norden. Denn diese Menschen, die in der genannten Zeit lebten, hatten sich mit der Härte und Schwere der Sünden umgeben und wandten sich nicht vom Bösen hin zum Guten. In ihrem Gewissen sahen sie zwar, daß sie böse und schändliche Werke taten, über die sich die alte Schlange mitfreute, wollten aber trotzdem nicht von ihnen lassen.

Als Gott nämlich Himmel und Erde schuf, teilte Er die Erde so auf, daß ein Teil der Erde unveränderlich, ein anderer aber veränderlich ist. Aus diesem schuf Gott auch den Menschen. Daher ist der Mensch auch veränderlich im Wachen und Schlafen. Wenn er nämlich wacht, sieht er gemäß dem Lauf der Sonne mit dem Licht seiner Augen; wenn er sein Augenlicht nicht hat, ist er wie jemand, der in seiner Seele wie in der Nacht verfinstert wird.

4. Der Abstieg des Menschen bis zur Sintflut

Und Gott stellte den Menschen in das Land der Lebenden, das nicht durch den Sonnenball erleuchtet, sondern vom lebendigen Licht der Ewigkeit durchströmt wird. Aber als dieser das göttliche Gebot überschritten hatte, wurde er wieder in das Land der Veränderlichkeit geschickt. Er zeugte zwei Söhne, von denen der eine Gott opferte, der andere aber seinen Bruder tötete und dadurch des Todes schuldig wurde. Und der, welcher Gott opferte und die Stimme Gottes hörte, wurde umgebracht. Daher entstand ein lautes Wehklagen.

Denn in jener ersten <Zeit der> Schöpfung hatten die Menschen so große Stärke und solche Kräfte, daß sie auch die wildesten Tiere überwinden konnten. Daher freuten sie sich oft daran, mit ihnen zu spielen. Auch die Tiere fürchteten die Menschen, bezähmten ihre Wildheit und unterwarfen sich ihnen. Trotzdem aber änderten sie deswegen nicht ihr Wesen. Die Menschen aber änderten die Schönheit ihrer Vernunft und vermischten sich mit den Tieren (vgl. CC 47–48). Was so gezeugt wurde, haßten und verachteten sie, wenn es mehr einem Menschen als einem unvernünftigen Tier glich. Wenn es aber mehr die Gestalt eines vernunftlosen Tieres als die eines Menschen hatte, umarmten sie es mit dem Kuß der Liebe <dilectio>.

Auch der Charakter dieser Menschen hatte damals zwei Seiten, nämlich bald wie Menschen, bald wie Tiere. Denn auch Leopard und Bär zeigen das Verhalten von Menschen und Tieren. Deshalb besaßen sie auch nicht die herrlichen Flügel der Vernunft, mit denen sie im rechten Glauben und in Hoffnung zu Gott aufseufzen konnten, weil wegen der genannten Sünden diese Flügel an ihnen verkümmert waren. Das flüsterte ihnen die alte Schlange ein, damit der Ruhm ihrer Vernunft zugrunde gehe, die sie im Menschen mit großem Haß zerriß. Denn der Teufel sagte bei sich: Was ist das schon, was der Hohe da gemacht hat? Es entspricht doch mehr meinem Plan als seinem. Deshalb werde ich Ihn in Seiner Schöpfung überwinden.

So wirkten die Menschen im ersten Zeitalter, befleckt vom Geifer der Schlange, entsprechend dem Begehren ihres irdischen Gefäßes und nicht gemäß dem Geisthauch der Seele. Sie wollten nichts erkennen, außer was sie in einer Gestalt <formatum> sahen und sagten: Was nützt mir der Wind, der keine Gestalt hat und nicht zu mir spricht? Was zu mir spricht und auf mich zuläuft, das werde ich festhalten.

Denn die List des Teufels blies es bestimmten großen Tieren ein und sprach durch sie zu den Menschen: Ich bin es, der euch geschaffen hat. Und auf diese Weise flüsterte er dem Menschen ein, sich durch diese zu beflecken, um die Stimme der Vernunft, mit der sie Gott loben sollten, in ihnen zu vernichten, damit sie nicht Gott lobten, wie er es weder selbst wollte noch es zu wollen sucht.

Einige wenige aber hatten den zuerst Geschaffenen gehört, der ihnen berichtet hatte, wie er von Gott geformt, an den Ort der Wonne (vgl. Gen

2,10 ff) gebracht worden war und wie er von dort weggegangen war. Diese fanden an ihrer menschlichen Natur Gefallen und vermischten sich nicht mit den Tieren. Wie Gott es ihnen bestimmt hatte, lebten sie richtig und besonnen in dieser ihrer Natur. Wegen der Belästigung und Beschwerde des gemeinen Volkes, das sich auf diese oben erwähnte Weise befleckte, flohen sie in die hohen Berge. Dort wurden sie vom Geisthauch ihrer Seele so gestärkt, daß es sie nicht zu sündigen gelüstete. Sie seufzten vielmehr immer und sagten: Wo wollen wir den suchen, der uns geschaffen hat?

Daher wurden sie von den erwähnten Völkern verspottet, die sagten: Was ist das, was die da verehren, was sie nicht mit ihren eigenen Augen sehen noch mit ihren Händen berühren? Sie verspotteten auch die Arche des Noach. Und Gott sprach zu ihnen in seinen geheimnisvollen Wunderzeichen, wie er auch zu Abel, dem Sohn des ersten Menschen, sprach.

5. Die Auswirkung der Sintflut auf den Kosmos

Nachdem aber die Erde mit diesem verkehrten Volk angefüllt war, konnte Ich, der Ich bin, diese verbrecherischen Frevel nicht länger ertragen. Ich beschloß, daß das Menschengeschlecht in den Wassern ersticken sollte mit Ausnahme von wenigen, die Mich erkannt hatten.

Die Erde trocknete aber nicht aus, bis das Volk, das sich hatte täuschen lassen, ganz versenkt war. Die Wassermassen überströmten nämlich die ganze Erde so, daß sie zu Schlamm wurde. Und in ihm versanken die Leichen der Menschen so, daß man sie später nicht mehr finden konnte, obwohl Kadaver von Vieh wegen ihrer Leichtigkeit an der Oberfläche des Wassers auftauchten. Die Erde trocknete auch nicht aus, bevor die Sonne zusammen mit den Bahnen des Mondes und der Sterne und mit all ihren Diensten den Aufgang und Untergang erfüllte, und auch nicht, bevor diese alle die Wasser an die ihnen bestimmten Stellen, wo sie zuerst ihren Platz gehabt hatten, zu sich zurückzogen.

Und so wurde die Erde durch die Glut der Sonne durchgekocht in einen anderen Zustand, als sie zu Anfang gewesen war. Denn Sonne, Mond und Sterne und die anderen Gestirne waren nach dem Fall Adams vor der Sintflut wegen ihrer allzu großen Glut stürmisch, und die Menschen waren damals körperlich so stark, daß sie diese Hitze ertragen konnten. Das zeigt noch jetzt manchmal die Glut einer großen Hitze, wenn die Gestirne durch sie bisweilen trübe sind. Denn nach der Sintflut wurden sie von den Wassern so übergossen, daß sie in der Kälte und Hitze leuchtender sind als vor der Sintflut. Die Erde und die Menschen aber bleiben seither in größerer Schwäche und Anfälligkeit als vorher. Denn das Wasser durchströmte in der Sintflut die ganze Erde bis auf den Grund der durchlässigen Erde und verwandelte sie in Schlamm. So wird sie auch am Jüngsten Tag bis zur selben Tiefe brennen, weil der Mensch sie dann nicht mehr brauchen wird.

Gott übt nämlich Seine Urteile durch Wasser und Feuer über den Menschen aus, denn durch das, woraus Er den Menschen zusammensetzte, soll der Mensch auch bedrängt werden. Und wie Gott mit der Feuchtigkeit des Wassers die gesamte Erde durchtränkt und mit der Hitze des Feuers sie gestaltet und festigt, so durchflutet Er auch den Menschen mit den Körpersäften und stärkt ihn mit der Glut des Feuers der Seele. Jene aber, die der Herr nach der Sintflut zur Zeugung eines neuen Menschengeschlechtes bewahrt hatte, brannten, erschreckt durch das furchtbare Gericht Gottes, das sie gesehen hatten, in Gottesfurcht und begannen ihre Opfer zur Ehre Gottes darzubringen.

6. Die Auswirkung der Sintflut auf die Menschen; der Regenbogen

Aber darauf kam Geschlecht um Geschlecht mit geringeren Kräften hervor, als die Menschen es vor der Sintflut gewesen waren, wie bereits gesagt wurde. Denn als die Erde sich veränderte, veränderten sich auch die Kräfte des Menschen und wurden schwächer, weil sie dem alten Verfolger gefolgt waren, der seine Ehre in ein schlangenartiges Wesen verwandelt hatte. Denn die Schlange ist schlau, um den zu täuschen, den sie täuschen will, und vor dem zu flüchten, den sie zu meiden sucht. So tut es auch der alte Feind, wenn er den, den er besiegt, durch die List des todbringenden Giftes des Unglaubens täuscht und wenn er vor dem, von dem er besiegt wird, schnell flieht, weil er von ihm zertreten wird, wie er auch vom Himmel herabgestürzt wurde.

Diese Zeit nämlich blühte so in der Furcht Gottes, daß sie der alten

Tafel 13
Die Vollendung der Welt

Darauf sah ich nahe der nördlichen Ecke nach Osten hin eine Gestalt, deren Antlitz und Füße in solchem Glanz strahlten, daß dieser Glanz auf mein Gesicht zurückschlug. Sie trug ein Kleid wie aus weißer Seide und darüber eine Tunika von grüner Farbe, die überall mit verschiedenen Perlen geschmückt war.
In der Mitte dieses nördlichen Bereiches sah ich eine andere Gestalt. Mitten auf ihrem Leib erschien das Haupt eines Menschen mit grauen Haaren und einem Bart, ihre Füße glichen den Pranken eines Löwen. Sie hatte auch sechs Flügel. Der restliche Körper war ganz von Fischschuppen und nicht von Vogelfedern bedeckt.
An den beiden Flügeln, die sich bis zum Scheitel des erwähnten Hauptes ausstreckten, erschienen fünf Spiegel.

Schlange widerstand, damit dem Menschen durch ihre Einflüsterungen nicht die Gottvergessenheit eingegeben würde, wie sie es vor der Sintflut getan hatte. Nach der Sintflut nämlich machte Gott eine neue Erde mit einem neuen Volk. Er setzte den Bogen in die Wolken als Zeichen dafür, daß die Wasser nicht mehr die ganze Erde und alle Völker ersticken sollten. Er zeigte ihn auch, damit all seine Feinde erkennen sollten, welch große Macht Er in Seinem furchtbaren Gericht über sie hat (vgl. Gen 9,8–17). Denn das Gericht Gottes hat große Macht, um seine Feinde zu erschüttern, die die Wahrheit der Gottheit zerstören wollen. Und mit Feuer und starken Unwettern wird es nach dem Sturz des Sohnes des Verderbens ein Ende aller sterblichen Menschen machen, so daß danach nichts Sterbliches mehr in Erscheinung tritt.

7. Die Zeiten nach der Sintflut bis zur Menschwerdung Christi

Aber die andere Gestalt, die näher an der zuvor genannten Ecke steht, hat Gesicht und Hände eines Menschen, die gefaltet sind, aber Füße eines Habichts. Sie bezeichnet jene Zeit, die nach der Sintflut mit den Sitten der Menschen unter dem Gesetz stand. Diese reichte bis zu der Grenze, an der die Strenge dieses Gesetzes schon schwankte. In ihr achteten die Absicht und die Werke der Menschen mehr auf das Fleischliche als auf das Geistige und waren leer und ohne Anstrengung. Während sie in dieser Zeit dahingingen, fühlten sie Härte und nicht Milde, weil das Gesetz keinen schonte, sondern den, der sich verfehlte, hart bestrafte.

Sie ist wie mit einem hölzernen Gewand bekleidet, weil die erwähnte Zeit das alte Gesetz an sich gezogen hatte, das die Früchte des Geistes vernachlässigte. *Dieses erscheint von oben bis zu ihrem Nabel weiß,* denn die Zeit, die vor Noach war, der seinen Schöpfer anerkannte und wußte, daß er Mensch war, und das Gebäude der Heiligkeit zuerst begann und Gott Opfergaben darbrachte, begann strahlend weiß bis zu Abraham, der wie der Nabel der Stärke war. Durch die Tiefen der Wasser waren die Menschen nämlich dermaßen erschreckt worden, daß sie danach einige Zeit hindurch die Gottesfurcht mit Rechtschaffenheit in sich sammelten.

Vom Nabel bis zu seinen Lenden ist es rötlich: Das bezeichnet die Zeit, die sich von Abraham bis Mose in der Beschneidung glühend erstreckte. Denn wie die Morgenröte der Sonne vorausgeht, so ging Abraham durch das Zeichen der Beschneidung, durch die er die Ausschweifung zerstörte, der Menschheit des Gottessohnes voraus.

Von den Lenden bis zu den Knien ist es hellgrau. Das zeigt, daß die Zeit, die sich von der Gesetzgebung des Mose bis zur babylonischen Gefangenschaft erstreckte, in der Härte und Strenge des Gesetzes gemäß dem Fleisch weiterging. Sie begann sich dort zu vielen Eitelkeiten hin zu krümmen.

Und von den Knien bis zu den Fußspitzen ist es trüb. Das zeigt die Zeit von der babylonischen Gefangenschaft bis zum Ende dieses Gesetzes, als der Sohn Gottes kam, der es in sich ganz erfüllte. Diese Zeit erschien gleichsam trüb in ihrer Nachlässigkeit und Stumpfheit; denn schon damals hielt man das Gesetz für eine Schande, und wie trübes Wasser, als wertlos gilt, strebte es wie das Fleisch <carnaliter> dem Fall zu. Denn die, die damals unter dem Gesetz zu stehen schienen, wollten von der aufgehenden Sonne der Gerechtigkeit nichts wissen, sondern sagten, sie wollten nur auf die auf den Gesetzestafeln verzeichneten Buchstaben schauen; und sie versicherten, daß es an ihnen nichts anderes zu verstehen gebe.

Daher habe Ich, der Ich alles gerecht entscheide, Mein Gericht, das ich in Ägypten und anderswo über sie verhängt hatte, jetzt über sie geschickt, weil sie auf sich selbst vertrauten und machten, was sie wollten, und zwar durch Völker, die sie gefangen nehmen und in entfernten Landstrichen verstreuen sollten. In dieser Härte des Unglaubens werden sie solange bleiben, bis die alte Schlange ihr Auge auf einen irrenden und verlorenen Menschen richten wird. Ihn wird die verborgene Gottheit so töten, daß diesen Hieb weder ein Engel noch ein Mensch kennt. Und dann wird das Gesetzesvolk in tiefer Trübsal wieder auf Mich blicken in Trauer und Klage, daß es so lange getäuscht wurde. Wie lange aber die Menschen dann in dieser Übergangszeit bleiben werden, ist den Engeln und Menschen unbekannt.

Die genannte Gestalt *hält ein Schwert, das quer über die Hüften gelegt ist,* denn sie zeigt, daß sie die Beschneidung wie in einer vorübergehenden Zeit <in transitu> im Fleisch gehabt hat, in der der Mensch dennoch vom Nabel<bereich> der vitalen Regungen <ab umbilico vitalium> bis zu den Lenden auf ihren Antrieb hin sündigt, wenn der Geist des Menschen sie zum Sündigen bewegt. Diese Gestalt weist auch auf die Urteile Gottes hin, die in sich die reine Gerechtigkeit haben, so nämlich, daß Gott über den, der die Glieder eines Menschen abtrennt, das Blut dieses Täters <occisor> ausgießt. Auch den, der sich durch andere Übeltaten von Ihm abwendet, züchtigt er, nachdem er ihn in einer gerechten Prüfung gerichtet hat.

Und sie steht unbeweglich und richtet ihren Blick nach Westen. Denn die Menschen, die zu jener Zeit lebten, als das alte Gesetz in Kraft war, wandten sich nicht der geistlichen Einsicht zu. Sie wußten zwar vom Fall der alten Schlange und sahen die vielen Gefahren, aber trotzdem hatten sie das Heil ihrer Seelen in Stumpfheit und Nachlässigkeit. Denn als der Feuerdrache sah, daß Gott einige Menschen gerettet hatte, die die Sintflut nicht verschlungen hatte, schickte er durch sein Blasen seinen großen Zorn aus. Wuterfüllt sagte er bei sich: Alle meine Künste werde ich aufbieten und sie einzeln aussieben, damit ich die, die die Sintflut nicht ertränkt hat, mit irgendwelchen Verstrickungen irreleite und sie mir so wieder unterjoche.

8. Vorausdeutungen auf die Menschwerdung Christi

Also erstreckt sich diese Zeit nach der Sintflut von Noach bis zur Menschwerdung Meines Sohnes, der die, die an Ihn glauben, zu geistlicher Einsicht bekehrt. Damals brach eine andere Zeit an, die nicht dem Fleisch, sondern dem Geist nach zum Leben führte.

An Noach habe Ich nämlich viele Wunder geoffenbart, wie Ich auch bei Meinem ersten Erscheinen an Adam sehr viele Wunder vollbrachte. Denn wie Ich in Adam alle künftigen Menschen voraussah, so habe ich auch in Noach das neue Zeitalter, das heraufkommen sollte, im voraus bezeichnet. Denn aus seinem Sproß gingen die stärksten und eifrigsten Propheten hervor, die ihre Zunge schärften und das, was sie im Heiligen Geist sahen, freimütig verkündeten, nämlich daß Gott Sein Wort, das vor aller Zeit in Ihm war, in die Welt senden werde. Und Es ist so Fleisch geworden, daß die ganze Welt darüber staunt. Und um dieses Wunder zu verkünden, durcheilten ihre Stimmen schnell die Welt, als sie beteuerten, daß der Schönste von allen Menschenkindern (vgl. Ps 45,3) auf die Welt kommen werde.

Aber auch die Vernunft spricht <dictat> zuerst, und nach diesem Sprechen <dictatus> wird das Werk ausgeführt. Denn wenn das Sprechen nicht vorausginge, würde das Werk nicht nachfolgen. Die Welt nämlich und den

Menschen hat Gott durch Sein Wort ausgesprochen. Das Wort, das ohne Anfang ist, sprach ein bestimmtes Wort, aus dem die Welt sich ein Gewand anlegte, damit Gott, wenn der Mensch gesündigt hätte, sich aber zu Gott bekennen würde, ihn mit diesem Gewand wieder an sich ziehen könne. Und wenn deshalb das Wort dieses Gewand nicht angezogen hätte, würde der Mensch nicht geheilt, wie auch der verlorene Engel nicht gerettet werden wird. Und wie könnte es sein, daß Gott nicht die Schöpfermacht hätte, den wieder an seinem Platz einzusetzen, der sich von Ihm entfernt hatte, da er Ihn doch reuig bekennt? Wie es nämlich dem allmächtigen Gott gefallen hat, den Menschen zu schaffen, so hat es Ihm auch gefallen, den zu erlösen, der auf Ihn vertraut.

Deshalb hat Er auch die Prophetengabe geheimnisvoll ausgehaucht und umschattet entsandt, bis Er Sein Werk vollendete. Aber bevor Er es zur Vollendung führte, wies Er durch vorausgehende Zeichen darauf hin. Denn dem Noach zeigte Er die Arche, Abraham gab Er die Beschneidung, Mose aber lehrte Er das Gesetz, damit die Erregung der Leidenschaft, die sich wie die Zunge einer Schlange regt, durch diese <Beschneidung und Gesetz> verwirrt werde. Und wie der Teufel durch Tiere den Menschen getäuscht hatte, bevor der Heilige der Heiligen kam, so sollte bei den heiligen Handlungen für Gott der Teufel durch die Tier<opfer> zertreten werden.

Diese drei Zeichen gingen dem Gottessohn voraus: Die Schlachtopfer, die Beschneidung und das Gesetz, und Er selbst wollte diese erleiden und an sich vollenden lassen gemäß den Worten der erleuchteten Propheten, die sowohl von Gott als auch von allen Übeln des Nordens redeten. Denn solange die alte Schlange gegen Gott kämpfen will, wie sie auch im Himmel gegen Ihn kämpfte, geht sie auf die Menschen los und rät ihnen, sich selbst Gott entgegenzustellen und das, was sie mit Augen und Händen erfassen, als Gott zu verehren, wie sie es ihnen an Baal und anderen Götzen zeigte. Aber wie niemand Gott zu begreifen vermag noch irgendjemand Sein Werk vollenden kann, so kann auch der Teufel den Menschen nicht fassen, außer wenn der Mensch auf seine Einflüsterung hin nach ihm lechzt. Und dann freut er sich in seiner Bosheit sehr, daß er das Werk Gottes besiegt, indem er so sein Spiel mit ihm treibt.

Denn wenn auch der Teufel spürt, daß der Mensch wirken kann, erkennt er doch keineswegs, was dieser wirken will. Und wenn er eingesehen hat, daß er nach Gott aufseufzt, so daß er seine Werke auf Gott setzt, weil er durch Ihn erschaffen ist, dann tritt er mit seiner Einflüsterung an ihn heran und sagt: Da du doch die Möglichkeit hast, zu tun, was du willst, warum erbittest du dir dann dein Werk von einem anderen? Und warum wird es dir schaden, die Werke zu verwirklichen, die du kannst, während jener, den du deinen Schöpfer nennst, sein Werk geschaffen hat, wie Er wollte. Und so täuschte er ihn durch seine Einflüsterung. Deshalb bezeichnet der Nordwind diese Einflüsterung und Überredung. Denn wie dieser ein ganzes Haus völlig zerstört, so führt auch diese teuflische Einflüsterung die Sinne des Menschen in eine solche Vergessenheit, daß er die Einhauchung Gottes vergißt und nicht zu Gott aufseufzen kann. Auch den Geisthauch seiner Seele, der zu Gott aufseufzen müßte, schneidet er ab und entflammt diesen Menschen zu den Sünden, die er mit seinem Leib begehen kann. Denn bei dem Einblasen dieser übelriechenden Einflüsterung vertraut er darauf, die Seelen auch der vernünftigen Menschen an sich ziehen zu können, wie ein Wurm, der im Schlamm liegt, aus seinem schmutzigen Saft andere Würmer hervorbringt. Er führte die Menschen zu so verkehrten, stinkenden Taten, daß sie ihre Knie vor Baal und den anderen Götzenbildern beugten, aus deren Mund ein unreiner Geist ertönte und zu ihnen sprach, und sie so unzüchtige Handlungen lehrte. Denn am Anfang kamen von Geschlecht zu Geschlecht (vgl. Ps 85,6) Völker, deren entsetzliche Gesinnung sich wegen der Begierde des Fleisches von Gott abwandte.

Aber dennoch brachte, wie vorher gesagt war, Gott durch die Arche die Gerechtigkeit; durch die Beschneidung, die wie ein Stahl war, verwundete er den Teufel, so daß auch die Begierde, die die alte Schlange ausgeblasen hatte, durch sie bloßgestellt wurde. Durch das Gesetz jedoch, das Er mit Seinem eigenen Finger schrieb (vgl. Dtn 9,10), verwirrte er sie. Er dachte wieder daran, daß Er mit Seinem Finger den Menschen geschaffen hatte. Voraus aber ging als Dienst für den Menschen die Schöpfung. Aus ihr nahm der Mensch reine Tiere und brachte dem allmächtigen Gott zum ersten Mal ein Opfer dar. Was aber Abel begann, das vollendete das Gesetz ganz, indem es verkündete, daß der Mensch, der von dem Tier, von dem er sich ernährt, eine Opfergabe darbringt, sich selbst als Opfergabe Gott darbringt.

Und wie die Sonne den Mond sowohl beim Zunehmen als auch beim Abnehmen als Untergebenen hat, so hatte auch der Gottessohn, die wahre Sonne, das Gesetz in Sich, das in Ihm wuchs, als Er es erfüllte und das in

Ihm sein Ende nahm, als Er sich Gottvater opferte. Und wie durch Seinen Tod eine Verfinsterung der Sonne entstand, die aber danach wieder die ganze Erde erleuchtete, so wollte dieser Sohn Gottes, daß der Mensch Ihm entsprechend leuchte. Er sollte auf Seinen Tod blicken und dabei erwägen, was er tun muß. Wie der Pflug mit den Zugtieren die Erde umwirft, in die Samen gesät wird, der viele Früchte trägt, von denen sich die Menschen ernähren, so hat auch das Gesetzesvolk in den Geboten Gottes geschriebene Buchstaben erhalten; aber am Ertrag ihrer Frucht hat es sich nicht gesättigt, weil es nicht erkannte, was in den Buchstaben verborgen war. Der Sohn Gottes aber enthüllte durch die Samen Seiner Worte den Gläubigen, daß sie, von Seinem Fleisch und Blut gesättigt, das Leben haben. Auch das war in den göttlichen Geheimnissen verborgen, und Er offenbarte es durch sich selbst.

9. Verschiedene Arten der Nachfolge Christi

Du siehst aber im gesamten südliche Bereich unzählige andere Menschengestalten wie ein Wolke in der Luft schweben. Denn die Menge der Gläubigen, die den Sohn Gottes in glühender Gerechtigkeit nachgeahmt haben und nachahmen, stiegen und steigen von Tugend zu Tugend auf, indem sie ihre Herzen zum Himmel erheben. *Die einen von ihnen tragen auf ihren Häuptern Kronen.* Wenn diese ihren Geist emporrichten, legen sie durch die gerechten und heiligen Wünsche ihrer Herzen ihren Seelen den Schmuck der himmlischen Belohnungen an, weil gute Wünsche der Anfang eines guten Beginnens sind. *Andere halten in ihren Händen reich geschmückte Palmzweige,* denn sie zeigen an ihren Werken den Sieg ihres guten Kampfes, *andere halten Schalmeien,* das heißt den Lohn, den sie in ihrer Gottesfurcht und Gottesliebe durch ihre Lehre verdient haben. *Andere halten Zithern,* nämlich die Belohnungen für den harten und engen Weg, der zum Leben führt. *Andere Harfen,* weil an ihnen die vielfachen Tugenden erscheinen, die in Lobpreisungen zu Gott hinstreben. *Der Klang dieser Instrumente ertönt wie der liebliche Ton der Wolken,* denn die Lobpreisungen, die in den genannten Ehren und Belohnungen der Tugenden erschallen, klingen zusammen mit dem erwünschten Verdienst derer, die mit den Tugenden wirken und ihre Herzen zum Himmel erheben.

Denn entsprechend dem, was die Menschen, die in Rechtschaffenheit Gutes tun, an Verdiensten erwerben, wird ihr Lohn bei der Vergeltung sein.

Daher fliegen die Herzen der Gläubigen, wie schon gesagt wurde, hin und her wie die Wolken. Denn in der Sehnsucht der Seele, durch die der selige Mensch von Gott das Werk erbittet, das er wirken soll, wird er nie satt. So hören auch die Bäche, die aus dem Meer kommen, nie mit ihrem Strömen auf. Und weil die heiligen Wünsche, die der Anfang alles Guten sind, ihnen so eingeprägt sind, wie schon gesagt wurde, krönt Gott sie zusammen mit der himmlischen Heerschar, weil sie so an Ihm hängen, daß sie auf keine Weise von Ihm getrennt werden.

Gottes Anordnung bestimmte nämlich unter den Geschöpfen zuerst, daß der Mensch im geistlichen Leben erneuert werden sollte. Und wenn er in einem Gesetz anordnete, bestimmte Tiere zu binden, zu töten und zu verbrennen, ihr Blut aber zu versprengen, wies Er im voraus darauf hin, daß gewisse Menschen, die wie Wolken dahineilen und auf Ihn schauen, aus Liebe zu Ihm gefoltert, getötet und so geopfert würden. Und weil diese an den Brüsten der Tugenden saugen, um Genußsucht und andere Laster zu meiden, tragen sie die Siegespalmen. Denn sie vergießen sogar eher ihr Blut, als daß sie durch Werke des Unglaubens aus dem Netz der Gerechtigkeit fallen. Auf diese Weise kreuzigen sie sich auf zwei Weisen, nämlich indem sie gegen ihren Leib kämpfen und nach Gottes Anordnung ihr Blut vergießen. Daher gleichen sie auch den Engeln, die immer bei Gott stehen.

Die aber, die durch die Lehre vom allmächtigen Gott ihren Dienst ausüben, dadurch daß sie andere lehren, erklingen mit den Schalmeien der Heiligkeit, wenn sie mit der Stimme der Vernunft die Gerechtigkeit in die Herzen der Menschen hineinsingen. So spricht auch das Wort, und der Ton ist sein Widerhall, und so wird durch den Ton das Wort gehört und umfaßt, damit es gehört werden kann. Und wie durch die Schalmei die Stimme vervielfacht wird, so soll auch durch die Gottesfurcht und die Gottesliebe die Stimme des Lehrers unter den Menschen vervielfacht werden, wenn er die Gläubigen versammelt und die Ungläubigen vertreibt.

Auf diese Weise stehen auch andere auf, die sich selbst verachten und verwerfen, indem sie sich in der Keuschheit der Jungfräulichkeit binden, die Lust der Welt als Strafe erachten und im Lobpreis der Engel verharren. Wie der Adler fliegen sie in der vollen Sehnsucht ihrer Herzen zu Gott empor, gleich der Morgenröte, die der Sonne vorausgeht, und mit den Augen der Einfalt von Tauben schauen sie immer auf Gott. Deshalb bringen sie zu Gott, dem sie auf diese Weise verbunden sind, mit Zithern solche Lobpreisungen, die das menschliches Wissen nie erklären kann.

Es gibt aber auch andere, die in den Geboten Gottes unzählige Tugenden wie Garben für sich sammeln und unter der Demut, der Königin der Tugenden (vgl. Ordo 68), mit den Harfen ihren Dienst leisten, indem sie sich aus Gottesfurcht und Gottesliebe gleichsam auf die Erde niederwerfen. Die Demut öffnet nämlich jenen, die sie nachahmen, den Himmel; denen, die sie geringachten, verschließt sie ihn, so daß er bei keiner Verfolgung durch Feinde entriegelt werden kann. Den Stolz aber stürzt sie in die Hölle, die das Erbteil von Menschen mit überheblichen Herzen ist. Mit denen, die mit ihr dienen, herrscht sie im Himmel. Denn wie die Harfen mit verschiedenen Arten von Stimmen zum Klang des Lobes verwendet werden, so hat Gott die Lobpreisungen der Menschen zur Ähnlichkeit mit denen der Engel bestimmt. Wie nämlich die himmlische Heerschar in der Anschauung Gottes den Stolz überwunden hat, so überwinden auch die Menschen, die sich vom Bösen enthalten, immer in sich den Stolz.

Der Mensch ist ja das Werk der rechten Hand des allmächtigen Gottes, das sie selbst geschaffen hat, und er wird den Chor der verlorenen Engel ersetzen. Und deshalb steht er auch unter dem Schutz der guten Engel. An diesen beiden Ordnungen der Engel und Menschen hat Gott eine große Freude, nämlich an den Lobpreisungen der Engel und den heiligen Werken der Menschen, denn in ihnen vollendet Er alles nach Seinem Willen, was in der Ewigkeit so vorausgewußt war. Der Engel aber ist vor Gott beständig, der Mensch jedoch unbeständig, und daher versagt entsprechend das Tun des Menschen, die Lobpreisungen der Engel aber ermatten nie.

Auch Himmel und Erde berühren Gott, weil sie durch Ihn geschaffen und zur Ehre Gottes da sind. Aber weil der Mensch sterblich ist, werden die göttlichen Offenbarungen, die den Propheten und Weisen manchmal offenbart werden, oft wie von Schatten verdunkelt. Wenn aber der Mensch nach seiner Veränderlichkeit unveränderlich sein wird, dann wird er die Herrlichkeit Gottes erkennen und schauen und immer bei Gott bleiben, wie David mein Diener nach Meinem Willen sagt:

10. Psalm 63,8–9: Jubelnder Dank für die Großtaten Gottes

„Im Schatten deiner Flügel werde ich jubeln. Meine Seele hängt an dir; deine rechte Hand hält mich fest" (Ps 63,8–9). Der Sinn dieser Aussage ist so zu verstehen: Unter der Verteidigung Deines Schutzes, O Gott, werde ich mich freuen, wenn ich von der Last der Sünden befreit bin. Und weil meine Seele sich danach gesehnt hat, mit guten Werken zu Dir zu kommen, hat mich die Macht Deiner Kraft aufgenommen weil ich tief zu Dir aufseufzte und laut zu Dir rief, damit ich von nun an vor meinen Feinden gerettet bin (vgl. Ps 18,4). Denn ich bin das Werk, das Du geschaffen hast, weil Du vor der Vorzeit der Tage in Deiner Ordnung hattest, mich so zu erschaffen, daß alle Schöpfung mir beisteht.

Und als Du mich erschufst, hast Du es mir gegeben, Dir gemäß zu wirken, wie ja auch Du mich geschaffen hattest. Daher bin ich Dein. Mit makellosem Fleisch hast Du Dich bekleidet, wie es Dir als Schöpfer geziemte, und so hast Du den Saum Deines Gewandes geweitet. Deswegen hast Du auch den Himmel mit Lobpreis in Bewegung gesetzt und ihn mit der Vielfalt allen Schmuckes mit den Engeln wie mit einem Gürtel umgeben. Diese können nicht aufhören zu staunen, während sie sich wie mit einem Gürtel des Lobpreises umgeben, weil Du den Menschen so gemacht hast. Denn mit dem Gürtel des Lobes dessen, der die himmlische Herrlichkeit zurückwies, hast Du, als dieser ihn verlor, den Menschen umgürtet und ihn mit Deinem Gewand so gefestigt, daß er von nun an vom Lob nicht abläßt.

Aber auch die Engel staunen, daß Du Dein Gewand von dem sterblichen Adam genommen hast; Du hast das jedoch getan, damit eben dieser Sünder wieder neu auflebt und damit die Herrlichkeit Gottes, der durch kein prüfendes Nachforschen ein Ende gesetzt werden kann, dem Engel im Himmel aufleuchtet, indem Du sprachst: Du bist immer vor Meinem Angesicht, und deshalb brauchst du nicht zurückgerufen zu werden wie jener, der durch Mein Gewand wiedergefunden wurde, weil er Mich nicht völlig geleugnet hatte, als er von einem anderen verführt war. Als er nämlich Meine Ähnlichkeit suchte, wurde er sterblich. Daher mußte er durch die Qualen Meines Gewandes zurückgerufen werden, damit nicht in ihm die brüderliche Gemeinschaft mit dir verlorengeht. Denn obwohl Ich dich ohne Fleisch und ihn mit Fleisch geschaffen habe, so habe Ich doch euch beide geschaffen.

Auf solche Weise hat sich die verborgene Gottheit, die ganz gerecht ist und von niemand vollkommen geschaut wird, außer soweit Sie sich zu enthüllen würdigt, dem Engel geoffenbart, der ohne Sturz im himmlischen Bereich geblieben war. Denn in der umfassenden Kraft Ihrer rechten Hand hat die Gottheit eine solche Fülle, daß niemand verlorengeht, der Sie mit dem Auge des Glaubens anblickt. Denn die, die nicht mit dem Auge des Glaubens auf Sie blicken, vergehen vor Ihrem Anblick, wie auch der verworfene Engel und die, die ihm zustimmten, zugrunde gingen. Als Gott alles geschaffen hatte, hat Er es auch gut geordnet. Denen, die zu Ihm aufschauen, gibt Er die Belohnungen für ihre Verdienste, die aber, die sich Ihm nicht zuwenden wollen, richtet Er, wie schon gesagt wurde.

11. Die Schöpfung und Erlösung des Menschen

Dies alles ist durch den menschgewordenen Sohn Gottes offenbart worden. Denn die, die an Ihn glauben, werden geheilt, die aber, die sich von Ihm abwenden, werden verdammt werden. Denn Er ist nicht aus der Wurzel der Erde, sondern aus der unversehrten Jungfrau durch den Willen Seines Vaters hervorgegangen. Er hat vor Seiner Menschwerdung mit Seinem Vater alles geschaffen, nach Seiner Menschwerdung hat Er den Menschen geheilt, den Er geformt hatte. Denn ohne Sünde nahm Er Menschengestalt an und erlöste durch sie den Menschen, den Er geschaffen hatte. Das konnte kein anderer tun, als Er, der den Menschen geschaffen hatte.

Denn als Adam ein einfältiger und strahlender Sohn war, lebte er im Wachen und Schlafen, um durch den Geist Einsicht zu gewinnen und damit im Schlaf sein Fleisch ausruhte. Und so wurde er in das unwandelbare Land der Wonne geführt, damit er durch seinen Geist die Unsterblichkeit erkannte und nicht durch das äußere Sehen seiner Augen das Unsichtbare leugnete. Das unsterbliche Leben hat nämlich kein nebelhaftes Licht wie das geschaffene Auge, das nur eine bemessene Zeit sieht, weil die Dunkelheit es wieder überkommt. Und daran leidet der Mensch, weil sein Auge von einer dunklen Haut überzogen ist. Die Pupille des Auges weist auf das innere Sehen der Augen hin, das dem Leib unbekannt ist. Das Augenlid aber deutet auf das leibliche Sehen hin, das sich nach außen ausbreitet.

In diesen beiden Arten des Erkenntnis also wird jedes Werk des Menschen vollendet. Denn die Erkenntnis des inneren Sehens lehrt den Menschen das Göttliche, aber das Fleisch behindert es. Das verblendete Wissen aber wirkt nächtliche Taten gleich dem Blick der Schlange, die das Licht nicht sieht. Daher wendet sie alle, die sie kann, von den Werken des Lichtes ab, wie sie es auch an Adam tat, als sie in ihm das Licht des lebendigen Wissens trübte. Auch das Wissen war in Adam wie die Prophetengabe, und diese dauerte bis zur Menschwerdung des Gottessohnes. Denn Er sollte sie durch sich erleuchten, wie die Sonne die ganze Erde erleuchtet. Und alles, was vorausgesagt war, nämlich was vor und unter dem Gesetz als geschehen erkannt wird, erfüllte sich auf geistige Weise in Ihm, als Er sich selbst ganz dem himmlischen Vater darbrachte, so wie geschrieben steht:

12. Psalm 104,3: Lobpreis auf die Menschwerdung Christi aus Maria

„Du nimmst dir die Wolke als Aufstieg, der du wandelst auf den Schwingen der Winde" (Ps 104,3). Der Sinn dieses Satzes ist so zu verstehen: Herr, Gott, Du bist es, der Du es bewirkst, daß die gerechten und richtigen Wünsche der Gläubigen für Dich der Zugang sind, so daß Du in ihren Herzen herrschst. Du lenkst auch Deine Wege über die Worte und Schriften der Gelehrten, indem Du sie überragst, weil Du ohne Makel einhergehst und keine Sünde in Dir spürst. Deshalb sind auch die Wolken Dein Aufstieg, die Du Dir als Leiter geschaffen hast, als Du, Sohn Gottes, sie durch Dein Gewand bestiegst. Du hast es angenommen aus der einzigartigen, unversehrten Jungfrau, deren Schoß niemand geöffnet oder berührt hat. Wie Tau in die Erde, so bist Du in sie eingegangen. Nicht durch die Zeugungskraft eines Mannes, sondern aus der Gottheit hast Du in ihr Wurzeln geschlagen, wie der Sonnenstrahl die Erde erwärmt, damit sie ihren Keim hervorbringt. Und wie Du in sie eingegangen bist, so bist Du auch ohne jede Verletzung und ohne jeden Schmerz aus ihr hervorgegangen gleichsam wie im Schlaf. So ist auch Eva von dem schlafenden Mann genommen worden; und wie dieser Mann ohne eine Wunde die Frau mit Freude anblickte, so hat auch die einzigartige Jungfrau ihren Sohn auf ihrem Schoß mit Freude umarmt.

Auch Eva wurde nicht aus dem Samen, sondern aus dem Fleisch des

Mannes geschaffen. Denn Gott schuf sie mit derselben Kraft, in der Er auch Seinen Sohn in die Jungfrau sandte. Weder Eva, die Jungfrau und Mutter, noch Maria, die Mutter und Jungfrau, hat später ihresgleichen gefunden. Auf diese Weise bekleidete sich Gott mit der Gestalt des Menschen und verhüllte mit ihr Seine Gottheit, die sichtbar ist für die Engel im Himmel, der Seine Wohnung ist. Daher ist auch der Mensch, den Er in der Länge, Breite und Tiefe (vgl. Eph 3,17–18) geformt hatte, Wohnung Gottes.

13. Das Leben Jesu als Erfüllung des Alten Testamentes und die Zeit und Zahl der Apostel

Dieser menschgewordene Gottessohn hat alle vergangenen Wunder, die Ihm vorausgegangen waren, in sich erfüllt, wie oben gesagt wurde. Denn in Seiner frühen Kindheit, als Herodes, der Ihn zu vernichten suchte, von den Magiern hintergangen wurde (vgl. Mt 2,16), wies Er auf den Fall der alten Schlange hin, die sich bemühte, das Himmlische zu verwirren. In seinem Knabenalter wies er hin auf die Zeit von Adam bis Noach, dadurch daß Er im Gegensatz zu der Unwissenheit Adams in sich große Weisheit hatte, so daß Ihn kein Makel der Sünde berührte. Damals wurde auch die Einschätzung des Teufels, der meinte, der Mensch sei völlig verloren, dadurch getäuscht, daß er nicht wußte, daß Gott Menschengestalt angenommen hatte. Alle nämlich, die Ihn damals sahen und hörten, wunderten sich und sagten: Niemals haben wir so etwas gesehen oder gehört, wie es in diesem Knaben ist, das heißt, daß in dem einfältigen und ungebildeten Knabenalter Weisheit von großer Tiefe in Erscheinung tritt (vgl. Lk 2,47–48). Die, die so sprachen, wußten nicht, daß Er der Ursprung des Wissens der Engel und Menschen ist, noch erkannten sie Ihn, in dem Engel und Menschen verwurzelt sind.

Er richtete in Seiner Menschheit auch das wieder auf, was durch Adam aufgehört hatte, nämlich die Enthüllung der Gerechtigkeit. Denn Er schrieb Sein ganzes Werk Seinem Vater zu. Und wie der Baum aus der Lebenskraft der Wurzel seine Schößlinge hervorbringt, so hat Er in Seiner Gottheit, mit der Er in der Menschheit wurzelte, alle Seine Werke vollbracht. Denn aus Ihr kam Er und mit Ihr ist Er untrennbar verbunden. Aber auch in Seinem Fleisch erneuerte Er die schändlichen Werke der Menschen zum Besseren, und durch Seine Lehre umkleidete Er sie zusammen mit der Einhauchung des Heiligen Geistes mit Heiligkeit. Auf diese Weise rief Er sie, die wie durch die Sintflut versunken und durch die Sünden tot waren, zu einem Leben in Gerechtigkeit, wie es in Noach vorherbezeichnet war.

Dieser Sohn Gottes verwies, als Er als junger Mann im Fleisch auftrat, auf die Zeit von Noach bis Abraham, dem die Beschneidung aufgetragen wurde. Denn als Er selbst ins Wasser trat, es mit Seinem Leib heiligte und große Wunder tat, offenbarte Er, daß die Menschen nach der Sintflut heiliger lebten als zuvor. Die Unzucht, die sie vorher geliebt hatten, verabscheuten sie und die Ungerechtigkeit der Gottvergessenheit gaben sie auf, so daß die Blöße ihres unzüchtigen Tuns in Beschämung geführt wurde. Denn die Keuschheit zertrat im Sohn Gottes die Ausschweifung, band sie durch das Seil der Lehre und zwang sie durch die Enthaltsamkeit von den Sünden, Ihm zu dienen. Der Gottessohn selbst nämlich offenbarte an sich die gesamte Gerechtigkeit und lehrte sie, Er vollendete sie in Seiner Menschheit durch die Trennung von den Sünden, wie es auch die Beschneidung offenbar machte, die zur Beschämung der Schlange an einer Stelle vorgenommen wurde.

Als Er aber dann die fleischlichen Gebote, die durch Mose gegeben wurden, an sich erfüllt hatte, nachdem Er die Fesselung und andere Schmähungen erlitten hatte und am Kreuz die lebendige Opfergabe für Seine Schafe geworden war, wandte Er sich von der Welt ab, wie der Tag sich von der Nacht trennt. Denn nachdem Er viele Zeichen gegeben und durch sich viele verborgene Wunder gezeigt hatte, wurde Er von der Erde hinweggenommen. In Seinem Leiden und Tod wies Er auch auf die babylonische Macht hin, als die Söhne Israels in die Gefangenschaft geführt wurden, so wie Er selbst den Heiden zur Kreuzigung ausgeliefert wurde (vgl. Mt 20,19). Damals wurden Seine Jünger in Traurigkeit versetzt (vgl. Lk 24,17), wie die erwähnten Gefangenen ihre Freude ablegten und ihre Harfen mit Trauergesängen vertauschten (vgl. Ps 137,1–4).

Als Er aber vom Tod auferstand und Seinen Jüngern mit sehr vielen Beweisen erschien, zeigte Er dadurch die Rückkehr der erwähnten Gefangenen. Und als Er denselben Jüngern befahl, in die ganze Welt zu gehen, um die, die glaubten, zu taufen (vgl. Mk 16,15–16) und sie nach Seiner Himmelfahrt durch die Eingießung des Heiligen Geistes stärkte, damit sie nicht durch die verschiedenen Bedrängnisse ihrer Gegner besiegt wurden und unterlagen, sondern diese durch herrliche Wundertaten überwandten, da zeigte Er, daß das alte Gesetz im Fleisch beendet und in ein Leben im Geist verwandelt ist. Er lehrte sie auch, soweit sie es erfassen konnten, denn sie vermochten Ihn noch nicht zu sehen, wie Er in Seiner Gottheit ist, so wie ein Mensch, der die Gestalt eines anderen anschaut, dennoch dessen Seele nicht zu schauen vermag.

Denn als der Vater Ihn wieder in Sein Herz aufnahm, von dem Er ausgegangen war und von dem Er doch nie entfernt war, so wie auch ein Mensch seinen eigenen Atem wieder in sich aufnimmt, sahen die gesamte Heerschar der Engel und alle verborgenen Gründe des Himmels Ihn offenkundig als Gott und Menschen. Daher berührte Er auch Seine Jünger mit jenem Feuer, aus dem Er im Schoß Seiner Mutter empfangen wurde. Er goß ihnen mit den Feuerzungen eine ungeheure Kraft ein, stärker als die Kraft eines Löwen, der die wilden Tiere nicht fürchtet, sondern fängt. Denn Seine Jünger sollten die Menschen nicht fürchten, sondern sie fangen. Der Heilige Geist verwandelte sie nämlich in ein anderes Leben, das sie vorher nicht kannten, und weckte sie mit Seinem Hauch so auf, daß sie nicht mehr wußten, daß sie Menschen waren. Und mit einem größeren und mächtigeren Anteil (vgl. 2 Kön 2,9) suchte Er sie heim, als Er je vorher oder danach jemanden heimsuchte. Denn die Propheten sprachen sehr viel im Heiligen Geist; auch vollbrachten viele nach den Jüngern sehr viele Wunder, aber dennoch sah keiner von ihnen die Feuerzungen. Dadurch daß sie mit ihren äußeren Augen die feurigen Zungen sahen, wurden sie in ihrem Inneren so gestärkt, daß jede furchtsame Regung vor Gefahren ihnen so aus ihrem Inneren genommen wurde, daß sie in keiner Gefahr Schrecken oder Furcht hatten. Und diese Stärke hatte die göttliche Kraft ihnen mit den Feuerzungen eingeprägt.

Denn es entsprach dem allmächtigen Vater, diese Zwölf, die Er Seinem Sohn zugesellt hatte, zu bewahren (vgl. Apg 1,21–26), damit diese Jünger andere das lehrten, was sie von Ihm gehört hatten. Und wie Gott das Firmament einsetzte und es mit dem Wehen der zwölf Winde und den zwölf Zeichen der umlaufenden Monate ordnete und wie eben dieses Firmament all seine Aufgaben mit Feuer vollbringt, so wurden auch diese bei allen Wundern durch das Feuer des Heiligen Geistes gestärkt. Denn ihre Lehre ging wie das Wehen der Winde in alle Welt (Ps 19,5) und leuchtete wie die Sonne, und ihr Martyrium brannte wie im Südwind.

Wie nämlich die Monate ihren Lauf mit all dem, was das Firmament zusammenhält, vollenden, so erfüllt Gott mit diesen Menschen, die die Wahrheit verkündeten, all Seine Zeichen im katholischen Glauben. Er führte die zehnte Zahl, den Menschen, den jene Drachme (vgl. Sciv 3,2; 591–601) bezeichnet, die die Weisheit fand, durch Seinen Sohn zum Himmel zurück. Er ist der Eingeborene Sohn Gottes und Sohn der Jungfrau, deren Name Stern des Meeres ist, aus dem alle Flüsse hervorgehen und zu dem sie wieder zurückkehren, wie auch vom Eingeborenen Gottessohn alles Heil für die Seelen kommt und wieder in Ihm bleibt. Er vollendet durch sich selbst alles, was vorausgesagt worden war, was vor Ihm unter dem Gesetz oder vor dem Gesetz war. Er führte auch alles in einen besseren Zustand. So wandelte Er auf den Schwingen des Windes (Ps 104,3), das heißt in den genannten Wundern überragt Er die Taten der Patriarchen, die Worte der Propheten und die Zeugnisse und Schriften aller Gelehrten. In Seiner Menschheit erhebt Er sich über die gesamte Schöpfung, die ja der Mensch ist. Die gesamte Schöpfung erhält Er von Seinem Vater zum Erbe, wie Er dies auch Seinen Jüngern sagte, indem Er sprach:

14. Matthäus 11,27: Der Auftrag des Gottessohnes

„Alles ist mir von meinem Vater übergeben worden“ (Mt 11,27). Der Sinn dieser Aussage ist so zu verstehen: Ich, der Ich das Wort und der Sohn Gottes bin, Ich bin von Meinem Vater ausgegangen. Von Ihm ist Mir alles übergeben worden, was Er selbst vorausbestimmt hatte, indem Er es formte wie die Worte, die im Herzen verborgenen Gedanken hervorbringen. Zu Ihm gehe Ich wieder, wenn Ich den Auftrag Meiner Menschwerdung erfüllt habe, nämlich das Werk, das Er Mir in der Ewigkeit anvertraute, in der Ich immer vor aller Zeit mit Ihm war und untrennbar verblieb: Er sandte Mich, um die Zahl aufzufüllen, die Er festgesetzt hatte.

Und wie Ich im Himmel von Ihm die Macht erhielt zu erschaffen, so erhielt Ich von Ihm auch die Macht, um in den unteren Bereichen der Welt wiederherzustellen, was von der Schöpfung verloren gegangen war. Denn in dem wahren Vorauswissen Gottes lag alles Zukünftige von Ewigkeit her verborgen, das Er später durch Sein Wort, nämlich Seinen Sohn, schuf. Ihm gab Er auch die Macht, das, was Er geschaffen hatte, zu erlösen und zu lenken. Und so wurde alles Seinem Sohn übergeben (vgl. Mt 11,27), der vor aller Zeit in der Gottheit des Vaters mit Ihm gleich ewig und von gleicher Wesenheit war.

15. Das Rufen des Werkes Gottes bis zur Taufe

Denn der Sohn Gottes wandelte auf den Schwingen der Winde (Ps 104,3), weil die Propheten die Flügel der Worte des Heiligen Geistes waren. Wie der Heilige Geist sie inspiriert hatte, so prophezeiten sie mit ihrem Reden. Und darin hatten sie für den Sohn Gottes ein Beispiel gegeben. Denn nach dem, was sie von Ihm vorausgesagt hatten, wirkte Er, als Er auf Erden weilte, und trug den Menschen, wie oben gesagt auf Seinen Schultern zum Himmel und an den Ort des Paradieses zurück (vgl. Lk 15,5–6).

Die himmlische Wohnung und das Paradies aber errichtete Gott so, wie ein Mensch, der für seine Untergebenen ein Haus baut. Und an diese Orte trug der Gottessohn auf Anordnung Seines Vaters die Seelen der Gläubigen, die Er der Unterwelt entrissen hatte und mit sich führte. So macht es auch ein Mensch, der seine Stadt zunächst mit wenigen Menschen in Besitz nimmt, sie aber später mit einer großen Menge auffüllt. Der allmächtige Gott hatte vor der Menschwerdung Seines Sohnes das alles im voraus angekündigt und dem Menschen die Schöpfung zum Wirken überlassen. Aber allein der Mensch geht aufrecht und blickt mit seinem Gesicht empor zum Himmel, die übrigen Lebewesen jedoch sind zur Erde gebückt und dem Menschen untertan. Und so ist der Mensch durch den vernünftigen Geist unauslöschlich, in seinem Fleisch aber ist er mit den Würmern verweslich.

Die Prophetie war den Worten von kleinen Kindern ähnlich, deren Worte man nicht verstehen kann; aber wenn sie sich weiter entwickelt haben, versteht man ihre Worte. So war vor der Menschwerdung des Gottessohnes die Prophetie unbekannt und wurde nicht verstanden, in Christus jedoch wurde sie offenkundig, weil Er die Wurzel der Zweige von allem Guten ist. Die Wurzel bringt nämlich zuerst den Stengel hervor, der Stengel den Sproß, der Sproß entwickelt dann Zweige, die Zweige aber Blüten und die Blüten Frucht. So weist auch die Wurzel auf Adam hin, der Stengel auf die Patriarchen, der Sproß auf die Propheten, die Zweige auf die

Weisen, die Blüten auf die Vorschriften des Gesetzes, die Frucht aber auf den menschgewordenen Gottessohn, der durch das Wasser die Gläubigen und die, die zum Glauben kamen, zur Vergebung der Sünden führte. Denn durch das Wasser reinigte Er jede Lästerung der Sünden, die in Adam aufbrach. Und wie durch das Wasser Feuer gelöscht wird, so werden auch die Erbsünde und die übrigen Sünden durch das Bad der Taufe abgewaschen. Und weil der Heilige Geist in das Wasser kam, reinigte Er den Menschen durch die Beschneidung der Sünden. Er heiligte auch seine Seele, die durch die Täuschung der alten Schlange vergiftet war, so daß sie von nun an in der Gemeinschaft des wahren Glaubens Sein Zelt ist. Deshalb spricht David durch Meine Eingebung über den, der nicht in der Taufe zur Vergebung der Sünden abgewaschen wird, indem er sagt:

16. Psalm 104,20: Gläubige und Ungläubige und ihr Los

„Du hast Finsternis gesandt, und es wurde Nacht; in ihr regen sich alle Tiere des Waldes“ (Ps 104,20). Der Sinn dieser Aussage ist so zu verstehen: Oh Gott und Lenker, der Du alles richtig zuteilst, Du hast in Deinem gerechten Urteil die Finsternis der Strafen eingesetzt zur Bestrafung der bösen Taten, durch die sich auch die Nacht erhob, weil sie der Untergang der Verworfenen ist. Denn während die Ungläubigen in der Finsternis des Unglaubens sind, laufen sie in die Finsternis des Todes. Und so stürzen sie dann auf ewig ins Verderben. Durch diese Nacht, die ohne Licht des Glaubens ist, gehen alle hindurch, die in einer Gewaltherrschaft grausam und im Unglauben unfruchtbar sind. Denn wenn sie den Unglauben nicht ablegen und nicht durch die Taufgnade zu Dir, Gott, hineilen, werden sie in Vergessenheit geraten, als ob sie niemals gewesen wären.

Aber gläubig ist, wer die Finsternis des Unglaubens abgelegt hat und vor der Nacht der ewigen Verdammnis geflohen ist, wer an allem tierischen Verhalten und an unfruchtbaren Handlungen vorbeigeht und sich dem Leben zuwendet, das Er gebracht hat, der das Leben ist, indem er auch dem Teufel widersagt und sich im Bad der Taufe reinigt. Denn der Sohn Gottes verkündete Seinen Jüngern die Frohbotschaft, daß der Mensch im Wasser wiedergeboren werden muß; er würde sonst nicht in den Himmel erhoben, wenn er nicht vorher durch das Wasser und den Heiligen Geist gereinigt würde. Denn wenn der Mensch vom Vater durch den Samen in der Mutter gezeugt und aus ihr geboren ist, empfängt er in der Taufe die Einhauchung des Heiligen Geistes, und er wird auch der Heiligkeit teilhaftig. Der Ungläubige jedoch wird von der Heiligkeit ausgeschlossen und an den Ort der Strafe geschickt.

Diese Worte sollen die Gläubigen in der Hingabe ihres Herzens aufnehmen, denn sie sind zum Nutzen der Gläubigen von ihm verkündet, der der Erste und Letzte ist.

Achte Vision

Das Wirken der göttlichen Liebe

Ich sah auch gleichsam in der Mitte des beschriebenen südlichen Bereiches drei Gestalten. Zwei von ihnen standen in einem ganz klaren Brunnen, der ringsum eingefaßt und oben mit einem runden, durchbohrten Stein geschmückt war, als ob sie in ihm verwurzelt wären, wie Bäume bisweilen im Wasser zu wachsen scheinen. Die eine war von Purpurglanz, die andere von einem strahlend weißen Glanz so umgeben, daß ich sie nicht voll anschauen konnte. Die dritte aber stand außerhalb dieses Brunnens auf dessen Randstein, mit einem leuchtendweißen Gewand bekleidet. Ihr Antlitz leuchtete in solcher Helligkeit, daß diese auf mein Gesicht zurückschlug. Und vor ihnen erschienen die seligen Ordnungen der Heiligen gleich Wolken. Auf sie blickten die Gestalten aufmerksam.

1. Die Rede der Liebe

Die erste Gestalt sprach: Ich, die Liebe <caritas>, bin die Herrlichkeit des lebendigen Gottes. Die Weisheit hat in mir ihr Werk gewirkt, und die Demut, die im lebendigen Quell verwurzelt ist, ist meine Gehilfin, und mit ihr ist der Friede verbunden. Und durch die Klarheit, die ich bin, leuchtet das lebendige Licht der seligen Engel. Denn wie der Strahl durch das Licht leuchtet, so leuchtet diese Klarheit den seligen Engeln. Sie dürfte nicht sein, ohne zu leuchten, wie es ohne Leuchten kein Licht gibt. Ich habe ja den Menschen entworfen, der in Mir gleich einem Schatten verwurzelt war, wie man den Schatten eines jeden Dinges im Wasser erblickt. Daher bin ich auch der lebende Quell, weil alles, was geschaffen ist, wie ein Schatten in Mir war. Nach diesem Schatten ist der Mensch mit Wasser und Feuer gebildet, wie auch ich Feuer und lebendiges Wasser bin. Deshalb hat der Mensch auch in seiner Seele <die Fähigkeit>, alles zu ordnen, wie er will.

Jedes Lebewesen hat einen Schatten, und was an ihm lebendig ist, geht in ihm wie der Schatten hierhin und dorthin. Gedanken sind nur im vernunftbegabten Lebewesen, nicht aber in den unvernünftigen Tieren, weil jene nur leben und Sinne haben, mit denen sie erkennen, was sie meiden oder was sie suchen sollen. Nur die Seele, die von Gott eingehaucht ist, ist vernunftbegabt.

Meine Klarheit hat auch die Propheten überschattet, die durch heilige Eingebung Zukünftiges voraussagten, wie in Gott alles, was Er schaffen wollte, Schatten war, bevor es wurde. Die Vernunft aber spricht mit dem Klang; und der Klang ist gleichsam der Gedanke und das Wort gleichsam das Werk <verbum quasi opus>. Aus diesem Schatten ist auch die Schrift „*Scivias*" hervorgegangen durch die Gestaltung einer Frau, die gleichsam ein Schatten von Kraft und Gesundheit war, weil diese Kräfte in ihr nicht wirkten.

Die lebendige Quelle ist also der Geist Gottes, den Er selbst in all Seine Werke verteilt. Von Ihm leben sie, von Ihm haben sie das lebendige Leben, wie auch der Schatten von allem im Wasser erscheint. Und doch gibt es nichts, was deutlich sieht, woher es lebt, sondern es spürt nur das, wodurch es bewegt wird. Und wie das Wasser das fließen läßt, was in ihm ist, so ist auch die Seele der lebendige Geisthauch <vivens spiraculum>, der immer im Menschen fließt und ihn durch Wissen, Denken, Sprechen und Wirken gleichsam fließen läßt.

Auch in diesem Schatten hat die Weisheit alles im gleichen Maß zugemessen, damit nicht eines das andere an Gewicht übertrifft und auch nicht eines vom anderen in sein Gegenteil gedrängt werden kann; denn sie überwindet und fesselt alle Bosheit teuflischer Künste, weil sie vor dem Anfang aller Anfänge war und nach deren Ende in ihrer stärksten Kraft bestehen wird, und niemand wird ihr widerstehen können. Denn sie hat niemanden zu Hilfe gerufen und keinen gebraucht, weil sie die Erste und die Letzte war. Von niemanden erhielt sie Antwort, da sie als Erste die Ordnung aller Dinge wirkte. In sich und durch sich selbst begründete sie alles gewissenhaft und gütig. Es wird auch von keinem Feind mehr zerstört werden können, weil sie den Beginn und das Ende ihrer Werke in hervorragender

Weise sah. Das alles richtete Sie vollständig ein, so daß auch alles von ihr gelenkt wird.

Sie selbst betrachtete auch ihr Werk, das sie im Schatten des lebendigen Wassers zur richtigen Bestimmung ordnete, indem sie auch durch die eben erwähnte ungebildete Frau gewisse natürliche Kräfte verschiedener Dinge <virtutes naturales diversarum rerum> und Schriften über die Verdienste des Lebens <scripta vitae meritorum> und ebenso andere tiefe Geheimnisse eröffnete, die diese Frau in wahrer Vision schaute und dadurch sehr geschwächt wurde.

Aber vor all diesen <Schriften> hatte die Weisheit die Worte der Propheten und anderer Weisen und ebenso die der Evangelien aus dem lebendigen Quell geschöpft und sie den Jüngern des Gottessohnes anvertraut, damit durch diese die Ströme des lebendigen Wassers über den gesamten Erdkreis ausgegossen wurden, durch die die Menschen wie Fische in ein Netz geleitet (vgl. Mt 4,18–22; Mk 1,16–22) und zur Rettung zurückgeführt werden sollten.

Ein springender Quell des lebendigen Gottes ist besonders die Reinheit. Auch in ihr spiegelt sich Seine Herrlichkeit. In diesem Glanz umfaßt Gott mit großer Liebe alle Dinge, deren Schatten in dem springenden Quell erschienen, bevor Gott ihnen befahl, in ihren Gestalten hervorzugehen.

In mir, der Liebe, hat sich alles gespiegelt. Mein Glanz zeigt die Gestaltung der Dinge, wie der Schatten die Gestalt anzeigt. Und in der Demut, die meine Gehilfin ist, ging auf Anordnung Gottes die Schöpfung hervor. In derselben Demut hat Gott sich zu mir herabgeneigt, um die trockenen Blätter, die abgefallen waren, in der Glückseligkeit emporzuheben, in der Er alles tun kann, was Er will. Weil Er jene aus Erde geformt hatte, hat Er sie daher auch nach dem Fall erlöst.

Denn der Mensch ist vollkommen das Gebilde Gottes <pleniter factura Dei>. Er blickt auf zum Himmel und tritt auf die Erde, indem er sie beherrscht; er befiehlt allen Geschöpfen, weil er durch die Seele zur Höhe des Himmels schaut. Deshalb ist er durch sie auch himmlisch, aber durch seinen sichtbaren Leib ist er irdisch. Gott hat so den Menschen, der in der Tiefe darniederlag, durch die Demut emporgehoben gegen den, der in Verwirrung vom Himmel hinabgeschleudert wurde. Denn da die alte Schlange durch Hochmut die Eintracht der Engel spalten wollte, hielt Gott sie mit Seiner starken Macht fest, damit sie nicht von deren Wut zerrissen wurde.

Satan nämlich, der in der Höhe großes Ansehen hatte, rechnete bei sich, er könne tun, was er wolle und verliere deshalb den Glanz der Sterne nicht. Aber er wollte alles haben, und deshalb verlor er alles, was er hatte, weil er gierig nach allem trachtete.

2. Das Wirken des Dreieinigen Gottes in Liebe, Demut und Frieden

Wiederum hörte ich vom Himmel eine Stimme, die sprach: Alles, was Gott gewirkt hat, hat Er in Liebe, in Demut und in Frieden vollendet, damit auch der Mensch die Liebe hochschätzt, nach der die Demut strebt und Frieden hält, um nicht mit dem zugrundezugehen, der diese Tugenden sofort bei seinem Entstehen verhöhnte.

Du siehst auch gleichsam in der Mitte des beschriebenen südlichen Bereiches drei Gestalten. Zwei von ihnen stehen in einem ganz klaren Brunnen, der ringsum eingefaßt und oben mit einem runden, durchbohrten Stein geschmückt ist, als ob sie in ihm verwurzelt wären, wie Bäume bisweilen im Wasser zu wachsen scheinen.

Diese sind in der Kraft der glühenden Gerechtigkeit drei Tugenden im Namen der Heiligen Dreifaltigkeit. Von ihnen ist die erste die Liebe <caritas>, die zweite die Demut <humilitas>, die dritte der Friede <pax>. Liebe und Demut stehen in der reinsten Gottheit, aus der Ströme der Seligkeit fließen. Denn diese beiden Tugenden weisen zur Befreiung und Aufrichtung des in der Tiefe der Sünden darniederliegenden Menschen hin auf den einzigen Sohn Gottes, der auf dem ganzen Erdkreis bekannt gemacht wurde. Als sein Leib, der am Kreuz durchbohrt (vgl. Joh 19,34) und begraben worden war, durch die wunderbare Macht der Gottheit auferstand, zeigte Er damit, daß Er der Stein der Stärke und Ehre ist. Denn alle Wunder, die der Sohn Gottes auf der Erde vollbrachte, führte Er auf die Herrlichkeit Seines Vaters zurück. Diese Tugenden sind nicht von der Gottheit getrennt, wie auch eine Wurzel nicht vom Baum getrennt wird. Denn Gott ist in Seinem Wesen die Liebe und hält in all Seinen Werken und Urteilen an der Demut fest. Die Liebe und die Demut nämlich stiegen mit dem Sohn Gottes zur Erde hernieder und führten Ihn, als Er zum Himmel zurückkehrte, dorthin zurück.

Die eine ist von Purpurglanz, die andere von einem strahlend weißen Glanz so umgeben, daß du sie nicht vollkommen anschauen kannst. Das bedeutet: Die Liebe <caritas> brennt in himmlischer Liebe <amor> wie Purpur, die Demut aber schüttelt den Schmutz der Erde im weißen Glanz der Rechtschaffenheit von sich ab. Wenn es auch für den sterblichen Menschen, solange er im Fleisch lebt, schwierig ist, das in allem nachzuahmen, soll er trotzdem wegen des Lohnes in der Ewigkeit nicht nachlassen, Gott über alles zu lieben und sich in allem zu demütig verhalten.

Daß aber die dritte Gestalt außerhalb des Brunnens auf dessen Randstein steht, bedeutet: Der Friede, der im himmlischen Bereich bleibt, verteidigt auch die irdischen Angelegenheiten, die außerhalb des himmlischen Bereiches sind. Denn der Sohn Gottes, der wahre Eckstein (Eph 2,20), hat ihn gebracht, als Er die ganze Welt durch Seine Geburt erleuchtete und als Ihn die Engel in ihrem Lobgesang als Gott und Mensch erkannten.

Ihr Antlitz leuchtet in solcher Helligkeit, daß diese auf dein Gesicht zurückschlägt, weil der Friede, der durch den Sohn Gottes erstand, im irdischen Bereich nicht so gehalten werden kann wie im Himmel. Denn während die himmlische Wirklichkeit immer in der Festigkeit der Eintracht steht, wird die irdische in ihrem Schwanken hierhin und dorthin geworfen und ändert sich vielfach. Aber dennoch wird der Mensch, der das Werk Gottes ist, Ihn loben, weil die Seele des Menschen ja im Lobpreis leben wird, wie es der Engel ist. Solange nämlich der Mensch in der Zeit lebt, bebaut er die Erde, wie er will und wie er es wünscht, und so weist er auf Gott hin, weil er nach Ihm bezeichnet ist.

Und vor ihnen erscheinen die seligen Ordnungen der Heiligen wie Wolken. Auf sie blicken die Gestalten aufmerksam. Denn durch die Liebe und Demut gelangt man zur Ehre der himmlischen Herrlichkeit, wenn der Geist der Gläubigen wie Wolken von Tugend zu Tugend strömt. Sobald auch die Liebe und die Demut in sorgfältiger Prüfung und Obhut auf sie blicken, entzünden sie sie entschlossen und sanft zugleich zur Sehnsucht nach dem Himmel. Denn die Liebe ist der Schmuck der Werke Gottes, wie ein Ring von einem edlen Stein geschmückt wird. Die Demut aber hat sich offen im Sohn Gottes kundgetan, der sich aus dem unversehrten Stern des Meeres erhob.

Und Er geriet nicht in Furcht durch den Fall des ersten Menschen noch erschreckte Ihn dessen Vertreibung. Denn Ihn berührte keine Sünde, weil

Er ganz in der Gottheit verwurzelt war. Aber einige, die Ihn sahen und mit Ihm gingen, trockneten aus und fielen ab wie trockene Blätter. Er jedoch ließ an ihrer Stelle andere hervorsprießen. Er beriet sich nicht mit irgendeinem Menschen, wie Er Seine Feinde überwinden sollte, die aus ihrem eigenen Willen von ihm abgefallen waren. Aber Er war auch nicht untätig, so wie der erste Mensch nach seinem Fall ohne gute Werke war, denn er rief den Menschen in ein herrlicheres Leben zurück als das, in das er vorher eingesetzt war. Er lehnte sich auch nicht in den Sitz der Überheblichkeit zurück wie der Teufel, der den Menschen mit dem Pesthauch des Ungehorsams täuschte, und Er hatte keine Furcht, wie Er den Menschen jenem wegnehmen würde, weil Er im voraus wußte, daß Er dessen Kopf mit mächtiger Tapferkeit zertreten mußte. Mit den zuvor genannten Tugenden wurde auch die Kirche geschmückt und, wie eine Braut ausgestattet, in das Gemach des Königs geführt, wie geschrieben steht:

3. Psalm 45,10: Die Kirche und die Gläubigen und ihr Ziel

„Die Braut steht dir zur Rechten, in einem goldenen Gewand, von buntfarbiger Pracht umgeben" (Ps 45,10). Der Sinn dieser Aussage ist so zu verstehen: Oh du Sohn des Vaters, bei der Verlobung des katholischen Glaubens trat die Kirche hin zur Fülle der himmlischen Sehnsucht, ausgestattet mit der Brautgabe Deines Menschseins, das vom Rot Deines Blutes überströmt ist. Sie war auch umgürtet mit den mannigfachen Tugenden, die sie vom Haus Deines Vaters mitbrachte, als sie sich in die Umarmung Deiner Liebe <dilectio> begab. Diese Verlobung ging ja aus dem Willen des allmächtigen Gottes hervor, der sie mit einem strahlenden Werk vollendete, sobald Er den Menschen als Ganzes umfaßte, den Er mit dem Gewand der Gerechtigkeit schmückte, als der Sohn Gottes für die Erlösung des Menschen im Fleisch leiden wollte.

Der Mensch ist nämlich das Werk der Rechten Gottes. Durch Ihn wurde der Mensch bekleidet und zur königlichen Hochzeit gerufen, die die Demut feierte, als der höchste Gott in die Tiefen der Erde blickte und die Kirche aus dem einfachen Volk sammelte. Er, der gefallen war, sollte durch die Reue wieder aufstehen und sich in heiligem Lebenswandel erneuern, von mannigfaltigen Tugenden wie mit der Blühkraft <viriditas> der Blumen geschmückt. Der Hochmut aber ist immer verdorben, weil er jedes Ding zerdrückt, zerteilt und wegnimmt. Die Demut dagegen raubt oder nimmt niemanden etwas, sondern hält alles in Liebe fest. In ihr hat Gott sich zur Erde herabgeneigt, und durch sie hat Er alle Tugendkräfte gesammelt. Denn die Tugenden streben hin zum Sohn Gottes, wie die Jungfrau einen Mann zurückweist und Christus ihren Bräutigam nennt. Mit der Demut sind die Tugenden verbunden, wenn Er sie zur Hochzeit des Königs führt.

Diese Worte sollen die Gläubigen in der Hingabe ihres Herzens aufnehmen, denn sie sind zum Nutzen der Gläubigen von ihm verkündet, der der Erste und Letzte ist.

Neunte Vision

Der Heilsplan Gottes in der Zeit

Darauf sah ich nahe der nördlichen Ecke nach Osten hin eine Gestalt, deren Antlitz und Füße in solchem Glanz strahlten, daß dieser Glanz auf mein Gesicht zurückschlug. Sie trug ein Kleid wie aus weißer Seide und darüber eine Tunika von grüner Farbe, die überall mit verschiedenen Perlen geschmückt war. An den Ohren trug sie Ohrgehänge, auf der Brust ein Halsgeschmeide, an den Armen Armreifen; das alles war wie aus reinstem Gold und mit Edelsteinen verziert.

In der Mitte dieses nördlichen Bereiches sah ich eine andere Gestalt. Sie stand aufrecht und hatte ein eigenartiges Aussehen. Ganz oben an der Stelle ihres Hauptes erstrahlte sie in solcher Helligkeit ihres Glanzes, daß dieser Glanz mein Gesicht blendete. Mitten auf ihrem Leib erschien das Haupt eines Menschen mit grauen Haaren und einem Bart, ihre Füße glichen den Pranken eines Löwen. Sie hatte auch sechs Flügel, von denen zwei von den Schultern nach oben gingen, sich zurückbogen und miteinander zusammenschlugen und die erwähnte Helligkeit bedeckten. Zwei Flügel erstreckten sich von den Schulter bis zum Scheitel des erwähnten Hauptes und dann nach unten. Zwei reichten von den Hüften der Gestalt hinunter bis zu ihren Fußknöcheln und breiteten sich etwas aus wie zum Fliegen. Der restliche Körper war ganz von Fischschuppen und nicht von Vogelfedern bedeckt.

An den beiden Flügeln, die sich bis zum Scheitel des erwähnten Hauptes ausstreckten, erschienen fünf Spiegel; einer von ihnen befand sich auf der höchsten Stelle des rechten Flügels und auf ihm sah man geschrieben: Weg und Wahrheit (Joh 14,6). Der in seiner Mitte trug die Aufschrift: Ich bin die Pforte zu allen Geheimnissen Gottes. Am Flügelende war einer, auf dem geschrieben stand: Ich bin die Offenbarung alles Guten. An der höchsten Stelle des linken Flügels war einer mit der Aufschrift: Ich bin der Spiegel, auf dem die Absicht der Auserwählten zu betrachten ist. Und der am Ende dieses Flügels trug die Aufschrift: Verkünde uns, ob du es selbst bist, der im Volk Israel regieren wird. Diese Gestalt hatte ihren Rücken nach Norden gewendet.

Über den ganzen westlichen Bereich hin jedoch erblickte ich eine abscheuliche, rauchende Finsternis. Aber nahe der nördlichen Ecke diese Bereiches quoll, aus Schwefel und dichtem Dunkel gemischt, ein tiefschwarzes Feuer hervor, das zurückschlug und fast bis zur Mitte des nördlichen Bereiches reichte.

Und ich hörte eine Stimme vom Himmel, die zu mir sagte:

1. Die Weisheit Gottes in ihrem Vorauswissen

Der allmächtige Gott, der alles durch die Weisheit begründet hat, macht Seine wunderbaren Werke durch verschiedene Zeichen offenbar. Er, der in Seinen Gaben wunderbar ist, teilt diese jedem Geschöpf nach Seinem Willen zu. Weil er auch den Menschen zur Seligkeit des Himmels zurückführen will, zeigt Er ihm entsprechend, wie Er es will, in wunderbaren Gestalten, was in den himmlischen, irdischen und unterirdischen Wohnungen ist.

Daher *siehst du nahe der nördlichen Ecke nach Osten hin eine Gestalt, deren Antlitz und Füße in solchem Glanz strahlen, daß dieser Glanz auf dein Gesicht zurückschlägt.* Denn sobald die Torheit endet und die Gerechtigkeit aufsteht, wird die Weisheit der wahren Seligkeit offenbar, deren Anfang und Ende den menschlichen Verstand übersteigen. Mit demselben Licht des Vorauswissens, mit dem sie den Anfang ihres Werkes erblickte, sah sie auch dessen Ende voraus.

Sie trägt ein Kleid wie aus weißer Seide. Denn sie umarmt den Menschen im strahlenden Weiß und der Süßigkeit der Liebe <dilectio> und zeigt auch den im Schmuck der Jungfräulichkeit menschgewordenen Gottessohn. Wie das geschah, ist den Menschen unbekannt. Allein die Gottheit weiß es.

Und darüber trägt sie eine Tunika von grüner Farbe, die überall mit verschiedenen Perlen geschmückt ist. Denn auch die äußeren Geschöpfe, das heißt die in der Luft fliegen, auf der Erde laufen oder kriechen und die, die im Wasser schwimmen, deren Lebenshauch mit ihrem Fleisch vergeht, gibt die Weisheit nicht auf, sondern belebt und erhält sie, weil sie dem Menschen Dienste erweisen und er sich von ihnen ernährt. Auch sie existieren wie Schmuck in den Perlen der Weisheit, indem sie ihre Natur nicht überschreiten, während der Mensch oft über den richtigen, ihm gesetzten Weg hinausgeht.

Sie trägt an den Ohren Ohrgehänge, auf der Brust ein Halsgeschmeide, an den Armen Armreifen; das alles ist wie aus reinstem Gold und mit Edelsteinen verziert. Denn alle Geschöpfe gehorchen ihr und beherzigen ihre Gebote. Daher werden auch ihre Werke durch die umfassende Fülle <comprehensio plenitudinis> so geschützt, daß kein Geschöpf so unvollkommen ist, daß ihm in seiner Natur etwas fehlt und es nicht die Fülle der ganzen Vollendung und des Nutzens in sich hat. So ist alles, was durch die Weisheit hervorgegangen ist, wie ein ganz echter, erlesener Schmuck an ihr und leuchtet auch in dem strahlenden Glanz seines Wesens.

Auch der Mensch, der die Vorschriften der Gebote Gottes erfüllt, ist das strahlend weiße, liebliche Gewand der Weisheit und ihre grüne Tunika, und zwar durch seine gute Absicht und die Grünkraft seiner Werke, die mit vielfachen Tugenden geschmückt sind. Ihr Ohrschmuck ist er, wenn er sich vom Hören bösen Geredes abwendet, Schutz für ihre Brust, wenn er auf unerlaubte Begierden nicht achtet. Er ist auch Zierde der Stärke für ihre Arme, wenn er sich gegen die Sünde schützt. Denn all das entsteht aus der Reinheit des Glaubens, der geschmückt ist mit den tiefgründigen Gaben des Heiligen Geistes und den gerechten Schriften der Lehrer, sobald der gläubige Mensch durch gute Werke all <diesen Schmuck> vollendet.

2. Die Allmacht Gottes mit dem Ratschluß zur Rettung des Menschen

In der Mitte dieses nördlichen Bereiches siehst du eine andere Gestalt. Sie steht aufrecht und hat ein eigenartiges Aussehen. Sie bedeutet Gott den Allmächtigen, der in Seiner Majestät unbesiegbar ist gegen die Stärke und ungerechte Einschätzung der alten Schlange und wunderbar in Seinen Kräften. Denn die Tiefe Seiner Geheimnisse kann niemand ausloten.

Ganz oben an der Stelle ihres Hauptes erstrahlt sie in solcher Helligkeit ihres Glanzes, daß dieser Glanz dein Gesicht blendet. Denn niemand kann, solange er von seinem sterblichen Leib beschwert wird, die Erhabenheit der Gottheit schauen, die alles erleuchtet, da sogar die Engel, die immer in Seinem Anblick stehen, mit ihm nicht an ein Ende kommen können in ihrer Sehnsucht, Ihn beständig zu schauen.

Mitten auf ihrem Leib erscheint das Haupt eines Menschen mit grauen Haaren und einem Bart. Dieses Haupt zeigt, daß es in der Vollendung der Werke Gottes einen uralten Ratschluß zur Heilung des Menschen gab, der in sich die hohe Würde der richtigen Gesinnung offenbart, die niemand bemessen noch begreifen kann, wie der Anfang und das Ende eines Rades, das einen gleichmäßigen Reifen hat, vom Menschen nicht unterschieden werden kann. Kein Mensch nämlich kann das zu Ende bringen, was nicht einmal die Engel begreifen können; denn die Ewigkeit war in ihrem gleichmäßigen Wollen und Vollenden vor ihnen und entbehrte nichts, weil sie immer vollständig war.

Dieses Haupt hat deshalb die Form eines menschlichen Kopfes weil Gott den Menschen nach Seinem Bild und Gleichnis schuf und ihm die Fähigkeit gab zu wirken, damit er Gutes schafft, Seinen Schöpfer lobt und Ihn nicht vergißt. Denn niemand ist Gott gleich noch kann er es sein; wer ihm aber gleichen wollte, wurde vernichtet, weil das nicht sein durfte. Aber als Gott Seine Kraft machtvoll offenbaren wollte, blickte Er auf den Schoß der Jungfrau. Und wie er am siebten Tag von Seinem gesamten Werk ausruhte und dann den Menschen zum Wirken einsetzte, so ließ Er auch Seinen Sohn im Schoß der Jungfrau ruhen, dem Er auch Sein ganzes Werk anvertraute. Denn der Heilige Geist berührte in Seiner milden Wärme das Fleisch der Jungfrau ohne jede Glut der fleischlichen Leidenschaft des Mannes, wie Tau sanft auf das Gras fällt (vgl. Dtn 32,32), so daß die Blume, nämlich der Sohn Gottes, im Fleisch dieser Jungfrau Menschengestalt annahm. Er nahm auch mit großer Geduld um des Menschen willen dessen Vergehen auf sich. Dann mit Seiner Beschneidung wies er darauf hin, daß der Mensch in der Taufe gereinigt werden muß. In Seinem Leiden und Tod zeigte er, daß der Mensch von seinen schweren Sünden freigekauft werden muß, und in Seiner Himmelfahrt, daß der Mensch ins Himmelreich aufgenommen werden soll. Und auf diese Weise wird Er bis zur furchtbaren Zeit des Gerichts die Zahl der Seligen auffüllen.

Und die Füße der zuvor genannten Gestalt *gleichen den Pranken eines Löwen.* Sie bezeichnen, daß Gott Seine Gottheit den Menschen, solange sie sterblich sind, verbirgt. Dennoch zeigt Er ihnen in Seinen Gesetzesvorschriften und in anderen Geschöpfen sehr viele Güter. All das wird Er durch Seinen Sohn wie mit Löwenpranken an sich ziehen und prüfen, so daß die ganze Erde erschüttert wird und das Firmament sich umdreht. Auch der sterbliche Mensch, der so sein Ende hat, wird Rechenschaft über seine Werke ablegen, sobald er den Sohn Gottes in Seiner Unsterblichkeit sehen wird.

3. Gottes- und Nächstenliebe, AT und NT, Zeit und Ewigkeit

Sie hat auch sechs Flügel, die die Werke der sechs Tage bedeuten, an denen der Mensch Gott lobt, indem er Ihn anruft und sich der Hilfe Gottes anvertraut; *von denen zwei von den Schultern emporgehen, sich zurückbiegen und miteinander zusammenschlagen und die erwähnte Helligkeit bedecken.* Sie zeigen die Liebe zu Gott und die Liebe zum Nächsten. Durch die Kraft der guten Werke richten sie sich nach oben. Wenn sie ihre Starre abgelegt haben, kommen sie mit der Not der Nächsten wieder herunter. Auch die Mysterien der Geheimnisse Gottes drücken sie aus, denn dieselben Flügel offenbaren auch die himmlische Heerschar der Geister droben, die Gott vor Sein Antlitz gestellt hat als Spiegel für Seine Wunder. Wenn sie Sein Antlitz anschauen, können sie es durch keine Feierlichkeit des Lobpreises und zu keinem Zeitpunkt an ein Ende bringen.

Zwei Flügel erstrecken sich von den Schultern bis zum Scheitel des erwähnten Hauptes und dann nach unten. Durch sie werden das Alte und das Neue Testament bezeichnet, die die Kraft der Gebote Gottes tragen und sich im Hinabneigen zu dem uralten Ratschluß hin erstrecken. Denn im Alten Testament haben die Propheten den Sohn Gottes vorausgesagt, den im Neuen Testament die Söhne der Kirche durch den frommen Glauben aufgenommen haben. Sie bezeichnen auch die Macht Gottes, die die Schöpferkraft hat, zu erschaffen und zu machen, was sie will, wie auch der Vogel mit ausgebreiteten Flügeln in die Höhe, Breite und Tiefe fliegt. Denn Gott hat alle himmlischen Geheimnisse in der richtigen Bahn angeordnet, so daß ihr Glanz niemals nachläßt und in seiner Wahrheit nie ein Ende hat, wie ja auch die Wahrheit keinen Schatten der Falschheit hat.

Zwei Flügel reichen von den Hüften der Gestalt hinunter bis zu ihren Fußknöcheln und breiten sich etwas aus wie zum Fliegen. An ihnen wird das gegenwärtige und das zukünftige Zeitalter gezeigt. Im jetzigen Zeitalter geht eine Generation vorüber und eine andere folgt, im künftigen Zeitalter wird die Beständigkeit des unvergänglichen Lebens kommen. Gegen Ende der Welt wird dieses <künftige Zeitalter> sich ankündigen, wobei sehr viele Schrecken und Wunderzeichen dieser Erde gleichsam im Flug ihm vorausgehen. Auch den Lenden gibt die Gefräßigkeit der Kehle des Teufels den Geschmack an Sünden und Begierden des Fleisches ein, nämlich dort wo die Speisen hinuntergehen und ausgeschieden werden und wo die Begierde des Fleisches in den Sünden wächst. Aber der göttliche Schutz verteidigt sie <die Lenden> und verleiht ihnen zusammen mit der Errichtung guter Werke Keuschheit. Denn Gott hat die unkeuschen Handlungen, die sich durch die Bewegung der Schlangenzunge in den ersten Menschen erhoben, später durch einen einzigen Menschen gefesselt, Ihn, der mit den mächtigen Flügeln Seiner jungfräulichen Natur gegen die Rechte des Fleisches den Dienst der Zügellosigkeit in den Herzen der Menschen zermalmt hat.

4. Gottes Heilswirken, das dem Teufel verborgen bleibt

Der restliche Leib ist gleichsam von Fischschuppen ganz und nicht von Vogelfedern bedeckt. Dadurch wird gezeigt: Die Gestalt der Fische ist verschieden von der Gestalt der Vögel und es ist verborgen, wie die Fische geboren werden und wie sie wachsen; die Wasser, in denen sie leben, haben immer einen raschen Lauf und die Fische fließen auch rasch mit ihnen dahin. So ist auch der Sohn Gottes ganz in Heiligkeit geboren. In einer andersartigen Natur, das heißt von den anderen Menschen getrennt, war Er in der Gerechtigkeit ganz heilig. In ihr trug Er auch den Menschen mit den ausgebreiteten Flügeln aller guten Werke in den Himmel zurück, wie es im alten Gesetz durch die Zeichen der Opfer vielmals im voraus bezeichnet war und wie es durch Ihn in der jungfräulichen Natur erfüllt wurde.

Bald nämlich, als Adam den schädlichen Apfel gegessen hatte, empfand er an den Sünden Lust, so daß er sündigen konnte. Deshalb wich auch die Herrlichkeit des Paradieses von ihm und er wurde in die Verbannung geschickt. Sofort zeigte auch der Teufel Übermut gegen Gott und verkehrte die ursprüngliche Natur <nativitas> der Menschen mit schamloser Verwirrung in ihr Gegenteil. In seiner List dachte er, daß der Mensch, der in so großem Schmutz der Sünde lebte, nicht in das Himmelreich kommen könne, weil die Söhne der Unzucht nicht das Volk Gottes sind und Er nicht ihr Gott. Denn an den Unflätigkeiten des fleischlichen Triebes freute sich der Teufel sehr und sprach bei sich: Ich habe den Menschen von seinem herrlichen Platz herabgestoßen und in den tiefsten Schmutz geworfen, und darum ist kein Anteil Gottes in ihm. Denn Er, der ganz Reine, will keine Unreinheit und nimmt sie nicht an. Deshalb wird auch der Mensch dort bleiben, wo mein Platz ist.

Aber Gott verhehlte der alten Schlange, auf welche Weise Er den Menschen befreien wollte und wusch den Unflat, der durch dessen List hervorgesprudelt war, durch Seinen Sohn ab. Die Wunden, die die Zügellosigkeit dem Menschen geschlagen hatten, tilgte Er durch Ihn. Das tat Gott in der Mitte Seiner Macht, in der Er vor allen Anfängen war, Er tat es auch inmitten der Nacht des Höllenschachtes, wie Er es auch in der Mitte der Nacht durch den Würgeengel bezeichnet hatte. Denn in der Mitte Seiner Macht, da Er mächtig war, alles zu tun, was Er wollte, und inmitten der Nacht, als der alte Feind in seinem Übermut wähnte, den Menschen gefangen zu haben und schon eine so große Menschenmenge zu besitzen, als ob er sie mitten in seinem Herzen habe, da kam, wie schon gesagt wurde, ohne Wissen des Teufels der Sohn Gottes im Verborgenen und zerbrach mit Seiner Menschheit dessen Angelhaken, mit dem er die Menschen zu fangen versuchte. Diesen hängte Er als Zeichen des Triumphes der Fahne des Kreuzes auf und zeigte sie Seinem Vater mit der ganzen himmlischen Heerschar. Daher erhob auch dieses Heer einen neuen Lobgesang in der Freude, daß eine so große Schar heiliger Seelen aus der so trostlosen Gefangenschaft befreit war. Denn der Sohn Gottes hatte ihnen am Ort der Glückseligkeit einen Platz gegeben.

Und warum ließ es der allmächtige Gott zu, daß Sein einziger Sohn, der keine Schuld an Sünden hatte, so große Leiden erdulden mußte? Offenbar deshalb, damit nicht der alte Betrüger irgendeinen Vorwand gegen Gott hatte. Denn der Mensch hatte ihm willig zugestimmt und war seinen Anweisungen in allem gefolgt. Wenn nämlich ein sündiger Mensch für die anderen Menschen getötet würde, würde der böse Geist behaupten, jener könne keinen befreien, da er ja seiner eigenen Sünden beschuldigt werden müsse, in denen er ihm zugestimmt hatte. Deshalb habe er auch keine Möglichkeit, sich und anderen den Strick der Gefangenschaft wegzunehmen. Daher gab der lebendige Gott Seinen Sohn hin, dessen Gestalt der Gestalt Adams gleich war, damit Er durch das Gewand Seiner Menschheit den Menschen freikaufte.

5. Die Geheimnisse der Liebe Gottes

An den beiden Flügeln, die sich bis zum Scheitel des erwähnten Hauptes ausstrecken, erscheinen fünf Spiegel. Denn im Alten und im Neuen Testament, die sich auf die Würde des alten Ratschlusses beziehen, werden fünf Leuchten verschiedener Zeiten gezeigt: Die erste in Abel, die zweite in Noach, die dritte in Abraham, die vierte in Mose, die fünfte im Gottessohn. Diese alle leuchten den Menschen auf dem Weg der Wahrheit. So hat auch der Gottessohn durch Sein Leiden das verschlossene Tor <clausura> der himmlischen Freuden geöffnet.

Einer von ihnen befindet sich auf der höchsten Stelle des rechten Flügels, und auf ihm sieht man geschrieben: Weg und Wahrheit. Denn er bezeichnet die tiefen Geheimnisse der Wunder Gottes, die kein Mensch mit seinem Wissen völlig begreifen kann, außer soweit er sie im Glauben erfaßt, wie auch das Abbild im Spiegel nicht mehr bewirkt, als ihm durch die Gestalt gezeigt wird. Diese zeigen zum Heil der Völker den Weg der Gerechtigkeit und die Wahrheit der Richtigkeit, damit der Mensch, der Gott fürchtet, zum Himmlischen gelangt, wie es auch die Werke und das Ende Abels zeigen.

Der in seiner Mitte trägt die Aufschrift: Ich bin die Pforte zu allen Geheimnissen Gottes. Denn in der Vollendung des heilbringenden Schutzes wird die Offenbarung der Geheimnisse Gottes deutlich, die zeigt, daß der allmächtige Gott mit Seinen Wundertaten sich in die Weite der ganzen Schöpfung ausbreitet. So vollbringt Er vom ersten Menschen bis zum letzten vielfältige Zeichen Seiner Wunder, nämlich durch Prophezeihen, Verkünden und Handeln, und Er wird damit nicht aufhören, bis Er alles vollendet, was Er tun will, wie Er nämlich im Anfang der Erschaffung der

Schöpfung nicht ruhte, bevor Er sie ganz erfüllte. So hat Er es auch in Noach durch verschiedene Zeichen vorausgedeutet.

Am Flügelende ist einer, auf dem geschrieben steht: Ich bin die Offenbarung alles Guten. Denn an diesem Ende ist das Ende der Verhöhnung des Teufels im voraus gezeigt und der Aufgang alles Guten im voraus angedeutet. Er zeigt auch, daß der Sohn Gottes die Gestalt des Menschen von einer schlichten Jungfrau annehmen und alles Gute durch sich vollenden wird. Das verkündet auch das Buch des Lebens, das niemals vernichtet werden wird. In ihm ist auch das himmliche Jerusalem mit all seinen Tugendkräften beschrieben, die keiner erschöpfend darstellen kann, wie auch niemand die Wundertaten Gottes zu einem Ende bringt. Das alles hat Abraham in der Beschneidung, die er auf Gottes Anordnung erfüllte, gläubig im voraus gezeigt.

An der höchsten Stelle des linken Flügels ist einer mit der Aufschrift: Ich bin der Spiegel, auf dem die Absicht der Auserwählten zu betrachten ist. Denn am Anfang der Gerechtigkeit, als die himmlische Verteidigung durch die Tugendkraft ihrer Auserwählten die Ungerechtigkeit unterdrückte, erschien deren Hingabe so schlicht und rein, daß sie sich den Ränken des Teufels widersetzten und sich Gott als reines Opfer darbrachten. Deshalb wurde auch der Satan zurückgeworfen, und er erkannte, daß Gott so stark über Seine Feinde ist, daß er noch in der Tiefe der Hölle erschrocken vor Ihm durch und durch erbebte.

Daher erwachten auch viele, die durch die todbringende Frucht im Bereich des Nordwindes schliefen, nämlich die Mörder, Ehebrecher, Räuber, Lügner und alle anderen Sünder, im Spiegel der Gottesfurcht durch die Reue und flehten Gott an, sie vom alten Feind zu befreien. Durch ihre Reue nämlich wird Gott sehr gelobt. Denn alle Stände der reuigen und gläubigen Menschen erkennen Gott als groß in seiner Macht, der sie so befreit und ihre Sünden tilgt.

Deshalb erfreut Er sich auch sehr an ihnen. Und obwohl sie gleichsam wie die Nacht in ihren Sünden sterblich gewesen waren, hat Er sie durch die Reue gleichsam zum reinen Tag gemacht. Daher lieben sie, die so dem Teufel entrissen sind, Ihn viel mehr, als wenn sie die Errettung durch die Reue nicht gebraucht hätten, und sie werden von da an nicht in der Liebe zu Ihm erlahmen. Deshalb ist die Gottesfurcht für alle notwendig, sowohl für die Auserwählten, die Einfältigen und Unschuldigen, wie auch für die

Sünder. Diese nämlich müssen die Furcht vor Gott haben, bevor sie Seine Liebe kosten. Und deshalb erscheinen auch in dem vorher erwähnten Spiegel ihre Absichten wie eine Schrift, auf die Gott immer blickt.

Und der am Ende dieses Flügels trägt die Aufschrift: Verkünde uns, ob du es selbst bist, der das Volk Israel regieren soll. Denn sobald das Alte Testament zu Ende ging und das Neue begann, erschien Mein eingeborener Sohn, der den Satan wie einen Stein in den unteren Schacht der Hölle versenkte, so daß er mit keinem Windesbrausen seines Willens wird schnauben können, wie er es vorher tat. In dieser Tat zeigt dieser, Mein Sohn, Seinen Erwählten die ewigen Belohnungen, so wie Ich zu Mose sprach, indem Ich sagte:

6. Gottes Verheißung an Mose (Ex 33,19–23): Das Geheimnis der Menschwerdung

„Ich werde dir meine ganze Schönheit zeigen und den Namen des Herrn vor dir ausrufen. Ich werde mich erbarmen, über wen ich will, und gnädig sein, gegen wen es mir gefällt." Und wiederum sagte Er: „Du wirst Mein Angesicht nicht sehen können; denn kein Mensch wird mich sehen und am Leben bleiben. Und weiter sprach er: Siehe, hier bei mir ist eine Stelle. Stell dich auf diesen Felsen. Und wenn Meine Herrlichkeit vorüberzieht, werde ich dich in den Felsspalt stellen und mit Meiner rechten Hand beschützen; und dann werde ich Meine Hand wegnehmen, und du wirst meinen Rücken sehen" (Ex 33,19–23).

Der Sinn dieses Satzes ist so zu verstehen: Ich, der Ich der Herr von allem bin, weil Ich durch Mich bin, werde dir, der du Mich mit reinem Herzen verehrst, die Glückseligkeit des ewigen Lebens zeigen, die das gesamte Gute ist. Ich, der Ich der Schöpfer aller Geschöpfe bin, werde Mich vor dir Herr nennen, wenn du, Israel, das Gewand Meines Sohnes siehst, das ich Adam versprochen habe, als ich ihn bei seinem Namen rief und ihm ein Kleid der Finsternis gab, weil er finster war. Deshalb kann auch kein Mensch, weil er von den Sünden Adams belastet ist, mein Antlitz sehen, solange er sterblich ist, weil er ja durch die Einflüsterung des Teufels von der Schwärze des Nordens schwarz ist. Und wie alles Lichte vom Norden abgewandt ist, so wich die Helligkeit des wahren Lichtes von Adam, als er auf den Rat der alten Schlange nach dem Norden blickte. Weil also keiner der Sterblichen Meine Herrlichkeit vollkommen anschauen konnte, offenbarte Ich meine Wunder, indem Ich durch die Propheten sprach, die in dem Schatten sprachen, der vom Licht gebildet wurde. Dieser war dunkler als sein Licht, wie jeder Schatten dunkler ist als das Wesen von dem er ausgeht. Auch Sonne und Mond und alle Gestirne waren für den Menschen umwölkt, so daß er ihre unverhüllte Helligkeit nicht sehen konnte, und alles Wehen der Winde war für ihn zum Sehen verdeckt. Daher wurde gleichsam im Schatten gesagt, wie es bereits gesagt wurde: „Verkünde uns, ob du selbst es bist, der im Volk Israel herrschen soll." Denn der Heilige Geist hat in Seinem Volk durch Prophezeihungen kundgetan, was durch den ersten Ruf, mit dem Adam gerufen wurde, vorausgedeutet war: daß der Erlöser der Menschen kommen werde.

Dann kam der Sohn Gottes, mit dem Menschsein bekleidet, dessen Glanz der Gottheit die Menschen nicht sehen konnten, da sie Ihn wie einen anderen Menschen ansahen. Doch Er zeigt sich ihnen auf einem anderen Weg, als die Menschen lebten, nämlich ohne den Geschmack der Sünde, aber dennoch so, daß er aß, trank, schlief und sich kleidete, ohne einen Makel von Sünden zu haben. Die Juden aber und viele andere, die Ihn sahen, zweifelten, daß Er der Sohn Gottes war und verdunkelten so ihre Erkenntnis. Auch Seine Wunder nahmen sie nicht im Glauben an, sondern verhärteten sich wie Stein, wie sich die Natter in einer Felsenhöhle versteckt. (vgl. Hld 2,14). Aber dennoch wird Er mit Seiner Rechten sehr viele von den Juden und Heiden zusammen mit dem unermeßlichen Heer der zu Rettenden festhalten, bis all seine Wundertaten vorüberziehen; und dann wird Er seine Hand, die Sein großes Werk wirkt, erheben und all seinen Freunden und Feinden seinen Rücken zeigen (vgl. Ex 33,23), damit alle erkennen, wie Er mit dem Teufel gekämpft hat.

Und dann, Israel, wirst du gläubig auf Ihn vertrauen, vor dessen Wunder du im Unglauben geflohen bist wie Adam vor der Herrlichkeit des ewigen Lebens. In der Offenbarung Seiner Werke wird Er dann für dich sein wie eine Honigscheibe und wie eine Milchspeise unter deiner Zunge (vgl. Hld 4,11). Und du wirst sie sammeln und in deinen Arm nehmen, indem du mit klagender Stimme sprichst: Ach, ach, wie lange haben wir uns täuschen lassen! Und so wird erfüllt werden, was unter Meiner Eingebung geschrieben wurde:

7. Psalm 93,4: Die Herrlichkeit Gottes im All und im Menschen

„Herrlich sind die Brandungen des Meeres; herrlich in den Höhen der Herr!" (Ps 93,4). Der Sinn dieses Satzes ist so zu verstehen: Gott, der der Weg und die Wahrheit ist (Joh 14,6) hat in den Geheimnissen Seiner richtigen Anordnung alle Zierde des Firmamentes zusammen mit den wunderbaren Aufwallungen des Meeres eingesetzt. Denn mit dem wunderbaren Aufwallen des Meeres durchströmte Er die Zierden des Firmamentes und setzte sie gemäß den himmlischen Geheimnissen in einem bestimmten Bereich wie einen Spiegel ein. Aber wie ein Schatten im Spiegel ohne die zugehörige Gestalt nichts vermag, so vermögen die Zierden des Firmamentes nichts durch sich zu wirken, sondern nur durch die himmlischen Geheimnisse. Denn die Zierden des Firmaments strahlen wider von den himmlischen Geheimnissen, wie ein Schein vom Feuer ausgeht; das Feuer ist ja der Grundstoff für den Schein, und der Schein vergeht, das Feuer aber bleibt. So vergeht auch die Zierde des Firmaments, die himmlische Harmonie aber bleibt und dauert fort.

Deshalb ist auch der Herr wunderbar in den Höhen der Himmel. Denn nichts Vergängliches kann vollkommen das schauen, was niemals vergehen wird, weil es in unaufhörlicher Vollendung ist. Aber Gott hat in dem Schmuck und den Zeichen des Firmaments den Menschen das Himmlische gezeigt, damit sie im Spiegel des Glaubens durch sie Seine Wunder erkennen. Und wenn sie die erwähnten Zierden nicht sehen könnten, wäre ihr Erkennen blind, wie auch der Norden, der allen Lichtes beraubt war, nach dem Fall des Teufels nie mehr hell wurde. Denn weil dieser die Ehre des Allerhöchsten verhöhnte, hat auch er kein Licht in sich behalten.

Wunderbar sind auch die Brandungen des Meeres, wenn die Menschen, die in ihrer Unbeständigkeit hierhin und dorthin wogen, vom Heiligen Geist entflammt, sich vom Irdischen zum Himmlischen erheben. Und so ist auch der Herr wunderbar in den Höhen Seiner Kräfte, wenn Er diese zu allem Guten so festigt, daß sie sich künftig weigern, sich dem Schmutz der Sünden zu unterwerfen. Daher enthält auch die Schrift <das Wort>:

8. Psalm 93,1: Gottes Wirken am Menschen

„Denn er hat den Erdkreis gefestigt, der nicht mehr erschüttert wird" (Ps 93,1). Der Sinn dieser Aussage ist so zu verstehen: Gott hat den Erdkreis mit Seinem vollen Werk erfüllt, und deshalb wird er nicht erschüttert werden. Wenn er nämlich nicht mit Geschöpfen angefüllt wäre, würde er durch die Leere in Schwingungen geraten und zum Beben gebracht. Denn jedes Geschöpf füllt seine Stelle aus, die es dienend trägt. Gott aber wirkt Seine Wunder im Menschen und hat ihm den Erdkreis für die Bedürfnisse seines Leibes anvertraut. Er hat auch die Kirche gefestigt, die über dem ganzen Erdkreis verbreitet ist und durch keinen Ansturm der Gegner vernichtet werden wird, obwohl sie vielfach von zahlreichen Bedrängnissen heimgesucht wird. Denn Gott vollbringt in ihr ständig Seine Wunder und wird darin nicht nachlassen, bis die Zahl Seiner Auserwählten mit der himmlischen Harmonie erfüllt wird. Das Antlitz der Gottheit aber ist über dieser Harmonie. Diese wird zwar durch kein Ende begrenzt werden können, aber sie vermag nichts durch selbst zu tun, sondern nur durch die Offenbarung des Antlitzes der Gottheit, wie auch das Spiegelbild, das im Spiegel erscheint, nichts durch sich selbst tut, sondern durch die Gestalt, von der es kommt.

Himmel werden auch die genannt, die Gott anschauen, und Himmel die, die Ihn prophezeien. Himmel war auch, daß der Sohn Gottes sich im Menschsein offenbarte. Himmel werden auch die genannt, die aus dem Leuchten von Gottes Angesicht wie Funken aus dem Feuer widerstrahlen und in denen Gott all Seine Feinde überwunden hat. Aber als Gott Himmel und Erde erschuf, stellte er in ihre Mitte den Menschen, damit er ihnen als Herr befehlen sollte. Und diese Mitte ist jener Mitte entsprechend, in der der Sohn Gottes mitten im Herzen Seines Vaters ist. Und wie ein Entschluß aus dem Herzen des Menschen kommt, so ist auch der Sohn aus dem Vater hervorgegangen. Denn das Herz hat seinen Entschluß und der Entschluß ist im Herzen und sie sind eins, und keine Trennung ist da möglich.

9. Die Offenbarung Gottes im Geheimnis der Menschwerdung

Und diese Gestalt hatte ihren Rücken nach Norden gewendet. Denn der allmächtige Gott verbarg allen Freunden des Nordens, was Er mit Seinem Sohn machen wollte. Und wie Er sie zurückstieß, damit sie kein Licht sahen, so sahen sie in keinem Wissen das Werk des Gottessohnes. Weil Gott das alles durch Seinen heiligen Ratschluß angeordnet hatte, war es ihnen verborgen.

Denn durch die Kraft des Zornes Gottes wurde der Teufel in den Abgrund versenkt, und alles Licht wurde ihm genommen, so daß er keinen Schimmer der Glückseligkeit sieht. Denn er ist völlig geblendet, weil er keine Ähnlichkeit mit Jenem haben wollte, der von keinem herstammt, sondern durch sich selbst ist; und wenn auch in unnützer Furcht spürt er jetzt die Urteile Gottes und antwortet ihnen, indem er das bestraft, was zu Ihm gehört. Denn in seiner Furcht vor den Urteilen Gottes weiß er, daß er Gott keineswegs widerstehen kann. Aber dennoch schneidet er die Äste von Seinen Werken ab, wie er es bei den ersten Menschen tat, indem er die verführt, die Ihm mit ganzem Herzen zustimmen. Deswegen stürzen sie auch ins Verderben, weil dieser Feind immer brüllt, um die Seelen zu verschlingen (vgl. 1 Petr 5,8). Und von dieser Wut läßt er aus keinem Überdruß ab.

Gott aber hat den Menschen in zahlreichen Bekundungen und vielen Zeichen Seine verborgenen Gottheit kundgetan. Auch durch die Weisheit in der Schöpfung hat Er ihnen vieles gezeigt. Aus ihr sollen sie die Geheimnisse Seiner Gottheit erkennen, wie auch ein Mensch durch sein künstlerisches Können viele Gestalten in Farben malt. Aber wie die alte Schlange in ihrem Fall Gott nicht widerstehen konnte, so konnte sie auch keinen Widerspruch dagegen erheben, daß Gott den himmlischen Chor durch Seinen Sohn zusammen mit den Seelen der Gerechten in größerem Lobpreis wiederherstellte. Aus ihm fielen alle die heraus, die das Werk des Sohnes Gottes vor dem Jüngsten Tag nicht vollkommen erkennen können und die dann von der himmlischen Heerschar große Verwirrung erleiden werden. Denn ihr Platz wird mit größerem Segen erfüllt werden, als es früher gewesen war.

Der Gottessohn nämlich trat, wie schon gesagt, auf einem fremdartigen Weg hervor, schön vor allen anderen, als Sproß einer jungfräulichen Natur, da ja die erste Jungfrau durch den Rat der Schlange verdorben wurde. Die Jungfrau Maria aber war ganz heilig <tota sancta fuit>. Sie empfing vom Heiligen Geist den Sohn, als Jungfrau hat sie Ihn geboren und ist Jungfrau geblieben. Diese Geburt war durch den uralten Ratschluß vorausbestimmt. Sie war in ihrer geistigen Art tief in der Gottheit verborgen und ging nicht in das Bewußtsein der Menschen über weil sie nicht vielfältig, sondern einmalig in der Gottheit war, als der Sohn Gottes vor dem Ursprung der Tage aus dem Vater geboren wurde. Denn der Vater trug immer in Seinem Willen, daß Er Mensch werde.

Als Er nun in einer andersartigen Natur des Menschseins ankam, vernichtete Er die linke Seite Leviathans (vgl. Jes 27,1; Ps 74,14), indem Er tausend Sündenlaster durch die Werke der Keuschheit aus dessen Kehle entriß. Denn Enthaltsamheit und Zerknirschung über die Sünden sind die Flügel der Keuschheit, mit denen die Jungfrauen und Büßer wegen der vergebenen Sünden der fleischlichen Begierden zur Hochzeit des Lammes fliegen, weil auch der Sohn Gottes, der Sohn der Jungfrau, gekrönt mit der Jungfräulichkeit, die Büßenden aufnahm, die zu Ihm eilten. Denn seit Beginn Seiner Menschwerdung bewirkte Er alles Geistige im Menschen, was Er auch bis zum Jüngsten Tag fortsetzen wird. Und das liegt inmitten Seiner Macht nicht nach der Anzahl der Tage, sondern durch die Kraft Seines Werkes. Er hält es in der richtigen Waage (vgl. Ijob 31,6), so daß es durch keine Täuschung überwunden werden kann.

Denn in Seiner Menschheit flog Er über die Flügel der Winde empor (vgl. Ps 18,11), und wie der Adler in die Sonne, so blickte Er in das Antlitz Seines Vaters. Wie nämlich Abraham die Beschneidung des Fleisches erhalten hatte (vgl. Gen 17,10–11), das das Wasser versinnbildlicht, an der das geistliche Leben erkannt wird, wie die Fische im Wasser leben, so wird auch die Seele des Menschen durch die Taufe beschnitten und im Wasser geistig zum Leben wiedergeboren. In ihm wird er auf ewig auf dem Sitz der Seeligkeit leben, wie es auch vom Sitz der Majestät Gottes heißt:

10. Psalm 103,19: Die Menschwerdung des Gottessohnes

„Der Herr hatte seinen Thron errichtet im Himmel, und seine königliche Macht wird über das All herrschen" (Ps 103,19).

Der Sinn dieses Satzes ist so zu verstehen: Der Gottessohn, der der Herr der Menschen, der Herr der Engel und der Herr aller Mächte ist, hat im Himmel der Glückseligkeit Seinen Thron errichtet. Wie das Denken des Menschen das Rüstzeug für sein Werk nach seinem Wunsch wirkt und wie er jedes Werk nach dessen Willen vollendet, so ist der Sohn von Seinem Vater in nichts abgewichen, wie Adam es tat, der in die Grube des Todes stürzte. Daher wird auch Sein Reich über alles herrschen, das heißt im Himmel und auf Erden, wo Er auf Seine Feinde wie auf Seinen Fußschemel (vgl. Ps 110,1) treten wird. Denn Sein Fleisch wurde auf Erden nie vom Geschmack der Sünde berührt. Und daher hat Ihn auch kein Schmerz völlig besiegt, sondern durch Sein hartes und bitteres Leiden hat Er alles Irdische überwunden.

Wem aber ziemte es, den Menschen zu erlösen, wenn nicht dem glühenden Sohn Gottes, der vom Himmel auf die Erde herabstieg und von dieser wieder zum Himmel aufgestiegen ist? Er träufelt mit dem Tau der Gottheit wie einen Honigtropfen (vgl. Hld 4,11; Weish 11,23 u.a.) die himmlische Gnade über Sein Volk, so daß die Gläubigen nie von einander getrennt werden können. Alle guten Werke nämlich hat der Vater in Seinem Sohn gewirkt, weil das in keinem anderen geschehen konnte. Denn Er selbst ist, wie erwähnt, nie von Seinem Vater abgewichen, wie auch der Glanz der Sonne sich nicht von der Sonne trennt. Er kam deshalb für die Befreiung des Menschen auf die Erde und kaufte den Menschen frei, den niemand anderer freikaufen konnte; denn der Vater ordnete an, daß Er so komme, wie der Prophet David unter Eingebung des Heiligen Geistes sagt:

11. Psalm 72,6: Die Menschwerdung des Gottessohnes

„Er wird herabkommen wie der Regen auf das Fell und wie Regentropfen, die auf die Erde herabträufeln" (Ps 72,6). Der Sinn dieser Aussage ist so zu verstehen: Adam wurde auf den Rat des Teufels hin durch die Übertretung der Gebote Gottes sterblich. Deshalb stieg der Sohn Gottes vom Himmel wie Tau voll Süße (vgl. Dtn 32,2; Jes 45,8) in den Schoß der Jungfrau, die in ihrem Wesen mild, sanft und demütig wie ein Lamm war, um den Menschen vom Tod zu erwecken, wie auch durch das Umpflügen der Erde durch den Pflug bei Regen die Frucht geweckt wird. Der Pflug ist die Vorschrift des Gesetzes, die der Gottessohn in seinem Menschsein den Menschen gab, damit sie durch die Kenntnis dieses Gebotes wieder zum Leben erweckt wurden. Sie sollten nach Seinem Beispiel gleichsam mit einem Pflug die fleischlichen Begierden in sich umwenden und auch so durch die Beispiele heiliger Werke fruchtbar werden, indem sie von Tag zu Tag fortschreiten, wie Er ihnen vorausgegangen war. Und so sandte Er träufelnden Regen auf sie herab und machte aus ihnen einen Acker voller Tugenden. Er segnete ihn und erfüllte ihn mit den Früchten von allem Gutem, nämlich mit Keuschheit, Enthaltsamkeit, Geduld und den übrigen Seligkeiten <beatitudines>.

12. Die Straforte

Über den ganzen westlichen Bereich hin erblickst du eine abscheuliche rauchende Finsternis. Dort ist der Ort der Strafe, der verschiedene Arten von Qualen in sich birgt. Denn wenn der Mensch über den Abhang der Sünden dem Vergänglichen zustrebt, zieht er sich die Blindheit des Unglaubens zu, die in ihrer Bosheit einen üblen Rauch ausstößt. Und so gerät er in die Strafen dieser Finsternis und bringt sich selbst in Verwirrung, wenn er seinen Schöpfer mißachtet.

Aber nahe der nördlichen Ecke dieses Bereiches quillt, aus Schwefel und dichtem Dunkel gemischt, ein tiefschwarzes Feuer hervor, das zurückschlägt und fast bis zur Mitte des nördlichen Bereiches reicht. Denn dieser Ort ist der Abgrund der Strafen und der See des Verderbens für die Seelen, die Gott verachten und nicht durch gute Werke um ihn wissen wollten. Deshalb qualmt dort ein heftiges Feuer mit dem Reiz <amaritudo> von Schwefel und undurchdringlicher Finsternis und verbreitet sich über die dazu bestimmten Orte. So kann das menschliche Wissen, solange der Mensch in der sterblichen Erdenzeit lebt, die Unterschiedlichkeit nicht völlig erkennen. Ist der Mensch dann an den Endpunkt des Unglaubens gekommen, der bis zum Verderben hinblickt, so daß er weder gerechte Werke noch Gott liebt, dann kommt ihm das Feuer der Verderbtheit mit der Bitterkeit und Blindheit der Sitten entgegen und führt ihn zum völligen Unglück und Ertrinken. So zieht das Verderben den, der die Hoffnung auf das Leben nicht hat, durch alles in sich hinein.

Denn der Mensch, der der Torheit folgt und die Weisheit verabscheut, durch die Gott alles geschaffen hat, verurteilt sich selbst. Er kennt keine Mäßigung im Bösen, denkt nicht an das künftige Leben, sehnt sich nicht danach zu wissen, ob es ein anderes Leben gibt, und erwägt nicht einsichtig, wie er sich verändern müßte. Seine Kindheit, Jugend und sein reifes Alter nämlich vermag der Mensch zu erfassen. Was aber in seiner Altersschwäche aus ihm wird oder wie er sich wandeln wird, kann er keineswegs verstehen. Durch die Vernünftigkeit seiner Seele erkennt er ja, daß er einen Anfang hat, aber wie das ist, daß die Seele nicht stirbt und kein Ende hat, kann er keineswegs wissen oder begreifen.

13. Die Weisheit Gottes in der Schöpfung und die Stellung des Menschen in ihr

Gott hat durch die Weisheit das Firmament eingesetzt und es mit den Kräften der Gestirne wie mit Nägeln befestigt, wie der Mensch sein Haus mit Nägeln festigt, damit es nicht zusammenfällt. Die Gestirne stehen auch dem Mond bei, der von der Sonne entzündet wird und beim Abnehmen sein Licht auf die Sterne träufelt. Ihn machte die Weisheit nach dem alten Ratschluß zusammen mit der Sonne fruchtbar für den Menschen, der ja die ganze Schöpfung <omnis creatura> ist, indem er der Erde Saft eingießt. Die Sonne aber bezeichnet die Gottheit, der Mond die unzählige Menge des Menschengeschlechtes. Und sie alle sind der Schmuck der Weisheit.

Auch das Firmament ist der Sitz all seiner Zierden, wie auch der Mensch einen Sitz hat, nämlich die Erde, die ihn trägt. Jenes setzte Gott mit Seinem Schmuck zu Seinem Lob ein, wie die Weisheit es im voraus angeordnet hatte. Daher war auch die Schöpfung für die Weisheit selbst gleichsam das Gewand, weil es ihr Werk berührte, wie auch der Mensch sein Gewand spürt. Wenn aber der Mensch so erschaffen worden wäre, daß er Kleider entbehren könnte, dann bräuchte er auch kein Werk und würde durch keinen Dienst geehrt, außer daß der Leib Schutz der Seele wäre und durch die Seele bewegt würde.

Auch Gott kann nicht gesehen werden, sondern wird durch das Geschöpf erkannt, wie auch der Leib des Menschen wegen seiner Kleidung nicht gesehen werden kann. Und wie die innere Helligkeit der Sonne nicht gesehen wird, so wird auch Gott von dem sterblichen Geschöpf nicht gesehen, sondern durch den Glauben verstanden, wie man auch den äußeren Kreis der Sonne mit offenen Augen anschaut. Und jedes Werk, das die Weisheit unternommen hat, hat sie gegen die Bosheit des Teufels getan, weil dieser jedes Werk von ihr immer gehaßt hat und haßt bis ans Ende der Vollzahl. Dann wird er mit so großer Kraft geschlagen werden und zugrunde gehen, daß er künftig nicht mehr gegen Gott zu streiten sucht.

Alle Ordnung der Weisheit ist auch sanft und mild, da sie ihr Gewand im Blut des barmherzigen Lammes wäscht, wenn sie vom Schmutz befleckt ist. Deshalb muß man sie auch über alle Schönheit der Schöpfung lieben. Allen heiligen Seelen erscheint sie liebenswert, weil sie nie der liebenden Umarmung ihres Anblicks überdrüssig werden können. Wie es nämlich die Weisheit angeordnet hat, lebt und wacht im Menschen der Geist und wird nie aufhören. Solange der Mensch in seinem Leib lebt, vermehren sich in ihm seine Gedanken ohne Zahl, so wie der Klang des Lobpreises bei den Engeln unzählbar ist. Das Denken lebt im lebendigen Menschen, und er bringt es durch das vernünfige Wort zum Ausdruck und wirkt dadurch sein Werk. Dieses lebt aber keineswegs aus sich, weil der Mensch einen Anfang gehabt hat. Die Ewigkeit aber lebt aus sich selbst, und niemals hat sie sich im Abnehmen gezeigt, weil sie ewig vor der Zeit Leben war. Wenn aber die Seele zur Unsterblichkeit verwandelt wird, wird sie nicht mehr Seele genannt, weil sie dann nichts mehr durch die Gedanken mit dem Menschen wirkt, sondern von da ab lebt sie im Lobpreis der Engel, die Geistwesen sind. Daher wird auch sie dann Geist genannt werden, weil sie nicht mehr mit dem Körper aus Fleisch arbeitet.

Mit Recht aber wird der Mensch Leben <vita> genannt, weil er Leben ist, wenn er durch den Geisthauch lebt. Wenn er aber durch den Tod des Fleisches in Unsterblichkeit verwandelt wird, dann wird er im Leben sein <in vita>. Nach dem Jüngsten Tag ist er mit Leib und Seele Leben in der Ewigkeit <vita in aeternitate>. Denn als Gott den Menschen formte, schloß er in ihm Seine Geheimnisse ein, da er im Wissen, Denken und Wirken nach dem Bild Gottes gemacht ist. Die Gottheit hatte in sich selbst die Ordnung Ihres gesamten Werkes, wie es werden sollte. Und danach bestimmte er den Menschen so, daß er denken kann. So spricht er all seine Werke zuerst in seinem Herzen, bevor er sie ausführt. Denn der Mensch umschließt in sich die Wunder Gottes <clausura mirabilium Dei est>. Denn Gott ordnet, der Mensch aber denkt, der Engel jedoch hat ein Wissen, in dem er immer mit der Stimme des Lobpreises und mit der Liebe zur Ehre Gottes ertönt, und er begehrt nichts anderes, als Gott anzuschauen und ihn zu preisen.

Gott hatte vor der Zeit und ohne jede Unterbrechnung das Werk in sich, das er schaffen wollte. So erkennt Ihn der Mensch, der seine Wunder in sich umschließt, mit den Augen des Glaubens und umarmt Ihn, den er mit den leiblichen Augen nicht sehen kann, mit dem Kuß des Wissens und wirkt Ihm entsprechend. Der Engel bringt auch seine auserwählten Werke mit Wohlgeruch Gott dar, die jener durch dem guten Willen zum Himmel emporschickt. Die wertlosen Werke, die mehr auf einen anderen Weg als auf Gott blicken, zeigt er ebenfalls dem gerechten Richter.

Diese Worte sollen die Gläubigen in der Hingabe ihres Herzens aufnehmen, denn sie sind zum Nutzen der Gläubigen von Ihm verkündet, der der Erste und Letzte ist.

Zehnte Vision

Die Liebe Gottes

Darauf sah ich neben dem Berg, den ich in der Mitte des östlichen Bereiches erblickte, wie vorher gesagt wurde, gleichsam ein Rad von erstaunlichem Umfang, das Ähnlichkeit mit einer leuchtend weißen Wolke hatte und nach Osten gewandt war. Eine dunkle Linie wie der Atem eines Menschen teilte es in der Mitte quer, und zwar von der linken zur rechten Seite. Auf der Mitte dieses Rades oberhalb der Linie zeigte sich eine andere Linie, rötlich schimmernd wie das Morgenrot, die vom oberen Rand dieses Rades bis zur Mitte der erwähnten Linie herabführte. Der obere Teil dieser Radhälfte sandte von links bis zu seiner Mitte grüne Farbe aus. Von der rechten Seite bis zur Mitte leuchtete so etwas wie rote Farbe, und zwar so, daß diese beiden Farben auf gleiche Flächen verteilt waren. Die Radhälfte aber, die quer unterhalb der erwähnten Linie war, zeigte eine fahle, von Schwarz untermischte Farbe.

Und siehe: In der Mitte dieses Rades sah ich auf der erwähnten Linie wieder die Gestalt, die mir vorher als die Liebe <caritas> bezeichnet worden war. Sie saß und erschien in einem anderen Schmuck, als ich sie vorher gesehen hatte. Ihr Antlitz leuchtete wie die Sonne, ihr Gewand glänzte wie Purpur, um ihren Hals hatte sie eine goldene Kette, die mit Edelsteinen geschmückt war, und sie trug Schuhe, die wie Blitze strahlten.

Aber vor dem Antlitz dieser Gestalt erschien eine Art Tafel, strahlend hell wie Kristall. Auf ihr stand geschrieben: Eine schöne Gestalt, glänzend wie Silber, werde ich offenbaren, denn die Gottheit, die ohne Anfang ist, strahlt in großer Helligkeit. Alles jedoch, was einen Anfang hat, ist unsicher in seinen Schrecknissen und kann die Geheimnisse Gottes nicht in voller Erkenntnis begreifen.

Und diese Gestalt blickte auf die Tafel. Dadurch bewegte sich die Linie, auf der sie saß, und da, wo dann diese Linie des genannten Rades mit dessen linker Seite verbunden schien, wurde der äußere Teil des Rades für kurze Zeit wie Wasser und etwas dann über die Mitte der Hälfte des Rades hinaus, die unter der erwähnten Linie quer gezogen war, glühend rot und danach klar und leuchtend, und schließlich wurde sie wie ein unruhiges und stürmisches Unwetter, und zwar nahe dem Ende der Hälfte, wo die erwähnte Linie in diesem Rad eingefügt war.

Und ich hörte eine Stimme vom Himmel, die zu mir sprach:

1. Die Ewigkeit Gottes im Symbol des Rades

Oh Mensch, höre und verstehe die Worte dessen, der war und der ist unabhängig vom Wandel der Zeiten. Denn in Ihm lag der uralte Plan, daß Er die verschiedenen Werke ausführen wollte. Er hat sie wie einen Sonnenstrahl vor der Vorzeit der Tage geschaut, weil sie zukünftig waren. Denn Gott ist Einer, und mit dieser Einheit kann sich nichts vergleichen. Aber Er selbst wußte im voraus, daß ein bestimmtes Werk, das Er schaffen wollte, es versuchen würde, sich die Gleichheit in dieser Einheit anzumaßen. Daher stellte Er ihm den Widerstand der Zurückweisung entgegen, denn nur Er selbst ist jene Einheit, die nicht ihresgleichen hat, sonst könnte sie nicht Einheit genannt werden. Und deshalb stößt Er auch jenen von sich weg, der diese Einheit in verkehrter Weise begehrt. Und so soll jede vernunftbegabte Seele im Menschen handeln, die von Ihm ihr Wesen hat, der der wahre Gott ist, daß sie auswählt, was ihr gefällt, und verwirft, was ihr mißfällt, weil sie erkennt, was für sie gut oder schädlich ist. Aber obwohl Gott der Eine ist, wußte Er dennoch in der Kraft Seines Herzens ein bestimmtes Werk voraus, das Er wunderbarerweise vermehrte. Und Gott selbst ist jenes lebendige Feuer, durch das die Seelen atmen, und Er war vor allem Anfang und ist der Anfang und die Zeit der Zeiten. Das alles tut diese Vision kund.

Denn neben dem Berg, den du in der Mitte des östlichen Bereichs erblickst, wie vorher gesagt wurde, siehst du gleichsam ein Rad von erstaunlichem Umfang, das Ähnlichkeit mit einer leuchtend weißen Wolke hat und nach Osten gewandt ist. Es weist hin auf Gott, der ohne Anfang und

Ende ist, aber milde in seinen Werken und bereit zu allem Guten. *Eine dunkle Linie wie der Atem eines Menschen teilt es in der Mitte quer, und zwar von der linken bis zur rechten Seite.* Denn der Wille Gottes erscheint vollkommen durch den Anfang der vergänglichen Welt und durch ihr Ende, das zur Ewigkeit hinstrebt, dadurch daß Er das Zeitliche von dem, was ewig ist, getrennt hat.

Auf die Mitte dieses Rades oberhalb der Linie zeigt sich eine andere Linie, rötlich schimmernd wie das Morgenrot, die vom oberen Rand dieses Rades bis zur Mitte der erwähnten Linie herabführt. Dadurch wird gezeigt: Die Göttliche Ordnung ist auf alles Gute gerichtet und erscheint wunderbar wie in einem nie schwindenden Glanz vor dem Anfang der Welt, nach ihrem Ende und in diesen Zeiten der Welt. Sie offenbart, daß die Fülle der Vollkommenheit Gottes, die im himmlischen Bereich durch Seinen Willen das Zeitliche übertrifft, zu jeder Gerechtigkeit bereit ist.

Der obere Teil dieser Radhälfte sendet von links bis zu ihrer Mitte gleichsam grüne Farbe aus. Denn als Gott die Geschöpfe, so wie Er sie vorausgewußt hatte, in ihren Gestalten zur Arbeit hervortreten ließ, behielt Er sie gleichsam in der Lebenskraft <viriditas> Seines Willens. *Und von der rechten Seite bis zur Mitte leuchtet so etwas wie rote Farbe.* Denn Gott wandelt nach dem Ende der Welt das, was von der vergänglichen Zeit zum Leben emporgehoben werden soll, zum Besseren. Auch den Seelen der Gläubigen gibt er die Belohnung für ihre leuchtenden Mühen und läßt nicht zu, daß ferner Mühe und Mangel über sie herrschen; *so daß diese beiden Farben auf gleiche Flächen verteilt sind.* Denn wie die Ewigkeit vor dem Beginn der Welt keinen Anfang hat, so hat sie auch nach dem Ende der Welt kein Ende, sondern Anfang und Ende der Welt werden gleichsam von dem einen umfassenden Kreis umschlossen.

Die Radhälfte aber, die quer unterhalb der erwähnten Linie ist, zeigt eine fahle, von Schwarz untermischte Farbe. Denn sie bezeichnet die vergänglichen Zeiten der Welt, die Anfang und Ende haben. Über sie herrscht die unaufhörliche Ewigkeit, die von keinem Ende zum Abschluß gebracht wird. Und sie trägt, solange die Welt dauert, bald vielfach schwer an der Blässe der Ängste, bald an der Schwärze der Drangsale.

Aber auch all das, was eben gesagt wurde, bezieht sich in anderer Weise auf das Seelenheil der Menschen. So ist mit der höchsten Kraft, die in der Vollendung der leuchtenden Gerechtigkeit besteht, die Macht Gottes verbunden, weil die Macht und Kraft Gottes nicht voneinander weichen. Die Macht Gottes ist rund durch die Ausgeglichenheit ihrer Mäßigung, weil Er ohne Anfang und Ende ist. Mit ihrer umfassenden Möglichkeit kann sie alles tun, was sie will, und leuchtet weiß in der Milde der himmlischen Urteile. Denn keine Veränderung, kein Wechsel von Zu- oder Abnahme berührt Gott. Keine Zeit vernichtet Ihn jemals, sondern Er bleibt ohne Anfang immer unzerstört und unveränderlich, und Er gibt allem, was ist, Leben und nimmt die, die Ihn rein verehren, auf in die höchste Glückseligkeit.

Auch die Fülle Seiner Macht ordnet mit gerechter Mäßigung alles und bleibt in ihrer Höhe und Tiefe dem Menschen unbekannt. Sie zeigt, daß sie das Ewige und das Zeitliche gleichsam in einem Kreis ohne Anfang und Ende hat. Deshalb macht auch die Vollendung der Macht Gottes die Ewigkeit der göttlichen Ordnung sichtbar. Seine Voraussicht, die in dem leuchtet, was ewig ist, reicht von der Ewigkeit dieser Macht bis zur Fülle der göttlichen Ordnung. Sie gibt sich in ihren Werken deutlich zu erkennen und tut auch kund, daß die Seelen der Seligen in der himmlischen Herrlichkeit bleiben werden.

Auch die Ewigkeit der vollkommenen Macht Gottes zeigte in diesen Anordnungen, die mit der Fülle der Geschöpfe kommen sollten, gleichsam die Lebenskraft des kommenden und aufbrechenden Sprosses, als Himmel und Erde noch nicht waren. So legen auch die Gaben des Heiligen Geistes die Lebenskraft in das Herz des Menschen, damit er gute Früchte bringt. An dem aber, was nach dem Weltende zu Festigkeit und Unveränderlichkeit gelangen wird, zeigt er gleichsam einen rötlichen Glanz. Denn dann wird alles vollendet sein und ferner keinen Mangel mehr spüren, wenn auch die Seelen der Heiligen zum Himmel erhoben sind. Und wie die Ewigkeit Gottes vor dem Anfang der Welt keinen Anfang hatte, so wird sie auch nach deren Ende durch kein Ende abgeschlossen, wenn sich dann die Seligen im Himmel ohne Ende freuen werden. Aber die vollkommene Macht Gottes, die in ihrer Ewigkeit alles Zeitliche in seinen verschiedenen Arten umschließt, zeigt auch, daß alles Gott unterworfen ist. Diejenigen, die Gott verleugnen, holt sie hervor, um sie in die Hölle zu schicken; denn alles, was Gott zu widerstreiten scheint, wird geprüft werden.

2. *Die Liebe Gottes in ihrem Schmuck*

In der Mitte dieses Rades siehst du auf der erwähnten Linie wieder die Gestalt, die dir vorher als die Liebe bezeichnet worden war. Sie sitzt und erscheint in einem anderen Schmuck, als du vorher gesehen hattest. Das ist deshalb so: In jener Vollendung, in der die Macht Gottes sich alles unterwirft, ist die Liebe mit dem Willen Gottes gleichsam im Ruhen verbunden; denn die Liebe erfüllt jeden Willen Gottes, bald von diesem, bald von jenem Schmuck geziert. Die Tugenden nämlich, die in den Menschen wirken, zeigen die Liebe wie mit Schmuck, da alle guten Werke durch die Liebe geschehen.

Ihr Gesicht leuchtet wie die Sonne, weil sie mahnt, daß der Mensch jede Absicht seines Herzens auf die wahre Sonne richtet. *Ihr Gewand aber glänzt wie Purpur,* damit der Mensch sich aus dem Herzen der Barmherzigkeit ein Gewand macht und jedem, der ihn bittet, zur Hilfe kommt, soweit er kann. *Sie hat um ihren Hals eine goldene Kette, die mit Edelsteinen geschmückt ist.* Das ist ein Wink, daß der Mensch sich das Joch der Unterwerfung auferlegt und es mit den seligen Tugenden schmückt, so daß er sich in allem erniedrigt und damit zeigt, daß er Gott wahrhaft unterworfen ist, wie der Sohn Gottes Seinem Vater bis zum Tode des Fleisches in allem gehorchte. *Sie trägt auch Schuhe, die wie Blitze strahlen,* damit alle Wege des Menschen im Licht der Wahrheit liegen und der Mensch den Spuren Christi folgt und so den anderen zuverlässig ein Beispiel der Rechtschaffenheit gibt.

3. *Die schaffende Liebe Gottes*

Vor dem Antlitz dieser Gestalt erscheint eine Tafel, strahlend hell wie Kristall mit der Aufschrift, daß nichts, das einem Anfang unterworfen ist, die Gottheit, die ohne Anfang ist, völlig begreifen kann. Denn im Anblick der Liebe wird das Vorauswissen Gottes offenbart, weil die Liebe und das Vorauswissen völlig übereinstimmen. Das Vorauswissen ist nämlich ohne jedes Hemmnis völlig durchleuchtend, nicht von einem Anfang oder Ende eingeschlossen noch von einem sterblichen Geschöpf festgelegt. Es offenbart, daß der Mensch, der der Liebe unterworfen sein will, mit ihr liebt, was in Gott ist, und Gott in der Reinheit des Glaubens anschaut und Ihm nichts vorzieht, was vergänglich ist. Damit stellt er für sich in den himmlischen Freuden einen Sitz auf, weil Gott vorausgesehen hat, daß er dorthin kommen wird.

Und diese Gestalt blickt auf die erwähnte Tafel. Dadurch bewegt sich die Linie auf der sie sitzt. Denn als die Liebe Gottes Sein Vorauswissen anblickte, in dem alles erschien, was in den Geschöpfen zukünftig war, da die Geschöpfe, die geschaffen werden sollten, noch nicht waren, bewegte sich der Wille Gottes, mit dem die Liebe gleichsam in Ruhe verbunden ist, zur Erschaffung der Geschöpfe. Und so entstanden auf Gottes Geheiß Himmel und Erde und die übrigen Geschöpfe, die auf ihr sind.

Denn als die Engel vorausgingen, stürzte ein Teil von ihnen unwiderruflich, weil sie ihren Schöpfer verleugneten, ein Teil aber beharrte in Seinem Dienst und in der Liebe <dilectio> zu Ihm. Nach den anderen Geschöpfen schuf also Gott den Menschen, damit Er alles, was Er brauchte, für sich vorbereitet fand und erleuchtete ihn mit dem lebendigen Geisthauch. Er rüstete ihn, den Er wunderbar erschaffen hatte, auf zweierlei Weise aus, so daß er Feuer und Flamme sein sollte: Feuer in der Seele und Flamme in der Vernunft, die aus dieser lodert. Die Flamme der Vernunft aber weiß, wo sie durch den Kuß des Auswählens wirken soll; das nämlich ist die Erkenntnis von Gut und Böse. Durch sie brennt sie nicht in dem, was sie nicht zu ihrem Werk auswählt, sondern flieht mit Pein vor dem, was sie nicht tun will, wenn nicht der Schmied sie schüttelt, daß sie dort etwas brennt, wohin er sie wenden wollte. Und wo sie durch ihr Auswählen bisweilen brennt, dort läßt der Schmied sie oft aussetzen.

Diese beiden Kräfte legte Gott in das irdene Gefäß, damit dieses wirke, was für es nützlich ist. Aber wie das Feuer die Flamme in sich enthält, so hat der vernunftbegabte Mensch Kräfte zum Wirken. Diese beiden genannten Kräfte sind in einem irdenen Gefäß, und dieses irdene Gefäß besteht in der Verbindung mit ihnen. Wenn aber das Feuer und die Flamme in nichts brennen würden, wo könnte man ihre Glut dann sehen? Deshalb müssen auch diese Kräfte ein Werk haben. Und dieses ist das irdene Gefäß, in dem die Seele und die Vernunft ihre Werke ausüben.

Auch der Wind ist luftartig und erfüllt die anderen Geschöpfe, mit denen der Mensch wirkt. So wäre auch der Mensch nicht, wenn die übrigen Geschöpfe nicht gewesen wären. Und Gott ist Feuer und lebendiger

Geist. Er hat das große Werk geschaffen, aus dem Sein Sohn Sein Gewand nahm, durch das Er Seine Gottheit verbarg und sehr viele Wunder wirkte. In ihm ist Er auch durch die Welt gegangen, bis Er die zehnte Zahl, die verloren war, an sich zog. Dieses selbe Werk hat Gott auch gegen den gestellt, der den Norden begehrte, und hat ihn durch es vollkommen überwunden, denn Er traf ihn so an der Kinnlade, daß er seinen Kopf nicht weiter erheben kann, wie er es vorher tat. Die Gottheit hat nämlich die guten Engel mit Seiner Herrlichkeit bekleidet und sie um sich angeordnet, um Sein Werk, das nur auf sich selbst schaut und vor seinem Schöpfer zurückweicht, indem es seinem eigenen Willen folgt, mit Seinem Eifer zu züchtigen und niederzudrücken. Denn wenn die Vernunft nach dem Willen des Fleisches handelt, zieht sie die Rache Gottes auf sich. Wenn sie aber zu ihrem Schöpfer aufschauen würde mit dem Wort: Du bist mein Gott, würde dieses mit dem Feuer des Heiligen Geistes seine Lobpreisungen entzünden, um sie zu vermehren, so wie die Funken eines Feuer vermehrt werden.

Aber auch die Vernunft steht in zwei Bereichen der Wahl, und was sie auswählt, nimmt sie an sich, das andere weist sie zurück, weil sie bei einer Wahl nicht zwei Dinge haben kann, die einander widersprechen. Wer nämlich einem anderen dient, achtet sich selber gering, wer aber für sich selbst wirkt, dient durch das, was er tut, nicht einem anderen, und deshalb stimmen diese beiden <Haltungen> nicht zusammen. Der vernunftbegabte Mensch wünscht nämlich zuerst und ersehnt etwas, danach erst bewirkt er es in irgendetwas. Das unvernünftige Tier jedoch lebt, wie es ihm bestimmt ist, und vermag nicht mehr, weil es nicht in der Vernunft das Auge des Wissens hat, sondern sich nach seiner Naturanlage richtet. Der Mensch aber wohnt durch den Glauben bei Gott.

4. Der Wille Gottes zum Menschen nach der Sintflut

Du siehst aber: *Wo diese Linie des genannten Rades mit dessen linker Seite verbunden scheint, wird der äußere Teil des Rades für kurze Zeit wie Wasser.* Das ist deshalb so: Nachdem Mein Wille sich mit Meiner Macht zur Schöpfung verbunden und die Geschöpfe hervor gebracht hatte, zeigten sich die Urteile dieser Meiner Macht in der Sintflut beim Ausgießen der Wassermassen. Denn als der erste Mensch Kinder zeugte, versank deren

Nachkommenschaft immer mehr in das Böse. Adam nämlich und seine Söhne hatten in der Furcht vor Mir gemäß der Natur des Menschen gerecht Kinder gezeugt. Aber ihre Nachkommen befleckten sich selbst gegen die Natur des Menschen auf die schändlichste Weise. Weil Ich das nicht länger dulden wollte, erstickte Ich sie durch die Sintflut. Deswegen erzitterte auch der Teufel ganz erschreckt, weil er sah, daß Meine Macht, durch die der Mensch so vernichtet wurde, unbesiegbar war.

Und dann etwas über die Mitte der Hälfte des Rades hinaus, die unter der erwähnten Linie quer gezogen ist, wird sie glühend rot und danach klar und leuchtend. Denn in der Zeit von der Sintflut bis zur Menschwerdung Meines Sohnes, den Ich nach dem Vorübergang der starken Zeiten an deren Ende unter dem Schweigen Meines Willens machtvoll sandte, gingen die Urteile Meiner Macht in die Röte der Gerechtigkeit über; auch nach der Sintflut rissen nämlich die Menschen verschiedene Generationen hindurch in ihren Werken den Glanz der Gottesfurcht an sich.

Denn das Bauwerk der Gerechtigkeit erstand in Noach, die Beschneidung in Abraham, die Gesetzgebung in Mose, die Prophetie in den Propheten. Und diese alle unterdrückten den Götzendienst, wie der Tag die Nacht verjagt, in denen alle Zeiten ablaufen, wie auch die Werke der Menschen in den Menschen erscheinen. Als diese aber dem Untergang zuneigte, wie wenn die Sonne untergeht, und das Volk sich durch Zeugung vermehrte, erblickte Ich die Fülle jener Zahl, von der durch Meine Eingebung geschrieben steht:

5. Galaterbrief 4,4 f: Die Fülle der Zeit in der Menschwerdung

„Als die Fülle der Zeit gekommen war, sandte Gott seinen Sohn, geboren von einer Frau und dem Gesetz unterstellt, damit er die freikaufe, die unter dem Gesetz stehen und damit wir die Kindschaft erlangen" (Gal 4,4–5). Der Sinn dieser Aussage ist so zu verstehen: Gott, der Vater, der weder Anfang noch Ende hat, sandte in der Fülle der Zeit, die von Ewigkeit bestimmt war, Seinen Sohn zur Erlösung des verlorenen Menschen auf die Erde, der durch sehr viele Zeichen und Wunder vorausgesagt war.

Das scheint Er uns eindringlich mitzuteilen durch die Arche Noachs. Sie ist nämlich Zeichen für die Kirche, die in der gegenwärtigen Zeit in den Anstürmen der verschiedenen Versuchungen schwankt. Sie hat Er jetzt mit Seinem Sohn zur Wiederherstellung ihrer Kinder durch die Gnade des Glaubens vermählt. Diese Arche, die auf dem Berggipfel feststeht, kann auch die Ewigkeit des allmächtigen Gottes darstellen, der alle Geschöpfe lange vorher vorausgesehen hatte, bevor sie so wurden, wie sie in der Gegenwart durch Sein Wort in ihren Arten <per species> unterschieden erscheinen.

Jene himmlische Stadt, die die Wohnstatt des Gottessohnes ist, zeigt auch einen in feinster Arbeit errichteten Turm. Durch dessen wunderschönen Schmuck wird der Gehorsam Abrahams gezeigt, der uns den Sohn Gottes und Seine unendlichen Wundertaten vergegenwärtigt. Denn das durch Mose gegebene Gesetz verlangt unermüdlichen Gehorsam, ohne den es keineswegs Bestand haben kann, wie kein Haus ohne Säulen, durch die es gestützt wird, noch der Mensch ohne das Herz, von dem er gelenkt wird. Der Gehorsam ist nämlich ein Feuer, und das Gesetz ist sein Glanz.

Und wie Abraham auf Befehl des Herrn sein Haus und Vaterland verließ und als erster durch die Beschneidung verändert wurde, so veränderte der Sohn Gottes, der ohne jede Befleckung des Blutes aus der völlig unberührten Jungfrau durch das Feuer des Heiligen Geistes gezeugt und geboren war, das Gesetz, das durch Mose erlassen wurde, durch sich auf geistige Weise in einen besseren Zustand. Denn es entsprach der Milde ihres Schöpfers die, die das Blut der gesetzlichen Opfer nicht befreien konnte, da sie aus dem Blut von Sündern gezeugt waren, allein um den Preis Seines unschätzbaren Blutes zu befreien. Und wie der Mensch gewohnt ist, von der Schöpfung, die ihm überlassen wurde, Gott ein Opfer darzubringen, so wurde der Gottessohn mit dem von einem Menschen genommenen Fleisch bekleidet, das Er Gott, dem Vater, für ihn darbringen sollte.

Deshalb hat der Sohn Gottes, als Er in die Welt kam, den Menschen eine reine, leuchtende Lehre geoffenbart. Indem Er alles, was vorausgesagt war, entsühnte, verwandelte Er es in einen anderen Zustand, so daß die Götzen in den lebendigen Gott und die Prophetengabe in den geistlichen Weg verwandelt wurden. Denn wie das Wort des Menschen im Anhauch seines Geistes ausgesandt wird, so wurde auch der Eingeborene <Sohn> Gottes vom Vater in den Tempelhof <aula> der Jungfrau gesandt und vom Heiligen Geist empfangen. Nachdem Er so Fleisch angenommen hatte und aus der Jungfrau geboren war, offenbarte Er in sich alles Vergangene und Zukünftige. Alle Taten der Menschen, von denen berichtet wurde und von denen man hörte, wandte er zum Besseren, indem Er die unnützen tilgte und die nützlichen bewahrte, wie Er es in der Heerschar der Engel getan hatte, die Er nach dem Sturz der Verlorenen noch mehr verherrlichte. Vor Seiner Geburt war nämlich alles gleichsam in einer Finsternis, die er nach Seiner Menschwerdung wie die Sonne erleuchtete. Denn Er selbst war das Gesetz, indem Er es erfüllte, und zwar dadurch, daß Er es in ein besseres verwandelte und den Geboten Seines Vaters gehorchte, was Adam zu tun unterlassen hatte.

Im Sohn Gottes sind auch Gerechtigkeit und Frieden miteinander verbunden; die Ungerechtigkeit, von der die Welt mit dem Geifer der Schlange verdunkelt wurde, ist durch Seine Menschheit unterdrückt, weil Er selbst sich als Kämpfer mit Gerechtigkeit und Frieden der Ungerechtigkeit widersetzt. Mit der Gerechtigkeit, die von göttlichen Geboten umgeben, und dem Frieden, der mit der Gnade Gottes befestigt ist, die den Menschen schont, hat Er Seine Auserwählten in der Weise um sich versammelt, wie die seligen Engel um Gott standen. Als er leiblich in den Himmel aufstieg, entzündete der Heilige Geist mit Feuerzungen die Apostel. So wurden sie in ihrem inneren Wissen so gereinigt, daß sie auch andere auf diese Weise an sich banden, damit sie sehr viele Wunder und Zeichen taten, geschmückt mit dem katholischen Glauben und in guten Werken geheiligt.

So brachte die Lehre des Gottessohnes reiche Frucht; sie stieg von Tugend zu Tugend empor (vgl. Ps 84,8) und machte Fortschritte in der Reinheit. Sehr viel Volk, das im Licht des Glaubens strahlte, unterwarf sich Ihm. So kam es, daß viele, die durch die Vergessenheit und den Unglauben beim Fall Adams verdunkelt waren, durch den wahren Glauben und heilige Werke erleuchtet wurden. Und es war notwendig, daß der Gottessohn am Ende der Zeiten kam, weil die alte Schlange durch Täuschung, Hohn und Lästerung den ganzen Menschen verletzt hatte. Es war auch das notwendig, daß der eingeborene Gottessohn in der leiblichen Gegenwart Seiner Menschheit Sein Werk verwirklichte. Er hat es zu verwirklichen begonnen durch die höchsten Lenker der Kirche, durch die anderen Vorsteher dieser Kirche, ferner zusammen mit den Priestern und ihren Unterstellten, mit den Einsiedlern im jungfräulichen Stand und mit der Schlachtreihe der geistlichen Menschen, die dem Heer der Engel entsprechen und mit der Posaune des Lobpreises nach dem Lob der Engel Gott verehren, mit den Büßern, die durch die, die Gott nachfolgten <imitatores Dei> zu Ihm rufen, mit den guten Eheleuten, die den Weisungen ihrer Lehrmeister gehorchen, und mit den Enthaltsamen, die sich selbst verleugnen und die Welt verlassen.

So wirkte der Sohn Gottes, der von Seinem Königsthron kam. Und wie Er mit der Gegenwart Seines Leibes zu Seinem Vater zurückkehrte und sich Ihm zeigte, so sammelte Er auch die guten Werke von all diesen und zeigte sie Seinem Vater. Diese erwähnten Stände aber, die durch die Lehre des Gottessohnes eingesetzt sind, brannten in großem Eifer, indem sie von Tugend zu Tugend aufstiegen, so wie der Tag nach der ersten Stunde durch die Glut der Sonne bis zur neunten Stunde immer glühender brennt.

6. Die Zeit der Apostel und der allmähliche Niedergang

Und danach wurden sie <die Gläubigen> durch die Lehre der Apostel und die Tugenden der übrigen Heiligen rein und leuchtend bis zu den Tagen, die sozusagen in weiblicher Schwäche von ihrer Stärke abfielen. Denn damals wurde jede gute Gewohnheit in ihnen, die durch die Gnade des Heiligen Geistes seit den Zeiten der Apostel ursprünglich eingepflanzt war, in das Dunkel der Wurfspieße gezogen, mit denen die alte Schlange die Welt getäuscht hatte. Die Apostel hatten nämlich ihre Lehre wie mit Stahl gefestigt und mit dem Schloß des Himmels verschlossen und ihr in Gottesfurcht Zügel angelegt, damit sie nicht verspottet werden sollte, sondern in täglicher Strenge eingehalten werde. Und weil sie ihre Lehre nach dem Lauf der Sonne festsetzten, heiligten sie diese durch Enthaltsamkeit von Speisen, durch Lobpreis und Gebet.

Die alte Schlange aber grübelte in sich selbst nach und suchte zu erkunden, wie sie dieses Gesetz zerstören und austilgen könnte. Sie sah sich nämlich vollkommen getäuscht und erkannte auch, daß sie einen günstigen Umstand zum Kampf gegen die Söhne der Menschen dadurch hatte, daß sie die Empfängnis des Menschen in Sünde verkehrt hatte. Daher entflammte sie einen Richter mit dem Königstitel (vgl. Fragm 744–795: Kaiser Heinrich IV.) durch glühende Leidenschaft zur Pflichtverletzung, so daß er viele unsägliche Eitelkeiten an sich zog, als ob er sie hegte. Und das tat er auch solange, bis die Hand Gottes ihn traf, wie er Nero und ebenso andere Gewaltherrscher in all ihrer Ehre niedertrat.

Damals welkte die Lebenskraft der Tugenden und alle Gerechtigkeit neigte sich dem Untergang zu. Und daher nahm auch die Grünkraft der Erde in jedem ihrer Keime ab, weil die obere Luft sich in eine andere Art veränderte, als sie am Anfang eingesetzt worden war. Daher hatte der Sommer danach häufig ihm entgegengesetzte Kälte und der Winter ihm entgegengesetzte Wärme, und auf der Erde herrschte oft so große Trockenheit oder so große Nässe, verbunden mit anderen vorausgehenden Zeichen, die der Gottessohn Seinen Jüngern auf ihre Frage als vor dem Tag des Gerichtes kommend vorausgesagt (vgl. Lk 27,7 ff) hatte, so daß viele sagten, der Tag des Gerichtes stehe bevor.

7. Erste Rede des Gottessohnes zur Heilsgeschichte

Daher spricht auch der Sohn zum Vater, indem Er sagt: „Am Anfang grünten alle Geschöpfe, in der mittleren Zeit blüten die Blumen, später ging die Grünkraft zurück. Das sah der streitbare Mann (vgl. Jes 42,13) und sagte: Diese Zeit kenne ich. Aber die goldene Zahl ist noch nicht voll. Du also blicke auf den Spiegel des Vaters. An Meinem Leib leide Ich an Erschöpfung, auch Meine Kleinen werden schwach. Jetzt erinnere Dich daran, daß die Fülle, die am Anfang geschaffen wurde, nicht verdorren durfte. Damals hattest Du in Deinem Sinn, Dein Auge nicht abzuwenden, bis Du Meinen Leib voller Edelsteine siehst. Denn es erschöpft Mich, daß alle Meine Glieder dem Spott anheimfallen. Vater, sieh her, Ich zeige Dir Meine Wunden. Also, ihr Menschen alle, beugt eure Knie vor eurem Vater, damit Er euch Seine Hand entgegenstreckt“ (Ordo 252–269).

Der Sinn dieser Aussage ist so zu verstehen: Am Anfang, das heißt vor der Sintflut, war die Lebenskraft <viriditas> der Erde so groß, daß sie ihre Früchte ohne die Arbeit der Menschen hervorbrachte. Damals hatten die Menschen weder vollkommene Zucht gegenüber der Welt noch Ehrfurcht vor Gott und kamen nur wegen irdischer Angelegenheiten und ihrer Begierden in Schweiß. Nach der Sintflut jedoch, in der Mitte der Zeit zwischen Sintflut und der Ankunft des Gottessohnes in der Welt, blüten die Blumen mit neuem Saft und aller Keimkraft in anderer Weise als vorher, weil jetzt die Erde von der Feuchtigkeit des Wassers und der Glut der Sonne gekocht war.

Tafel 15
Die Liebe

Darauf sah ich neben dem Berg, den ich in der Mitte des östlichen Bereiches erblickte, gleichsam ein Rad von erstaunlichem Umfang, das Ähnlichkeit mit einer leuchtend weißen Wolke hatte und nach Osten gewandt war. Eine dunkle Linie teilte es in der Mitte quer. Auf der Mitte dieses Rades oberhalb der Linie zeigte sich eine andere Linie, rötlich schimmernd wie das Morgenrot, die vom oberen Rand dieses Rades bis zur Mitte der erwähnten Linie herabführte. Der obere Teil dieser Radhälfte sandte gleichsam grüne Farbe aus. Von der rechten Seite bis zur Mitte leuchtete rote Farbe.
Und siehe: In der Mitte dieses Rades sah ich auf der erwähnten Linie wieder die Gestalt, die mir vorher als die Liebe <caritas> bezeichnet worden war. Sie saß und erschien in einem anderen Schmuck.

Und wie die Blüten der Früchte stärker und in größerer Zahl als vorher aufgingen, so machte auch die Erkenntnis der Menschen, die in der Weisheit vom Heiligen Geist entzündet war, Fortschritte bis hin zu dem neuen Stern, der den König der Könige ankündigte (vgl. Mt 2,2). Diese Weisheit brannte aus dem Feuer des Heiligen Geistes, durch den das Wort Gottes im Schoß der Jungfrau Fleisch wurde. Das zeigte auch der vorher erwähnte Stern. In ihm offenbarte der Heilige Geist den Heidenvölkern dieses Werk, das Er im Schoß der Jungfrau vollbracht hatte. Die Strahlkraft der Flamme des Heiligen Geistes ist der Klang des Wortes, das alles erschaffen hat. Denn der Heilige Geist befruchtete den Schoß der Jungfrau und kam in Feuerzungen über die Jünger des Gottessohnes. Auch nach diesen Feuerzungen wirkte Er mit diesen Jüngern und ihren Nachfolgern viele Wunder.

Deshalb wurde auch diese Zeit, die von Tugend zu Tugend aufstieg, die männliche Zeit genannt, und so dauerte sie sehr viele Jahre unter starker, tatkräftiger Leitung fort. Danach aber nahm die Grünkraft in ihrer Stärke ab und wandelte sich in weibliche Schwäche, indem sie alle Gerechtigkeit hintansetzte und der törichten Lebensweise der Menschen unterordnete. Denn in diesen Tagen tat jeder Mensch, was ihm gefiel. Daher vereinsamte in ihnen auch die Kirche wie eine Witwe, die den Trost der Fürsorge ihres Mannes entbehrt, weil sie nicht mehr den richtigen Stab der Leitung hat, auf den sich die Menschen stützen.

Aber schlechte Mietlinge (vgl. Joh 10,12–13) werfen aus Gier nach Geld Meine Kinder in die Täler und hindern sie, zu den Hügeln und Bergen emporzusteigen. Sie nehmen ihnen ihren Adel, ihr Erbe, ihren Landbesitz und Reichtum. Das tun sie wie reißende Wölfe, die den Spuren der Schafe nachstellen und die Schafe, die sie rauben, zerfleischen. Die aber, die sie nicht fassen können, verjagen sie. Und in ihrer listigen Täuschung verschlingen sie Meine Kinder durch höhere Richter und ungerechte Tyrannen.

Deshalb sind diese Tage ein Kerker der teuflischen Kunst; denn lange habe Ich es ertragen, daß Mein Volk durch die Tyrannei Meiner Feinde verspottet wird. Ihnen sind nämlich die Stricke überlassen worden, um mit verschiedenen Strafen die Menschen niederzuwerfen, so wie Ich im Alten Testament die Aufrührer gegen Mich öfters gezüchtigt habe. Ich habe auch zugelassen, daß bestimmte Geister der Luft in diesen Tagen Menschen durch viele Unwetter erschrecken, und so habe Ich sie geschlagen. Mit sehr vielen Heimsuchungen durch Strafen, mit schwerer Krankheit und Schwäche des Leibes habe Ich sie niedergeschlagen, weil sie nicht von ihrer unruhigen Lebensweise ablassen. Auch Neid und Haß geben sie Raum in ihrem Herzen, indem sie bei sich die Verluste der anderen berechnen, ihnen den Mantel der Ehrbarkeit und Nützlichkeit wegnehmen und alle Bosheit und Blutvergießen über sie bringen.

Aber auch durch die Schöpfung, die Ich zum Nutzen des Menschen geschaffen habe, werden sie oft gerichtet. So werden sie durch Feuer und Wasser erstickt, durch den Wind und die Witterung wird ihnen die Frucht der Erde genommen. Sonne und Mond zeigen sich Ihnen nicht in richtiger Weise, weil sie ihre Bahnen nicht einhalten, wie sie von Gott angeordnet wurden, sondern darüber hinausgehen. Daher bewegt sich auch die Erde manchmal wie ein Wagen, der durch einen Aufprall aus seinen Bindungen gerissen wird. So werden jene Tage ihren Lauf mit den wüsten Sitten der Menschen füllen, die Blut vergießen, jede ehrenhafte Einrichtung der Kirche zerstören, die goldene Gerechtigkeit mit dem Erz und Blei der Ungerechtigkeit verfälschen und jeden Willen der Menschen gegen die entgegengesetzte Bosheit aufwiegen.

Vor dem Ende dieser Tage, nämlich der weiblichen Schwäche, wird die Gerechtigkeit aufstehen, die der Sohn Gottes mit einem Verlobungsring seinen Jüngern anvertraut hatte, als Er sie in alle Welt aussandte. Und sie wird ihre Gewänder zeigen, die sie von den Aposteln empfangen hatte, wie sie durch die Ungerechtigkeit der Völker verdorben und zerrissen sind.

7. Kleidung und Schmuck der Gerechtigkeit durch die Apostel

Matthäus war mild in seiner Gesinnung und ohne tiefschürfenden Geist; er lehrte die Menschen sanft und gütig. Die Lehre der Apostel bestätigte er in allem und zog sie gleichsam als Meisterin seiner Lehre vor. Und so bekehrte er mit seiner Predigt, die er wie süßer Honig sanft auf es träufelte (vgl. Spr 16,24), sehr viel Volk zum wahren Glauben an Gott. Wegen der Milde seines Wesens nahmen die Völker seine Lehre auf, wie ein Kind die Milch saugt. Und deshalb berührte ihn auch der Heilige Geist, so daß er zuverlässig über die Menschwerdung des Gottessohnes schrieb. Er selbst bereitete aus der Seide der frommen Absicht das Hemd, nämlich die recht geordnete und wie das Tageslicht leuchtende Zerknirschung, und legte es der Gerechtigkeit an, als er für die Gerechtigkeit dem Martyrium nicht auswich.

Thomas dagegen hatte ein hartes und strenges Verhalten im Umgang mit den Menschen. Er wandte sich nicht leichtfertig einer Sache zu noch stimmte er leicht irgendetwas zu, sondern was er sah, das glaubte er. Was innerlich unsichtbar war, das faßte er nur durch Offenbarung in Zeichen (vgl. Joh 20,25). Es ist nämlich nützlich, daß die Zeichen durch die Werke erkannt werden, denn das Leibliche wird leiblich gesehen und das Geistige geistig erfaßt, und durch die Heiligkeit seiner Werke weiß man, daß ein Mensch geistig ist. So hat dieser sehr viel Volk zu Gott bekehrt und die Gerechtigkeit mit einem langen Gewand aus grüner Seide über dem Hemd bekleidet. Dieses leuchtete wie ein Sonnenstrahl, als er jene mit der Aufrichtigkeit der guten Absicht schmückte und sie durch das alles leuchten ließ. Und so wandte er die Herzen der Ungläubigen von den Götzenbildern ab hin zu Gott und bot sich durch sein Martyrium dem Lenker des Alls dar.

Petrus aber hat die Tunika aus feinem Leinen und Purpur gewebt, indem er die rechte Gesinnung mit Milde und Eifer verbreitete. Mit ihr umhüllte er die Gerechtigkeit zusammen mit den kirchlichen Ständen, wobei er sich auch mit Leib und Seele vielen Bedrängnissen unterwarf.

Matthias aber war in seinem Wesen sanft und demütig wie die Tauben. Die Wechselhaftigkeit der Lebensweise der Menschen und Neid und Haß mied er. Er war ein Gefäß des Heiligen Geistes, der in denen wohnt, die es nicht zulassen, daß ihr Geist auf den Straßen herumschweift und die verschiedenen Dinge ausforscht. Vor Gläubigen und Ungläubigen tat er in Demut viele Zeichen und Wunder, als wüßte er nichts davon, und ersehnte das Martyrium wie ein Festmahl. Daher bereitete er der Gerechtigkeit einen Königsthron mit Adlerköpfen und Löwenfüßen an seinen vier Säulen. Denn in seiner Demut durcheilte er die vier Erdteile und konnte von keinem Unrecht überwunden werden. Seine Predigt breitete er weit aus und nahm sehr viel Schmähungen geduldig auf sich. So führt er sein Werk mannhaft zur Vollendung. Deshalb hörten die Menschen ihm gerne zu und liebten ihn über alles. Er ließ durch seine Demut die Gerechtigkeit auf ihrem Thron Platz nehmen, den er ihr bereitet hatte.

Gott hat nämlich die zwölf Apostel im Wechsel ihrer verschiedenen

Charaktere erwählt, wie er auch zwölf Propheten erwählt hatte, denn Gott ist wunderbar. Und dann fand Er einen einzigen Funken, nämlich Paulus, und entfachte ihn mit Seinem Licht. Auch in ihm tat Er viele Wunder, denn sowohl in stürmischen und tätigen Menschen erfüllt Er Seine Zeichen, als auch in milden, damit das Volk sie nicht ablehnt und sagt, Er wirke nur an den Guten Seine Wunder. Der Heilige Geist hat die gesamte Lehre der Apostel durch Paulus geschmückt. Er besaß eine hohen Gesinnung wie ein Berg, war wild wie ein Leopard, gegen alles knirschend, was er überwinden wollte. Denn er meinte, alles durchführen zu können, was er wollte. Den Funken des Glaubens fand der Heilige Geist in ihm, weil er die Verfolgung nicht aus Neid und Haß, sondern aus Liebe zum alten Gesetz betrieb.

Gott hatte die Tiere eher geschaffen als den Menschen. Den Menschen hatte Er nach Seinem Bild und Gleichnis gemacht, während die Tiere vorausgingen. Auch das alte Gesetz gab es den Tieren entsprechend zuerst. Später wandelte Er es durch die Menschwerdung Seines Sohnes zu einem geistlichen Verständnis entsprechend der Ausübung des Engelslobes. Denn wie Er den Menschen zuerst formte und ihm dann den Geisthauch des Lebens eingab, so schickte Er auch das alte Gesetz voraus, das Er dann durch das neue Gesetz zum Besseren verwandelte.

So fand Er auch Paulus in zu großem Eifer und warf ihn im alten Gesetz zu Boden. Dadurch zeigte Er ihm, daß er den Namen Seines Sohnes im neuen Gesetz tragen werde. Er entrückte auch dessen Geist in die Höhe und zeigte ihm die Wunder, mit denen Er gegen ihn kämpfte. Aber dennoch blieb seine Seele in ihm verborgen, so daß er kaum spürte, daß er lebte, wie die Seele, die, obwohl sie im Leib bleibt, ihre Gedanken nach außen schickt. Wenn nämlich Gott ihm Seine Wunder auf sanfte Weise offenbart hätte, wäre er wegen seiner trotzigen Sinnesart zu seinem früheren Eifer zurückgekehrt. Deshalb nahm Gott ihn sehr in Zucht und erfüllte seinen ganzen Leib mit Leiden. Seine Krankheit war von zweifacher Art, alle Adern seines Leibes wurden von einem Leiden erfüllt, und es setzten ihm feurige Wurfspieße des Teufels mit einer gewissen Sinnenlust zu. Weil er aber die Wunder Gottes im Geist gesehen hatte, hatte er auch die stärkste Kraft in seinem Geist. Und weil er sehr viele Geheimnisse und verborgene Mysterien geschaut hatte, weit mehr, als ein Mensches aussprechen darf (vgl. 2 Kor 12,2–4), waren auch seine Worte und seine Predigt wie tief eingeschlagene Nägel, die ein Haus halten. Denn der Sohn Gottes, den die Jungfrau Maria gebar, wählte ihn aus dem Stamm Benjamin. Daher mühte er sich auch mit seinen Predigen mehr als alle anderen (vgl. 1 Kor 15,10), die bei ihm lebten.

Auch eine Frau schmückt sich zur Ehre und zum Ruhm ihres Gatten, damit sie ihm um so schöner erscheint. Dadurch soll der Mensch erkennen, wie er seine Seele vor dem höchsten König schmücken soll. Denn wenn der Mensch die Liebe <caritas> hat, legt er sich ein goldenes Gewand an. Wenn er die Keuschheit liebt, schmückt er sein Gesicht mit kostbaren Perlen, und wenn er sich zur Enthaltsamkeit von Nahrung aufrafft, bekleidet er sich mit Purpur und feinem Leinen. Deshalb soll der Mensch, der sich von Sünden fernhalten will, auf Fleisch verzichten, das jedoch zur Wiederherstellung der Gesundheit gegessen werden soll. Denn Fleisch verführt oft das Fleisch des Menschen zu Sünden.

Paulus hatte aber das Gebot der Jungfräulichkeit nicht im Gesetz. Daher legte er sie den Menschen nicht als Gebot auf, sondern gab den Rat dazu. Denn das Gesetz trägt in sich Furcht, der Rat aber Liebe, und deshalb wird das Gesetz der Furcht oft übertreten, weil es nur von außen gehört wird. Am Rat der Liebe aber, den alle Adern des Menschen in Sehnsucht aufnehmen, hält man fest. Aber weil am Anfang durch die Schlange der Rat in Verwirrung gebracht wurde, ist Gott aus ewigen Ratschluß Mensch geworden. In Ihm brannte die Liebe so, daß sie die ganze Welt erleuchtete. Und deshalb gab auch Paulus aus geheimem Ratschluß bezüglich der Jungfräulichkeit einen Rat und keinen Befehl. Diese darf kein Mensch durch Befehl festsetzen, weil Gott sie in sich selbst zur Vollendung geführt hat. Daher kennt auch die Keuschheit keine Gesetzesvorschrift der Knechtschaft oder Furcht, sondern sie steht allein frei in Gott ohne jede Furcht.

Deshalb ist Paulus ein Rad des Wagens der Gerechtigkeit. Denn wie das Rad den Wagen trägt, der Wagen aber das gesamte Gewicht, so trägt die Lehre des Paulus das Gesetz Christi. Das neue Gesetz ist ja aus dem alten Gesetz gewoben, in dem Mose die Beschneidung und die Opfer einschloß. Diese erneuerte der Heilige Geist zu einer neuen Heiligkeit, und Paulus verschmolz sie mit neuem Feuer zu dem beschriebenen Halsband der Gerechtigkeit. Alle Werke heiligte er in rechter Ehrenhaftigkeit, nämlich so, daß die Ehe in der Furcht Gottes geführt wird und die, die recht leben, enthaltsam sind und daß der Mensch sich durch Entsagung nicht mehr kasteien soll, als er mit Gottes Gnade ertragen kann, und daß die Jungfräulichkeit sich mit der Krone des höchsten Königs schmückt, weil sie von Gott genommen ist. Denn wie Gott den ersten Menschen ohne jede Begierde des Fleisches bildete, so hat Er auch Sein Gewand ohne jeden Schweiß der Sünde von der Jungfrau genommen. In drei Lebensformen, nämlich der Ehe, der Enthaltsamkeit und der Jungfräulichkeit, hat Paulus alle Tugenden und das ganze Leben der Heiligen zusammengefaßt und die Lehre der Apostel mit einer erlesenen Farbe geschmückt. Er machte auch die Schuhe der Gerechtigkeit aus purpurner Seide, da er die Welt ganz und gar verließ und mehr als alle seine Mitjünger litt, als er die Wege der Kirchen durcheilte. Er hat sie mit reinstem Gold wie mit leuchtenden Sternen geschmückt, indem er durch gute Werke allen Gläubigen leuchtende Beispiele in der Heiligkeit vor Augen stellte. So eilte er auch, um seinen Leib dem Leiden hinzugeben.

Jakobus aber, der der Bruder des Herrn genannt wurde, hatte ein sanftes Wesen, war milde und brachte seine Lehre Gott allein innerlich zum Opfer. Er suchte keinen eitlen Ruhm, sondern ging mit großem Eifer die rechten Wege und reinigte die schmutzigen Straßen des Unglaubens. Er bekehrte auch das Volk zum wahren Glauben und sprach voller Süße, wenn er lehrte, daß der Sohn Gottes aus der Jungfrau geboren ist. Und was er mit sanften Worten darlegte, das bestätigte er mit heiligen Werken und sehr vielen Zeichen. Durch den sanften Klang seiner Worte bereitete er den Ohrschmuck der Gerechtigkeit. Das linke Ohrgeschmeide bestand aus Hyazinth und hatte die Farbe einer reinen Wolke. Es wies darauf hin, daß der Gottessohn ohne Sünde in der Welt lebte und die Sünden des Menschen völlig tilgte. Der rechte Ohrschmuck war aus rotem Hyazinth und wies auf das Leiden des Gottessohnes hin, durch das der Teufel besiegt wurde. Daher unterwarf er auch sich selbst dem Martyrium.

Simon aber war weise und entschlossen; wegen der unzähligen Sünden der Ungläubigen predigte er bittere Qualen, und in seinem festen Glauben tat er große Zeichen. Daher hörten ihm die Menschen gern zu, und er bereitete ihnen einen glühenden Weg zum Glauben, indem er ihnen die Todesfurcht vor Augen stellte. Auf diese Weise verfertigte er für die Gerechtigkeit durch seine große Verkündigung ein Halsgeschmeide aus Smaragd, roten Steinchen und Fluß- und Meeresperlen. Durch die Schutzwehr seines entschlossenen Charakters machte er das Halsgeschmeide, in das er durch die Grünkraft seiner Predigt den Smaragd und durch die

Furcht vor Strafen die roten Steinchen mit den übrigen Perlen einsetzte. Er fürchtete sich nicht vor den Qualen des Martyriums, sondern ertrug es geduldig.

Ihm kam Paulus zur Hilfe. Obwohl er für die Gerechtigkeit die Schuhe gefertigt hatte, hängte er trotzdem an dieses Halsgeschmeide ein sehr feines, aus reinstem Gold gefertigtes Kettchen (vgl. Ex 28,21 u.a.). Es war fest mit zwölf Edelsteinen und kostbaren, makellosen Perlen geschmückt und reichte bis zu den Füßen der Gerechtigkeit hinab. An seinem Ende hatte es zwei geformte Köpfe, auf der rechten Seite aus rotem Karneol gleichsam den Kopf eines Steinbocks, auf der linken Seite wie aus Gold einen Leopardenkopf, und zwar so, daß der Kopf des Steinbocks sich dem Leopardenkopf zu widersetzen schien.

Denn dem Bollwerk der Lehre der übrigen Apostel fügte er seine Lehre hinzu und schmückte sie mit guten Werken und den apostolischen Lehren wie auch den übrigen Tugenden zu einer untadeligen Lehre aus, damit sie bis zum Ziel der Richtigkeit durchhält und nicht ermattet, bis die Welt endet. Dann werden an diesem Ende gleichsam in zwei Köpfen zwei Mächte erscheinen, die eine, die in mühevoller Beschränkung in Henoch und Elija nach oben emporsteigt, die andere aber, die durch den Antichristen in der Nachahmung der ruhmvollen Wunder und Tugenden knirschend ins Verderben rennt. Sie zeigen auch, daß diejenigen, die zum Himmel streben, die bedrängen, die zur teuflischen Verführung eilen.

Jakobus aber, der Bruder des Johannes, webte durch seine Verkündigung der Menschwerdung und des Leidens des Gottessohnes den Frauenschleier aus mit Gold bestickter, weißer Seide, wenn er nur durch zahlreiche Wunder die Götzenbilder zerstörte. Mit diesem Schleier umgab er das Haupt der Gerechtigkeit und schmückte es so, daß die gesamte Kirche Gott Lob darbrachte, als auch er selbst sich zum Martyrium der Enthauptung niederbeugte (vgl. Apg 12,2).

Johannes fertigte durch die Wunder, die Gott ihm zeigte, einen Gürtel aus grüner Seide, womit er in lebensvoller <viridis> und milder Absicht die Keuschheit zeigte. In den Gürtel fügte er die zwölf Edelsteine der Tugenden der Propheten zusammen mit zahlreichen Perlen des guten Willens ein. An seinen Rändern brachte er grüne Farbe an, ähnlich dem Zweig, der Balsam ausscheidet (vgl. Sciv 2,3,312; 521–522), weil er zu der Beständigkeit der Keuschheit die Grünkraft und den Duft der himmlischen Tugenden hinzufügte. Mit ihm gürtete er die Gerechtigkeit, als er auf die Bitte des Volkes „Im Anfang war das Wort" (Joh 1,1) verkündete.

Aber Philippus, der sich in seinem milden Wesen in seiner Lehre demütig zeigte, zog sehr viel Volk an sich. Daher verfertigte er auch auf diese Weise die Armreifen aus Gold, denen er Smaragde, rote Hyazinthe und die edelsten Perlen einfügte, so daß sogar das Gold vor der Menge dieser Steine kaum zu sehen war. Denn in seiner Lehre und seinen Werken zeigte er die Grünkraft, die Anstrengung und die Unschuld der Tugenden und verbarg seinen guten Willen, so gut er konnte, im Inneren. Diese Armreife legte er um die Arme der Gerechtigkeit, als er mit seinem Martyrium seine guten Werke vollendete.

Bartholomäus konnte in seinem großen Eifer beim Predigen weder ermüden noch wollte er damit aufhören. Deshalb machte er aus Gold und anderem sehr schönen Material einen Schmuck aus Glanzerz mit erhabener Ziselierung mit Edelsteinen dazwischen, den er von den erwähnten Armreifen bis zu den Ellbogen der Gerechtigkeit hinzog. Er unterteilte ihn von dem Armreifen bis zu den Ellbogen an drei Stellen. Die Teile verband er mit zierlichen Goldkettchen. Denn er brachte aus seinem guten Willen, den er in seinem Glauben hatte, die Worte seiner Predigt zusammen mit verborgenen Geheimnissen der Mysterien Gottes und mit erlesenen Tugenden hervor. Er weitete sie aus zu einem heiligen Wirken, indem er richtig in dem Einen Gott die drei Personen unterschied und die wahre Dreieinigkeit, die unsichtbar und unaussprechlich miteinander verbunden ist. Das verteidigte er treu und sehr angemessen und zog so auch die Herzen der Menschen an sich. Er unterwarf seinen Leib ganz dem Martyrium und legte so den wunderbaren Schmuck um die Arme der Gerechtigkeit.

Andreas, der einen Ring aus reinstem Gold machte, fügte in ihn den besten Topas ein. Er zeigte damit, daß der Sohn Gottes der Bräutigam der Gerechtigkeit ist, weil Er in der Kirche den aufrichtigen Glauben durch die Schönheit der Tugenden schmückte. Diesen Ring steckte er an den Finger der Gerechtigkeit, als er sich ans Kreuz hängen ließ.

Aber auch Thaddeus war klug und scharfsinnig und bemühte sich, den Charakter der Menschen zu erforschen. Dadurch bekehrte er viele zum Nutzen des Glaubens, weil sie ihn nicht überwinden konnten. Er besiegte auch die List der Schlange und zeigte durch seine heiligen Werke dem Volk viele Wunder. Auch den Mantel aus roter Seide machte er und bemühte sich, ihn sorgfältig zu verzieren, und legte ihn mit dieser Verzierung der Gerechtigkeit um. Denn weil er die Werke der Liebe im Glanz der übrigen Tugenden vereinigte und sie zu einem wahren Schmuckstück machte, bedeckte er die Gerechtigkeit mit ihnen, als er sich den leiblichen Leiden unterwarf.

Als aber Petrus sie so bekleidet sah, fertigte er, obwohl er ihr bereits die Tunika angelegt hatte, trotzdem noch eine Krone aus bestem Gold. Er schmückte sie noch mit den kostbarsten Steinen und Gemmen und setzte sie auf das Haupt der Gerechtigkeit. Denn dadurch, daß er den Ruhm des Gottessohnes gläubig und unerschrocken predigte und darauf hinwies, daß dieser mit allen Tugenden und geheimen Mysterien ausgezeichnet war, schmückte er die Gerechtigkeit mit der Krone der Heiligkeit und Ehre. Und als er am Kreuz hing, setzte er sie ihr geziemend aufs Haupt. Auf diese Weise war die Gerechtigkeit von den Aposteln bekleidet.

9. Der allmähliche Zerfall der kirchlichen Einrichtungen

Sie selbst aber, die ein wie der Glanz der Sonne strahlendes Antlitz hat, weil sie immer leuchtend und unwandelbar vor Gott steht, ruft mit starker Stimme den himmlischen Richter an und weist darauf hin, daß ihre Gewänder von frevelhaften Menschen befleckt sind, wie es bereits gesagt wurde. Denn diese Tage der weiblichen Schwäche haben nicht die mannhafte Stärke. Daher verschlechtern sich alle kirchlichen Einrichtungen, seien es weltliche oder geistliche, und stehen jetzt in anderer Weise da, als die Apostel oder die übrigen alten Väter sie eingerichtet haben. Durch sie alle leuchtete anfänglich die Kirche wie die Sonne, und die Gerechtigkeit war gekrönt, wie auch ein König wegen der Herrschaft über ein Königreich so genannt und wegen seines Diadems und der Königsgewänder geehrt wird.

Die Gerechtigkeit Gottes nämlich ist durch die kirchlichen Einrichtungen und durch alles, was sie betrifft, gekrönt und geschmückt. Sie selbst ist der Grundstoff <materia> aller Gesetzesordnungen, die vom allmächtigen Gott festgesetzt und vom Feuer des Heiligen Geistes entflammt sind, wie auch ein Haus durch seine Bewohner einen höheren Wert bekommt. Daher steht geschrieben: „Du bist gerecht, Herr, und gerecht ist deine Entscheidung" (Ps 119,137). Der Sinn dieser Aussage ist so zu verstehen: Du bist gerecht in all Deinen Urteilen, Herr, der Du über alles herrschst; denn Du bist jene Gerechtigkeit, die niemals von irgendeinem Unrecht verdunkelt wird, sondern ihr Werk offenbart, wie die dazu bestimmte Fahne dem Führer vorangeht. Ein Werk der Gerechtigkeit sind auch Himmel und Erde zusammen mit der übrigen Schöpfung. Und die Gerechtigkeit ist Gott, der zusammen mit dem guten Ruf der heiligen Werke die Wahrheit zeigt, die mit dieser Gerechtigkeit verbunden sind wie die Äste mit dem Baum. Daher ist auch das Urteil Gottes richtig in seiner Ausgewogenheit, weil es kein Dunkel der Falschheit in sich hat. Denn es zertritt sie wie den schlimmsten Schmutz, der in seiner Fäulnis stinkt. Die Gerechtigkeit Gottes schreit also auf den Bergen, und ihre Stimme schallt zum Himmel. Sie klagt laut, daß sie am Anfang zu einem Berg der Heiligkeit in der Kirche gemacht worden war, nun aber auf dem Berg der Heiligkeit zerstört darniederliegt. Denn ich, die Gerechtigkeit Gottes, sage mit klagender Stimme:

10. Die Klage der Gerechtigkeit vor Gott

Meine Krone ist durch die Spaltung des irrenden Geistes verdüstert, weil jeder einzelne sich nach seinem Willen sein Gesetz gemacht hat. Die, die einen Lehrmeister brauchten und dessen Rute nötig hätten, wollen Lehrmeister sein. Mit einer leichtfertigen Ordnung leiten sie sich selbst und nennen das nützlich, was sie sich selbst auswählen. Und so sind sie ungläubig, weil sie auf sich vertrauen. Aber weder von sich selbst noch von anderen werden sie auf diese Weise das Heil des Lebens erlangen, das niemand geben kann außer Gott. Durch das alles ist meine Krone verdüstert, denn weil sie das tun, erblicken sie mich nicht in der Klarheit, in der ich aus Gott hervorging.

Auch meine Tunika ist vom Staub der Erde beschmutzt. Diese beflecken jene, die die Welt verlassen und in einem heiligen und guten Lebenswandel das Gewand des Gottessohnes anlegen. Dann aber lassen sie sich mit Dirnen ein, wie es vom jüngeren Sohn im Evangelium geschrieben steht (vgl. Lk 15,32). Sie sind zwar durch die Veränderung der Beschneidung und der Gesetzesbestimmung für die Priester dem Joch Christi unterworfen, aber durch ihre Übertretung leben sie in Unzucht und rufen nicht mit dem jüngeren Sohn: „Vater, ich habe gesündigt, vor dem Himmel und vor dir“ (Lk 15,18–21). Sie leben gewohnheitsmäßig in der Sünde des Ehebruchs, als ob das für sie bestimmt wäre. Deshalb beflecken sie meine Tunika mit dem Staub der Sünden und schütteln diesen Staub nicht durch die Reue von ihr ab, sondern wie Würmer wärmen sie sich im Pfuhl der Sünden. Daher sind sie blind, taub und stumm. Sie verkünden nicht meine Aufgabe und urteilen nicht nach meinem Urteil. Vielmehr verschlingen sie die Habgier und heilen ihre Wunden nicht, weil sie voll von Wunden sind. Für die <Heilige> Schrift, die zu ihnen spricht, sind sie taub. Sie hören nicht auf sie und lehren sie nicht die anderen.

Auf diese Weise herrscht Überdruß in allen bestehenden Ständen der Kirche, und sie selbst geht wie ohne Stab einher, weil alle ihre Satzungen schon fast ihre Kraft verloren haben. Wenn nämlich die Sonne durch die Wolken verdunkelt ist, dann herrscht bei den Geschöpfen nicht die Freude des Wohlbefindens, wie auch bei den Völkern, wenn sie ohne König sind. Denn die Satzungen der kirchlichen Stände sind verdunkelt, weil die Satzungen ohne die Einhaltung nur so genannt werden wollen. So ist in ihnen nicht die wahre Freude, wie sie auch nicht im Glauben ist, der ohne Werke bleibt.

In der Tat wird das so nicht andauern und keinen Bestand haben, weil der Zorn Gottes denen droht, die alle ihren Willen in eigener Verantwortung erfüllen, als wären sie ohne Gott. Ich nämlich, die ich nach uraltem Ratsschluß entstanden bin, schreie auf zum Gericht Gottes und führe Beschwerde über die, die mir meinen Mantel entrissen und mich meines ganzen Schmuckes beraubt haben. Ich rufe ihre Richter gegen sie für mich zur Hilfe mit demselben Ruf, mit dem der Schöpfer von allem die Frau gerufen hat, als Er sie vom Mann nahm, um sie für ihn zur Gehilfin zu machen, die ihm ähnlich war (Gen 2,18). Wie nämlich die Frau dem Mann untergeben ist <subdita> und wie sie Kinder gebiert, so müssen auch die Menschen die Gebote Gottes durch mich hören und ihnen gehorchen. Und weil sie das nicht tun, sondern mich gering achten, umgibt sie, so oft ich von ihnen geschlagen werde, das Gericht Gottes mit einem Wall, wie es in alter Zeit mit der Sintflut geschah und wie es im alten und im neuen Gesetz oftmals geschah, und wie es auch jetzt öfters geschieht.

Ich werde ja die Gerechtigkeit genannt, und die Kirche ist durch die Wiedergeburt aus dem Geist und dem Wasser aus mir entstanden. Wir sind eins, wie auch Gott und Mensch eins sind. Deshalb werde ich laut zu den mutigsten Richtern rufen, die mich von der unsinnigen Lebensweise derer retten werden, die mich verfolgen wie Wölfe die Lämmer. Sie sind auch selbst Sünder, essen nicht von dem gemästeten Kalb (vgl. Lk 15,23), sondern sind den Samaritern ähnlich, die unter zwei Gesetzen leben wollten. Deshalb werden sie der Verspottung des Propheten Elija preisgegeben werden, der den Baalverehrern spottend zurief, sie sollten mit lauterer Stimme rufen; Baal sei ja ein Gott, und vielleicht spreche er oder er sei in einer Herberge oder unterwegs oder sicher schlafe er, damit er geweckt würde (vgl. 1 Kön 18,27). Und daher wurden sie auch getäuscht, weil die Gnade Gottes weit von ihnen entfernt ist, da sie die Gebote, die sie erhalten, nicht beachten, sondern nach hinten wegwerfen und sagen: Wenn wir wollen, werden wir die Gebote unseres Gottes befolgen. Eine kurze Zeit zur Besserung gefällt Ihm ja.

11. Gottes abwartende Gerechtigkeit

Auch diese unharmonischen Tage des Niedergangs der ganzen Gerechtigkeit sieht jener Mann, der gegen die Schlachtreihen des Teufels und gegen jede Schlechtigkeit als tapferer Streiter auftritt, im unvergänglichen Licht Seiner Herrlichkeit. Er übergibt sie nicht dem Vergessen, obwohl Er die Sünden der Menschen nicht beachtet, insofern sie Buße tun. Er sagt: Diese Zeit, die vom Guten abweicht und in das Böse verfällt, kenne Ich in Meinem verborgenen Urteil. Denn Ich vernachlässige es nicht, die Sünden der Menschen, die in den verschiedenen aufeinanderfolgenden Zeitabschnitten sich ausbreiten, im Vorbeigehen mit den Geißeln der gerechten Zurechtweisung zu prüfen.

Aber die goldene Zahl, das heißt jene Märtyrer, die im Rot ihres Blutes wie Gold glänzen und in der Urkirche des wahren Glaubens wegen getötet wurden, ist noch nicht voll. Sie warten auf jene Märtyrer, die in der letzten Zeit des hoffnungslosen Irrtums wegen des Bekenntnisses Meines Namens ihren Leib dem Leiden des Martyriums ausliefern werden, wie Johannes, Mein Geliebter, bezeugt, wenn er spricht:

12. Offenbarung 6,11: Die Vollzahl der Märtyrer

„Und ihnen wurde gesagt, sie sollten noch kurze Zeit warten, bis die volle Zahl erreicht sei durch den Tod ihrer Mitknechte und Brüder, die noch sterben müßten wie sie" (Offb 6,11). Der Sinn dieser Aussage ist so verstehen: Durch göttliche Eingebung wurde jenen, die sich aus Liebe zu Gott dem zeitlichen Tod unterworfen hatten, geoffenbart, daß ihre Leiber nur noch eine kurze Zeit im Staub der Auflösung ruhen würden, das heißt bis zu jener Vorausbestimmung, bis die, die Diener Gottes sein werden, in der ganzen Vollzahl sind, die nämlich, die Gott in vollkommener Wahrheit dienen werden, sie selbst und ihre Brüder. Denn auch in ihren Leibern werden sie leidensfähig sein wie sie selbst, sogar so, daß sie wegen des Sohnes Gottes, von vielen Drangsalen erschöpft, den leiblichen Tod erdulden.

Die Stimme des Blutes der Märtyrer nämlich, die weder Sünden kannten noch wußten, warum sie getötet wurden, stieg empor zu Gott. Aber der Glanz der Gottheit strahlt in ihnen wider, daß sie in eben diesem Glanz der Gottheit eine unzählige künftige Anzahl vorausschauen. Denn die Herrlichkeit des ewigen Lebens wird ihnen geschenkt, in der sie die Antwort erkennen, die ihnen gezeigt wird. Auch ihr Schreien ist nicht durch die schmutzigen Taten der Sünder verdunkelt, denn sie waren unschuldig, und ihr Blut wurde wegen der Menschwerdung des Gottessohnes vergossen, wobei sie im voraus bezeugten, daß auch das Lamm sein Blut vergießen werde.

Sie werden als Mitknechte derer bezeichnet, die wegen des Glaubens und der Gerechtigkeit getötet werden. Brüder aber werden die sein, die in der Endzeit durch den Antichristen vernichtet werden, wie die Kinder durch Herodes getötet wurden (vgl. Mt 2,16), der den Sohn Gottes leugnete, wie auch der Antichrist Ihn leugnen wird. Denn die Stimme des vergossenen Blutes des Menschen steigt durch dessen Seele hinauf und schreit und klagt, daß sie aus dem Siegel des Leibes vertrieben ist, in den Gott sie gesetzt hatte. Und dann empfängt diese Seele den Lohn für ihre Werke entweder in der Herrlichkeit oder in Strafen. Die erste Stimme des Blutes begann nämlich in Abel zu Gott zu schreien, weil Kain das Bauwerk Gottes jäh und unverschämt zerstört hatte. (vgl. Gen 4,10)

Deshalb sagt der Sohn Gottes wiederum:

13. Zweite Rede des Gottessohnes: Klage über sein von den Menschen verursachtes Leid

Du also, väterlicher Spiegel, der die Klarheit der Gottheit ist, in der das Heer der Engel aufleuchtet, wie im Spiegel Gestalten erscheinen, denn dieser Spiegel erstrahlt den Engeln immer: Schau an und offenbare, wie großes Unrecht Ich von denen erleide, die Mich nicht achten. An Meinem Leib, das heißt an Meinen Gliedern, die in ihrer Bosheit gegen Mich ausschlagen, während sie Mir doch in richtiger Gesinnung anhängen sollten, halte Ich die Erschöpfung durch diese Verkehrtheit aus. Ich finde keinen Platz, wo Ich in ihnen durch die Lebenskraft <viriditas> der guten Werke ruhen könnte.

Auch meine Kleinen, die in Demut wandeln und alle Pracht der Welt verwerfen sollten, verlieren ihre Kräfte an dem, was nicht ist. Sie hängen sich an den leeren Schein des Stolzes und glauben heilig zu sein, obwohl sie doch ihre Werke nur zum Lob des menschlichen Ruhmes zur Schau tragen. Und weil sie in diesem vergänglichen Lob sich vom himmlischen Lob abwenden, beachten sie nicht den Lobpreis der Engel. Denn die Engel preisen ständig die heilige Gottheit. Sie finden in Gott immer ein neues Lob, weil sie Ihn nicht an ein Ende bringen können.

Er ist ja das hellste Licht, das auf keine Weise ausgelöscht werden wird, so daß die Engelschar von Ihm ihr Licht erhält. Der Engel ist nämlich reines Lob ohne das Werk des Fleisches, der Mensch aber ist Lob zusammen mit dem Werk des Fleisches, und seine Werke loben die Engel. In ihrem Lobpreis, mit dem sie Gott ehren, erkennen sie auch die heiligen Werke der Menschen an; sie betrachten sie wie einen Spiegel des Lobes. Denn Gott hat den Menschen wunderbar aus Seele und Leib gebildet. Auch die Leuchtkraft der Engel fehlt ihm nicht, da er in Gemeinschaft mit ihnen ist. Denn Gott hat auch angeordnet, daß Gottheit und Menschheit in dem Einen Gott ruhmvoll gepriesen werden.

Dadurch aber wird der Teufel verspottet, der als Engel Gott sein wollte; aber Gott hat ihn sozusagen getäuscht, als er aus dem Erdenlehm den Menschen schuf, der Leib und Seele in einem ist. Weder existiert die Seele ohne den Leib noch der Leib ohne die Seele, und die Seele wirkt mit dem Leib und der Leib mit der Seele. Denn der Leib ist die Kammer <clausura>, von der die Seele umschlossen ist; er beschränkt die Seele oft, so daß sie dem

Leib nachgibt und ihn nicht daran zu hindern vermag, das zu tun, was er begehrt. Denn sie ist von ihm in Beschlag genommen, und obwohl ihr das Begehren des Fleisches mißfällt, wird es trotzdem öfters gegen ihren Willen durch die Adern erfüllt, in denen sie wirkt. Aber wenn der Mensch sich nach einem anderen Leben sehnt, das gegen die Begierde des Fleisches ist, ergreift die Seele es in schnellem Lauf und verwirklicht es, weil sie es mit ganzer Sehnsucht in sich genießt.

14. Der Wechsel der Zeiten; das Zeitalter des Hundes (Scivias)

Die Tage aber, die, wie oben gesagt wurde, in Ungerechtigkeit erstarren, bezeichnet im Buch *„Scivias"* ein feuriger Hund (Sciv 3,11,76–77; 159–162), der aber nicht brennt. Andere in ihrer Kraft stärkere Tage folgen diesen. In ihnen werden bestimmte Menschen auf das, was richtig ist <rectitudo>, schauen, den erwähnten Leichtsinn ablegen und sich der Gerechtigkeit zuwenden. Die Gerechtigkeit stieg deshalb seit der Menschwerdung Christi durch sehr viele Zeitabschnitte im katholischem Glauben wie auf Treppen zu den Höhen der Heiligkeit empor. Wie vom reinsten Gold der guten Werke übergossen und ganz durchstrahlend leuchtete sie in diesem Glauben und war nicht mehr beschmutzt durch irgendeine Erniedrigung verkehrter Werke, sondern stand unüberwindbar da.

Als aber jene sehr langen Tage, wie ich sagte, bis zu den erwähnten Tagen des weiblichen Leichtsinns vorüber waren, begann in demselben Glauben die Gerechtigkeit sich durch bestimmte Entrüstungen über den Niedergang zu neigen und durch Dunkelheiten der Ungerechtigkeit zu verfinstern. Denn die Gerechtigkeit und Ehrbarkeit der Sitten und die übrigen Würden der Tugenden wuchsen seit den Tagen der Sintflut allmählich in den Menschen. Bis zu ihrem Höhepunkt stiegen sie nach und nach auf bis zu den Tagen der Propheten, die jene so stärkten, daß sie bis hin zum Gottessohn den größten Glanz ausstrahlten. Dann dauerten sie in den Aposteln und den übrigen Kirchenlehrern eine sehr große Zeitspanne hindurch in derselben Würde und demselben Glanz fast bis zum Anfang des vorher erwähnten weltlichen Richters < Heinrich IV.>, der mehr den Ehebruch schätzte als die Gottesfurcht. Vor dessen Regierungsantritt begannen sie allmählich abzunehmen und sich dem Schlechterem zuzuneigen, wie sie von der Sintflut bis zu dem Propheten allmählich emporgestiegen waren.

Von den Tagen dieses Richters an traten die Wurzel des Unrechts und das Vergessen der Gerechtigkeit und Ehrenhaftigkeit hervor. Sie verbreiteten sich stark und drangen so gleichsam in weiblicher Schwäche vor bis zu einem anderen führenden Mann und Träger eines geistlichen Namens*, der die Klugheit und Bosheit der Schlange hatte, die das Gericht Gottes tötet. In dessen Zeit begannen das erwähnte Unrecht und die überflüssigen Gewohnheiten des schlechten Lebenswandels der Menschen durch die göttliche Prüfung sich zur Reinigung zu erhitzen und Schaum auszuwerfen. Daher werden sie jetzt so heftig und streng geläutert und von ihrem Schaum gereinigt, daß die Menschen in diesen Gefahren von tiefem Gram und Trauer bewegt werden. Aber die Tage des Grauens und der Trauer sind noch nicht da.

15. Der Aufstand der Gerechten gegen den zerfallenden Klerus

Nachdem, wie erwähnt, die Gerechtigkeit ihre Klage an den himmlischen Richter gerichtet hat, wird Er die Worte ihrer Klage aufnehmen. Nach Seinem gerechten Gericht wird Er Seine Rache über die bringen, die das Recht übertreten haben, und Er wird zulassen, daß die Tyrannei ihrer Feinde gegen sie wütet. Diese werden so zueinander sagen: Wie lange noch werden wir die reißenden Wölfe erdulden und die ertragen, die Ärzte sein sollten und es nicht sind? Aber weil sie die Amtsgewalt haben zu reden, zu binden und zu lösen, deshalb fangen sie uns wie die wildesten Tiere. Auch ihre Frevel kommen über uns, und die gesamte Kirche welkt durch sie, weil sie nicht verkünden, was gerecht ist, und das Gesetz zerstören, wie Wölfe die Lämmer verschlingen. In ihrem Rausch sind sie gefräßig und begehen viele Ehebrüche; und wegen solcher Sünden verurteilen sie uns ohne Erbarmen. Sie sind auch Kirchenräuber und verschlingen in ihrer Habgier, wen sie

* Reinald von Dassel, gest.1167, Erzbischof von Köln und Kanzler Friedrich Barbarossas oder der Antipapst Paschalis III. (1164–1168).

Tafel 16

Die Liebe (Ausschnitt)

können. Mit ihren Ämtern machen sie uns arm und bedürftig und entweihen sich und uns. Deshalb wollen wir über sie in einem gerechten Urteil urteilen und sie absondern, weil sie mehr Verführer als Lehrer sind. Wir wollen das auch tun, damit wir nicht zugrunde gehen. Denn wenn sie so weitermachen, werden sie sich das ganze Land unterwerfen und in Verwirrung bringen. Jetzt aber wollen wir sie dazu auffordern, in wahrer Gottesverehrung ihr Gewand zu tragen und ihr Amt zu erfüllen, wie die alten Väter es festgesetzt haben, oder von uns wegzugehen und uns das zurückzulassen, was sie besitzen.

Dieses und ähnliches werden sie, vom göttlichen Gericht angetrieben, ihnen streng vorhalten. Sie werden über sie herfallen und sagen: Wir wollen nicht, daß diese mit Landgütern, Gebieten und anderem weltlichen Besitz über uns herrschen, worüber doch wir als Fürsten eingesetzt sind. Und wie ziemt es sich, daß Träger der Tonsur mit ihren Stolen und Kaseln mehr Soldaten und mehr Waffen besitzen als wir. Verträgt es sich etwa, daß ein Kleriker Soldat ist und ein Soldat Kleriker? Daher wollen wir ihnen wegnehmen, was sie nicht zu Recht, sondern zu Unrecht besitzen. Aufmerksam aber wollen wir bedenken, was in klarer Unterscheidung <magna discretio> für die Seelen der Verstorbenen geopfert wurde, und das wollen wir ihnen lassen, weil das kein Raub ist.

Der allmächtige Vater hat alles gerecht zugeteilt, den Himmel den Himmlischen, die Erde aber den Irdischen. Auf diese Weise soll auch eine gerechte Aufteilung unter den Menschensöhnen sein, nämlich die Geistlichen sollen das haben, was sie betrifft, die Weltlichen das, was ihnen zusteht, so daß kein Teil von ihnen den anderen mit Raub überfällt. Gott hat ja nicht angeordnet, daß Tunika und Mantel dem einen Sohn gegeben werden und der andere nackt bleibt, sondern er befahl, daß diesem der Mantel und jenem die Tunika gegeben wird: den Mantel sollten die Weltlichen bekommen wegen der Fülle der weltlichen Sorgen und wegen ihrer Kinder, die immer wachsen und sich vermehren. Die Tunika dagegen soll dem geistlichen Volk zugestanden werden, damit es ihm nicht an Nahrung oder Kleidung fehlt, er aber auch nicht mehr besitzt als notwendig. Deshalb entscheiden wir und wählen aus, daß alles vorher Genannte richtig verteilt wird. Überall dort, wo man bei den Geistlichen den Mantel zusammen mit der Tunika findet, soll ihnen der Mantel weggenommen und den Notleidenden gegeben werden, damit diese nicht von der Not aufgezehrt werden.

So werden sie schließlich versuchen, durch diese gerichtliche Entscheidung das alles nach ihrem Willen durchzuführen. Aber die päpstlichen Würdenträger und alle, die im geistlichen Stand unter ihnen leben, werden sich sehr bemühen, ihnen zunächst mit dem Kirchenbann <clausura caeli> Widerstand zu leisten. Wenn sie schließlich einsehen, daß sie ihnen weder mit der Binde- und Lösegewalt noch durch die Bestätigung ihrer Opfergaben noch durch Waffengeklirr noch durch Schmeicheln oder Drohungen widerstehen können, werden sie, vom Urteil Gottes erschreckt, ihr leeres, stolzes Selbstvertrauen ablegen, das sie vorher immer hatten. Sie werden in sich gehen und sich vor jenen demütigen. Mit Klagen werden sie schreien und sagen: Weil wir den allmächtigen Gott in der Ordnung unseres Amtes aufgegeben haben, ist diese Verwirrung über uns gekommen, daß wir von denen unterdrückt und gedemütigt werden, die wir selbst hätten unterdrücken und demütigen müssen. Denn jenen, über die wir als Fürsten eingesetzt waren, und diesen, die uns durch die Zucht unterstellt wurden, hat Gott den Strick der Unterwerfung weggenommen und erlaubt, über uns zu herrschen.

Deshalb wollen wir bedenken, daß wir das gerechte Urteil Gottes erleiden, weil wir uns die Reiche der Welt unterjochen wollten, wie doch wir unter dem Joch Gottes hätten stehen müssen, und weil wir die Lust jeder fleischlichen Begierde auslebten und keiner uns deswegen zu beschuldigen wagte. Gott nämlich befahl dem Volk der Juden, ihrem Schöpfer Tieropfer darzubringen (vgl. Ex 20,24), sie aber verachteten seine Befehle und wandten sich allen fleischlichen Sinnen zu. Daher wurden fremde Völker über sie geführt. Uns aber hat Er bestimmt, ein lebendiges, geistiges Opfer darzubringen (vgl. 1 Petr 2,5), wir aber fürchteten uns nicht, es mit befleckten Händen zu vollziehen. Und als Er uns mit dem Diadem Seiner Königswürde krönte, haben wir uns über alles erhoben und die Begierden unseres Fleisches auf jede Art erfüllt. Und deshalb verfahren unsere Feinde so hart mit uns, wie bei den früheren Gesetzesübertretungen ihre Feinde sie beherrschten. Dann werden sowohl die Niedriggestellten als auch die Höhergestellten beider Völker den Klerus so ordnen und das, was für ihn notwendig ist, so festlegen, daß er an Nahrung und Kleidung keinen Mangel hat und künftig von den Weltleuten keine derartigen Widerwärtigkeiten mehr zu ertragen hat.

Das wird sowohl beim geistlichen als auch beim weltlichen Volk gleichsam in der ersten Stunde des Tages begonnen und dann wie in der dritten Tagesstunde zur vollen Verwirklichung hingeführt werden. Schließlich wie in der sechsten Stunde wird es vollkommen vollendet, und alle Stände der Menschen werden gleichsam nach der sechsten Stunde betrachtet werden. Man wird sie in anderer Weise anordnen, als sie jetzt sind, nämlich so, daß jeder Stand in seiner Richtigkeit beststeht und auch die Freien zur Ehre ihrer Freiheit und die Diener zu der geschuldeten Knechtschaft ihres Dienstes zurückkehren.

16. Die Friedensperiode nach dem kriegerischen Zeitalter des Löwen (Sciv.)

Aber dennoch werden während all dem, wie der im Buch „*Scivias*" erwähnte Löwe zeigt (Sciv 3,11,77; 164–167), oft harte, ja grausame Kriege ausbrechen, weil man die Gottesfurcht abgelegt hat. Sehr viele Menschen werden bei dem Morden fallen, und sehr viele Städte werden völlig zerstört werden. Wie nämlich der Mann in seiner Kraft die Weichheit der Frau besiegt und wie der Löwe die übrigen Tiere überwindet, so wird auch die Grausamkeit bestimmter Menschen in jenen Tagen die Ruhe der anderen nach Gottes Urteil zerstören. Denn Gott wird dann Seinen Feinden die Grausamkeit der Strafen zur Tilgung der Sünden überlassen, wie Er es schon von Anfang der Welt an immer getan hat.

Wenn die Menschen durch die erwähnten Bedrängnisse geläutert sind, wird sie Abscheu vor diesen Kämpfen befallen. Sie werden in allen kirchlichen Einrichtungen, die Gott wohlgefällig sind, aus Gottesfurcht die Gerechtigkeit anstreben und darüber hinaus ihr sehr viele Güter geben. Das werden sie in den Tagen des Friedens wie in den Tagen des Krieges und jeglicher Mühsal tun. Dann wird die Gerechtigkeit mit Recht eine Braut genannt werden, die zum Bett des wahren Königs geführt wird, nachdem die Konkubine verlassen wurde. Deren Bestreben war es, bisweilen gesetzliche Vorschriften dem Schein nach zu beachten, bisweilen sich dem Umgang mit der verdorbenen Gesellschaft anzuschließen. Deshalb wird sie auch der König verstoßen. Die vorher erwähnten Zeiträume waren ja wie eine Konkubine, da die Menschen in gewissen Bestimmungen die kirchlichen Gebote beachteten, in anderen sie aber völlig vernachlässigten.

Denn der allmächtige Gott, der wahre Salomo, wird seine Braut, die Gerechtigkeit, mit allen Schmuckstücken, das heißt mit allen kirchlichen Ständen schmücken. So wird ihr Schmuck offen erscheinen, den die Konkubine in ihr so verdunkelt hatte, daß er manchmal nicht zu sehen war. Daher werden diese Tage auch auf die Zerstörung der nutzlosen Tage hinweisen, und der Trost wird die Trostlosigkeit entkräften, so wie das neue Gesetz das alte Gesetz veränderte und wie die Zeit der Heilung die Zeit des Falls zum Besseren führte. Wenn nämlich die genannten Übel in ihrem Leichtsinn und ihrer anstößigen Lebensweise unangefochten fortdauern würden, würde die Wahrheit so verdunkelt, daß die Türme des himmlischen Jerusalem erbeben würden und jede kirchliche Einrichtung entweiht würde, wie wenn die Menschen ohne den wahren Gott wären. Denn die, die sich gegen die Gerechtigkeit vergingen, werden dann in solcher Schande sein, wie eine Frau, die ihre rechtmäßige Ehe verläßt und Ehebruch begeht. Denn indem sie die Gebote der Kirche übertraten, hatten sie gleichsam einen Ehebruch begangen. Deshalb werden sie auch Drangsal und Verachtung erleiden, wie eine Frau, wenn sie von ihrem Mann verlassen ist, seines Trostes entbehrt.

Aber dann werden auch so neue und unbekannte Ordnungen der Gerechtigkeit und des Friedens kommen, daß sich die Menschen darüber wundern und darüber sprechen, weil sie derartiges vorher weder gehört noch gekannt hatten. Und weil ihnen vor dem Tag des Gerichts Frieden gegeben wurde, wie auch der ersten Ankunft des Gottessohnes Frieden vorausging, können sie sich dennoch aus Furcht vor dem bevorstehenden Gericht nicht völlig freuen, sondern suchen alle Gerechtigkeit im katholischen Glauben von Gott, dem Allmächtigen, zu erreichen. Auch die Juden freuen sich und sagen, der sei schon da, von dem sie jetzt noch leugnen, daß er gekommen ist.

Jene Friedenszeit nämlich, die der Ankunft der Menschwerdung Meines Sohnes vorausgegangen war, wird in jener Zeit zu voller Vollendung kommen. Denn nun werden tapfere Männer mit großer Prophetengabe aufstehen, so daß dann jeder Keim der Gerechtigkeit in den Söhnen und Töchtern der Menschen aufblühen wird, wie es durch den Propheten, Meinen Diener, nach Meinem Willen vorausgesagt wurde: „An jenem Tag ist der Sproß des Herrn zur Zierde und zum Ruhm und die Früchte des Landes berühmt und Jubel für die, die gerettet sind von Israel" (Jes 4,2).

Der Sinn dieser Aussage ist so zu verstehen:

17. Jesasai 4,2: Das erste und zweite Kommen des Gottessohnes

An dem Tag, an dem die Engel vom Frieden sangen, der den Menschen gegeben wurde (vgl. Lk 2,14), wurde Mein Sohn, der von der Jungfrau geboren war, von denselben Engeln verherrlicht und auch von den Hirten gepriesen, die Ihn in frommer Ehrfurcht suchten. Auch die Frucht der Erde, der der Frieden zurückgegeben war und der die Luft Milde verschaffte, war in reichlicher Fülle vorhanden. Und Freude herrschte bei denen, die von der vergangenen Bedrängnis durch Leiden befreit waren, bei den Söhnen Jakobs. Denn zuvor wurden sie in gerechtem Gericht in vielen Drangsalen zermürbt. Aber wenn das Licht des wahren Glaubens die Herzen der Gläubigen erleuchten wird, dann wird Mein Sohn unter ihnen erhoben werden, weil sie glauben, daß Er aus Mir hervorgegangen ist. Und sie werden Ihn verherrlichen, wenn sie bekennen, daß Er in Herrlichkeit zu Mir zurückgekehrt ist. Daher wird auch für sie die Frucht der guten Werke aufgehen und der Jubel wird in ihnen anwachsen, wenn sie, der Macht des Teufels entrissen und befreit von den Strafen der Hölle, unter die Kinder Gottes gezählt werden.

Die Blüte des Weinbergs Sabaoth aber, die aus der Blüte des Stabes Aarons hervorging, der sich durch den Geifer der Schlange nicht erhitzte, vertrocknete, als Mein Sohn am Kreuz litt. Denn die Augen der Juden waren durch den Todesschatten beschwert (vgl. Mt 26,34). So verwarfen sie die Worte der Prophetie, die sie hörten, zusammen mit der wahren Blüte, die die ganze Erde erkannte, als Sie am Kreuz Ihr Leben aushauchte. Damit töteten sie auch sich selbst, und so sind sie sowohl im Alten als auch im Neuen Testament ausgetrocknet. Denn das Alte Testament ist wie der Winter, der alle Grünkraft in sich verbirgt; das Neue Testament aber ist wie der Sommer, der Gras und Blumen hervorbringt.

18. Lukas 23,31: Das grüne und das dürre Holz

Deshalb sprach Er auch zu denen, die um Ihn klagten: „Wenn sie das am grünen Holz tun, was wird dann am dürren geschehen“ (Lk 23,31). Der Sinn dieser Aussage ist so zu verstehen: Er selbst war das grüne Holz, weil

Er alle Grünkraft der Tugenden hervorbrachte; aber dennoch wurde Er von den Ungläubigen verworfen. Der Antichrist aber ist das dürre Holz, weil er alle Grünkraft der Gerechtigkeit zertritt und so das verdorren läßt, was in Rechtschaffenheit grün ist. Daher wird er auch zunichte gemacht werden.

Grünes Holz waren auch jene Tage, in denen die Menschen auf die Erlösung von allen Leiden bedacht waren und in denen sie keine Furcht vor dem kommenden Endgericht hatten. Dürres Holz aber wird sein, wenn der Abfall <von Gott>, von dem Mein auserwähltes Gefäß Paulus spricht (vgl. 2 Thess 2,3), vor dem Sohn des Verderbens offen erscheint. Dann wird alles Leiden hereinbrechen und Himmel und Erde erschüttern. Denn Himmel und Erde werden beim kommenden Gericht erbeben, wie es am grünen Holz vorausbezeichnet wurde, als bei Seinem <Christi> Tod das Rad des Firmaments, das sehr viele Sternzeichen an sich trägt, den Glanz des Lichtes wegnahm (vgl. Mt 27,45; Mk 15,33; Lk 23,44). So wird es auch in den vorher erwähnten Worten der Propheten gezeigt.

19. Die Blüte der Gerechtigkeit in der kommenden Friedenszeit

In diesen genannten Tagen also werden zarte Wolken mit mildester Luft die Erde berühren und sie die Grünkraft der Fruchtbarkeit hervorquellen lassen, weil dann die Menschen auf die volle Gerechtigkeit zueilen. So schwand in der vorher erwähnten Zeit der weiblichen Schwäche die Fruchtbarkeit der Erde, weil damals die Elemente durch die Sünden der Menschen verletzt und all ihrer Aufgaben beraubt waren. Auch die Fürsten werden mit dem übrigen Volk die Gerechtigkeit Gottes in ihre richtige Ordnung einsetzen und alle Waffen verbieten, die zum Töten von Menschen bereitgestellt waren. Nur die Eisengeräte werden beibehalten, mit denen die Erde bebaut wird und die zum notwendigen Gebrauch der Menschen gehören. Wer dieses Gebot übertritt, wird mit seinem eigenen Schwert getötet und an einen verlassenen Ort geworfen werden.

Und wie die Wolken dann rechten und milden Regen auf die Frucht des gerechten Sprosses senden, so wird auch der Heilige Geist den Tau Seiner Gnade zusammen mit der Prophetengabe, der Weisheit und der Heiligkeit, auf das Volk ausgießen. Es wird dann so erscheinen, als ob es in eine andere

Art des guten Lebenswandels verwandelt wäre. Denn das alte Gesetz war der Schatten des geistlichen Lebens, weil es noch ganz durch die Geschöpfe gekennzeichnet war, wie man auch im Winter keineswegs alle Frucht sieht, weil sie in der Erde verborgen und noch nicht geformt ist. Dieses Gesetz hatte keinen Sommer, weil der Sohn Gottes noch nicht im Fleisch erschienen war. Aber durch Sein Kommen wurde es ganz in eine geistige Bedeutung gewandelt. Es offenbart in den Geboten des Evangeliums die Früchte des ewigen Lebens, wie auch der Sommer Blüten und Früchte hervorbringt. In jenen Tagen wird durch die Kraft Gottes wahrer Sommer sein, weil dann alles in Wahrheit steht: die Priester und Mönche, die Jungfrauen, die Enthaltsamen und die übrigen Stände werden in ihrer richtigen Ordnung stehen, indem sie gerecht und gut leben und jede hohe Stellung und allen Überfluß an Reichtum ablegen. Denn wie durch die Ausgeglichenheit von Wolken und Luft dann die notwendigen nützlichen Früchte hervorgebracht werden, so wird auch der Sproß des geistlichen Lebens durch die Gnade Gottes offenbar gemacht werden.

Die Prophetengabe wird, wie schon gesagt, dann offenkundig und die Weisheit wird anziehend und stark sein, und alle Gläubigen werden sich in ihnen wie in einem Spiegel betrachten. Dann werden auch die wahren Engel die Menschen in Freundschaft <familiariter> begleiten, weil sie an ihnen den neuen, heiligen Lebenswandel sehen, während sie jetzt wegen ihrer stinkenden Sünden sich öfters von ihnen abwenden. Auch die Gerechten werden sich dann freuen, indem sie zum Land der Verheißung (vgl. Hebr 11,9) streben und die Hoffnung der ewigen Belohnung erwarten. Trotzdem werden sie sich nicht vollkommen freuen, weil sie sehen, daß noch das künftige Gericht bevorsteht. Sie werden das wie Pilger tun, die nach ihrer Heimat streben, aber die volle Freude nicht haben, solange sie noch auf der Pilgerschaft sind.

Die Juden aber und die Irrgläubigen werden sich dann freuen und sagen: Unser Ruhm ist ganz nahe, und die uns zermürbt und vertrieben haben, werden zertreten werden. Aber trotzdem werden sich dann sehr viele Heiden den Christen anschließen, weil sie die Fülle ihrer Ehre und ihres <inneren> Reichtums sehen. Nach ihrer Taufe werden sie mit ihnen Christus verkünden, wie es zur Zeit der Apostel geschah. Den Juden und Irrgläubigen werden sie sagen: Was ihr euren Ruhm nennt, wird ewiger Tod sein; und den ihr als euren Fürsten bezeichnet, dessen Ende im größten Entsetzen und in größter Gefahr werdet ihr sehen. Dann werdet ihr euch zu uns bekehren und auf den Tag blicken, den uns der Sproß der Morgenröte, nämlich des Meeressterns Maria gezeigt hat.

Diese Tage jedenfalls werden stark und ruhmvoll sein in Frieden und Beständigkeit, bewaffneten Soldaten ähnlich, die auf einem Felsen liegen und ihren Feinden auflauern, die sie bis zur Vernichtung verfolgen. Sie werden die Ankunft des Jüngsten Tages ankündigen, weil alles, was die Propheten an Gutem oder an Gnade vorausgesagt hatten, in ihnen erfüllt werden wird. Auch die Weisheit der Frömmigkeit und die Heiligkeit werden in diesen Tagen gefestigt werden. Denn wenn der Gottessohn nicht von den Propheten vorausgesagt worden wäre und wie in einem Augenblick (vgl. 1 Kor 15,52) gekommen wäre, würde Er rasch vergessen, wie auch ein ruchloser Mensch, der gleichsam heimlich kommt, sehr schnell vernichtet werden wird.

20. Das Ende der Friedenszeit und der Übergang zum Zeitalter des Pferdes (Scivias)

Dennoch werden in denselben Tagen die Gerechtigkeit und Religion unter den Menschen bisweilen zur Ermüdung der Schwäche neigen, aber schnell ihre Kräfte wiedererlangen. Manchmal wird auch die Schlechtigkeit sich erheben und wieder fallen; bisweilen werden auch Kriege, Hungersnöte, Pest und Sterblichkeit wüten und wieder vergehen. Aber all das wird in dem einen Zustand und einem Ablauf bleiben, sondern hin- und herschwanken, so daß es bald sichtbar ist, bald verschwindet.

In diesen Tagen werden aber unter all dem, wie es das Pferd im Buch *„Scivias"* (Sciv 3,11,78; 169–173) zeigt, bei den Menschen oft Ausgelassenheit der Sitten, geistige Überheblichkeit, ebenso eine Fülle von Vergnügungen und anderen nichtigen Beschäftigungen fern aller Ehrfurcht <reverentia> auftreten.

Jene nämlich, die in der Ruhe des Friedens leben und im Überfluß der Feldfrüchte schwimmen, werden durch keinen Ausbruch von Kriegen erschreckt noch von Mangel an Nahrung eingeschränkt werden. Aber sie werden sich das selbst zuschreiben und nicht Gott, dem Quell aller Güter, dafür die schuldige Ehre erweisen.

Deswegen werden auch unmittelbar auf diese Ruhe und den Wohlstand so große Gefahren folgen, wie man sie vorher nicht sah. Denn wenn die Menschen sich in derartiger Ruhe, wie vorher beschrieben wurde, niederlassen, ohne Gefahren zu fürchten, werden andere Tage mit allen Schmerzen kommen, an denen sich der Klageruf der Propheten und das Wort des Gottessohnes erfüllen werden: Die Menschen werden aus Furcht vor den andauernden Bedrängnissen den Tod herbeisehnen und sagen: Wozu sind wir denn geboren? Und sie werden wünschen, daß die Berge über sie fallen (vgl. Lk 23,30). Denn die früheren Tage der Schmerzen und des Unheils hatten bisweilen irgendeine Linderung und Erneuerung. Diese Tage aber, die voll sind von allem Leid und Unrecht, werden im Schlimmen nicht nachlassen; in ihnen wird sich Schmerz auf Schmerz häufen und Unrecht auf Unrecht, und zu jeder Stunde werden Mord und Ungerechtigkeit für nichts erachtet werden. Und wie Tiere zum Essen getötet werden, so werden in diesen Tagen auch Menschen durch die Wut der anderen gemordet werden.

Wenn nämlich die Völker der Heiden sehen, daß die Christen in Frieden bleiben und reich sind an Gütern, werden sie in schonungslosem Vertrauen auf ihre Stärke sagen: Wir wollen die Christen mit unseren Waffen überfallen, weil sie ohne Waffen und Kraft sind, und wir sie wie Schafe zum Schlachten fangen und töten können (vgl. Ps 44,23). So werden sie aus weit entlegenen Gebieten den wildesten und schmutzigsten Volksstamm zusammenrufen, dem sie sich in Unzucht, Unreinheit und allem Bösen anschließen. Sie werden das christliche Volk überall mit Raub und Kämpfen überfallen und sehr viele Landstriche und Städte zerstören. Auch die kirchlichen Lehren werden sie mit vielen Eitelkeiten und Unreinheiten beflecken und alle, die sie können, auf dieselbe Weise anstecken. Jene Tage werden daher andere sehr schlimme Tage ankündigen, die noch bevorstehen. Sie werden auch die Ankunft des verworfenen Menschen enthüllen. Denn wie ein Unreiner, weil er sich immer mit der Unreinheit befleckt hat, nicht daran satt wird, so werden auch diese Tage voll von Unreinheiten sein und an ihnen nicht satt werden können. Das sah David voraus und sprach mit klarer Stimme:

21. Psalm 22,19: Christus und die verfolgte Kirche der Endzeit

„Sie verteilten unter sich meine Kleider und warfen das Los um mein Gewand“ (Ps 22,19). Obwohl dieser Satz in der Gewißheit des Zukünftigen dem Buchstaben nach von Vergangenem spricht, muß er doch für die Zukunft so verstanden werden: Die Ungläubigen werden durch die schlimme Verwüstung des Unglaubens die Ordnungen der weltlichen Würden und Tätigkeiten, mit denen Ich wie mit Kleidern in der Kirche bekleidet war, nach ihren Willen verteilen. Über die, die Mir gleichsam als Mein Gewand im geistlichen Leben näherstanden, werden sie sehr viele Eitelkeiten schicken. Sie werden sie damit von ihrem richtigen Weg abbringen und alle Rechte der Kirche durch Zerstörung zunichte machen und so die Gesetze des Unrechts über sie stellen, um sie völlig zu vernichten.

Aber auch auf diese schlimmen Zustände gibt David eine Antwort indem er sagt: „Du aber, Herr, halte dich nicht fern, verzögere nicht deine Hilfe, eile mir zu helfen“ (Ps 22,20). Der Sinn dieser Aussage ist so zu verstehen: Ich, die Kirche, die ich die Braut Deines Sohnes sein sollte, himmlischer Vater, erhebe zu Dir meine Stimme. Dich, Vater von allem, bitte ich, obwohl ich jetzt geschwächt bin, schiebe es nicht auf, mir zu helfen, weil meine Glieder, die die Glieder Deines Sohnes sind, in die Zerstörung und Zerstreuung gehen. Daher neige möglichst schnell die Augen Deiner Barmherzigkeit mir und diesen zu, um uns zu verteidigen, damit wir nicht von Dir verlassen und vollkommen vernichtet werden.

22. Rede des Gottessohnes: Bitte um Befreiung seines Leibes, der Kirche

Aber auch der Sohn spricht mit den gleichen Worten zum Vater: Vater, Ich bin immer bei Dir gewesen, und Du hast Mich ausgesandt, indem Du Mir das Gewand des Fleisches anlegtest, und so bin Ich auf der Erde gewandelt. Alles, was Du Mir befohlen hast, habe Ich vollbracht, weil Ich Deine Wahrheit bin. Und deshalb hast Du auch alle Meine Feinde unter Meine Füße gelegt, und Ich stehe auf ihnen. Denn sie sind auf der linken Seite und gehören nicht zu Dir, weil Dein wahres Werk zu Deiner Rechten ist. Auch es wirke ich mit Dir, wie Du es vor dem Beginn der Tage im voraus angeordnet hattest. Ich richte auch Meine Feinde so, wie der Herr den Schemel Seiner Füße niedertritt. Wende Mir daher Deine Hilfe zu und räche Mich an Deinen Feinden, weil Ich, Dein Sohn, über die Natter und den Basilisk (Phys 8,12; vgl. Ps 91,13) schreite. Deshalb achte auf Meinen Schutz und den Meiner Glieder, denn das ganze Werk, das Du gewollt und Mir aufgetragen hast, habe ich zur Vollendung geführt. Und so bin Ich in Dir und Du in Mir (Joh 17, 21), und Wir sind eins.

Und noch einmal spricht der Sohn zum Vater: Jetzt sei eingedenk, daß die Vollzahl, die zu Beginn geschaffen wurde, nicht verdorren sollte. Denn Du hast am Anfang der Welt auch das Ende der Welt erblickt und es nicht dem Vergessen ausgeliefert, wie Du die vergessen wirst, die ins Verderben gehen. Die Vollzahl des Menschengeschlechtes, die am Anfang der Zeit und im ersten Menschen vorgesehen und erschaffen war, sollte noch nicht abnehmen und verdorren. Denn es war nicht in Deinem Plan, daß die Menschen vor der im voraus angeordneten Zeit in ihren Generationen völlig vergehen sollten (vgl. Röm 11,25). Auch damals, als Du die Menschen erschufst, hattest Du in Dir, das heißt in Deinem ewigen Ratschluß, daß Dein Auge, nämlich Dein Wissen, das alles vollkommen voraussieht und richtig anordnet, niemals von dem abweicht, was in Dir im voraus angeordnet war: Der Mensch sollte nicht wegen seiner Maßlosigkeit ganz zugrundegehen und die Welt sollte nicht vergehen, bis Du Meinen Leib an all Seinen Gliedern (denn die Gläubigen sind Deiner Anordnung nach Meine Glieder) voller Edelsteine siehst, das heißt vollendet in all denen, die durch Mich an Dich glauben und Dich verehren, indem sie in ihren Tugenden funkeln, wie ein Juwel.

23. Eine neue Blütezeit der Christen durch die Gnade Gottes

Wenn schließlich die ungläubigen, schrecklichen Völker, wie oben gesagt wurde, überall in das Vermögen und die Besitztümer der Kirchen einbrechen und sich bemühen, sie bis zur völligen Vernichtung zu zerstören, werden sie wie Geier und Habichte das festhalten, was sie unter ihren Flügeln und in ihren Krallen haben. Das christliche Volk wird, abgemagert durch die Buße für seine Sünden und ohne Furcht vor dem Tod des Leibes, auf jede

Weise versuchen, mit Waffen Widerstand zu leisten. Dann wird vom Norden her ein heftiger Wind mit undurchdringlichem Nebel und sehr dichtem Staub kommen und nach göttlicher Anordnung sein Stürmen gegen jene richten, so daß ihre Kehlen von dem Nebel und ihre Augen mit Staub gefüllt werden, daß sie ihre Wildheit ablegen und in großes Entsetzen geraten werden.

Denn die heilige Gottheit wird dann Zeichen und Wunder am christlichen Volk tun, wie sie es schon bei Mose mit der Wolkensäule tat (vgl. Ex 13,21–22 u.a.) und wie der Erzengel Michael zur Verteidigung der Christen gegen die Heiden kämpfte. So werden die gläubigen Söhne Gottes in Seinem Schutz gehen, sich auf die Feinde stürzen und durch die Kraft Gottes Sieger über sie werden. Die einen werden sie dem Tod ausliefern, die anderen aus ihrem Gebiet vertreiben. Daher wird dann eine sehr große Schar Heiden sich den Christen im wahren Glauben anschließen, und sie werden sagen: Der Gott der Christen, der solche Zeichen an ihnen getan hat, ist der wahre Gott. Aber auch die Sieger, die Gott bei Seiner Verteidigung haben wird, werden Gott loben und sagen: Laßt uns unseren Gott loben, denn Er hat sich wahrhaft in uns verherrlicht, da wir in Seinem Namen Sieger sind. Daher ist auch unsere Stärke Sein Lob. Denn durch Ihn haben wir Seine und unsere Feinde überwunden, indem wir treu an Ihn glaubten. Und wieder werden sie sagen: Wir wollen auch auf die Herrenworte im Evangelium achten: „Das Volk der Heiden wird sich gegen das Volk der Christen erheben" (Mk 13,8), wie es bei uns geschehen ist. Deshalb wollen wir die Städte in unserer Nähe und die zerstörten Landgüter wieder aufbauen, und wir wollen sie stärker und wehrhafter machen, als sie früher waren, damit wir nicht noch einmal durch solche Übel zermalmt werden, wie wir jetzt zermalmt worden sind. Und das werden sie mit all ihren Kräften und ihren gesamten Mitteln tapfer und großzügig ausführen.

24. Der Zerfall des Reiches und der apostolischen Macht

In jenen Tagen werden die Kaiser römischer Würde von ihrer Stärke, mit der sie vorher das Römische Reich tatkräftig erhalten hatten, absinken. Sie werden in ihrem Ruhm unbedeutend werden, so daß nach göttlicher Entscheidung das Reich in ihren Händen allmählich abnimmt und schwindet.

Denn da sie in ihrem Lebenswandel wüst, lau, unterwürfig und unsittlich sind, werden sie in allem nutzlos sein, vom Volk jedoch wollen sie geehrt werden. Aber das Wohl des Volkes werden sie nicht suchen, und deshalb werden sie auch nicht geehrt und geachtet werden können. Deswegen werden auch die Könige und Fürsten vieler Völker, die vorher dem Römischen Reich untertan waren, sich von ihm trennen und nicht weiter die Unterwerfung unter es dulden. Und so wird das Römische Reich zerfallen und verstreut werden. Denn jeder Volksstamm und jedes Volk wird für sich dann einen König einsetzen, dem es gehorchen will, indem es sagt, die Ausdehnung des Römischen Reiches habe ihm früher mehr Last als Ehre gebracht. Nachdem aber die kaiserliche Macht <sceptrum> auf diese Weise geteilt ist und nicht wiederhergestellt werden kann, wird dann auch die apostolische Bischofswürde <infuta> aufgeteilt werden. Denn weder die Fürsten noch die übrigen Menschen, sowohl von geistlichem als auch von weltlichem Stand, werden dann am apostolischen Namen irgend etwas von Religiosität finden und die Würde dieses Namens herabsetzen. Sie werden in den verschiedenen Gebieten für sich andere Lehrer und Erzbischöfe unter einer anderen Bezeichnung vorziehen. So wird der Apostolische <Stuhl> in dieser Zeit in der Ausdehnung der Achtung seiner früheren Würde beschränkt und behält dann kaum noch Rom und wenige umliegende Orte unter seiner Würde. Das wird teils durch kriegerische Einfälle, teils durch gemeinsamen Beschluß und durch Übereinkunft der geistlichen und weltlichen Völker vollbracht werden. Sie werden mahnen, daß jeder weltliche Fürst sein eigenes Reich und Volk schützt und regiert und daß jeder Erzbischof oder ein anderer geistlicher Vorgesetzter seine Untergebenen zur rechten Ordnung anhält, damit sie künftig nicht von den Übeln heimgesucht werden, von denen sie vorher mit göttlicher Zustimmung heimgesucht wurden.

25. Eine weitere Phase der inneren Erneuerung, aber auch Irrehren

Darauf wird das Unrecht wiederum eine ganz kurze Zeit schwach darniederliegen und bisweilen sich auch zu erheben versuchen. Aber die Gerechtigkeit wird inzwischen aufrecht dastehen, so daß die Menschen jener Tage in Ehrenhaftigkeit sich den alten Sitten und den Lehren der früheren Menschen zuwenden, sie einhalten und beachten, wie die Alten sie zu halten und beobachten gewohnt waren. Dann wird auch jeder König und Fürst und jeder Bischof von kirchlichem Rang sich selbst am anderen zur Ordnung rufen, wenn er sieht, daß der andere die Gerechtigkeit beachtet und ehrbar lebt. Und jedes Volk wird vom anderen Zurechtweisung annehmen, wenn es hört, daß dieses im Guten Fortschritte macht und sich zu Rechtschaffenheit erhebt. Auch die Luft wird dann wieder milde sein und die Frucht der Erde brauchbar, und die Menschen werden gesund werden und stark.

In jenen Tagen wird es auch viele Weissagungen und zahlreiche Weise geben, so daß die Geheimnisse der Propheten und anderer Schriften den Weisen dann vollkommen klar werden. Ihre Söhne und Töchter werden Propheten sein, wie dies vor langen Zeiten vorausgesagt wurde (vgl. Joel 3,1 und Apg.2,17). Und das wird in solcher Reinheit der Wahrheit geschehen, daß die Geister der Luft sie nicht mehr verspotten können. Sie werden auch im selben Geist weissagen, in dem die Propheten einst die Geheimnisse Gottes ankündigten, und in Ähnlichkeit zur Lehre der Apostel, deren Lehre allen menschlichen Verstand überstieg.

Inzwischen werden auch so viele Irrlehren und äußerst viele Schandtaten zusammen mit anderen Übeln hervorquellen, die darauf hinweisen, daß der Antichrist ganz nahe ist. Daher werden die Menschen dieser Tage sagen, so schwere Verbrechen und so große Laster, wie in ihrer Zeit zum Vorschein kamen, habe es früher nicht gegeben. Das macht auch das Schwein deutlich, das im Buch *„Scivias"* beschrieben ist (vgl. Sciv 3,11,78; 175–180). Denn während die Gerechtigkeit eine Zeitlang herrscht, kämpft das Unrecht gegen sie; und während das Unrecht die Macht hat, macht die Gerechtigkeit es zunichte, denn die Welt bleibt nie in einem einzigen Zustand.

26. Der Abfall des Glaubens im Zeitalter des Schweines

Nun aber, oh Mensch, siehst du, wie der erwähnte äußere Teil des genannten Rades *wie ein unruhiges und stürmisches Unwetter wird, und zwar nahe dem Ende der Hälfte, wo die erwähnte Linie diesem Rad eingefügt ist.*

Das weist darauf hin, daß die Urteile der Macht Gottes in jenen Tagen unruhig und stürmisch sein werden, da sie gegen das Ende jener Stärke, in der die Welt gerade lebt, in den Herzen der ungläubigen Menschen weder die Reinheit noch die Ruhe des katholischen Glaubens finden.

Es ist um das Ende jener Stärke, das heißt, sobald der Wille Gottes mit Seiner Macht so verbunden wird, daß es im Willen Gottes liegt, wann die Welt und das, was in der Welt ist, durch Seine Macht beendet werden. Denn die Menschen jener Zeit werden die Reinheit und Beständigkeit des wahren Glaubens fliehen und sich vom wahren Gott lossagen, indem sie sich dem Sohn des Verderbens zuwenden. Dieser wird alle kirchlichen Einrichtungen in Verwirrung bringen und über die Gläubigen, die ihm widerstehen, die stärksten Stürme der Widerwärtigkeiten losbrechen lassen. Denn wenn die Menschen nach vielen Drangsalen, die sie durch das Eindringen fremder Völker und untereinander mit der Aufteilung des Reiches erlitten hatten, sich gerade wie in Ruhe niedergesetzt haben, werden von neuem plötzlich viele Irrlehren und viele Gegensätze zur Würde der Kirche hervorquellen.

27. Empfängnis und Geburt des Antichristen und ihrer Auswirkung

In jener Zeit wird eine unreine Frau einen unreinen Sohn empfangen; denn die alte Schlange, die Adam aussaugte <absorbuit>, wird zusammen mit ihrer ganzen Brut diesen so aufgeblasen machen, daß weder etwas Gutes in ihn eingeht noch in ihm sein kann. Er wird an abgelegenen, wechselnden Orten aufgezogen werden, damit er nicht von den Menschen erkannt wird. In alle teuflischen Künste wird er eingeführt werden und bis zum vollen Lebensalter verborgen bleiben. Er wird die Laster, die in ihm sein werden, nicht offen zeigen, bis er erkannt hat, daß er voll ist von allen Ungerechtigkeiten und davon überfließt. Vom Anfang seines Entstehens an werden viele Streitigkeiten und viele Widerstände gegen die richtigen Ordnungen ausbrechen. Die glühende Gerechtigkeit wird in ihrer Aufrichtigkeit verdunkelt und die Liebe wird in den Menschen ausgelöscht werden. In ihnen werden auch Bitterkeit und Härte aufkommen, und es wird so viele Irrlehren geben, daß sogar die Irrlehrer offen und bedenkenlos ihre Irrtümer predigen (vgl. 2 Thess 2,2–4). Im katholischen Glauben der Christen werden so große Zweifel und solche Verunsicherung herrschen, daß die Menschen zweifeln, wen sie als Gott anrufen sollen. Zahlreiche Zeichen an Sonne, Mond und Sternen, im Wasser und an den übrigen Elementen und Geschöpfen werden erscheinen (vgl. Lk 21,25), so daß sie wie in einem Gemälde in ihren grauenhaften Vorzeichen das kommende Unheil im voraus verkünden. Daher wird in jener Zeit so große Traurigkeit die Menschen befallen, daß sie das Sterben für nichts erachten.

Diejenigen aber, die dann im katholischen Glauben gefestigt sind, werden in tiefer Zerknirschung Gottes Anordnung erwarten. Diese Drangsale werden solange fortdauern, bis der Sohn des Verderbens seinen Mund zur Gegenlehre öffnet. Aber wenn er seine falschen, irreführenden Worte vorgebracht hat, werden Himmel und Erde erzittern. Die Halskette der Gerechtigkeit, die, wie oben erwähnt, Paulus bis zu den Füßen dieser Tugend hinabreichen ließ, wird wie von einem starken Windstoß erfaßt und dann zum ersten Mal in Bewegung geraten. Denn bis zu diesem Zeitpunkt wird sie unbewegt und unverdreht bleiben.

Paulus hat ja seine Lehre durch viele Wunder so stark gefestigt und sie mit tiefgründigen Worten so wertvoll geschmückt, damit sie bis ans Ende der Welt dauert, wie es diese Kette zeigt, die bis zu den Füßen der Gerechtigkeit gleichsam wie bis zum Ende der Welt hinabreicht. Er hat auch durch die Wahrheit in der Erhebung seines Geistes von der zweiten Ankunft des Gottessohnes und von dem todbringenden Angriff des Sohnes des Verderbens zu den Gläubigen gesprochen, indem er sagte:

28. 2. Brief an die Thessaloniker 2,2–4 und 2,7: Das Zeugnis des Paulus für das Kommen des Antichristen

„Laßt euch nicht erschrecken weder durch ein prophetisches Wort noch durch eine Rede oder durch einen Brief, der angeblich von uns stammt, als sei der Tag des Herrn schon da. Niemand soll euch auf irgendeine Weise täuschen. Denn zuerst wird der Abfall von Gott kommen und der Mensch der Gesetzeswidrigkeiten erscheinen, der Sohn des Verderbens, der Widersacher, der sich über alles, was Gott oder Heiligtum heißt, so sehr erhebt, daß er sich sogar in den Tempel Gottes setzt und sich als Gott ausgibt" (2 Thess 2,2–4).

Der Sinn dieser Aussage ist so zu verstehen: Ihr, die ihr Gottes seid und an Sein Wort glaubt, hütet euch davor, euch in euren Herzen von irgendeinem Schrecken erschüttern zu lassen weder durch geistliche Täuschung oder Verführung durch viele Worte noch durch Schriften, als ob sie wahrhaftig an euch gerichtet waren, als sei jener Tag schon da, an dem der Schöpfer von allem die Abgründe des Herzens aufdecken wird. Hütet euch auch, daß euch nicht jemand durch trügerische und eingebildete Vorgänge bei irgendeiner Gelegenheit zur Verführung bringt. Denn erst wenn die Zeit gekommen ist, in der die Erhabenheit der Kirche zerstört und der wahre Glaube zertreten wird, was als Abfall verstanden wird, der in der Zeit des verbrecherischen Sohnes eintreten wird, dessen Mutter in ihrer Unreinheit nicht weiß, von wem sie empfangen hat, wird er, der der Sohn der Sünde ist, weil er schon durch seinen Anfang ganz von Sünden durchtränkt ist, sich offen zeigen. Daher wird er auch so als Sünder auftreten, indem er alle Sünden laut verkündet und wieder an sich nimmt. Und als Sohn der grausamsten Verderbnis wird er ganz in diesem Verderben bleiben, weil er die Menschen lehrt, was gegen Gott ist. Auch der Verführer des Menschengeschlechtes wird ihn so entflammen, wie er selbst am Anfang der Welt zu rasen begann, als er Gott ähnlich sein wollte. Deshalb wird er auch alle die bedrängen, die Gott verehren. Er wird sich über alle Geschöpfe erheben, indem er sich Gott nennt, und befehlen, daß er wie Gott verehrt wird. Aber ihr sollt nicht glauben, daß der Tag des Herrn da ist, an dem Gott den Erdkreis richten wird, wenn die Welt ihr Ende hat.

Und wiederum sagt Paulus, vom Heiligen Geist durchdrungen: „Denn die geheime Macht des Bösen ist schon am Werk, nur muß erst der besiegt werden, der sie bis jetzt noch zurückhält" (2 Thess 2,7). Der Sinn dieser Aussage ist so zu verstehen: Die verborgene Einflüsterung zeigt sich schon in den Werken der Irrlehrer, in denen der Verführer zur Bosheit seine Wurfspieße vorausschickt, weil er die Wahrheit des Glaubens unterdrücken will. Deshalb gibt es durch die richtige Absicht und das gute Bestreben im gläubigen Menschen nur das Bemühen, daß der, der am apostolischen und wahrhaft katholischen Glauben festhält, in fester Beständigkeit ohne Verfälschung an ihm festhalten soll, bis er aus jener Mitte gedrängt wird, die zwischen seinem Anfang und Ende liegt. Denn in jenen Zeiten des Sohnes des Verderbens wird der Glaube von seiner Stärke abweichen, und da er sich schon gekrümmt hat, wird er geschwächt werden.

Denn wer an der Erhabenheit der Kirche und am rechten Glauben festhält, hält an etwas Großem fest, weil er dadurch ins himmlische Reich eintreten wird. Wer aber keinen Glauben hat, hat keinen Halt, denn er wird ins Verderben gehen. Und so steht auch der Mensch in der Mitte der Macht Gottes. Denn bevor der Mensch gebildet wurde, war Gott. Und nachdem der Mensch leiblich ein Ende genommen hat, dauert Gott in Seiner Kraft fort.

29. Die satanische Verführung des Antichristen

Der alte Feind nämlich, den die Kraft der Gottheit in den See des Höllenabgrunds schleuderte, wie Blei in stürmisches Wasser hinabfällt, wollte die Bosheit fest begründen. Gott aber ist gerecht und wahrhaftig und hat keinen, der Ihm gleicht, weil Er von Ewigkeit durch Sich selbst besteht und alles aus dem Nichts geschaffen hat. Der alte Feind jedoch meint, weil er den ersten Menschen überwunden hatte, durch einen anderen Menschen, nämlich den Antichristen, das durchführen zu können, was er einst begonnen hatte, als er gegen Gott zu kämpfen versuchte. Denn vom Teufel beeinflußt, wird er alles, was Gott im Alten und Neuen Gesetz festgelegt hatte, zerstören, wenn er, wie vorher gesagt wurde, seinen Mund zu der verkehrten Lehre öffnet. Er wird behaupten, daß Blutschande und andere ähnliche Vergehen keine Sünden sind.

Er wird sagen, daß es keine Sünde ist, wenn Fleisch anderes Fleisch aufreizt, wie es das auch nicht ist, wenn ein Mensch vom Feuer erwärmt wird. Er wird auch versichern, daß alle Gebote der Keuschheit aus Unwissenheit entstanden. Denn wenn ein Mensch warm, der andere aber kalt sei, dann müßten sie sich gegenseitig in Wärme und Kälte ausgleichen. Und weiter wird er zu den Gläubigen sagen: Euer Gesetz der Enthaltsamkeit ist gegen das Naturgesetz aufgestellt, nämlich daß der Mensch nicht warm sein darf, in dessen Atem doch Feuer ist, das den ganzen Leib des Menschen in Glut versetzt. Wie könnte er also gegen seine Natur kalt sein? Und aus welchem Grund sollte es der Mensch unterlassen, anderes Fleisch aufzureizen? Jener Mensch also, von dem ihr sagt, daß es euer Meister ist, hat euch ein Gesetz gegeben, das über das Maß hinausgeht, weil er euch befahl, so zu leben. Ich aber sage euch: Ihr sollt auf beide Weisen leben, in Wärme und Kälte, und einander wärmen. Überlegt, daß der erwähnte Mensch euch ungerechte Gebote gegeben hat. Denn obwohl er befahl, daß die Menschen sich nicht gegenseitig wärmen sollen, haben sie doch ihre Natur fleischlich gepflegt. Seht also zu, daß ihr euch künftig nicht mehr durch eine unrechte Lehre verführen laßt, denn es liegt bei mir, was ihr tun könnt oder nicht. Euer Meister hat euch nicht die richtigen Vorschriften gegeben, der wollte, daß ihr wie ein Geist seid, der nicht von Fleisch bedeckt ist und nicht wirkt, als ob das geborene Fleisch der Menschen, das doch durch Feuer eingegossen und gebildet wird, nicht so geschaffen wäre. Denn wenn die Kinder der Menschen nicht so zur Welt kämen, hätten sie nicht die Möglichkeit zu wirken. Darum sollt auch ihr wissen, was ihr seid. Denn der, der euch zuerst lehrte, hat euch getäuscht und euch in nichts geholfen. Ich aber gebe euch ein, daß ihr euch selbst erkennt und wißt, was ihr seid; denn ich habe euch geschaffen und bin ganz in allen. Jener aber schrieb alle seine Werke einem anderen zu, weil er aus sich nichts konnte. Ich aber spreche aus mir selbst und vermag alles aus mir selbst.

Mit diesen und ähnlichen Worten wird dieser unselige Sohn des Verderbens die Menschen verführen, indem er sie lehrt, nach der feurigen Begierde des Fleisches zu leben und jeden Wunsch ihres Fleisches zu erfüllen, während sowohl das Alte wie das Neue Gesetz die Menschen zur Keuschheit einlädt, freilich so, daß die Keuschheit ihr Maß nicht überschreitet. Auf diese Weise wird Luzifer durch ihn <den Antichristen> die Gerechtigkeit Gottes ableugnen. Und er wird meinen, durch ihn alles vollbringen zu können, was er zu tun begonnen hat. Er wird meinen, der Jordan fließe in seinen Mund (vgl. Ijob 40,23; Ps 114,3–5), so daß die Taufe von nun an nicht mehr erwähnt werde, sondern daß er sie zurückschleudert, wie er selbst durch die Taufe verworfen wurde. Daher wird er meinen, er könne, wenn er so herrsche, sich eine so große Zahl des Volkes unterwerfen, daß im Vergleich zu seiner Zahl der Sohn Gottes nur noch eine kleine Anzahl von Gläubigen habe.

30. Die Anhänger des Antichristen im AT und NT

Dieser zuvor erwähnte Mensch wird auch Mensch der Sünde genannt, weil er alles Böse ausführt und weil das alles sich über ihn ergießen wird (vgl. 2 Thess 2,3). Er wird Sohn des Verderbens genannt, weil Tod und Verderben über ihn herrschen werden und er auf verkehrte und ruchlose Weise eine Menge der Völker verführen und an sich ziehen wird. Und er wird sich als Gott anbeten lassen, wie auch Johannes unter dem Bild des wilden Tieres seine Wildheit beschreibt und in der Offenbarung der Wahrheit sagt: „Und es beteten ihn an alle Bewohner der Erde, deren Namen nicht im Lebensbuch des Lammes eingeschrieben sind" (Offb 13,8). Der Sinn dieser Aussage ist in Bezug auf das Kommende so zu verstehen: Mit gebeugtem Leib und Geist werden die das Tier der Bosheit anbeten, die die Wohnung ihrer Herzen an irdische Güter heften. Ihre Namen sind nicht mit dem Zeichen der Heiligkeit in der Ewigkeit des Lebens dessen aufgezeichnet, in dessen Mund sich kein Trug fand. Deshalb wird jeder im Verderben sein, der die Schriften dieses verdorbenen Menschen bewundert und ihn verehrt und der die Schriften Satans, der von Gott verstoßen ist, in seinem Herzen trägt, weil er aus sich selbst heraus Gott sein wollte. Daher ist er auch Tod genannt worden, weil er das Leben flieht, in dem sich keine Sterblichkeit findet, sondern das alles lebendig macht.

Und all die, die diesem Sohn des Verderbens anhangen, indem sie seine Werke tun, werden nicht ins Lebensbuch des Lammes eingeschrieben werden (vgl. Ps 69,29; Offb 13,8). Denn dieses Lamm ist das Wort Gottes, durch dessen Wort: „Es werde" die gesamte Schöpfung hervorging. Der Teufel aber hatte im Alten und im Neuen Testament beständig Anhänger, im Alten Bund durch Baal, im Neuen durch die Sadduzäer, die seine Triebfedern im Schisma sind. Denn sie verletzten das Gesetz Gottes, das die Wurzel der Gerechtigkeit ist, in dem die Patriarchen und Propheten verborgen waren, zum erstenmal mit der Niedertracht des Baal. Aber er hatte auch die <als Anhänger>, die später im Neuen Testament mit den Sadduzäern unter Beleidigung der Gerechtigkeit die Auferstehung leugneten. Denn die Äste aus der erwähnten Wurzel sind das Evangelium und die Frucht an diesen Ästen ist das Zeugnis Christi, weil Er den Götzen Baal und die Sadduzäer mit Kraft zertrat.

Aber trotzdem werden dann aus ihnen die Irrlehrer hervorgehen, die der Bedingung des ersten Entstehens des Lebens widersprechen. Und ihr Irrtum wird schlimmer sein als frühere (Mt 27,64), weil sie Gott in Seiner Schöpfungsordnung und in den lebendigen Seelen ganz und gar verleugnen werden. All diese werden das unselige Tier, nämlich den verlorenen Menschen anbeten, den Glauben an den allmächtigen Gott aufgeben und behaupten, daß es ihnen nichts schade, wenn sie die Gebote Gottes nicht beachten.

31. Die falschen Wundertaten des Antichristen in Nachahmung Christi

Und so steigt ihr Unglaube hinab zu dem erwähnten goldenen Leopardenkopf, der an dem vorher genannten Halsschmuck erscheint. Er bezeichnet den Antichristen, der sich Gott und gleichsam goldenes Haupt nennt. Durch seine teuflischen Künste und die Beunruhigung der Elemente wird er schreckliche Vorzeichen und gewaltige Stürme hervorrufen. Daß das geschieht, wird Gott zulassen, damit das gesamte Menschengeschlecht den Sturz des Antichristen erkennt.

Denn auch deshalb wird dieser gleichsam für die Erlösung seines Volkes vortäuschen, durch Ermordung zu sterben und durch eine Auferweckung wiederaufzustehen. Er wird ein Schriftzeichen auf die Stirn seiner Anhänger schreiben lassen, durch das er alles Böse in sie hineinlegt. So täuschte auch die alte Schlange den Menschen und entflammte ihn zur sinnlichen Leidenschaft <libido>, wodurch sie ihn auch später in ihrer Schlinge hatte. Durch dieses Schriftzeichen wird er die Menschen mit magischer Kunst gegen die Taufe und die Bezeichnung „Christen" so beeinflussen, daß sie nicht mehr von ihm weichen wollen und sich alle nach ihm benennen, wie die Christen nach Christus.

Diese Aufschrift trug Luzifer lange in sich, ohne sie irgendeinem Menschen zu enthüllen, außer diesem einen, den er schon im Schoß seiner Mutter ganz besitzen wird. Deshalb vertraute er auch darauf, durch diesen seinen ganzen Willen erfüllen zu können. Aber dieser verworfene Mensch wird seine Seele und daß er lebt, nicht vom Teufel haben, sondern von Gott, da auch dieser unseligste Aufspürer der alten Verführung, der alles Gute haßt, sein Dasein <vivere> von Gott empfangen hat. Denn Gott allein ist das Leben, und jeder Atemzug und alles, was lebt, wird durch ihn bewegt, weil Er allein der Ursprung ohne Anfang ist. Und wie Luzifer im Himmel gegen Gott kämpfte, so wird er auch durch diesen verlorenen Menschen auf der Erde gegen die Menschheit des Gottessohnes zu kämpfen versuchen. Und das wird er durch diese Aufschrift tun, durch die er den Herrn und Schöpfer von allem verleugnen wird. Denn er vertraut darauf, seinen Anhängern bedeutendere Gaben zu verschaffen, als sie Christus, der Sohn Gottes, denen schickte, die an Ihn glauben.

Diese Aufschrift aber wurde vorher in keiner Sprache gesehen oder gefunden, denn Luzifer erfand sie zuerst bei sich selbst. Er wird sie mit der List hervorbringen, mit der er die Menschheit verführt, ihren Schöpfer nicht anzuerkennen. Durch sie wird er die Ungläubigen so verführen, daß sie nichts anderes mehr zu verehren streben, als was ihrer Ansicht nach ihm gefällt. Der Sohn des Verderbens wird nämlich sagen: Wie geschnittenes Holz gelagert wird, bis der Maler es zusammensetzt und bemalt, damit es von allen geachtet wird, so ist auch der Mensch, wenn er geboren ist, ohne Ehre, bis er durch diese Aufschrift geehrt wird, weil mehr Heil und größere Kraft in ihr liegt als in der Schöpfung des Menschen. Aber Gott wird alle Versuche dieser Schrift samt ihrem Urheber vernichten. Die Aufschrift aber, die der Heilige Geist gegeben hat, wird nicht vergehen. Wenn der Antichrist mit diesen falschen Zeichen Menschen aus allen Geschlechtern um sich zu versammeln beginnt, werden die Heiligen und Gerechten von gewaltiger Furcht erschüttert werden.

32. Die Ankündigung der Erweckung Henochs und Elijas zum Kampf gegen den Antichristen

Aber Ich, der Ich bin, werde eingedenk sein, wie Ich den ersten Menschen formte und auf welche Weise Ich alle Werke, mit denen Luzifer durch den Menschen gegen Mich kämpfen würde, voraussah und wie Ich die heiligen Tugendkräfte zum Kampf gegen jenen bezeichnete. So habe Ich es an Henoch und Elija getan, die ich aus dem Stamm der Menschen auserwählte, die Mir mit ganzen Herzen angehangen hatten. Um die Endzeit werde ich den Menschen kundtun, daß sie das Zeugnis dieser beiden Zeugen mit Vertrauen aufnehmen sollen. Denn Ich unterweise sie in Meinem Geheimnis und offenbare ihnen die Werke der Menschen. So werden sie um diese wissen, als ob sie sie leibhaftig gesehen hätten, und weiser sein als die Schriften und Reden der Weisen. Dadurch, daß sie nämlich dem Leib nach dem Menschen entrückt sind, ist alle Furcht und alles Zittern von ihnen genommen, so daß sie in Gleichmut alles ertragen, was sie umgibt. Ich bewahre sie ohne jede Verletzung ihres Leibes an einem verborgenen Ort auf. Und wenn der Sohn des Verderbens seine verkehrte Lehre ausspeit, wird dieselbe Kraft, durch die sie einst aus der Mitte der Menschen entrückt worden waren, sie wie in einem Windstoß zurückbringen. Und solange sie dann unter den Menschen auf der Erde weilen, werden sie immer nach vierzig Tagen gestärkt werden, wie auch Mein Sohn nach vierzig Tagen zu essen verlangte (vgl. Mt 4,2).

Diese starken und weisen Männer bezeichnet der Kopf des Steinbocks in der erwähnten Kette des Halsschmuckes der Gerechtigkeit. Denn wie der Steinbock tapfer ist und in die Höhe steigt, so werden auch sie in Meiner Kraft stark sein und sollen rasch in die Höhe meiner Wunder emporgehoben werden. Sie werden in Meinen Wundern so große Macht besitzen, daß sie am Firmament und an den Elementen und den übrigen Geschöpfen größere Zeichen wirken werden als der Sohn des Verderbens. So werden dessen trügerische Zeichen durch ihre wahren Zeichen verspottet werden. Daher werden wegen der übergroßen Kraft ihrer Wunder aus allen Völkern Menschen zu ihnen eilen, die ihren Worten glauben. Sie werden mit glühendem Glauben zum Martyrium eilen, das der Sohn des Verderbens ihnen bereiten wird, wie zu einem Gastmahl, so daß sogar ihre Mörder wegen der zu großen Menge es überdrüssig werden, die Getöteten zu zählen. Denn die Menge ihres Blutes wird sich wie ein Bach ergießen. Aber schließlich, wenn der Sohn des Verderbens diese beiden wahrhaft heiligen Männer weder durch Schmeicheleien noch durch Drohungen überwinden noch ihre Zeichen und Wunder verdunkeln kann, wird er befehlen, sie durch ein grausames Martyrium zu vernichten und ihr Andenken völlig von der Erde zu tilgen, damit kein Mensch mehr auf der ganzen Erde ist, der ihm von nun an zu widerstehen wagt.

Dann wird, wie oben gesagt wurde, die goldene Zahl der Märtyrer, die in der Urkirche des wahren Glaubens wegen getötet wurden, mit diesen Märtyrern, die im Irrtum der Endzeit getötet werden, zur Fülle ihrer Vollendung geführt werden. Diese Zeit, die alles zertritt und verschlingt, bezeichnet der Wolf, der im Buch *„Scivias“* beschrieben wird (Sciv 3,11,78–79; 182–192). Denn wie der Wolf in seiner Raubgier alles verschlingt, was er kann, so werden in jener Zeit die Gläubigen, die an den Sohn Gottes glauben, verschlungen werden. Daher sagt der Sohn Gottes wiederum zu seinem Vater, wie es vorausgesagt ist:

33. Die Bitte des Gottessohnes an den Vater um Schonung der Menschen

Mich, der Ich nach Deiner Anordnung das Gewand des Fleisches angelegt habe, quält es, daß Meine Glieder, nämlich die, die durch das Bad der Taufe mir angehangen hatten, sich jetzt von Mir lossagen und dem Hohn des teuflischen Spottes verfallen, indem sie auf den Sohn des Verderbens hören und ihn verehren. Doch Ich nehme die von ihnen, die nur ausgeglitten sind, wieder an Mich, die Aufrührer aber und die, die im Bösen verharren, verwerfe ich.

Vater, weil Ich Dein Sohn bin, blicke auf Mich in der Liebe, in der Du Mich in die Welt gesandt hast, und betrachte Meine Wunden, durch die Ich auf Dein Geheiß den Menschen erlöst habe. Ich zeige sie Dir, damit Du Dich dieser erbarmst, die Ich erlöst habe, und laß nicht zu, daß sie aus dem Buch des Lebens getilgt werden. Durch das Blut Meiner Wunden hole Ich sie in der Reue zu Dir zurück, damit nicht der, der Meine Menschwerdung und Mein Leiden verspottet, durch das Verderben über sie herrscht.

Jetzt also, ihr Menschen alle, die ihr euch danach sehnt, die alte Schlange zu verlassen und zu eurem Schöpfer zurückzukehren, achtet darauf, daß Ich, der Gottes- und Menschensohn, Meinem Vater für euch Meine Wunden zeige. Daher beugt auch ihr in der Reinheit des Glaubens eure Knie, die ihr oft vor der Eitelkeit der aufsässigen Widersetzlichkeit gebeugt habt, vor eurem Vater, der euch geschaffen und euch den Geisthauch des Lebens gegeben hat. (vgl. Gen 2,7). Bekennt von Herzen vollständig eure Sünden, damit Er euch, die ihr in leiblicher und seelischer Bedrängnis seid, Seine starke, unbezwingbare Hand reicht, um euch dem Teufel und allem Bösen zu entreißen.

So spricht der Sohn zum Vater und empfiehlt Ihm Seine Glieder. Er nimmt diese in Zucht, damit sie Seinem Haupt wahrhaft anhängen und nicht das Verderben des ersten und letzten Verderbers sie verschlinge. Denn sooft der allmächtige Vater durch die bösen Taten der Menschen zum Zorn gereizt wird, zeigt Ihm Sein Sohn Seine Wunden, damit Er ihretwegen die Menschen schont. Er selbst hat ja Seinen Leib nicht geschont, damit das Schaf, das ihm verloren gegangen war, durch Sein Blut zurückgeholt werde. Und deshalb werden auch Seine Wunden so lange offenbleiben, wie der Mensch in der Welt bleibt und sündigt. Daher verlangt auch derselbe Gottessohn von den Menschen, daß sie ihre Knie vor Seinem allmächtigen Vater beugen, sooft sie Seinen Urteilsspruch verdienen, damit Er sie wegen Seiner Wunden, die Er im Fleisch erlitten hat und auf die Sein Vater immerfort schaut, von allem Bösen befreit.

34. Die Erweckung von Henoch und Elija und der Endkampf gegen den Antichristen

Nachdem aber Henoch und Elija durch den Sohn des Verderbens den leiblichen Tod erlitten haben, werden dessen Anhänger sich sehr freuen, weil sie sehen, daß jene umgekommen sind. Aber dann, wenn der Geist des Lebens die beiden wieder erweckt und empor in die Wolken erhoben hat, wird sich ihre Freude in Furcht, Trauer und große Bestürzung verwandeln. Denn durch deren Erweckung und Erhöhung werde Ich, der Allmächtige, beweisen, daß der Auferstehung und dem Leben der Toten durch keinen Widerstand der Ungläubigen widersprochen werden kann, nämlich daß an jenem Tag, wenn die Elemente, mit denen zusammen der Mensch gesündigt hatte, gereinigt werden, auch der Mensch vom Tod auferweckt und durch die Reue, die Gott am besten gefällt, in größere Herrlichkeit eingesetzt wird, als er am Anfang erschaffen wurde. Denn wie der gesamte Organismus des Menschen durch die Reue erschüttert wird, so bewegt er auch mit der klagenden Stimme seiner Reue den Himmel und lobt Gott mit den Cherubim aus seinem ganzen Wesen.

Dann wird die alte Schlange wegen der Auferweckung dieser beiden <Henoch und Elija> in rasenden Zorn versetzt werden. Sie wird den verdorbenen Menschen <den Antichristen> zu der Meinung bringen, seinen Thron, von dem er vertrieben wurde, wieder in Besitz zu nehmen, damit dadurch die Erweckung der genannten Männer und die Erinnerung an den Sohn Gottes vollkommen getilgt werde. Sie wird bei sich selbst sprechen, indem sie sagt: In diesem meinen Sohn werde ich jetzt einen größeren Kampf austragen, als ich ihn einst im Himmel austrug. Meinen ganzen Willen werde ich durch ihn erfüllen und diesem meinen Willen wird weder Gott noch der Mensch widerstehen können. Ich weiß und erkenne, daß ich nicht besiegt werden kann. So werde ich in allem Sieger sein.

Darauf wird dieser Sohn des Verderbens eine Menge Volk zusammenrufen, damit sie seine Herrlichkeit offen sehen, wenn er versuchen wird, über die Himmel zu gehen, so daß, falls noch etwas vom katholischen Glauben in der Kirche unerschüttert geblieben ist, es durch diesen Aufstieg völlig vergeht. Aber wenn er in Gegenwart des horchenden Volkes den oberen Elementen gebieten wird, ihn bei seinem Gang in den Himmel aufzunehmen, werden sich die Worte des Paulus, Meines Getreuen, erfüllen, die er vom Heiligen Geist erfüllt sprach:

35. Die Entlarvung des Antichristen und seine Vernichtung durch Christus

„Dann wird der gesetzwidrige Mensch allen sichtbar werden, Jesus der Herr wird ihn durch den Hauch seines Mundes töten" (2 Thess 2,8). Der Sinn dieser Aussage ist so zu verstehen: In dieser Zeit wird jener Sohn des Verderbens entlarvt werden, und es wird vor allem Volk sichtbar sein, daß er ein Lügner war, da er die Anmaßung hatte, zum Himmel emporzusteigen. Denn der Herrscher und Heiland der Völker, der Sohn Gottes, wird ihn in dieser seiner Vermessenheit töten. Das wird Er in jener Kraft tun, in der Er, der das Wort des Vaters ist, den ganzen Erdkreis mit Seinem gerechten Gericht richten wird. Wenn nämlich dieser Sohn des Verderbens sich durch teuflische Kunst nach oben erhebt, wird er durch die göttliche Kraft hinuntergestürzt werden, und der Gestank von Schwefel und Pech wird ihn unten aufnehmen, so daß auch die dabeistehenden Völker in den Schutz der Berge fliehen. Wenn sie das sehen und hören, wird sie so großer Schrecken befallen, daß sie dem Teufel und seinem Sohn entsagen und sich zum wahren Glauben der Taufe bekehren. Deswegen wird die alte Schlange bestürzt gegen sich selbst knirschen und sagen: Jetzt sind auch wir verwirrt. Von nun an werden wir nicht mehr die Kraft haben, uns die Menschen so zu unterjochen, wie wir es bisher getan haben.

36. Offenbarung 12,10f.: Die Verherrlichung des Gottessohnes nach dem Sturz des Antichristen

Aber auch alle, die treu an den Gottessohn glauben, werden Gott mit flehentlicher und lobpreisender Stimme rühmen, wie es durch Meinen geliebten und wahren Zeugen gechrieben steht: „Jetzt ist sie da, die Rettung, die Macht und die Herrschaft unseres Gottes und die Vollmacht Seines Gesalbten. Denn gestürzt wurde der Ankläger unserer Brüder, der sie bei Tag und bei Nacht vor dem Angesicht unseres Gottes verklagte. Sie haben ihn besiegt durch das Blut des Lammes und durch ihr Wort und Zeugnis, sie hielten ihr Leben nicht fest, bis hinein in den Tod" (Offb 12,10–11). Der Sinn dieser Aussage ist so zu verstehen: Jetzt, da der Teufel besiegt und sein Sohn, der Antichrist, vernichtet ist, ist durch göttliche Anordnung das Heil gekommen, das keine teuflischen Gefahren fürchtet. Gekommen ist die Macht, die jene völlig zermalmt, und das Reich, das über alle herrscht, die unter der Herrschaft unseres Gottes stehen, und die Vollmacht des unbesiegbaren Christus, Seines Sohnes, den Er als wahren Priester über das Heil der Seelen bestellt hat. Denn in die ewige Verdammnis gestoßen wurde der hartnäckigste Ankläger und ruheloseste Verfolger derer, die wie wir Kinder Gottes sind und mit uns das himmlische Erbe besitzen werden. Vor dem Angesicht des höchsten Schöpfers und Richters klagte er jene an, die seinen verschiedenen Einflüsterungen zustimmten. Und das tat er zu jeder Zeit sowohl bei geistlichen als auch bei weltlichen Vergehen, weil ja der Mensch immer sündigt.

Im ersten Kampf des verlorenen Engels nämlich, in dem er gegen Gott kämpfte, weil er Gott sein wollte, hat Gott gesiegt. In ihm sah Er auch den Endkampf voraus, den Er mit ihm führen sollte, wenn Er dessen Sohn niedergeworfen und ihn selbst schon durch diesen völlig vernichtet hat. Auch die, die Gott wahrhaft bekennen, haben jenen besiegt, weil sie ihm nicht zustimmten wegen des Blutes des Lammes, durch das sie erlöst sind und um dessentwillen sie auch sehr viele Widerwärtigkeiten an ihren Leibern ertrugen und Sieger wurden. Sie haben ihn auch durch das Wort besiegt, nämlich durch die Lehre, die Er im katholischen Glauben bezeugt hat, der sich auch von jenem Wort her ausbreitete, von dem alle Geschöpfe ausgingen. Und sie liebten nicht ihre Seelen, dadurch daß sie diese in ihren Leibern zurückhielten, sondern sie ließen sie bis zum Tod ihrer Leiber vorausgehen. Sie unterwarfen nämlich ihre Leiber in zahlreichen Leiden dem zeitlichen Tod, wodurch sie auch ihre Seelen dem allmächtigen Gott zurückgaben. Denn als Märtyrer gingen sie in den Tod, und eher als sie den Sohn Gottes verleugnet hätten, unterwarfen sie sich den Leiden. Deshalb legen auch Abel, die Propheten und die übrigen Märtyrer, die bis zum Jüngsten Tag für Gott getötet wurden, Zeugnis für den Sohn Gottes ab, daß auch Er selbst nach dem Willen des Vaters Sein Blut für sie vergossen hat.

Und so ist der Kampf des Sohnes des Verderbens auf diese Weise zu Ende gegangen; und er wird von nun an nie mehr anderswo verehrt werden. Daher freut euch, die ihr im Himmel und auf der Erde eine Wohnung habt. Nach dem Fall des Antichristen aber wird sich die Herrlichkeit des Sohnes Gottes ausweiten.

37. Der Dank Hildegards an Gott für Sein Schöpfungswerk und ihr kleines Werk

Und wiederum hörte ich vom Himmel eine Stimme, die mich diese Worte lehrte: Jetzt sei Gott Lob in Seinem Werk, dem Menschen. Für seine Erlösung hat Er die gewaltigsten Kämpfe auf der Erde geführt und Er hat sich gewürdigt, ihn über die Himmel zu erheben, damit er zusammen mit den Engeln Sein Antlitz in jener Einheit lobt, in der Er wahrer Gott und wahrer Mensch ist.

Er, der allmächtige Gott, möge sich aber würdigen, die armselige Frau, durch die Er diese Schrift herausgegeben hat, mit dem Öl Seiner Barmherzigkeit zu salben. Sie lebt ohne alle Sicherheit und besitzt auch nicht das Wissen, sich an den Schriften zu erbauen, die der Heilige Geist zur Unterweisung der Kirche offenbart hat und die wie die Mauer einer großen Stadt sind. Vom Tag ihrer Geburt an ist sie nämlich durch Krankheiten in Schmerzen wie in ein Netz verstrickt, so daß sie in all ihren Adern, ihrem Mark und ihrem Fleisch von dauernden Schmerzen gequält wird. Dennoch hat es Gott bis jetzt noch nicht gefallen, daß sie aufgelöst wird, weil sie durch die Kammer ihrer vernunftbegabten Seele bestimmte Geheimnisse Gottes auf geistige Weise schaut.

Die vorliegende Vision aber durchdrang so die Adern dieser Frau, daß sie ihretwegen oft von tiefer Erschöpfung befallen wird, wobei sie jedoch bald leichter, bald schwerer an der Erschöpfung einer Krankheit litt. Deshalb hat sie auch eine Lebensweise, die von den verschiedenen Lebensweisen der Menschen abweicht, wie ein Kind, dessen Adern noch nicht so ausgereift sind, daß es die Lebensweisen der Menschen unterscheiden könnte.

Mit der Inspiration des Heiligen Geistes ist nämlich ihr Wesen Dienen. Sie hat ihre leibliche Struktur von der Luft, weshalb ihr auch aus der Luft, vom Regen, vom Wind und jeder Witterung die Krankheit so eingeprägt ist, daß sie in keiner Weise eine körperliche Sicherheit in sich haben kann. Anders könnte die Inspiration des Heiligen Geistes nicht in ihr wohnen. Aber der Geist Gottes weckte sie manchmal mit der großen Macht Seiner Güte gleichsam durch erquickenden Tau aus dieser Krankheit wie vom Tode auf, damit sie in ihrem Dienst mit der Inspiration des Heiligen Geistes in der Welt leben kann. Der allmächtige Gott aber, der jede Erschöpfung des Leidens dieser Frau wahrhaft erkannt hat, möge sich würdigen, Seine Gnade in ihr so zu vollenden, daß Seine Güte darin verherrlicht wird und ihre Seele, wenn sie aus dieser Welt gegangen ist, sich freuen darf, von Ihm in Milde in die ewige Herrlichkeit aufgenommen und gekrönt zu werden.

Aber das Buch des Lebens, das die Schrift des Wortes Gottes ist, durch das die ganze Schöpfung in Erscheinung trat und das Leben von allem nach dem Willen des ewigen Vaters aus sich aushauchte, wie Er es im voraus angeordnet hatte, hat die vorliegende Schrift durch keine Gelehrsamkeit im menschlichen Wissen, sondern durch eine einfache, ungebildete Frauengestalt auf wunderbare Weise mitgeteilt, wie es Sein Wille war.

Daher soll kein Mensch so vermessen sein, den Worten dieser Schrift etwas durch Erweiterung hinzuzufügen oder durch Kürzung wegzunehmen, damit er nicht aus dem Buch des Lebens und aus aller Glückseligkeit, die unter der Sonne ist, getilgt wird, außer es geschieht wegen des Ausfeilens von Worten oder Ausdrücken, die durch die Inspiration des Heiligen Geistes auf einfache Weise hervorgebracht wurden. Wer es sich anders anmaßt, sündigt gegen den Heiligen Geist. Deshalb wird ihm weder hier noch in der künftigen Welt vergeben werden.

Nun sei wiederum Lob dem allmächtigen Gott in all Seinen Werken vor der Zeit und in der Zeit, denn Er ist der Erste und der Letzte.

Diese Worte sollen die Gläubigen in der Hingabe ihres Herzens aufnehmen, denn sie sind zum Nutzen der Gläubigen von ihm verkündet, der der Erste und Letzte ist.

Epilog

In jener Zeit, als ich in der wahren Vision mich mit der Niederschrift dieses Buches abmühte, wobei mir ein frommer und in der Beobachtung der Regel des Heiligen Benedikt gottesfürchtiger Mönch behilflich war <Volmar> durchbohrte Traurigkeit meine Seele und meinen Leib, weil ich dieses gesegneten Mannes durch das Los des Todes in dieser Welt beraubt und von ihm getrennt wurde.

Er hörte nämlich als Dienst an Gott alle Worte dieser Vision mit großem Eifer und ohne Unterbrechung der Arbeit an und erörterte sie beim Verbessern. Er mahnte mich stets, nicht wegen irgendeiner körperlichen Schwäche es aufzugeben, Tag und Nacht an dem, was mir in dieser Vision gezeigt wurde, durch Aufschreiben zu arbeiten. So tat er es bis zu seinem Lebensende und konnte sich nie an den Worten dieser Visionen sättigen. Daher rief ich nach seinem Tod mit klagender Stimme zu Gott mit diesen Worten: Oh mein Gott, der Du an Deinem Diener, den Du mir als Helfer für diese Visionen gegeben hast, so gehandelt hast, wie es Dir gefiel, steh mir jetzt bei, wie es Dir gebührt!

Da wurde der bei Gott und den Menschen hoch geachtete und weise Mann Ludwig, der Abt von St. Eucharius in Trier, von großem Mitleid über meinen Schmerz bewegt. Er bot mir durch sich selbst und durch andere weise Männer mit beharrlichen Bitten freimütig Hilfe an. Und weil er selbst den erwähnten seligen Mann und mich und meine Visionen schon vorher gut kannte, freute ich mich unter Tränen und Seufzen, als ob ich ihn gleichsam von Gott bekommen hätte. Auch der Adlige Wezzelius, der Propst von St. Andreas in Köln, der in großer Standhaftigkeit vor Gott und den Menschen einen ehrenhaften Lebenswandel führte und in heiligem Verlangen sich mühte, gute Werke zu vollbringen, hörte mit aufmerksamem Eifer den gesamten Wortlaut dieser Visionen und schrieb ihn auf. Derselbe selige Mann stand mir auch in jedem Schmerz und meiner Verlassenheit selbst und durch andere weise Männer tröstend bei. Er hörte alle

Worte dieser Visionen ohne Überdruß gläubig an und schätzte sie, weil sie für ihn süßer waren als Honig und Honig aus Waben (vgl. Ps 19,11). Und so ist durch die Gnade Gottes mit Hilfe der genannten ehrwürdigen Männer die Niederschrift dieses Buches vollendet worden.

Ich aber hörte vom lebendigen Licht, das mich in diesen Visionen unterwies, eine Stimme, die so sprach: Denen, die den einfältigen Menschen bei der Niederschrift Meiner Visionen unterstützten und trösteten, werde Ich Anteil geben am Lohn für ihre Mühen. Und ich armselige Frau, die in dieser Vision unterwiesen wurde, sprach: Mein Herr, mögest Du allen, die mir, die ich unter großer Furcht litt, bei den Visionen, die Du mir von Kindheit an eingeprägt hast, mit Trost beistanden, den Lohn der ewigen Herrlichkeit im himmlischen Jerusalem schenken, so daß sie sich ohne Ende durch Dich in Dir freuen.

Abkürzungsverzeichnis

Am . . . . Buch Amos
Apg . . . . Apostelgeschichte
Aug . . . . Augustinus
Bar . . . . Buch Baruch
CC . . . . Causae et Curae
1 Chr . . . . . Erstes Buch der Chronik
2 Chr . . . . Zweites Buch der Chronik
Dan . . . . Buch Daniel
De Trin . . . . De Trinitate
Dtn . . . . Buch Deuteronomium
Eph . . . . Brief an die Epheser
Esra . . . . Buch Esra
Ex . . . . Buch Exodus
Ez . . . . Buch Ezechiel
Fragm . . . . Hildegard Fragmente
Gal . . . . Brief an die Galater
Gen . . . . Buch Genesis
Hab . . . . Buch Habakuk
Hebr . . . . Brief an die Hebräer
Hld . . . . Hoheslied
Hos . . . . Buch Hosea
Ijob . . . . Buch Ijob (Hiob)
Jak . . . . Brief des Jakobus
Jer . . . . Buch Jeremia
Jes . . . . Buch Jesaja
Joel . . . . Buch Joel
Joh . . . . . Evangelium nach Johannes
1 Joh . . . . . Erster Brief des Johannes
Jon . . . . Buch Jona
Jos . . . . Buch Josua
Jud . . . . Brief des Judas
Klgl . . . . Klagelieder
Koh . . . . Buch Kohelet (Prediger)
2 Kön . . . . . Zweites Buch der Könige
Kol . . . . Brief an die Kolosser
1 Kor . . Erster Brief an die Korinther
2 Kor Zweiter Brief an die Korinther
Lev . . . . Buch Levitinus
Lk . . . . Evangelium nach Lukas
LVM . . . . Liber vitae meritorum
2 Makk Zweites Buch der Makkabäer
Mal . . . . Buch Maleachi
Mk . . . . . . Evangelium nach Markus
Mt . . . . . Evangelium nach Matthäus
Num . . . . Buch Numeri
Offb . . . . Offenbarung des Johannes
Ordo . . . . Ordo virtutum
1 Petr . . . . Erster Brief des Petrus
2 Petr . . . . . Zweiter Brief des Petrus
Phil . . . . Brief an die Philipper
Phys . . . . Physica
Proem . . . . Proömium
Ps . . . . Psalm(en)
RB . . . . Regula Benedicti/
Regel des hl. Benedikt
Ri . . . . Buch Richter
Röm . . . . Brief an die Römer
Sach . . . . Buch Sacharja
Sciv . . . . Scivias
Sir . . . . Buch Jesus Sirach
Spr . . . . Buch der Sprichwörter
2 Thess . . . . Zweiter Brief
an die Thessalonicher
1 Tim . . . . Erster Brief an Timotheus
2 Tim . . Zweiter Brief an Timotheus
Weish . . . . Buch der Weisheit